国家重点档案保护与开发项目资助

省情与施政

广东省政府会议录

（1925—1949）

第六册

广东省档案馆 编

SPM 南方出版传媒 广东人民出版社

·广州·

目　录

广东省政府第九届委员会会议录

（1939 年 1 月 4 日—时间不详）

广东省政府第九届委员会会议录

（1939 年 1 月 4 日—时间不详）

广东省政府第九届委员会
第二百一十七次议事录

日　期　四月一日

地　点　曲江本府

出席者　黄元彬　胡铭藻　高　信　郑　丰　郑彦棻　刘佐人
　　　　何　彤

列席者　杜之英　黄希声　何剑甫　刘支藩　伍崇厚

主　席　李汉魂（公假）　郑彦棻（代）

纪　录　（秘书）魏育怀　（参议）俞守范

报告事项

一、奉第七战区司令长官司令部电复，关于挺进第七纵队呈报击毙伪新会县孖冲乡防守队长叶××核奖一案，仰查照捕杀敌人或叛逆及破坏敌人军用场所奖赏办法第十六条规定核办，径报军委会发还归垫等因。饬据秘书、会计两处签拟，依照捕获敌人或叛逆赏格表比照伪连长给予奖金七十元，款在本年度省奖赏金项下垫支，并呈请军事委员会发还等情，应准如拟办理。

二、据财政厅签呈，转缴五华税务局催征二十九年度积欠营业税旅费预算书及分配表，列支一百五十七元，请准在该局二十九年度经费节余项下开支等情。饬据会计处签称，既据财政厅查核尚属需要，拟予照准，该款拟在三十年度省总概算岁出经常门临时部分财务支出款下追列补拨五华税务局临时费科目，以该局二十九年度经费节余项下抵拨，一面追加三十年度省总概算岁入经常门临时部分其他收入各机关节余经费解库款科目等语，应准如拟办理。

三、据财政厅签呈，转缴连县税务局二十九年度调差人员旅费预算书表，列支二百六十六元四角五分。饬据会计处签称，既据财厅核案相符，复核亦合，该款拟在三十年度省总概算岁出经常门临时部分财务支出款下追列补拨连县税务局临时费科目，以该局二十九年度节余经费抵

3

拨，一面追加三十年度省总概算岁入经常门临时部分其他收入款下各机关节余经费解库款科目等语，应准如拟办理。

四、据卫生处签呈，据曲江药库呈缴三十年度添建库顶等营造费支付预算书，列支二百九十七元五角。饬据秘书、会计两处签称，核明尚属核实，此费拟以各机关以前年度经费节余款科目追列三十年度岁入概算，以曲江药库修建临时费科目追列三十年度岁出概算，饬该库将二十九年度经费节余款办理抵解手续等语，应准如拟办理。

五、据省振济会呈缴本会驻港办事处派员率领中山公务员回韶旅费预算书。饬据会计处签称，该会驻港办事处派员率领中山公务员回韶用费，计支八百八十四元七角八分，在振款项下拨支，既据省振济会核无不合，拟予照准等语，应准如拟办理。

六、据省振济会呈缴儿童教养院第三、四、五、七各院二十九年度九至十二月份经常费支付预算书表，月列每院经费一万六千元，二十九年九至十二月四个月共列支六万四千元，第三、四、五、七等四院合共列支二十五万六千元。饬据会计处签称，既据振济会核明更正，本处复核亦无不合，拟准照列，款由该会在振款项下拨支等语，应准如拟办理。

七、据省振济会呈缴韶关空袭紧急救济联合办事处二十九年度开办费预算书，列支二千元，在振款项下开支等情。饬据会计处签称，查预算书内容大致尚合，似可准予照列等语，应准如拟办理。

八、据东莞县政府呈报，县党部区分部书记王伯熙等击杀伪虎门特区维持会副会长王××请依法给奖等情。饬据秘书、会计两处签拟，依照本省捕杀敌伪组织官员奖励办法之规定，给予奖金二百五十元，款在三十年度奖赏金项下拨给等语，应准如拟办理。

九、据东江护侨事务所呈，据沙鱼涌站长陈远成报告华侨李万见途至淡水属牛王爷地方身故，用去殓葬费六十五元，请准发还归垫等情。饬据会计处签称，该所素无节余存款，拟在三十年度省总概算救济费项下开支等语，应准如拟办理。

十、据建设厅签呈，转缴农林局三十年一至三月份员役生活补助费预算书册，月列五千一百七十元，三个月共列支一万五千五百一十元。饬据会计处签称，查核尚合，拟准照拨，款在三十年度调整机构补助公务员生活费项下开支等语，应准如拟办理。

十一、据卫生处签呈，转缴本处救护队三十年一至三月份员役生活补助费预算书册，月列八百八十四元，三个月共列支二千六百五十二元。饬据会计处签称，查核尚合，拟准照拨，款在三十年度调整机构补助公务员生活费项下按实开支等语，应准如拟办理。

十二、据卫生处签呈，转缴连县药库三十年一至三月份员役生活补助费预算书册，月列四十元，三个月共列支一百二十元。饬据会计处签称，查该库职员一人，公役二人，核与补充办法"职员四人雇用公役一人"之比例不合，应照规定核减公役一名，每月生活补助费十元，三个月共核减三十元，照此核减后，该库每月应列支三十元，三个月共列支九十元，此款在三十年度调整机构补助公务员生活费项下开支等语，应准如拟办理。

十三、据卫生处签呈，转缴第二、三、四各诊疗所，妇婴卫生室暨防疫医院三十年一至三月份员役生活补助费预算书册。饬据会计处签称，查二、三、四诊疗所每月各列支一百元，三个月各列支三百元，妇婴卫生室月列一百二十元，三个月共列支三百六十元，防疫医院月列支二百四十元，三个月共列支七百二十元，查第二、三、四诊疗所各有职员四人，公役二人，核与补充办法"职员四人雇用公役一人"之比例不合，应照规定各核减公役一名，每月生活补助费十元，三个月各共核减三十元，妇婴卫生室职员五人，公役二人，应照上项规定，核减公役一名，每月生活补助费十元，三个月共核减三十元，防疫医院职员十人，公役四人，亦应照上项规定，核减公役二名，每名生活补助费二十元，三个月共核减六十元，照此核减后，计第二、三、四诊疗所每月各应支九十元，三个月各共支二百七十元，妇婴卫生室每月应支一百一十元，三个月共支三百三十元，防疗〔疫〕医院每月应支二百二十元，三个月共支六百六十元，各款均拟在三十年度调整机构补助公务员生活费项下按实开支等语，应准如拟办理。

十四、据第一区行政督察专员公署呈缴该署暨情报组三十年一至三月份员役生活补助费预算书册，计该署月列九百五十元，三个月共列支二千八百五十元，情报组月列二百元，三个月共列支六百元。饬据会计处签称，查核尚合，惟该署漏列承审员及承审书记二员员额，又情报组名册亦漏列组长伍晋仪生活补助费月额，本应一并发还更正，为免繁渎起见，姑准各照预算列支，款在三十年度调整机构补助公务员生活费项下开支等语，应准如拟办理。

十五、据会计处案呈，准教育厅片送曲江小学校三十年一至三月份员役生活补助费预算书册，应予核减公役二名，共六十元，计每月应列支三百元，三个月共应列支九百元，拟准照拨，款在三【十】年度调整机构补助公务员生活费项下开支等情，应准如拟办理。

讨论事项

一、准广东省军管区司令部函，据连阳自卫总队电，以所驻房屋潮湿简陋，拟改搭修葺。查属实情，惟所缴估价单需四千余元之巨，为节省起见，经酌予规定总队部修葺费一百六十元，大队部各七十元，中队部各一百二十元，担架分队、通讯分队各四十元，合共二千零一十元，款由该总队经费节余项下支付，请查照备案等由，请公决案。

（决议）照案通过。

密二、据财政厅报告，奉饬汇发防城县破路工食一案，经先照该县请发数在本年度建设事业临时费项下，拨支国币六千元，请提会追认等情，请公决案。

（决议）照案追认。

三、据财政厅签呈，奉核定准在三十年度总概算预备金项下拨付广东省会防空建设委员会每月经费一百元一案，经自本年一月份起如数按月签发在案，请提会追认等情，请公决案。

（决议）照案追认。

四、据教育厅签呈，缴二十九年度九至十二月份补助省私立学校师范班级学生膳费支付预算书，共列支七万二千二百一十六元，请准在二十九年度义务教育经费拨支等情，请公决案。

（决议）照案通过，抵解手续照会计处签拟办理。

五、准广东全省保安司令部电送二十九年度官佐冬服津贴费支付预算书，列支八千三百八十元，款由二十九年度团队历月节余经费项下开支，清〔请〕查照备案等由，请公决案。

（决议）照案通过，抵解手续照会计处签拟办理。

六、据建设厅签呈，转缴广东省战时长途电话管理所所属始兴等分派出所移设郊外预备所工料费预算书表，列支二千零三十一元，请赐此款拨付等情，请公决案。

（决议）照案通过，列入该所营业预算。

七、据省地政局呈，为广东省各县插花地整理办法经遵令复拟完竣，请核示等情，请公决案。

（决议）交刘、邹、黄（元彬）三委员审查，由刘委员召集。

八、据本府印刷所呈，为本所承印训练集计上册价款一万零五百三十三元八角八分，下册价款一万一千三百一十二元，合共二万一千八百四十五元八角八分，请如数发给等情，请公决案。①

（决议）照会计处签拟通过。

九、据会计处案呈，查乐昌县政府二十九年度地方岁入岁出追加概算，经财政厅审核对于岁出经常门县税捐处经费追列四百七十一元，似应照二十八年度核定原案办理，毋庸追加，拟如厅拟剔除，至剔除数代为列入预备费，俾资平衡，计收支各追列为三万零七百七十四元，请提会核定公布施行等情，请公决案。

（决议）照案通过。

十、据会计处案呈，查四会县政府三十年度地方总概算，经参酌各厅处意见，分别整理核编完竣，核编后，计拟改列岁入岁出各为四十一万七千八百二十六元，请提会核定公布施行等情，请公决案。

（决议）照案通过。

十一、据会计处案呈，查和平县政府三十年度地方总概算，经参酌各厅处意见，分别整理核编完竣，核编后，计拟改列岁入岁出各为二十五万零九百二十三元，请提会核定公布施行等情，请公决案。

（决议）照案通过。

十二、据会计处案呈，查高要县政府三十年度地方总概算，经参酌各厅处意见，分别整理核编完竣，核编后，计拟改列岁入岁出各为一百一十万零二千九百九十二元，请提会核定公布施行等情，请公决案。

（决议）照案通过。

十三、据会计处案呈，查丰顺县政府三十年度地方总概算，经参酌

---

① 会计处签拟略。

7

各厅处意见，分别整理核编完竣，核编后，计拟改列岁入岁出各为四十万零七千二百五十一元，请提会核定公布施行等情，请公决案。

（决议）照案通过。

十四、准广东高等法院函送广东第一监狱二十七年十二月至二十八年二月份留办结束人员经费预算书，计共列支一千二百九十七元一角二分，拟由该监二十七年度额余囚粮项下拨支，请查照等由，请公决案。

（决议）照案通过，抵解手续照会计处签拟办理。

十五、据建设厅签呈，本厅荐任视察张赓敭因病呈请辞职，拟准予停薪留资，遗缺拟以委任二级视察李锡恩升充，支荐任十二级薪等情，请公决案。

（决议）照案通过。

十六、主席提议，粤侨通讯处主任钱乃信辞职照准，遗缺调本府秘书处秘书莫次南代理，请公决案。

（决议）照案通过。

密十七、据秘书处拟就广东省防止敌人侵掠沿海及战地物资暂行办法大纲，请核定施行等情，请公决案。

（决议）交高、郑（丰）、刘三委员审查，由高委员召集。

十八、秘书处签呈，查云浮县民蒋石泉为不服云浮县政府查封水磨之处分，提起诉愿一案，经审查完竣，作成决定书，请提会核定等情，请公决案。

（决议）照决定书通过。

十九、据秘书处签呈，查云浮县人区章因建水磨争执事件不服云浮县政府封磨之处分，提起诉愿一案，经审查完竣，作成决定书，请提会核定等情，请公决案。

（决议）照决定书通过。

二十、郑委员（丰）、高委员、何委员会复审查本府行政效率促进委员会所拟广东省县长检定暂行办法及广东省县长检定委员会组织规程一案意见，请公决案。

（决议）保留。

二十一、据财政厅签呈，拟以本厅税警总团少将参谋长钟光潘，以原阶级调充副总团长，并以郑翊明接充该团上校参谋长等情，请公决案。

（决议）照案通过。

临时动议

密一、据省粮食管理所签呈，接吴议长电，关于香港中国银行团集资购买洋米运港销内地一案，拟将"滞销"二字修改，并请派曾副行长晓峰为代表负责一切，转请核示等情，请公决案。

（决议）（一）"滞销亏本"四字准改为"利息仓租劳力等商业上之损失"。（二）派曾主任晓峰代表本府办理。

广东省政府第九届委员会
第二百一十八次议事录

日　　期　　四月四日

地　　点　　曲江本府

出席者　　黄元彬　胡铭藻　高　信　刘佐人　郑　丰　何　彤
　　　　　郑彦棻

列席者　　杜之英　刘支潘　伍崇厚　黄希声

主　　席　　李汉魂（公假）　郑彦棻（代）

纪　　录　　（秘书）魏育怀　（参议）俞守范

报告事项

一、准广东全省保安司令部电送保安第十六团第三营机关枪连少尉排长陈俊宾死亡书表，请查照办理等由。饬据秘书、会计两处签称，所拟按照陆军抚恤暂行条例规定给予一次抚恤金五百元，遗族每年抚恤金二百四十元，给予二十年止，核例相符，拟予照准给恤。前项一次恤金拟在三十年度省岁出概算保育及救济支出款内抚恤养老金项下恤金科目开支，至年抚金，拟自三十一年度起，递年编列省地方岁出概算拨支等语，应准如拟办理。

二、准广东高等法院函送第一分院二十九年度临时出差旅费支付预算书，列支二百三十七元八角，请在本院二十九年度巡回审判节余经费项下拨支等由。饬据会计处签拟，以各机关以前年度经费节余款科目追列三十年度岁入概算，以补拨广东高等法院第一分院二十九年度审理案件旅费科目追列三十年度岁出概算，请高等法院将本院二十九年度巡回审判经费节余款办理抵解手续等语，应准如拟办理。

三、据会计处签呈，规定三十年度县概算处理办法，请通饬遵照等情，经准如拟办理。

四、据教育厅签呈，关于南路行署结束，调厅服务人员旅费共支五百五十二元，请准由二十九年度督学出发旅费项下拨支等情。饬据会计处签拟，该款在三十年度省总概算岁出经常门临时部分教育及文化支出款下追列教育厅临时费科目，以二十九年度督学出发旅费节余项下抵拨，一面追加三十年度省总概算岁入经常门临时部分其他收入款下各机关节余解库款科目等语，应准如拟办理。

五、据建设厅签呈，缴本厅二十九年度追加拆运土猪岭矿场机器等件临时费支付预算书，列支追加费三百一十六元五角九分，请准在本厅前任移交×××钨砂价款项下拨支等情。饬据会计处签称，似可照准等语，应准如拟办理。

六、据本省粮食管理局呈，据西江四邑粮食运销处呈，为干事严逢升押运米石至长沙后，中途病故，共垫支棺殓葬费共九十五元，拟由业务费项下拨支等情。饬据秘书、会计两处签称，核无明文规定，惟该员既因公出差在途病故，殡葬事宜，由该处办理，款经垫支，似可姑准列在该处营业预算相当科目内拨支等语，应准如拟办理。

七、据本府黄岗消防队呈缴三十年度购置服装支付预算书。经饬据会计处签称，查书列六百元，内有二百八十二元八角系在二十九年度购置服装费结余款抵拨，拟姑准在三十年度省总概算岁出经常门临时部分保安支出款下追列黄岗消防队临时费科目，一面追加三十年度省总概算岁入经常门临时部分其他收入款下各机关节余经费解库款科目，其余不敷款三百一十七元二角，并拟于三十年度省预备金项下开支等语，应准如拟办理。

八、据本省战时政治工作总队部呈缴总队暨所属各队三十年一至三月份员役生活补助费预算书册。饬据会计处签称，查核原书册各列数额不符，总计原册一月份列支一万零二十元，二月份列支一万零一十八元八角，三月份列支九千八百八十元，三个月共列支二万九千九百一十八元八角，比原书相差四千七百七十三元二角。查总队部公役应照规定办法核减四名，其余各队照列；核减后，原册一月份应列支九千九百九十六元，二月份列支九千九百九十四元八角，三月份列支九千八百五十六元，三个月共应列支二万九千八百四十六元八角。惟查该队经费编制未经核定，为体恤队员生活艰苦起见，拟准照原册核实数额先行发给，在三十年度调整机构补助公务员生活费项下开支等语，应准如拟办理。

九、据建设厅签呈，转缴阳江船务所三十年度一月份员役生活补助费预算书册，列支五百七十元。饬据会计处签称，查核尚合，拟准照拨，款在三十年度调整机构补助公务员生活费项下开支等语，应准如拟办理。

十、据建设厅签呈，转缴东陂酒壶岭牧场三十年度一至三月份员役生活补助费预算书册，月列三百七十元，三个月共列支一千一百一十元。饬据会计处签称，查公役部分，照本府近颁补充办法规定，应核减二名，三个月共核减六十元；核减后，每月应支三百五十元，三个月共应支一千零五十元，此款在三十年度调整机构补助公务员生活费项下核实开支等语，应准如拟办理。

十一、据省振济会呈缴技工养成所三十年一至三月份员役生活补助费追加预算书，月列二十元，三个月共列支六十元。饬据会计处签称，核数尚符，既据该会核明相符，款在振款基金项下拨支，拟予照准等语，应准如拟办理。

十二、据省振济会呈缴本会儿童教养院实验小学部三十年一至三月份员役生活补助费预算书册，月列二百七十元，三个月共列支八百一十元。饬据会计处签称，既据振济会核符，款在振款项下开支，复核尚合，拟予照准，饬核实支报等语，应准如拟办理。

十三、据省振济会呈缴本会救济总队二十九年七至十二月份特别米津支付预算书，列支共六千一百一十六元一角。饬据会计处签称，内容系因惠阳、揭阳两地米价异常昂贵，每人每月加发二十元，据称款在振款项下拨支，惟与规定不符，但款经支出，应否由府核准，请示等情，应予照准办理。

十四、据省振济会呈缴本会技工养成所二十九年六至八月份工役米

11

津支付预算书册。饬据会计处签称，六月份列支四元四角，七月份列支九元，八月份列支二十四元九角六分，计三个月共列支三十八元三角六分，核数相符，拟准照列，款由该所在开办费内开支等语，应准如拟办理。

十五、据省粮管局呈缴驻湘购粮办事处二十九年度十至十二月份米津预算书表，月列五十二元，三个月共列一百五十六元。饬据会计处签称，核尚符合，拟准照数列支，款饬粮管局在救济米荒基金项下拨付，列入营业预算等语，应准如拟办理。

十六、据会计处案呈，准教育厅片送第二电影教育巡回施教区三十年一至三月份员役生活补助费预算书册，月列六十元，三个月共列支一百八十元。查核尚合，拟准照拨，款在三十年度调整机构补助公务员生活费项下开支等情，应准如拟办理。

十七、据会计处案呈，准教育厅片送社会教育工作团三十年一至三月份员役生活补助费预算书册，月列五百一十八元，三个月共列支一千五百五十四元。查核尚合，拟准照拨，款在三十年度调整机构补助公务员生活费项下开支等情，应准如拟办理。

十八、据会计处案呈，准教育厅片送广州农工业职业学校暨私立仲元中学三十年一至三月份员役生活补助费预算书册，除仲元中学非省立学校核与规定不符，未便补助外，广州农工业职业学校部分，计应核减公役六名，共一百八十元，计每月应列支一千零九十元，三个月共应列支三千二百七十元。拟准照拨，款在三十年度调整机构补助公务员生活费项下开支等情，应准如拟办理。

十九、据会计处案呈，准教育厅片送省立文理学院、钦州师范学校及连县社教实验区三十年一至三月份员役生活补助费预算书册，查省立文理学院部分，拟核减本院公役十三名，另附中公役三名，共十六名，计每月剔除一百六十元，三个月共四百八十元，每月实应列支二千八百元，三个月共应列支八千四百元。省立钦州师范学校部分，拟核减公役三名，计每月剔除三十元，三个月共九十元，每月实应列支六百元，三个月共应列支一千八百元。省立连县社会教育实验区部分，每月列支一百六十元，三个月共应列支四百八十元。以上三项，拟准照拨，款在三十年度调整机构补助公务员生活费项下开支等情，应准如拟办理。

二十、据建设厅呈缴公路处三十年一至三月份员役生活补助费预算书册，饬据会计处签称，应核减公役二人，共六十元，计每月应列支一千八百五十元，三个月共应列支五千五百五十元，拟准照拨，款在三十年度调整机构补助公务员生活费项下开支。又该处行车营业部分月列三千一百八十元，三个月共列九千五百四十元，查核尚合，拟准照拨，款在该处行车营业基金项下开支等语，应准如拟办理。

讨论事项

一、据建设厅签呈，缴广东省县（市）政府合作指导室组织规程暂行办法暨办事细则，请核示等情，请公决案。①

（决议）照秘书处签拟修正通过。①

二、据省银行呈缴修订本行节约建国储金章程，请察核转咨财政部核准备案等情，请公决案。②

（决议）照秘书处签拟通过。

三、据教育厅签呈，缴三十年度战区退出教职员服务旅费岁入岁出预算书，各列五千三百元，请核示等情，请公决案。

（决议）照案通过，抵解手续照会计处签拟办理。

四、据建设厅签呈，据公路处呈缴三十年度考验汽车技工执照费岁入预算书表，列收二千四百九十元，查核尚合，拟请准予追列，请核示等情，请公决案。③

（决议）照会计处签拟通过。

五、据卫生处签呈，为卫生试验所留用技术人员二员，请自三十年度增加薪俸二千四百元，此款拟增列在该所三十年经常费预算书内，以该所二十九年度经常费节余项下开支等情，请公决案。

（决议）照案通过，抵解手续照会计处签拟办理。

六、据本府战时通讯所签呈，编缴前秘书处电讯组二十九年度奉令派员查运敌遗战利品旅运费支付预算书及奖金支付预算书，计旅运费列

---

① 修正之点略。

② 秘书处签拟略。

③ 会计处签拟略。

支九百八十三元五角，奖金三百元，请提会核定等情，请公决案。①

（决议）照会计处签拟通过。

七、准广东省军管区司令部函送连阳自卫总队二十九年十一、十二月及三十年全年度长夫费支付预算书，月各列一千零七十九元，请查照办理等由，请公决案。②

（决议）照会计处签拟通过。

八、准广东省地方行政干部训练团函送本团第七、八、九行政督察区联训班追加开办费预算书，计追加一万元，请查照备案等情，请公决案。

（决议）照案通过，款在干训团二十九年度经费节余项下抵拨，办理追加手续。

九、据教育厅签呈，缴省立广州农工业职业学校三十年度增建校舍建筑费预算书，列支三千八百五十元，拟准照所请由该校二十九年上学期未开班节余经费项下拨支，请核示等情，请公决案。

（决议）照案通过，抵解手续照会计处签拟办理。

十、据教育厅签呈缴省立梅州师范学校迁移设备费预算书，列支一千元，拟由本年度本厅及所属机关学校临时费项下拨支等情，请公决案。

（决议）照案通过。

十一、据教育厅签呈，缴分区辅导职业学校公旅费预算书，列支三千八百元，请准由本年度本厅及所属机关学校临时费项下拨支等情，请公决案。

（决议）照案通过。

十二、据卫生处签呈，缴三十年度痘苗疫苗费预算书列支五千元，款在本年度省总概算卫生事业费项下开支。请核示等情，请公决案。

（决议）照案通过。

十三、据卫生处签呈，缴省立临时医院二十九年度建筑工程费支付预算书及追加工程费预算书，计追加不敷数一千元，此项追加费拟在二

---

① 会计处签拟略。

② 会计处签拟略。

十九年度经常费节余项下开支，请核示等情，请公决案。

（决议）准予追加，惟此项节余经费既经解库，准改在本年度省预备金项下开支。

十四、据建设厅签呈，据公路处呈缴大江河渡车船工程费支付预算书表，列支五千六百九十一元六角，查核尚属适当，似可准照办理，请拨款归垫等情，请公决案。

（会计处签拟）查该厅另案呈转公路处二十九年度一月至十二月征收汽车养路费收入表，与征收汽车养路费收入解库数，及借垫各类账款数目表，查养路费现金收入为八十五万四千七百九十三元五角一分，应付款（原表列为"报账"名称）为二十四万二千九百五十五元七角一分，又养路费收入解库数，及借垫各类账款数目共为八十四万四千六百八十三元八角三分，比对计尚仅有养路费一万零一百零九元六角八分（此款系以养路费现金收入与解库数及借垫各类账款数目比较所得），余存该处，故本案工程费五千六百九十一元六角，拟请提会核定在本年度建设事业临时费科目开支，由前项征存养路费抵解。

（决议）照会计处签拟通过。

十五、据本省连连阳乳建设委员会函送本会调查团出差日记及出差旅费表，计不敷一千三百四十六元二角，请饬库拨还归垫等情，请公决案。

（决议）照案通过，款在本年度建设事业临时费项下拨还。

十六、据会计处案呈，查电白县政府地方二十九年度岁入岁出第四次追加概算，纯属义教补助收支数目，计各列为三百二十七元六角，既经教育厅核无不合，似应准予追加，请提会核定公布施行等情，请公决案。

（决议）照案通过。

十七、据会计处案呈，查化县县政府地方二十九年度第三次岁入岁出追加概算，计收支各列为一万四千六百二十四元六角七分，经财、教两厅查核尚合，似可准予追加，惟元位以下应予删减，以符规定，计应各列为一万四千六百二十四元，请提会核定公布施行等情，请公决案。

（决议）照案通过。

十八、据会计处案呈，查云浮县政府地方二十九年度岁入岁出追加概算，仅列义教收支经费计各列为四百二十元，教育厅核无意见，似应准予追加，请提会核定公布施行等情，请公决案。

（决议）照案通过。

十九、据会计处案呈，查澄海县政府地方二十九年度岁入岁出追列概算收支各列为一万二千五百七十六元，经各厅签注似可照列，拟如所拟准予追加，请提会核定公布施行等情，请公决案。

（决议）照案通过。

二十、据会计处案呈，查信宜县政府三十年度地方总概算，经参酌各厅处意见，分别整理核编完竣，核编后，计拟改列岁入岁出各为四十万零九千六百八十二元，请提会核定公布施行等情，请公决案。

（决议）照案通过。

二十一、据会计处案呈，查遂溪县政府三十年度地方总概算，经参酌各厅处意见，分别整理核编完竣，核编后，计拟改列岁入岁出各为五十万零六千三百九十元，请提会核定公布施行等情，请公决案。

（决议）照案通过。

二十二、据会计处案呈，查东莞县政府三十年度地方总概算，经参酌各厅处意见，分别整理核编完竣，核编后，计拟改列岁入岁出各为六十九万一千四百九十一元，请提会核定公布施行等情，请公决案。

（决议）照案通过。

二十三、据会计处案呈，查钦县县政府三十年度地方总概算，经参酌各厅处意见，分别整理核编完竣，核编后，计拟改列岁入岁出各为四十二万七千九百六十六元，请提会核定公布施行等情，请公决案。

（决议）照案通过。

二十四、据会计处案呈，查紫金县政府三十年度地方总概算，经参酌各厅处意见，分别整理核编完竣，核编后，计拟改列岁入岁出各为二十六万一千三百二十四元，请提会核定公布施行等情，请公决案。

（决议）照案通过。

二十五、据秘书处案呈，查韶州电灯股份有限公司代表陈××因不服曲江县政府核饬韶关电灯公司业务由县商会接收代为整理之处分，提起诉愿一案，现经审查完竣，作成决定书，请提会核定等情，请公决案。

（决议）照决定书通过。

二十六、据会计处签呈，拟具本省三十一年度省总概算编送办法，请提会核定等情，请公决案。

（决议）交郑（彦棻）、何、邹、黄五委员审查，由郑委员召集。

二十七、据本省粮食管理局呈，缴东江运销处平远办事处人力手车合约图则及预算书类，列支一万六千四百元，请在三十年度业务预算固定资产项下动支等情，请公决案。

（决议）着补具计划再呈核夺。

密二十八、何委员、邹委员、高委员会复审查关于胡委员提议拟于本府组设广东省粮食管理局东行车辆粮食销售处于二十九年十二月一日开始办公，拟具编制预算表，请公决一案意见，请公决案。

（决议）照审查意见通过。

二十九、据教育厅呈缴督学黄锡铨荐委表，请赐核委等情，请公决案。

（决议）照派代理。

三十、主席提议，曲江县县长薛汉光辞职照准，遗缺派李英代理，请公决案。

（决议）照案通过。

广东省政府第九届委员会
第二百一十九次议事录

日　　期　　四月八日
地　　点　　曲江本府
出席者　　胡铭藻　高信　刘佐人　郑丰　何彤　郑彦棻
列席者　　杜之英　刘支藩　伍崇厚　黄希声　李仲仁
主　　席　　李汉魂（公假）　郑彦棻（代）
纪　　录　　（秘书）魏育怀　（参议）俞守范

报告事项

一、据财厅报告，规定其他机关缉获黄金、白银、钞票、铜元等之提奖分配办法两项：（一）关于依法没收之金类应遵照部定办法，以五成解缴国库，其余五成，以半数解缴省库，半数交由缉获机关自行支配。（二）关于依法没收之白银、钞票、铜元等，以五成解缴省库，其余五成给奖，交由缉获机关自行支配。除分函各区专署并分令各县知照外，请察核等情，应准如拟办理。

二、据教育厅签呈，为印发短期小学课本，所有支出单据，均属二十九年度，似未能改在三十年度核销，拟请将原核定在三十年度概算追列短期小学课本印发费科目改为补拨二十九年度短期小学课本印发费科目，俾便报销等情。饬据会计处签称，查尚可行，拟请核定报会备案等语，应准如拟办理。

三、据教育厅签呈，缴省立汕尾水产职业学校二十八年度第二学期及二十九年度第一学期公费生给予临时费支付预算书册，共列支二百二十元二角七分。饬据会计处签称，此款拟准以各机关以前年度经费节余解库款科目追列入三十年度岁入概算，以补拨省立汕尾水产职业学校二十九年度公费生给予临时费科目补追列三十年度岁出概算，饬该校将二十九年度经费节余款解办理抵解手续等语，应准如拟办理。

四、据教育厅签呈，缴省立钦州师范学校三十年度寒假兵役宣传费支付预算书，列支三百元。饬据会计处签称，据请将该费在该校二十九年度节余经费项下拨支，似有未合，惟工作业已完毕，拟姑予照准。上开临时费，拟以各机关以前年度经费节余款科目追列三十年度岁入概算，以省立钦州师范学校寒假兵役宣传费科目追列三十年度岁出概算，饬该校将二十九年度经费节余款办理抵解手续等语，应准如拟办理。

五、据卫生处签呈，缴二十九年度建筑档案室费预算书，列支四百九十五元，款在本处二十九年度核准购置公文箱及办公台椅费预算内移充等情。饬据会计处签称，此款既系由核准之公文箱费移用，似尚可行等语，应准如拟办理。

六、据卫生处签呈，缴卫生试验所接收制药厂搬运费预算书，列支二百四十元。饬据会计处签称，此项临时费，拟以各机关以前年度经费节余解库款科目追列三十年度岁入概算，以卫生试验所接收制药厂搬运费科目列三十年度岁出概算，饬该所将二十九年度经费节余款办理抵解手续等语，应准如拟办理。

七、据省振济会呈缴二十九年度技术专员刘克平回国特别旅费支付预算书，拟援照罗致技术人材回国服务优予待遇例一次过给予回韶旅费国币三百元，款在振款项下开支等情。饬据会计处签称，拟予照准等语，应准如拟办理。

八、据本省战时贸易管理处呈缴本处二十九年度忠信停车场临时开办费预算书，列支二百一十三元。饬据会计处签称，该费既经支出，核亦需要，似可准在该处二十九年度营业预算内开办费节余项下列报等语，应准如拟办理。

九、据财政厅先后签呈，缴阳江等八县税务局三十年一至三月份员役生活费预算书册。饬据会计处签称，计阳江局暨所属各征收所等月列六百二十元，三个月共列一千八百六十；澄海局月列二百七十元，三个月共列八百一十元；防城局暨所属钦县稽征所月列三百一十元，三个月共列九百三十元；海丰局暨所属各所卡月列七百元，三个月共列二千一百元；电白局暨各所卡应核减公役一名，实应列一月份五百一十九元三角五分，二、三月份各五百二十元，三个月共应列一千五百五十九元三角五分；花县局暨各所卡月列三百七十元，三个月共列一千一百一十元；恩平局一月份列二百九十六元七角七分，二、三月份列三百元，三个月共列支八百九十六元七角七分；陆丰局暨各所卡月列七百一十元，三个月共列二千一百三十。查核尚合，拟准照列，此款并在三十年度调整机构补助公务员生活费项下开支等语，应准如拟办理。

十、据财政厅先后签呈，缴新会等七县税务局三十年度一至三月份员役生活补助费预算书册。饬据会计处签称，计新会局暨各课所一月份列六百四十元，二、三月份各列六百八十元，三个月共列二千元；廉江局暨各所卡一月份列五百四十元，二、三月份各列四百一十元，三个月共列一千三百六十元；高明局暨杨梅稽征所一月份列四百七十元，二、三月各列四百三十元，三个月共列一千三百三十元；鹤山局暨沙坪稽征所应月列三百三十元，三个月共列九百九十元；潮阳局暨各课所月列六百二十元，三个月共列一千八百六十元；普宁局暨南山稽征所应月列三百三十元，三个月共九百九十元。乐昌局暨各所站等分列如下：该局及

19

坪石九峰稽征所月列五百二十元，三个月共列一千五百六十元；该局卷烟桐油管理员一月份列七十元，二、三月份各列四十元，三个月共列一百五十元；该局坪石稽征所养路费征收站二、三月份各列四十元，两个月共列八十元。以上各数，查核尚合，拟准照列，此款在三十年度省总概算调整机构补助公务员生活费项下开支等语，应准如拟办理。

十一、据第二、三区行政督察专员呈缴无线电第二、三区台三十年一至三月份员役生活补助费预算书册，计各列月支二百二十元，三个月各共列支六百六十元。饬据会计处签称，查核尚合，拟准照拨，款在三十年度调整机构补助公务员生活费项下开支等语，应准如拟办理。

十二、据第三区行政督察专员呈缴该区通讯修理室三十年一至三月份员役生活补助费预算书册，月列八十元，三个月共列二百四十元。饬据会计处签称，查核尚合，拟准照拨，款在三十年度调整机构补助公务员生活费项下开支等语，应准如拟办理。

十三、据第四区行政督察专员呈缴无线电第四区台暨通讯修理室三十年度一至三月份员役生活补助费预算书册，计第四区台月列二百二十元，三个月共列六百六十元；修理室月列八十元，三个月共列二百四十元。饬据会计处签称，查核尚合，拟准照拨，款在三十年度调整机构补助公务员生活费项下按实开支等语，应准如拟办理。

十四、据第五区行政督察专员呈缴无线电第五区台三十年一至三月份员役生活补助费预算书册，月列二百元，三个月共列六百元。饬据会计处签称，查核尚合，拟准照拨，款在三十年度调整机构补助公务员生活费项下开支等语，应准如拟办理。

十五、据第七区行政督察专员呈缴无线电第七区台三十年一至三月份员役生活补助费预算书册，月列二百二十元，三个月共列六百六十元。饬据会计处签称，查核尚合，拟准照拨，款在三十年度调整机构补助公务员生活费项下开支等语，应准如拟办理。

十六、据第九区行政督察专员呈缴无线电第九区台三十年一至三月份员役生活补助费预算书册，月列二百二十元，三个月共列六百六十元。饬据会计处签称，查核尚合，拟准照拨，款在三十年度调整机构补助公务员生活费项下开支等语，应准如拟办理。

十七、据建设厅签呈，缴农林局西区林业促进区三十年一至三月份员役生活补助费预算书册，月列三百八十元，三个月共列一千一百四十元。饬据会计处签称，查核尚合，拟准照拨，款在三十年度调整机构补助公务员生活费项下按实开支等语，应准如拟办理。

十八、据卫生处呈缴该处防疫区第二区署三十年一至三月份员役生活补助费预算书册，月列二百二十元，三个月共列六百六十元。饬据会计处签称，查核尚合，拟准照拨，款在三十年度调整机构补助公务员生活费项下按实开支等语，应准如拟办理。

密十九、据本府驻广州湾通讯处呈缴无线电直属第二分台三十年一至三月份员役生活补助费预算书册。饬据会计处签称，原书册系将生活补助费暨米贵地区加发生活补助费数额合并编列，核与规定不符，本应发还更正。惟核原册与编制尚符，似可照册列人数依原法第一项规定办理，饬厅先行发付。计列一百五十元，三个月共列四百五十元，此款拟在三十年度省总概算调整机构补助公务员生活费项下开支等语，应准如拟办理。

二十、据会计处案呈，准教育厅先后片送韶州师范学校，教育厅第一巡回戏剧歌咏队，粤北边疆施教区，梅州中学，梅州女子师范学校及教育厅第四、五电影教育巡回施教区员役生活补助费预算书册，计韶州师范学校应月列一千五百二十元，三个月共列四千五百六十元；教育厅第一巡回戏剧歌咏队二、三月份各列支三百四十八元，两个月共列支六百九十六元；粤北边疆施教区一月份列七百九十六元六角七分，二月份列八百九十五元三角，三月份列九百元，三个月共列二千五百九十一元九角七分；梅州中学月列九百三十元，三个月共列二千七百九十元；梅州女子师范学校一月份应列六百一十元，二、三月份应各列六百七十元，三个月共列一千九百五十元；教育厅第四、五电影教育巡回施教区月各列六十元，三个月共列一百八十元。以上各款，在三十年度调整机构补助公务员生活费项下开支等语，应准如拟办理。

讨论事项

一、准广东省军管区司令部电，为国民兵编组请依照规定由十八岁至四十五岁，二十七个年次推算，其调查办公费暨预算表等费，依照前案规定，增加三分之一款，由省预备金项下拨支，请核复等由，请公决案。

（决议）交何、邹、刘（佐人）三委员审查，由何委员召集。

二、据财政厅签呈，关于开平县长电报奉令架设开梧电话专线请拨款八千六百九十九元应支一案，拟准先拨国币三千元，款在三十年度建设事业临时费项下开支，余俟预算缴奉核定后清拨等情，请公决案。

（决议）照案通过。

三、据教育厅签呈，转缴省立广州农工业职业学校建筑棚厂暨购置校具设备费预算书表，共列支一万八千九百七十二元，请察核办理等情，请公决案。①

（决议）照会计处签拟通过。

四、据建设厅签呈，据农林局呈缴合并连县及阳山两天蚕试验场为广东建设厅农林局天蚕试验场计划，连同组织章程、经常费预算书，计列支一万一千六百六十四元，请核示等情，请公决案。

（决议）照秘书、会计两处签拟通过。②

密五、据第二区行政督察专员呈，据曲江县呈缴征集保安第二团构筑龙归防御工事工事器材伙食费支付预算书表，列支一千零二十四元，转请如数发给归垫等情，请公决案。

（决议）照案通过，款在本年度建设事业临时费项下拨还。

密六、据第五区行政督察专员呈，据丰顺县呈缴破坏丰揭公路工程数量图表及征集民工伙食费预算书表，列支一千五百三十元零四角三分，转请发还归垫等情，请公决案。③

（决议）照会计处签拟通过。

七、据会计处案呈，查开平县地方二十八年度岁入岁出追加概算，计收支各追列为三万四千二百七十四元，照各厅审核意见修正结果，岁入部分核减八千六百零九元外，实只追列为二万五千六百六十五元；岁出部分核减一千六百零二元，岁入与岁出核减数相抵不敷数为七千零七元，应于追加预备费三万零一百零九元内减低为二万三千一百零二元，则岁出总数追加为二万五千六百六十五元，以资平衡，请提会核定公布

① 会计处签拟略。
② 原签拟附后，现略。
③ 会计处签拟略。

施行等情，请公决案。

（决议）照案通过。

八、据会计处案呈，查兴宁县二十九年度地方岁入岁出追加概算，经参酌各厅处意见，分别整理核编完竣，核编后，计应各追列为二万七千四百七十二元，请提会核定公布施行等情，请公决案。

（决议）照案通过。

九、据会计处案呈，查恩平县二十九年度地方岁入岁出第二次追加概算，计收支各列为二千八百六十四元七角五分，书内各目，经予更正，似可准予追加，请提会核定公布施行等情，请公决案。

（决议）照案通过。

十、据会计处案呈，查廉江县二十九年度地方岁入岁出追加概算收支各追列为四万五千八百九十四元，书内各目经予更正，似可准予追加，请提会核定公布施行等情，请公决案。

（决议）照案通过。

十一、据会计处案呈，查吴川县三十年度地方岁入岁出概算，经参酌各厅处意见，分别整理核编完竣，核编后，计拟改列各为四十四万七千七百六十元，请提会核定公布施行等情，请公决案。

（决议）照案通过。

十二、据会计处案呈，查潮阳县三十年度地方岁入岁出概算，经参酌各厅处意见，分别整理核编完竣，核编后，计拟改列各为一百零九万六千五百三十六元，请提会核定公布施行等情，请公决案。

（决议）照案通过。

十三、据会计处案呈，查灵山县三十年度地方岁入岁出概算，经参酌各厅处意见，分别整理核编完竣，核编后，计拟改列各为四十一万一千八百三十六元，请提会核定公布施行等情，请公决案。

（决议）照案通过。

十四、据会计处案呈，查茂名县三十年度地方岁入岁出概算，经参酌各厅处意见，分别整理核编完竣，核编后，计拟改列各为九十三万七千七百一十二元，请提会核定公布施行等情，请公决案。

（决议）照案通过。

十五、据会计处案呈，查惠来县三十年度地方岁入岁出概算，经参酌各厅处意见，分别整理核编完竣，核编后，计拟改列各为四十八万七千七百八十六元，请提会核定公报施行等情，请公决案。

（决议）照案通过。

十六、据会计处案呈，查蕉岭县三十年度地方岁入岁出概算，经参酌各厅处意见，分别整理核编完竣，核编后，计批〔拟〕改列各为三十一万六千零七元，请提会核定公报施行等情，请公决案。

（决议）照案通过。

十七、据会计处案呈，查龙川县三十年度地方岁入岁出追加概算收支各追列为三万六千四百七十六元，书内各目，业予修正，请提会核定公布施行等情，请公决案。

（决议）照案通过。

十八、据会计处案呈，查南澳县三十年度地方岁入岁出概算，经参酌各厅处意见，分别整理核编完竣，核编后，计拟改列各为七万二千四百二十一元，请提会核定公布施行等情，请公决案。

（决议）照案通过。

十九、据会计处案呈，查郁南县二十九年度地方岁入岁出第三次追加概算收支各列为三千六百三十二元，现经参照各厅处审核删、减实应各列为三千五百四十七元，请提会核定公布施行等情，请公决案。

（决议）照案通过。

二十、据会计处案呈，查宝安县三十年度地方岁入岁出概算，经参酌各厅处意见，分别整理核编完竣，核编后，计拟改列各为三十七万七千七百九十二元，请提会核定公布施行等情，请公决案。

（决议）照案通过。

二十一、据会计处案呈，查海康县三十年度地方岁入岁出概算，经参酌各厅处意见，分别整理核编完竣，核编后，计拟改列各为三十九万九千二百零三元，请提会核定公布施行等情，请公决案。

（决议）照案通过。

二十二、据卫生处签呈，拟由本年四月一日起设置统计股，拟就组织系统图编制表暨经费预算表，月列八百七十八元，年列七千九百零二元，款在第一二届选送卫生人员经费节余项下拨支，请核示等情，请公决案。

（决议）交高、郑（丰）、刘（佐人）三委员审查，由高委员召集。

密二十三、高委员、郑委员（丰）、刘委员会复审查秘书处所拟广东省防止敌人侵掠沿海及战地物资暂行办法大纲意见，请公决案。①

（决议）照审查意见通过。

二十四、据本省战时贸易管理处呈，为推进业务，拟向广东省银行定额透借国币三百万元分期透付，请核饬省银行及财政厅照办等情，请公决案。

（决议）准先透借一百五十万元，余照案通过。

二十五、据广东省图书杂志审查处先后呈缴开办费预算书，列支一千元，经常费月支三千七百九十八元，由三十年四月至十二月，共九个月列支三万四千一百八十二元，请照数拨给等情，请公决案。

（决议）交郑（丰）、何、邹三委员审查，由郑委员召集。

广东省政府第九届委员会
第二百二十次议事录

日　期　四月十一日

地　点　曲江本府

出席者　郑彦棻　何彤　胡铭藻　刘佐人　高信　郑丰

列席者　杜之英　云照坤　刘支藩　伍崇厚　黄希声　李仲仁

主　席　李汉魂（公假）　郑彦棻（代）

纪　录　（秘书）魏育怀　（参议）俞守范

报告事项

一、据卫生处签呈，拟具广东省各界三十年度春季灭鼠运动实施方案，及奖励办法，暨赏给费预算书，列支五百元。饬据会计处签称，此款拟准在三十年度卫生事业临时费项下开支等语，应准如拟办理。

二、查据建设厅签呈，缴公路处养路队护路队及渡口渡车船三十年

---

① 审查意见略。

度一至三月份官兵员役生活补助费预算书表。饬据会计处签称，元〔查〕养路队月列四万三千二百六十二元，三个月共列一十二万九千七百八十六元，与案不尽相符。拟准先将一、二两月份共支数八万六千五百二十四元拨发护路队官兵，米津月列一千一百六十元，三个月共列三千四百八十元，拟准照拨，渡口渡车船月列八百七十元，三个月列二千六百一十元，与案不尽相符，拟准先照案拨发一、二两月份应支数共一千七百四十元，以上各款，拟在三十年度调整机构补助公务员生活费开支等语，应准如拟办理。

三、据省振济会呈缴韶关空袭紧急救济联合办事处三十年度一至三月份员役生活补助费预算书册，月列一百元，三个月共列三百元。饬据会计处签称，该处本年一月及二月员役生活补助费共支二百元，其三月份补助费应俟新预算呈奉核定后，再发给。原书列各数已代更正，款由振款项下拨支等语，应准如拟办理。

四、据省振济会先后呈缴儿童教养院各团二十九年度五至九月份员役米津预算书册。饬据会计处签称，查书列月支各三百一十二元，五至七月共列支九百三十六元，又八、九两月份各列三百一十五元，五至九月份五个月共一千五百六十六元，核尚符合，拟准照拨，款因二十九年度既已结束，拟在三十年度调整机构补助公务员生活费项下开支等语，应准如拟办理。

五、据本省粮食管理局呈缴北江运输所二十九年十一月份员役米津预算书册，计二十一天列支九十八元七角。饬据会计处签称，查预算书与清册所列之实支数不符，拟饬照清册所列总数七十七元九角核拨，并饬该所照实领米津数七十七元九角改编预算，该款在该局二十九年度救济米荒基金项下开支等语，应准如拟办理。

六、据本省粮食管理局呈缴北江运输所二十九年十二月份员役米津预算书册，列支一百六十五元。饬据会计处签称，查预算书与清册所列之实支数不符，拟饬照清册所列总数一百五十六元八角五分核拨，并饬该所照实领米津数一百五十六元八角五分改编预算，该款在该局二十九年度救济米荒基金项下开支等语，应准如拟办理。

七、据省地政局呈缴本局曲江乳源测量队暨地政处三十年度一至三月份员役生活补助费支付预算书，一月份列支二万三千六百四十四元，

二、三月份列支二万六千七百六十四元，三个月共列支七万七千一百七十二元。饬据会计处签称，核数尚合，拟准照拨，款在三十年度省总概算内调整机构补助公务员生活费项下按实开支等语，应准如拟办理。

八、据东江护侨事务所呈缴本所三十年度一至三月份员役生活补助费预算书册，月列三百五十元，三个月共列一千零五十元。饬据会计处签称，核数尚合，惟该所本部应照规定核减公役三人，该所各站应核减公役一人。核减后，该所暨各站月应列支二百七十元，三个月共应列支八百一十元，此款在三十年度省总概算内调整机构补助公务员生活费项下开支等语，应准如拟办理。

九、据财政厅签呈，转缴缉私处及所属员役官兵三十年度一至三月份生活补助费预算书册。饬据会计处签称，除该队所属各舰队部分拟准依照本省武装部队发给主副补助费规定核给主食补助费，至员兵薪饷，并饬由该处参照三十年度陆军暂行给与规则规定，自本年度起酌令阶级从新调整给发外，其余关于该处本身及甲乙丙各查缉所应共核减公役五十二名，核减后，三个月实应列支三万四千一百七十元，拟准照拨，款在三十年度调整机构补助公务员生活费项下开支等语，应准如拟办理。

十、据建设厅签呈，缴徐闻垦殖场三十年度一至三月份员役生活补助费预算书册，月列二百三十元，三个月共列六百九十元。饬据会计处签称，查核尚合，拟准照拨，款在三十年度调整机构补助公务员生活费项下开支等语，应准如拟办理。

十一、据卫生处呈缴第五防疫队三十年度一至三月份员役生活补助费预算书册，月列二百元，三个月共列六百元。饬据会计处签称，查核尚合，拟准照拨，款在三十年度调整机构补助公务员生活费项下按实开支等语，应准如拟办理。

讨论事项

一、据秘书处签呈，拟就广东省各县驿道线人行路修筑暂行办法暨广东省各县（市局）征集民工修复公路暂行办法，请提会核定公布施行等情，请公决案。

（决议）交高、刘（佐人）、邹三委员审查，由高委员召集。

二、据秘书处签呈，编具本府二十九年度电讯临时费支付预计算书类，列支三万七千三百四十五元八角五分，请指款拨支归垫等情，请公决案。

（决议）照案通过，款在本年度建设事业临时费项下开支。

三、据教育厅签呈，缴二十九年度汇发各校学生膳费汇费支付预算书，列支五百七十二元六角五分，此费拟即由同年度教育文化费第六项第三目补助学生膳费内拨支等情，请公决案。

（决议）照案通过。

四、据教育厅签呈，缴省立文理学院二十九年度秋季续招新生一次过经费支付预算书，列支八百六十四元四角七分，拟由该院二十九年度经常费节余项下开支等情，请公决案。

（决议）照案通过，抵解手续照会计处签拟办理。

五、据建设厅签呈，据农林局呈缴广东省农业增产成绩评议会组织办法，查核似属可行，经参酌秘书处审议意见，将原办法分别修正，并将办法改为规则，请察核等情，请公决案。①

（决议）照秘书处签拟通过。

六、据教育厅签呈，据省立艺术院呈缴风琴设备费预算书，列支八百元，查属需要，似应照准，款拟由本年度本厅及所属机关学校临时费项下拨支等情，请公决案。

（决议）照案通过。

七、据建设厅签呈，缴二十九年度盖搭本厅临时礼堂等支付预算书件，列支二千四百九十一元零七分，请核示等情，请公决案。

（决议）照案通过，抵解手续照会计处签拟办理。.

八、据建设厅签呈，据公路处呈缴沙灯线运输站二十八年十二月及二十九年一至五月经常费支付预算书表，暨开办旅费支付预算书，计由二十八年十二月起至二十九年五月底止经常费共列支七百六十五元三角八分，又开办费五百七十八元八角二分。查核尚属实情，似可准予照数编列，请指款拨给归垫等情，请公决案。

（决议）照案通过，款在本年度建设事业临时费项下开支。

九、据建设厅签呈，据公路处呈缴抢修大埔桥工程费预决算书表，列支一千零五十元三角七分。查核尚属需要，似可准予照办，请拨款归

---

① 秘书处签拟略。

垫等情，请公决案。

（决议）照案通过，款在本年度建设事业临时费项下开支。

十、据教育厅签呈，缴三十年度印发民众学校课本支付预算书表，及追减岁入追加岁入预算书，列支四万元。关于国库补助之二万元，奉教育部电不再补助，应将此项岁入概算追减由二十九年度节余义教国教费项下划拨二万元抵补，以保持四万元之数等情，请公决案。

（决议）照案通过，抵解手续照会计处签拟办理。

十一、据省振济会呈缴本会第一、四医疗队三十年度经常费支付预算书表，月各列支四百七十五元，年各列支五千七百元，款由本会振款项下照案拨支，请核示等情，请公决案。

（决议）照案通过。

十二、据省振济会呈缴本会三十年度经费预算书表，月列一万五千元，除六千一百元系由省库拨付，一千八百元系请由接收前振工总队移交余款抵拨外，并将本府前核准在生产专款项下开支之生产组经费月额七千元并入编列，请核示等情，请公决案。

（决议）生产组经费应另编预算，余照案通过。

十三、据省立临时医院呈，请增加本院设备临时费六万元，俾充实各种设备等情，请公决案。

（会计处签拟）拟如卫生处所拟在本年度卫生事业临时费一次过拨付该院临时费二万元，至该院上年度收入仍应解库，请提会核定。

（决议）照会计处签拟通过，并补具预算呈核。

十四、据本府战时通讯所先后签呈，拟购甲组电池四百个，共价四千四百元；购通心磁碍子一万个，共价八百元；旅运费一百元，合共五千三百元，该款拟在三十年度建设事业支出项下拨支。并拟价领干训团前购真空管，该款二千五百九十一元三角，请由省库指款开支等情，请公决案。①

（决议）真空管准予购置，余照会计处签拟通过。

密十五、第七区行政督察专员电，为本署三十年度修葺郊外临时办公厅室各蓬厂工料费共支一千三百七十元，拟请由省款预备金项下拨支，请核准汇发等情，请公决案。

---

① 会计处签拟略。

（决议）照案通过。

密十六、据卸增城县长周东呈缴第四区专署证明及该县长切结，请将破坏增从广增公路费一千六百七十六元六角六分照数拨还归垫等情，请公决案。①

（决议）照会计处签拟通过。

密十七、据会计处签呈，查陆大特五期暨第十七期粤籍学员肖文等三十四员请求援例发津贴费案，奉批照川省例按月津贴五十元。但前补助之治装费应予取销等因。该款月共支一千七百元，计自本年四月起至十二月止年支一万五千三百元，除扣还已拨付过治装费六千八百元外，实应拨支八千五百元。此款拟以补助费名称在本年度省预备金项下开支，请提会核定等情，请公决案。

（决议）保留。

十八、据会计处案呈，查大埔县地方二十九年度岁入岁出第二次追加概算收支各列为四千二百零一元，似应准予追加，请提会核定公布施行等情，请公决案。

（决议）照案通过。

十九、据会计处案呈，查廉江县三十年度地方岁入岁出概算，经参酌各厅处意见，分别整理核编完竣，核编后，计拟改列各为五十二万四千二百五十五元，请提会核定公布施行等情，请公决案。

（决议）照案通过。

二十、据会计处案呈，查惠阳县三十年度地方岁入岁出概算，经参酌各厅处意见，分别整理核编完竣，核编后，计拟改列各为一百零一万五千九百二十元，请提会核定公布施行等情，请公决案。

（决议）照案通过。

二十一、据会计处案呈，查安化管理局三十年度地方岁入岁出概算，经参酌各厅处意见，分别整理核编完竣，核编后，计拟改列各为八万零七百三十六元，请提会核定公布施行等情，请公决案。

（决议）照案通过。

二十二、据会计处案呈，查赤溪县三十年度地方岁入岁出概算，经

---

① 会计处签拟略。

参酌各厅处意见，分别整理核编完竣，核编后，计拟改列各为一十万零一千八百六十五元，请提会核定公布施行等情，请公决案。

（决议）照案通过。

二十三、据会计处案呈，查博罗县三十年度地方岁入岁出概算，经参酌各厅处意见，分别整理核编完竣，核编后，计拟改列各为四十四万七千三百四十九元，请提会核定公布施行等情，请公决案。

（决议）照案通过。

二十四、据会计处案呈，查电白县三十年度地方岁入岁出概算，经参酌各厅处意见，分别整理核编完竣，核编后，计拟改列各为七十四万三千一百一十三元，请提会核定公报施行等情，请公决案。

（决议）照案通过。

二十五、据会计处案呈，查化县二十九年度地方岁入岁出第四次追加概算收支各追列为八千二百二十四元，拟如财厅所拟增删，计各应追列为一万一千六百零九元，请提会核定公布施行等情，请公决案。

（决议）照案通过。

二十六、据会计处签呈，查改善韶兴公路路面工程急须完竣，中央核拨之工程费，尚未奉如数拨到，拟饬由广东省银行在二十九年度该行解库盈利溢额之款内借垫七十万元，拨交公路处为前项工程费之用，此款俟中央拨款汇到归还，或将来另筹来源提会核定拨还等情，请公决案。

（决议）照案通过。

二十七、据秘书处签呈，奉饬拟订本省侨资垦殖委员会组织章程，遵经拟就，请提会核定等情，请公决案。

（决议）交何、黄（元彬）、郑（丰）三委员审查，由何委员召集。

二十八、据秘书处签呈，奉饬拟订广东省临时省会建设委员会组织规程，遵经拟就，请提会核定等情，请公决案。

（决议）交何、黄（元彬）、邹、高、刘（佐人）五委员审查，由何委员召集。

二十九、高委员、郑委员（丰）、刘委员（佐人）会复审查卫生处签拟由本年四月一日起设置统计股，拟就组织系统图表经费预算表请核示一案意见，请公决案。

（审查意见）关于卫生处拟由本年四月一日起设置统计股，拟就组织系统图编制表暨经费预算表，月列八百七十八元，年列七千九百零二元，款在第一、二届选送卫生人员经费节余项下拨支一案，经参酌秘书、会计两处签拟意见，查核尚无不合，在本年度似应准照该两处签拟办理，至在明年度，则应由卫生处经费预算总筹办理。

（决议）照审查意见通过。

密三十、据散振美麦委员会签呈，请依照【香】港各团体决定办法，第二批以后美麦内运运费由省府负担半数急电香港各团体照办，俾得迅速内运等情，请公决案。

（决议）第二、三批美麦内运运费由省库负担半数，先由省行垫付所需款项，着财厅、振救会、粮食局妥拟呈核。

广东省政府第九届委员会
第二百二十一次议事录

日　　期　四月十五日

地　　点　曲江本府

出席者　郑彦棻　胡铭藻　刘佐人　高　信　何　彤　郑　丰

列席者　杜之英　李仲仁　伍崇厚　黄希声　刘支藩

主　　席　李汉魂（公假）　郑彦棻（代）

纪　　录　（参议）周正之　（参议）俞守范

报告事项

一、据建设厅签呈，转缴公路处购缉前兴宁站征收员郭而腾挟款潜逃费用支付预算书，该款一百八十二元六角六分，拟在该处二十九年度经费结存项下开支等情。饬据会计处签拟，准以各机关以前年度经费节余解库款科目追列三十年度岁入概算，以公路处购缉兴宁站征收员郭而腾挟款潜逃临时费科目追列三十年度岁出概算，饬该处将二十九年度经费节余款办理抵解手续等语，应准如拟办理。

二、据本省粮食管理局呈，据曲江桥车辆检查站呈缴二十九年度开办费支付预算书，列支八十元，查所列各费尚无不合，请核示等情。饬据会计处签称，该款拟饬列入该局业务费项下开支等语，应准如拟办理。

三、据赤溪县长刘广沛呈，为因公被匪击伤，用去医药旅费共八百二十元零三角七分，请如数核给等情。饬据会计处签称，拟准照荐任六级实支数额拨给一个月俸额之医药费国币一百六十二元，款在三十年度公务人员退休及抚恤支出项下拨给，余未便照发。至于暂在姚前任移交之振济会振款项下挪用之八百二十元三角九分，应饬扫数偿还等语，应准如拟办理。

四、据第二区行政督察专员电呈，以筹给团队警士米食究应统呈核审，抑暂权由职署一并代核，请核示等情。饬据会计处签称，查筹给长警米食之规定，既属与筹给团队米食之规定相同，前定是项筹给长警士米食办法应呈"本府核定始准施行"等字样，似可援照筹给团队米食办法之规定，修正为"专署核定施行转呈本府备案"等语，应准如拟办理。

五、据本省粮食管理局呈缴曲江检查站二十九年十一、十二月份员役米津预算书册。饬据会计处签称，查预算书与案大致相符，惟十一月份所列数字微误，经代改正，计由二十九年度十一月二十三日起至十二月底止，共应支一十六元四角八分，该款拟在救济米荒基金项下开支等语，应准如拟办理。

六、据财政厅先后呈送合浦等五税务局暨所属各所卡及平远税务局养路征收站三十年一至三月份员役生活补助费预算书册。饬据会计处签称，列数除核减外，总计实应支八千三百四十四元七角二分，此款在三十年度省总概算内调整机构补助公务员生活费项下开支等语，应准如拟办理。

七、据会计处签呈，准教育厅先后片送省立中区临时中学校等十校及省教育会本年一至三月份（东江临中二至三月份）员役生活补助费预算书册，总计实支一万八千六百三十元，此款在三十年度省总概算内调整机构补助公务员生活费项下开支等语，应准如拟办理。

讨论事项

密一、奉第四战区司令长官电,据一七五师电称,钦防米价昂贵,破路民工每名日发国币四角不敷食用,请转粤省府酌增民工伙食等情,希查照核办等因,请公决案。

(会计处签拟)钦防两县破修公路民工伙食拟自四月一日起每名每日改支国币五角(即比原定增加一角),建筑其他国防工事民工伙食拟亦照此增加,仍请鉴核,提会核定。至其余各县拟俟请求增给时再行核办,以符实际。

(决议)照会计处签拟通过。

密二、据教育厅签呈,缴三十年度国民教育经费岁出预算书分配表、追加岁入预算书、岁入岁出预算对照表、编印辅导小书岁出预算书分配表、国民教育委员会岁出预算书分配表,合计一百二十九万六千六百九十一元六角八分,请核饬财厅照预算分配数按期及按月提前划拨等情,请公决案。

(决议)交高、刘(佐人)、郑(丰)三委员审查,由高委员召集。

密三、据教育厅签呈,缴三十年度追加战区退出学生及师范生补助膳费支付预算书,列支九万一千零五十元,请指款拨支等情,请公决案。

(决议)并第二案审查。

四、据教育厅签呈,转缴韶关近郊疏散民众施教委员会二十九年事业费支出预算书,列支一千元,拟准在前奉核准由二十九年度小学教员暑期讲习会经费移拨童军教练员检定委员会经费三千零三十元项下拨还归垫等情,请公决案。

(决议)照案通过,抵解手续照会计处签拟办理。

密五、准广东省军管区司令部函送连阳自卫总队谍查队支出经费预算书,每月列支四百八十二元八角,年共支五千七百九十三元六角,请查照等由,请公决案。

(会计处签拟)连阳自卫总队谍查队经费预算改为一、二月份各列支四百八十二元八角,三月份起每月列支五百一十二元八角,全年度共六千零九十三元六角,款在连阳自卫总队三十年度经费节余拨支,请提会核定。

（决议）照会计处签拟通过。

六、据建设厅签呈，据合作事业管理处呈请将本厅员工合作社请拨借前合作委员会结余款八千二百六十九元零三分为该社流动资金。查核尚属需要，似可照准，请核示等情，请公决案。

（决议）交胡、邹、郑（丰）三委员审查，由胡委员召集。

七、据卫生处签呈，缴本处救护队员役制服费预算书，列支一千九百三十二元。款在本年第一、二届选送卫生人员受训节余款开支，请核示等情，请公决案。

（决议）照案通过，抵解手续照会计处签拟办理。

八、据卫生处签呈，拟订广东省儿童健康比赛实施办法，连同经费预算，计共列支四千三百六十元。拟在本处本年度事业费项下开支，请核示等情，请公决案。

（会计处签拟）查举办儿童健康比赛，尚属需要，惟原呈预算书第四项第一目第一节列支奖金三百元，此款在备考栏注明系购奖品及发给奖金，但原呈实施办法第十三条又说明奖品系向该地机关学校团体或个人捐募，是此项奖金无需列支，拟予剔除，核实共应支四千零六十元，此项临时费拟准在三十年度卫生事业临时费项下开支。仍请提会核定。

（决议）照会计处签拟通过。

九、据本省散振美麦委员会呈缴三十年度经常费及临时费预算书，计经常费月列一百元，由三月一日起至十二月底止，共列一千元，临时费一万七千元，款请准予在救荒基金项下按月拨支等情，请公决案。

（决议）经常费暂由粮管局经常费内匀支，临时费准在救济米荒基金项下拨支，仍须补具详细预算呈核。

十、据本省粮食管理局呈缴东江粮运会二十九年奉裁各入口站员工恩饷预算书，列支一千三百零五元。请在该会业务费项下开支，请核示等情，请公决案。

（决议）照案通过。

十一、据前保安处吴处长呈缴保安处二十九年度节余经费项下支出运输费预算书，列支一万六千八百零二元八角。遵在八月份以前团队经费节余项下开支，请核转备案等情，请公决案。

（决议）照案通过。

十二、据第五区行政督察专员电，拟订广东省第五区报请山地筑塘垦殖暂行办法，请核备案等情。经交地政局、秘书处、建设厅等分别审拟修正呈核前来，请公决案。

（决议）照案通过。

十三、黄委员（元彬）、郑委员（丰）、何委员会复审查秘书处所拟广东省战时公路征购养路材料暂行办法、广东省战时来往货车协助养路暂行办法、广东省战时征集民工抢修公路暂行办法意见，请公决案。①

（决议）照审查意见通过。

十四、据会计处案呈，查阳春县三十年度地方岁入岁出概算，经参酌各厅处意见，分别整理，核编完竣，核编后计拟改列各为四十四万七千一百零一元，请提会核定公布施行等情，请公决案。

（决议）照案通过。

十五、据会计处案呈，查丰顺县地方二十九年度岁入岁出第四次追加概算，经参照各厅处意见修正，计应各追列为一万七千二百三十五元，请提会核定公布施行等情，请公决案。

（决议）照案通过。

十六、据会计处案呈，查廉江县地方二十九年度岁入岁出追加概算收支各列为六百八十五元，经教厅审核，尚无不合，似应如厅拟准予追加，请提会核定公布施行等情，请公决案。

（决议）照案通过。

十七、据会计处签呈，查南路行署奉令结束，前由各厅处调用人员，着调回原机关服务，前经电饬遵照在案。兹拟订处置调回人员办法四项，请提会核定等情，请公决案。

（决议）照案通过。

十八、据建设厅签呈，据本厅合作事业管理处呈拟调技正兼总务组长李锡勋专任技正职务，遗总务组长缺，拟以文书股长林昌宗升充，查核所拟尚属可行，请核示等情，请公决案。

（决议）照派代理，薪级照秘书处签拟办理。

十九、据建设厅农林局呈缴总务课课长林晓青荐委表，请赐核委等

---

① 审查意见略。

情，请公决案。

（决议）照派代理。

二十、郑委员（丰）、高委员、黄委员（元彬）会复，审查财政厅签呈拟具本省征收民营汽车营业税补充办法及岁入岁出概算书件一案意见，请公决案。①

（决议）照审查意见通过。

二十一、郑委员（丰）、邹委员、何委员会复，审查本省图书杂志审查处所缴组织规程及三十年度开办费经常费一案意见，请公决案。②

（决议）照审查意见通过。

广东省政府第九届委员会
第二百二十二次议事录

日　　期　　四月十八日

地　　点　　曲江本府

出席者　　郑彦棻　高　信　郑　丰　刘佐人　胡铭藻　何　彤

列席者　　杜之英　李仲仁　黄希声　刘支藩　伍崇厚

主　　席　　李汉魂（公假）　郑彦棻（代）

纪　　录　　（参议）周正之　俞守范

报告事项

一、据民政厅签呈，拟订抽查检验已戒断瘾烟民办法大纲，并定由三十年五月十六日起至七月底止办竣，请核示等情，应准如拟通饬旅行。

二、据本省粮食管理局呈缴驻赣购粮办事处运输所二十九年度十至十二月份员役米津预算书册。饬据会计处签称，核案尚无超越，计每月

---

①　审查意见略。

②　审查意见略。

列支五十七元，三个月共列支一百七十一元，该款似可准在该局救济米荒基金项下开支等语，应准如拟办理。

三、据建设厅签呈，缴本厅本年度一至三月份员役生活补助费预算书册，月列五千七百六十元，三个月共列支一万七千二百八十元。饬据会计处签称，核数亦合，惟月应核减二百九十六元五角，三个月共核减八百八十九元五角。照此核减后，每月实应列支五千四百六十三元五角，三个月共应列支一万六千三百九十元五角。此款在三十年度省总概算内调整机构补助公务员生活费项下按实开支等语，应准如拟办理。

四、据会计处案呈，准教育厅片送中小学教师服务团三十年度一至三月份员役生活补助费预算书册，月列一千零五十元，三个月共列支三千一百五十元。查核尚合，拟准照拨，款在三十年度调整机构补助公务员生活费项下开支等情，应准如拟办理。

五、据会计处案呈，准教育厅片送省立岭东商业职业学校本年一至三月份员役生活补助费预算书册，月列六百一十元，三个月共列一千八百三十元。惟查应减公役四名，核减后，每月实应支五百七十元，三个月共实支一千七百一十元。此款在三十年度省总概算内调整机构补助公务员生活费项下开支等情，应准如拟办理。

讨论事项

密一、奉第七战区司令长官司令部电，据广东全省防空司令部呈，拟增设防空情报播音队，每月经常费共需二千七百九十七元一角二分，开办费一次过二百二十元等情，仰遵办具报等因，请公决案。

（会计处签拟）查本省防空司令部所拟增设防空情报播音队一队既奉第七战区司令长官司令部寅敬务一代电伤知，事关防空组织，尚属切要，自应遵办。其原拟经费预算内官兵主食补助费一项拟依照本省增给地方部队通案"官兵每人每月各给三元，自三月份起士兵另再加给二元。至米贵地区（东江、南路一带地区）原规定官兵各加给一元，另在节余拨支五角。该队系在北江一带，此项米贵补助费不另增给"之规定，更正为每月列支二百八十二元，自三月份起每月改为列支四百六十元。又为求预算适合整数计，拟将常备金科目改为列支四十八元五角（即减列一角一分），计改正后全队三十年度经费每月预算一千九百五十一元，三月起每月改为列支二千一百二十九元，拟自该队成立日起连

38

同开办费一次过国币二百二十元并在三十年度省预备金项下拨支，仍请提会核定。

（决议）照会计处签拟通过。

二、准广东省军管区司令部电送本部省款给与团队管理处三十年度开办费支付预算书，一次过列支一千二百元。款在本年度国民兵团队经费预算案内预备费项下开支，请查照提会决定等由，请公决案。

（决议）照案通过。

三、据教育厅签呈，缴上窑社会教育实施区附设国民学校三十年度经临费预算表，计经常费年共三千五百一十四元，另临时费八百三十元。拟照案由国民教育费内试办流动学校及补助各校经费项下拨支等情，请公决案。

（决议）照案通过。

四、据建设厅签呈，饬据农林局拟订牛畜登记条例，查所拟大致尚无不合，请核示等情，请公决案。

（决议）交胡、郑（丰）、高三委员审查，由胡委员召集。

五、据建设厅签呈，关于构筑乐汝、长汝、城汝及修缮仁长、仁城、城长等各段话线费二万三千四百八十七元九角一分，仍请准由本年度省建设事业支出项下拨支等情，请公决案。

（决议）照案通过。

六、据卫生处签呈，拟由本年四月一日起至十二月底止，每月连原规定合共补助本处第一卫生诊疗所所长关晓波特别生活补助费一百元，共九百元。款在本处二十九年度事业费节余项下开支，请核示等情，请公决案。

（决议）照案通过，抵解手续照会计处签拟办理。

七、据卫生处签呈，拟具各区战时卫生防疫区署改组办法暨暂行组织规程，请提会决定公布施行等情，请公决案。

（决议）照秘书处签拟修正通过。①

八、据本省战时贸易管理处呈，拟设替宾购运所，收购桂类，缴具编制表预算书，计由本年三月份起至十二月份止，共列支九千八百元，

---

① 秘书处签拟及修正之点略。

请核示等情，请公决案。①

（决议）照会计处签拟通过。

九、据省振济会呈，为本会购置汽车一辆，业经派员会同审计处驻会审计员验收完竣，该费四千五百元，拟在本会二十九年度经费内俸给费节余项下开支，请核示等情，请公决案。

（决议）照案通过，抵解手续照会计处签拟办理。

密十、准广东省军管区司令部电，为本部政治部所属第四科暨各县国民兵团政训室等单位遵照军委会政治部颁发之三十年度各级单位官兵俸给饷项表规定办理每月所需增加之官兵薪饷等费五千五百七十九元，经准自本年三月份起由本部就经管本省国民兵团队经费预备金项下按月拨补三千元，仍由该部并同原有经费统筹支配，请查照等情，请公决案。

（决议）保留。

十一、据秘书处案呈，据编译室签呈，拟将本府出版新公务员月刊结束，另行出版广东政治月刊。拟具计划及每月经费收支预算表，计收支各列二千四百五十元，请核示等情，请公决案。

（决议）交高、邹、刘（佐人）三委员审查，由高委员召集。

密十二、据秘书处案呈，缴广东省政府粤侨通讯处曲江分站华侨招待所简则及经临费预算书，计经费月支一百元，年支一千二百元；临时费列支八百一十三元五角五分，请提会核定等情，请公决案。

（决议）照案通过，款在本年度本府招待费项下开支。

十三、据会计处案呈，查南山管理局三十年度地方岁入岁出概算，经参照各厅处意见，分别整理核编完竣，核编后，计拟改列各为一十五万三千三百三十三元，请提会核定公布施行等情，请公决案。

（决议）照案通过。

十四、据会计处案呈，查广宁县二十九年度地方岁入岁出追加概算，经参照各厅意见，分别修改完竣，计收支各追列为四万零九百五十六元，请提会核定公布施行等情，请公决案。

（决议）照案通过。

---

① 会计处签拟略。

密十五、据梅县、恩平、龙川、平远、高要等县先后电，以司法囚粮业经奉令由卯月东日起增发八角或七角五分，行政囚粮拟请照司法囚粮数额同时增发等情，请公决案。

（决议）交刘（佐人）、邹、何三委员审查，由刘委员召集。

十六、据民政厅呈缴科长朱少言去职报告表，请予核准等情，请公决案。

（决议）照案通过。

十七、据建设厅合作事业管理处呈缴业务组组长赵植基去职报告表、业务组组长陈肇坤荐委表，请赐分别核委照准等情，请公决案。

（决议）照案通过。

十八、据秘书处案呈，查罗定县鹿鸣小学校校董林芝焕等为不服本府建设厅核准益群公司领采罗定县第×区×××××村××坑等处金矿之处分，提起诉愿一案，现经审查完竣，作成决定书，请提会核定等情，请公决案。

（决议）照决定书通过。

广东省政府第九届委员会
第二百二十三次议事录

日　　期　四月二十二日
地　　点　曲江本府
出席者　郑彦棻　高　信　郑　丰　刘佐人　胡铭藻　黄元彬
列席者　杜之英　黄　雯　黄希声　刘支藩　何剑甫
主　　席　李汉魂（公假）　郑彦棻（代）
纪　　录　（参议）周正之　俞守范

报告事项

一、据教育厅签呈，缴二十九年度战时教育视察旅费预算书，列支三百六十五元九角，拟在二十九年度社教督导员薪旅费项下拨支等情。

饬据会计处签称，拟准以各机关以前年度经费节余解库款科目追列三十年度岁入概算，以补拨教育厅二十九年度战地教育视察旅费科目追列三十年度岁出概算，饬该厅将二十九年度社教督导员薪旅费节余款办理抵解手续等语，应准如拟办理。

二、据教育厅签呈，准三民主义青年团广东支团筹备处函请拨款二百元会同举办广东青年征文比赛，查本厅办公费不敷，无从拨助，拟于三十年度本厅及所属机关学校临时费项下拨支等情。饬据会计处签称，查核尚属需要，此项临时费二百元拟准在本年度教厅所属机关学校临时费科目开支等语，应准如拟办理。

三、据省振济会呈，请准予本会技工养成所第一期学生延期一个月至本年三月底结业，延长期内一切开支，在该所经费节余项下实报实销等请〔情〕。饬据会计处签称，拟予照准，饬核实支报等语，应准如拟办理。

四、据教育厅签呈，缴省立老隆师范学校二十八年度第二学期津贴贫苦学生教科书加价费、临时费用预算书，列支四百八十元五角，拟请准在二十八年度教师服务团生活费结余项下拨支等情。饬据会计处签称，查列数尚无不合，此款拟准以各机关以前年度经费节余解库款科目追列三十年度岁入概算，以补拨省立老隆师范学校二十九年度补助贫苦学生教科书加价费科目追列三十年度岁出概算，饬该厅将二十八年度教师服务团生活费结余款办理抵解手续等语，应准如拟办理。

五、据南海县政府呈缴特务员钟荫等击毙敌探梁汉所获证明书件，请予照章给奖等情。饬据秘书、会计两处签拟，酌给奖金五十元，款拟在本年度省总概算奖赏金项下拨支等语，应准如拟办理。

六、据财政厅签呈，缴税警总团三十年度主食补助费预算书表。饬据会计处签称，是项主食补助费预算，计自一月份起，每月列支一万六千二百五十六元；三月份起，每月另再增加八千六百三十元，比照本府第二〇五次会议核定该团本年度官兵主食补助数每月尚需增拨一百三十一元，此数系驻东江南路一带米贵地区之官佐每人每月增给一元部分，尚未列入上项本府增拨额案内。拟自本年一月份起，照每月一百三十一元之数增拨，款在三十年度调整机构补助公务员生活费科目开支等语，应准如拟办理。

七、据本省粮食管理局呈缴驻湘购粮办事处二十九年九月份员役米津预算书册，列支五十二元。饬据会计处签称，核较以前核发数额计增加二十三元，查系该处九月份扩大组织所致，拟准照列，款在二十九年度救济米荒基金项下拨支等语，应准如拟办理。

八、据建设厅签呈，缴农林局农业试验总场三十年度一至三月份员役生活补助费预算书册，月列三百四十元，三个月共列支一千零二十元。饬据会计处签称，查核尚合，拟准照拨，款在三十年度调整机构补助公务员生活费项下按实开支等语，应准如拟办理。

九、据省振济会呈缴本会三十年度一至三月份员役生活补助费省款部分及振款部分预算书册。饬据会计处签称，振济会月列支一千三百四十元，三个月共列支四千零二十元。惟查应核减公役一名，核减后，每月应列支一千三百三十元，三个月应共列支三千九百九十。此款在三十年度省总概算内调整机构补助公务员生活费项下开支。生产组每月列支一千二百一十元，三个月共列支三千六百三十元，查核尚合，此款在三十年度该会振款项下开支等语，应准如拟办理。

十、据省立临时医院呈缴三十年度一至三月份员役生活补助费预算书册，月列一千二百六十元，三个月共列支三千七百八十元。饬据会计处签称，应核减公役十三名，核减后，每月应列支一千一百三【十】元，三个月应共列支三千三百九十元，此款在三十年度省总概算内调整机构补助公务员生活费项下开支等语，应准如拟办理。

十一、据第九区行政督察专员先后电称，本署二十九年十至十二月份及振区五至十二月份员役米津书册经编造带湾寄呈，恳饬厅先行汇发等情。饬据会计处签称，似可照准。该署月需一百一十二元，三个月共三百三十六元，又振区月需一十八元，五至十二月份，八个月共一百四十四元，拟请分别照拨，款在二十九年度各级公务员役团警米津项下开支等语，应准如拟办理。

十二、据本省战时贸易管理处呈缴本处暨所属机关三十年度一至三月份员役生活补助费预算书册。饬据会计处签称，该项员役生活补助费合计三万七千三百五十元，查核各数尚合，拟饬于报销时将停办之处站员役数额除去列入该处营业预算业务费项下核实开支等语。应准如拟办理。

十三、据会计处案呈，据省地政局会计室造送该局本年一至三月份员役生活补助费预算书册，一月列一千零四十三元四角八分，二月列一千一百四十元七角一分，三月列一千一百五十元，三个月共列支三千三百三十四元一角九分。查核尚合，拟准照拨，款在三十年度调整机构补助公务员生活费项下开支等情，应准如拟办理。

十四、据会计处案呈，查民政厅等十个机关请领二十九年度各月份员役米津案，经审核完竣，请核定报会后饬厅按照表列拟发数额分别拨付，款在二十九年度追加各级公务员役团警米津科目项下开支等情，应准如拟办理。

十五、据第一区行政督察专员呈缴无线电台三十年度一至三月份员役生活补助费预算书册，月列二百六十元，三个月共列七百八十元。饬据会计处签称，叶长青一员补助费应予剔出。剔减后，每月应支二百四十元，三个月共支七百二十元。此款在三十年度省总概算内调整机构补助公务员生活费项下按实开支等情，应准如拟办理。

十六、据卫生处呈缴防疫队第二队三十年一至三月份员役生活补助费预算书册，月列二百元，三个月共列六百元。饬据会计处签称，查书内列助理员一员，生活补助费应予剔除。剔除后，每月应列支一百八十元，三个月共列五百四十元，此款在三十年度省总概算内调整机构补助公务员生活费项下按实开支等语，应准如拟办理。

讨论事项

一、据民政厅签呈，拟订广东省各县局警察枪械弹药保管规则，请核夺等情，请公决案。

（决议）交刘（佐人）委员审查。

二、据民政厅签呈，缴本厅二十九年度第二次追加经常费办公费项预算书，计共追加二千三百五十九元七角七分，该款拟由本厅二十九年度第四科经费结余项下拨支，请核示等情，请公决案。

（决议）照案通过，抵解手续照会计处签拟办理。

密三、据民政厅签呈，南路行署结束后，该署科长刘剑元奉调回本厅以荐任视察录用。在该员未顶补实缺以前，薪俸请准由省库支给等情，请公决案。

（决议）照案通过，款在本年度省预备金项下开支。

四、据教育厅签呈，为推行国民教育起见，特派本省国民教育委员会委员崔载阳前赴战地各县调查设校情形。所需旅费一千元拟由二十九年度国民教育经费内国民教育委员会经费项下拨支，请核示等情，请公决案。

（决议）照案通过，抵解手续照会计处签拟办理。

五、据教育厅签呈，缴上窑社会教育实施区附设国民学校及诊疗所开办费支付预算书，共需二千七百三十五元三角三分，拟由教育导报印刷费剩余二十八年度一千元，二十九年度二百五十四元及二十九年度剩余本厅战教股经费八十九元五角八分，建教合作委员会经费一百八十三元五角，本厅在连县后方驻所修葺费八十五元二角三分，民众读物印刷费五百一十三元七角，本厅赴渝出席国民教育会议旅费九十元七角；民校课本印刷费五百一十八元六角二分，共二千七百三十五元三角三分拨支等情，请公决案。

（决议）照案通过，抵解手续照会计处签拟办理。

六、据建设厅签呈，据合作事业管理处呈拟订广东省县各级合作社推行垦荒种植杂粮油桐暂行办法及报告表式，查核大致尚合，经酌加修改，请核示等情，请公决案。

（决议）交高、郑（丰）、刘（佐人）三委员审查，由高委员召集。

七、据建设厅签呈，据公路处呈送第二工务总段忠信河渡车船工料费预算书，列支八百九十一元五角一分，该款请在九五水灾临时抢修工程费项下拨支，请核示等情，请公决案。①

（决议）照会计处签拟通过。

八、据卫生处签呈，缴本处三十年度防疫救护及视察旅费预算书，共列支三千元，该款拟在本年度事业费开支，请核示等情，请公决案。

（决议）照案通过。

九、据卫生处签呈，拟组织卫生工程队两队，缴具广东省卫生处卫生工程队计划书，及经临费预算书，经常费每队月列八百七十八元，年列七千九百零二元，开办费每队列一千九百七十二元，款在本处本年度

---

① 会计处签拟略。

事业费项下开支，请核示等情，请公决案。①

（决议）照秘书、会计两处签拟通过。

十、据本省救护委员会呈缴盖搭救护队宿舍竹棚建筑费预算书，列支八百一十一元六角八分，拟在该队本年一至三月份结余经费提拨，请核示等情，请公决案。

（决议）照案通过。

密十一、据本省粮食管理局呈缴建筑乐昌县属老虎头、杨溪等地粮仓六十四座工程费预算书，共需二十七万七千六百九十六元。拟请准由本省购粮基金项下开支，请核示等情，请公决案。

（决议）照案通过，编入营业预算。

十二、据会计处案呈，关于本府驻港通讯处代本府垫支前西南民航公司盖搭飞机棚厂及机场地租共国币九百八十九元四角七分一案，现准曾副行长晓峰将办理情形查明函复前来。该款既经曾副行长垫付，且桂省既已拨还归垫，本省似可照办，拟由三十年度省预备金项下拨付等情，请公决案。

（决议）照案通过。

密十三、据本府战时通讯所签呈，装设乐昌县坶城北乡黄村电话估计需费一千五百九十五元二角，请核示等情，请公决案。②

（决议）照会计处签拟通过。

十四、据省振济会呈，据广东妇女生产工作团呈缴该团托儿所三十年度经常费支付预算书表，月支九百五十七元，年支一万一千四百八十四元。查核各数尚无不合，款经由本会振款项下照案拨支，请察核存转等情，请公决案。

（决议）照案通过。

十五、据会计处案呈，据丰顺县呈缴二十九年度实施新县制十月、十一月两个月县府及区署增加经费预算书表，计县府增加经费两个月共二千五百八十九元零八分，区署增加经费共六百三十六元。核无不合，拟照案发给。惟二十九年度省库收支经已结束，似可改由三十年度省总

---

① 秘书处签拟、会计处签拟略。

② 会计处签拟略。

概算实施新县制经费补助款项下拨支等情，请公决案。

（决议）照案通过。

十六、据建设厅农林局呈缴技正李日光荐委表，请赐核委等情，请公决案。

（决议）照派代理。

十七、刘委员（佐人）、邹委员、黄委员（元彬）会复，审查地政局所拟广东省各县插花地整理办法一案意见，请公决案。

（审查意见）第六条第三款"或其他情况"五字拟删，因与第五条"依其他特殊情形"句意义同。

（决议）照审查意见通过。

广东省政府第九届委员会
第二百二十四次议事录

日　　期　四月二十五日

地　　点　曲江本府

出席者　郑彦棻　高　信　郑　丰　刘佐人　黄元彬　黄麟书
　　　　　胡铭藻

列席者　杜之英（蔡铁郎代）　黄　雯　刘支藩　何剑甫

主　　席　李汉魂（公假）　郑彦棻（代）

纪　　录　（参议）周正之　俞守范

报告事项

一、准军管区司令部电送特务连补充被炸损失服装费预算书，一次过列支二千五百零四元，请查照等由。饬据会计处签称，核属需要，似可准予照案在该部经管自卫队经费节余项下开支等语，应准如拟办理。

二、据财政厅、教育厅会呈，核拟关于本省临时参议会张参议员逊提议再请增高乡镇长待遇一案，拟暂定增为月给二十元至三十元，如乡镇长有合于中心小学校长资格兼任中心小学校长者，月给可至五十元，均仍由各县视其财力如何自行酌定等情，应予照准分别令饬遵照，暨函复省参议会。

三、据教育厅签呈，关于南雄中学图书费暨韶州师范学校劳作场建设费，拟请改在庚戌中学二十七年度防空及移校费一千二百三十元，梅州中学二十七年度建筑防空壕费六百三十元，仲元中学二十七年度十一、十二月保管费二百三十元，暨岩光中学二十八年度六至十月份经费三百七十五元，合计二千四百六十五元开支抵解，仍照前案核定科目追列概算等情。饬据会计处签称，核尚可行，拟予照准等语，应准如拟办理。

四、据建设厅签呈，转缴农林局三十年度惠阳农业指导工作站助理员华作善恤金支付预算书，共计八十元，款由该局二十九年度工作站经费节余项下开支等情。饬据会计处签称，核案尚符，惟此款似应在三十年度省概算岁出追加公务人员退休及抚恤支出科目拨支，并照数追加岁入各机关节余解库数科目，饬补办抵解手续等语，应准如拟办理。

五、据会计处案呈，准教育厅片送省立岭东商业职业学校二十九年暑期补习班收支预算书，各列一百零六元，既据教厅查核尚无不合，拟准以什项收入科目追列三十年度岁入概算，以补拨省立岭东商业职业学校二十九年度暑期补习班经费科目追列三十年度岁出概算，饬该校将所收学生补习费一百零六元办理抵解手续等语，应准如拟办理。

六、准广东高等法院函，请比照连连阳乳四县团警加发米津规定，加发各该县监狱员兵米津，并准各县监狱主任看守米津改照职员规定给与等由。饬据会计处签称，查尚可行，拟函复照准，请转饬款在各该监米津余款项下开支补编追加预算书及名册送府核办等语，应准如拟办理。

七、据建设厅签呈，缴狗牙洞八字岭煤矿保管处本年一至三月份员警生活补助费预算书册，计一、二月份各列支一百五十元，三月份列支一百七十元，三个月共列支四百七十元。饬据会计处签称，该处员警生活补助费应比照省警待遇发给，一、二月份应各列支七十五元，三月份应列支八十五元，三个月应共列支二百三十五元，款在三十年度省总概算内调整机构补助公务员生活费项下开支等语，应准如拟办理。

八、据卫生处签呈，转缴第三防疫区署本年一至三月份员役生活补助费预算书册，月列二百二十元，三个月共列支六百六十元。饬据会计处签称，查核尚合，拟准照拨，款在三十年度省总概算内调整机构补助公务员生活费项下开支等语，应准如拟办理。

九、据会计处签呈，查省振济会三十年度经费预算案，除列入三十年度省总概算月额六千二百元，及由生产专款项下月拨七千元外，尚有月额一千八百元，系拟由该会接收前振工总队移交余款项下拨支，全年十二个月共计二万一千六百元，该款拟在三十年度省总概算岁出经常门常时部分保育及救济支出款下追加振济会经费科目，以该会接收前振工总队移交余款项下同额抵拨，一面照数追加三十年度省总概算岁入经常门临时部分其他收入款下振工总队节余经费解库款科目等情，应准如拟办理。

讨论事项

密一、准保安司令部电送增编保安特务二个大队经费支付预算书暨一次过支付建设费概算书，经常费每大队月需一万零五百八十元一角一分，二个大队共需二万一千一百六十元二角二分；建设每大队一次过需支五万一千三百五十六元二角，两大队共需一十万二千七百一十二元四角，请照案自本年三月份起拨发等由，请公决案。

（决议）保留。

密二、准军管区司令部电送连阳自卫总队第二大队开办费支付预算书，列支九百元，请核发等由，请公决案。

（决议）照案通过，款在该总队经费节余项下拨支。

三、据财政厅签呈，关于修订本省香烛纸宝冥镪捐征收章程及估征办法一案，经照秘书处意见再予修正，请察核办理等情，请公决案。①

（决议）照秘书处签拟通过。

四、据教育厅签呈，据省立民众教育馆呈缴该馆馆址宿舍建搭修葺费及设备费支出预算书单，列支六千二百元，及陈明书单列数不符缘由，拟请准在本年度教师服务团经费内拨支，请核示等情，请公决案。

（决议）照案通过。抵解手续照会计处签拟办理。

五、据卫生处签呈，转解省立救济医院追加及增添建筑费预算书，

---

① 秘书处签拟略。

49

计追加五千八百九十元三角八分，请核示等情，请公决案。①

（决议）照会计处签拟通过。

六、据省地政局呈缴修正本局各县市地政处分处组织暂行规则及办事细则，请察核备案等情，请公决案。②

（决议）除第五、第六及第七等三条仍照原案外，余照秘书处签拟通过。

七、据秘书处签呈，拟就广东省各县（局）修辟灌溉塘井规则，请提会核定公布施行等情，请公决案。

（决议）交郑（丰）、高、胡三委员审查，由郑委员召集。

八、据本府战时通讯所先后签呈，缴前电讯组二十九年度电讯临时费预算书，列支八千一百七十六元五角六分，及该所二十九年度八至十二月份电讯临时费预算书，列支九千四百二十六元零三分，暨该所二十九年度八至十二月份电讯临时费暂付款概算书，列支六千零五十八元九角五分，请分别核示等情，请公决案。③

（决议）照会计处签拟通过。

密九、据连平县长电，为开凿药室，请先拨款四千元应支等情，请公决案。

（决议）照会计处签拟通过。

十、据会计处案呈，查丰顺县地方二十九年度岁入岁出追加预算，收支各列为三千八百四十九元，既经教育厅核无不合，似应准予追加，请提会核定公布施行等情，请公决案。

（决议）照案通过。

十一、据会计处案呈，查仁化县地方二十九年度国省库补助义教经费岁入岁出追加概算，收支各列为三千四百九十八元七角五分，既经教育厅核无不合，似应准予追加，惟总预算应至元位为止，角分位拟予删除，各改列为三千四百九十八元，请提会核定公布施行等情，请公决案。

---

① 会计处签拟略。

② 秘书处签拟略。

③ 会计处签拟略。

（决议）照案通过。

十二、据会计处案呈，查台山县地方二十九年度岁入岁出第二次追加概算，收支各列为一十九万八千五百五十七元，应照各厅处意见，分别增删，计岁出入实应各追列为二十一万三千五百五十七元，请提会核定公布施行等情，请公决案。

（决议）照案通过。

十三、据会计处案呈，查惠阳县地方二十九年度岁入岁出追加概算，计岁入追加数为一十八万二千三百四十四元，岁出追加数为二十五万一千七百一十四元，收支相抵不敷六万八千三百七十元。经照各厅意见，分别整理完竣，实应各追列为八万九千二百零八元，请提会核定公布施行等情，请公决案。

（决议）照案通过。

十四、据会计处案呈，查连平县三十年度地方岁入岁出总概算，经参酌各厅处意见，分别整理核编完竣，核编后，计拟改列各为四十万零一千九百六十九元，请提会核定公布施行等情，请公决案。

（决议）照案通过。

十五、据本省粮食管理局呈缴二十九年度公役制服费支付预算书，共需一千一百三十一元。拟就本年度各月经常费节余项下开支，请核示等情，请公决案。

（决议）照案通过。

十六、何委员、邹委员、刘委员（佐人）会复，审查关于南海县长电请将停发沦陷区自治费变通办理一案意见，请公决案。

（审查意见）（一）查区署系县政府辅助机关，与自治机关性质不同，依照中央规定，其经费原应归省库负担，由县自筹向为中央所不准（新县制施行后自当别论），本年度补助各县自治经费，既经停止，区署经费，事实上已不能不由各县自筹，惟在游击县份，因环境关系，收入短绌，自属实情，如区署经费必须自筹，势必无形停顿，为维持敌后政权起见，凡游击区各区署经费，自应一律仍由省库拨支。一区之中仅有小部分沦陷者，当能如常行使政权，故编制不妨照旧按照预算十足发给经费，现计全省仅有六区，平均以乙种编制计，全年共支一万六千八百元。全部沦陷者，及大部沦陷者，不能公然行使政权，其区署或须在邻区设置，甚或随同县政府在邻县设置，其组织编制，自宜另行拟订游击区区署组织章程，俾得适合实际上需要，且可减少虚糜，现计全省共有九十八区，每区定为月支经费一百五十元，全年共支一十七万六千四百元，连上六区计算，合计一十九万二千二百元，本年由五月份起，共计八个月，计应列一十二万八千八百元。（二）另由省库拨足二十万元为补助游击区乡镇自治经费，并由财政厅、民政厅体察各县情形，拟订分配数额，提会决定后，按月拨支，再由各县自行议定补助办法，呈准后施行，俾得切合各县实际上需要，以期减少手续。依照上拟办法两项合共支三十二万八千八百元，款在本年度补助各县经费科目开支，不另追预算。

（决议）照审查意见通过。

十七、胡委员、邹委员、郑委员（丰）会复，审查建设厅签呈，据合作事业管理处呈请将本厅员工合作社请拨借前合作委员会结余款八千二百六十九元零三分为该社流动资金，请核示一案意见，请公决案。

（审查意见）查合作社资金应以社员股本为基础，如资金不足，得向合作金库申请贷款。惟本省尚无合作金库之设，对于各合作社资金不足周转，似可由合作事业管理处暂时兼负统筹贷与责任，惟拟酌定限制其贷款额，以社员股本总额三分之二为限。至此项贷款来源，即由合作事业管理处向广东省银行商借。关于本案建设厅员工合作社不足资金，拟即照上项意见办理，原存前合作委员会结余款八千余元，拟归还入库。

（决议）照审查意见通过。

十八、胡委员、郑委员（丰）、高委员会复，审查农林局所拟牛畜登记条例一案意见，请公决案。

（审查意见）查牛畜登记尚属需要，惟按之现在政治基层组织及社会状况，一时实不易推行，尤恐致社会发生骚动，至防止牛畜流出沦陷区，自须另定办法，切实执行，以免资敌，拟发还建设厅另拟呈核。

（决议）照审查意见通过。

临时动议

一、主席提议，据本府行政效率促进委员会签呈，遵谕召集各机关拟具救济公务员生活改订薪给办法，连同计划书表等件，送核前来，请公决案。

二、委员兼财政厅长邹琳提议，拟订提高省公务人员待遇办法四项，请公决案。

（决议）并案交郑（彦棻）、何、胡三委员审查，由郑委员召集。

广东省政府第九届委员会
第二百二十五次议事录

日　期　四月二十九日
地　点　曲江本府
出席者　郑彦棻　黄麟书　黄元彬　胡铭藻　刘佐人　何　彤
　　　　郑　丰　高　信
列席者　杜之英　黄　雯　刘支藩
主　席　李汉魂（公假）　郑彦棻（代）
纪　录　（参议）周正之　俞守范

报告事项

一、准广东省高等法院电，为广东第四区联合监狱修建设置工程费共需四千一百六十四元，除先后核准三千六百六十四元外，尚不敷五百元，经准在该监上年七至十二月份经费节余项下匀支，请查照办理等由。饬据会计处签称，查核尚符，其不敷之五百元，似可在三十年度省总概算追列补拨广东高等法院第四联合监狱开办费科目拨支，并照数追加岁入各机关以前年度节余解库款科目，请转饬办理抵解手续等语，应准如拟办理。

二、准广东省地方行政干部训练委员会及干训团先后函送第七、八、九区联训班结业学员回程里数时日旅费表及分派各县学员途程天数一览表，请存转备案等由。饬据会计处签称，拟请准照办理。惟查干训团结业学员回程旅费，前经核定每天二元五角，嗣经训委会第四次会议通过改订为每天三元，续经核准增加为每日四元，事关变更原案，仍请报会后存转等语，应准如拟办理。

三、据财政厅报告，拟订继续催收地税契税办法，分行遵守，请察核备案等情。饬据秘书处签称，查所拟办法七项大致尚无不合，拟准予备案等语，应准如拟办理。

四、据教育厅呈转省立民众教育馆增建职员宿舍临时费支付预算书类，列支四百四十二元六角一分，请核示等情。饬据会计处签称，拟准以各机关以前年度经费节余解库款科目追列三十年岁入概算，以省立民众教育馆职员宿舍建筑费科目追列三十年度岁出概算，饬该馆将二十九年度节余经费办理抵解手续等语，应准如拟办理。

五、据教育厅签呈，缴二十九年度派员代部监考旅费预算书，列支三十二元五角五分，拟由二十九年度战教股剩余经费项下拨支等情。饬据会计处签称，拟准以各机关以前年度经费节余解库款科目追列三十年度岁入概算，以补拨教育厅二十九年度代部监考旅费科目追列三十年度岁出概算，饬该厅将二十九年度战教股节余经费办理抵解手续等语，应准如拟办理。

六、据卫生处呈缴南路办事处遣散员役恩饷费预算书，列支二百二十八元，及三十年度一月份薪饷米津费预算书，列支二百零一元。饬据会计处签称，一月份薪饷拟准作为结束经费，予以照发，惟米津三十一元，应予剔除。剔除后，应实为一百七十元，合计恩薪饷共计三百九十八元。此款拟在三十年度省总概算岁出经常门临时部分卫生及治疗支出款下追列卫生处南路办事处临时费科目，以该办事处二十九年度节余经费项下抵拨，一面追加三十年度省总概算岁入经常门临时部分其他收入款下各机关节余经费解库款科目等语，应准如拟办理。

七、据建设厅呈，据本省战时长途电话管理所呈缴构筑连茂德高长途话线计划预算书表，列支三十八万三千五百五十八元六角七分。饬据会计处签称，核与本府第一〇八次会议核定概算数实减列三万六千六百二十一元三角三分，既经连茂德高工程预算审核会议决议"似可照现编预算数核定"。查该话线现既架设完竣，长途电话管理所预算似可如建设厅签拟意见办理，惟应核实编造概算书呈府审核后，再转送审计处等语，应准如拟办理。

八、据广东省银行呈缴广东农贷机关经收农贷增息办法。饬据会计处签称，查该办法系本诸行政院所发办法之原则，由省银行与建设厅合作事业管理处会订，大致尚无不合，惟原拟办法第三项关于增收利息之存储据，拟以"以活期往来存款"存储于农贷机关，虽系为事实上利便起见，惟其收支数目仍应照特种基金处理报府核备，其第六项动用增收利息之预算计划，并饬先行报核，始得动支等语，应准如拟办理。

九、据本省粮食管理局呈缴东江米粮运销委员会追加开办费预算书，列支二百八十五元一角五分。饬据会计处签称，既经粮局核明需要，核数相符，拟准照数追加，款在救济米荒基金项下开支等语，应准如拟办理。

十、据本府战时通讯所签呈，拟将前订本府各级无线电台因战事急迫移动雇用长短夫暂行办法及拟修正原办法第一、六两条条文，请核定通饬施行等情。饬据会计处签称，查修正办法第六条"……所需长短夫费列入各县（市局）地方款'战时准备金'或'节存预备金'项下开支"句，拟改正为"所需长短夫费列入各县（市局）地方款预备金项下开支，并遵章编具预算及办理请款手续"，其余大致尚无不合，拟请一并报会核定等语，应准如拟办理。

十一、据南澳县电，请拟发二十八年十二月十五日至二十九年十二月底止省库补助情报股经费每月二百六十元，共十二个月零十七天计共三千二百六十二元四角六分等情。饬据会计处签称，核案相符，自可照准，至本年度经费，应饬由该县在省库年拨普通补助金项下匀支，所请自本年一月份起由省库继续补助，应毋庸议等语，应准如拟办理。

十二、据澄海县呈，以鮀东乡副乡长陈少屿发动乡中壮丁参加抗日后，被敌惨杀，请从优给恤等情。饬据秘书、会计两处签拟，依战时乡镇保甲长暨联保主任因公伤亡给恤暂行标准之规定，酌给一百五十元之一次抚恤费，在本年度恤金项下拨发等语，应准如拟办理。

十三、据陆丰县呈缴拆毁甲子城垣民工伙食费支出计算书类，列支四千零七十元。饬据会计处签称，除原列该县第四科长监工出差旅费一百四十一元之款依照本府规定应饬在县地方款项下指拨外，其余三千九百二十九元，似可准在本府前拨付该县拆城费四千元额内拨支等语，应准如拟办理。

讨论事项

密一、准广东全省保安司令部电送保安第七团二十九年度八月份运械过琼支出旅运费预算书表，列支一万二千一百三十六元九角，请在二十九年度各月份保安经费节余项下开支等由，请公决案。

（决议）照案通过，抵解手续照会计处签拟办理。

密二、据教育厅签呈，缴本厅二十九年度超支汽油及修配汽车零件费预算书，共列支四千五百二十六元四角七分，请以二十六年十二月体育会经费一百四十五元八角四分及二十七年度保管费四十八元六角一分，二十六年省校战时后方服务训练费二千六百三十六元六角五分，中上讲习班结余经费七百一十九元二角七分，二十七年度韶州师范迁校费八百六十八元五角七分，二十八年度岩光中学十一、十二月份经费一百五十元，总共四千五百六十八元九角四分拨还归垫等情，请公决案。

（决议）照案通过，抵解手续照会计处签拟办理。

三、据卫生处签呈，拟援照犁市乡村妇婴卫生实验室办法，分在肇庆、茂名、兴宁等三县各设乡村妇婴卫生实验室一所，每所开办费三百五十八元，三所共一千零七十四元，每所每月经费三百六十九元，三所共一千一百零七元，自本年七月组织成立，至十二月底止六个月，共计六千六百四十二元。上项经临两费合计共七千七百一十六元，拟在本处本年度事业费项下开支，请核示等情，请公决案。

（会计处签拟）查该处拟设立肇庆、茂名、兴宁等三县乡村妇婴卫生实验室，既系根据该处三十年度施政中心工作实施计划办理，似可准予增设。惟查前经设在犁市之妇婴卫生实验室，每月经费系三百一十九元，现拟增设上开各县乡村妇婴卫生实验室，每所每月经费，似应照犁市一所支拨，现据列每所月支经费三百六十九元，拟核减为月支三百一十九元，三所月支九百五十七元，计本年六个月（原呈请在七月成立）共支经费五千七百四十二元。又开办费原定每所三百五十八元，拟准予照列，三所共支一千零七十四元。以上三所经临费合共为六千八百一十六元，此款拟准在本年度卫生事业临时费项下开支，仍请提会核定。

（决议）照会计处签拟通过。

四、据本省粮食管理局呈缴驻赣购粮办事处编制预算表，每月列支一千零七十八元，请核示等情，请公决案。①

（决议）照会计处签拟通过。

五、据本府战时通讯所签呈，据本所电话队呈，拟建搭木屋计需建造费六百二十四元四角，查尚需要，请核示等情，请公决案。

（决议）照案通过。款在本年度省总概算建设事业临时费项下开支。

六、据秘书处签呈，本府垫支许委员等因公出差旅费四单共四千八百六十四元五角，拟在本府二十九年度巡回视察旅费节余项下拨支归垫，请核示等情，请公决案。

（决议）照案通过，抵解手续照会计处签拟办理。

七、据第一区行政督察专员呈，据新会县政府呈缴加强黄鱼滘封锁线工料费支付预算书，列支一千六百元。核数尚属符合，似可准予照办，请核示等情，请公决案。

（决议）照案通过，款在本年度省总概算建设事业临时费项下开支。

密八、据第七区行政督察专员呈缴三十年三月份临时搬运费支出预算书，计列支三千六百八十九元七角，请核示等情，请公决案。

（决议）照案通过，款在本年度省总概算预备金项下开支。

九、准第七战区司令长官司令部编纂委员会函送三十年度修葺办公各棚暨增建会议厅临时费支付预算书，列支二千五百九十六元六角。拟在本会二十八、二十九年度经费节余项下拨支，请查照办理等由，请公决案。

（决议）照案通过，抵解手续照会计处签拟办理。

十、教育厅签呈，奉部令本省须增拨省立广州农工业职业学校及水产职业学校教学设备费各一万元，共二万元。惟本年度省教育文化经临各费，早经核定支配，该款拟请另行指款照拨等情，请公决案。

（会计处签拟）查本年度省总概算所列广州农工职业学校经费，已较去年增加二万四千二百四十一元，水产职业学校亦增一万二千九百六十七元，并另增加广州农工业职业学校兼办农田水利班经费二万五千四

---

① 会计处签拟略。

百六十四元。为免重复增加省库负担起见，关于各该校教学设备费，似毋须再由省库增加补助，拟饬由该厅就上开增加之数妥为支配，划拨一部分作为并入教部补助之教学设备费办理，依照规定办法呈报教部，藉符规定。至教部补助之二万元，拟以"职业学校教学设备费"科目分别追列三十年度省地方概算岁入经常门临时部分第七款下及岁出经常门常时部分第四款下，仍请提会核定。

（决议）照会计处签拟通过。

十一、据教育厅签呈，拟举办师资进修班、省立艺术院附设图音师资班、省立梅州女子师范增设简师科、新县制各县附设简师科、省立师范学校辅导地方教育及小学教师登记，各项共需一十万零八千三百四十七元二角，其来源拟将国库多拨二十九年度师资训练费一十万零三千五百元全数拨充外，其余四千八百四十七元二角。拟由本省二十九年度国民教育师资短期训练经费原预算四十五万元之节余项下划拨等情，请公决案。

（会计处签拟）（一）原呈追加岁入预算书第一款补助及协助收入列二十九年度国民教育师资训练中央补助费一十万零三千五百元，此款拟仍照原案以二十九年度中央补助国民教育师资短期训练经费科目追加三十年度省总概算岁入经常门临时部分补助及协助收入款下，并在同年度省总概算岁出经常门临时部分教育及文化支出款下追加国民教育师资训练经费科目，其第二款其他收入列二十九年度国民教育师资训练节余款四千八百八十三元二角，查教育部补助二十九年度国民教育师资训练经费，系追加三十年度省总概算，即系为三十年度之收入，故所列第二款之收入，似不能作为经费节余收入，拟代为删去。（二）关于本年度国民教育师资训练经费概算书，计列：1. 师资进修班经费三万三千三百五十五元二角。2. 省立艺术院附设图音师资班经费五千八百零五元。3. 省立梅州女子师范学校增设简师科经费二千六百三十三元七角五分。4. 新县制各县附设简师科经费一万七千零三十三元七角五分。5. 省立师范学校辅导地方教育经费一万一千六百一十元。6. 小学教师检定委员会经费一百九十六元。7. 准备费三万七千七百四十九元五角。以上六项连同准备费计共一十万八千三百八十三元二角，据称各项详细办法及预算另案呈核等情。兹拟在该办法及预算表未据呈核之前，先照所列概数核定，俾资办理。至此款除在上拟（第一点）追加国民教育师资训练经费科目拨支一十万零三千五百元外，仍不敷四千八百八十三元二角，拟饬在本年度省总概算追加补发二十九年度国民教育师资训练经费项下匀支。

（决议）照会计处签拟通过。

密十二、据番禺县政府呈，请在三十年度仍予按月继续补助本县政警经费一千五百元等情，请公决案。

（决议）准予继续补助至本年六月底止。

十三、据仁化县政府呈缴追加二十九年度省库补助贫瘠县份增加人员岁入岁出预算书，月各列二百元，由二十九年度三月十五日至十二月底，共九个半月，列一千九百元，请核示等情，请公决案。

（决议）照案通过。

十四、据卫生处呈缴本处第二科科长苏六昭荐委表，请核示等情，请公决案。

（决议）照派代理。

十五、黄委员（麟书）、邹委员、郑委员（丰）会复，审查本府行政效率促进委员会组织规程暨办事细则一案意见，请公决案。

（决议）保留。

十六、何委员、邹委员、刘委员（佐人）会复，审查关于本省军管医司令部电，以国民兵编组其调查办公费暨概算表等费请照规定增加三分之一，由省预备金项下拨支一案意见，请公决案。

（审查意见）查本案照会计处签拟为：（一）办理国民兵役每县初次施行壮丁调查办公费原照行政院颁概算表规定，系为派遣督察一员之公旅费用，并非指定为各县办理国民兵役初次施行壮丁调查之办公费，现将此项公旅费转移为国民兵团各级区乡保队长之公旅费，已属特予加给之款，盖壮丁调查系国民兵团及各级区乡保队长应有之责任，所请增加，毋庸照办。（二）应备书簿表册等费，前定办法十七个年次，现依照定章应增至二十七个年次，所需费用，自可依照规定每年次需款数额推算增加，由省预备金拨发。按会计处原签意见核属允当，似应仍照会计处原拟办理。

（决议）照审查意见通过。

十七、据秘书处案呈，查五华县民钟升平等因地产争执不服五华县政府之处分，提起诉愿一案，现经审查完竣，作成决定书，请提会核定等情，请公决案。

（决议）照决定书通过。

十八、高委员、郑委员（丰）、刘委员（佐人）会复，审查教育厅所缴三十年度国民教育经费岁出预算追加岁入预算编印辅导小丛书岁出预算，暨国民教育委员会岁出概算案，及三十年度追加战区退出学生及师范生补助膳费预算书意见，请公决案。

（决议）仍照原案通过。

十九、据本省粮食管理局呈，为准省粮食评议会函，拟送本省紧急取缔囤积粮食居奇操纵办法，请参酌施行等由，请提会决定颁行等情。经饬秘书处将原办法整理完竣，提请公决案。

（决议）交何、黄（元彬）、高三委员审查，由何委员召集。

二十、高委员、邹委员、刘委员（佐人）会复，审查关于省府出版，新公务员月刊结束，另行出版广东政治月刊一案意见，请公决案。

（审查意见）（一）查新公务员月刊本年度省总概算未经列款补助，当系由省府自行开支，现该月刊既已结束，另行出版广东政治月刊，则该广东政治月刊需支款项，拟照会计处签拟意见。（二）照原编广东政治月刊经费收支预算表收入部分只列"销售刊物收入"每月一百元，惟该刊物当可承登广告，拟增列"广告费收入"，所有前项收入，均准由省库核收另列收入预算，指拨为补助该月刊费用。

（决议）照审查意见通过。

广东省政府第九届委员会第二百二十六次议事录

日　期　五月二日
地　点　曲江本府

出席者 李汉魂　郑彦棻　胡铭藻　刘佐人　郑　丰　黄元彬
　　　　何　彤　黄麟书
列席者 杜之英　刘支藩　黄　雯
主　席 李汉魂
纪　录 （参议）周正之　俞守范

报告事项

一、奉第七战区司令长官司令部电，据报周副司令汉铃击毙匪首李齐春等，除传谕嘉奖外，仰仍酌核给奖等因。饬据秘书、会计两处签拟依照海陆空军奖励条例之规定，给予奖金五十元，款在本年度省总概算奖赏金项下开支等语，应准如拟办理。

二、准广东全省保安司令部电送三十年一月份候用调训人员一次过津贴费支付预算书，列支三百九十元，款在本部团队经费节余项下开支，请查照等由。饬据会计处签称，似可准在保安司令部三十年度团队经费节余项下拨支等语，应准如拟办理。

三、据本府行政效率促进委员会签呈，拟电饬各县局三十年度工作计划除与预算有关而预算未经核定者外，准一面呈缴，一面即照进行，如呈报到府发现有违背法令，或窒碍情形，再行电饬改正，以免延误要政等情，经准如拟办理。

四、据本府南路行署呈，奉令饬结束关于区宜谦留韶办理结束薪俸尚付缺如，拟将本署结束费俸给工饷节余款五十四元抵支，并入本署结束费支报超出之数，不另请款等情。饬据会计处签称，核属可行，拟予照准等语，应准如拟办理。

五、据省振济会呈，据本会技工养成所呈缴二十九年度经常费预算数实支数比较表，及陈明各项目超出预算数目流用情形，查属实情，请察核备案等情。饬据会计处签称，既据遵编流用表，并叙明事由，尚合理由，拟准予照数流用，该所二十九年度经费节余款八千一百六十一元六角九分，依法拟饬照数缴还省振济会，以振款基金科目列收解库等语，应准如拟办理。

六、据省卫生处卫生试验所呈缴疏散费预算书表，列支一百五十一元四角。饬据会计处签称，核与规定办法尚无不合，拟准在本年度省预备金项下拨还归垫等语，应准如拟办理。

七、据惠阳县政府呈，以冬防队队长温汉光因担任剿逆部队向导，被匪杀害，缴呈请恤事实表，请察核等情。饬据秘书、会计两处签拟比照人民守土伤亡抚恤实施办法之规定，给予一次过抚恤费八十元，在本年度省总概算恤金项下拨付，又年抚金五十元，要给与十年为止，款自三十一年度起至四十年度止，按年列入省概算恤金项下拨支等语，应准如拟办理。

八、据财政厅呈缴连平税务局征收养路费站员役三十年二月至三月份生活补助费预算书册，月列六十元，两个月共列一百二十元。饬据会计处签称，查核尚合，拟准照拨，款在三十年度省总概算内调整机构补助公务员生活费项下开支等语，应准如拟办理。

九、据财政厅呈缴龙川税务局暨所属各所站本年一至三月份员役生活补助费预算书册，一月份列支五百五十元，二、三两月份各列支六百九十元，三个月共列支一千九百三十元。饬据会计处签称，查核尚合，拟准照拨，款在三十年度省总概算内调整机构补助公务员生活费项下开支等语，应准如拟办理。

十、据本府行政效率促进委员会呈缴本年度四至六月份员役生活补助费预算书册，月列支八百元，三个月共列支二千四百元。饬据会计处签称，应核减公役一名，核减后，每月实应列支七百九十元，三个月共应列支二千三百七十元，此款在三十年度省总概算内调整机构补助公务员生活费项下开支等语，应准如拟办理。

十一、据会计处案呈查财政厅先后呈送阳春等五十九税务局暨所属各所卡二十九年度十至十二月份员役米津预算书册，经减列后共支三万零四百五十二元八角一分，此款拟在追加二十九年度省总概算内各级公务员役团警米津项下开支等语，应准如拟办理。

十二、据地政局呈缴本局所属南雄、始兴两县测量队地政处二十九年八、九两月份员役米津预算书册，计八月份列支七千五百七十六元八角六分，九月份列支七千三百九十一元二角八分，两个月共列支一万四千九百六十八元一角四分。饬据会计处签称，核尚符合，拟准照拨，款在二十九年度追加省总概算各级公务员役团警米津项下开支等语，应准如拟办理。

讨论事项

一、准广东省军管区司令部电送二十九年度本部兵役宣查队追加试办期间各项设备费支付预算书，共需二千元。拟请准在二十九年度国民兵团队经费积余项下拨付等由，请公决案。

（决议）照案通过，抵解手续照会计处签拟办理。

二、准广东省军管区司令部电，为夏季将届，本部省款给与团队管理处暨特务连士兵夫夏季服装亟待制备，检送支付预算书，列支七千四百三十二元一角。款在本年度国民兵团队节余经费项下垫付，请查照核定等由，请公决案。

（决议）照案通过。

三、准广东省地方行政干部训练委员会函送参加中央训练团党政班第十五期受训人员姓名表，计列军训大队长韩汉屏等十员，每员照规定支去程旅费五百五十元，合计五千五百元，请如数拨付给领等由，请公决案。

（决议）照案通过，款在本年度赴中央训练团受训人员旅费项下开支。

四、据教育厅签呈，据省立广州女子师范学校呈缴二十九年度筹备复校迁建设备临时费预算书，列支二万七千零一十五元零六分，及二十九年度八至十二月份经费预算书，月列二千九百七十二元，五个月共列支一万四千八百六十元。拟准照所请由二十九年度该校留港旧生回韶旅费结存五千五百元及该校附小节存保育费二千二百三十一元一角九分暨师范部及附小部二十六、二十七两年结存经费九千一百八十三元八角七分拨支外，其余拟在二十九年度省校增班经费项下拨付等情，请公决案。

（决议）照案通过，抵解手续照会计处签拟办理。

五、据本省救护委员会呈缴救护队开办费及视察旅费岁入预算书，计列二千六百九十八元一角八分，请察核存转等情，请公决案。

（决议）照案通过。

六、据广东省营工业清理委员会呈缴广东省营工业借欠省行款项清理办法，请察核备案等情，请公决案。

（决议）照会计处签拟通过，但向省行或其他机关借款新办之工厂，其盈利须俟开办工厂本息清还后，再照第一项办理。①

七、据台山县长电，为第二次奉令破坏公铁路民工伙食计共支出四万六千三百九十三元七角六分，除奉财政厅发五千元外，实挪垫四万一千三百九十三元七角六分，请迅发还归垫等情，请公决案。

（决议）照案通过，款在本年度建设事业临时费项下先行垫付，仍请军政部发还。

八、据卫生处签呈，缴本处救护大队第三分队出发茂名旅费预算书，列支一千三百二十四元。该款拟在本年度卫生事业费开支，请核示等情，请公决案。②

（决议）照会计处签拟通过。

九、据本府驻港通讯处电，为港台经费奉准改发港币，现财厅汇发国币，月与原定港币额不符，请迅饬厅查案照拨原领港币数目等情，请公决案。③

（决议）照会计处签拟通过。

十至十一、（略）

十二、据财政厅、会计处会呈，据揭阳县政府呈报办理阻塞及封锁□□各任共垫支过五千三百九十八元六角，请将款拨发归垫前来。查梁任垫支三千一百五十七元一角二分，经先后提会核定在二十八年度建设事业支出开支拨还外，其马任及陈任共垫支二千二百四十一元四角八分之款，似可准予照数发还，款在三十年度省地方岁出概算建设事业临时费科目拨发等情，请公决案。

（决议）照案通过。

十三、据秘书处签呈，拟修正优待出征抗敌军人家属条例广东省施行细则第二条至第四条第十一条至第十九条第三十三条至第四十条等各条条文，请提会核定施行等情，请公决案。

（决议）照案通过。

十四、高委员、郑委员（丰）、刘委员（佐人）会复，审查建设厅

---

① 原会计处签拟意见附表列后，现略。
② 会计处签拟略。
③ 会计处签拟略。

合作事业管理处拟订广东省县各级合作社推行垦荒种植杂粮油桐暂行办法及表式一案意见，请公决案。

（审查意见）大致尚合，惟关于种植油桐一节，尚非急要，拟照私〔秘〕书处签拟意见修正。

（决议）照审查意见通过。

十五、准广东省军管区司令部电，为本部政治部所属第四科暨各县国民兵团政训室等单位需照军委会政治部颁发之三十年度各级单位官兵俸给饷项表规定办理，每月所需增加官兵薪饷等费五千五百七十九元。经准自本年三月份起由本部就经管本省国民兵团队经费预备金项下按月拨补三千元，仍由该部并同原有经费统筹支配，请查照等由，请公决案。

（决议）照案通过。

十六至十八、（略）

十九、何委员、黄委员（元彬）、郑委员（丰）会复，审查秘书处所拟广东省侨资垦殖委员会组织章程一案意见，请公决案。①

（决议）照审查意见通过。

二十、何委员、黄委员（元彬）、高委员会复，审查关于本省紧急取缔屯积粮食居奇操纵办法一案意见，请公决案。

（决议）照审查意见修正通过。②

二十一、据本省粮食管理局签呈，拟具本省粮食管理办法，请核定施行等情，经饬据秘书处邀同民政厅、效率会等会同审查整理完竣，提请公决案。

（决议）交何、郑（彦棻）、黄（元彬）三委员审查，由何委员召集。

---

① 审查意见略。
② 修正之点略。

广东省政府第九届委员会
第二百二十七次议事录

日　　期　五月六日
地　　点　曲江本府
出席者　李汉魂　郑彦棻　刘佐人　郑　丰　胡铭藻　何　彤
　　　　　高　信　黄麟书　黄元彬
列席者　袁晴晖　杜之英　黄　雯　刘支藩
主　　席　李汉魂
纪　　录　（参议）周正之　俞守范

报告事项

一、准广东全省保安司令部电送保安第五团一营二连故兵袁运泉伤亡恤金给予表，拟按照陆军抚恤条例给予一次过抚恤金一百二十元，年抚金六十元给予二十年为止等由。饬据秘书、会计两处签称，核明与条例相符，拟准照办，前项一次过抚恤金拟在三十年度省岁出概算恤金科目拨支，年抚金拟自三十一年度起递年编入岁出概算列支等语，应准如拟办理。

二、据前保安处吴处长呈缴二十九年度一至八月份技术人员奖金支出统计表，共列支一百零七元二角。饬据会计处签称，似可照准，现拟以各机关以前年度经费节余解库款及补拨前保安处二十九年一月至八月份通讯技术人员奖金科目分别追列三十年度省地方岁入岁出概算办理抵解手续等语，应准如拟办理。

三、据前保安处吴处长呈报第一区保安司令部政治服务队二十九年一月份经费支出二百四十元，款在该月份团队经费节余项下开支等情。饬据会计处签称，似可照准，现拟以各机关经费节余解库款及补拨第一区保安司令部政治服务队二十九年一月份经费科目分别追列三十年度省地方岁入岁出概算，办理抵解手续等语，应准如拟办理。

四、据财政厅签呈，关于第二政务视导团主任报告处理喜泉农业职校南江口驳艇捐一案，查该校原收驳艇捐似应由郁云两县就该捐收入提拨补助为原则，亦未可由承商径缴该校，致与公库法有所抵触，其补助数目，照教厅所拟，以该捐收入总额百分之三十一，似无不当。至云、郁两县提拨补助数额，应就该捐原日郁南占三分之二，云浮占三分之一收入总额中合以百分之三十一拨补之。各该县并应将此项拨款列入预算，以符规定等情，应准如拟办理。

五、据财政厅签呈，转缴英德税务局临时搬运费支付预算书，列支三百六十九元八角五分。饬据会计处签称，拟予照准，该款拟在三十年度省总概算岁出经常门临时部分追列补拨英德税务局临时费科目，以该局二十九年度节余经费抵拨，一面追列三十年度省总概算岁入经常门临时部分其他收入款下各机关以前年度节余经费解库款科目等语。应准如拟办理。

六、据卫生处签呈，缴茂名药库二十九年度追加开办费预算书，计追加二百元。饬据会计处签称，拟准以各机关以前年度节余经费解库款科目追列三十年度岁入预算，以补拨茂名药库二十九年度开办费科目追列三十年度岁出概算，饬该药库将二十九年度节余经费办理抵解手续等语，应准如拟办理。

七、准广东省地方行政干部训练团函送二十九年度五至十二月份员役米津预算书册，月列二千五百一十二元，五至十二月共八个月合计二万零九十六元。饬据会计处签称，核尚符合，拟准照拨，款在二十九年度追加省总概算各级公务员役团警米津项下按实支报等语，应准如拟办理。

八、准广东高等法院先后函送该院暨所属曲江等一百一十九院监二十九年十至十二月份员役米津预算书册。饬据会计处签称，经照规定分别删减后，计共应列支二万四千二百零七元八角四分，此款拟在追加二十九年度省总概算内各级公务员役团警米津项下开支等语，应准如拟办理。

九、据卫生处呈，转缴第一病兵收容所二十九年度十至十二月份官兵米津预算书册，计十月份列支二百八十八元零三分，十一月份列支二百八十七元九角，十二月份列支二百八十九元，三个月共支八百六十四元九角三分。饬据会计处签称，查核尚合，此款拟在二十九年度追加省总概算内各级公务员役团警米津项下垫支，饬向中央请求拨还等语，应准如拟办理。

十、据省振济会呈缴该会救济总队二十九年十至十二月份员役米津预算书册，月列一千六百七十三元，三个月共列支五千零十九元。饬据会计处签称，查核尚合，此款拟在二十九年追加省总概算内各级公务员役团警米津项下开支等语，应准如拟办理。

十一、据本府警卫营呈，补缴该营前派驻南路行署之第五连士兵米津预算书，月列四百二十九元，自二十九年五月份起至二十九年九月底止，计五个月共列二千一百四十五元。饬据会计处签称，核尚符合，请报会后分别通知等语，应准如拟办理。

十二、据卫生处呈缴曲江药库二十九年十至十二月份员役米津预算书册，月列三十四元，三个月共列支一百零二元。饬据会计处签称，查核尚合，此款拟在二十九年度追加省总概算内各级公务员役团警米津项下开支等语，应准如拟办理。

十三、据卫生处呈，转缴卫生试验所二十九年十至十二月份员役米津预算书册，月列九十一元，三个月共列支二百七十三元。饬据会计处签称，查核尚合，此款拟在二十九年度追加省总概算内各级公务员役团警米津项下开支等语，应准如拟办理。

十四、据省地政局呈缴二十九年十至十二月份员役米津预算书册，十月份列五十七元七角一分，十一月份列五十元六角，十二月列五十五元，三个月合计共列一百六十三元三角一分。饬据会计处签称，核尚符合，拟准照拨，款在二十九年度追加省总概算各级公务员役团警米津项下开支等语，应准如拟办理。

十五、据各区行政督察专员公署及通讯所暨各县政府等先后呈缴各该区分台等二十九年十至十二月份员役米津预算书册。饬拟〔据〕会计处签称，经照规定删减后，总计应列支一万一千五百六十四元一角七分，此款拟在追加二十九年度省总概算内各级公务员役团警米津项下开支等语，应准如拟办理。

十六、据民政厅呈缴本厅三十年度一至三月份禁烟密查员领支生活补助费预算书册，月列四百元，三个月共列一千二百元。饬据会计处签称，查核尚合，拟准照拨，款在三十年度调整机构补助公务员生活费项下开支，按实支报等语，应准如拟办理。

十七、据财政厅先后呈缴三水等三十二个税务局本年一至三月份员役生活补助费预算书册。饬据会计处签称，除三水、信宜、曲江、和平、新兴、阳春、封川、梅菉八个税务局各应核减公役一名，又开平税务局饬补正再行核发外，计核实三个月共应列支三万九千八百七十九元一角三分，此款拟准在三十年度省总概算内调整机构补助公务员生活费项下开支等语，应准如拟办理。

十八、据财政厅呈缴高要税务局本年一至三月份员役生活补助费预算书册。饬据会计处签称，照规定核减该局公役一名生活费后，计月列六百六十元，三个月共列支一千九百八十元，此款在三十年度省总概算内调整机构补助公务员生活费项下开支等语，应准如拟办理。

十九、据本府战时通讯所呈，转缴汕头分台本年一至三月份员役生活补助费预算书册，月列一百五十元，三个月共列支四百五十元。饬据会计处签称，查核尚合，拟准照拨，款在三十年度调整机构补助公务员生活费项下开支等语，应准如拟办理。

二十、据建设厅农林局中区林业促进指导区呈缴三十年度一至三月份员役生活补助费预算书册，月列二百元，三个月共列六百元。饬据会计处签称，查核尚合，拟准照拨，款在三十年度省总概算内调整机构补助公务员生活费项下开支等语，应准如拟办理。

二十一、据会计处案呈，准教育厅先后片送南路临时中学、梅州中学、喜泉农职学校、肇庆师范、廉州中学、韩山师范、勤勤学院等七校本年一至三月份及戏剧歌咏队本年一月份员役生活补助费预算书册。经照补充办法规定分别删减后，总计应列支一万六千六百七十元，此款拟在三十年度省总概算内调整机构补助公务员生活费项下开支等情，应准如拟办理。

讨论事项

一、据建设厅签呈，关于拨借×××钨矿营业基金一案，奉饬将该项纯利余款处理办法呈明等因，谨签请察核等情，请公决案。

（会计处签拟）该矿二十八年度纯利共四万一千一百五十五元三角三分，除前经核准暂借二万元充该处营业基金有案外，另有二万元，据称系抵还该矿场垫款商前缴之保证金，拟饬详叙报核，余款一千一百五十五元三角三分，拟饬声复候核。再此项纯利四万一千一百五十五元三角三分，依照规定应悉数解库，并追列省地方本年度总概算地方营业纯益，俟核定追列岁出科目，始可处分。惟查款既前后垫借营业基金，为适应事实计，拟先以建设事业临时费科目追加省岁出概算，俟据将上述两点声复后，另再备具垫借法案手续，俾凭办理。

（决议）照会计处签拟通过。

二、据建设厅签呈，据广东省战时长途电话管理所呈，拟将本所营业股改为业务课，计月增薪俸二百一十三元，及本年度三个月来营业收入简要情形，请核示等情，请公决案。

（决议）照案通过，仍须修正组织规程，并补编营业追加预算。

三、据省振济会呈缴二十八年度至二十九年一月员役迁连回韶膳宿费支出预算书册，计列支六百六十元，请核示等情，请公决案。

（决议）照案通过，抵解手续照会计处签拟办理。

四、据前保安处吴处长呈缴各保安团二十九年一至八月份平民治疗所医药补助费支出统计表，月需三百元，八个月共需二千四百元，款在各月份经费节余项下开支，请查核备案等情，请公决案。

（决议）照案通过，抵解手续照会计处签拟办理。

五、据大埔县政府呈缴二十八年七、八月份奉令征集阻塞韩江材料杂支费支出计算书表，请准核销，并将尚未拨付款项核发具领等情，请公决案。①

（决议）照会计处签拟通过。

六、据民政厅签呈，缴二十九年度购用汽车零件及画图文具用品等数目追加岁出预算书，列支六千九百四十八元五角三分，款在本厅各项经费结余款项下挪用等情，请公决案。

（决议）照案通过，抵解手续照会计处签拟办理。

七、据教育厅签呈，据省立文理学院呈缴三十年度岁出临时费一次过支付预算书，列支五千三百三十四元一角三分，似可准照所请由二十九年度该院经常费节余项下拨支，请核示等情，请公决案。

（决议）照案通过，抵解手续照会计处签拟办理。

---

① 会计处签拟略。

八、据教育厅签呈，据省立梅州农乐职业学校呈缴该校暨梅州师范学校附小二十九年度预算书表，查梅州师范学校附小经费三千元，该年度教育文化费预算书尚未列入，当拟由二十九年度义务教育经费项下拨一千四百二十四元，梅州农职并班节余经费项下拨一千五百七十六元，核现缴书表列数尚符，请核示等情，请公决案。

（决议）照案通过，抵解手续照会计处签拟办理。

九、据本省战时贸易管理处呈，请拨还林副处长习经赴渝受训旅费五百五十元，俾资归垫等情，请公决案。

（决议）照案通过，款在本年度赴中央训练团受训人员旅费项下开支。

十、据会计处案呈，查花县三十年度地方岁入岁出总概算，经参酌各厅处意见，分别整理核编完竣，核编后，计拟改列各为三十二万九千五百四十四元，经电据新任县长复表同意，请提会核定公布施行等情，请公决案。

（决议）照案通过。

十一、据会计处案呈，查梅菉管理局三十年度地方岁入岁出总概算，经参酌各厅处意见，分别整理核编完竣，核编后，计拟改列各为一十八万零六十九元，请提会核定公布施行等情，请公决案。

（决议）照案通过。

十二、据会计处案呈，查灵山县地方二十九年度岁入岁出第二次追加概算，经参照财厅意见，代为更正，计改正后各追列为七千六百一十五元，请提会核定公布施行等情，请公决案。

（决议）照案通过。

十三、据会计处案呈，查乐昌县地方二十九年度岁入岁出追加概算，经分别进舍予以改正，计岁入岁出追加数各为四千二百三十九元，请提会核定公布施行等情，请公决案。

（决议）照案通过。

十四、据会计处案呈，赤溪县地方二十九年度岁入岁出追加概算，计收支各列为四千三百九十六元，经参照财厅意见，将项目予以改正，请提会核定公布施行等情，请公决案。

（决议）照案通过。

十五、据建设厅电，据公路处电，请增加建造大江河渡车船二艘，共需工料费一万四千六百元，请准在三十年度建设事业支出项下照数拨付等情，请公决案。

（决议）照案通过，款在本年度建设事业临时费项下开支。

十六、据会计处签呈，关于二十九年度各级公务员役团警米津未分配剩余数，拟照数转账加入三十年度总会计处理，其以前核准在三十年度调整机构补助公务员生活费科目开支之团警米津，并拟由各级公务员役团警米津剩余开支，列具清表，请察核提会核定等情，请公决案。

（决议）照案通过。

十七、据会计处、民政厅、秘书处会呈，拟定三十年度本省一部分游击区贫瘠县份增加人员经费及游击区办报经费补助办法，请提会核定等情，请公决案。

（决议）照案通过。

十八、据秘书处案呈，关于本省边境施教问题，经召集各有关机关会商拟订广东省边疆施教委员会组织规程，请核定等情，请公决案。

（决议）交黄（麟书）、何、刘（佐人）三委员审查，由黄委员召集。

十九、（略）

二十、据教育厅签呈，拟具三十年度检定考试办法四项及编具预算书，计普通检定委员会应需经费四千二百四十元，高等检定考试委员会应需经费八千七百一十元，合共一万二千九百五十元，请核示等情，请公决案。

（决议）照案通过，款在本年度省预备金项下开支，经费数目照会计处签拟。

二十一、何委员、黄委员（元彬）、邹委员、高委员、刘委员（佐人）会复审查秘书处所拟广东省临时省会建设委员会组织规程一案结果，另拟订广东省韶关市政筹备处组织规程草案，请公决案。

（决议）设立韶关工务局，其规程另定之。并将省警察总队改编为广东省特务警察大队，每大队辖四中队，另护桥警察一中队，以一大队拨隶曲江县政府，原总队部应予取销，其经费移作改编后改善长警装备及生活之用。

二十二、主席提议，曲江县警察局长曾×贪污渎职，经饬县扣留解办应即撤职，遗缺并经饬由曲江县长李英暂行兼代，请追认案。

（决议）照案追认。

二十三、主席提议，潮安县县长吴履泰另有任用，遗缺调南澳县长洪之政代理，递遗缺派陈汉英代理，请公决案。

（决议）照案通过。

广东省政府第九届委员会
第二百二十八次议事录

日　　期　五月九日
地　　点　曲江本府
出席者　李汉魂　郑彦棻　黄元彬　黄麟书　何　彤　胡铭藻
　　　　高　信　刘佐人　郑　丰
列席者　杜之英　袁晴晖　刘支藩　黄　雯
主　　席　李汉魂
纪　　录　（参议）周正之　俞守范

报告事项

一、奉行政院电，本院第五一二次会议决议，广东省政府委员兼财政厅长邹琳呈请辞职，应准免本兼各职，遗缺任命张导民继任，仰知照等因，应遵照分别呈函暨饬属知照。

二、广东省军管区司令部函，为本部前向贵府战时通讯所价领通讯器材，该价款四百二十六元八角一分，拟在本部经管二十九年度国民兵团经费节余项下开支，请查照等由。饬据会计处签称，似可准在该项拨支，现拟以各机关经费节余解库款及拨补军管区二十九年度通讯器材购置费科目分别追列三十年度省地方岁入岁出概算，办理抵解手续等语，应准如拟办理。

三、据财政厅签呈，请在省救济费项下拨给揭阳税务局职员何瑞征等因空袭损失救济费共二百七十元等情。饬据秘书、会计两处签称，拟如该厅所拟办理，款在三十年度省总概算救济费项下开支等语，应准如拟办理。

四、据财政厅报告，卫生处第二补助医院二十九年度八月经费二万一千一百一十四元，第一病兵收容所七千二百六十元，两项共二万八千三百七十四元，经权在本年度省预备金项下垫支，俟将来军政部发还时，仍以原科目返纳入库，请补报告会议追认等情。饬据会计处签称，拟予照准等语，应准如拟办理。

五、据教育厅签呈，据省立广州女子师范学校呈，请核给专任女教员黄受桐生产休假期间代理人俸给一百二十八元，兹拟在本年度各学校机关临时费项下如数核给等情。饬据会计处签称，上开代课薪俸拟准予在本年度该厅所属机关学校临时费项下开支等语，应准如拟办理。

六、据省振济会呈缴本会技工养成所二十九年度新辟行人路补偿民田农作物损失临时费预算书，列支三百二十四元三角。饬据会计处签称，本案既据省振济会核准在该所开办费节余项下开支，核尚可行，拟予照准等语，应准如拟办理。

七、据省振济会呈缴广东妇女生产工作团托儿所儿童制服费支付预算书册，列支一千四百四十元，款在振款项下开支等情。饬据会计处签称，既据振济会核无不合，拟予照准等语，应准如拟办理。

八、据龙门县政府呈，请将俘获伪军王××奖金核发转给等情。饬据秘书、会计两处签拟，以捕获伪军士核给奖金二十元，该款拟在本年度省总概算奖赏金项下垫支，汇呈第七战区司令长官司令部核转军事委员会核发归垫等语，应准如拟办理。

九、准广东省参议会第七战区编纂委员会及据连连阳乳建设委员会、卫生处、本府桂林通讯处、本府储油库办事处先后函呈，送各该机关本年四至六月份员役生活补助费预算书册。饬据会计处签称，经照规定核减后，总计列支一万零六百一十八元六角七分，此款在三十年度省总概算内调整机构补助公务员生活费项下开支等语，应准如拟办理。

十、据财政厅先后呈缴丰顺、五华、台山各税务局及八区专署呈缴该区电台本年一至三月份员役生活补助费预算书册，总计共列支七千一百六十元六角五分。饬据会计处签称，查核尚合，拟准照发，款在三十年度省总概算内调整机构补助公务员生活费项下开支等语，应准如拟办理。

十一、据本府战时通讯所呈缴直属第三分台本年一至三月份员役生活补助费预算书册，月列一百五十元，三个月共列四百五十元。饬据会计处签称，查核尚合，拟准照拨，款在三十年度省总概算内调整机构补助公务员生活费项下开支等语，应准如拟办理。

十二、据第七区行政督察专员公署呈缴该署情报组本年一至三月份员役生活补助费预算书册，月列一百二十元，三个月共列三百六十元。饬据会计处签称，查核尚合，拟准照拨，款在三十年度省总概算内调整机构补助公务员生活费项下开支等语，应准如拟办理。

十三、据第七区行政督察专员公署呈缴该署及情报组本年四至六月份员役生活补助费预算书册，月列一千一百一十元，三个月共列支三千三百三十元。饬据会计处签称，查核尚合，惟应核减工役二名，核减后，每月应列一千零九十元，三个月共应列三千二百七十元，此款在三十年度省总概算内调整机构补助公务员生活费项下开支等语，应准如拟办理。

十四、据本府印刷所呈缴三十年度四至六月份三个月员工生活补助费预算书册，月列一千三百一十五元，三个月共列三千九百四十五元。饬据会计处签称，据呈款在该所业务费项下开支，列入营业支出，拟予照准等语，应准如拟办理。

讨论事项

一、准第七战区司令长官司令部编纂委员会函，为本会增建书库及添置书架共需款七千一百四十七元，拟在二十九年度经费节余项下拨支，请查照办理等由，请公决案。

（决议）照案通过，抵解手续照会计处签拟办理。

二、准广东省临时参议会函送追加二十九年上半年度特别临时费汽车修配费支付预算书，列支五百七十元，请查照核定等由，请公决案。①

（决议）照会计处签拟通过。

三、准广东省高等法院电，为第一联合监狱新建之围墙遭受风雨侵

---

① 会计处签拟略。

袭倾倒六丈有余，经改善计划须另增加工程费七百五十九元七角，连同前报增加工程费三千七百六十一元一角计共四千五百二十元八角，检送全部修建开办费预算书，计共列九千一百一十九元，请查照核办等由，请公决案。

（决议）照案通过，抵解手续照会计处签拟办理。

四、据教育厅签呈，缴小黄岗小学校三十年度岁出经常费支付预算书，除一、二两月份照旧月拨一百五十二元五角外，由三月份起月拨一百八十三元，全年度合计共列支二千一百三十五元，拟请准由国民教育经费内流动学校及各校补助费项下拨支等情，请公决案。

（决议）照案通过。

五、据建设厅签呈，缴广东省战时长途电话管理所迁移新址费预算书，列支二千四百二十一元八角七分，请核示等情，请公决案。

（决议）照案通过，款在该所本年度营业基金项下拨付。

六、据卫生处签呈，为编印卫生书刊共需印刷费六千三百五十元，该款拟由本处本年度事业费项下开支，请核示等情，请公决案。

（决议）照案通过。

七、据前保安处吴处长签呈，本处干训班二十九年一至八月份临时费共支出一万零四百六十二元零七分，已并案在各该月份经费节余项下列支，请察核备案等情，请公决案。

（决议）照案通过，抵解手续照会计处签拟办理。

八、据本府驻渝办事处呈，为二十九年四月奉召回府述职，垫支旅费九百五十四元二角八分，请准专案核销等情，请公决案。

（决议）照案通过，款在本年度省预备金项下开支。

九至十、（略）

十一、据会计处案呈，查普宁县地方二十九年度岁入岁出第四次追加概算，经参照财政厅意见，分别将项目修正，计应改为各追加一万一千四百八十七元，请提会核定公布施行等情，请公决案。

（决议）照案通过。

十二、据会计处案呈，查乐昌县地方二十九年度岁入岁出第三次追加概算收支，各列为八千三百二十元，经照教育厅意见，将项目分别改正，请提会核定公布施行等情，请公决案。

（决议）照案通过。

十三、据秘书处案呈，关于韶关工务局案经遵照第二二七次会议决议案，另行拟订广东省韶关工务局组织规程草案，送请何、黄（元彬）、刘（佐人）、高各委员审查完竣连同审查意见，请提会核定等情，请公决案。

（决议）照审查意见修正通过。①

修正之点如下：课长四人中除总务课长外，余均由技正或技士兼任之。

十四、主席提议，佛冈县县长黄祥光另候任用，遗缺派凌准代理，请公决案。

（决议）照案通过。

十五、（略）

十六、郑委员（彦棻）、何委员、胡委员会复审查关于本府二二四次会议，主席提议据行政效率会呈改订公务员薪给案及财政厅提议提高本省公务员待遇办法案意见，请公决案。

（决议）照审查意见修正通过。②

十七、主席提议，现值米价高涨，所有保安团队、税警总团、警卫营、连阳自卫总队、防空监视哨等官兵，拟自本年五月份起每人增发主食补助费三元，在米价特贵地区，准由其经费节余项下酌量增发，但不能超过正规军队补助数额。至军管区及省警队之主食补助费，应在其原定经费额内自行调整增拨，请公决案。

（决议）照案通过。

十八、主席提议，派陈鸿楷代理韶关工务局局长，请公决案。

（决议）照案通过。

---

① 原审查意见附后，现略。
② 原文缺审查意见及修正之点。

广东省政府第九届委员会
第二百二十九次议事录

日　　期　五月十三日

地　　点　曲江本府

出席者　李汉魂　郑彦棻　何　彤　黄元彬　高　信　黄麟书
　　　　　刘佐人　胡铭藻　郑　丰

列席者　杜之英　刘支藩　伍崇厚

主　　席　李汉魂

纪　　录　（参议）周正之　俞守范

报告事项

一、准中央兵役巡察第三团电，为省参议会推派钟参议超如担任本团委员，除旅费由本团发给外，至生活补助费每员月加发一百元，另置装费一百元，奉军政部电应由省府规定在地方款项下开支，请查照核发等由。饬据会计处签称，除生活补助费照通案发给外，兹拟将置装费一百元在三十年度省预备金项下开支等语，应准如拟办理。

二、据财政厅签呈，据税警总团呈缴该团三十年度参谋人员加薪预算书。饬据会计处签称，查本府第二一〇次会议核准税警总团参谋人员加薪案内之参谋长每月加薪一百元，系按少将阶级加给，现该总团参谋长阶级既奉核准改为上校，其每月应加薪额自应改照上校阶级每月加给六十元，比照原核准数目减四十元，核减后，该总团参谋人员加薪预算每月共需二百六十元。该款自应照案由三十年一月份起在该团三十年度经费节余项下拨支等语，应准如拟办理。

三、据教育厅签呈，转缴省立文理学院三十年度修购实习等临时费预算书类，列支六千九百零八元，请准将该院二十九年度一至七月份节余经费六千九百零八元六角五分如数拨支等情。饬据会计处签称，似应准以各机关以前年度经费节余解库款科目追列三十年度岁入概算，以省立文理学院临时费科目追列三十年度岁出概算，饬该院将二十九年度一

78

至七月份节余经费六千九百零八元六角五分，办理抵解手续等语，应准如拟办理。

四、据省振济会呈缴本会妇女生产工作团托儿所二十九年度自八月份起至十二月份止追加经费支付预算书，共列支一千三百元。饬据会计处签称，拟予照准等语，应准如拟办理。

五、拟〔据〕省振济会呈缴本会驻港办事处二十九年九月至十二月份输送义侨回国旅费支出预算书，共列支三千零六十六元四角四分，款在振款项下开支等情。饬据会计处签称，复核书列各数尚合，拟予照准等语，应准如拟办理。

六、据本省战时贸易监察委员会呈缴贸易处二十九年度修建职员宿舍传达室及围墙等修建费支付预算书件，列支四千六百七十五元，款在该处二十九年度房屋建筑费项下开支等情。饬据会计处签称，核尚可行，拟予照准等语，应准如拟办理。

七、据第六区行政督察专员呈，请将二十九年度节余经费二百一十三元四角五分移为购置收音机之用，其不敷之数，由本年度一、二两个月份节余经费项下拨足等情。饬据会计处签称，该署应负担机款六百六十六元八角四分，既据称拟先将二十九年度节余经费抵拨，应在三十年度省总概算岁出经常门临时部分行政支出款下追列补拨六区专署临时费科目二百一十三元四角五分，并以同额追加三十年度省总概算岁入经常门临时部分其他收入款下各机关节余经费解库款科目，又不足之购机款三百五十三元三角九分，拟准在本年度一、二月份节存经费项下拨足等语，应准如拟办理。

八、据本省粮食管理局电缴二十九年度十二月疏散档案公物迁移费预算书表，列支一百九十五元八角。饬据会计处签称，核与规定办法尚无不合，此款拟准在本年度省预备金项下开支等语，应准如拟办理。

九、据会计处签呈，关于南海县长电请将停发沦陷区自治经费变通办理一案，经第二二四次会议决议，照审查意见通过在案。查审查意见所拟办法两项，计共年支三十二万八千八百元，款在本年度补助各县经费科目项下开支，不另追加预算一节。查省总概算所列战时工作费原列二十四万元，除补拨各县各项补助费外，现仅存约五万元，而各县军民合作站补助经费间有在该科目项下拨支者尚未计算，至新县制补助费原列五十八万三千三百二十二元，截至本府第二二二次委员会议止，约存四十一万元，似可在该科目拨支等语，应准如拟办理。

十、据郁南县政府电，以现值抗战，百物腾贵，原日所定保甲长集中办公费三元，不足因应，拟于开征户捐后，将各保办公处经费依照奉颁广东省县各级组织纲要实施计划附表规定提前实施等情。饬据民政厅签称，查核所拟系为增加自治工作效能起见，自属可行，拟指饬如财力可能，准予提前实施，惟查其他未实施县各级组织纲要之县份不无同样情形，如财力许可自应准予一体援照办理，拟并通饬各县局知照等语，应准如拟办理。

十一、据秘书处签呈，关于广东省侨资垦殖委员会组织章程，经本府第二二六次会议决议，照何、黄、郑三委员审查意见通过在案。兹谨依照审查意见，于原第四条之后增列第五条："本会委员为名誉职，但主任委员、副主任委员得酌支特别办公费。"原第五条则改为第六条（以下顺次递改）。又原第十五条（即现第十六条）末句"余由主任委员聘任之"，各职员均为聘任，似未尽洽拟，并将"聘任"二字改为"遴派"等语，应准如拟办理。

十二、准中国国民党广东省执行委员会函送该会及所属各机关二十九年十至十二月份员役米津预算表。饬据会计处签称，核与规定未符，经代更正，计每月共应列支五千二百四十九元，三个月共应列支一万五千七百四十七元，款在二十九年度追加省总概算内各机关公务员役团警米津项下开支等语，应准如拟办理。

十三、据民政厅呈缴本厅三十年度四至六月份员役生活补助费预算书册，月列三千一百七十元，三个月共列支九千五百一十元。饬据会计处签称，应照规定核减公役一十七名，补助费删减后，每月实应列支二千九百六十元，三个月共应列支八千八百八十元，此款拟在三十年度省总概算内调整机构补助公务员生活费项下开支等语，应准如拟办理。

十四、据教育厅电缴本厅三十年度四至六月份员役生活补助费预算书册，月列三千二百七十元，三个月共列支九千八百一十元。饬据会计处签称，查核尚合，拟准照发，此款在三十年度省总概算内调整机构补助公务员生活费项下开支等语，应准如拟办理。

十五、据本省驿运管理处签呈，缴本处曲岐线各段站二十九年度十

一、十二月份员役米津预算书，月列三千零七十七元，两个月共列六千一百五十四元。饬据会计处签称，核案相符，总散亦合，拟准照列，款在该处业务费项下开支等语，应准如拟办理。

十六、据会计处案呈，准教育厅片送长沙师范、雷州师范学校暨卫生处呈缴茂名药库本年一至三月份员役生活补助费预算书册，经照规定核减后，总计应列支五千二百八十元，此款拟在三十年度省总概算内调整机构补助公务员生活费项下开支等语，应准如拟办理。

讨论事项

一、准广东省地方行政干部训练委员会函送开平县地方行政干部训练所编制表及三十年度岁出经常费及开办费预算书，计开办费列支五千七百三十六元，经常费月支二千二百五十七元三角，年支二万七千二百四十七元六角，请查照核办等由，请公决案。

（决议）交刘（佐人）、郑（彦棻）、黄（麟书）三委员审查，由刘委员召集。

二、据财政厅签呈，缴税警总团三十年度经常费预算书，共列支一百二十万零四千零三十五元六角，比较本厅核列七十三万三千七百七十元数，实增支四十六万零二百六十五元六角，是项增支之款，应在何项开支，请提会核定等情，请公决案。

（会计处签拟）税警总团三十年度经费预算拟减为每月列支九万六千八百五十五元，在三十年度省概算原列该总团经费及本府第九届委员会第二〇五次会议核定增拨之数拨支，每月计尚余二千六百四十六元四角六分之款，拟返还入调整机构补助公务员生活费科目内，仍请提会核定。

（决议）照会计处签拟通过。

三、据前保安处吴处长签呈，缴本处暨所属各团队机关二十九年一至八月份额外人员薪饷支出统计表，合计列支五万九千二百七十元零三角，请核示等情，请公决案。

（决议）照案通过，抵解手续照会计处签拟办理。

四、据财政厅签呈，据缉私处呈，拟定所属机关员役遭受损失救济暂行办法，转请核示饬遵等情，请公决案。

（决议）交郑（丰）、高、刘（佐人）三委员审查，由郑委员召集。

五、据会计处签呈，关于党政军联席会议核定韶关各界举行各种纪念会全年所需费用由本府在总预备费项下拨定三千元为补助费，自应照案办理，惟本年度本府已拨过各种集会费三项共支过一千一百元，拟在现核定之补助费项下扣除，计扣除外，实仍应拨一千九百元，拟照此数在三十年度省预备金项下开支，交秘书处代理转发等情，请公决案。①

（决议）照秘书处签拟办理。

六、据从化县政府呈，为地方款奇绌，请将县军民合作站及原设乡站经费连新增经费均由省库按月照拨等情，请公决案。②

（决议）照会计处签拟通过。

七、准广东高等法院函复，关于第二、第三两联合监狱修建开办费各共国币三千六百六十四元，其中一千元暨其余二千六百六十四元均经贵府委员会议核定在案，请查照办理等由，请公决案。

（决议）照案通过，抵解手续照会计处签拟办理。

八、据会计处案呈，查阳江县地方二十九年度岁入岁出追加概算，经照财政厅意见分别增删改正，计应追加各为三万七千一百二十七元，请提会核定公布施行等情，请公决案。

（决议）照案通过。

九、据会计处案呈，查曲江县地方二十九年度岁入岁出第四次追加概算，经照财、教两厅意见修改完毕，计应各追加为三十一万三千零二十一元，请提会核定公布施行等情，请公决案。

（决议）照案通过。

十、据教育厅签呈，转缴省立广州女子师范学校建搭学生宿舍预算书类，列支九百五十五元七角五分，拟准由该校二十九年九至十二月份学生膳费结存项下拨支，请核示等情，请公决案。

（决议）照案通过，抵解手续照会计处签拟办理。

十一、据建设厅签呈，据公路处呈，以大江桥改建三合土桥增加工料费五万四千七百一十三元，实无法再纳入预算内开支，仍请准在本年度建设事业费项下拨支，请核示等情，请公决案。

----

① 秘书处签拟略。
② 会计处签拟略。

82

（决议）照案通过。

十二、据建设厅签呈，据公路处呈，据南韶公路永行公司报告，拟将韶州直通大庾快车客票每公里收费二角五分，比照江西省汽油车收费办法尚无超过，拟予照准，请核示等情，请公决案。

（决议）照案通过。

十三、据建设厅签呈，转缴农林局三十年度汽车修理费预算书，列支一千一百三十三元五角，拟请准予在该局三十年三月以前经常费节余项下开支，请核示等情，请公决案。

（决议）照案通过。

十四、（略）

十五、据卫生处签呈，拟将中医考试命题及阅卷工作概由中医审查委员会办理，各该委员夫马费照本省各县市中医考试暂行章程规定由本处本年度事业费项下开支，编具预算书，计共列支一千二百元，请核示等情，请公决案。

（会计处签拟）本案似可暂设审查委员五人（原列七人），除卫生处派二人参加外，其余三人，由该处聘请，至该三委员夫马费改为车膳费，计每人月支五十元，月共支一百五十元，本年度由五月一日起至十二月底止共应支一千二百元，此款拟准在本年度卫生事业临时费项下开支，仍请提会核定。

（决议）照会计处签拟通过。

十六、郑委员（丰）、高委员、胡委员会复，审查秘书处所拟广东省各县（局）修辟灌溉塘井规则一案意见，请公决案。①

（决议）照审查意见通过。

十七、何委员、胡委员提议，查卸普宁县县长杜邦，前在任内因公积劳，致成痼疾神经错乱因伤断足，遭遇困苦回异寻常，拟请格外体恤准予一次过补助医药费国币若干元，俾得安心调治，款在本年度预备金项下拨支，请公决案。

（决议）准补助二千元，款在本年度省救济费项下开支。

十八、主席提议，恩平县县长李××贪污渎职，经扣留候办，应予

---

① 审查意见略。

撤职，遗缺调行政效率促进委员会组长张国馨代理，请追认案。

（决议）照案追认。

十九至二十、（略）

二十一、据曲江县政府签呈，以修理韶市东堤等处马路估计约需工料费三万六千六百余元，本府及商会只能共筹二万元，其余拟请由省库拨款补助，请核示等情，请公决案。[①]

（决议）准补助一万五千元，限期完成，款在本年度建设事业临时费项下开支，追加概算，余照秘书处签拟办理。

广东省政府第九届委员会
第二百三十次议事录

日　期　五月十六日

地　点　曲江本府

出席者　李汉魂　郑彦棻　高　信　郑　丰　张导民　黄麟书
　　　　何　彤　刘佐人　胡铭藻　黄元彬

列席者　杜之英　伍崇厚

主　席　李汉魂

纪　录　（参议）周正之　俞守范

报告事项

一、据建设厅公路处呈复，关于限制商车出境办法，经奉第七战区司令长官司令部核准施行，谨将秘书处签拟意见三点，详细陈明，并请准照前呈所拟设八站经费核准发给等情。饬据秘书处签称，既据详细陈明，审核尚无不合，该办法既奉长官部核准，似可如拟办理。至所请核准所拟设八站经费一节，拟请仍照会计处签拟，饬将每站经费详细数目开列补编预算呈府，再行核办等语，应准如拟办理。

二、据南雄县政府呈报奉命征集木材，造具屯放南坊电杆木费预算

---

① 秘书处签拟略。

书，共需二千六百九十四元，请迅拨款办理等情。饬据会计处签称，似可照准列支，除本府第一六四次会议核定在二十九年度建设事业费项下拨付二千四百六十二元外，余尚应补拨国币二百三十二元之款，拟在三十年度建设事业临时费项下补拨等语，应准如拟办理。

三、据省振济会呈缴南路振济区三十年一至三月份员役生活补助费预算书册，月支三百元，三个月共支九百元。饬据会计处签称，查核尚合，拟准照发，款在三十年度省总概算内调整机构补助公务员生活费项下开支等语，应准如拟办理。

四、据本府南路行署呈缴无线电台吴川分台二十九年十至十二月份员役米津预算书册，月列七十二元，三个月共列二百一十六元。饬据会计处签称，查核尚合，此款拟在追加二十九年度省总概算内各级公务员役团警米津项下开支等语，应准如拟办理。

五、据会计处案呈，准教育厅先后片送罗定中学、民众教育馆、第五电影巡教区、廉州中学校等三十九处二十九年度十至十二月份员役米津预算书册，经照规定删减后，总计应列支一万八千二百零三元一角，此款拟在追加二十九年度省总概算内各级公务员役团警米津项下开支等情，应准如拟办理。

六、据本府驻广州湾通讯处呈缴二十九年十至十二月份员役米津预算书册。饬据会计处签称，该处依照规定共有应领米津职员二人，公役一人，计月支一十三元，三个月共支三十九元，拟准照拨，款在二十九年度追加省总概算内各级公务员役团警米津项下开支等语，应准如拟办理。

七、据第九区行政督察专员电，请饬厅将本署情报组二十九年五月至十二月员役应领米津费每月八十八元先行汇发等情。饬据会计处签称，该署情报组米津共八个月，合计共七百零四元，拟准先行饬拨，款在二十九年度追加省总概算内各级公务员役团警米津项下开支等语，应准如拟办理。

八、据建设厅先后呈缴战时长途电话管理所二十九年九月至十二月份、中山船务管理所五月份、西江船务管理所二十九年十月至十二月份、第八区行政督察专员公署呈缴本署会计室二十九年十月十五日至十二月底，卫生处呈缴茂名药库二十九年十月至十二月份及省立临时医院追加五至十二月份，卫生试验所九、十两月份员役米津预算书册。饬据会计处签称，合计共八百二十六元四角四分，经审核完竣，拟分别拨付，款在追加二十九年度省总概算内各级公务员役团警米津项下开支等语，应准如拟办理。

九、据建设厅先后签呈，缴农林局农业试验总场中区农业促进指导区、畜疫防疗所、东区林业促进指导区、第一示范林场、各县农业指导工作站、阳江船务管理所、狗牙洞八字岭煤矿保管处、东江船务管理所、徐闻垦殖场等各机关二十九年各月份员役米津预算书册。饬据会计处签称，经审核完竣，合计共三千三百二十六元七角六分，拟分别拨付，款在二十九年度追加省总概算各级公务员役团警米律项下开支等语，应准如拟办理。

十、据地政局呈缴本局所属曲江、乳源两县测量队二十九年八至十二月份员役米津支付预算书册，共列支一万五千六百二十七元四角三分。饬据会计处签称，核尚符合，拟准照拨，款在二十九年度追加省总概算内各级公务员役团警米津项下开支等语，应准如拟办理。

讨论事项

一、准广东省地方行政干部训练委员会函送连县干训所组织章程编制表及三十年度经费预算书，月支三千三百零六元三角二分，年支三万八千四百七十五元九角六分，请查照核办等由，请公决案。

（决议）交刘（佐人）、郑（彦棻）、黄（麟书）三委员审查，由刘委员召集。

二、据第三区保安司令部呈缴禤××被告充任敌伪有关军事职役案判决书，请核明从优给奖等情，请公决案。①

（决议）修正本省捕杀敌伪组织官员奖励办法应予废止，余照会计处签拟通过。

三至四、（略）

五、据卫生处卫生试验所呈缴化学室主任田集成荐委表，请核赐委任等情，请公决案。

（决议）照派代理，余照秘书处签拟办理。

---

① 会计处签拟略。

六、据始兴县政府呈，为本县地方贫瘠，县款支绌万分，关于军民合作站及各乡镇站经费每月三百八十元，实难全数负担，应请拨助一半，该款一百九十元由本年三月份起发给等情，请公决案。

（决议）照案通过。款在本年度接近战区各县战时工作经费项下拨助。

七、据会计处案呈，查陆丰县三十年度地方岁入岁出总概算，经参照各厅处意见，分别整理核编完竣，核编后，计拟改列各为六十九万一千二百七十八元，请提会核定公布施行等情，请公决案。

（决议）照案通过。

八、据会计处案呈，查防城县三十年度县地方岁入岁出总概算，经参酌各厅处意见，分别整理核编完竣，核编后，计拟改列各为二十五万七千四百五十一元，请提会核定公布施行等情，请公决案。

（决议）照案通过。

九、刘委员（佐人）、邹委员、何委员会复审查关于梅县、恩平、龙川、平远、高要等县电，以司法囚粮业经奉令由卯月东日起增发八角或七角五分，行政囚粮拟请照司法囚粮数额同时加发一案意见，请公决案。

（决议）照审查意见通过。[①]

十、据秘书处签呈，关于省地政局所拟广东省各县插花地整理办法一案，经刘、邹、黄三委员审查，提经本府第二二三次会议，决议，照审查意见通过在案。兹拟于整理办法第三条末句"该县"二字之下加"有关之任何一县"，又第四条之首句拟冠以"在本办法施行以前"字样，以期文义较显等情，请公决案。

（决议）照案通过。

十一、据卸广东省粮食调节委员会主任呈，为遵令更正营业预算暨补缴说明书，请察核存转等情，请公决案。

（决议）交胡委员审查。

十二、据秘书处案呈，查信宜县新东初级中学校代表杨翠林为不服信宜县政府改组私立新东初级中学为区立中学撤销校董会及移交校产之

---

① 原审查意见附后，现略。

处分，提起诉愿一案，现经审查完竣，作成决定书，请提会核定等情，请公决案。

（决议）保留。

十三、据民政厅签呈，拟潮阳、阳江、博罗、陆丰、饶平、电白、廉江、钦县、防城、灵山、遂溪、佛冈、封川、郁南、德庆、鹤山、高明、紫金、新丰、龙门、惠来、蕉岭、和平、吴川、徐闻、赤溪、开建等二十七县定于三十年七月一日起，一律开始实施新县制，请核示等情，请公决案。

（决议）交黄（麟书）、黄（元彬）、张三委员审查，由黄（麟书）委员召集。

十四、主席提议，钦县县长陆开梅另候任用，遗缺派陈公佩代理，请公决案。

（决议）照案通过。

广东省政府第九届委员会
第二百三十一次议事录

日　　期　五月二十日
地　　点　曲江本府
出席者　李汉魂　郑彦棻　郑　丰　黄元彬　胡铭藻　黄麟书
　　　　　何　彤　高　信　刘佐人　张导民　许崇清
列席者　杜之英　伍崇厚
主　　席　李汉魂
纪　　录　（参议）周正之　俞守范

报告事项

一、据财政厅签呈，奉交三水县政府请借团队伙食一案，着由省库暂借一万元等因。遵经在本年度总概算岁出经常门临时部分十三款三项接近战区各县战时工作经费项下电付，请补报会追认等情，应准如拟办理。

二、据广东省救灾准备金保管委员会呈缴本会遣散员役姓名薪额册及经费预算书。饬据会计处签称，核与原案相符，应准分别存转。至遣散费预算书所列数额，查核尚无不合，该款计四百五十四元，拟准在本年度省预备金项下拨付等语，应准如拟办理。

三、据会计处签呈，查本省救护委员会呈缴救护队开办费及视察旅费岁入预算书，列支二千六百九十八元一角八分一案，经提付第二二六次会议决议，照案通过在案。惟原决议案对于追加概算部分，尚未明定，拟请援案照数追列本年度省总概算岁入经常门临时部分赠与及遗赠收入款下救护委员会救护基金科目，一面以同数额追加本年度省总概算岁出经常门临时部分卫生及治疗支出款下救护委员会救护基金科目，报告会议后办理等语，应准如拟办理。

四、据增城县政府电，为故员陈成梅之恤金一百九十六元，可否在二十九年度奉发自治补助费节余项下拨支给付遗族取领，请核示等情，经电复照准，饬编具预算连同领据呈核。

五、据教育厅签呈，转缴省立文理学院附小教员张韵玉分娩代课教员俸薪预算书，共列支五十二元五角，请准在该院二十九年度经费节余项下拨支等情。饬据会计处签称，拟准照所请办理，该款拟以各机关以前年度经费节余库款科目追列三十年度省总概算岁入，以文理学院附小代课教员俸薪科目追列三十年度省总概算岁出，饬该院将二十九年度经费节余款办理抵解手续等语，应准如拟办理。

六、据卫生处签呈，缴二十九年度五至九月份员役米津费追加预算书册。饬据会计处签称，查书列五月份追加一百二十元五角六分，六月份一百六十八元一角，七月份二百零七元九角七分，八月份三百五十四元九角五分，又九月份三百八十七元七角六分，合计五至九月份五个月共追加一千二百三十九元三角四分，核尚符合，除经增拨八月份一百六十八元二角二分外，计应增拨一千零七十一元一角二分，拟准照数增拨，款在二十九年度追加省总概算内各级公务员役团警米津项下开支等语，应准如拟办理。

七、据卫生处签呈，缴夏令卫生运动委员会二十九年八至十月份员夫米津费预算书册。饬据会计处签称，书列八月份五十七元二角六分，九月份七十五元，十月份七十五元，三个月共二百零七元二角六分，尚无不合，该款拟以补拨卫生处夏令卫生运动委员会二十九年八九十月份员役米津科目追加三十年度省地方总概算岁出经常门临时部分卫生及治疗支出款下拨支，并照数以各机关以前年度节余经费解库款科目追加三十年度省地方总概算岁入经常门临时部分其他收入款下，并饬办理抵解手续等语，应准如拟办理。

八、据卫生处签呈，转缴第二补助医院二十九年度六至十二月份员兵米津预算书册。饬据会计处签称，书列六月份列支三百四十五元，七月份三百六十九元，八月份三百六十九元一角，九月份三百八十四元七角七分，十月份三百九十一元，十一月份四百二十四元，十二月份四百二十六元一角二分，合计七个月共列支二千七百零八元九角九分，核尚符合，拟准照数在二十九年度追加省总概算内各级公务员役团警米津项下垫支等语，应准如拟办理。

九、据卫生处签呈，缴卫生处第四防疫区署本年一至三月份员役生活补助费预算书册，月列二百二十元，三个月共列支六百六十元。饬据会计处签称，查核尚合，拟准照发，款在三十年度省总概算内调整机构补助公务员生活费项下开支等语，应准如拟办理。

十、据平远县政府呈缴无线电分台二十九年六至九月份员役米津预算书册。饬据会计处签称，查书列六月份一十八元，七至九月份各列三十六元，查该台系六月十六日成立，六至七月份核数尚符，但技助薪俸自八月份起因各电台实行新编制后，已超过五十元，依照规定，应剔除月各五元，八、九两月共一十元，合计四个月共应列支一百一十六元，拟准照拨，款在二十九年度追加省总概算内各级公务员役团警米津科目项下开支等语，应准如拟办理。

十一、准第七战区粮食管理处函送本年四至六月份员役生活补助费预算书册，月列七百六十元，三个月共列支二千二百八十元。饬据会计处签称，查该处应照补充办法规定核减公役（士兵）四名生活补助费，惟该处已于四月底以前结束，该项员兵生活补助费似应照案酌给本年四月份一个月七百二十元，此款拟在三十年度省总概算内调整机构补助公务员生活费项下按实开支等语，应准如拟办理。

十二、据从化县政府呈缴二十九年五至九月份及十至十二月份无线电分台员役米津预算书册，计五、六、七月份各列支三十六元，八、九

90

月份各列支三十一元，十、十一、十二月份各列支八十二元。饬据会计处签称，五、六、七、八、九各月所列核尚符合，惟查从化非米贵区，十至十二月所列各数错误，除八月份及十至十二月份经先后核明拨给外，实尚应拨五至七月份及九月份米津共一百三十九元，此款拟在二十九年度追加省总概算内各级公务员役团警米津项下开支等语，应准如拟办理。

讨论事项

一、据秘书处签呈，奉交修正本省徒犯垦殖生产团计划大纲及第一垦殖生产团组织章程，遵经并依各次审查意见，及本处签拟，将原案条文分别整理完竣，请提会核定等情，请公决案。

（决议）保留。

二、据卫生处签呈，拟本年度援案继续每月照拨第三诊疗所所长特别办公费五十元，全年共六百元，款在二十九年度卫生事业费节余项下开支等情，请公决案。

（决议）照案通过，抵解手续照会计处签拟办理。

三、据卫生处签呈，缴追加本年度购买痘苗费支付预算书，列支八千元，拟在本处二十九年度事业费节余项下开支，请核准办理等情，请公决案。

（决议）照案通过，抵解手续照会计处签拟办理。

四、据卫生处签呈，拟具广东省中医审查委员会组织章程草案，请察核施行等情，请公决案。①

（决议）照秘书处签拟通过。

五至六、（略）

七、据会计处案呈，查阳春县地方二十九年度岁入岁出第二次追加概算，计收支各列为一万一千三百六十九元，请提会核定公布施行等情，请公决案。

（决议）照案通过。

八、（略）

九、据省地政局呈，拟具行政院公布各省市地政经费筹集办法及本

---

① 秘书处签拟略。

局原拟曲乳两县土地整理计划草案，请察核准予向省银行借款九十六万一千六百九十三元六角二分，以充经临各费等情，请公决案。

（决议）交张委员审查。

十、据民政厅签呈，拟具本省各县乡镇公所保办公处组织暂行通则、保民大会组织暂行章程、保长副保长选举暂行规则、保民大会议事暂行规则、出席簿式样、会场规则、开会秩序、户长会议暂行规则等，请核示等情，请公决案。

（决议）交刘（佐人）、郑（丰）、高三委员审查，由刘委员召集。

十一、据卫生处签呈，遵令编就第二补助医院及第一病兵收容所三十年度一至四月份经常费预算书，计第二补助医院月支一万四千六百八十九元一角，第一病兵收容所月支一万零一百二十六元五角，由一至四月份该院所共支经费九万九千二百六十二元四角，款经在该院所二十九年度八月份以前经常费节余项下开支，请赐核定等情，请公决案。①

（决议）预算照军政部规定编列，余照会计处签拟办理。

十二、据教育厅签呈，查本省省立图书馆业经奉准设立，馆长一缺，查有杜定友资历堪以充当，请察核派充等情，请公决案。

（决议）照案通过。

十三、据本府行政效率促进委员会签呈，编造新县制研究会经临费预算书，计临时费列支一千五百元，经常费月列二百七十五元，三个月共列支八百二十五元，请核示等情，请公决案。

（决议）经常费准予列支，款在本年度省预备金项下开支。

十四、准第七战区战时粮食管理处电送奉令结束发给官兵遣散费暨留办结束人员经费支付预算书册，列支二千四百二十二元，请查照办理等由，请公决案。②

（决议）照会计处签拟通过。

十五、据秘书处案呈，查信宜县新东初级中学校代表杨××为不服信宜县政府改组私立新东初级中学为区立中学撤销校董会及移交校产之处分，提起诉愿一案，现经审查完竣，作成决定书，请提会核定等情，

---

① 会计处签拟略。
② 会计处签拟略。

92

请公决案。

（决议）照决定书通过。

十六、郑委员（彦棻）、何委员、邹委员、黄委员（元彬）、黄委员（麟书）会复，审查会计处所拟本省三十一年度省总概算编送办法一案，经将原办法分别修正，请公决案。[①]

（决议）照审查意见通过。

十七、（略）

十八、据民政厅长签呈，拟将曲江县警察局裁撤，由县组设警佐室接管有关警务之措施，以县长名义行之。至前由省库每月补助之一千元拟自六月份起停支。又该县裁局后，城区应否设置警察所，仍由该县计拟专案呈核，请核示等情，请公决案。

（决议）照案通过。

十九、主席提议，第七战区长官部五月十六日召集会议决定补给军粮之原则两项一案，除第二项征购公粮办法交省粮食管理局妥拟另案办理外，提关于第一项由省库拨补军粮应如何办理，请公决案。

（决议）六、七两月每月拨补军粮费一百六十七万元，追加预算由财政厅另筹来源。

二十、据民政厅签呈，拟订广东省警察队组织规程，省警总队编余人员安插及遣散办法，省警察队经费支配办法，请提会核定等情，请公决案。

（决议）照案修正通过。[②]

二十一、主席提议，梅菉管理局局长金彦文因病辞职，应予照准，遗缺派王公宪代理，请公决案。

（决议）照案通过。

二十二、主席提议，查本省各地米价日趋高涨，七战区所属各部队之官兵主食费迭有增加，所有由本府发给主食费之保安团队、警卫营、税警总团、自卫总队、防空监视哨等，亦应酌予增拨，以维持官兵生活，兹饬据会计处拟具补发主食费月支数额表前来，拟由本年五月份下

---

① 审查意见略。

② 修正之点略。

半月起实行，计每月需增支九万九千一百一十七元二角，由财厅另筹岁入追加省总概算拨支，请公决案。

（决议）照案通过。

广东省政府第九届委员会
第二百三十二次议事录

日　　期　五月二十三日
地　　点　曲江本府
出席者　李汉魂　郑彦棻　郑　丰　黄元彬　黄麟书　何　彤
　　　　　　刘佐人　张导民
列席者　杜之英　伍崇厚
主　　席　李汉魂
纪　　录　（参议）周正之　俞守范
报告事项

一、据民政厅案呈，准财政厅片，以紫金县民举发种烟人彭林奖金一百元，款在何科目开支一案，拟请在本年度省款预备金项下先行开支，俟各县有没收种烟犯财产变价款，再行拨还等情。饬据会计处签称，该款拟由三十年度省总概算岁出经常门临时部分行政支出款下查铲烟苗费项下垫付，俟将来各县有没收种烟犯财产变价解库时，再行办理归垫等语，应准如拟办理。

二、据财政厅签呈，缴兴宁税务局二十九年度设备临时费预算书，列支三百一十六元。饬据会计处签称，既据该厅查核尚属需要，数亦核实，所请在三十年度省总概算各税务局设备费项下开支一节似应照准，并更正为在三十年度省总概算各税局设备费项下补拨等语，应准如拟办理。

三、据财政厅签呈，缴龙川税务局龙城稽征所开办费预算书，列支一百三十元。饬据会计处签称，既据该厅查核尚属需要，所请在三十年度省总概算各税务局设备费项下开支，拟予照准等语，应准如拟办理。

四、（略）

五、据会计处签呈，查教育厅呈缴三十年度国民教育经费岁出预算追加岁入预算、编印辅导小丛书岁出预算暨国民教育委员会岁出预算案，及三十年度追加战区退出学生及师范生补助费预算案，经第二二五次会议决议，仍照原案通过在案。关于追加由省库拨支之战区退出学生及师范生膳费九万一千零五十元，教厅原呈并未请由省预备金开支，而国民教育经费案亦未有周列科目，似应于原决议之下加增"关于追加膳费由省库负担部分在三十年度省预备金项下开支，关于国民教育经费抵解手续，照会计处签拟办理"数句等语，应准如拟办理。

六至七、（略）

八、据本省粮食管理局电缴三十年度四至六月份员役生活补助费预算书册，月列二千四百一十元，三个月共列支七千二百三十元。饬据会计处签称，应照规定核减公役一十名，生活补助费核减后，每月应列支二千三百一十元，三个月共应列支六千九百三十元，此款在三十年度省总概算内调整机构补助公务员生活费项下按实开支等语，应准如拟办理。

九、据鹤山、开平、宝安、番禺、云浮、河源、丰顺、封川、龙川等各县先后呈，缴无线电分台各月份员役米津预算书册。饬据会计处签称，经审核完竣，合计二千二百八十六元，款在二十九年度追加省总概算内各级公务员役团警米津科目项下开支等语，应准如拟办理。

十、据电白县政府呈缴无线电分台二十九年度九月份暨十至十二月份员役米津预算书册。饬据会计处签称，据呈九月份预算书列支三十六元，内列技助米津数五元，核有未合，应予剔除，饬并同八月份剔除技佐米津返纳入库，十至十二月份预算书依照米贵区规定编列月各七十七元，并应剔除技佐米津月各五元，计月各应列支七十二元，三个月共列支二百一十六元，拟准照拨，款在二十九年度追加省总概算内各级公务员役团警米津项下开支等语，应准如拟办理。

十一、据蕉岭县政府呈缴无线电分台二十九年六至九月份及十至十二月份员役米津预算书，计六至九月份列支月各三十六元，十至十二月份列支月各七十七元。饬据会计处签称，查该台系六月十六日成立，书列六月份全月米津数似有未合，应予剔减半个月共十八元，十至十二月份书列数目核尚相符，计六至九月份实应列支共一百二十六元，十至十二月份应列支二百三十一元，合共列支三百五十七元，拟准照拨，款在二十九年度追列省总概算内各级公务员役团警米津项下开支等语，应准如拟办理。

十二、（略）

十三、据教育厅签呈，请在核饬解库之二十九年度收容战区退出员生经费内登记站经费节余项下拨支省立高州中学文牍员李培森养老年金三百四十二元等情。饬据会计处签称，似尚可行，此款拟准以各机关以前年度经费节余解库款科目追列三十年度岁入概算，分别将一百四十二元五角以补拨二十九年度省立高州中学文牍员李培森养老年金科目追列三十年度岁出概算，饬该厅将上开节余经费款办理抵解手续，至抵解后尚有余存，应一并解库，并追加预备金等语，应准如拟办理。

十四、（略）

讨论事项

一、（略）

二、据秘书处拟就广东省电话管理规则及广东省电话架设规则，请核定公布施行等情，请公决案。

（决议）交黄委员（元彬）审查。

三、据秘书处签呈，查广东省会评价委员会电送该会三十年度每月经常费支付预算一案，经提付第二一一次会议后撤回交建设厅拟具评价具体办法呈核再议在案。现经建厅拟具办法呈府，关于该会组织应酌加同业公会为委员，及关于评价时应注意各点，除奉核定交本府代表提出该会办理外，关于该会经费请再提会核定等情，请公决案。①

（决议）照会计处签拟通过。

四、据建设厅签呈，关于前省营工业管理处二十八年度营业预算书一案，查该处业已结束，所编预算书列各数已多照开支，谨将奉饬各点拟具声复书，请准补行核定等情，请公决案。

（会计处签拟）（一）查该处二十八年度工作由一月至三月为预备结束时期，四月至九月为整理时期，十月至年底为复兴时期，既已如计

---

① 会计处签拟略。

划书所述，至复兴时期只有机器制造修理厂一厂，开工时间既已短促，生产能力又甚薄弱，是则该处二十八年度之营业，全靠以前年度遗留下之纺织品及麻袋四十余万元作为挹注，在此种生产工作及业务尚未开展之时，管理费之撙节开支，乃属必要，惟据职员明细表备考栏所述该处员役俸给，系照编制编列，人员时增时减，均未照额用足等语。现呈又以该处业已结束，为免稽延计，拟请姑免改编等情，核尚事实，似可姑准照列，仍应饬核实办理报销。（二）预计盈余六万零五百零七元七角七分三厘既已列入盈亏拨补表作为填补历年积亏一部之数，复列入补充表岁入方作为直接拨用之盈余一数重列实系不合，应将补充表所列之数删除，建设厅声复书请免予删除，于预算编制之理微有不合，因此项填补积亏之数据云列入补充表以明增建资产之来源一节，殊非必要。（三）（甲）盈亏拨补表岁出科目第一款历年积亏三百七十一万二千一百八十五元一角四分，如何计算处理，应由建设厅于改编二十九年下半年度营业预算书时在计划书或附明细表详加叙明。（乙）处历年该积亏之数字甚大，现该处既已结束，由建设厅接收，应于改编二十九年下半年度或在编制三十年度营业预算书时，依照办理营业预算应行注意事项第十条之规定，将亏损数目因应事实如数折减资本列入资本增减表中。（丙）驻港办事处经费表明关于经费之计算，将国币与港纸之比率折低至四元五零与一元零零之比，当时实无如此之低，应饬核实报销。（四）补充表第二款收回各厂经费科目十五万余元，经向建设厅会计室查询系属垫支性质，似可准予免改列入盈亏拨补表中，并将"收回各厂经费"科目改为"收回垫付各厂经费款"。（五）补充表第四款成品售出数列三十万元应予删除，查上项数字已分别表示于利益及损失表中，此处自不应重列。（六）补充表岁出科目第一款增建及改良资产四十余万元，前饬于说明栏详加说明及附注核准原案日期字号呈核，现呈据称为便利报销起见，拟姑准照列，饬仍专案详列呈准方得开支等情，似可照办。（七）该处由广州运来之硫磺氯气，应早日估定价格列入资产负债表中，并编入预算呈核。（八）损失表第二款第一项第三目之搬迁调查旅费，第四目购置物品费，及第二项临时盖搭办公厅费用，系属补充表岁出科目，第三项各目各厂保管费系属管理费用，现表列在第二款营业外支出均有未合。（九）该处现呈预算书既有上述各点不合之处，本应发还改编，惟该处结束已久，为避免稽延及转折耗时计，似可姑予提会核定，将现呈预算书函转审计处查核，至办理报销时，应由建设厅叙明专案核实开支。

（决议）照会计处签拟通过。

五、据建设厅转据农林局呈，拟具广东省扩充东韩江水源林苗圃暨增设北江水源林苗圃计划连同概算书，请核示等情，请公决案。

（决议）照案通过，本省负担之一万元，在本年度建设事业临时费项下开支，余照会计处签拟办理。

六、据省振济会呈缴广东省儿童教养院实验小学部三十年度经常费支付预算书表，月支三千六百元，年支四万二千二百元，款经由本会振款项下照案拨支，请核示等情，请公决案。

（决议）照案通过。

七、据本省战时贸易管理处呈缴本处省会公务员消费供应社二十九年度营业计划，及营业概算，员役编制表，开办费预算书等件，计开办费一千三百八十元，营业资金四万元，请核准备案等情，请公决案。

（决议）照案通过。

八、（略）

九、准广东省临时参议会函送本会三十年上半年度特别临时费支付预算书表，列支一万零九百五十元，拟由本年度参议员出席旅费节余项下开支，如有不足，由省库补助请查照核定等由，请公决案。①

（决议）照会计处签拟通过。

十、据民政厅签呈，缴追加本厅三十年度经常费视察旅费预算书，拟自本年二月份起每月追加二千二百元，请准如数在本厅三十年度禁烟临时费节余项下列支等情，请公决案。②

（决议）照会计处签拟通过。

十一至十三、（略）

十四、据会计处签呈，准财政厅片复，关于本省二十九年度省总概算内建设事业支出科目超过一十八万四千五百零七元六角一分之数，似

---

① 会计处签拟略。
② 会计处签拟略。

可以上年度补助支出接近战区各县战时工作经费科目余额移拨抵补等由，拟请提会核定等情，请公决案。

（决议）照案通过。

十五、据本省粮食管理局签呈，拟具本局驻桂购粮办事处组织章程及编制预算表，请核示等情，请公决案。

（决议）交何、张两委员审查，由何委员召集。

十六、据建设厅呈，缴农林局技正黄启元荐委表，请赐提升等情，请公决案。

（决议）照案通过。

十七、黄委员（麟书）、何委员、刘委员（佐人）会复，审查秘书处案呈关于本省边疆施教区问题一案意见，请公决案。

（审查意见）（一）本会应设专任总干事一人，干事一人，视察二人，助理干事二人，雇员一人至二人。（二）粤北边疆施教区社教实验区等俟安化局改县后撤销，其任务归并县府办理，不再设连连阳示范区。（三）安化局改县后，其行政费除以该局原定经费拨充外，不足之数，由省库在补助新县制款科目项下补助之，粤北边疆施教区原有经费三万六千元，以半数拨给指导委员会及施教站经费，其余半数，及社教实验区经费六千元为县事业费。以上各项，如属可行，拟请发交秘书处就原拟组织规程分别修订签呈核办。

（决议）名称改为广东省边政指导委员会，余照审查意见通过。

十八、刘委员（佐人）、郑委员（彦棻）、黄委员（麟书）会复，审查本省地方行政干部训练委员会函送开平县地方行政干部训练所编制及三十年度经常费开办费预算一案意见，请公决案。

（审查意见）（一）查该所原预算书列支津贴兼职人员十三人伙食费月共二百六十元一案，似有必要，惟应改称为车膳费，较为适合。（二）该所将调训人员二【千】零五名编为二十一个中队，每月训练两个中队，于十一个月训毕一案，核可无此需要，应并编为二十个中队，按月训练两个中队，于十个月训毕，原案多余一个中队，应予剔除。（三）余照会计处所拟办理。

（决议）照审查意见通过。

十九、（略）

二十、刘委员（佐人）、郑委员（彦棻）、黄委员（麟书）会复，审查本省地方行政干训所委员会函送连县干训所组织章程编制及三十年度经费预算一案意见，请公决案。①

（决议）照审查意见通过。

二十一、主席提议，派袁良骅为广东省粮食管理局驻桂购粮办事处主任，请公决案。

（决议）照案通过。

二十二、据卫生处呈缴广东省立临时医院眼耳鼻喉科主任医师赵子林荐委表，请赐核委等情，请公决案。

（决议）照派代理。

广东省政府第九届委员会
第二百三十三次议事录

日　　期　五月二十七日

地　　点　曲江本府

出席者　李汉魂　郑彦棻　黄麟书　刘佐人　高　信　黄元彬
　　　　张导民　何　彤

列席者　杜之英　伍崇厚

主　　席　李汉魂

纪　　录　（参议）周正之　俞守范

报告事项

一、准中央兵役巡察第三团电，为贵府委派本团团员杨德隆，请援例由原机关每月加给生活补助费一百元，置装费一百元等由。饬据会计处签称，拟援案办理，除生活补助费部分照本省公务员提高待遇通案规定发给外，至置装费一百元，拟由三十年度省预备金项下开支等语，应准如拟办理。

---

① 审查意见略。

100

二、据省振济会呈缴本省儿童教养院第三院二十九年度下学期修缮费预算书件，列支一千元，款由该分院经常费节余项下开支等情。饬据会计处签称，核尚可行，拟予照准等语，应准如拟办理。

三、据省振济会呈缴本省儿童教养院第三院清理全院场所及学生衣物费支付预算书，列支四百元，请核示等情。饬据会计处签称，既据省振济会核明需要，列数亦合，款准在该分院本年度经常费节余项下开支，核尚可行，拟予照准等语，应准如拟办理。

四、据省振济会呈缴本会与军民合作总站合办战地荣誉军人招待站本年度二月份第一、二、三、四各站经常费及临时费支付预算书表，计经常费每站月支五十元，自本年二月份起本年度共列支五百五十元，开办费每站列支二百元。饬据会计处签称，既据省振济会核合，款由振款项下开支，拟予照准等语，应准如拟办理。

五、据本府战时通讯所签呈，嗣后本府发出各专员县局长通电，若能采用播发办法，不特传达普遍迅速，抑可节省人力物力，拟具本府使用无线电播发通电暂行办法，及无线电中枢台播发电实施细则，请核定分饬各有关机关遵照等情，应准如拟办理。

六、据会计处签呈，查关于教育厅签呈，拟在二十九年度侨教费余款，移拨执信学校仪器书籍费三万元一案，经本会第二二九次会议决议，准拨二万元在案。惟此款未悉是否仍在二十九年度侨教补助费余款移拨，如在二十九年度侨教补助费余款移拨，似应仍照本处原签以各机关以前年度经费节余解库款科目追列三十年度岁入概算，以执信学校图书仪器购置费科目追列三十年度岁出概算，饬教育厅将上开节余款办理抵解手续等语，应准如拟办理。

七、（略）

八、据会计处签呈，准教育厅片送高州农业职业学校本年一至三月份员役生活补助费预算书册，经照规定核减公役七名生活补助费后（号兵场警场工拟准不并入公役计算），计每月应列支九百九十元，三个月共应列支二千九百七十元，此款在三十年度省总概算内调整机构补助公务员生活费项下开支等语，应准如拟办理。

九、准广东省地方行政干部训练委员会及干训团函送本年四至六月份员役生活补助费预算书册，及请补发核减干训团本年一至三月份士兵生活补助费等由。饬据会计处签称，四至六月份照规定核减后，计四月份应列支六千四百六十五元三角，五、六月份应列七千三百三十元，三个月共应列二万一千一百二十五元三角，惟查本省各机关学校员役薪饷经从新核定办法，由五月起实行，照案应仅发四月份生活补助费一个月六千四百六十五元三角，款在三十年度省总概算内调整机构补助公务员生活费项下开支。至请补发一至三月份士兵生活补助费一节，拟函复如该项士兵生活补助费确须补拨时，请另具预算专案核在原机关本年度经费节余及已领生活费余款项下匀支等语，应准如拟办理。

十、据财政厅及第六区行政督察专员公署暨卫生处先后呈缴该厅该署暨救济医院本年四至六月份员役生活补助费预算书册。饬据会计处签称，经照规定核减后，计应每月共列支一万零九十元，三个月共列支三万零二百七十元，惟查本省各机关学校员役薪饷经从新核定办法，由本年五月份起实行，则该厅等照案应仅发四月份一个月共一万零九十元，款在三十年度省总概算内调整机构补助公务员生活费项下开支等语，应准如拟办理。

十一、据建设厅签呈，转缴本省战时长途电话所四至六月份员工生活补助费预算书册。饬据会计处签称，经照规定核减公役名额后，应月支四千一百八十元，三个月共应列支一万二千五百四十元，款准在该所营业基金项下拨付，仍列入营业预算办理等语，应准如拟办理。

十二、据省振济会呈缴广东妇女生产团本年度一至三月份员役生活补助费预算书册，月列一千零二十六元，三个月共列三千零七十八元。饬据会计处签称，既据该会核无不合，复核与前缴编制名册尚无超越，款在振款项下照案拨支，拟予照准等语，应准如拟办理。

十三、据省振济会呈缴广东妇女生产工作团托儿所本年度一至三月员役生活补助费预算书册，月列一百二十六元，三个月共列三百七十八元。饬据会计处签称，既据该会核无不合，款由振款项下照案拨支，核尚可行，拟予照准等语，应准如拟办理。

十四、据廉江县政府呈缴无线电分台二十九年九至十二月份员役米津预算书册。饬据会计处签称，查九月份列有自行加发之数应予剔除，计应列支三十一元，并饬将多领之技助米津五元并同八月份技助米津返纳入库具报，十至十二月份共应列支七十二元，三个月共应列支二百一

102

十六元，拟准照拨，款在二十九年度追加省总概算内各级公务员役团警米津项下开支等语，应准如拟办理。

十五至十六、（略）

讨论事项

一、准广东全省保安司令部电送保安第七团第一营第三连故排长陈如清阵亡证明书，请查照给恤等由，请公决案。

（会计处签拟）查该中尉排长陈如清于二十九年六月十三日在文昌县属湖山一役战抗阵亡，所拟按照陆军平战时抚恤条例规定给予一次过抚恤金六百元，并遗族年抚金三百三十元，以给予二十年为止，尚无不合，前项一次过抚恤金拟在三十年度省地方概算岁出经常门临时部分第七款保育及救济支出第一项第一目恤金项下拨支，年抚金拟自三十一年度起递年编入省地方岁出概算列支，仍请提会核定。

（决议）照会计处签拟通过。

二、准广东省地方行政干部训练团函送本团购办军毡预算书，列支二万一千九百八十一元七角九分，此款拟在本团二十九年度经临费节余项下拨支等由，请公决案。

（决议）照案通过，抵解手续照会计处签拟办理。

三、据民政厅签呈，缴本厅三十年度选派人员赴中央训练团党政班第十五期受训旅费预算书，列支一千一百元，请饬库拨发等情，请公决案。

（决议）照案通过，款在本年度派赴中央训练团受训人员旅费项下开支。

四、据建设厅签呈，缴阳江船务管理所本年一月底遣散员工预算书册，列支六百二十二元，请核准在三十年度省预备金项下拨支等情，请公决案。

（决议）照案通过。

五、据建设厅签呈，据农林局呈缴徐闻垦殖场三十年度岁入预算书，列收八千二百八十元，查核所列收入数目尚属相符，请核示等情，请公决案。

（决议）照案通过追加概算。

六、据建设厅签呈，据农林局呈缴稻作改进所收回二十九年晚稻及推广三十年早稻良种临时费暨三十年推广优良稻种临时费预算书，请将二十九年推广晚造良种余款提拨一万三千零八十四元六角八分充作三十年早造推广之用，查核与案相符，似应准予照办等情，请公决案。

（决议）照案通过，抵解手续照会计处签拟办理。

七至八、（略）

九、据省振济会呈缴本会四会义民收容所三十年度经常费岁出预算书表，月列四百五十五元，请核示等情，请公决案。

（决议）照案通过。

十、据本省粮食管理局电，据本局运输大队呈缴大队长率领官兵赴丰顺接收新兵米津费支付预算书，列支一千九百二十九元四角，查所列各数尚无不合。该项费用拟在本局三十年度业务费项下开支，请核示等情，请公决案。①

（决议）照会计处签拟通过。

十一、据省振济会呈缴广东省儿童教养院培德小学部三十年度经常费支付预算书，月列三千六百元，年列四万三千二百元，款由本会振款项下拨支，请核示等情，请公决案。

（决议）照案通过。

十二至十三、（略）

十四、前准军事委员会伤兵慰问组第三办事处函，为此次敌伪侵扰卢苞，赖我忠勇将士一举击溃，捷报传来，欢腾百粤，特由本处派员驰往前线犒慰将士，请将慰劳金送处代发等由。经由本府拨送慰劳金一千元，请指款开支案。

（决议）照案追认，款在本年度奖赏金项下开支。

十五、据会计处案呈，查梅菉管理局地方二十九年度岁入岁出第二次追加概算，经参酌财、教两厅意见分别将项目改正，计应追列各为一万七千六百五十元，请提会核定公布施行等情，请公决案。

（决议）照案通过。

十六、（略）

十七、胡委员函复，审查前广东省粮食调节委员会二十九年度营业

---

① 会计处签拟略。

预算一案意见，请公决案。

（决议）审查意见第二点及补充意见两点照通过，余照会计处原签拟办理。（审查意见略）

十八、据本省驿运管理处签呈，为本处经费奉总管理处核定应按四川及湖北省例，列作省政府经费等因。查本处每月经常费八千八百三十九元，拟请自本年四月份起按月照数由省库拨发等情，请公决案。

（决议）交郑（彦棻）、何、张三委员审查，由郑委员召集。

十九、黄委员（麟书）、邹委员、郑委员（丰）会复，审查本府行政效率促进委员会组织规程等件一案意见，请公决案。

（决议）照审查意见修正通过。（修正之点略）

二十、据本省驿运管理处、本省粮食管理局会呈，本年五月八日由驿运处召集盐粮两局开驿运座谈会，拟定办法六项，请核示等情，请公决案。

（决议）并第十八案审查。

二十一、据本省粮食管理局签呈，为本局奉令统办军粮之收购分配，且将实行全省粮食管理，特遵院颁通则，将本省各县粮管会组织章程修正扩大组织，加强人事，以赴事功，检同修正草案及编制预算表，请核定施行等情，请公决案。

（决议）交郑（彦棻）、何、张三委员审查，由郑委员召集。

二十二、黄委员（元彬）函复，审查关于补助各县有线电讯网设备一案意见，请公决案。

（决议）照审查意见修正通过。①

二十三、刘委员（佐人）、郑委员（丰）、高委员会复，审查民政厅所拟本省各县乡镇公所保办公处组织暂行通则，保民大会组织暂行章程、保长副保长选举暂行规则、保民大会议事暂行规则、出席簿式样、会场规则、开会秩序、户长会议暂行规则等件一案意见，请公决案。

（决议）照审查意见修正通过。（审查意见及修正之点略）

---

① 修正之点略。

广东省政府第九届委员会
第二百三十四次议事录

日　期　　五月三十日

地　点　　曲江本府

出席者　　李汉魂　郑彦棻　黄元彬　高　信　刘佐人　何　彤
　　　　　胡铭藻

列席者　　杜之英　袁晴晖　黄希声　黄　雯

主　席　　李汉魂

纪　录　　（参议）周正之　俞守范

报告事项

一、准国民政府军事委员会办公厅函，为各地邮电检查所之经费，业由本厅特检处统筹发给，所有贵府补助各当地邮电检查所之经费，概自本年四月一日起停止发给等由。饬据会计处签称，关于曲江邮政检查所补助费，应自本年四月一日起停发，如经已支领，应请悉数返还省库等语，应准如拟办理。

二、据本府行政效率促进委员会呈缴二十九年度十二月份搬迁费支付预算书，列支三百零二元三角。饬据会计处签称，既经验审员在实付数额表签证核与规定手续尚无不合，该款拟在三十年度省预备金项下开支等语，应准如拟办理。

三、据财政厅签呈，转缴紫金税务局二十九年度临时迁移费支付预算书，列支三百五十元。饬据会计处签称，查核尚属需要，所请在二十九年度经费节余拨支，拟予照准，该款拟在三十年度省总概算岁出经常门临时部分财务支出款下追列补拨紫金税务局二十九年度临时费科目，以该局二十九年度节余经费抵拨，一面追加三十年度省总概算岁入经常门临时部分其他收入款下各机关以前年度节余经费解库款科目等语，应准如拟办理。

106

四、据省振济会呈，据第三振济区三水蒋岸义民收容所呈，以该所收容义民人数已达一百五十人，由二十九年十一月份起，增派该所管理员一人协助管理，核定月薪额国币四十元，款在该年度该所经费节余开支等情。饬据会计处签称，既据省振济会核明需要，复核所拟尚属可行，拟准予备案等语，应准如拟办理。

五、据省振济会呈缴儿童教养院第五院二十九年十至十二月份溢支儿童医药费支付预算书，共计一千一百六十七元八角。饬据会计处签称，既据省振济会核明属实，并已准在该院二十九年度经费节余项下开支，核尚可行，拟予照准等语，应准如拟办理。

六、省财政厅签呈，关于购置各专署县局收音机税运汇等费共二万一千三百四十一元八角九分，既经贸易管理处及秘书处垫支，似可在本年度省预备金项下垫付拨还归垫，候将来收回价款时，连同以前垫款一并归账。至已领收音机之专署县局，其半数机价等款列表送厅在各该署县局行政费内扣回一节，拟改在拨县营业税三成补助款内代扣等情。饬据会计处签称，除该项税运汇费拟在预备金项下拨还归垫一节，似可照办外，至已领收音机之署县局半数机价等款改在该厅拨县营业税三成补助款内代扣一节，在县局方面似可准予照办，惟专署方面除行政费外，别无余款拨发，似仍应在行政费内扣回等语，应准如拟办理。

七、据会计处签呈，查第三区保安司令部呈缴禤××被告充任敌伪有关军事职役案判决书，请核明从优给奖一案，经本府第二三〇次会议决议，"修正本省捕杀敌伪组织官员奖励办法应予废止，余照会计处签拟通过"在案。惟关于奖金若干及在何款垫支，决议案均未明白规定，兹拟照秘书处签拟奉核定给予奖金一百元数额，在本年度省奖赏金项下垫发，汇案报请第七战区司令长官司令部转呈军事委员会核拨归垫等情，应准如拟办理。

八、据省振济会呈缴韶关空袭紧急救济联合办事处三十年度三月份员役生活补助费预算书册，列支七十元。饬据会计处签称，既据该会核无不合，款由振款项下拨支，拟予照准等语，应准如拟办理。

九、据省振济会呈缴韶关空袭紧急救济联合办事处本年四至六月份员役生活补助费预算书，月列七十元，三个月共二百一十元。饬据会计处签称，既据该会核合，款在振款项下拨支，复核尚符，拟予照准等语，应准如拟办理。

十、据省振济会呈缴本会第三医疗队二十九年八至十二月份员役生活补助费预算书，月列一百二十元，五个月共六百元。饬据会计处签称，似可援照救济总队特别米津案办理，准予在振款项下拨支等语，应准如拟办理。

十一、据省振济会呈缴四会义民收容所三十年度四至六月份员役生活补助费预算书册，月列一百四十元，三个月共列支四百二十元。饬据会计处签称，既据该会核明相符，款在振款项下开支，复核尚合，拟援照一至三月份前案照数列支等语，应准如拟办理。

十二、据本省驿运管理处签呈缴本处及所属各段站本年四至六月份员役生活补助费预算书，月列七千七百一十六元，三个月共列二万三千一百四十八元。饬据会计处签称，该处公役应照规定剔减，核减后计应改列为月支七千六百八十元，三个月共列二万三千零四十元，款在该处营业基金项下拨付等语，应准如拟办理。

十三、据广东省新生活运动促进会妇女工作委员会呈缴广东妇女生产工作团本年一至三月份员役生活补助费预算书册，月列四百零八元，三个月共列一千二百二十四元。饬据会计处签称，经照补充办法规定核减公役八名生活补助费后，计每月列支三百六十元，三个月共列支一千零八十元，此款在三十年度省总概算内调整机构补助公务员生活费项下开支等语，应准如拟办理。

十四、据财政厅，建设厅，省振济会，第四、第六两行政督察区交通管理联合办事处，战时通讯所先后呈缴东莞税务局，东区林业促进指导区，第一、二、四各振济区，第四、第六两行政督察区交通管理联合办事处暨所属老隆总站河源岐岭两分站及安化分台等本年一至三月份员役生活补助费预算书册。饬据会计处签称，除安化分台应由县地方款开支，原书册经予注销外，其余照规定核减后，总计列支三千六百三十元，此款拟在三十年度省总概算内调整机构补助公务员生活费项下开支等语，应准如拟办理。

十五、据建设厅、卫生处、教育厅先后呈缴畜疫防疗所北区林业促进指导区、乐昌蚕桑改良场、防疫队第三队暨琼崖联合中学本年一至三月份员役生活补助费预算书册。饬据会计处签称，除乐昌蚕桑改良场及防疫队第三队员役生活补助费核无不合，拟准照列外，其余经照规定核减后，总计共应列支五千三百六十元，此款拟在三十年度省总概算内调整机构补助公务员生活费项下开支等语，应准如拟办理。

讨论事项

一、奉第七战区司令长官司令部电，据挺进第×纵队司令呈，以何秋等击杀伪顺德县府科长兼兴亚同盟顺德分会主席李逆××，请予给奖等情。仰查照奖励办法核办径复等因，请公决案。

（决议）准给奖金五百元，在本年度奖赏金项下拨支。

二、准广东省军管区司令部电，为拟定本年度各县国民兵团队夏服费筹措办法三项，请查照核复等由，请公决案。

（决议）照案通过。但应制服装品种件数及价值仍应酌加规定，以示限制。

三至四、（略）

五、据本省粮食管理局电，奉令调派本局视察何尔瑛前赴中央党政训练班第十五期受训，经发给旅费五百五十元，请如数发还归垫等情，请公决案。

（决议）照案通过，款在本年度赴中央训练团受训人员旅费项下拨还。

六、据本省粮食管理局电缴本局运输大队部及各中队开办费支付概算书，列支三万零五百三十七元一角四分，请核示等情，请公决案。①

（决议）照会计处签拟通过。

七、据本府战时通讯所签呈，缴三十年度各电讯机关电讯临时费支付概算书，列支六万八千一百六十元，请指款拨支等情，请公决案。②

（决议）照会计处签拟通过。

八、据本府南路行署电缴本署秘书处电讯室台班结束费支付预算书，列支一千零六十元，普通人员遣散费支付预算书，列支四百六十元；回韶技术人员俸薪旅费支付预算书，列支三千九百六十一元，请核

---

① 会计处签拟略。
② 会计处签拟略。

示等情，请公决案。①

（决议）照会计处签拟通过。

九、据本府南路行署呈，为前购通讯机关补充器材价款除将原核定预算数各项目互相流用外，尚超出一千六百五十八元三角三分，请准予流用备案等情，请公决案。

（决议）照案通过，超出之款在本年度建设事业临时费项下开支。

十、（略）

十一、据省振济会呈缴第三振济区三水蒋岸义民收容所三十年度经临费支付预算书表，计经常费列支一万八千九百六十元，临时费列支二百四十元，款在本会振款项下拨支，请核示等情，请公决案。

（决议）照案通过。

十二、据曲江县李县长报告，拟清除韶市积存垃圾，约需清运费共九千元，拟请省库拨助三千元，请核示等情，经核复，省府部分由本年度卫生事业临时费项下拨三千元，除〔余〕由县地方款项下开支在案，补请追认案。

（决议）照案追认。

十三、（略）

十四、据建设厅签呈，据本厅合作事业管理处拟具修改广东省合作贷款规则意见，核尚妥协，请核示等情，请公决案。

（决议）交刘委员（佐人）审查。

十五、据会计处案呈，查连县地方二十九年度岁入岁出追加概算经照财、教两厅意见改正后，计各追加为六万四千八百八十二元，请提会核定公布施行等情，请公决案。

（决议）照案通过。

十六、据会计处案呈，查徐闻县三十年度县地方岁入岁出总概算，经参酌各厅处意见，核编完竣，核编后，计拟改列各为三十六万五千四百五十元，请提会核定公布施行等情，请公决案。

（决议）照案通过。

十七、据会计处案呈，查遂溪县地方三十年度岁入岁出第一次追加

_____

① 会计处签拟略。

概算收支各列为二万零一百元，经将款目代为改正，请提会核定公布施行等情，请公决案。

（决议）照案通过。

十八、据建设厅呈缴本厅第二科科长吴质文去职表及技正兼第二科科长霍耀南荐委表，请分别核准等情，请公决案。

（决议）照案通过。

十九、据财政厅签呈，为关于修改本省各级征收机关组织规程一案，经遵指饬将经费表修正，计各税务局所经费月额仍为一十一万二千五百元，全年共为一百三十五万元，请提会核定等情，请公决案。

（决议）交郑（彦棻）、何、刘（佐人）三委员审查，由郑委员召集。

二十、（略）

二十一、据战时公债广东省劝募总队呈，拟定战时公债各县配销额表，请核示等情，请公决案。

（决议）交何、高、张三委员审查，由何委员召集。

二十二、高委员、何委员、郑委员（彦棻）会复，审查修正港侨疏散委员会组织规程及计划大纲一案意见，请公决案。

（决议）照审查意见修正通过。

二十三、（略）

二十四、张委员函复，审查关于地政局整理曲乳两县土地向省行借款以充经临各费一案意见，请公决案。

（审查意见）（一）此项借款核与院颁各省市地政经费筹集办法第四条相符，惟该借款早经签约实行，拟仍依照同法第五条之规定咨部呈院核备。（二）此项借款拟照会计处签拟补列入各年度省总概算岁入岁出概算。（三）查地政局与省行所订借款合约原订定由三十一年起于每年三月底分三期还本付息，兹拟对于上列第二项经列入各年度省总概算岁入岁出数目于各该年度终结时，将未经收支部分依法转账分别加入下年度收支。

（决议）照审查意见通过。

二十五、据建设厅呈，转缴农林局农业试验总场技正兼场长林纯的荐委表，请核赐给委等情，请公决案。

（决议）照派代理。

二十六、何委员函复，会同张委员拟具县各级公务人员薪饷改订支给办法暨附件，请提会核定等由，请公决案。

（决议）照案通过。

二十七、据建设厅签呈，关于农林局筹设西江蚕桑改良场经费二十万元一案，农林部补助款十万元已汇交该局领收，本省应负担十万元，似应仍照原案筹措，请提会核定饬库拨款办理等情，请公决案。

（决议）照案通过。款在本年度建设事业临时费项下开支，追加预算，交财政厅筹措来源。

二十八、据民政厅签呈，以秘书何剑甫奉调他职，遗缺拟调本府参议李锡朋接充，附缴荐委表，请赐核委等情，请公决案。

（决议）照案通过。

广东省政府第九届委员会
第二百三十五次议事录

日　　期　六月三日

地　　点　曲江本府

出席者　李汉魂　张导民　郑彦棻　何　彤　黄元彬　高　信
　　　　胡铭藻　刘佐人

列席者　杜之英　黄希声　伍崇厚

主　　席　李汉魂

纪　　录　（参议）周正之　俞守范

报告事项

一、准广东省军管区司令部电送饶澄潮自卫总队部经费预算表，月列二百八十四元。饬据会计处签称，查原预算所列士兵饷项系包括米津二元，核例尚合，似可照准自二十九年六月二十一日该总队部成立之日起在军管区司令部经管二十九年度自卫队经费节余项下拨支。复查上项经费自二十九年六月二十一日起拨至年底止，计六个月零十天预算需支一千七百九十八元六角七分，该款系属二十九年度支出，拟以各机关以前年度经费节余解库款及补拨饶澄潮自卫总队二十九年度经费科目分别追列三十年度省地方岁入岁出概算，并办理抵解抵领手续等语，应准如拟办理。

二、据财政厅报告，据革命老同志张炳请发二十七年九月至三十年三月止养老金每月金额五十元，除二十八年一月至三十年三月止养老金应照案给领外，其二十七年九月至十二月计四个月养老金共毫券二百元，以新率七成折合国币一百四十元，因该年度概算经已结束，兹拟在三十年度省预备金项下动支，请察核等情。饬据会计处签称，拟准备案等语，应准如拟办理。

密三、据建设厅签呈，转缴徐闻垦殖场三十年度应付事变迁运公物临时费预算书，列支二百一十六元。饬据会计处签称，据称系敌人由海康登陆，有向徐闻进犯之势，将公物等重要文件内迁支出等情。核属需要，该款拟在三十年度省总概算岁出经常门临时部分经济及建设支出款下追列徐闻垦殖场临时费科目，以该场二十九年度节余经费抵拨，并一面追列三十年度省总概算岁入经常门临时部分其他收入款下各机关以前年度节余经费解库款科目等语，应准如拟办理。

密四、据佛冈县政府呈，缴二十八年十月间办理拆除城垣工杂费预计算书表，列支六千一百六十三元四角二分。饬据会计处签称，除原书第一项第一目第一节保长办公费应减去六元九角五分外，实为列支六千一百五十六元四角八分，核尚适合。原书既经该县财务委员会审议签证，复经陆军第六十二军出具证明手续亦备，该款似可照准在本府第九届委员会第九七次会议核定由二十九年度建设事业支出项下拨付该县拆城补助费一万元额内拨支。比对尚余三千八百四十三元五角二分，除据呈报已返纳三千八百三十六元五角七分外，尚差六元九角五分之款，拟饬追缴返纳报查等语，应准如拟办理。

五、据财政厅报告，奉令核定各县初次壮丁调查办公费准按照规定数额先行拨发各县备用，款在三十年度预备金项下开支等因。查清远等十五县经先后照案拨付，其余尚有八十六县市局未发放，惟关于南海等游击区县份十县及汕头市琼崖属十四县尚非急要，自应暂予缓发，至惠阳等六十一县局，现经分别照额核发等情。饬据会计处签称，清□所列游击区南海等二十五县市似可如财厅意见暂予缓发，至惠阳等六十一县局共计三万三千四百元之款，似可准予照案在三十年度预备金项下拨支等情，应准如拟办理。

六、据建设厅呈缴揭阳糖厂本年一至三月份保管员役等生活补助费预算书册，月列三百一十元，三个月共列九百三十元。饬据会计处签称，该处应照补充办法规定每月核减公役二名生活补助费，计原书应代改正为每月列支二百三十四元，三个月共列支七百零二元，此款拟在三十年度省总概算内调整机构补助公务员生活费项下开支等语，应准如拟办理。

七、据本省图书杂志审查处呈，请援案由本年四月份起发给本处员工生活补助费等情。饬据会计处签称，查本省各机关学校员役薪饷近经从新核定办法，由本年五月份起实行，该处员役生活补助费应谨发四月份一个月计五百四十元，此款拟在三十年度省总概算内调整机构补助公务员生活费项下开支等语，应准如拟办理。

八、据本府战时通讯所签呈，缴本所及所属机关本年一至三月份应领生活补助费数额表。饬据会计处签称，经照补充办法规定分别核减，减核后，总计应列支一万三千六百七十元，此款在三十年度省总概算内调整机构补助公务员生活补助费项下开支等语，应准如拟办理。

九、据省振济会呈缴儿童教养院第三、四、五各院本年一至三月份员役生活补助费预算书册，每院列支四千三百八十元，三个院共列支一万三千一百四十元。饬据会计处签称，既据省振济会核合，款并经在振款项下照案拨支，复核尚符，拟予照准等语，应准如拟办理。

十、据省振济会呈缴第五振济区二十九年十至十二月份员役米津预算书册。饬据会计处签称，查核尚合，所需二十九年十至十二月份米津共一百零八元，拟准照拨，款在二十九年度追加省总概算各级公务员役团警米津项下开支等语，应准如拟办理。

十一、据省振济会呈缴救济总队各分队本年一、二月份特别米津预算书，一月份列支五百五十五元，二月份由一日起至二十日止列支三百九十三元六角。饬据会计处签称，现呈预算列本年度一、二月份员工特

114

别米津为每人二十五元，较上年度核发数尚无超越，应否特准援照上年度案续发，请示等情，应特准援案续发。

十二、据省振济会呈缴本会二十九年十一月份起至十二月份止追加员役米津支付预算书册，月列一百零二元，两个月共列支二百零四元，款在生产专款项下开支等情。饬据会计处签称，复核书列各数尚合，拟予照准等语，应准如拟办理。

十三、据建设厅签呈，转缴农林局北区林业指导区二十九年八、九两月份增拨米津及十至十二月份应领米津预算书册。饬据会计处签称，八月份列支九十九元，核较七月份核定数额增加七元，九月份列支一百零五元，增加一十三元，据称因第二示范林场依原编制逐月增雇工人致需增列一节，查核尚合，拟准照数增拨。又十至十二月份月列一百一十七元，三个月共列三百五十一元，查核亦合，拟准照拨，拟并在二十九年度追加省总概算内各级公务员役团警米津项下按实开支等语，应准如拟办理。

十四、据第八区行政督察专员呈缴无线电台二十九年九月份米津预算书表，列支五十五元。饬据会计处签称，核数仍较七月份核定饬拨数额增加一十九元，拟准照增拨，款在二十九年度追加省总概算内各级公务员役团警米津项下开支等语，应准如拟办理。

十五、据罗定县政府呈缴无线电分台二十九年六、七月份及八、九月份员役米津预算书册，六月份列七元二角二分，七月份列三十一元。饬据会计处签称，核数与案相符，拟准备查。又所呈八、九月份书册共列支七十二元，核较原核定饬拨数额增加一十元，拟准照数增拨，款在二十九年度追加省总概算内各级公务员役团警米津项下开支等语，应准如拟办理。

十六、据花县县政府呈缴无线电分台二十九年七月份开办购置物品清册及簿据及七月份经费支付书据暨七至九月份米津书册。饬据会计处签称，除开办费及经常费部分拟发还依照手续专案分送核备，至米津部分每月列支三十一元，查核尚合，拟并同十至十二月份拨发，计七月至十二月份共六个月共需一百八十六元，款在二十九年度追加省总概算内各级公务员役团警米津项下开支等语，应准如拟办理。

讨论事项

一、据卫生处签呈，拟具本省护士注册规程、助产士注册规程、药师及药剂生注册规程、牙医师注册规程、牙科生管理暂行规则、牙科生甄别考试暂行办法、兽医师管理暂行规则，请察核颁布施行等情。经饬据秘书处分别修正，请公决案。

（决议）照案通过。

二、据省振济会呈，为本会驻港办事处三十年度经费确应继续支付，惟无法自筹来源，仍请在省救济费或预备费项下拨支，请核示等情，请公决案。

（决议）照案通过，款在本年度省救济费项下拨支。

三、据省振济会呈缴龙坪义民移垦示范区二十九年度经常费及义民给养费支付预算书表，计龙坪义民移垦示范区经费月支一千九百九十六元，由七月份起至年底止，六个月共计一万一千九百七十六元，义民给养费列支四千八百元，请核示等情，请公决案。

（决议）照案通过，款在振款项下开支。

密四、据省立救济医院呈缴本院药械公物疏散费支付预算书计列支一千零二十四元三角六分，请核示等情，请公决案。

（决议）照案通过，款在本年度省预备金项下开支。

五、据第一区行政督察专员呈缴本署本年三月份临时费支付预算书，列支三千六百八十五元，请准由省库核拨归垫等情，请公决案。

（决议）指饬先将损失情形及损失财产数量列表核报。

六、据会计处案呈，查乐昌、仁化两县土地测量计划暨预算书表系照三十年度省总概算内整理土地事业基金国币六十万元编造，关于预算书岁出临时部分列支各数，经送秘书处核复大致适合，至岁出常时部分所列各数核尚需要，似可均准予照列，请提会核定等情，请公决案。

（决议）照案通过。

七、据财政厅签呈，拟据广东省各县地方财政统一收支通则，拟通饬各县局遵照，请核示等情，请公决案。①

（决议）照秘书、会计两处签拟通过。

---

① 秘书处签拟、会计处签拟略。

116

八、据省振济会呈，请核准救济总队补列该队二十九年增设副总队长九个月薪一千一百七十元及奉拨二十八年度救灾准备金不敷款二千七百五十八元四角，合计三千九百二十八元四角，仍在本会接收前粤北战地各县振济工作总队移交余存振款项下拨支抵解等情，请公决案。

（会计处签拟）据称前准由粤北振工总队余款拨付之救济总队二十九年四至十二月份增加经费月额一千四百二十九八角，未将前核定准增副队长月薪一千三百元列入，拟请援案补拨等情，查核尚属确实，除奉拨二十八年度救灾准备金余款不敷数二千七百五十八元四角一节另案办理外，其增设副总队长月薪由四至十二月份共九个月计一千一百七十元，拟在三十年度省总概算岁出经常门临时部分保育及救济支出款下追列补拨救济总队二十九年度经费科目，以前粤北振工总队移交余款抵拨，一面追列三十年度省总概算岁出经常门临时部分其他收入款下粤北振工总队余款科目，请提会核定。

（决议）照会计处签拟通过。

九、据财政厅签呈，据税警总团呈报筹设干部训练班附缴教育计划编制预算，全期列支一万八千二百一十八元五角，款由该总团本年度经费预算总额节余项下拨支，核尚可行，拟予照准，请核示等情，请公决案。

（决议）交刘（佐人）、郑（彦棻）两委员审查，由刘委员召集。

密十、据第八区行政督察专员电复，饬构筑灵山防御工事案，计全部工事共二十二万，工限六月底完成，请速拨款支用等情，请公决案。[①]

（决议）照会计处签拟通过，款在本年度省预备金项下垫支。

十一、准广东省第五次临时参议会函，拟定第五次大会发给临时参议员出席旅费标准数目，请查照核定等由，请公决案。

（决议）照案通过。

十二、据秘书处案呈，准广东省参议会秘书处函送改编第五次大会开办费预算书，列支一万三千四百五十四元，请提会核定等情，请公决案。

---

① 会计处签拟略。

（决议）照案通过。款在本年度省预备金项下开支。

密十三、郑委员（彦棻）、何委员、张委员会复，审查本省驿运管理处签呈，请自本年四月份起由省库拨发经费一案意见，请公决案。

（决议）保留。

密十四、郑委员（彦棻）、何委员、张委员会审，本省驿运管理处、本省粮食管理局会呈拟改善曲岐线驿运办法六项一案意见，请公决案。

（决议）保留。

十五、主席提议，本府参议谢天培调充秘书处编译室主任，请公决案。

（决议）照派代理。

十六、主席提议，普宁县县长林××因案应予扣留撤职，遗缺派丘启薰代理，请公决案。

（决议）照案通过。

十七、据驿运管理处签呈，窃查本处岐曲线各站结束及本处紧缩情形，迭经呈报有案，所有各站及本处遣散费暨五月份以后每月维持费，拟请由省库拨给等情，请公决案。

（会计处签拟）查该处营运基金既据呈报亏折殆尽，现据呈该处遣散费预算书列支八百一十九元，曲岐线各站职员遣散旅费预算书列支一千六百七十一元，该处紧缩费拟改为维持费，五月份列支五千九百二十一元，拟予补发六月份列支四千一百三十一元，及由七月份起每月列支三千九百三十一元，拟均准照数发给，款在本年度省预备金项下拨支，请提会核定。

（决议）照会计处签拟通过。

广东省政府第九届委员会
第二百三十六次议事录

日　期　六月六日

地　点　曲江本府

出席者　李汉魂　郑彦棻　张导民　刘佐人　高　信　黄元彬
　　　　　何　彤　胡铭藻

列席者　杜之英　黄希声　黄　雯　云照坤

主　席　李汉魂

纪　录　（参议）周正之　俞守范

报告事项

一、据本府行政效率促进委员会呈，为严行确立预算制度，拟印刷会计簿籍，估价需工料费一百三十九元五角，该款拟由本会本年度一月份至四月份结存款项下拨支等情。饬据会计处签称，拟予照准，饬列入支用之月份会计报告内报销等语，应准如拟办理。

二、据财政厅报告，三水县动员会七机关联合办公处本年度一、二月份经费未列入省总概算，应否照发，请示等情。饬据会计处签称，查该处本年度一、二月份经费共三百五十元，前于第一百六十次会议时未将该县办公处列计在内，现拟在本年度省总概算岁出经常门常时部分第十三款第三项三目各县动员会联合七机关科目（已实施新县制县份可免发故有余款）余款项下开支等语，应准如拟办理。

三、据民政厅案呈，据省警总队呈报该队文牍员李芳廷因公被炸受伤致死，请核发殓葬费及特别恤金等情。饬据秘书处签称，所请给予特别恤金核与规定未符，拟毋庸议。至请依照修正警察人员遭受空袭损害暂行救济办法规定给予殓葬费二百元，尚属相符，似可照准。并据会计处签称，本案殓葬费拟由省库另拨在三十年度省岁出概算公务人员退休及抚恤支出项下拨支等语，应准如拟办理。

四、据建设厅签呈，拟派本厅技正何次权兼任省营药棉厂筹备主

119

任，支荐任一级薪，请通融在该厂二十九年度预算内流用等情。饬据会计处签称，所请在该厂二十九年度预算流用，依法似有未合，至列支俸薪，该厅既无技正薪级可支，本应照该厂之编制支薪，姑念事已过去，为通融办理，似可准在该厅二十九年度用人经费节余项下匀支等语，应准如拟办理。

密五、据财政厅报告，粤侨通讯处二十九年度职员迁移旅费一百五十元系并在秘书处应领迁移旅费四千二百五十元数内开支等情。饬据会计处签称，拟将本府前核定发给各机关职员亲属迁移费原案照剔除该处迁移费一百五十元等语，应准如拟办理。

六、据卫生处签呈，拟将本省本年度施政计划第五项第五款（丙）目改为"扩大防疫医院之组织，并充实其内容"，并将实施进度改为第二期"拟编预算"，第三期"实施办理"，请核示等情。饬据效率会签称，似可准将计划修正等语，应准如拟办理。

七、据财政厅签呈，据税警总团呈缴更正二十九年度额外人员预算书表，计五月份列支一百二十元五角，六月份列支二百一十元八角，七月份列支二百五十四元，八月份列支五百元一角，九至十二月份各列支七百二十六元，二十九年度计八个月合共需支三千九百八十九元四角。饬据会计处签称，所列各数核与表报各该员到差日期计算相符，该款自应照案在该税警总团二十九年度经费节余项下核实支报等语，应准如拟办理。

八、据龙川县政府呈复，查明建厅公路处派驻龙川大江桥护路队分队长谭兴被敌机轰炸损失财物属实。饬据秘书、会计两处签拟，比照广东省公务员雇员公役遭受空袭损害暂行救济办法规定，酌给救济费五十元，款饬公路处在该处及护路队本年度经费内撙节拨支等语，应准如拟办理。

九、据财政厅呈，遂溪税务局暨所属麻章稽征所敌货检查卡卷烟管理本年一至三月份及大阜稽征所三月份下半月员役生活补助费预算书册，计一月份共列五百五十元，二月份八百一十元，三月份八百七十五元，一至三月份总计共列支二千二百三十五元。饬据会计处签称，查核尚合，拟准照发，此款在三十年度省总概算内调整机构补助公务员生活费项下开支等语，应准如拟办理。

120

十、据省振济会呈缴韶市义民招待所三十年一至三月份员役生活补助费预算书册编制表，月列三百五十元，三个月共列支一千零五十元。饬据会计处签称，核与规定相符，拟准在振款项下开支等语，应准如拟办理。

十一、准广东省党部、广东省新生活运动促进会先后函送该部及所属该会等及据会计处案呈准教育厅片送民众教育馆暨电化教育服务处本年四至六月份员役生活补助费预算书册。饬据会计处签称，经分别核明，计应拨本年四月份一个月生活补助费共六千二百六十元，此款拟在三十年度省总概算内调整机构补助公务员生活费科目开支等语，应准如拟办理。

十二、据会计处案呈，准教育厅片送金山中学校本年二至三及四至六月份员役生活补助费预算书册，经分别核明，计二至四月份核实数额七百五十元，拟先在三十年度省总概算内调整机构补助公务员生活费项下开支等语，应准如拟办理。

讨论事项

一、据本府行政效率促进委员会呈缴本会开办费支付预算书，列支一万零五百五十四元五角八分，除奉拨三千零五十元外，实追加七千五百零四元五角八分，请饬库补签抵解支令，俾清手续等情，请公决案。

（决议）照案通过，抵解手续照会计处签拟办理。

二、据省振济会呈，为奉发二十八年度救灾准备金科目余款计至二十九年十二月底止实不敷二千七百五十八元四角，拟在本会接收前粤北战地各县振济工作队总队部移交结存余款项下拨支，请核示等情，请公决案。

（决议）照案通过，抵解手续照会计处签拟办理。

密三、据秘书处签呈，准广东省银行函，请将代运电讯器材及零件垫支运费国币一千五百九十五元一角一分拨还等由。拟将此项运费在购办电讯器材及零件费节余款二万八千六百七十五元九角五分项下拨支归垫等情，请公决案。

（决议）照案通过，抵解手续照会计处签拟办理。

密四、据会计处呈缴本处三十年度疏散档案公物迁移费支付预算书，列支四千六百八十六元二角一分，该款业经驻审人员签证，请转饬财厅照数拨还归垫等情，请公决案。

（决议）照案通过，款在本年度省预备金项下拨还。

五、准广东全省保安司令部电，以保安第二团第三营机关枪连上尉连长刘燊辉在新会水塱抗战阵亡，拟按照陆军平战时抚恤暂行条例之规定给予一次抚恤金八百元，遗族年抚金三百六十元，给与二十年为止，附送死亡证明书表，请查照办理等由，请公决案。

（会计处签拟）查本省保安司令部代电，以保安第二团第三营机关枪连上尉连长刘燊辉于二十八年五月二十二日在新会水塱抗战阵亡，拟按照陆军平战时抚恤暂行条例第二十二条第一款及第三十条之规定，给予一次抚恤金八百元，遗族年抚金三百六十元，给与二十年为止，既经本府秘书处核明相符，该项一次过抚恤金拟在三十年度省概算岁出经常门临时部分第七款保育及救济支出第一项一目恤金项下拨支，其年抚金拟自三十一年度起递年编入省岁出概算列支，仍请提会核定。

（决议）照会计处签拟通过。

六、据民政厅签呈，为汽油涨价额定预算不敷应支，拟由本厅前以特种基金科目解库之前任移存各县乡镇自治人员训练结存经费专款项下列支八千元，专作本年度支购公用汽油之用，请饬库照数拨发等情，请公决案。

（决议）照案通过，抵解手续照会计处签拟办理。

七、据本省粮食管理局电缴前广东省粮食调节委员会办理结束省行移交经支购粮账目经费支付预算书，计由本年四月一日起至五月底止列支五百元，款在前广东省粮食调节委员会节余经费项下开支，请核示等情，请公决案。

（决议）照案通过。

八、据建设厅签呈，据合作事业管理处拟订广东省农业仓库登记暂行办法及合作社兼营农业仓库暂行办法，请核定施行等情，请公决案。

（决议）照秘书处签拟通过。（签拟略）

九、据第一区行政督察专员先后呈缴该署二十九年十至十二月份及三十年一至三月份囚粮清册，计共列支一千一百二十九元零九分，并呈复区属各县囚粮历次核准日给数额经过情形，请如数拨还归垫等情，请公决案。

122

（决议）照案通过，款在本年度寄押人犯口粮项下拨还。

十、据第六区行政督察专员呈缴三十年一月份起至四月十五日止巡回审判军法官清理积案延期经费支付预算书，列支二千一百元，除先由上年度巡回审判军法官经费节余款一千三百三十六元一角三分全数流用外，不敷之数分配所属各县负担，请核示等情，请公决案。

（决议）照案通过，抵解手续照会计处签拟办理。

十一、据教育厅呈缴二十九年度统一招生经费收入预算书，列支五千九百九十八元六角三分。除将报名费收入一千四百八十四元抵充外，不敷之数四千五百一十四元六角三分，拟将省立女师二十七年十月份前结余经费二千九百九十元，二十九年监考旅费五十六元五角七分，仲元中学二十七年十月份经费七百元，二十八年战区员生膳费六百三十三元，二十八年督学旅费一百二十一元九角六分，二十九年战教股经费一十三元一角等款抵充，请核示等情，请公决案。

（决议）照案通过，抵解手续照会计处签拟办理。

密十二、据连连阳乳建设委员会呈，为第二区保安司令电，请增发民工伙食为每天发米一斤，申合国币七角；自卫总队兵工伙食仍照原案发给，查尚允当，拟暂先拨五千元，以便从速兴工，请准核发等情，请公决案。

（决议）照案通过，款在本年度建设事业临时费项下开支，追加预算，交财政厅筹措来源。

密十三、据第三区行政督察专员呈，转缴四会县阻塞及破坏基堤经费支付预算书，列支毫券二千八百八十四元七角，伸合国币二千零三元二角六分，请拨还归垫等情，请公决案。

（决议）照案通过，款在本年度建设事业临时费项下开支，追加预算，交财政厅筹措来源。

十四、据会计处案呈，查新会县三十年度地方岁入岁出总概算，经参酌各厅处意见核编完竣，核编后，计拟改列各为八十九万六千五百二十六元，请提会核定公布施行等情，请公决案。

（决议）照案通过。

十五、据会计处案呈，查增城县三十年度县地方岁入岁出总概算，经参酌各厅处意见核编完竣，核编后，计拟改列各为二十三万二千七百一十四元，请提会核定公布施行等情，请公决案。

（决议）照案通过。

十六、何委员、张委员会复，审查本省粮食管理局所拟驻桂购粮办事处组织章程及编制预算一案意见，请公决案。

（决议）照审查意见修正通过。

密十七、准农林部陈部长函，为胡汉民先生逝世未久，其遗下妻女生活所需竟虞匮乏，拟请由省府一次过送国币五万元，俾资生活等由。拟酌拨二万元，请公决案。

（决议）照案通过，款在本年度救济费项下开支。

十八、准刘委员（佐人）函，以本省公祭陆军第五十四军故前军长陈烈代表旅费及建筑纪念亭费原决议由库拨支三千元，现经开支上项旅费达一千四百七十五元，仅余一千五百二十五元，惟建亭费用非三千元不能藏事，除将剩余费拨付外，计仍不敷一千四百七十五元，可否追加，抑准将案定经费三千元全数拨充建筑费，饬科在本府旅费项下报销公祭旅费等由，请公决案。

（决议）旅费准在本年度本府特别公差旅费项下开支。

十九、据本省战时贸易管理处签呈，为新桂登场，请准仍照本处前呈透支数额原案再向省行透借一百五十万元，俾资运用等情，请公决案。

（决议）照案通过。

密二十、刘委员（佐人）、郑委员（彦棻）会复，审查财政厅税警总团呈报筹设干部训练班一案意见，请公决案。①

（决议）照审查意见通过。

密二十一、郑委员（彦棻）、何委员、黄委员（元彬）、刘委员（佐人）、高委员会复，审查广东省银行二十九年度纯益分配一案意见，请公决案。

（审查意见）（一）资产中催收款项一项计一千零八十一万四千二百二十七元四角四分，据该行所称势难收回，似宜列作损失，由该行自二十九年度起逐年于未结算前酌扣若干。本年拟先扣出一百万元。

---

① 审查意见略。

（二）该行原拟二十九年度纯益分配表大致尚合，惟其中行员训育恤养金拟减去百分之二移拨为本府二〔三〕十年度公务员福利事业基金。又董监事酬劳及行员奖励金减去百分之二移拨为粮食增产基金。

（决议）照审查意见通过。

二十二、何委员、高委员、张委员会复，审查战时公债广东省劝募总队呈拟定战时公债本省配销办法及各县配额表一案意见，请公决案。

（审查意见）（一）全部沦陷或大部沦陷之县份免配殷富配销额，但仍酌配少数之县配债额。（二）沦陷一部之县份，其县配债额及殷富配销额酌予配销。（三）前一、二两条减少之配额酌量分配于完整县份。（四）公务员团队配销额应减为五万元。（五）应订定各县局推销公债奖惩办法呈请省政府通饬遵行。（六）上列各条拟交劝募总队办理。

（决议）照审查意见修正通过。

修正之点如下：（一）第一项"或大部沦陷"等字删去。（二）第六项尾端加"其余原拟各点尚属可行拟予照办"等字。

二十三、委员兼财政厅长提议，本府第九届委员会第二三一次会议核定六、七两月每月拨补军粮费一百六十七万元，追加预算由本厅另筹来源一案，现拟以舶来物品专税及团警米津科目分别追列三十年度省岁入岁出概算，请公决案。

（决议）照案通过。

广东省政府第九届委员会
第二百三十七次议事录

日　期　六月十日

地　点　曲江本府

出席者　李汉魂　郑彦棻　何　彤　刘佐人　黄元彬

列席者　杜之英　黄希声　毛松年　黄　雯

主　席　李汉魂

纪　录　（参议）周正之　俞守范

报告事项

一、据财政厅签呈，转缴遂溪税务局三十年度盖搭蓬棚费预算书，列支七十元。饬据会计处签称，既据该厅查核尚属需要，似可照准，该款拟在三十年度省总概算岁出经常门临时部分财务支出款下各税务局设备费项下开支等语，应准如拟办理。

二、据教育厅签呈，据仲元中学请将该校二十八【年】度八至十二月份节余经费一百八十二元零九分拨为二十九年春秋季兵役宣传费用，似可照准，请核示等情。饬据会计处签称，该校二十九年春秋两季奉令发动员生落乡宣传兵役所需费用共二百六十五元，除八十二元九角一分据称已由员生捐助不计外，其余之一百八十二元零九分，既未奉拨，拟准以各机关以前年度经费节余解库款科目追列三十年度岁入概算，以补拨仲元中学二十九年度兵役宣传费科目追列三十年度岁出概算。饬该校将二十八年度八至十二月节余经费一百八十二元零九分办理抵解手续等语，应准如拟办理。

三、据安化管理局呈缴政务警察添置冬季服装支出预算书，列支四百七十六元。饬据会计处签片，准财政厅片，以该项经费既经民政厅核无不合，拟由省库拨付，款在本年度各县局普通补助金项下开支，尚无不合，似可如财厅所拟办理等语，应准如拟办理。

四、据第一区行政督察专员呈缴本署三十年四月份行政囚粮表册，共列支一百二十一元六角。饬据会计处签称，核无不合，该款拟在三十年度省总概算岁出经常门临时部分行政支出款下寄押人犯口粮科目开支等语，应准如拟办理。

五、据本省驿运管理处呈，报遵令复查李田站长黄志球病故失去经领公款三千元一案情形。饬据会计处签称，既据查明尚无作弊嫌疑，而依法又难责令保证人或旅店司理人负责赔偿，为免此案久悬起见，似可准予备案等语，应准如拟办理。

六、据财政厅签呈，转缴电白税务局三十年度搬迁费预算书，列支二百八十五元，该款拟在该局二十九年度经费节余项下拨支等情。饬据会计处签称，似予照准。该款拟在三十年度省总概算岁出经常门临时部分财务支出款下追列补拨电白税务局临时费科目，以该局二十九年节余经费抵拨，并追列三十年度省总概算岁入经常门临时部分其他收入款下各机关以前年度节余经费解库款科目等语，应准如拟办理。

七、据会计处案呈，查本府第二二八次会议核定由本年五月份起增发本省保安团队、税警总团、警卫营、连阳自卫总队防空监视队哨等官兵每人主食补助费三元一案，经分别通知在案。现依照各该部队编制官兵人数列具前项增发主食补助费月支数额表月需九万二千五百三十八元，该款拟在三十年度调整机构补助公务员生活费科目拨支等情，应准如拟办理。

八、据会计处签呈，准秘书处函送本府三十年一至三月份特别经费基金支出数目表件，共列支三万一千三百零六元七角，核与本府特别经费基金处理办法第五条规定尚无不合，似可准予报告会议等情，应准如拟办理。

九、据省振济会呈缴本会儿童教养院各院队二十九年度五至七月份三个月员役米津名册，共列支四千五百二十二元。饬据会计处签称，既经该会核无不合，似可准予照册列数在振款项下开支等语，应准如拟办理。

十、据广东省立医院呈复，体本院具有特殊情形，恳予照二十九年经费预算所定公役数额二十六名（补发十二名）发给生活补助费等情。饬据会计处签称，应否姑予特准补发，嗣后各机关不得为例，请示等情，应准如拟办理。

十一、准广东省党部函送本部及所属机关并各县市党部名册，请查照拨发生活补助费等由。饬据会计处签称，省党部暨所属机关生活补助费前经核定每月拨支五千九百四十元，三个月共拨支一万七千八百二十元，现查社会工作队及民众运动委员会亦系省党部所属机关，均在二月一日成立，自应由二月份起计，社会工作队二至三月两月份共应拨支九百四十四元，民众运动委员会二至三月两月份共应拨支五百四十元，至各县市党部二十九年度请领米津职员五百五十一人，公役一百九十六人，现送名册人数颇有增加，惟册内注明系照三十年度新编制员额编列，似应照数计给三个月生活补助费共支四万二千六百元，此款均拟在三十年度省总概算内调整机构补助公务员生活费项下开支等语，应准如拟办理。

十二、据秘书处呈缴本府委员会及该处三十年度一至三月份员役生活补助费预算书册，月列八千二百八十元，三个月共二万四千八百四十元。饬据会计处签称，查核尚合，拟准照发，款在三十年度省总概算内调整机构补助公务员生活费项下开支等语，应准如拟办理。

讨论事项

密一、据教育厅签呈，缴本厅二十九年十二月疏散档案公物实支费用预算书表，列支一万六千五百三十八元一角。请准饬拨归垫等情，请公决案。

（决议）照案通过，款在本年度省预备金项下开支。

二、据卫生处呈，缴购置防疫队队员制服费支付预算书，列支一千三百元。该款拟在本处二十九年度事业费节余项下开支，请核准办理等情，请公决案。[①]

（决议）照会计处签拟通过。

密三、据第四区行政督察专员电复，本署二十九年九月间由河源迁惠州搬迁费国币七百七十九元，请准予在本年度省预备金项下拨给归垫等情，请公决案。

（决议）照案通过。

密四、据秘书处签呈，编具本府三十年度特别公差旅费岁出预算书表，列支十万元，请察核存转等情，请公决案。

（决议）照案通过。

五、据省振济会呈复，饬据第三振济区呈明前称垫支数目不符原因及编具二十七年十一、十二月份暨二十八年度一至七月份经费预算书，计共列支二千六百四十七元零一分，除经奉发一百五十元外，尚垫二千四百九十七元零一分，请发还等情，请公决案。

（决议）照案通过，款在本年度省救济费项下补拨。

密六、据第八区行政督察专员电，据钦县呈缴二十九年修复钦邑路钦崇段桥梁土方工程费支付预计算书表，列支三千七百一十三元四角二分，请如数拨还归垫等情，请公决案。

（决议）照案通过，款在本年度建设事业临时费项下开支，追加预

———————

① 会计处签拟略。

算交财政厅筹措来源。

密七、据第二区行政督察专员呈，转缴曲江县征集保安十二团构筑龙归至乳源工事材料支出计算书表，列支七百三十四元三角五分，请核示等情，请公决案。

（决议）照案通过，款在本年度建设事业临时费项下开支追加预算交财政厅筹措来源。

八、据教育厅签呈，据黄岗小学呈缴增建课室宿舍设备费预算书，列支一次过三千六百元及三十年度经常费预算书列支六千六百八十五元，拟在本年度国民教育经费岁出预算内流动学校及各校补助费项下拨支，请核示等情，请公决案。

（决议）照案通过。

密九、准广东全省防空司令部函送第三防空区指挥部及合浦防空通讯所三十年三月份支出移动各费附属证明册单据等件，计第三防空区指挥部列支五百四十元，合浦防空通讯所列支七百二十六元六角，两共列支一千二百六十六元六角，请饬财政厅签拨归垫等由，请公决案。

（决议）照案通过，款在本年度省预备金项下拨支。

十、据教育厅报告，奉部令发三十年暑期中等学校各科教员讲习讨论会办法，关于学员膳宿讲义费及办公什支工役等费共计五万三千八百九十五元，请照规定核发，又学员旅费共需二十六万四千六百元，拟请由省库拨发半数十三万二千三百元等情，请公决案。

（决议）膳宿讲义办公什支工役等费由省库拨支，仍应照实际调训人数改编预算呈核。

十一、刘委员（佐人）函复，审查广东省各县局警察枪械弹药保管规则意见，请公决案。

（决议）照审查意见通过。（审查意见略）

十二、据建设厅签呈，缴本厅第四科科长黄周昌去职表及技正兼第四科科长伍琚华荐委表，请分别核准等情，请公决案。

（决议）照案通过。

十三、主席提议，新会县县长李××因案经饬扣留，应予撤职，遗缺派阮君慈代理，请公决案。

（决议）照案通过。

十四、据秘书处案呈，查梅县谢温氏因地产争执事件不服梅县政府所为之处分，提起诉愿一案，现经审查决定，作成决定书，请提会核定等情，请公决案。

（决议）照决定书通过。

广东省政府第九届委员会
第二百三十八次议事录

日　期　六月十三日

地　点　曲江本府

出席者　李汉魂　黄元彬　郑彦棻　何　彤

列席者　杜之英　毛松年　黄希声

主　席　李汉魂

纪　录　（参议）周正之　俞守范

报告事项

一、准广东高等法院函送普宁监狱二十九年一、二月份增加囚粮预算书表。饬据会计处签称，查列数核无不合，此项目自二十九年一、二月起之各县增囚粮计共四百四十三元五角一分，拟准以各机关以前年度经费节余解库款科目追列三十年度岁入概算，以补拨二十九年度一、二月份普宁梅县紫金大埔兴宁茂名等六县增加囚粮经费科目追列三十年度岁出概算，请高等法院将二十八年度额余囚粮办理抵解手续等语，应准如拟办理。

二、据财政厅签呈，转缴新兴税务局三十年度游征营业税旅费概算书，列支六十二元。饬据会计处签称，查核尚属需要，所请在该局二十九年度经费节余项下开支，拟予照准。该款拟在三十年度省总概算岁出经常门临时部分财务支出款下追列补拨新兴税务局临时费科目，以该局二十九年度节余经费抵拨，一面追列三十年度岁入经常门临时部分其他收入款下各机关以前年度节余解库款科目等语，应准如拟办理。

三、据财政厅签呈，缴廉江税务局添置公物预算书，列支三百九十二元。饬据会计处签称，查核尚属需要，所请准在该局二十九年度节余经费项下开支，拟予照准，该款拟在三十年度省总概算岁出经常门临时部分财务支出款下追列补拨廉江税务局临时费科目，以该局二十九年度节余经费抵拨，一面追列三十年度省总概算岁入经门临时部分其他收入款下各机关以前年度经费节余解库款科目等语，应准如拟办理。

密四、据建设厅签呈，转缴公路处修建韶州北门修车场工程费预算书，列支八百六十九元八角。饬据会计处签称，似可姑准照列款在该处售空油罐项下拨付仍列入该处营业预算内办理等语，应准如拟办理。

密五、据本省粮食管理局呈，据驻湘购粮办事处转呈株州运输所租用新仓地皮租约情形连同约请核示等情。饬据会计处签称，据呈资源委员会萍乡煤矿整理局株州地产租约关于第三条之规定租金每年国币四百元于本约成立之日一次缴讫（自一月至十二月底止）核尚需要，似可准予备案等语，应准如拟办理。

六、据财政厅先后呈缴惠阳、揭阳、宝安、开平等四税务局及惠阳税局卷烟课英德税务局龙仙养路站暨教育厅呈缴第一电影巡教区本年一至二月份（龙仙养路站二至三月份）员役生活补助费预算书册，总计共列支一万零七百一十八元六角七分。饬会计处签称，查核尚合，拟准照发，此款在三十年度省总概算内调整机构补助公务员生活费项下开支等语，应准如拟办理。

七、据省地政局呈缴南雄县地政处三十年度一至二月份员役生活补助费支付预算书，计一月份列支一千八百七十四元零一分，二月份列支九十二元，一至二月份合计共支一千九百六十六元零一分。饬据会计处签称，似可照准，此款拟在三十年度省总概算内调整机构补助公务员生活费项下开支等语，应准如拟办理。

八、据本省粮食管理局呈，为见习员六员俸薪及四月份生活补助费拟请准在本局本年度俸给费及原领生活补助费内匀支等情。饬据会计处签称，查册列见习员六员每员月支俸薪二十五元，共计一百五十元，又每员领支四月份生活费二十元，共计一百二十元，查核尚合，此款拟准在该局三十年度薪给费及原领生活补助费内分别匀支等语，应准如拟办理。

九、据本省战时贸易管理监察委员会呈缴本年四至六月份员役生活补助费预算书册，共列六百九十元，请饬贸易处拨发。饬据会计处签称，应饬应支至四月份止，该月份员役生活补助费核定为二百三十元，五月份以后应照本省改订薪给案办理等语，应准如拟办理。

十、据省立梅州师范学校呈，缴本年四至六月份员役生活补助费预算书册。饬据会计处签称，计应发给四月份一个月生活补助费四百六十元，惟查该校四月份数额经已饬财政厅照原核定三百元发放，计该校四月份仍应补发一百六十元，此款仍在三十年度省总概算内调整机构补助公务员生活费项下开支等语，应准加拟办理。

讨论事项

一、据民政厅签呈，为依部咨拟订关于本省禁酒暂行办法及其施行细则暨限制屠牛办法修正意见，请核示等情，请公决案。

（决议）照秘书处签拟通过。（签拟略）

密二、据教育厅签呈，据黄岗小学呈，请迅发二十九年十至十二月米津及三十年度一至三月份生活补助费，转请核准饬拨等情，请公决案。

（决议）照案通过。四月份并照发给米津费，在二十九年度各级公务员役团警米津项下开支。生活补助费在本年度调整机构补助公务员生活费项下开支。

密三、据建设厅签呈，缴省营×××钨矿专员办事处三十年度营业预算计划书表，请核示等情，请公决案。

（会计处签拟）（一）现呈预算书核未据编送管理费月份分配表应补编呈候存转。（二）查该矿前批商承办，订定纯利百分之三十五归商。现已收回自办，据编本年度纯利应解公库部分列二十五万二千八百九十一元七角二分，除一十二万六千七百八十七元前经列入省地方总概算之地方营业纯益项下外，现编数所余之一十二万六千一百零四元七角二分应以前项科目追加省总概算岁入，一面以同数额追加建设事业支出岁出。（三）补充表列借入款三万元系从该矿二十八年度纯利解厅垫借，迄未据补正手续，为免延搁时间，拟先暂照列入。

（决议）照会计处签拟通过。

四、据卫生厅签呈，拟建厕所及购置垃圾箱，共需费用一千三百九十九元，款在本处二十九年度防疫医院经常费节余项下开支。又第一卫生诊疗所追加留医病房购置费一千九百七十二元七角，追加三十年度经常费月列二百九十四元，年列二千五百二十八元，款在省预备金项下开支，请核示等情，请公决案。[1]

（决议）照会计处签拟通过，不足之数五百七十三元七角在本年度省预备金项下拨支。

五、据建设厅签呈，据农林局呈拟增设水利工程监理队三队，及增设水利工程测量队一队，查属需要，原缴组织办法及办事细则大致尚合，经将组织纲要修正。至原概算监理队开办费□万六千二百三十元，测量队开办费六万零一百三十元，拟准照列，其余监理队经常费年支五万九千六百八十八元，测量队经常费年支五万五千三百二十元，拟准由本年五月份起办理，计各该队本年度概算数共应减为二十一万三千零三十二元，请指款办理等情，请公决案。

（决议）交郑（彦棻）委员审查

密六、据建设厅签呈，查接管卷内，据揭阳糖厂呈缴二十八年及二十九年度拆运机器及遣散员工等收支款项预算书册，计二十八年度遣散费列支三百五十五元八角四分，搬迁费列支三万九千六百五十五元零九分；二十九年搬迁费列支一千零一十一元五角八分，各款经工业管理处先行由营业基金拨付暨由该厂所领二十八年七月保管费支销，似可照准，请核示等情，请公决案。

（会计处签拟）（一）查现呈各项预算书及名册，大别之可分为两部分：一为遣散工警在保管费开支工饷预算书及名册（原预算定名为汕头沦陷后揭阳糖厂遣散在保管费开支薪饷工警预算书及名册）；一为机器搬迁费预算书及附表，其余机器拆运费收支情形报告书及遣散薪雇拆卸机器工人名册系属附件，用以说明机器搬迁费预算书之内容。（二）机器搬迁费预算书既已将二十八年及二十九年度之搬迁费预算数分别编列，但仍合钉为一册。（三）搬迁费预算书第一项第五且第二节由汕至港包运费一万八千八百元（港币八千元）为数甚巨，收支情形报告书及附属表又未据将详细内容分别说明，应饬于报销时详为说明。（四）其余大致尚合。计（甲）遣散工警在保管费开支工饷预算书二十

---

① 会计处签拟略。

八年度遣散费列支数三百五十五元八角四分，拟准在该厂二十八年七月份保管费余存项下扣抵归垫。（乙）机器搬迁费预算书二十八年度搬迁费列数三万九千六百五十五元零九分，二十九年度搬迁费列数一千零一十一元五角八分，似可准在省营工业管理处营业基金项下开支。拟请提会核定后将现呈预算书分别存转。

（决议）照会计处签拟通过。

七、据财政厅签呈，缴广东省各县田亩清查暂行办法、广东省各县田亩清查队组织暂行规则暨附表，请决定施行等情，请公决案。

（决议）交何、黄（元彬）、高三委员审查，由何委员召集。

密八、据秘书处呈缴本府筹建合署办公地点测量队经临费支付预算书，每队列支一千三百三十一元，三队共需三千九百九十三元，请指款拨支等情，请公决案。

（决议）照案通过，款在本年度建设事业临时费项下开支，追加预算交财政厅筹措来源。

密九、准广东省军管区司令部电送连阳自卫总队三十年度士兵夏服装具费支付预算书，列支七万五千四百四十元零三角，请查照将款核拨等由，请公决案。①

（决议）照会计处签拟通过。

十、据卫生处签呈，为本处本年度夏令卫生运动预算技工费不敷因应，拟请追加一千八百元，在本处防疫医院二十九年度经常费节余项下开支，请核示等情，请公决案。

（决议）照案通过，抵解手续照会计处签拟办理。

十一、据秘书处签呈，粤侨通讯处二十八年十月份实支经费三十七元三角二分，十一月份支二百零一元五角，十二月份支五百五十三元零九分，合共七百九十一元九角一分，经由本处垫付，拟请核定在该处二十九年度一月份节余经费八百二十一元九角九分项下拨支归垫等情，请公决案。

（决议）照案通过，抵解手续照会计处签拟办理。

密十二、据秘书处签呈，缴黄岗电灯厂开办费预算书表，列支九千

---

① 会计处签拟略。

九百元，请准由省库拨支归垫等情，请公决案。

（决议）照案通过，款在本年度建设事业临时费项下开支，追加预算，交财政厅筹措来源。

十三、据秘书处会计处先后签呈，缴本府三十年度派赴中央训练团第十五期受训人员旅费支付预算书，列支一千一百元及会计处三十年度派员赴渝受训旅费支付预算书，列支五百五十元，合共一千六百五十元，请在本年度赴中央训练团受训人员旅费项下拨支等情，请公决案。

（决议）照案通过。

密十四、据财政厅签呈，缴本厅二十九年度迁移费支出概算书，共支四万四千四百二十元零九角八分，请准在二十九年度预备金项下开支等情，请公决案。

（决议）发还财厅查报，由何款垫支再夺。

十五、据本府印刷所呈缴三十年度岁入岁出预算书、计划书及分配盈余办法，请核示等情，请公决案。

（决议）交黄（元彬）委员审查。

密十六、据第三区行政督察专员呈，据四会县呈缴构筑地莒区防御工事经费预算书表，列支毫券七百二十七元一角八分，折合国币五百零四元九角九分，请核示等情，请公决案。

（会计处签拟）现据第三区行政督察专员公署呈，以据四会县长周东呈称，卷查前准广东财政特派员公署、税警总团部二十八年三月十九日参字第五百七十二号公函转奉陆军第六十四军军长邓、副军长陈代电附发构筑阵地分配地区及征集民夫木材数量表，列职县境内防御工事计有地莒墟一区，当经依照规定征集，依期构筑完成。预算需支经费毫券七百二十七元一角八分，款在第一次奉发破路费余款项下拨支一案。经建设厅核拟以"据原书各目备考所注民工数额及材料数量单价等尚属核实，并核与完成日期一览表所列工程数量亦属适当，既据取具税警总团证件附缴，似可准予照数列支"等语，复核原书所列各数尚无不合，既经该县财务委员会审议签证，手续尚备。该款毫券七百二十七元一角八分，折合国币五百零四元九角九分，似可准予照数发还。查三十年度建设事业临时费科目业经溢支，无款可拨，本案费用拟在本府前在二十八年度建设事业费科目拨付该县破路费余款三千四百六十八元一角二分额内动支。除支外尚余二千九百六十三元一角四分之款，拟饬解库并分别以各机关以前年度经费节余解库款及补拨四会县政府二十八年度构筑阵地工料费暨建设事业临时费科目分别追列三十年度省地方岁入岁出概算，办理抵解抵领手续，仍请提会核定。

（决议）照会计处签拟通过。

十七、据本府行政效率促进委员会、会计处会呈，奉发乳源县本年二月至五月地方款收支实况表及岁入总概算核定数与实收数比较表，饬会商办理等因，谨将核议情形签请提会核定等情，请公决案。

（决议）交张、何两委员审查，由张委员召集。

十八、据会计处案呈，查南海县三十年度县地方岁入岁出总概算，经参酌各厅处意见核编完竣，核编后，计拟改列各为七万一千零三十二元，请提会核定公布施行等情，请公决案。

（决议）照案通过。

十九、据会计处案呈，查阳江县三十年度县地方岁入岁出总概算，经参酌各厅处意见核编完竣，核编后，计拟改列各为七十九万二千五百零五元，请提会核定公布施行等情，请公决案。

（决议）照案通过。

二十、主席提议，郁南县县长邹志奋辞职照准，遗缺派张冠英代理，请公决案。

（决议）照案通过。

二十一、据秘书处签呈，拟修正广东省政府行政会议规程，请提会核定等情，请公决案。

（决议）交何委员审查。

二十二、据会计处签呈，缴本处三十年度修搭葵棚费支付预算书单，列支八千一百四十六元八角。经送驻审员签证完妥，请指款开支等情，请公决案。

（决议）照案通过，款在本年度省预备金项下拨支，更改工程部分照实修正。

广东省政府第九届委员会
第二百三十九次议事录

日　期　六月十七日

地　点　曲江本府

出席者　李汉魂　刘佐人　何　彤　郑彦棻　黄元彬

列席者　杜之英　毛松年　黄希声　伍崇厚

主　席　李汉魂

纪　录　（参议）周正之　（科长）谢乐文

报告事项

一、准审计部广东省审计处通知，关于二十九年度非战地各县国民兵团及各署局自卫队士兵冬服费一十六万九千五百九十六元一案除在本年度省地方普通岁出总预算内自卫团队经费科目节余拨支五万八千三百七十三元七角九分外，其由贵府秘书处经管各县解缴壮常队经费结存款一十一万一千二百二十二元二角一分扫数拨付之数曾否列入本年度省总预算岁入何科目，及以岁出何科目拨支，请查明见复等由。饬据会计处签称，前项秘书处经管结存款系二十八年度以前之经费结余款项，似应办理追列预算手续，现二十九年度经已结束，该款兹拟以各机关以前年度经费节余解库款及补拨二十九年度非战地各县国民兵团及各署局等自卫队士兵冬服费科目分别追列三十年度省地方岁入岁出概算，并办理抵解抵领手续等语，应准如拟办理。

密二、准广东省军管区司令部电，以原核定挺进第四、第七两纵队直辖之自卫队各两大队经费每大队月支三千三百七十五元二角，两纵队计辖四大队，月共需支一万三千五百元八角，现仅列六千七百五十元四角，比对少列六千七百五十元四角，应照更正补列，款在三十年度国民兵团队经费预算内原列预备费科目项下减列，减列后该预备费科目应改为每月列支二万五千四百八十四元七角五分等由。饬据会计处签称，核尚符合，拟准照更正之数列支等语，应准如拟办理。

137

三、据第五区行政督察专员电，转报潮安县自卫队员丁章荃殉难经过，附具请恤事实表。饬据秘书、会计两处签拟，照人民守土伤亡抚恤实施办法给予该故员遗族一次恤金八十元，在三十年度省总概算恤金项下拨支，并给予每年五十元之年抚金，给予十年为止，拟自三十一年起至四十年止，按年列入省地方总预算拨支等语，应准如拟办理。

四、据第八区行政督察专员呈缴本署会计室长员二十九年度调差旅费支付预算书，列支三百四十六元四角，拟在该署会计室二十九年十月份经费节余项下拨支等情。饬据会计处签称，似属可行，该款拟在三十年度省总概算岁出经常门临时部分行政支出款下追列补拨八区专署临时费科目，以该署会计室二十九年度十月份节余经费项下抵拨，一面追加三十年度省总概算岁入经常门临时部分其他收入款下各机关以前年度节余解库款科目等语，应准如拟整理。

五、据卫生处签拟，对于韶关工务局组织规程一案，请予修改。原规程第一条"卫生"二字拟请删去，并在"建设"之下加一"等"字。又第六条第二课职掌第四项修改为"关于公共医院体育场娱乐场等之建造，及其他卫生工程之设计实施事项"，以符工务局之名等情。饬据秘书处签复，经依卫生处意见并依照会议修正之点分别将原组织规程修正，请报会后交办等语，应准如拟办理。

六、奉广东绥靖主任公署电，准刘监察委员电，请酌量提高各县巡回审判军法官之待遇等由。查属必要，仰核议具复等因。饬据会计处签称，本案拟饬二、七、八各区专署将各该军法官月支薪律一百元比照委任三级计算，照本省各机关改订俸给办法之规定，自五月份起，月支一百四十八元，该款拟仍饬由各清理处案县份在县地方款开支，并电复绥署察核等语，应准如拟办理。

七、据会计处案呈，准财政厅片送德庆税务局二十九年四月装置电话费预计算书，列支一百零五元。查核尚属需要，拟准在三十年度省总概算岁出经常门临时部分财务支出款下追列补拨德庆税务局二十九年度临时费科目，以该局二十九年度节余经费抵拨，一面追列三十年度省总概算岁入经常门临时部分其他收入款下各机关以前年度节余经费解库款科目等情，应准如拟办理。

密八、据乳源县政府呈缴二十九年度五月份破坏通英德小道民工伙食各费支付预算书，列支二百四十三元八角。饬据会计处签称，本案破路费用核减后应改为实支一百八十六元八角，该款似可准在本府第九届委员会第一百零五次会议核定由二十九年度建设事业支出项下拨付该县府破路款一万元额内拨支，比对尚余九千八百一十三元二角之款应饬返纳入库具报等语，应准如拟办理。

密九、据乳源县政府呈缴三十年二月第三次破路经费支付预计算书，列支三百七十元二角。饬据会计处签称，似可准在本府第九届委员会第二百次会议核定由三十年度建设事业临时费科目拨付该县破路款六千元额内垫付，呈请第七战区司令长官司令部转请军政部拨还归垫。至比对尚余五千六百二十九元八角之款，既据呈明经返纳入库，似可备查，并饬财厅查明列支等语，应准如拟办理。

十、准广东高等法院函送防城遂溪地方法院及遂溪、开建、徐闻监狱二十九年十至十二月份员役米津预算书册，合共列支四百五十元。饬据会计处签称，核数尚符，拟准照拨，款在二十九年追加省总概算内各级公务员役团警米津项下开支等语，应准如拟办理。

十一、据省振济会呈缴龙坪义民移垦示范区本年一月至三月员役生活补助费预算书册，月支三百七十元，三个月共列支一千一百一十元。饬据会计处签称，既据省振济会核合，该款并经在振款项下如数拨支，复核尚合，拟予照准等语，应准如拟办理。

十二、据会计处案呈，准教育厅片送高州中学校本年一至三月份员役生活补助费预算书册，经照规定核减公役后，计月列六百六十元，三个月共列支一千九百八十元，此款在三十年度省总概算内调整机构补助公务员生活费项下开支，并连同四月份生活补助费六百六十元一并拨付等情，应准如拟办理。

十三、据财政厅签呈，查本厅拟订继续催收地税契税办法，经奉核准备案，现期限届满，拟将清税提成期间展期三个月，由本年七月一日起至九月底止，并照案分县核定地税及契税应征数目，责令照额征解，以裕库收，其奖惩办法仍依前颁清收地税契税办法规定办理等情。饬据秘书处签称，查属可行，拟请报会后办理等语，应准如拟办理。

讨论事项

一、准广东省临时参议会函送本会三十年度五月份修建费支付预算书单，列支二千一百六十三元四角，请饬财政厅发给等由，请公决案。

（决议）照案通过，款在本年度省预备金项下拨支。

二、准广东省地方行政干部训练委员会函送干训团特务队二十九年十二月份经费预算书，列支一千六百五十一元七角，又送还本府警卫营垫支该队征兵伙食费二千六百一十八元七角二分，拟并在该团二十九年度经临费节余项下开支，请查照等由，请公决案。

（决议）照案通过，抵解手续照会计处签拟办理。

三、据财政厅签呈，钦廉地方法院故院长吴淮友遗族应领民国十九年十一月至二十七年份止恤金合共毫券二千九百四十元，折合国币二千零五十八元，应在本年度省概算何项款目内开支，请核示等情，请公决案。

（决议）在本年度恤金项下开支。

四、据教育厅签呈，据曲江小学呈缴三十年度增建浴室及添置图书临时费预算书类，列支八百元，查尚核实，请核准照拨等情，请公决案。

（决议）照案通过，抵解手续照会计处签拟办理。

密五、财政厅报告，准省银行列送本省短期金库券透支借款本息清单，计列应还借款本金三百三十六万，应付利息计二十九年度二十五万九千一百一十八元，比对二十九年度省总概算所列计超过一十七万九千一百一十八元。此项超过利息仍在债务支出项下拨支。至三十年计至清偿日止应付利息八万六千八百五十八元八角三分则在三十年度省总概算岁出经常门临时部分债务支出科目项下拨支，请察核备案等情，请公决案。

（决议）照案通过。

六、据建设厅签呈，据广宁县政府呈缴设立模范制纸厂二十八年度开办费预算书、营业费预算书、资本增减表、损益对照表、盈亏拨补表，请察核存转等情，请公决案。

（会计处签拟）（一）机器折充资本明细数目表及开办费预算书均系资本增减表之附属明细表，用以解释资本增减表之内容，至资本增减表内第一款第一项第一目"机器折旧"科目拟改为"机器折充资本"，本表标题"广宁县立模范制纸厂暂行营业基金预算书"拟改为"广宁县立模范制纸厂营业预算书"。（二）查该厂系于二十八年十二月十六日起开始经营，至十二月底止，前后共计半个月，故二十八年度只有支出而无收入，因之未见编具利益表。（三）盈亏拨补表岁入方现金科目及本年度预算数所列六十六元八角六分之数应予删除。（四）查现呈预算书欠附营业计划书，内容亦欠完妥，惟该厂现有营业基金为数不过六百一十三元零九分，至其目的系属于试验示范，并非在于营利，现预算书以前复经本府及建设厅先后发还核饬改编，为避免转折计，似可提会核定。

（决议）照会计处签拟通过。

七、据卫生处签呈，为印制广东卫生表格共需印制费六千三百元，款在本处二十九年度经管各费节余项下开支，请核示等情，请公决案。

（会计处签拟）查印发卫生表格，似尚需要，此项印刷工料费拟照本府印刷所估价单六千一百元之数编列预算，并拟以各机关以前年度经费节余解库款科目追列三十年度岁入概算，以卫生处印发表格费科目追列三十年度岁出概算。饬该处在二十九年度第二救护队经常开办费（经常费七百四十二元一角八分开办费三百四十二元七角）、购置防疫痘苗费（一千七百八十七元六角七分）、修葺费（二千七百八十三元五角）、印刷中西医执照费（五百八十元）、连县药库开办费（二百零六元七角八分）节余款合计六千四百四十二元八角三分额内以六千一百元办理抵解手续。至抵解后尚余之三百四十二元八角三分，应一并悉数解库具报，请提会核定。

（决议）照会计处签拟通过。

八、据省振济会呈，为救济总队二十九年度四月份起月增经费一千四百二十九元八角，拟请由三十年度一月份起继续由省库救济费或预备金项下拨支等情，请公决案。

（会计处签拟）查本年全年度十二个月追加经费共计一万七千一百五十七元六角，该款拟在三十年度省总概算岁出经常门常时部分保育及救济支出款下追加救济总队经费科目，以前粤北振工总队余款项下抵拨，并一面追列三十年度省总概算岁入经常门临时部分其他收入款下振济专款收入科目，请提会核定。

（决议）照会计处签拟通过。

密九、准香总司令及据周专员电，请拨款收复兴宁麻岭河堤。现经饬秘书处先行垫汇该县二千元补助修筑，此款拟在本年度救济费项下拨还归垫，提会补请追认案。

（决议）照案追认。

十、据本府广播电台呈缴三十年度二月至十二月份追加经常费支付预算书，月列四百三十八元五角六分，年列四千八百二十四元一角六分，请准如数拨发等情，请公决案。

（决议）照案通过，款在本年度省预备金项下开支。

十一、据会计处案呈，查安化管理局呈缴该局地方二十九年度岁入岁出追加预算，计收支各列为二百四十元，查核尚无不合，似应准予追加等情，请公决案。

（决议）照案通过。

密十二、奉第七战区司令长官司令部电，据暂编第八师呈，为去年饬由三水县政府征集杉木修补与加强芦苞附近一带阵地工事，共需价款国币七百七十四元，请转省府准将该项垫款如数核销等情。查尚可行，仰遵照办理等因，请公决案。

（决议）照案通过，款在本年度建设事业临时费项下拨支。

密十三、准广东全省保安司令部电，为本部各修械所备械服库各级技工人员准自本年四月份起照原薪加二成发给。该项增加数额计月需一千零四十二元八角，拟在本部本年各月份团队节余经费项下列支，请查照等由，请公决案。

（决议）照案通过。

密十四、据财政厅签呈，关于第八区专署转报防城县阻塞龙门港征用民船被毁损失，计昌有利七百元，顾顺利六百元，成合利一千五百元，琼南兴三千元，合计五千八百元，拟准照数由省库赔偿。款在三十年度救济费项下开支等情，请公决案。

（决议）照案通过，款在本年度省预备金项下开支。

密十五、据第七区行政督察专员电，请准挪用茂东及化遂电话专线器材及余存款项二万三千零二十元七角四分酌量挪拨为架设信宝专线及完成信春话线之用等情，请公决案。

（决议）照案通过。

十六、据本省驿运管理处签呈，为奉饬二十九年度营业预算及追加见习站长俸薪租赋预算书等应分别补编更正等因。遵经分别妥办，请核示等情，请公决案。

（会计处签拟）（一）原损益对照表第一款营业支出查未将米津数计入，应改正为八十五万零七百二十八元八角二分，同款第八项亦未据将米津数计入，应改正为一万五千六百二十五元八角，二十九年四个月共为八十五万零七百二十八元八角二分，二十九年九月至十一月三个月该处尚未有营运收入，只十二月一个月始正式运输米盐，况米盐对运数量不能相等，至运米收入减少，本年度营业收入为六十六万六千零六十元，收支比对，二十九年度该处亏损一十八万四千六百六十八元八角二分，查营业预算之编列，原以不亏折为原则，此项亏损预算数似属不合，但二十九年度已过去，拟姑存转，并饬遵照前令从速编缴决算呈核。（二）补充表收支合计数不必平衡，原列不敷等数字拟代删去更正。（三）盈亏拨补表列政府填补亏损十八万余元，依原附说明本无不合，拟饬仍向驿运总管理处请求补助。

（决议）照会计处签拟通过。

十七、据秘书处签呈，关于超然、青萍、前进、民治等四电船司机助手工饷等费为本府预算所无，请准由本年一月份起援照景华舰案改由省库指款拨支等情，请公决案。

（决议）照案通过，经费由十月份起按月在本年度省预备金项下开支。

十八、据教育厅签呈，奉教育部令饬省库应增筹国民教育经费五十一万元等因，请指款划拨等情，请公决案。

（决议）照教育部本年度增拨数额增拨追加预算，交财政厅另筹来源。

密十九、何委员函复，审查秘书处所拟修正广东省政府行政会议规程一案意见，请公决案。

（审查意见）查修正广东省政府行政会议规程尚属完善，惟各区行政督察专员县局长应否亲自出席或得派代表出席拟定标准如次：（一）

沿海之县局长。（二）战地之县局长。（三）接近战地敌情紧迫者。（四）到任未及三个月者。以上之县局长得派代表出席，但须以秘书科长为限。（五）专员均须亲自出席。（六）除上列第一、二、三、四各条外，其余之县局长须亲自出席。

（决议）照审查意见修正通过。

修正之点如下：（一）"以上之县局长"句下加"经主席核准"五字。（二）"但须以秘书科长为限"改为"仍须以秘书科长为限，但第九区各县长得免出席，并免派代表"。（三）"专员均须亲自出席"改为"专员除经主席核准得派代表外均须亲自出席"。

二十、主席提议，合浦县县长李本清辞职照准，遗缺以灵山县县长苏萍生调升，递遗灵山县县长缺，派曾传仁代理；海康县县长丘桂兴另候任用，遗缺派邓振亚代理，请公决案。

（决议）照案通过。

广东省政府第九届委员会
第二百四十次议事录

日　　期　六月二十日
地　　点　曲江本府
出席者　李汉魂　郑彦棻　刘佐人　黄元彬　何　彤
列席者　杜之英　毛松年　黄希声　伍崇厚
主　　席　李汉魂
纪　　录　（参议）周正之　（科长）谢乐文

报告事项

一、准广东省军管区司令部电送本区政治部调差旅费领发办法暨旅费给与表，请查照核办等由。饬据秘书处签称，查本修正案大致尚合，惟末条规定隶属问题似仍有未当，拟代改为"本办法经呈奉军管区司令部核准施行，并函送广东省政府备案"，以符程序等语，应准如拟办理。

密二、据建设厅签呈，缴本厅面粉、纺纱、织造三厂筹备费预算明细表，面粉厂列四千五百元，纺纱厂列五千元，织造厂列五千元，合共一万四千五百元。饬据会计处签称，似可准予成立，筹备期间拟准自本年一月起至六月止筹备费以总额一万四千五百元为限。关于三厂技术人员薪给，建厅六月五日所签办法尚属可行：面粉厂长兼工程师及纺织厂长兼工程师二员如须列支薪额外之生活补助费，似可准仿照农林局粟技正成案办理，在各该厂原有经费节余项下匀支。至原表列旅费三千四百八十六元应包括筹备处各种旅费等语，应准如拟办理。

三、据建设厅签呈，为改定本省各县局查勘矿区征收履勘费定额，拟由本年四月份起实行等情。饬据会计处签称，查现在交通不便，物价高涨，所请增征增支履勘费似尚需要，拟准由本年四月起照原呈表列数额征收。惟仍应饬编具追加预算，以凭追列省总概算岁入岁出等语，应准如拟办理。

四、据会计处案呈，准财政厅函，为建设厅送还鹤山茶厂开办费，经饬鹤山库将原发支令缴回，并将本款户注销等由。查鹤山茶厂现既系暂行停办，而财厅将前签发开办费六万元注销似无不合，拟报会后分别通知等语，应准如拟办理。

密五、据吴川县政府呈缴三十年度四月至十二月份海岸监视哨经费及官兵主副食费支付预算书，请准按月拨发等情。饬据会计处签称，前项经费每月共需八百三十一元三角，似应由本年四月一日起支。除三十年度省地方概算岁出经常门常时部分第八款保安支出第四项第八目原列每月三百一十二元外，预计每月尚需增拨五百一十九元三角之款拟照案在三十年度省岁出概算调整机构补助公务员生活费科目拨支等语，应准如拟办理。

六、据仁化县政府呈缴无线电仁化县分台二十九年度节余经费购置物品清册，列支一百一十四元八角，除奉发三十元外，不敷八十四元八角，拟在该台二十九年度节余经费项下拨支等情。饬据会计处签称，既据战时通讯所核属需要，拟予照准，该款拟在三十年度省总概算岁出经常门临时部分经济建设支出款下追列补拨仁化县分台临时费科目，以该台二十九年度节余经费抵拨，并一面追列三十年度省总概算岁入经常门临时部分其他收入款下各机关以前年度节余经费解库款科目等语，应准如拟办理。

七、据省振济会呈缴韶市义民招待所本年四至六月份员役生活补助费预算书册，月列三百五十元。饬据会计处签称，核与前核定数尚无超越，惟五月份本省各级公务员薪俸已另定支给办法，不再发给生活补助费，四月份一个月拟准照发，款由振款开支，五月份以后拟饬照改订薪给办法办理等语，应准如拟办理。

八、据第四区行政督察专员呈缴无线电第四区台二十九年八月份员役米津预算书册，列支四十五元。饬据会计处签称，查核尚合，拟连同九月份计共两月一并发给，款在二十九年度追加省总概算内各级公务员役团警米津项下开支等语，应准如拟办理。

九、据会计处呈缴本处三十年度经常费视察查账经费岁计会计事业费岁出预算书表。查该处经常费部分每月增加三千五百七十一元五角，五至十二月份八个月共增加二万八千五百七十二元，视察查账费部分每月增加四百八十五元，五至十二月份八个月共增加三千八百八十元，岁计会计事业费部分五至十一月份每月增加一千一百零九元，十二月份增加三十六元五角，五至十二月份八个月共增七千七百九十九元五角，以上三项合计五至十一月份每月增加五千一百六十五元五角，十二月份增加四千零九十三元，五至十二月份共增加四万零二百五十一元五角，此款应准在三十年度省总概算内调整机构补助公务员生活费项下开支。

十、准广东省地方行政干部训练团函送该团第七、八、九行政督察区联训班本年度一至三月份员役生活补助费预算书册，月列三千四百七十元，三个月共列支一万零四百一十元。饬据会计处签称，应照规定分别核减后，计每月应支二千一百四十五元，三个月共支六千四百三十五元，此款拟在三十年度省总概算内调整机构补助公务员生活费项下开支等语，应准如拟办理。

十一、据前广州市公和乡长李大同等建议规复广州外围十乡公所领导民众抗战意见书等，请核夺等情。饬据民政厅签复，准广州市政府函，拟将以前接收番禺县之彬社、公和、敦和、历滘堡、荣文、龙洞堡、石牌堡、车陂堡、冼猎杨等九乡暂归番禺县政府代管，将南海县移交之恩洲乡及葵蓬洲暂归南海县政府代管，俟广州克复，该十乡即交还建制等情。查属可行，应准照办，分别咨令办理。

讨论事项

密一、准广东全省保安司令部电送二十九年十一月份点验临时费预算书，计共一万八千四百三十七元九角，该款拟在本部二十九年度历月份团队经费节余项下列支等由，请公决案。

（决议）照案通过，抵解手续照会计处签拟办理。

二、据建设厅签呈，据公路处呈缴新增甘岩梅石新铺平拓支路养路队三十年度经临费支付预算书，计养路队经费由五月一日起至十二月底止八个月共列支四万九千三百一十二元，员工生活补助费八个月共列支四万零三百二十元，工具费列支八千九百七十元零四角，请指款拨支等情，请公决案。①

（决议）照会计处签拟通过，以增收养路费追加岁入预算。

三、据建设厅签呈，关于本厅认购广东省合作社物品供销处股本一千元，现拟改由本厅本年度经费节余项下开支，请核示等情，请公决案。

（决议）照案通过。

四、刘委员函复，审查建设厅合作事业管理处签拟修正本省合作贷款规则一案意见，请公决案。

（决议）照审查意见通过。（审查意见略）

五、据省地政局呈，补编本局三十年度追加南雄、始兴两县土地整理计划收入预算书，计追加收入四万六千零六十三元，请核示等情，请公决案。

（会计处签拟）（一）原流用表所列流用数额共二万九千八百三十二元九角九分（流用后仍有节余一万二千七百七十五元四角八分，流用情形详见原表说明），均系同门科目，核与规定相符，拟予照准。（二）关于延期办理增支费用预算部分，计二十九年度追加南雄土地整理经费预算列支经常费六万零三元四角四分，临时费八百一十九元零三分，共列六万零八百二十二元四角七分；又三十年度追加南雄土地整理经费预算列支五千一百七十一元，总计追加六万五千九百九十三元四角四分，似可准予照列，拟照上列各数分别以补拨地政局二十九年度南雄

---

① 会计处签拟略。

土地整理经费补拨地政局二十九年度南雄县土地整理临时费及地政局南雄县土地整理经费科目，追加三十年度省总概算岁出经济及建设支出款下。（三）关于追加书状费收入部分，计南雄县土地整理收入三万六千零四十七元，始兴县土地整理收入一万零一十六元，合共四万六千零六十三元，拟照数以南雄、始兴两县土地整理收入科目追加三十年度省总概算岁入规费收入款下，并准抵拨为上列第二项追加之经临费，抵拨后其追加经临费仍不敷一万九千九百三十元四角七分，拟准以上列第一项流用后之节余经费抵拨，并照一万九千三十元四角七分之数以各机关经费节余解库款科目追加三十年度省总概算岁入其他收入款下，至节余经费抵拨后尚有盈余一万二千八百四十五元零一分，拟饬扫数以三十年度省总概算岁入其他收入款下各机关经费节余解库款科目解库列收。

（决议）照会计处签拟通过。

密六、据第五区行政督察专员呈，转缴丰顺县阻塞韩江工料费支付预计算书件，列支一十万零五千九百四十三元四角六分，请核示等情，请公决案。

（会计处签拟）据第五区专员公署转缴丰顺县长刘禹轮于二十八年七月份办理阻塞韩江征用竹木物品工料费预计算书，据经建设厅跟案核拟，根据原呈附属表审查所列竹木各材料数量长度尾径宽度单价尚属适当等语，查该项工程系在二十八年七月份办理，其民工伙食依照规定应照毫券二毫列支（该案核在本府二十九年一月江政会二特连电核定民工伙食收支国币二角之前），原书第二项所列征集民工伙食费四千七百七十二元八角之数应改正为列支国币三千三百一十四元四角二分，计减列一千四百五十八元三角八分，全款工料费改为列支一万四千四百八十五元零八分。又原呈书类未经该县财务委员会审议签证，其驻军验证亦属漏盖印信，手续未备，拟发还补办再呈核办。

（决议）照会计处签拟第一项通过，款在本年度建设事业临时费项下开支，交财政厅筹措来源，追加预算，由专员公署负责监放。

密七、据始兴县政府呈缴境内公路三合土桥梁开凿药室工程费支付预算书，列支一千三百八十七元五角，请如数发下以便开工等情，请公决案。①

（决议）照会计处签拟通过，款在本年度建设事业临时费项下开支。

密八、据防城县政府呈缴架设防城至企沙电话临时支出预算书，列支三千九百八十四元五角。除以通上思线余款二千四百三十元补助外，尚欠一千五百五十四元五角，此款遵令在抗战准备金开支，请核准备案等情，请公决案。②

（决议）照会计处签拟通过。

九、据佛冈县政府电，为本县军民合作站共设六站，每站各月支经费三十元，共一百八十元，因地方贫瘠，县款奇绌，本年度预备金开支净尽，已无余款可拨，应如何办理，请核示等情，请公决案。

（决议）交张、郑（彦棻）两委员审查，由张委员召集。

十、据四会县政府呈缴二十九年度增拨国民教育经费岁入岁出追加预算书，各列九百二十元，请核示等情，请公决案。

（决议）照案通过。

十一、据会计处案呈，查合浦县地方二十九年度岁入岁出第二次追加概算，经照各厅意见修改，计各列为五万零八百二十七元，请提会核定公布施行等情，请公决案。

（决议）照案通过。

十二、据财政厅签呈，为举办各县营业牌照税，拟具本省各县市营业牌照税征收章程，定期本年七月一日施行等情，请公决案。

（决议）交刘（佐人）、何两委员审查，由刘委员召集。

十三、据建设厅签呈，据本厅面粉纺纱织造三厂筹备主任呈，请追加筹备费四千六百元前来。查尚属实，拟准予追加，款在广东省银行工业借款项下拨付等情，请公决案。

（决议）照案通过。

密十四、据秘书处签呈，缴驻港通讯处三十年三月份代本府支前西南民航公司机场租金及运卷宗费用数目表，共支国币六百四十八元五角二分，请核示等情，请公决案。

---

① 会计处签拟略。
② 会计处签拟略。

（决议）照案通过，款在本年度省预备金项下开支。

密十五、据本省战时贸易管理处呈，将本处二十九年度盈余解库款四十六万九千九百零三元六角六分悉数拨充本处资本，并请准将应提员工奖励金七万八千三百二十七元二角八分照数提拨，以示鼓励，请核示等情，请公决案。

（决议）交郑（彦棻）、黄（元彬）、张三委员审查，由郑委员召集。

十六、据秘书处签呈，拟订本府合署建筑委员会组织章程暨开办费概算书，列支六千九百三十元，经常费概算书共列支四万九千八百八十四元，请核示等情，请公决案。

（决议）组织章程照案通过，开办及经临各费总额以四万元为限，另编预算呈核，款在本年度建设事业临时费项下开支，交财厅筹措来源追加预算，工程限本年内完成。照案通过。

十七、主席提议，韶关工务局局长陈鸿楷辞职照准，遗缺派周弁代理，请公决案。

（决议）照案通过。

十八、主席提议，崖县县长王鸣亚病故，遗缺派该县秘书李尚棻代理，请公决案。

（决议）照案通过。

十九、据秘书处呈缴本处法制室编审梁锡瑛荐委表，请赐核委等情，请公决案。

（决议）照派代理。

二十、主席提议，陆丰县县长张××玩视粮政，着即撤职，遗缺派吴今代理，请公决案。

（决议）照案通过。

二十一、准广东省临时参议会函，请将第五次大会参议员出席旅费第五项发给标准数目，每员增支四百元等由，请公决案。

（决议）照案通过。

二十二、郑委员（彦棻）函复，审查建设厅转据农林局呈请设立水利工程监理队三队，并增设测量队二队一案意见，请公决案。

（审查意见）现在省库支绌，此项经临各费无款可拨，该厅局又不能自筹来源，为顾全实际需要计，本案似应指饬即将现有水利工程测量队改组为水利工程监理队，由本年七月一日起实行，负责监理本年秋季施工之农田水利工程务完成表列之亩数，并达到一年两熟之效果，其经费即以测量队原有经费尽量拨充，不另增加。

（决议）照审查意见通过。

广东省政府第九届委员会
第二百四十一次议事录

日　期　六月二十四日
地　点　曲江本府
出席者　李汉魂　郑彦棻　刘佐人　何　彤　黄元彬
列席者　杜之英　伍崇厚　毛松年　黄希声
主　席　李汉魂
纪　录　（参议）周正之　（科长）谢乐文

报告事项

一、准广东全省保安司令部电送保安第三团第二营中尉排长沈鸿光。准尉排长张孟凡等二员抗战受伤等级证明书表，请照章核恤等由。饬据秘书、会计两处签拟，照陆军抚恤暂行条例规定，给予伤员沈鸿光年抚金二百四十元，张孟凡年抚金一百二十元，以给与五年为止。前项年抚金似可自本年度起支付，本年度款在本年度省地方概算岁出经常门临时部分第七款保育及救济支出第一项一目恤金科目拨付，下年度起递年编入省地方岁出概算列支等语，应准如拟办理。

二、据财政厅签呈，缴本厅三十年度厅经费预算书表。饬据会计处签称，据呈俸给原支数及改订数比较表简任官原月支二百七十六元，改订后应月列四百二十元，依照修正后每月增俸给费共一万三千六百一十六元，由五至十二月八个月共计一十万八千九百二十八元，该款拟在三十年度省总概算调整机构补助公务员生活费项下开支等语，应准如拟办理。

密三、据建设厅签呈，缴狗牙洞八字岭煤矿保管处矿警队三十年度夏季服装临时费预算书，列支四百四十三元三角，请准予照数在本年度省预备金项下拨支办理等情。饬据会计处签称，查核尚无不合，该款拟饬在该厅本年度经费节余项下拨支等语，应准如拟办理。

密四、据第八区行政督察专员呈，据合浦县呈缴拆除白龙乡珍珠城经费支出计算书，列支三千元。据会计处签称，查原书第一项二目一节公费科目内所列该县府督拆员旅费八十一元七角之款拟予剔出，饬照规定在该县政府办公费开支或由县预备金项下拨补。其余列支各费尚无不合。核减后全款经费需支二千九百一十八元三角，该款似可准在本府委员会第九十七次会议核定由二十九年度建设事业支出项下拨付该县拆除白龙城补助费三千元额内动支，比对尚余八十一元七角之款，拟饬返纳入库等语，应准如拟办理。

五、据财政厅签呈，为调整各县单车牌照费征率起见，规定全省划一办法：（一）营业单车每辆每年征收国币十元。（二）私人自用单车每辆每年征收国币六元。（三）各机关公用单车每辆每年征收国币四元。（四）各县单车牌照费每年分上下两期征收。以上办法自民国三十年度七月一日起实行等情，应准予备案。

密六、据第八区行政督察专员呈缴奉令搬运弹药夫费支出数目表，计共垫支四百八十元，请饬库如数汇发归垫等情。饬据会计处签称，似可准在三十年度省预备金项下拨还等语，应准如拟办理。

密七、据第三区行政督察专员呈，据四会县呈缴第二、三、四期破路费支出计算书类。饬据会计处签称，本案经建设厅核明书列会款毫券二万二千零五元九毫，折合国币一千五百三十元八角七分，拟准照列等语，复核尚符，该款似可准在本府第二十七次会议核定由二十八年度建设事业费项下拨付该县破路款国币五千元额内动支，其比对尚余三千四百六十八元一角三分之款拟饬返纳入库等语，应准如拟办理。

八、据本府广播电台呈缴购买单车支付预算书，列支四百元。饬据会计处签称，似属需要，该款拟在本年度省预备金项下拨付等语，应准如拟办理。

九、据省地政局呈缴该局曲江、乳源地政处二十九年十一月十二月份员役米津预算书册。饬据会计处签称，查曲江地政处及所属各分处共列支七百六十二元零四分，乳源地政处暨所属各分处共列支九百六十元三角二分，计曲江、乳源两县地政处暨所属各分处总共一千七百二十二元三角六分，核数尚符，拟准照拨，款在二十九年度追加省总概算内各级公务员役团警米津项下开支等语，应准如拟办理。

十、据省振济会呈缴广东妇女生产工作团三十年四至六月份员役生活补助费支付预算书册，月列一千零二十六元。饬据会计处签称，内厨夫十二名，查系学员厨夫在内，拟准照列，本省本年五月份起已改订公务员俸薪，不再发给生活补助费，拟准照案在振款项下补助四月份一个月，自五月份以后，饬依照新定俸给办法办理等语，应准如拟办理。

十一、据省振济会呈缴儿童教养院培德小学部本年四至六月份员役生活补助费支付预算书册，月列三百五十元。饬据会计处签称，既据省振济会核明相符，该款并经在振款项下按月核发，核尚可行，拟予照准。饬就预算额内按实有员役核实支报，惟五月份起本省已重新订定各级公务员俸薪办法，该小学部员役生活补助费只准支付四月份一个月，自五月份起不再发给，饬遵照新订俸给办法办理等语，应准如拟办理。

讨论事项

密一、准广东省地方行政干部训练委员会函送本会团二十九年十二月间疏散档案公物搬迁费支付预算书，列支七百三十一元三角三分，请核拨归垫等由，请公决案。

（决议）照案通过，款在本年度省预备金项下开支。

密二、据建设厅签呈，饬据公路处呈复，关于留存西江南路车辆运韶旅运费不敷数四千一百八十四元三角一分拟在里程木牌工程费六千一百二十二元八角移拨，核尚可行，似可准照办理，请核示等情，请公决案。①

（决议）照会计处签拟通过。

三、据建设厅签呈，缴本省战时长途电话管理所暨各分派出所二十八年度开办费预算书，列支六百五十元，请核示等情，请公决案。②

（决议）照会计处签拟通过。

---

① 会计处签拟略。

② 会计处签拟略。

四、准广东省高等普通检定考试委员会函送修正三十年高等及普通检定考试经费支付预算书，计高等检定考试预算数共列九千三百元，普通检定考试预算数共列四千六百九十元，合共一万三千九百九十元，除经核定一万零四百九十元有案外，其余三千五百元，请饬财政厅统并照拨等由，请公决案。

（决议）照案通过，款在本年度省预备金项下开支。

五、准广东伤兵之友社电，请查照前案饬振济会继续按月拨助本社经费二百元等由，请公决案。

（决议）准予继续发给，款在本年度救济费项下开支。

六、据建设厅签呈，据公路处呈缴购置新增五队养路队开办费支付顶算书，每队列支三百元，五队共一千五百元。查核尚属需要，拟由养路队四月份经常费节余项下开支，亦属可行，请核示等情，请公决案。

（决议）照案通过。

密七、据第八区行政督察专员电，为奉饬构筑灵山一师之防御工事，据县电称，县地方款无可筹垫，转请迅拨巨款以济急需等情，经饬财政厅仍在本年度省预备金项下再垫三万元，请追认案。

（决议）照案追认。

密八、据民政厅签呈，缴二十九年度本厅疏散档案公物迁连临时费预算书表，列支六千二百二十五元二角七分，请准如数拨发归垫等情，请公决案。

（决议）照案通过，款在本年度省预备金项下开支。

密九、据财政厅报告，香港电台开办费国币四千二百四十五元四角经在二十九年度预备金科目开支，又二十九年八至十二月份经费共国币一万零二元六角九分照案应在二十九年度省总概算岁出经常门常时部分拨支六千六百三十元及在预备金项下拨支一千五百六十元，其余增支之数一千八百一十二元六角九分请核定开支科目等情，请公决案。①

（决议）照会计处签拟通过。

密十、据建设厅签呈，据长途电话所呈，以该所二十八年底迁移费支出四万五千八百八十元零七分，请早赐核定并饬库拨款归垫，请核示

---

① 会计处签拟略。

等情，请公决案。①

（决议）照会计处签拟通过。

十一、据教育厅签呈，据私立国民大学呈，为教授方瀛鸥在本校服务达十三年，因愤汉奸诱迫蹈海殉难，坚贞亮节，殊堪景念，拟由省库酌予一次过给恤一千元，并将事实转请中央予以褒扬等情，请公决案。

（决议）照案通过，款在本年度恤金项下开支。

十二、据会计处案呈，查仁化县地方二十九年度岁入岁出追加概算，经照财政厅意见核减后，应各追加为三千三百四十元，请提会核定公布施行等情，请公决案。

（决议）照案通过。

十三、据建设厅电，据公路处电称，兴平、梅正、新东各路桥涵路面均须大修方能应付目前运输，请即发款十万元兴工，请核示等情，请公决案。

（决议）照案通过，款在本年度抢修费项下开支。

十四、据秘书处签呈，拟具广东省各县市局出征抗敌军人家属优待经费筹募暂行办法草案，请提会核定公布施行等情，请公决案。

（决议）交何、郑（彦棻）、张三委员审查，由何委员召集。

十五、据财政厅签呈，为本年度省总概算所列普通营业税三百万元三成拨县，计应为九十万元，拟即照数在本年度岁出经常门常时部分各县局普通补助金项下增列营业税三成拨县款科目，并如数在本年度舶来物产专税项下追列岁入等情，请公决案。

（会计处签拟）查普通营业税系规定以三成拨县，与由省库拨县补助款性质略异，似不宜在省总预算内虚列收支，致预算总额随而庞大。惟本年度省总概算所列普通营业税收入三百万元，为补救计，拟照原科目数额追加三成计九十万元，另立营业税拨县款科目，以便开支，即以舶来物产专税科目如数追加抵补，并请提会核定。

（决议）照会计处签拟通过。

十六、主席提议，台山县县长黄启光应予免职，遗缺派陈灿章代理，请公决案。

---

① 会计处签拟略。

155

（决议）照案通过。

广东省政府第九届委员会
第二百四十二次议事录

日　期　六月二十七日
地　点　曲江本府
出席者　李汉魂　刘佐人　黄元彬　郑彦棻　何　彤
列席者　杜之英　毛松年　黄希声　黄　雯
主　席　李汉魂
纪　录　（参议）周正之　（科长）谢乐文

报告事项

一、据建设厅签呈，缴省营揭阳糖厂三十年度护厂队长兵服装费预算书，列支二百四十八元。饬据会计处签称，核尚需要，拟饬在该厂本年度保管费内匀支等语，应准如拟办理。

二、据第八区行政督察专员呈，为本署会计室职员宿舍及办公室盖搭工料费二百六十六元四角八分，请在本年五月份以前节存经费拨支等情。饬据会计处签称，该费可在该署上年度会计室节余经费开支，兹拟将该款在三十年度省总概算岁出经常门临时部分行政支出款下追列补拨八区专署临时费科目，以该署会计室二十九年度节余经费抵拨，一面追列三十年度省总概算岁入经常门临时部分其他收入款下各机关以前年度经费节余解库款科目等语，应准如拟办理。

三、据梅箓管理局呈缴三十年度吉兆监视哨所经费支付预算书，列支一千五百五十二元。饬据会计处签称，查列支各费核与规定不符，拟予依照规定改正后计全年度共应列支一千四百三十五元七角五分，除三十年度省地方概算岁出经常门常时部分第八款保安支出第四项第九目原列该哨经费每月五元外，计一月份至二月十五日月需增拨八元，二月十六日至二十八日止需增二十八元七角五分，三月份起每月需增七十三元五角，全年度共增七百七十五元七角五分之款，拟依照本府第二〇六次会议核定成案在三十年度省岁出概算调整机构补助公务员生活费科目拨支等语，应准如拟办理。

四、据本府战时通讯所呈复，广东省军管区向本所价领之通讯器材款均由建设事业或省预备金项下拨付等情。饬据会计处签称，是项器材既系由省库拨款购置备用，现价让与军管区司令部，该项收回价款四百二十六元八角一分，似应照数返纳省库，以各机关价领通讯器材费及建设事业临时费科目追列三十年度省地方岁入岁出总概算等语，应准如拟办理。

五、据本府战时通讯所签呈，拟就战时通讯所代各机关人员安装电话细则，请分别函令各有关机关知照等情，经交秘书处分别修正，请报告会议后，交回战时通讯所办理等语。应准如拟办理。

六、据建设厅签呈，准审计处函，关于将白药、赤磷等分别让售及变价投资与建国火柴厂一案，经本处审核会议决议，"投资部分候省府决定，原料应全部照时价计算"等由。请核示等情。饬据会计处签称，查该厅前在香港购入白药三千公斤，赤磷二百磅，原拟照原价加五费运费仓租及照原价加二旅费让售与建国火柴厂，白药一千公斤，赤磷七十磅，奉钧批饬照办，并奉饬其余原料照前项价格让与省振济会所办之火柴厂在卷，拟请补报会议备案分别转知等语，应准如拟办理。

七、据财政厅呈缴曲江税务局征收养路费站本年二至四月份员役生活补助费预算书册，月列一百二十元，三个月共列支三百六十元。饬据会计处签称，查核尚合，拟准照拨，款在三十年度省总概算内调整机构补助公务员生活费项下开支等语，应准如拟办理。

八、据教育厅签呈，请准援照广东省各机关学校员役领支生活补助费办法第一条之规定，发给本厅主办之流动学校教员生活补助费等情。饬据会计处签称，查该校共有教员六人，计每月应发给生活补助费一百二十元，本年一至四月份四个月应共发给四百八十元，此款似可准在三十年度国民教育经费内拨支等语，应准如拟办理。

九、据省振济会呈，据广东妇女生产工作团呈缴该团托儿所本年四至六月员役生活补助费支付预算书册，月支一百二十六元。饬据会计处签称，既据省振济会核合，款并经由振款项下照案拨支，核尚可行，拟予照准，惟自五月份起，本省各级公务员薪俸已重新订定，该所员役生

157

活补助费只准发给四月份一个月，五月份以后，拟饬照新订公务员薪俸办法办理等语，应准如拟办理。

十、据会计处案呈，准教育厅片送两阳中学校、廉州中学校、第二电影教育巡回施教区、省立韩山师范、韶州师范、高州农业职业学校、第四电影教育巡回施教区、民众教育馆、肇庆中学、省立战时艺术馆、战区退出员生丰顺登记站、中小学校教师服务团、省立广州女子师范、连州中学、雷州师范学校等二十九年度各月份员役米津预算书册。经审核完竣，合计四千零四十元，拟饬财厅按照表列拟发数额分别拨付，款在二十九年度追加总概算内各级公务员役团警米津科目项下开支等语，应准如拟办理。

十一、据卫生处签呈，遵照修正本处视察服务规则，请核准施行等情。饬据秘书处签拟，报会后办理等语，应准如拟办理。

十二、据秘书处、效率会会呈，关于行政效率促进委员会组织规程草案，奉交依据二二三次会议审查意见整理条文连同编制表呈候核定等因。兹拟对于该会编制暂不确定，其内部各室组人员之编配，则由效率会自行按照额定经费予以调整，一俟三十一年度编制确定后，再行将各室组人员名额补入组织规程内，然后呈府转报行政院备案，以免繁复等情，应准如拟办理。

讨论事项

一、据建设厅签呈，据农林局呈缴扩大广东全省畜疫防疗计划及第一年实施方案暨经临费概算书，计训练班开办费七千五百元，经常费一万二千一百六十元，扩大畜疫防疗所临时费一十一万一千九百六十元，追加经常费二十六万三千一百二十四元，转请指款办理等情，请公决案。

（决议）准予照数列入三十一年度概算。

密二、奉第四战区司令长官司令部电，饬在钦廉成立团队一个大队等因，拟转请广东全省保安司令部查照。组织开办建设费一次过需支五万一千三百五十六元二角，经常费及主食费每月共需一万五千五百二十三元，自七月一日起连同建设费并在本年度保安团队整理费项下拨支，请公决案。

（决议）照案通过。

三、准第七战区编纂委员会函送本会购置图书及收音机支付预算书，列支二千九百二十七元九角八分，请查照办理等由，请公决案。

（决议）照案通过，抵解手续照会计处签拟办理。

四、据财政厅签呈，缴缉私处架设马韶电话线器材预算书，列支一千三百一十三元七角八分，请核示等情，请公决案。①

（决议）照会计处签拟通过。

五、据本省粮食管理局电缴广东旅港各属同乡购运粮食委员会编制预算表，月列国币四百八十元，及广东旅港各属同乡购运粮食，委员会联合办事处编制预算表，月列国币三百零五元，请依法审定示遵等情，请公决案。

（会议处签拟）（一）广东旅港各属同乡购粮委员会前核定经费预算数每月港币九十五元，照当日港币与国币市价加四二比率计算伸合国币为三百九十九元，照本年二月中旬市价五零一七二二比率计算伸合国币为四百七十六元六角三分，超过原核定之国币数七十七元六角三分，现呈为便利编制预算，并求整数计算起见，拟将各该会每月经费改为月支国币四百八十元等情。查核尚属实情，似可照准，惟嗣后不再增加。（二）广东旅港各属同乡购运粮食委员会联合办事处经费每月列支港币六十元，伸合国币三百零一元零三分，据称该处编制预算系经函奉核准等情，现亦拟照本年二月中旬市价五零一七二二计算改为月支经费国币三百零五元，如属确实，似可并准照列支。（三）旅港各属同乡购运粮食委员会编制预算表所列每月经费预算数，据说明系适用于：（1）广东旅港中顺同乡购运粮食委员会；（2）广东旅港恩开新台鹤五邑同乡购运粮食委员会；（3）广东旅港南路同乡购运粮食委员会；（4）广东旅港东江同乡购运粮食委员会四个单位，似可准予照办。至各属购粮委员会及联合办事处据称均系于三十年二月五日组织成立，其经费预算似应准由成立日起计算编列。

（决议）照会计处签拟通过。

六、据会计处案呈，查阳山县地方二十九年度岁入岁出第二次追加概算，经照财厅意见分别改正后实各应追加为二万三千五百六十元，请

---

① 会计处签拟略。

159

提会核定公布施行等情，请公决案。

（决议）照案通过。

七、据会计处案呈，查合浦县地方三十年度岁入岁出追减总概算计各追减一万元，于法尚无不合，似应准予分别追减，请提会核定等情，请公决案。

（决议）照案通过。

密八、张委员、何委员会复，审查关于乳源县所减本年度概算一案意见，请公决案。①

（决议）照审查意见通过。

九、据教育厅签呈，关于省立钦州师范迁校费一万四千五百元，拟请准由省预备金项下拨支，如未奉照拨，可否请准缓迁等情，请公决案。

（决议）准予搬迁，款在本年度省预备金项下垫支，将来由该厅设法归垫。

十、据会计处签呈，拟请将广东省各县政府以下会计机构组织暂行办法先行公布，俟将人才训练成熟，及有相当准备，再行定期施行等情，请公决案。

（决议）交郑（彦棻）、何、刘（佐人）三委员审查，由郑委员召集。

十一、据秘书处签呈，遵照总裁行政三联制大纲之诏示，及院颁各级机关拟订分层负责办事细则之原则与方式之规定，拟具本府及所属各厅处局办事通则草案，请核示等情，请公决案。

（决议）交何、郑（彦棻）、黄（麟书）、黄（元彬）、刘（佐人）五委员审查，由何委员召集。

十二、主席提议，赤溪县县长余仲麒辞职照准，遗缺派周汉铃代理，请公决案。

（决议）照案通过。

---

① 审查意见略。

160

广东省政府第九届委员会
第二百四十三次议事录

日　期　七月一日

地　点　曲江本府

出席者　李汉魂　黄元彬　刘佐人　郑彦棻　黄麟书　何　彤

列席者　杜之英　毛松年

主　席　李汉魂

纪　录　（参议）周正之　（科长）谢乐文

报告事项

一、准广东全省航〔防〕空司令部函送广东省会防护团三十年度经费支付预算书表，月各列支二千二百九十六元五角六分。饬据会计处签称，书列第二项第一、二两节所列官佐士兵主食费拟按规定每人月支四元及补助费三元之数列支，该主食费科目每月应改列九十八元（年支一千一百七十六元），其余各科目核均符合，核减后全款预算数应改为每月列支二千二百二十六元五角六分，该款似可准予照案在本府原定每月补助五百元及曲江县政府每月补五十五元五角六分，其余一千六百七十一元可准在该团所征收之防空附捐项下拨支等语，应准如拟办理。

二、据建设厅呈缴三十年度英德流〔硫〕化铁矿矿场保管费支付预算书，列支一千二百一十二元。饬据会计处签称，查该厅前请追加该场保管费七十二元，经核准照增，兹查原呈预算未将核准之七十二元列入，核与原案不符。该厅临时费预算及追加仓租等预算尚未据呈府，现在规定呈缴分配预算期限将届，拟先代为更正存转等语，应准如拟办理。

三、据本省粮食管理局电，为二十九年度前粮食调节委员会移交本局建筑连县后方办公棚费四百二十元，至今尚未动支，兹经将该款转入三十年度经费存款户开支，请准予列入三十年度岁出预算等情。饬据会计处签称，本省驻韶各机关曾领到前项修葺费，而同此情形者谅属不少，现为二十九年度收支结束及各机关实施修葺均臻便利起见，对于本省驻韶各机关二十九年度连县后方办公地点修葺费似可参照继续经费之规定，准将尚未支用之款转入三十年度使用等语，应准如拟办理。

四、据广东省立医院呈缴本院三十年度经费预算书表，饬据会计处签称，核与规定办法尚无不合，计由五月起至十二月止，每月增加俸给费三千零五元五角，共应增加二万四千零四十四元，此款拟照案在三十年度省总概算内调整机构补助公务员生活费项下开支等语，应准如拟办理。

五、据广东省立医院呈缴本院曲江门诊部三十年度经常费预算书表。饬据会计处签称，核与规定办法尚无不合，计增加俸给费由本年五月份起至十二月底止，每月增加一百八十元，共应增加一千四百四十元，此款拟准照案在三十年度省总概算内调整机构补助公务员生活费项下拨支等语，应准如拟办理。

六、据第七战区挺进第×纵队司令部电，代马前任呈缴游击训练班由二十九年五月十一日起开办至二十一日止结束支出经临费数目表列支四百三十五元三角三分。饬据会计处签称，查该数系按全月三十日计算，核欠核实，拟代改按三十一日核算，应减为一次过列支四百二十五元七角四分，该款似可准如所请在该纵队原裁撤之自卫第一大队部及两中队五月一日至六月上旬以前之缩余经费额内动支等语，应准如拟办理。

七、据第一区行政督察专员呈缴本署三十年五月份行政囚粮表册，列支二百五十二元，请核发归垫等情。饬据会计处签称，核与规定尚符，该款拟在三十年度省总概算寄押人犯口粮科目开支等语，应准如拟办理。

八、据第八区行政督察专员呈缴合浦县政府拆卸永安城经费支出计算书类，列支二千元。饬据会计处签称，本案既经建设厅核拟准照列支，复核尚无不合，原计算书列支二千元之数，核与预算原列数（四千元）尚属减少，似可照准，该款即在本府第九届委员会第九十七次会议核定由二十八年度建设事业项下拨付该县拆除永安镇城补助费二千元拨支等语，应准如拟办理。

九、据财政厅报告，连平县开凿石桥药室经费遵即照案在本年度建设事业临时费科目再发国币二千三百元，连同前次所拨七百元共三千元等情。饬据会计处签称，核较本府先后核定指拨款三千七百元虽少拨七百元，但该县此项工程费预算需支若干，尚未核定，似可准照财厅所报之数办理，即将本府第二百二十四次会议核定之三千元数额改为二千三百元等语，应准如拟办理。

十、据本府驻桂林通讯处呈缴本处三十年度经常费岁出预算书表。饬据会计处签称，查该处每月增加俸给二百七十二元，由五月份起至十二月份止计八个月共增二千一百七十六元，查核尚无不合，据准在三十年度省总概算调整机构补助公务员生活费项下开支等语，应准如拟办理。

十一、据本省图书杂志审查处呈缴本年度经费预算书表。饬据会计处签称，查该处俸给由五月份起，月增一千二百七十三元，由五月至十二月止，计八个月共增一万零一百八十四元，查核尚无不合，该款拟在本年度省总概算调整机构补助公务员生活费项下拨支等语，应准如拟办理。

十二、据本府油库办事处呈缴三十年度岁出预算书表。饬据会计处签称，查该库自本年五月份起月增俸给费三百一十元，核案尚无不合，该款由五至十二月份共八个月合计二千四百八十元，拟在三十年度省总概算调整机构补助公务员生活费项下开支等语，应准如拟办理。

十三、据会计处签呈，准教育厅片送饶平县党部三十年度第一二期办理战时民校补助费支付预算书，列支二百八十元。饬据会计处签称，核案尚无不合，惟该书系注三十年度，核案不符，此款应以各机关以前年度经费节余解库款科目追列三十年度岁入概算，以饶平县党部办理战时民校补助费科目追列三十年度岁出概算，请该县党部将上开领过二十九年度办理战时民校补助费办理抵解手续等语，应准如拟办理。

十四、据财政厅签呈，缴缉私处所属各舰船三十年一至三月份官兵主食费预算书，月列一百五十一元，一至三月份共列支四百五十三元。饬据会计处签称，应依照规定办理，将原书代更正为一、二月份列支九十九元，三月份列支一百五十一元，一至三月份共列支三百四十九元，此款拟在三十年度省总概算内调整机构补助公务员生活费项下开支等语，应准如拟办理。

十五、据第五区行政督察专员呈缴该署及情报组对敌通讯破坏队暨增设办理汕市府事务人员本年一至三月份员役生活补助费预算书册。饬据会计处签称，该署及情报组暨对敌通讯破坏队每月共应拨支一千三百四十八元，三个月共应拨支四千零四十四元，此款在三十年度省总概算内调整机构补助公务员生活费项下开支，并饬财厅连同四月份一个月一并拨付。至该署增设办理汕市府事务人员生活补助费照规定剔除公役后应为月支一百一十元，三个月共三百三十元，原书据注明已在汕市府结存资源会款项下开支，拟一并存转等语，应准如拟办理。

讨论事项

一、（略）

二、据财政厅签呈，税警总团特别党部书记长周镐奉派赴渝受训练费五百五十元，该款拟饬在该团三十年度经费节余项下拨支归垫，请核示等情，请公决案。

（决议）照案通过。

三、据教育厅签呈，缴省立韩山师范学校附属小学开办费预算书，列支一千五百元，拟在本年度国教费流动学校及各校附小经费项下拨支，请核示等情，请公决案。

（决议）照案通过。

四、（略）

五、据本省战时贸易管理处呈缴老隆办事处二十九年度修车所搭建费支付预算书件，列支一千一百八十元，拟请准予在本处设备费项下开支等情，请公决案。

（决议）准在该处营业预算建筑费项下开支。

六、据秘书处签呈，编具本年度本府召集新县制县长会报招待膳宿及购置各费支付预算书，计共支国币三千三百九十四元，请指款拨支等情，请公决案。

（决议）照案通过，款在本年度省预备金项下开支。

七、（略）

八、据会计处呈，查潮安县三十年度县地方岁入岁出总概算，经参酌各厅处意见核编完竣，核编后，计拟改列各为二十一万一千七百五十八元，请提会核定公布施行等情，请公决案。

（决议）照案通过。

九、据秘书处呈缴本处编译室编译张家耀荐委表，请赐核委等情，请公决案。

（决议）照派代理。

十、准黄委员（元彬）函复，审查本府印刷所呈缴三十年度岁入岁出预算书计划书及分配盈余办法一案意见，请公决案。①

（决议）照审查意见通过。

十一、刘委员（佐人）、何委员会复，审查财政厅所拟本省各县市营业牌照税征收章程一案意见，请公决案。

（决议）征收标准照原案办理，余照审查意见通过。（审查意见略）

十二、据会计处签呈，拟具广东省政府派员抽查及视察省属各机关及各县市局会计账目暨会计实施状况暂行办法，请核定公布施行等情，请公决案。

（决议）照秘书处签拟通过。

十三、据秘书处签呈，奉交曲江等十二县联呈请求将实施新县制县份县府办公费加倍增拨，以资因应一案，经会商财政厅、会计处，谨将会商结果，签请提会核定办理等情，请公决案。

（决议）照案通过。

十四、据秘书处签呈，奉交连山县呈请由省库补助自治户捐及追加经费暨由省库代偿该县透支省行借款一案，经会商财政厅、会计处，谨将会商结果，签请核示等情，请公决案。

（决议）照案通过。

十五、据秘书处签呈，编具广东省节约建国储蓄团二十九年十月至十二月份支付预算书，月列四百元，十至十二月三个月共列一千二百元，及三十年度预算书月列六百五十六元，年列七千八百七十二元，请一并指款开支等情，请公决案。

（决议）照案通过，款在本年度省预备金项下开支。

十六、据秘书处签呈，缴筹设本府图书室计划，计需开办费八千三

---

① 审查意见略。

百元，经常费每月六百元，请指款开支等情，请公决案。

（决议）照案通过。款在本年度省预备金项下开支。

十七、据秘书处签呈，拟具本府三十年度棚舍修缮费支付预算书表共列九千九百三十元，请指款拨支等情，请公决案。

（决议）照案通过，款在本年度省预备金项下开支。

十八、据秘书处签呈，关于拟订社会科组织办法一案，经会商各有关机关将原草案详加修订完竣，请察核等情，请公决案。

（决议）交何、黄（麟书）、刘（佐人）、郑（丰）四委员审查，由何委员召集。

十九、据会计处、民政厅会呈，拟具广东省警察队三十年度七至十二月份经费预算，月列经费及主食各费共四万零六百二十元，除该队原列经常费二万四千一百七十五元五角，生活补助费六千五百三十元合共三万零七百零五元五角外，每月尚不敷九千九百一十四元五角，拟请在省库预备金项下支给等情，请公决案。

（决议）照案通过。

二十、主席提议，阳江县县长吴××着即撤职查办，遗缺以彭展□代理，请公决案。

（决议）照案通过。

二十一、黄委员（麟书）、黄委员（元彬）、张委员会复，审查民政厅签呈拟定阳江等二十七县于本年七月一日开始实施新县制一案意见，请公决案。

（决议）照审查意见通过。①

---

① 原审查意见附后，现略。

广东省政府第九届委员会
第二百四十四次议事录

日　期　七月八日

地　点　曲江本府

出席者　李汉魂　张导民　黄元彬　高　信　何　彤　胡铭藻
　　　　郑　丰

列席者　史延程　黄秉勋　蔡铁郎

主　席　李汉魂

纪　录　（秘书）魏育怀　（科长）谢乐文

报告事项

一、准广东省临时参议会函送本会三十年度秘书处经常费支付预算书表。饬据会计处签称，查原书表所列每月增加俸给费一千五百八十九元，由五月至十二月份八个月共增国币一万二千七百一十二元，核尚无不合，是项费用拟在本年度省总概算调整机构补助公务员生活费项下开支等语，应准如拟办理。

二、据秘书处签呈，本府合署建筑材料费请饬财厅先拨十万元交处专案收贮提用等情。饬据会计处签称，拟饬财厅在三十年度省预备金项下垫拨具报，俟将来建筑工程费预算核定后再行冲正科目等语，经准如拟办理。

三、据卫生处签呈，缴本处本年度经费预算书表。饬据会计处签称，查书表所列数目核与规定办法尚无不合，计由本年五月份起至十二月底止每月增加俸给费三千八百三十五元五角，八个月应增加三万零六百八十四元，此款拟准照案在三十年度省总概算内调整机构补助公务员生活费项下拨支等语，应准如拟办理。

四、据卫生处签呈，缴卫生试验所三十年度经常费预算书表。饬据会计处签称，查所列数目核与规定办法尚无不合，计由本年五月份起至十二月底止，共八个月，每月应增加俸给费一千二百二十二元五角，共应增加九千七百八十元，此款拟准照案在三十年度省总概算内整机构补助公务员生活费项下拨支等语，应准如拟办理。

五、据会计处签呈，查广东省地方各机关普通公务单位会计制度之一致规定，经奉核准颁发施行有案，现查此项修正会计制度试行结果，据报尚属完满，并无窒碍难行之处，拟请通饬省属各普通公务单位会计机关一体遵照施行等情，应准如拟办理。

六、据本省军民合作总站呈缴三十年度支付预算书表，饬据会计处签称，查俸给原支数及改订数比较表列月增俸给费四千二百七十二元，核与该站本年三月份生活补助费月额二千八百四十八元加五发给之数尚属符合，该站本年五至十二月份计八个月共增俸给费三万四千一百七十六元，拟在三十年度省总概算调整机构补助公务员生活费项下拨支等语，应准如拟办理。

七、据本省战时政治工作总队部呈缴三十年度预算书表。饬据会计处签称，查俸给原支数及改订数比较表列月增俸给费一万四千七百八十四元，核与核定该队本年三月份生活补助费月额九千八百五十六元加五发给之数尚属符合，本年度由五至十二月份计八个月共增俸给费一十一万八千二百七十二元，拟由本年度省总概算调整机构补助公务员生活费科目开支等语，应准如拟办理。

八、据本府战时通讯所呈缴电话□三十年度经费预算书表。饬据会计处签称，查俸给原支数及改订数比较表列月增俸给费一千六百三十九元，核案尚属符合，本年五至十二月计八个月共增加俸给费一万三千一百一十元，拟在本年度省总概算调整机构补助公务员生活费科目开支等语，应准如拟办理。

九、准广东省地方行政干部训练委员会函送本会训练团第三期结业学员分派东江各县回程旅费数目表，请查照等由。饬据会计处签称，查原定结业学员回程旅费日额四元，现以不敷支用，亟应酌予增加，兹规定分派东江各县及沿韶兴路翁源等二十七县学员一律加给途程车程，并将在途期间每名日给膳宿费什费共六元，其余西北江及南路各县学员一律每名日给膳宿什费六元，另挑夫费一元，似可照办，惟所需增支之款，仍应在该团经费项下开支。事关变更原案，请核定报会等语，应准

168

如拟办理。

十、据财政厅呈缴修正广东省财政厅轮回稽核督导办法及服务规则，请核示等情。饬据会计处签称，查原呈办法及规则除名称暨第一条广东省三字之下似均应加入"政府"二字外，其余大致尚合，似可代为修正后准予备案等语，应准如拟办理。

十一、据本省战时贸易管理处呈缴本处鲨鱼涌站三十年度一至三月份员役生活补助费预算书册，总数共列一千五百元。饬据会计处签称，查系属三个月合计之数，每月预算数应为五百元，惟该站业于本年二月裁撤，应饬于办理报销时照准开支，至二月为止等语，应准如拟办理。

十二、据本府战时通讯所签呈，拟订广东省电讯器材使用期限表，请察核。又本省电讯器材检查安置登记整理办法，因战时长途电话管理所拟订之器材库管理细则，凡×电讯器材库似均可适用，拟邀免另订等情。饬据秘书处签称，查核所拟无线电器材保用期限表大致尚属适合，拟如拟并报会等语，应准如拟办理。

十三、据秘书处签拟，修正广东省政府行政会议秘书处组织简则，请分别行知等情，应准如拟办理。

十四、据云浮县政府电，请示实行公库法后各乡镇保甲经费应否仍照本省各县征收自治户捐办法大纲之规定坐支抵解等情。据饬民、财两厅签拟将前颁本省各县征收自治户捐办法大纲第十三条条文修正为"各乡镇征收自治户捐应于每月终结时将征起自治户捐径缴县库（缴款应照收支程序办理），并将票照缴验联送由县税捐征收处，将各乡镇征起数额汇报县政府，县政府应按月于月底以前将各乡镇经费签发文令饬库支付，如各乡镇因需支经费而县政府未经发到时，准在各该乡征存自治户捐项下□借，以不超过该乡镇保甲是月份经费额为限，一俟经费领到，应即归还，一俾于奉行法令之中仍寓便利自治工作推行之意"等语，应准如拟办理。

讨论事项

一、奉广东绥靖主任令，将清远、英德、曲江、南雄、新丰等五县超额军民合作站共十四站经费每月四百二十元，自本年一月份起按月由本府发由军民合作总站一并转发等因，请公决案。

（会计处签拟）查清远县本年度县总预算列有预备金一十四万四千

五百二十七元，英德县列有预备金一十二万零六百一十四元，曲江县列有预备金二十一万四千四百二十五元，南雄县列有预备金五万七千八百三十二元，地方款尚属充裕，该清远等四县是项超额军民合作站经费自可由各该县地方款预备金项下拨支，毋庸由省库补助。至新丰县本年度地方款预备金只得七千七百三十五元，平均每月六百余元，地方款自属短绌，是项超额军民合作站经费，年支（照原令该县设四站每站月支三十元），一千四百四十元，拟在本年度省总概算接近战区县份战时工作费项下拨支，仍请提会核定。

（决议）照会计处签拟通过。

二、准广东省军管区司令部电，为近以生活程度高涨，官兵主食补助费均已增加，惟连阳自卫总队长夫系属制外，故未增加，似欠均允，拟由本年六月份起，准照上等兵每名月饷五元五角主食费十八元支给，计八十三名月共二千一百五十元五角，查该队经费节余有限，拟请另行筹拨等由，请公决案。

（会计处签拟）核尚可行，该队长夫八十三名月需饷项四百五十六元五角，另主食费月需一千四百九十四元，按照本府核成案，以八成折发计一千一百九十五元二角（由该队最高长官在此额内酌予伸缩调剂），预算（饷及主食费）总共月需一千六百五十一元七角，除原核定在该总队经费节余项下每月拨支一千零七十九元外，现计每月尚须增拨五百七十二元七角之款，似可准自本年六月份起援案在该总队经费节余项目匀支，仍请提会核定。

（决议）照会计处签拟通过。

三、（略）

四、据省立医院电缴三十年度追加工人服装及围裙费支付预算书，列支一千三百四十元，拟在本院本年度一至六月份节余经费项下开支等情，请公决案。①

五、（略）

六、据第×区行政督察专员呈缴三十年巡回审判军法官经费支付预算书类，列支三千一百元，查上年度巡回军法官薪公费尚有节存四千零

---

① 会计处签拟略。

四十八元一角二分，足敷支应，请核示等情，请公决案。

（决议）照案通过，抵解手续照会计处签拟办理。

七、据建设厅签呈，据公路处呈缴大江河渡口增加经费流用表、组织系统表、员工薪饷说明表、员工生活补助费说明表、该项增加渡口员工薪饷及补助生活费三百一十元，拟由本年六月一日起发给，似可照准，请核示等情，请公决案。

（决议）照案通过。

八、据本省粮食管理局签呈，遵批将本局暨业务处组织规程及编制预算依照所示各点分别订正，附陈维持科员及办公费原额缘由请核定公布施行等情，请公决案。

（决议）交何、张、郑（丰）三委员审查，由何委员召集。

九、据广东省救灾准备金保管委员会呈缴三十年度下半年经费预算书，拟自下半年起由省库月拨本会办公费五百元，请饬财厅按月拨发等情，请公决案。

（决议）准月拨二百元，自七月份起支，追加预算交财政厅筹措来源。

十、据会计处案呈，查澄海县政府三十年度县地方岁入岁出总概算经参酌各厅处意见，分别整理核编完竣，核编后，计拟改列各为三十九万三千六百三十一元，请提会核定公布施行等情，请公决案。

（决议）照案通过。

十一、据财政厅签呈，拟具本省典商营业税改征办法及管理典押当业补充办法，请提会核定等情，请公决案。

（决议）交郑（丰）、高二委员审查，由郑委员召集。

十二、据建设厅呈缴公路处视察高桓荐委表，请赐核委等情，请公决案。

（决议）照派代理。

十三、据广东省粮食生产总督导办公处呈缴第四行政区粮食增产副督导邓应元荐委表，请赐核委等情，请公决案。

（决议）照派代理。

十四、郑委员（彦棻）、何委员、刘委员（佐人）会复，审查会计处将广东省各县政府以下会计机构组织暂行办法先行公布，俟将人才训练成熟，及有相当准备，再行定期施行一案意见，请公决案。

（审查意见）奉交审查会计处签拟请将广东省各县政府以下会计机构组织暂行办法先行公布，俟将人才训练成熟及有相当准备，再行定期施行一案，经于本月一日上午十时在本府会议厅共同审查，金以筹设县以下之区乡镇会计机构既经列入三十年度施政计划，应从速训练人才，并办理一切准备工作，俟人才训练获得相当成就，即将此项组织暂行办法再提会核定公布施行。

（决议）照审查意见通过。

十五、郑委员（彦棻）、黄委员（元彬）、张委员会复，审查广东省战时贸易管理处请将本处二十九年度盈余解库款四十六万九千九百零三元六角六分悉数拨充本处资本，并请准将应提员工奖励金七万八千三百一十七元二角八分照数提拨，以示鼓励一案意见，请公决案。

（审查意见）奉交审查广东省战时贸易管理处呈请准照本省战时贸易管理大纲之规定分拨二十九年营业盈余一案，兹经召集审查结果如左：（一）广东省战时贸易管理处二十九年度营业决算之是否实在，应依本省贸易管理大纲第十二条之规定，由本省贸易管理监察委员会执行稽察，并将稽察结果提经该委员会通过后，转报本府，以符规定。（二）该项营业盈余如经该监委会照前项手续核明实在后，除以百分之六十解库，百分之三十充公债金外，其余拟以百分之六为员工奖金，百分之二缴府为公务员福利事业基金，百分之二为省府战时特别经费基金。（三）该处已筹备改组，解库款似毋庸拨充，资金拟饬仍解库收。

（决议）照审查意见修正通过。

修正之点如下：审查意见第三项删去。

十六、主席提议，缉私处处长谢镇南另有任用，遗缺派汤毅生代理，请公决案。

（决议）照案通过。

广东省政府第九届委员会
第二百四十五次议事录

日 期 七月十一日

地 点 曲江本府

出席者 李汉魂　张导民　郑　丰　黄元彬　黄麟书　刘佐人
　　　　　何　彤　胡铭藻　高　信

列席者 黄秉勋　杜之英　史延程　伍崇厚

主 席 李汉魂

纪 录 （秘书）魏育怀

报告事项

一、奉行政院令，为各机关之从业人员，如欲以私人资格兴办学校应一律依照修正私立学校规程筹措基金，组织校董会，经依法向各级主管教育行政机关核准，方得进行办理，以杜纷乱，而一事权等因，遵经通饬本府所属各机关一体遵照。

二、准广东省军管区司令部函，为本部前向贵府战时通讯所价领通讯器材价款四百二十六元八角一分一案，准通知经二百二十八次会议决定准在二十九年度团队经费节余拨支，以各机关经费节余解库款及拨补军管区二十九年通讯器材购置费科目分别追列三十年度省地方岁入岁出概算，办理抵解抵领手续，并补编预算送府办理等由。查该款属二十九年支出，前为迅速结束二十九年度账目，经在二十九年度团队经费节余费下先行转账拨支，并经并同十一月份团队经费函送本省国民兵团队经费审核委员会核准有案，似毋庸另办转账手续等由。饬据会计处签称，似可准如所请办理，事关变更原提会核定开支科目办法，拟请报告会议等语，应准如拟办理。

三、准广东全省防空司令部函，本部所属防空情报播音队于本年六月一日成立，请将该队经常补助各费每月共二千零四十五元暨各项主食补助费月共七百四十二元，请饬财厅由六月份起按月签拨等由。饬据会

173

计处签称，查该队经常费所列核与规定尚符，应改照此数跟案由六月一日该队成立日起在省预备金项下拨支，至官兵主食费每月实应补发九百七十七元六角，应饬照此数改编主食补助费预算，款除跟案在调整机构补助公务员生活费科目拨付二百八十二元，暨在原核定补拨数二百三十五元六角移拨外，尚差三百七十六元，似应自六月份起，由财政厅并案增筹岁入追加概算拨支等语，经准如拟办理。

四、准广东省临时参议会函送本会三十年度五至十二月份议长、副议长及驻会参议员生活补助费支付预算书册，月支六百五十元，由五月起至十二月止八个月共五千二百元。饬据会计处签称，查核尚合，该款拟在本年度省总概算调整机构补助公务员生活费项下拨支等语，应准如拟办理。

五、据本府行政效率促进委员会呈，为遵令认定广东省合作社物品供销处股份十股，共款一百元，拟由本会三十年度四月份节存经费项下拨支等情。饬据会计处签称，查所请尚属可行，书列数目核尚无不合，似可照准等语，应准如拟办理。

六、据财政厅签呈，据缉私处呈报驻梧舰船员兵服装费三百九十元，拟请准在本处二十九年度附属机关节余项下开支。查二十九年度收支经已结束，拟改在该处三十年度节余经费项下列支等情。饬据会计处签称，所请发给该舰船员兵二十九年冬季服装每人一套一节，似可照准。该费拟如财政厅所拟在该处三十年度经费节余项下拨支等语，应准如拟办理。

七、据财政厅签呈，遵将紫金税务局征收二十九年度营业税旅费预算转饬补正，请核示等情。据会计处签称，书列一百元，核尚需要，此款拟在三十年度省总概算财务支出款下追加补拨紫金税务局二十九年度临时费科目开支，饬该局将二十九年度节余经费抵解，并在三十年省总概算其他收入款下追加各机关经费节余解库款科目等语，应准如拟办理。

八、据省卫生处签呈，缴第一防疫区署购置公役制服费预算书，列支一百二十元，该款拟在该署节余项下拨支等情。饬据会计处签称，查预算制服费每套列支三十元，似应援照防疫队员制服费案，核减为每套二十八元，四套共一百一十二元，款饬在该署本年度经费撙节支报，以归简便等语，应准如拟办理。

九、据本省粮食管理局呈缴东行车辆粮食销售处二十九年度经常费支付概算书，及核定编制原案，请备案等情。饬据会计处签称，查概算书核案尚符，惟原案未有核定科目开支，拟先报会，再饬粮管局将该处经费列入二十九年度营业预算管理费内，迅呈核办等语，应准如拟办理。

十、据本府广播电台呈缴配制发动机费预算书，列支四百七十二元。饬据会计处签称，该款既据称拟由海外短波机未启播前之燃料节余项下挪支，拟姑准先在本年度节余燃料费项下开支，并饬将上年度及本年度节余燃料费数目分别列报等语，应准如拟办理。

十一、据第二区行政督察专员呈缴改编本署三十年度经常费支付预算书类。饬据会计处签称，其俸给原支数与改订数比较表列月增俸给费二千四百六十二元，核案尚无不合，本年度自五月份起至十二月份止，计八个月共增俸给费一万九千六百九十六元（雇员名额比改订前尚少列三员），如奉核定照拨，该款在本年度省总概算调整机构补助公务员生活费项下开支等语，应准如拟办理。

十二、据曲江县政府电，为广东省各界扩大国民教育运动宣传大会于四月十四日举行，计需经费三百元，由本府负担一百元，余二百元请由钧府及教育厅补助等情。饬据会计处签称，该费三百元除由县自行负担一百元外，其余二百元，拟如教育厅拟准在教育文化临时费教育厅及所属机关学校临时费项下拨支一百元，所余一百元拟照秘书处意见，饬县一并负担，款在该县本年度地方款预备金项下拨支等语，应准如拟办理。

十三、准广东省地方行政干部训练委员会函送本团特务队增给士兵主食补助费预算书，请援照保安团队及警卫营案自三十年三月起加给士兵主食补助费二元等由。饬据会计处签称，似应予照办，惟应以三、四两个月为限，五月份以后应由该团照案自行统筹办理，计原书列每月一百九十六元，三、四月份共准发三百九十二元，此款即照所请在该队三十年度主副食费余款及旷饷项下拨支等语，应准如拟办理。

十四、据民政厅签呈，缴本厅三十年度经常费及禁烟临时费预算书表。饬据会计处签称，该厅每月增加俸给费七千一百三十二元，五至十二月份八个月共增加五万七千零五十六元，又禁烟临时费部分每月增加俸给费六百五十元，五至十二月份八个月共增加五千二百元，两项合计月增七千七百八十二元，五至十二月份八个月共增加六万三千二百五十六元，查核尚合，拟准照分别增发，款在三十年度总概算内调整机构补助公务员生活费项下开支等语，应准如拟办理。

十五、据教育厅电缴粤北边疆施教区巡回施教队二十九年九、十两月请增发员役米津预算书册，及省立韩山师范学校二十九年度上学期员役名册。饬据会计处签称，查粤北边疆施教区巡回施教队其工作所在地非米贵区，所请增发米津，未便照准。又韩山师范二十九年上学期所增员役人数十至十二月份核与前呈十至十二月份请领米津名册相同，应毋庸再增发，至八、九两月份每月应加发一十一元，两个月共应加发二十二元，此款拟在追加二十九年度总概算内各级公务员役团警米津项下开支等语，应准如拟办理。

十六、据卫生处签呈，缴第四防疫队本年度一至三月份员役生活补助费预算书册，饬据会计处签称，原书列月支一百九十二元，查核实应改正为一、二【月】份列支一百八十元，三月列支二百元，原书列年度预算数二百三十元，应改正为三个月数五百六十元，此款在三十年度省总概算内调整机构补助公务员生活费项下开支，并饬财厅连同四月份一个月生活费二百元一并拨付等语，应准如拟办理。

十七、据本省粮食管理局电称，本局四月份实际支出员役生活补助费数额为二千三百四十八元一角八分与原核定数比较不敷三十八元一角八分，请准在本局一至三月份员役生活补助费剩余款四百零九元四角五分流用等情。饬据会计处签称，查流用数仅三十八元一角八分，并以四月份一个月为限，似可姑准照办等语，应准如拟办理。

十八、（略）

十九、据本府战时通讯所呈缴新闻收发室二十九年八至十二月份米津预算书册。饬据会计处签称，查八月份书册列支四十四元五角，较七月份减列七元五角，九月份列四十七元，较七月份减列五元，两个月共减列一十二元五角，拟饬返纳入库，十至十二月份十、十一两月份各列四十七元，十二月列四十四元五角，三个月共列支一百三十八元五角，核数尚合，拟准照拨，款在二十九年度追加省总概算内各级公务员役团

176

警米津项下开支等语，应准如拟办理。

二十、据会计处案呈，准教育厅片送南雄中学校本年一至三月份生活补助预算书，应照规定核减后一月应列支七百七十元，三个月共应列支二千三百一十元，此款在三十年度省总概算内调整机构补助公务员生活费项下开支，连同四月份【七百】七十元一并拨付等语，应准如拟办理。

二十一、据博罗县政府电，请按照奉颁战地各县党政机关调整实施纲要第二条之规定，将本县改为战地县份等情。饬据民政厅签称，拟予照准，惟该县现经本府第二百四十三次会议核定于本年十月一日实施新县制县份，似应暂缓实施新制等情，应准如拟办理。

讨论事项

一、准广东省地方行政干部训练团函送广东省新生活运动促进会妇女工作委员会仁和乡妇女生活改进委员会三十年度经常费岁出支付预算书表，月支三百元，由二月份起至年底止共十一个月，列支三千三百元。该款经由本团在三十年度经费节余项下按月如数补助，请查照备案等由，请公决案。

（决议）照会计处签拟通过。

二、据会计处签呈，拟具三十一年度县市局地方预算编制办法，请提会核定公布施行等情，请公决案。

（决议）交张、何、刘三委员审查，由张委员召集。

三、（略）

四、据教育厅签呈，缴三十年度试办流动学校暨巡回教学班预算书表，月列一千一百一十元，年支一万三千三百二十元。该费拟在三十年度国民教育经费预算内试办流动学校及各校补助费项下拨支，请核示等情，请公决案。

（决议）照案通过。

五、据教育厅签呈，据省立梅州女子师范学校呈缴教员肖淑谨履历事实表，请核发养老年金八百一十元等情，请公决案。

（决议）照案通过。款在本年度教育厅所属各机关学校临时费项下开支。

六、据建设厅签呈，据农林局请准设立病虫害室，查属需要，请核示等情，请公决案。

（决议）照案通过。

七、据建设厅签呈，据公路处呈缴抢修顺天桥被炸部分暨抢建顺天木便桥便道预算书表，该项工程费四万零四百零一元七角二分，拟请准在本年度建设事业费项下照数发还归垫等情，请公决案。

（决议）照案通过，追加预算交财政厅筹措来源。

八、据建设厅签呈，据公路处呈缴改善南韶公路一公里路面工程费支付预算书表，列支四千零五十元，请指款拨支等情，请公决案。

（决议）照案通过，款在本年度建设事业临时费项下开支，追加预算交财政厅筹措来源。

九、据省振济会呈缴本会救济总队第十五、十六两分队伙食费支付预算书表，列支六百零七元，请准在该队二十九年度经常费节余项下开支等情，请公决案。

（决议）伙食费准拨六百零三元，抵解手续照会计处签拟办理。

十、据省振济会呈缴三十年度购置公役服装临时费支付预算书，列支八百元，款在本会本年度经常费办公费节余项下开支等情，请公决案。

（决议）照案通过。

十一、据卫生处签呈，据防疫医院呈缴三十年度建筑道路及装置电话费预算书，列支一千五百元，拟在二十九年度建筑院址节余项下开支。查属可行，请核示等情，请公决案。

（决议）照案通过，抵解手续照会计处签拟办理。

十二、据卫生处签呈，据救济医院呈缴三十年度重建院舍建筑费岁出预算书，列支四万八千六百六十四元四角。查核尚属切要，请准在救济款项下拨支等情，请公决案。

（决议）照秘书、会计两处签拟通过。（签拟略）

十三至十四、（略）

十五、据第八区行政督察专员呈缴本区巡回军法官三十年度一至四月份经费预算书表，共列支八百元。除将上年结余六百元流用外，比对不敷二百元，经饬派合浦一百元，灵山六十元，防城四十元，请核示等情，请公决案。

178

（决议）照会计处签拟通过。

十六、据佛冈县长电，请体念本县情形特殊，将增加人员经费由六月份起仍由省库拨助等情，请公决案。

（决议）准予补助，自七月份起，款在本省接近战区县份战时工作费项下拨支。

十七、据饶平县政府呈缴二十九年度国民教育补助费岁入岁出追加预算书，计收支各列九百八十元零七角，请核示等情，请公决案。

（决议）照案通过。

十八、据会计处案呈，查吴川县地方二十九年度岁入岁出第二次追加概算，经参照财政厅意见，分别改正后，实应追加各为五百五十四元，请提会核定公布施行等情，请公决案。

（决议）照案通过。

十九、据会计处案呈，查云浮县地方二十九年度岁入岁出第三次追加概算，经参照财政厅意见，改正后计收支实各追列为七千五百一十九元，请提会核定公布施行等情，请公决案。

（决议）照案通过。

二十、教育厅长提议，查新委省立琼崖联合中学校长詹行烑久未到职，亟应遴员派充，以专责成，兹查有该校教务主任郑兰生堪予接充，检同该员履历，请公决案。

（决议）照案通过。

二十一、据建设厅签呈，据本厅第一科科长朱之安签呈，以奉调台山工作，请准辞职，业经照准，遗缺拟调派公路处视察吴道本接充，请核示等情，请公决案。

（决议）照案通过。

二十二、据卫生处呈缴技士曾昭礼荐委表，请赐核委等情，请公决案。

（决议）照派代理。

二十三、据广东省粮食增产总督导办公处呈缴广东省第八行政区粮食增产副督导廖迪雍荐委表，请赐核委等情，请公决案。

（决议）照派代理。

二十四、准广东省临时参议会函送本会三十年度追加第五次大会参议员出席旅费支付预算书，计追加一万八千元，请提会核定等由，请公决案。

（决议）照案通过，款在本年度省预备金项下拨支。

广东省政府第九届委员会
第二百四十六次议事录

日　期　七月十五日

地　点　曲江本府

出席者　李汉魂　张导民　刘佐人　高　信　郑　丰　黄元彬
　　　　　黄麟书

列席者　李锡朋　杜之英　伍崇厚　黄秉勋

主　席　李汉魂

纪　录　（秘书）魏育怀　（科长）谢乐文

报告事项

一、准广东省军管区司令部电，为南山管理局由三十年一月份起，每月应征兵额二十名送惠来县拨交，所请拨发宣传经费拟予照准，请查照等由。饬据秘书、会计两处签称，是项兵役宣传费年支三百六十元，拟准照案在本省三十年度省总概算内预备金项下拨支等语，应准如拟办理。

二、准广东省军管区司令部电送所属团队管理处等单位三十年度追加经常费预算书。饬据会计处签称，计（一）无线电总分队，（二）有线电话班，（三）兵役人员训练班，（四）各团管区增设额外人员，（五）省款给与团队管理处等五项，每月共追加三千七百零二元二角五分，该款照案在三十年度国民兵团队经费预算内原列预备费项下拨支，（六）各县国民兵团队，（七）各县国民兵团自卫队，（八）非战地各县国民兵团后备队，（九）连、连、阳、乳、曲、南六县国民兵团地区编组区乡镇队等四项，每月共追加四万二千四百零二元，除本府第二〇五次会议核定自三月份起在调整机构补助公务员生活费科目每月拨付一

180

万五千元外，其余二万七千四百零二元之款，照案自三十年三月份起在三十年度国民兵团队经费节余项下拨支等语，应准如拟办理。

三、准军政部军需署通知，以本府呈报军委会核发第×战区挺进×纵队击毙附逆著匪叶永安一名，奖金准铨叙厅函准予照发国币七十元，希给领归垫等由。饬据会计处签称，应由财政厅给领归垫具报等语，经准如拟办理。

四、据财政厅签呈，转缴花县税务局埋瘗故员邓杨彬临时费预算书，列支二百元，该款拟在前从化税务局二十九年度经费节余项下拨还归垫等情。饬据会计处签称，本案经秘书处核明尚无不合，该款拟在三十年度省总概算岁出经常门临时部分财务支出款下追列补拨花县税务局临时费科目，以前从化税务局二十九年度经费节余项下抵拨，并一面追列三十年度省总概算【岁】出经常门临时部分其他收入款下各机关以前年度节余经费解库款科目等语，应准如拟办理。

五、据教育厅签呈，缴重编本厅暨国民教育委员会及社教督导员薪旅费本年度经费预算书表。饬据会计处签称，教厅本机关三十年度经常费预算书表及俸给原支数及改订数比较表所列数目核案尚无不合，计由本年五月份起至十二月份止，每月增加俸给费四千九百三十元，共增加三万九千四百四十元，此款拟准照案在三十年度省概算内调整机构补助公务员生活费项下拨支等语，应准如拟办理。

六、据会计处呈，为本省贸易管理处香港办事处会计员余舜容一员调差旅费四百三十二元二角，核与规定尚合，惟本处本年度办公费旅费项下并无余款足敷开支，拟请照本府所属各机关调任人员支给在途旅费暂行办法第四条规定，准由省库拨支，俾资给领等情，该费应准如所拟在三十年度省预备金项下开支。

七、据卫生处呈缴第一卫生诊疗所三十年改订俸给预算书表，月增五百零四元，由本年五月份起至十二月止，共增拨四千零三十二元。饬据会计处签称，除该所所长关晓波增加薪俸每月六十元，应由该所长特别生活补助费移拨外，计由本年五月份起至十二月份止，每月仍应增拨俸给费四百四十四元，八个月共仍应增拨三千五百五十二元，此款拟准照案在三十年度省总概算内调整机构补助公务员生活费项下拨支等语，应准如拟办理。

八、据卫生处呈缴第一防疫区署本年改订俸给预算书。饬据会计处签称，查书表所列数目核案尚无不合，计由本年五月起至十二月止，每月增加俸给费四百三十四元五角，共增加三千四百七十六元，此款拟照案在三十年度省总概算内调整机构补助公务员生活费项下拨支等语，应准如拟办理。

九、据卫生处签呈，缴本厅第一防疗队本年度改订俸给预算书表。饬据会计处签称，核案尚无不合，计由本年五月份起至十二月份止每月增加俸给费三百元，共增加二千四百元，此款拟准照案在三十年度省总概算内调整机构补助公务员生活费项下拨支等语，应准如拟办理。

十、连平县长电，请示实施新县制县府统计员职级应如何编列预算等情。经规定一、二等县委任十级至八级，三、四等县十一级至九级，五等县十二级至十级，分令各区行政督察专员转饬遵照。

十一、据本府粤侨通讯处东江护侨事务所呈缴三十年度经费预算书表。饬据会计处签称，查俸给原支数与改订数比较表列月增俸给费八百一十一元，核案尚无不合，自本年五月起至十二月止，计八个月共增俸给费六千四百八十八元，拟由本年度省总概算调整机构补助公务员生活费项下开支等语，应准如拟办理。

十二、据本省连连阳乳建设委员会电缴本会三十年度制发公役夏季服装费支付预算书单，列支一百二十元。饬据会计处签称，似属需要，拟饬在该会本年度经费内撙节支报，以省手续等语，应准如拟办理。

十三、据本府战时通讯所呈缴无线电中枢台二十九年度疏散公物档案购置费预算书，列支二百一十二元。饬据会计处签称，既经依照编报预算规定三项办法办理，复核亦尚无不合，拟准拨还归垫，该款拟在三十年度省预备金项下开支等语，应准如拟办理。

十四、据本府战时通讯所呈缴所属各机关三十年度各月份经费数额表，请核定分别饬遵等情。饬据会计处签称，查该所前签奉核定由本年三月份起实行新编制原案，并未报会，复查原表所列各月份电讯机关经费，除五月份以后各该电讯机关经费月额应照改订俸给通案编列预算书表等专案呈候报会核定，及新闻收发室三、四月份经费月额应更正为五百一十九元外，其余一、二、三、四月份各列数额，均核案相符，请核定后将各级电讯机关由本年三月一日起实行新编制日期报告会议等语，应准如拟办理。

十五、据秘书处案呈，准本府行政效率促进委员会函称，查本府边政指导委员会组织规程经第二三二次会议决议名称改为广东省边政指导委员会，余照审查意见通过在案。旋奉将原案发下，并批示除仍用边政二字外，余参照秘书处法制室六月十五日签拟修正后报会等因。兹经将原规程加以修正，请列报会议等由，请核定公布施行等情，应准如拟办理。

十六、查本府第二百四十次会议关于刘委员函复审查建设厅合作事业管理处签拟修正本省合作贷款规则意见一案，经决议，照审查意见通过在案。现准刘委员函，以该规则第二、第五两条仍照审查意见较为妥善外，其第三、第十三两条及新增第十九条、第三十一条、三十二条可照秘书处法制室修正意见修正等语，应准如拟办理。

讨论事项

一、准广东省军管区司令部电送第×战区挺进第×纵队独立中队二十九年度经常费支付预算书，月列一千零二十七元八角，由十一月份起至十二月底止，两个月共列二千零五十五元六角，又开办费预算书一次过列支五十元，又士兵冬服费支付预算书列支一千一百四十元，请查照办理等由，请公决案。

（决议）照案通过，抵解手续照会计处签拟办理。

二、准广东省军管区司令部电送本部二十七年十一月份至二十八年三月份上半月应领省政府补助公费支付预算书，计共二千二百五十元。查此款系属余吴任经理，早已结束移交清楚，又经支报呈奉军政部核销，拟在本部经管二十九年度地方团队经费节余项下拨支等由，请公决案。

（决议）照案通过，抵解手续照会计处签拟办理。

三、准广东省军管区司令部电，为拟发给本部暨直属各班队各级官佐本年夏服补助费每员一十元，预计共需四千二百元，款在本部经管二十九年度地方团队经费节余项下拨支，请查照办理等由，请公决案。

（会计处签拟）似可照准，现二十九年度业已结束，所请在该部经管二十九年度国民兵团队经费节余项下拨支一节，似未便照办，此项补助费现拟准在三十年度该部经管国民兵团队经费节余项下拨支，仍请提会核定后，并请军管区司令部将二十九年度团队经费节余数目列表送府核办。

（决议）照会计处签拟通过。

四、据建设厅签呈，据公路处编具设置商车出境检查站开办费及经常费预算书表，查开办费列支一千元，经常费由本年五月至十二月共列支二万三千九百七十六元。查核尚合，拟准由本年度省预备费项下拨支等情，请公决案。

（决议）交张委员审查。

五、据秘书处呈缴本府行政会议三十年度临时费支付预算书，列支二万五千三百五十元，请提会核定等情，请公决案。

（决议）照案通过，款在本年度省预备金项下开支。

六、（略）

七、据会计处案呈，查化县县政府呈缴二十九年八至十二月份追加国教补助费岁入岁出概算书，各列八百七十四元，请核示等情，请公决案。

（决议）照案通过。

八、据会计处案呈，查宝安县地方二十九年度岁入岁出追加概算，计收支各列为三万八千五百七十八元，既经财政厅核无不合，似可准予追加，请提会核定公布施行等情，请公决案。

（决议）照案通过。

九、据会计处案呈，查惠来县地方三十年度岁入岁出追加概算，经参照财政厅意见，核编后，计拟改列收支各为一万五千元，请提会核定公布施行等情，请公决案。

（决议）照案通过。

十、据省振济会呈，关于前由港运回之电单车价款国币三千二百一十元四角八分拟在三十年度经费节余项下开支，请核示等情，请公决案。

（决议）照案通过。

十一、（略）

十二、据财政厅签呈，缴本厅二十九年十二月间疏散公物案件迁移费预算书，去程列支二万五千一百零二元八角八分，回程列支五千二百六十四元二角六分，共支三万零三百六十七元一角四分，请拨还归垫等情，请公决案。

（决议）照案通过，款在本年度省预备金项下开支。

十三、据省振济会呈，据本会救济总队呈缴各医疗队三十年度夏季服装费支付预算书，列支一千六百二十六元八角，查核尚属需要，款在本会振款项下拨支，请核示等情，请公决案。

（决议）照案通过。

十四、据秘书处签呈，黄岗消防队三十年度燃料费三千三百元，拟请由本年度起追加，提前拨交本处代为购储等情，请公决案。

（决议）照案通过，款在本年度省预备金项下开支。

十五、郑委员（彦棻）、何委员、张委员会复，审查本省粮食管理局签呈，为本局奉令统办军粮之收购分配，且将实行全省粮食管理，特遵院颁通则，将本省各县粮管会组织章程修正，连同编制预算表，请核定施行一案意见，请公决案。

（决议）照审查意见修正通过。①

十六、胡委员、何委员、张委员会复，审查省银行呈，为奉饬垫付第二、三批美麦运费半数计需国币一百五十余万元，惟港行吸收汇款每千元约贴水一百六十余元，拟并在本省购粮基金项下拨付一案意见，请公决案。

（审查意见）（一）查第二二〇次省务会议，原定美麦运费每担国币十五元，第二、三批美麦实共到一百三十一吨半（折合二千二百零九点二担），只需运费国币三万三千一百三十八元而已，省行原呈计为港纸三十五万余元，合国币一百五十余万元，所付币制既与原案不符，而计算错误尤甚，会计处签拟不加细察，复认为国币一百六十余万元，更属错误中之错误，原无审查之必要。（二）关于由内地汇款往香港购粮，经省粮管局签奉省府核饬省银行依照最低汇率六折交付汇水，本案运费应照成案办理，所请将贴水打入运费取偿，碍难照准。（三）本案运费国币三万三千一百三十八元，应请由省总概算内救济费项下拨付。

（决议）照审查意见通过。

---

① 修正之点略。

十七、郑委员（彦棻）、何委员、刘委员（佐人）会复，审查财政厅签呈修改本省各级征收机关组织规程及经费表暨该厅续呈修改税务局所编制经费再拟具折衷解决办法一案意见，请公决案。

（审查意见）（一）组织规程及编制等级员额照财政厅签拟通过。（二）经费概算照会计处签拟通过。

（决议）照审查意见通过。

十八、据本省粮食增产总督导办公处呈缴本省第六行政区粮食增产副督导梁澄荐委表，请赐核委等情，请公决案。

（决议）照派代理。

十九、（略）

二十、主席提议，秘书处第三科科长陈道谦调充第四科科长，所遗第三科科长缺调秘书朱瑞元接充，请公决案。

（决议）照案通过。

二十一、何委员，张委员、郑委员（丰）会复，审查本省粮食管理局签呈，遵批将本局暨业务处组织规程及编制预算表依照所示各点分别订正，附陈维持科员及办公费原额缘由，请核定公布施行一案意见，请公决案。

（审查意见）查粮管局签拟该局编制暨业务处组织规程预算表所列该局人员原超过院颁规定名额，第粤省粮缺特多，办理粮政实感事繁任重，超过人数似可特予增加。至所列经费超过该局现在每月经费八千八百八十元，但查原签呈所列细数尚属实在，似可照列。

（决议）照审查意见通过。

二十二、委员兼粮食管理局长提议，本局负责办理田赋实物之经收事务，拟增设田赋经收科，专责办理，谨开列设科编制经常及开办费预算表，请公决案。

（决议）交张、何、高三委员审查，由张委员召集。

186

广东省政府第九届委员会
第二百四十七次议事录

日　期　七月十八日

地　点　曲江本府

出席者　李汉魂　胡铭藻　黄麟书　何　彤　郑　丰　张导民
　　　　刘佐人

列席者　杜之英　李仲仁　黄秉勋　伍崇厚

主　席　李汉魂

纪　录　（秘书）魏育怀　（科长）谢乐文

报告事项

一、据教育厅签呈，拟照部颁救济学生膳费办法，请准将有关学生膳费贷金等提前发放等情。饬据财政厅签拟：（一）师范生公费战区生膳费拟准先期支付，俾资储粮。（二）战区生贷金七月份正签发中，毋庸再议。（三）提前预发各校公费生公费，未便照办。并据会计处签称，似可如财厅所拟意见办理等语，应准如拟办理。

二、据建设厅签呈，查防止物资资敌事宜，准财政厅函复应由对封锁线之出入总口联合检查所负责办理，关于防止牛畜流出沦陷区一事，似可由该联合检查所负责执行，毋庸另定办法等情，应准如拟办理。

三、据卫生处签呈，救护队员役制服费一千九百三十二元及统计股经费五千二百七十四元，均由第二届选送卫生人员受训节余经费项下开支等情。饬据会计处签称，查上开两项经费，该处前系请在第一届选送卫生人员受训节余经费项下开支，致财政厅有签称无余额可资抵解，为解决本案起见，关于上开费用，拟改由第二届选送卫生人员受训节余经费项下开支抵解等语，应准如拟办理。

四、据本省战时贸易管理监察委员会呈缴三十年度制发公役夏季服装费预算书，列支一百八十元。饬据会计处签称，查核尚无不合，拟饬在该会经费内撙节支报，以省手续等语，应准如拟办理。

五、据本府战时通讯所呈缴无线电连平分台二十九年六至十二月份米津预算书。饬据会计处签称，由六月十九日起至十二月底止，合计应发给三百五十三元四角，此款拟在追加二十九年度省总概算内各级公务员役团警米津项下开支等语，应准如拟办理。

六、据本府战时通讯所呈缴本所装修厂三十年度经费预算书表。饬据会计处签称，书表所列微有不合，计更正后本年度由五月份起至十二月份止月增俸经费六百八十五元五角，八个月共增加五千四百八十四元，此款拟准照案在三十年度省总概算内调整机构补助公务员生活费项下开支等语，应准如拟办理。

七、据建设厅签呈，缴麻织厂保管处本年度一至四月份生活补助费预算书。饬据会计处签称，月列二百四十元，四个月共列九百六十元，查核尚合，拟准照拨，款在三十年度调整机构补助公务员生活费项下开支等语，应准如拟办理。

八、据省振济会呈缴第三振济区蒋岸义民收容所三十年一月至三月份员役生活补助费预算书册，月列三十元，三个月共列九十元。饬据会计处签称，既经振济会核案相符，复核亦无不合，似可准予照列，并拟至本年四月份止，款在振款项下开支等语，应准如拟办理。

九、据省振济会呈缴本会儿童教养院第六分院及各儿童教养团二十九年十至十二月份员役米津支付预算书册。饬据会计处签称，查第一团三个月共列支一百四十九元，第二团三个月共列支一百九十八元，第四团三个月共列支二百六十六元，第五团三个月共列二百一十三元，第六院三个月共列支二百四十六元，合第一、第二、第四、第五团及第六院十至十二月份米津三个月计共列支一千零七十二元，核数尚符，拟准照拨，款在追加二十九年度省总概算内各级公务员役团警米津项下开支等语，应准如拟办理。

十、据卫生处签呈，缴本处救济医院三十年度改订俸给预算书表。饬据会计处签称，查核尚无不合，计本年度由五月份起至十二月份增俸给费一千六百三十八元五角，八个月共增加一万三千一百零八元，此款拟准照案在三十年度省总概算内调整机构补助公务员生活费项下开支等语，应准如拟办理。

十一、据卫生处签呈，缴本处防疫医院三十年度改订俸给预算书表。饬据会计处签称，查书表所列数目核案尚无不合，计由本年五月份起至十二月份止，每月增加俸给费四百五十八元五角，八个月共增加三千六百六十八元，此款拟准照案在三十年度省总概算内调整机构补助公务员生活费项下拨支等语，应准如拟办理。

十二、据卫生处签呈，缴本处救护队三十年度改订俸给预算书表。饬据会计处签称，查书表所列数目，依照核定该队应领其他地方公务机关之俸给费定额尚无不合，计本年度自五月份起至十二月份止，每月增加俸给费一千三百二十六元，八个月共增加一万零六百零八元，此款拟准照案在三十年度省总概算内调整机构补助公务员生活费项下拨支等语，应准如拟办理。

十三、准广东省新生活运动促进会函送本会三十年度预算书表。饬据会计处签称，计由五月份起，每月增加三百四十五元，五至十二月份八个月共增加二千七百六十元，核数尚合，拟准先发，款在三十年度省总概算内调整机构补助公务员生活费项下开支等语，应准如拟办理。

十四、据本省粮食管理局呈缴三十年度经常费预算书表。饬据会计处签称，计由五月份起，每月增加俸给费五千五百一十五元五角，五至十二月份八个月共增加四万四千一百二十四元，查核尚合，拟准照列，此款在三十年度省总概算内调整机构补助公务员生活费项下开支等语，应准如拟办理。

十五、据本省救护委员会呈缴三十年度经常费预算书表。饬据会计处签称，核无不合，计由五月份起至十二月份月增俸给费二百四十元，八个月共增加一千九百二十元，此款拟准照案在三十年度省总概算内调整机构补助公务员生活费项下开支等语，应准如拟办理。

十六、据本府黄岗消防队呈缴三十年三至四月及五至十二月份支付预算书表。饬据会计处签称，查核尚无不合，计本年度由五月份起至十二月份月增俸给费三百八十五元一角二分，八个月共增加三千零八十元九角六分，此款拟准照案在三十年度省总概算内调整机构补助公务员生活费项下开支等语，应准如拟办理。

十七、据第九区行政督察专员先后电报该署及情报组员役人数暨领支员役生活补助费数额，请准先饬厅按月发给等情。饬据会计处签称，核实每月应支一千一百七十元，一至四月份四个月应共支四千六百八十元，此款在三十年度省总概算内调整机构补助公务员生活费项下开支等语，应准如拟办理。

十八、据会计处案呈，准教育厅片送新丰县党部三十年度办理战时民校补助费支付预算书，列支一百二十六元，核案尚无不合，应准以各机关以前年度经费节余解库款科目追列三十年度岁入概算以新丰县党部办理战时民校补助费科目追列三十年度岁出概算，请该县党部将上开领过二十九年度办理战时民校补助费办理抵解手续等语，应准如拟办理。

十九、据会计处案呈，准教育厅片送南雄中学本年四至六月生活补助费预算书册，及补送该校二十九年五至九月十至十二月米津预算书册，查该校本年四至六月生活补助费列支二千五百二十元，月各列支八百四十元，比较三月份月增七十元，核与规定不符，拟代更正照三月份列支，二十九年五至九月份米津预算书列支六百七十五元，核案尚符，款亦经发给，二十九年十至十二月份米津核实应月发一百零九元，三个月共三百二十七元，款在追加二十九年度省总概算内各级公务员役团警米津项下开支等语，应准如拟办理。

讨论事项

一、据民政厅签呈，拟具黄岗乡推进乡政计划纲要工作进度表及预算表暨补助经费表，请核示等情，请公决案。

（决议）照案通过，款在本年度补助新县制经费项下拨支。

二、据民政厅签呈，拟修正广东省县推行新县制指导委员会组织大纲，请核定施行等情，请公决案。

（决议）照秘书、会计两处签拟通过。（签拟略）

三、据建设厅签呈，缴省营麻织厂二十九年度十至十二月份保管费预算书，月列一千八百七十六元，十至十二月共列支五千六百二十八元，请核示等情，请公决案。

（会计处签拟）拟姑予照准，饬编入该厅二十九年度工业类营业预算管理费内，并请提会核定（并饬将租金节减一节自三十年度起应切实办理）。

（决议）照会计处签拟通过。

四、据建设厅签呈，缴本厅三十年度临时费暨保管费预算书表，计临时费列支二万六千八百元，保管费月列二千九百一十一元五角，年列三万四千九百三十八元，请核示等情，请公决案。①

（决议）照会计处签拟通过。

五、据省立医院电缴三十年度追加建筑棚厂支付预算书，列支一千二百一十五元，拟在本院三十年一至七月份节余经费项下开支等情，请公决案。

（决议）照案通过。

六、据民政厅签呈，缴本厅三十年度人民防空研究教育班临时费预算书，列支一千五百元，请饬库照数拨发等情，请公决案。

（决议）照案通过。款在本年度人民防空研究教育班修建费内拨支。

七、据本省粮食管理局电缴本局运输大队暨所辖第一、二、三中队二十九年度十一月至十二月底止经常费支付概算书，月列一万零九百四十三元二角七分，由二十九年十一月六日至十二月份，共列一万九千六百六十七元一角，请核示等情，请公决案。②

（决议）照会计处签拟第三款甲项通过。

八、据本府战时通讯所签呈，请追加中山公园扩音室及中枢台燃料费共三万零九百五十九元，并准由省库拨给等情，请公决案。

（决议）照案通过，款在本年度建设事业临时费项下开支，追加预算交财政厅筹措来源。

九、据陆丰县长电，请增加囚粮四角，连原额八角共一元二角等情，请公决案。

（决议）自本年八月份起，全省囚粮照司法囚粮数额办理。

十、据遂溪县政府呈缴二十九年度义教经费追加岁入岁出预算书，计收支各列六百零九元，请核示等情，请公决案。

（决议）照案通过。

十一、据会计处案呈，潮安县地方二十九年度岁入岁出第二次追加概算，计各列为四千九百六十八元，经民、财两厅签注核符，拟准予追

---

① 会计处签拟略。

② 会计处签拟略。

加，请提会核定公布施行等情，请公决案。

（决议）照案通过。

十二、据会计处案呈，新兴县地方二十九年度岁入岁出第四次追加概算，经照财政厅意见核编后，计各改列为七万二千六百九十九元，请提会核定公布施行等情，请公决案。

（决议）照案通过。

十三、据南澳县政府呈缴三十年度补助增加人员及办报经费追加预算书，计岁入岁出各追列五千四百元，请公决案。

（决议）照案通过。

十四、据教育厅呈缴广东省三十年暑期中等学校教员讲习讨论会办法及预算书表，列支三万六千八百四十七元五角，请核示等情，请公决案。

（决议）照案通过，款在本年度省预备金项下拨支。

十五、据卫生处呈缴本处第二补助医院第一病兵收容所结束搬迁公物旅运费预算书，列支二千四百一十五元，拟由本处本年度第一、二两工程队四、五月份经常费三千五百一十二元节余项下开支等情，请公决案。

（决议）照案通过。

十六、据卫生处签呈，缴本处搬迁美国红十字会赠送药物旅运费预算书，列支一千元，拟由本处本年度第一、二两工程队四、五月份工程费三千五百一十二元节余项下开支等情，请公决案。

（决议）照案通过。

十七、据卫生处签呈，缴卫生人员注册执照印刷费预算书及注册执照收入预算书，计印刷费二千三百五十元，拟由本处本年度事业费项下拨支等情，请公决案。①

（决议）照会计处签拟通过。

十八、委员兼教育厅长提议，省立岭东商业职业学校校长丘勤修另候任用，遗缺拟请派林熙昌接充，请公决案。

（决议）照案通过。

---

① 会计处签拟略。

十九、据教育厅长签呈，查本厅第四科科长前暂派督学罗宗堂兼代，兹查有黄周昌堪以接充，请核派等情，请公决案。

（决议）照案通过。

二十、据财政厅签呈，为拟订田赋征收实物实施办法及施行细则，签请提会核定公布施行等情，请公决案。

（决议）交何、胡、郑（丰）三委员审查，由何委员召集。

二十一、委员兼教育厅长提议，省立两阳中学校长黄思汉呈请辞职，拟予照准，遗缺查有陆咏勤堪以接充，检同履历表，请任用等情，请公决案。

（决议）照案通过。

二十二、据省粮食管理局呈，为拟具广东省田赋改征实物经收办法，缴请察核提会核定公布施行等情，请公决案。

（决议）交何、张、郑（丰）三委员审查，由何委员召集。

二十三、主席提议，南路特务大队距离本府太远，且驻地情形复杂，为便利指挥及整训起见，拟自八月份起，拨归保安司令部管辖，所有该大队全部经费及主食补助费，概由保安司令部领发，请公决案。

（决议）照案通过。

广东省政府第九届委员会
第二百四十八次议事录

日　　期　七月二十二日

地　　点　曲江本府

出席者　　李汉魂　刘佐人　高　信　许崇清　胡铭藻　张导民
　　　　　郑　丰　黄麟书

列席者　　杜之英　黄秉勋　毛松年　李锡朋　李仲仁　伍崇厚

主　　席　李汉魂

纪　　录　（秘书）魏育怀　（科长）谢乐文

报告事项

一、据博罗县政府呈缴乡民王清桃请恤事实表，恳予给恤等情。饬据会计处签称，查关于给予博罗县民王清桃遗族之一次恤金八十元，拟在本年度省总概算恤金项下拨支，另给予每年五十元至十年为止之年抚金，拟由三十一年度起至四十年度止，每年照数编入省地方总概算拨支等语，应准如拟办理。

二、据会计处签呈，准教育厅片送省立两阳中学二十九年十至十二月份员役米津预算书名册，请核转一案，查该中学预算书册系照米贵区之规定编列，计每月列支三百五十八元，三个月共列支一千零七十四元，核尚符合，拟准照拨，此款在追加二十九年度省总概算内各级公务员役团警米津项下开支等语，应准如拟办理。

三、据会计处签呈，准教育厅片送肇庆中学二十九年十至十二月份员役米津预算书，计每月列支一百一十七元，三个月共列支三百五十一元，总散数相符，但未据呈送名册，似有未合，惟既经教育厅核明与案相符，拟准照拨，款在追加二十九年度省总概算内各级公务员役团警米津项下开支，仍饬补编名册三份分送审计处、财政厅及本府查核等情，应准如拟办理。

四、据卫生处呈缴第四卫生诊疗所本年五月至十二月份改订增加俸给费预算书表，请核备等情。饬据会计处签称，查该预算书表所列数目核尚无不合，计本年度由五月份起至十二月份增俸给费二百零四元，八个月共增加一千六百三十二元，此款拟准照案在三十年度省总概算内调整机构补助公务员生活费项下开支等语，应准如拟办理。

五、据第六区行政督察专员呈缴改编三十年度预算书表，请核备等情。饬据会计处签呈，查核预算书表所列数目尚无不合，计本年度由五月份起至十二月份月增俸给费二千三百一十五元，八个月共增加一万八千五百二十元，此款拟准照案在三十年度省概算内调整机构补助公务员生活费项下开支等语，应准如拟办理。

六、准第×战区战时粮食管理处函，以本处二十九年度派员督导调查各地存粮应支旅费，拟由本处前任移交广东省粮食委员会节余经费余款及前建设农仓存款项下拨支，附预算书，请查照存转核备等由。饬据会计处签称，查核尚属可行，拟照所请办理，至是项旅费国币九十二元七角，应以各机关以前年度经费节余款科目追列三十年度岁入概算，以补拨第×战区战时粮食管理处二十九年度派员督导调查存粮旅费科目追列三十年度岁出概算，并将二十九年度经费节余款办理抵解手续等语，应准如拟办理。

七、据本府战时通讯所呈缴本所新闻收发室三十年度经费预算书表，请察核存转等情。饬据会计处签称，查核书表所列数目尚无不合，计本年度由五月份起至十二月份月增俸给费二百八十三元，八个月共增加二千二百六十四元，此款拟准照案在三十年度省总概算内调整机构补助公务员生活费项下开支等语，应准如拟办理。

八、案据本府战时通讯所签呈，缴无线电第七区台三十年三月份代管器材迁移费预算书，请跟案办理拨发一案，经电饬第七区专署查明前呈该署搬运费预算是否已将代管器材搬迁费列入，暨多拨之款是否返纳入库具复再夺在案。现据该署电称，除七区电台搬运费由该区台另报外，余均列入计算，可否在奉拨搬迁费余款拨还归垫等情。饬据会计处签称，查前由本年度省预备金项下暂拨该署搬迁费五千元，除已编报预算之三千六百八十九元七角经提会追认外，其多拨之一千三百一十元三角，经饬以预备金原科目返纳入库具报有案，所请将多拨余款内除出三百元抵拨归垫一节，姑准在前项余款抵领，并拟将该抵领之区台代管器材搬迁费三百元指定在本年度省预备金项下开支，暨严饬该署遵照前令办理，将拨解之款一千零一十元三角以预备金原科目返纳入库具报，并饬财政厅遵照冲正科目等语，应准如拟办理。

九、据财政厅签呈，缴截至二百四十一次省务会议止经核定奉饬另筹来源各款清表，计列五百七十四万零五百七十一元二角四分，拟在舶来物产专税项下追列岁入，请核示等情。饬据会计处签称，查核表列追加各部队主食费七十四万三千三百八十九元，较原核定多列十元，拟予更正；又扩充东韩江及增设北江水源林苗圃经费二万元，其中半数一万元系由农林部补助；又台山修复话线工料费一万元，未经本府委员会议核定，拟俟报会后追列；又补拨军粮费三百三十四万元之款，经核定以舶来物产专税及团警米津科目追列本年度省总概算在案，三项拟并予删除。又四会县办理阻塞及破坏绥江大沙河两岸堤经费二十万零三百二十元，核照原规定少列六分，拟予更正；又长途电话所二十八年度迁移费四百六十七万二千三百一十九元，该款并非核定由财厅筹措来源，拟予删除。经删除及更正后计应追列二百三十三万三千八百三十八元一角一分，拟准在本年度省总概算岁入经常门舶来物产专税项下追列岁入等语，应准如拟办理。

十、据本府战时通讯所呈缴无线电直属第一分台二十九年八、九月份暨装修所二十九年八月份员役米津支付预算书册，请察核存转等情。饬据会计处签称，查核第一分台原缴书册月各列支三十六元，尚无不合；又装修所八月份册列五十五元，比较七月份增员二人，工役一名，计增米津一十三元，核尚相符，拟连同五月份增加数两月合计二十六元一并准照增拨，两项书册分别存转，款在追加二十九年度省总概算内各级公务员役团警米津项下开支等语，应准如拟办理。

十一、据秘书处签呈，遵将奉交核拟关于建设厅呈转缴本省战时长途电话所原拟具有线电话通讯器材保用期限表暨器材库管理细则及本府战时通讯所原附签意见一案意见，请核示等情，应准修正后照行。

十二、奉行政院电知，本院第五二三次会议决议，该省府委员兼建设厅长黄元彬准免本兼各职，任命委员郑丰兼建设厅长，王志远为委员等因，报会后分别函行知照。

讨论事项

一、据会计处案呈，查潮安县二十九年九至十二月份追加岁入岁出概算书各列二百元，核案相符，请提会核定等情，请公决案。

（决议）照案通过。

二、据会计处案呈，查德庆县三十年度地方岁入岁出第一次追加概算书各列四万一千四百元，经财政厅签注意见拟准照数追加，请提会核定等情，请公决案。

（决议）照案通过。

三、据民政厅签呈，为选派人员赴渝户籍人员干训班受训一案，拟请发给每员来回旅费一千二百五十元，治装费每员二百元，合计每员发给一千四百五十元，请核示等情，请公决案。①

（决议）照会计处签拟通过。

---

① 会计处签拟略。

四、据教育厅签呈，缴本厅电化教育服务处章程办事细则及本年度三至十二月经常费支付预算书，列支二千五百元，拟请准在本厅三十年度战时教育费预算内拨支等情，请公决案。

（决议）交许委员审查。

五、据秘书处签呈，拟具修正广东省公务员雇员公役遭受空袭损害暂行救济办法各条草案，请提会核定等情，请公决案。

（决议）交张、刘（佐人）两委员审查，由张委员召集。

六、据教育厅签呈，拟请照部定办法增拨广州农工职业学校及汕尾水产学校教学设备费各一万元，请核示等情，请公决案。

（会计处签拟）关于广州农工业职业学校之一万元，拟准在提经本府九届二一九次会议核定该校建购临时费一万八千九百二十三元内移拨作抵省库应负担增拨该校之教学设备费，至省库应负担增拨汕尾〈职〉水产职业学校之教学设备费一万元，拟准由本年度省预备金项下开支，俾该厅遵照规定呈复教部。

（决议）照会计处签拟通过。

七、据秘书处签呈，查本处法制室编审陈云裳前经奉准先派服务，现该室编审尚无逾额，拟请补提会核委等情，请公决案。

（决议）照派代理。

八、据秘书处呈缴编译室编译曾松友荐委表，请核示等情，请公决案。

（决议）照派代理。

九、据会计处签呈，关于本府奉第×战区长官部电饬六、七、八月份每月补助军粮费一百六十七万元一案，除六、七两月份补助费业经提会核定追列预算外，其余八月份补助费拟请提会照案追列团警米津科目拨支，并饬财政厅筹措来源，追列岁入概算等情，请公决案。

（决议）照案通过。

十至十一、（略）

十二、何委员、胡委员、郑委员（丰）会复，审查财政厅拟订田赋征收实物实施办法及施行细则一案意见，请公决案。

（决议）本年度第二期征收改为九月至十一月，余照审查意见修正通过。（审查意见及修正之点略）

十三、（略）

十四、主席提议，省立文理学院院长林砺儒辞职，拟予照准，遗缺派教育厅黄厅长麟书暂行兼代，请公决案。

（决议）照案通过，并转教育部备案。

广东省政府第九届委员会
第二百四十九次议事录

日　期　七月二十五日

地　点　曲江本府

出席者　李汉魂　郑彦棻　张导民　郑　丰　高　信　胡铭藻
　　　　刘佐人　许崇清　黄麟书

列席者　杜之英　李锡朋　李仲仁　伍崇厚

主　席　李汉魂

纪　录　（秘书）魏育怀　（科长）谢乐文

报告事项

一、据会计处签呈，缴本省三十年度（上半年）追加省地方岁入岁出总概算书，计各列一千零三十五万二千七百六十九元零二分，拟请报告会议后分送办理等情，应准如拟办理。

二、据会计处案呈，准教育厅片送童子军理事会筹备处本年度经费预算书表，查该处三月份生活补助费数额八十六元，加五成发给，计本年度由五月份起至十二月份月应增经费一百二十九元，八个月共增加一千零三十二元，现据呈预算书表列月增一百三十八元，核属不合，兹拟准先照月增一百二十九元之数发给，款在三十年度省总概算内调整机构补助公务员生活费项下开支，并饬另编预算等语，应准如拟办理。

三、准第×战区长官部编纂委员会函送本会改编三十年度支付预算书俸给原支数及改订数比较表分配表，由五月至十二月份共列一万零三百二十元。饬据会计处签称，查该会生活补助费应照规定每月应增一千二百六十元，现准送预算书表列五月份起月增一千二百九十元，核较规定每月多列三十元，该款拟予核减，核减后五至十二月八个月共应增一万零八十元，款在三十年度省总概算内调整机构补助公务员生活费项下开支等语，应准如拟办理。

四、据教育厅签呈，为奉教部派督学张北海莅省赴连县视察高等教育，派车接送，经购用电油四罐，该国币四百八十元，请拨还归垫等情。饬据会计处签称，查上项支出尚属需处〔要〕，此款拟准在本年度省总概算由教厅所属机关学校临时费项下开支等语，应准如拟办理。

五、据第四区行政督察专员呈缴三十年度岁出经费预算书及分配表暨俸给原支数及改订数比较表。饬据会计处签称，查所呈预算书表计月增俸给费二千二百五十五元，除其中九元系由情报组经费减缩活动费移作俸给费之用减去外，核实月应增经费二千二百二十六元，所列数目核尚无不合，计本年度由五月份起至十二月份月增俸给费二千二百二十六元，八个月共增加一万七千八百零八元，此款拟准在三十年度省总概算内调整机构补助公务员生活费项下开支等语，应准如拟办理。

六、据本省军民合作总站呈缴各县站开办费支付预算书，拟请由省库拨助各县站一次过开办费一百元，请核示等情。饬据会计处签称，查核是项开办费为数无多，各县财力尚可支应，拟将原书发还，饬由各该县地方款预备金项下拨支等语，应准如拟办理。

七、据财政厅签呈，缴关于开征民营汽车营业税三十年度岁入岁出及开办费等预算书表，请察核存转等情。饬据会计处签称，查核原书表岁入年列一百零八万元，该款拟在三十年度省总概算岁入经常门常时部分税课收入款下追列民营汽车业营业税科目，岁出经费年列四万五千元，及开办费列支二万元，拟分别追列三十年度省总概算岁出经常门经常临时部分财务支出款下征收民营汽车业营业税经费科目四万五千元及征收民营汽车业营业税开办费二万元，并将比对余款一百零一万五千元，追加三十年度省总概算预备金科目，请核定后报会，并饬补具补充办法岁入预算书表暨说明表各一份呈核等语，应准如拟办理。

八、据财政厅签呈，转缴缉私处原缴中央警校正科第五期复进第三期税务讲习班派处内外勤学员伍干卿等十七员提高待遇一览表，暨二十九年度原编制表，请核示等情。饬据会计处签称，查核所称超过原编制仅十七员，超过俸额每月一百一十四元，自二十九年十一月份起，该款拟仍由本处所属机关节余经费项下拨支等情。既经财厅查核属实，拟准照办，请核定后报会等语，应准如拟办理。

九、据卫生处签呈，缴茂名药库三十年度购置公役制服费预算书，列支六十九元，请核示等情。饬据会计处签称，查核似尚需要，拟准在该库三十年度经费搏节支报等语，应准如拟办理。

十、据建设厅呈缴公路处三十年度经常费岁出预算书表，请核示等情。饬据会计处签称，原书表所列数目计本年度由五月份起至十二月份增俸给费三千八百二十九元，八个月共增三万零六百三十二元，查核尚合，此款拟准照案在三十年度省总概算内调整机构补助公务员生活费项下开支等语，应准如拟办理。

十一、据行政效率促进委员会呈缴三十年度预算书表，请察核存转等情。饬据会计处签称，查原书表所列增加俸给费计本年度由五月份起至十二月份各列二千二百七十四元，八个月共列一万八千一百九十二元，经核尚无不合，拟准照案在三十年度省总概算内调整机构补助公务员生活费项下开支等语，应准如拟办理。

十二、据省振济会先后呈缴第三振济区三十年一至三月份及四至六月份暨第五振济区三十年一至三月份员役领支生活补助费预算书及名册，请存转发给等情。饬据会计处签称，查各机关员役生活补助费，前经通饬发至四月份止，现第三振济区每月列支九十元，查核尚合，计一至四月份四个月共应准发给三百六十元，又第五振济区月列七十元，一至三月份三个月共列二百一十元，核尚无不合，拟准照发，计两振济区应共列支五百七十元，此款拟在三十年度省总概算内调整机构补助公务员生活费项下开支，并饬财政厅连同第五振济区四月份生活补助费七十元一并拨付等语，应准如拟办理。

十三、据本府南路护侨事务所呈送本年度经费预算书及比较表，请核等情。饬据会计处签称，查原预算书表所列数目核与规定不合，姑将原表代为更正，计本年度由五月份起至十二月份月增俸给费一千三百二十八元五角，八个月共增加国币一万零六百二十八元，此款拟准照案在三十年度省总概算内调整机构补助公务员生活费项下开支等语，应准如拟办理。

十四、据建设厅签呈，据农林局转缴稻作所三十年度岁出经费预算书表，查核尚合，签请核示等情。饬据会计处签称，查书表所列数目核尚无不合，计本年度由五月份起至十二月份月增俸给费三千八百七十九元五角，八个月共增加三万一千零三十六元，此款拟准照案在三十年度省总概算内调整机构补助公务员生活费项下开支等语，应准如拟办理。

十五、据卫生处呈缴第五防疫队三十年改订俸给预算书表，请核备等情。饬据会计处签称，查原书表所列数目核尚无不合，计本年度由五月份起至十二月份月增俸给费三百元，八个月共增加二千四百元，此款拟准照案在三十年度省总概算内调整机构补助公务员生活费项下开支等语，应准如拟办理。

十六、据第七区行政督察专员呈缴本署重编三十年度经常费预算书表，请核转等情。饬据会计处签称，查原书表所列数目核属尚合，惟预算书所列第一款第四项第一目（军法承审员及书记员薪）年度预算数误书一千七百三十六元，今代为更正二千七百三十六元，计本年度由五月份起至十二月份月增俸给费二千二百七十九元，八个月共增加一万八千二百三十二元，此款拟准照案在三十年度省总概算内调整机构补助公务员生活费项下开支等语，应准如拟办理。

十七、据省振济会呈缴三十年度经常费支付预算书表，请核转等情。饬据会计处签称，查原书表所列数目核尚无不合，计本年度由五月份起至十二月份月增俸给费三千零一元五角，八个月共增加二万四千零一十二元，惟该会经费内有月额一千八百元，由前粤北振工总队移交余款项下拨支，所增俸给费如奉核定照拨，此款拟准照案在三十年度省总概算内调整机构补助公务员生活费项下开支等语，应准如拟办理。

十八、据黄岗消防队呈称，物价高涨，每套制服连肩胸章等共取价二十九元五角一分，二十四套共计七百零九元二角，与原奉核定预算比较超过一百零九元二角，该超支之款，拟请在该队本年度用人经费节余项下拨支等情。饬据会计处签称，查该项制服现经制就送请审计处依法审验有案，似可照准，该超支之款拟在该队本年度用人经费节余项下开支等语，应准如拟办理。

十九、据本省新生活促进会妇女工作委员会呈送三十年度岁出预算书表，请核备等情。饬据会计处签称，查原呈书表所列数目系连同文化

201

组一并编列，计本年度由五月份起至十二月份月增俸给费九百三十元，八个月共增七千四百四十元，经核尚无不合，此款拟准照案在三十年度省总概算内调整机构补助公务员生活费项下开支等语，应准如拟办理。

二十、据本省战时贸易管理处呈缴所属韶港线各处站库二十九年度六月份暨七至九月份员役生活补助费预算书及名册，请核示等情。饬据会计处签称，查老隆办事处照原定公役五名，现计六至九月份月各增列一名，此项生活补助费应予剔除，改正后计六月份员役应领生活补助费预算总数为二百九十八元，七至九月份共为三千七百一十四元，款拟饬在该处营养业预算业务费项下开支。至册列押运员请领部分，经询据该处会计室复称，押运员系由该处办事员派驻，理应同样发给等语，核尚实在，拟准照列，请核示等情，应准如拟办理。

讨论事项

一、据卫生处签呈，缴发给公共卫生毕业学员实习服装费预算书，列支八百元，拟请准在本处本年度经常费节余项下开支等情，请公决案。

（决议）照案通过。

二、据省新运会妇女工作委员会呈缴三十年度妇女工作会议临时费支付预算书，列支二万五千元，除由会自行设法筹得一万元外，尚欠一万五千元，请予核拨等情，请公决案。

（决议）照案通过，款在本年度民众运动工作临时费项下拨支。

三、据广东省赈振美麦委员会电呈，该会临时费支付预算书，列支一万七千元，请察核存转，并恳饬财政厅迅将该项费用照数拨支等情，请公决案。

（决议）照案通过，款在本年度拨支救济米荒基金项下开支。

四、高委员、刘委员（佐人）会复，审查秘书处所拟广东省各县驿运线人行路修筑暂行办法暨征集民工修复公路暂行办法一案意见，复经饬据秘书处签复，关于征工筑路办法尚无统一征工筑路法规，本省亦无一致之章则，向仅由各县自行酌定，请察核等情，请公决案。

（决议）照审查意见通过。（审查意见略）

五、据东江护侨事务所呈缴本所及各站搬迁费支付预算书，列支七千九百四十元，请察核迅赐拨款，以利进行等情，请公决案。

（会计处签拟）（一）查该所三十年底经常费预算内列所本部雇员二人，照出差旅费规定，雇员每日准支膳宿什费四元，故原书第一项一目四节旅费八百元，应减列为七百六十八元。（二）原书第一项二目五节什费一百七十六元，未据注明用途，无凭审核，为兼顾事实起见，姑准照列，仍饬撙节支报。（三）查该所及所属各站原已拨有开办费，现设所站事实上是搬迁并将公物随同迁移，似不必再列开办费，以免重复，原书第二项开办费七百八十元，拟全数剔除，如该所站需要些少修缮及补购公物时，似可由原有经常费内支报。其余各项大致尚合，似可准予照列，计该所迁移费经剔减后共应列支七千一百二十八元，此款拟在三十年度省预备金项下开支，仍饬按实支报。

（决议）照会计处签拟通过。

六、据第八区行政督察专员呈缴钦县修复钦犀、钦思两电话线工料费预算书等，计钦犀线列支一万二千四百六十四元五角，钦思线列支二万一千六百九十九元四角，请察核存转，并请将款径发该县等情，请公决案。①

（决议）照会计处签拟通过。

七、何委员、郑委员（彦棻）、张委员会复，审查本省各县田亩清查暂行办法及田亩清查队组织暂行规则一案意见，请公决案。

（审查意见）查各省田赋业经收归中央管理，其整理办法亦经全国第三次财政会议详细规定，本案拟交回财政厅另案办理。

（决议）照审查意见通过。

八、准广东省军管区司令部函，据连阳自卫总队呈，以本队编制内定总队部乘马三匹，大队部各二匹，迫击炮中队一匹，合计十匹，成立以来，尚未奉拨发，拟就地购买，预算需款国币七千元，核与编制尚符，转请核办等由，经准在该总队三十年度经费节余项下拨支，请追认案。

（决议）照案追认。

九、郑委员（丰）、高委员会复，审查财政厅拟具本省典商营业税改征办法及管理典押营业补充办法一案意见，请公决案。

---

① 会计处签拟略。

（审查意见）（一）广东省管理典押营业补充办法第九条尾段，无论何人持票到赎句之下，拟改为："均应查明确为原典当人，始得取赎。"（二）余尚无不合。

（决议）照审查意见通过。

十、据会计处签呈，为依照中央规定，拟具本省公务员薪给办法两项，请核定等情，请公决案。

（决议）交郑（彦棻）、张、何、胡、高五委员审查，由郑委员召集。

十一、张委员、高委员、何委员会复，审省粮食管理局拟增设田赋经收科一案意见，请公决案。

（决议）开办费核定为七万三千五百元，由该局自由匀支，连同经常费追加预算交财政厅筹措来源，经常费由八月份起支，余照审查意见通过。①

十二、据行政效率促进委员会签呈，本省三十年度施政计划草案，经整理完竣，请提会核定等情，请公决案。

（决议）交郑（彦棻）、何、张、郑（丰）、黄五委员审查，由郑委员（彦棻）召集。

广东省政府第九届委员会
第二百五十次议事录

日　　期　七月二十九日

地　　点　曲江本府

出席者　李汉魂　张导民　胡铭藻　高　信　刘佐人　郑　丰

列席者　杜之英　黄秉勋　黄希声　李锡朋　伍崇厚　李仲仁

主　　席　李汉魂

---

① 原审查意见附后，现略。

纪　录　（秘书）魏育怀　（科长）谢乐文

报告事项

一、据省振济会呈缴第一、二、三、四医疗队本年二月份行军费支付预算书，共列支二百二十元六角。经饬据会计处签称，似可准予照列，款在振款项下开支等语，应准如拟办理。

二、据会计处案呈，关于李主任济深函，以革命老同志陈福初先生处境困难，请月送养老金，藉维生活一案，既经秘书处核明拟援照党员邓警亚案，由本年五月份起，每月给予养老金六十元，此款三十年度计共四百八十元，拟在三十年度省总概算救济费项下拨支，并由三十一年起，列入革命同志养老金项下支付等情，应准如拟办理。

三、据建设厅签呈，为长途电话管理所呈，据南雄、连县等分所报修葺所址间格工料费约需一百二十余元。饬据会计处签称，核尚需要，该项工料费既经建设厅核准在该所营业费项下各节撙节流用，似可照准等语，应准如拟办理。

四、据建设厅签呈，据公路处呈报督修员劳君实因公受伤，请发给医费一百元，在养路费项下开支等情。饬据会计处签称，核无不合，惟此款拟改在该处本年度经费内匀支等语，应准如拟办理。

五、据第八区行政督察专员呈缴本署三十年度预算书及预算分配表，暨俸给改订数比较表。饬据会计处签称，查表列月增二千二百一十七元，核尚符合，但据呈预算书及预算分配表，则将承审员薪月增八十元，以致合计数为月增二千二百三十七元，核属不合，拟代更正，计更正后，由五月份起至十二月份止，八个月共增加一万七千七百三十六元，此款拟准照案在三十年度省总概算内调整机构补助公务员生活费项下开支等语，应准如拟办理。

六、据本府战时通讯所呈缴中枢台三十年度经费预算书表，请核转等情。饬据会计处签称，查该书表所列数目核尚无不合，计本年度由五月份起至十二月份月增俸给费二千二百八十五元，八个月共增加一万八千二百八十元，此款拟准在三十年度省总概算内调整机构补助公务员生活费项下开支等语，应准如拟办理。

七、据本府战时通讯所呈缴本所三十年度经费预算书暨分配表及俸给比较表等，请核转等情。饬据会计处签称，查该书表所列数目核尚无不合，计本年度由五月份起至十二月八个月共增加一万五千四百五十二元，此款拟在三十年度省总概算内调整机构补助公务员生活费项下开支等情，应准如拟办理。

八、据第八区行政督察专员呈缴本署三十年度改订经费预算书分配表、俸给比较表等，请核转拨发经费等情。饬据会计处签称，查该书表所列数目核尚无不合，计本年度由五月份起至十二月八个月共增加一万九千六百九十二元，此款拟准在三十年度省总概算内调整机构补助公务员生活费项下开支等语，应准如拟办理。

九、据第四区行政督察专员呈缴无线电第四区台三十年度经费预算书分配表、俸给比较表，请核转等情。饬据会计处签称，查该书表所列数目核尚无不合，计本年度由五月份起至十二月份八个月共增加三千七百四十八元，此款拟准在三十年度省总概算内调整机构补助公务员生活费项下开支等语，应准如拟办理。

十、据省振济会呈缴本会技工养成所本年四月份员役生活补助费预算书册，请核转等情。饬据会计处签称，查书册所列共支五百九十九元，核案不符，经派员询据振济会当事人面称，该所自四月份起改组，现呈预算系照缩编人数编列，至内容公役增多，系因学生人数太多，为利便饭食之故耳等语，核属需要，似可准予照列，款在该会三十年度振款项下拨支等语，应准如拟办理。

十一、据建设厅签呈，转缴公路处追加罗镜至东镇原筑路线踏勘费支付预算书，计列追加二百一十七元四角六分，请拨还归垫等情。饬据会计处签称，此款既据该厅加具意见核尚需要，拟准予追加，照案在本年度建设事业临时费项下拨还归垫等语，应准如拟办理。

讨论事项

一、准广东省军管区司令部电送英德、佛冈、德庆、阳山等四县呈缴办理国民兵役初次施行壮丁调查办公费及应备书簿表册费预算书表，请查照办理等由，请公决案。①

（决议）照会计处签拟通过。

二、准广东全省保安司令部电，请将该部官兵主副食费照编制十足

---

① 会计处签拟略。

支付，以符定案等由，请公决案。

（决议）照会计处签拟通过。①

三、据地政局、财政厅会签，奉发审拟广东省没收汉奸不动产实施办法草案，及广东省县市（局）汉奸不动产清查表格一案，谨将意见签请核示等情，请公决案。

（决议）交郑（彦棻）、何、刘三委员审查，由郑委员召集。

四、据财政厅呈报，该厅第三科长张兆符辞职，拟请照准，遗缺荐委冯炳基接充，附缴该员证件，请核示等情，请公决案。

（决议）照案通过，俸给照秘书处签拟办理。

五、准广东省地方行政干部训练委员会函送干训团南路区联训班二十九年度经费节余项下购置收音机费支付预算书，列支一千元，请存转备案等由，请公决案。

（决议）照案通过，抵解手续照会计处签拟办理。

六、据会计处案呈，查开平县地方二十九年度岁入岁出第一次追加概算，计收支各列为七万零九百二十二元，经参照财政厅意见修正岁入岁出总额应改列为七万零九百九十七元，请提会核定公布施行等情，请公决案。

（决议）照案通过。

七、据卫生处呈缴卫生试验所设置会计室拟具岁出预算书表，组织规程，请核示等情，请公决案。

（会计处签拟）（一）原呈该所会计室暂行组织及办事通则似毋庸另订，可饬依照各省市政府所属机关会计室组织及办事通则办理，加入该所组织及办事细则内便可。（二）查该所本年度原经费预算内已列有会计员一员，月支委任九级薪九十五元，事务员一员月支七十四元，现拟将该会计员改为佐理会计员，另增加会计员一员，列委任六级，计月支薪俸一百一十六元，由本年八月份起，五个月共支五百八十元，此款拟准在该所本年度经费节余项下开支。

（决议）照会计处签拟通过。

八、据秘书处签呈，本省战时贸易管理处于二十九年度由港代购运

---

① 原签拟附后，现略。

本府第四批电油在惠州附近被焚损失支付预算书，列支二万四千零二元九角二分，拟请照数在三十年度省预备金项下拨还归垫等情，请公决案。

（决议）照案通过。

九、据卫生处呈缴省立医院拟具举办赠医床位供应贫苦病人膳食费支付预算书，列支三千三百六十元，拟在本院三十年度医药各费收入或省库预备金项下拨支，转请核示等情，请公决案。

（会计处签拟）查原呈三十年度施赠×医贫苦病人膳食殓葬费支付预算书系由一月份起，每月列支二百八十元，全年三千三百六十元，现在将届八月份，拟准自八月份起支。

（决议）照会计处签拟通过。

十、准广东省地方行政干部训练委员会函送南雄县干训所兼所长赵沛鸿报告，本县干训所第二期举办保长及民政警卫干事两班，请月给事业补助费一千元，转请查照给予补助等由，请公决案。

（决议）照案通过，款在本年度补助实施新县制县份经费项下拨支。

十一、据本府行政效率促进委员会呈缴本年度搬迁建筑修葺临时费支付预算书，连同估价单图则，请察核等情，请公决案。

（决议）主任委员室建筑费剔除，余照案通过。

十二、主席提议，拟废止本省游击区国产物品收购办法，请公决案。

（决议）照案通过。

十三、许委员函复，审查教育厅电化教育服务处章程办事细则及本年度预算一案意见，请公决案。

（决议）照案通过。

十四、据民政厅签呈，本厅认购合作社物品供销处股本五百元，款由本厅禁烟临时费节余项下拨支，请察核等情，请公决案。

（决议）照案通过。

十五、据卫生处签呈，遵令改编公共卫生学员实习简则及经费预算书，列支四千七百三十元，拟由本处本年度战时医护人员分布站经费项下拨支，请核示等情，请公决案。

（决议）照秘书、会计两处签拟通过。①

十六、奉第×战区司令长官部电，以省会防空建设委员会拟在韶市增建浮桥两座，除由商民捐资建筑一座外，余一座预计需木船一百艘，每艘核定工料费四百五十元，共需工料费四万五千元，请由长官部及本府分担一案，饬本府即将是项负担筑桥费二万二千五百元发交该会具领等因，请公决案。

（决议）照案通过，款在本年度建设事业临时费项下开支，追加预算交财政厅筹措来源。

十七、据本府驻渝办事处呈缴本处新编制及经常费预算书表等，拟请五、六月份共增俸给费二百二十八元，并请自本年七月份起依照中央改善公务员生活补助办法月增六千五百一十六元，六个月共增三万九千零九十六元，请核示等情，请公决案。

（决议）照案通过。

广东省政府第九届委员会
第二百五十一次议事录

日　期　八月十五日

地　点　曲江本府

出席者　李汉魂　郑　丰　黄麟书　何　彤　许崇清　刘佐人
　　　　　　郑彦棻　高　信　张导民

列席者　黄　雯　毛松年

主　席　李汉魂

纪　录　（科长）谢乐文

报告事项

一、据财政厅签呈，关于云浮县退职警员陈嘉福二十七年十月起至

---

①　原签拟附后，现略。

二十九年十二月底止应支之恤金，拟在三十年度恤金项下开支等情。饬据会计处签称，该项恤金共毫券五百四十元，折合国币三百七十八元，查核尚合，似可准在三十年度省恤血项下补拨等语，应准如拟办理。

二、据建设厅签呈，转缴农林局修正组织章程，请察核办理等情。饬据秘书处签称，查章程与奉发农林部意见相符，除第二条（甲）项（十二）目"渔业"下"由农艺课兼办"六字似可于呈院文内声叙，毋庸于条文内规定，拟删去，及第十三条雇员名额似亦应明白规定，经电商该局拟将"若干人"三字改为"三十五人至五十五人"外，似可准予照办等语，应准如拟办理。

三、据省振济会呈缴本会第二医疗队二十九年八月份行军费预算书，列支三百四十四元四角。饬据会计处签称，既经该会核无不合，拟在该会振款项下拨支等语，应准如拟办理。

四、据省振济会呈缴本会第二医疗队二十九年十月派员前往博罗出差旅费支付预算书，列支八十二元四角。饬据会计处签称，核与修正国内出差旅费规则之规定尚无超越，似可准予照列，款在该会振款项下拨支等语，应准如拟办理。

五、据会计处签呈，本省各机关员役出差，拟遵照中央二十九年改定膳宿杂费数额办理，拟订补充办法三项，请报会核定通饬□□等情，应准如拟办理。

六、据秘书处签呈，编缴本府超然、青萍、前进、民治四电船三十年度经费岁出预算书表，计本年一月至四月份每月列支二百四十元，五至十二月份列支四百四十元，全年共列支四千四百八十元。饬据会计处签称，核尚适合，拟准照饬财政厅拨付等语，应准如拟办理。

七、据本省战时政治工作总队呈报，本部故组员黄志生积劳病故，经权发丧葬费一百五十元，该款拟在三十年度活动费项下报销等情。饬据会计处签称，似可准予作正支销，饬在该队三十年度节存经费项下开支等语，应准如拟办理。

八、（略）

九、新四会县政府呈报，县城消防队兵黄女因值勤被炸毙命，请予优恤等情。饬据秘书、会计两处签拟，给予恤金一百元，款在三十年度省地方概算岁出经常门临时部分公务人员退休及抚恤支出科目项下拨支。至殓埋费二百元，拟饬该县在原服务机关经费节余项下或县地方款项下请款拨支等语，应准如拟办理。

十、奉行政院电，各省三十一年度计划及概算应并入国家总计划及总概算之各主管部门内，同时各省仍应编送各该省之综合计划，包括民、财、教、建、保及总岁出概算计划，内容应分为普通政务计划及特别建设计划两部分，汇编一册等因，应分令各厅处会局遵照办理。

讨论事项

一、准广东省军管区司令部电送高要县办理兵役调查办公费及应备书簿表册费预算书，计共列支四千一百九十六元五角，请查照办理等由，请公决案。

（决议）照案通过，款在本年度省预备金项下拨支。

二、准第三十五集团军总司令部电，据景华舰长报告舰身霉烂，需修理费一千六百一十四元八角二分，查属确实，拟请予修理等由，请公决案。

（会计处签拟）查消防景华舰经常费原核定由省库拨付，三十年度已编入省地方岁出概算保安支出款内列支，现该舰长报告该舰自二十七年奉令拨归第三十五集团军总司令部遣用，迄今三年，舰身多已损坏，拟予修理，估算需支修理费国币一千六百一十四元八角二分一节，既经第三十五集团军总司令部核明确实，如奉照准，拟一次过补助国币一千元，俾便择要修理，款在三十年度省预备金项下拨支，交由三十五集团军总司令部派员监修，并请饬另拟预算书连同估价单核转本府办理，仍请提会核定。

（决议）照会计处签拟通过。

三、准广东省地方行政干部训练团函送本团电灯房三十年度五至十二月份经常费支付预算书，月列五百六十元，八个月共列支四千四百八十元，拟在本团经费结余款项下开支，请查照等由，请公决案。

（决议）照案通过。

四、准审计部广东省审计处函，关于税警总团特别党部经临各费预算月支二千七百八十一元，既准自三十年一月一日起并在该总团三十年度经费节余项下开支，应将该总团三十年度经费预算每月追减二千七百八十一元，并以此为财源，追加党务费支出，以明系统等由，请公决案。

（决议）照案通过。

五、据财政厅签呈，二十七、八年间先后奉令在省库垫付过第四战区司令部编纂委员会印刷费十万元，第四战区党政军干部训练团二十八年四月份经费七万元，第四战区司令部筹建广东军人监狱费一万五千元，黄隆生公葬费五千元，各款应如何归账，请核示等情，请公决案。①

（决议）照会计处签拟通过。

六、据教育厅签呈，据文理学院呈缴三十年一月至七月兼办社会教育经费预算书，共需二千五百六十元，款在本院二十九年度经常费节余项下支出，查属需要，请准照拨支等情，请公决案。

（决议）照案通过，抵解手续照会计处签拟办理。

七、据教育厅签呈，关于省立广州女子师范学校、韶州师范学校、庚戌中学及省立民众教育馆等修建设备临时费共二万二千二百七十一元六角，既奉准以二十九年度贷金剩余追列本年度岁入，则来源有着，仍请准予照案分别指款拨支等情，请公决案。

（决议）修建设备临时费照付，款在教育文化临时费项下拨支，追加预算贷金余款解库。

八、据财政厅呈缴第二科科长陈岳麟荐委表，及原任第二科科长丘东旭去职表，请分别任免等情，请公决案。

（决议）照案通过。

九、据建设厅呈缴公路处总务课课长赵协中荐委表，请赐核委等情，请公决案。

（决议）照派代理。

十、据建设厅呈缴农林局技正胡少波荐委表，请赐核委等情，请公决案。

（决议）照派代理。

十一、据卫生处呈缴技正兼防疫股股长李志生荐委表，请赐核委等情，请公决案。

---

① 会计处签拟略。

（决议）照派代理。

十二、据广东省粮食增产总督导办公处呈缴广东省粮食增产第二督导区副督导谢焕庭荐委表，请赐核委等情，请公决案。

（决议）照派代理。

十三、据会计处案呈，查五华县地方二十九年度岁入岁出第一次追加概算，经参照财政厅意见修正后，计拟改列各为二万一千三百七十四元，请提会核定公布施行等情，请公决案。

（决议）照案通过。

十四、据会计处案呈，查罗定县地方二十九年度岁入岁出追加概算，经参照财教两厅意见，分别修正，拟准追加各为二千六百零七元，请提会核定公布施行等情，请公决案。

（决议）照案通过。

十五、据会计处案呈，查四会县地方二十九年度岁入岁出追加概算，经参照财教两厅意见，分别删改后，计应追加各为二万八千五百三十一元，请提会核定公布施行等情，请公决案。

（决议）照案通过。

十六、据会计处案呈，查曲江县地方三十年度岁入岁出追加概算，经参照各厅意见修正计各列为一十二万三千三百元，请提会核定公布施行等情，请公决案。

（决议）照案通过。

十七、据本府行政效率促进委员会呈缴专员李佑琦荐委表，请核赐给委等情，请公决案。

（决议）照派代理。

十八、据建设厅签呈，缴合作事业管理处技正李星辉荐委表，请赐给委等情，请公决案。

（决议）照派代理。

十九、据建设厅签呈，缴公路处技士兼第二养路队队长蔡瑞占荐委表，请核赐给委等情，请公决案。

（决议）照派代理。

二十、据秘书处案呈，查梅县县民温占南因祖尝学谷争执事件，不服梅县县政府核定分配之处分，提起诉愿一案，现经审查完竣，作成决定书，请提会核定等情，请公决案。

（决议）照决定书通过。

二十一、据秘书处案呈，查梅县人黄锋等为不报梅县县政府核准东街乡中心小学所请指拨黄牛挨磨地为该校基本财产之处分，提起诉愿一案，现经审查完竣，作成决定书，请提会核定等情，请公决案。

（决议）照决定书通过。

二十二、据秘书处案呈，查集泰庄司理陈伯青为不服曲江税务局没收卷烟之处分，提起诉愿一案，现经审查完竣，作成决定书，请提会核定等情，请公决案。

（决议）交何、张、郑（丰）三委员审查，由何委员召集。

二十三、据会计处签呈，编具本省三十一年度省地方普通总概算书草案，请审定等情，请公决案。

（决议）交郑（彦棻）、何、张、郑（丰）、黄五委员审查，由郑（彦棻）委员召集。

二十四、据财政厅签呈，为甄选资历相当人员及罗致大学毕业生来厅实习，拟定各该员实习生活费，请核夺等情，请公决案。

（会计处签拟）据称拟□选资历相当人员及罗致各大学经济商科毕业生来厅实习，需支生活费共二万元，拟在本年度税务局经费余额项下开支等情。查各税局经费余额约仅一万二千余元，似属不敷支配，似可改为准在各税务局本年度经费节余项下统筹拨支，请提会核定。

（决议）照会计处签拟通过。

二十五、张委员、何委员、刘（佐人）委员会复，审查会计处所拟三十一年度县市局地方预算编制办法一案，经将原拟办法酌为修正，请公决案。

（决议）照审查意见修正通过。①

二十六、据财政厅、会计处先后呈，拟修正本省各县市局动用预备金临时费办法，请核示等情，请公决案。

（决议）照案通过。

二十七、据会计处签呈，关于专署及县局办公费，专员及县局特别

---

① 修正之点略。

办公费，专员旅费增加案，总计由本年七月份起至十二月底止，省库共应增拨八万二千五百九十五元八角，此款似可在三十年度省总概算预金项下拨支等情，请公决案。

（决议）照案通过。

广东省政府第九届委员会
第二百五十二次议事录

日　期　八月十九日
地　点　曲江本府
出席者　李汉魂　郑　丰　高　信　张导民　郑彦棻　黄麟书
　　　　何　彤　许崇清　刘佐人
列席者　黄　雯　毛松年
主　席　李汉魂
纪　录　（科长）谢乐文（谢晨光代）　吴煜堂

报告事项

一、奉行政院令复，据呈送三十年度施政计划及总概算暨该省战地非战地及实施新县制县份工作计划等件，均悉。关于战地非战地计划分别核示四点，仰遵照办理。又三十年度行政计划于财政部分，已由财政部开列审查意见，径咨该省政府查照，应照财部意见办理。其余各部分计划及总概算，候另案核定后，再行饬遵等因。应分令民、财、教、建各厅、效率会，及各县局遵办，并抄知各县专署。

二、奉行政院令，发各省驿运管理处组织通则第十一条修正条文，仰知照，并转饬知照等因。经饬会计处签拟，依照分别修正，应准如拟咨部备案。

三、奉行政院电，奉国民政府令，广东省政府委员兼建设厅长黄元彬呈请辞职，黄元彬准免本兼各职，任命郑丰兼广东省建设厅厅长，任命王志远为广东省政府委员等因。特电知照。

215

四、准广东全省防空司令部函，据广东省会防护团呈，以修补东堤浮桥及抢修各浮桥暨奉派受训人员治装费共支出四百七十元零四角，除在应领事业费一百六十六元六角七分拨抵外，仍不敷三百零三元七角三分，请核准照支等情，查所称属实，拟请准在该团三十年度一月份至六月份经费节余项下开支等由。饬据会计处签称，似可照准等语，应准如拟办理。

五、据财政厅呈缴花县税务局三十年二月份搬迁临时费及支付预算书，列支四百八十九元。饬据会计处签称，似可准予照列，该款拟在三十年度省总概算岁出经常门临时部分财务支出款下追列花县税务局临时费科目，以从化税务局二十九年度经费节余项下拨还归垫，一面追列三十年度省总概算岁入经常门临时部分其他收入款下各机关以前年度经费节余解库款科目等语，应准如拟办理。

六、据财政厅呈缴英德税务局二十九年度修缮费预算书，列支九十元六角。饬据会计处签称，查该款既系二十九年度支出，拟准在该局二十九年度节余经费项下拨支归垫等语，应准如拟办理。

七、据教育厅签呈，缴修正广东省中等学校经常费每月支配标准表，并拟定于本年八月一日起施行等情。饬据会计处签称，查现表所列数目比较前表数目间有增减，既系变更法案，拟请核定报会等语，应准如拟办理。

八、据民政厅、财政厅会呈，关于从化县长呈报征收自治户捐拟按保或甲发给收据乙纸，以省经费一案，拟将前颁广东省各县征收自治户捐办法大纲第九条、第十条、第十二条条文修正，又本府前颁补充考核各乡镇征收自治户捐成绩奖惩办法划一标准六项，惩奖对象只限于乡镇长，现保甲长既同负征收责任，似亦应列入同受奖惩，拟照指饬遵照，并通令各县局一体知照等情，应准如拟办理。

九、据卫生处签呈，缴救护队修缮队员宿舍预算书，列支一百五十元。饬据会计处签称，查核尚属需要，拟着在该队本年度经费搏节拨支列入经常费报销等语，应准如拟办理。

十、据卫生处签呈，拟具卫生工程队组织规程及开办经常费预算书表，列支每队开办费为一千八百二十四元，每队经常费年支七千九百零二元。饬据会计处签称，查预算书表核案尚无不合，并据秘书处签称，查所拟组织规程大致尚合，惟第一条、第五条、第七条拟酌修改等语，应准如拟办理。

十一、据省振济会呈，据儿教院呈拟直辖各分院实验中学等膳食费用补助办法，请核示等情。饬据会计处签称，据呈膳食费补助办法既系参酌振济委员会办法，及依照该会直辖儿童教养感化院所办理儿童膳食应行注意事项之规定议订，核尚需要，似可准自本年七月份起施行等语，应准如拟办理。

十二、据省振济会呈缴本年难民职业介绍所开办费支付预算书，列支一百五十元。饬据会计处签称，查预算书既经振济会核尚需要，复核亦无不合，似可准予照列，款在该会振款项下拨支等语，应准如拟办理。

十三、据省振济会呈缴三十年度追加增设生产组经常费支付预算书，计自五月份起至十二月份止，月增俸给费二千七百七十二元五角，八个月共增加二万二千一百八十元。饬据会计处签称，核无不合，款拟在该会三十年度华侨捐助生产事业款项下开支等情，应准如拟办理。

十四、据省振济会呈缴本会韶市义民招待所犁市分所盖搭厨房等支付预算书，列支七百零三元三角。饬据会计处签称，既经振济会核属需要，款拟在该所三十年度经常费节余项下开支，似可准先照办等语，应准如拟办理。

十五、据本省粮食管理局呈，关于本省征购军粮基金来源，前呈除由局暂垫及向四行商借外，并拟请由省行先垫二百万元一案，此项透用省行款，原拟存欠均不计息，现省行请援例月给利息四厘，是否可行，请核示等情，经准照办。

十六、据本省粮食管理局电，为另建卷房一座，所需工料费三百一十一元，经在本局开办费内建筑费节余项下开支，请核示等情。饬据会计处签称，核尚可行，拟请报会后饬列入该局开办费内报销等语，应准如拟办理。

十七、据秘书处签呈，以本府所属各机关第一次统计工作检讨会议决议案第一案，关于本府本年度统计事业之中心工作在健全统计组织方面有"（子）充实县统计人员，依照本省县政府组组规程第二十三条之规定，各县应一律设置统计员一人，由本府委派，专办统计工作，不应以县长之去留而去留，并应由县府指定人员襄助之……"等议纪录在案。应否通饬遵照办理，请核示等情，经准如拟办理。

十八、据本府龙归储油库办事处呈缴三十年六月拟请修理库房临时预算书，列支三百元。饬据会计处签称，核属需要，似可照准，款在三十年度省预备金项下拨支等语，应准如拟办理。

十九、据第三区行政督察专员电缴二十九年第一次召集区属各县长行政会报经费预算书，列支二百七十六元。饬据会计处签称，拟请准照列支，该款拟在三十年度省总概算岁出经常门临时部分行政支出款下追列补拨第三区署二十九年度临时费科目，以该署二十九年度节余经费抵拨，一面追列三十年度省总概算岁入经常门临时部分其他收入款下各机关以前年度节余经费解库款科目等语，应准如拟办理。

二十、据第六区行政督察专员呈缴三十年公役服装临时费支付预算书，列支三百三十九元。饬据会计处签称，似属需要，该款拟准在该署本年度节余经费项下开支等语，应准如拟办理。

二十一、据战时通讯所安化分台呈缴三十年度岁出预算书表。饬据会计处签称，查表所列数目核无不合，计本年度由五月份起至十二月份止，月增俸给费二百六十一元，八个月共增加二千零八十八元，此款拟准照案在三十年度省总概算内调整机构补助公务员生活费项下开支，并将列入安化局总概算内安化分台经费饬局追减，一面饬财厅扣出改拨通讯所转发至汕头分台，应由通讯所另编预算呈核拨付等语，应准如拟办理。

讨论事项

一、（略）

二、准广东省军管区司令部电送二十九年度十二月份粤北安全职员眷属疏散借支迁移旅费支付预算书册，列支五千八百元，请查照办理等由，请公决案。

（决议）照案通过，抵解手续照会计处签拟办理。

三、准广东全省保安司令电送保安第十团全团建设费经常费官兵主食补助费预算书，计建设费须增拨八万四千五百七十元六角七分，经常费每月须增加七千二百九十三元三角八分，官兵主食补助费每月须增拨二千七百零四元，请查照拨付等由，请公决案。

（决议）照会计处签拟通过。（签拟略）

四、准广东省地方行政干部训练团函，送第七、八、九各行政区联训班三十年度开学及结业费支付预算书，共列支二万七千三百八十二元四角，请查照等由，请公决案。

（决议）照会计处签拟通过。（签拟略）

五、据建设厅签呈，查田缧涌小学校经费年共五千三百七十六元，除教育厅补助二千零一十三元外，其余三千三百六十三元，拟在本厅经常费节余项下开支等情，请公决案。

（决议）照会计处签拟通过。（签拟略）

六、据建设厅签呈，公路处行车亏蚀达四十余万元，经会计处派员查明账册所列损失似属实在，拟请准予在二十九年度养路费收入项下如数抵解等情，请公决案。

（决议）交张、高、刘（佐人）三委员审查，由张委员召集。

七、据建设厅签呈，缴三十年度规费收入预算书及分配表，暨三十年度一至十二月履勘费杂费支付预算书及分配表，计列收一万九千零八十元六角，履勘费杂费列支一万六千九百九十二元，请核示等情，请公决案。

（决议）照会计处签拟通过。（签拟略）

八、据建设厅农林局长函呈，拟于本年早晚造收获时，预购良种四百担，以备三十一年度繁殖之用，并拟具本局稻作改进所三十年度贮购良种供三十一年度繁殖计划大纲，计共需款四万八千四百元，请如数拨发办理等情。查核事属急需，经准先行令饬财政厅拨发，提会补请追认案。

（决议）照案追认。

九、据建设厅签呈，据农林局呈复该局二十九年度每月购用火水电油数目表核算不符原因，请将该款三千三百七十元迅赐核定等情，请公决案。

（决议）照会计处签拟通过。（签拟略）

十、据建设厅农林局、公路处会呈，奉令转准农林部咨，关于公路植树及沿线荒山造林一案，饬规划办理会呈核转等因。拟具计划预算，计韶连路乳源苗圃开办费列支一千元，经常费列支二千二百八十元，连阳苗圃开办费列支一千元，经常费列支二千二百八十元，韶关区间线三段植树临时费六千元，请察核办理等情，请公决案。

（决议）照会计处签拟通过。（签拟略）

十一、据卫生处签呈，缴卫生试验所扩充制药工作计划书暨扩充制药预算书及本年度制药出品收入预算书，计列收七万六千九百五十元，请迅予核拨制药费四万元等情，请公决案。

（决议）照会计处签拟通过。（签拟略）

十二、据卫生处签呈，拟在三埠、芦苞、清远、惠阳、西坑等五地各设防疫站一站，共需经费一万元，拟请在预备金项下拨支，请核示等情，请公决案。

（决议）照案通过，款在本年度救济费项下拨支。

十三、据省立医院呈，拟请在本年度省库预备金项下追加设备临时费四万元拨给下队等情，请公决案。

（决议）照案通过。

十四、据省振济会呈缴军民合作总站与本会合办散伤病兵收容站蚊帐草席支付预算书件，共列支一千六百六十四元，款在本会振款项下拨支，请核示等情，请公决案。

（决议）照案通过。

十五、据省振济会呈转本会救济总队本年度长员工夏季服装费支付预算书，共列支一万五千六百三十元六角，请准在省库预备费或救济费项下拨支等情，请公决案。

（决议）照会计处签拟通过。（签拟略）

十六、据省振济会呈，关于本会驻港办事处三十年度一至四月份员役生活补助费，经在本会振款项下垫支国币四百四十元，请援照成案，仍在省救济费或预备金项下拨支归垫。至五月份以后，依照本省地方机关改订俸给办法第二项之规定，照原领生活补助费加给五成改发战时加给经费，请核示等情，请公决案。

（决议）照会计处签拟通过。（签拟略）

十七、据广东省救灾准备金保管委员会呈，奉饬拨借珠江水利局修筑惠博东等县提塈工程费国币三十万元，此项借款既需给予利息及提供相当担保品，为统筹兼顾起见，拟请令饬广东省银行拨借较为妥善等情，请公决案。

（决议）照案通过。

十八、据本省战时贸易管理监察委员会电缴本会二十九年度开办费支付预算书，列支八百九十一元七角二分，请核示等情，请公决案。

（决议）照会计处签拟通过。（签拟略）

十九、据第三区行政督察专员呈转封川县破坏封开公路征用民工石工伙食费支付预算书表，计列支毫券八百一十八元二毫，折合国币五百六十八元一角，请核示等情，请公决案。

（决议）照案通过，款在本年度建设事业临时费项下拨支。

二十、据第四区行政督察专员呈缴本署本年五月中旬因惠博沦陷，河源吃紧，迁往仙塘，临时搬迁费支付预算书共支一千二百四十八元，请准如数在本年度省预备金项下开支，饬厅拨还归垫等情，请公决案。

（决议）照案通过。

二十一、据第八区行政督察专员呈缴本区自卫队购置铜鼓帽、草席费预计算书类，计共支五百五十五元九角，请如数将款汇还归垫等情，请公决案。

（决议）照案通过，款在三十年度保安团队调整费项下拨支。

二十二、据第三区行政督察专员呈转四会县二十八年四月间发动民众义务征工破坏公路补助费计算书类，列支一千六百一十五元零四分，请核示等情，请公决案。

（决议）照会计处签拟通过。（签拟略）

二十三、据曲江县政府电，拟请特准本县员役薪饷之支给比照省地方机关改订俸给办法由本年五月份起实施等情，请公决案。

（决议）照案通过。

二十四、据阳山县政府呈缴二十九年六月间奉令征集保二团杉木粪箕铁钉等费预算书类，列支二千零七十五元六角，请如数拨发归垫等情，请公决案。

（决议）照案通过，款在本年度建设事业临时费项下拨支。

二十五、据阳春县政府呈缴奉令修复古良河道封锁工事经费计算书表件，列支二千九百三十三元七角五分，除由省库奉发二千元外，尚不敷九百三十三元七角五分，请如数拨还归垫等情，请公决案。

（决议）照案通过，款在本年度建设事业临时费项下拨支。

二十六、据第三区行政督察专员呈转鹤山县修理该县金岗至宅梧电话线路工料费支付预算书，列支一万零八百四十八元，请核示等情，请公决案。

（决议）照会计处签拟通过，款在本年度建设事业临时费项下垫支。（签拟略）

二十七、据会计处案呈，准民政厅片送安化管理局三十年一至六月份员役生活补助费预算书册，并列支四千八百元等由。拟酌予补助一半，计二千四百元，款由本年度省总概算内调整机构补助公务员生活费项下拨支等情，请公决案。

（决议）照案通过。

二十八、（略）

二十九、据本省北江区船舶大队部呈缴暂行编制表开办费暨经常费支付预算书，计开办费列支一千七百元，经常费月支二千九百二十三元九角四分，请核示等情，请公决案。

（决议）交张、郑（彦棻）、郑（丰）三委员审查，由张委员召集。

三十、据韶关工务局呈缴三十年度六月二十六日起至九月二十五日止三个月经费预算书，共列支一万五千元，请核示等情，请公决案。

（决议）照会计处签拟通过。（签拟略）

三十一、据本府警卫营呈缴二十九年度购置士兵冬季服装费支出计算书表，共列支二万一千四百一十八元一角，请核示等情，请公决案。

（决议）照会计处签拟通过。（签拟略）

三十二、张委员、郑委员（彦棻）会复，审查佛冈县府电报该县军民合作站经费因地方贫瘠，县款奇绌，无可支拨，请核示一案意见，请公决案。

（决议）照审查意见通过。（意见略）

三十三、据教育厅签呈，缴三十年度国民教育经费追加岁入岁出预算书及分配表，列支九十一万元，请核示等情，请公决案。

（决议）照八十万元编列，交教育厅妥为分配报核。

三十四、据教育厅签呈，拟举办三十年度小学教育暑期训练班，连同实施办法及经费预算书列支四十一万二千三百三十二元，请核示等情，请公决案。

（决议）照案通过。

三十五、（略）

广东省政府第九届委员会
第二百五十三次议事录

日　期　八月二十二日

地　点　曲江本府

出席者　李汉魂　何　彤　黄麟书　刘佐人　张导民　许崇清
　　　　高　信　郑彦棻　郑　丰

列席者　毛松年　黄　雯

主　席　李汉魂

纪　录　（科长）谢乐文（谢晨光代）　吴煜堂

报告事项

一、据秘书处签呈，查各机关请府核委人员由因遗失证件或无法取得合法证件，经奉准核定救济办法荐委人员，如因资历证件遗失，或无法取得合法证件时，准声叙理由，由文官荐任以上；武官中校以上之现任公务员两人出具负法律上责任之证明书，送由各该主管长官切实考核，另行出具证明书在案。兹拟具上项证明书式样，拟除各专员公署、县市局所属人员暂免加具证明书外，其余本府各厅、处、会、局、所、队、站，仍照原定办法办理等情，应准如拟办理。

二、据会计处签呈，拟具惠来、陆丰、海丰等十二县局三十年度各月份经常费预算估计数目表，及一、二两个月份主副食费，暨三月份起主食补助费，每月预算估计数目表，各一份，请核饬办理等情，经通饬各该县局遵照办理。

三、据财政厅签呈，转缴龙川税务局老隆、隆城两养路费征收站盖棚费预算书，列支五百元，该款拟在该局二十九年度经费节余项下开支等情。饬据会计处签称，核属需要，似可照准，该款拟在三十年度省总概算岁出经常门临时部分财务支出款下追列龙川税务局临时费科目，以该局二十九年度经费节余项下抵拨，一面追列三十年度省总概算岁入经常门临时部分其他收入款下各机关以前年度经费节余解库款科目等语，应准如拟办理。

四、据会计处案呈，为据新会县政府呈缴模范队第三分队长蒋昌战地守土人民请恤事实表，请核恤等情。查此案既经秘书处签奉核准给予该蒋昌遗族一次恤金国币八十元，并年抚金五十元，以十年为止，是项恤金八十元，拟在三十年度省总概算恤金项下拨支，其余年抚金五十元，拟自三十一年起至四十年止，按年列入省地方总预算拨支等语，应准如拟办理。

五、据建设厅签呈，缴□□□□□岭煤矿保管处本年七至十二月份员警生活补助费预算书，请核示等情。饬据会计处签称，查所列数额核案不符，应代改正为月支八十五元，七至十二月份六个月共支五百一十元，此款在三十年度省总概算内调整机构补助公务员生活费项下开支等语，应准如拟办理。

六、据会计处案呈，为据佛冈、新会、花县等县政府呈缴县民徐复业队员罗木城等共七名遗族请恤事实表，请核恤等情。既经秘书处签奉核定恤金数额共计遗族一次恤金五百六十元，拟在本年度省总概算恤金项下拨付，至年抚金每年共三百五十元，拟自三十一年度起至四十年度止，按年列入省概算恤金项下拨支等语，应准如拟办理。

七、据会计处案呈，为据东莞县政府呈缴良横乡民邓金等三名遗族请恤事实表，请核恤等情。既经秘书处签奉核定各给与其遗族一次恤金八十元，每年年抚金五十元，给与十年为止，三名一次恤金共二百四十元，拟在本年度省总概算恤金项下拨付，三名年抚金共一百五十元，拟由三十一年度起至四十年度止，逐年编入省总概算恤金项下列支等语，应准如拟办理。

八、据会计处案呈，为据连山县政府呈报第一区上山乡故保长兼自卫班副班长林定凤因公被害，请核恤等情。既经秘书处签奉核定准给予一次抚恤费一百元，是项恤金拟在本年度省总概算恤金项下拨支等语，应准如拟办理。

九、据地政局呈缴该局所属南雄、始兴两县地政处二十九年十至十二月份员役米津预算书册，请核拨等情。饬据会计处签称，查南雄县地政处暨各分处十至十二月份员役米津共列支一万一千七百八十九元九角八分，始兴县地政处暨各分处十、十一两月份员役米津共列支三千六百八十二元七角二分，合共总计一万五千四百七十二元七角，核数尚符，拟准照拨，款在二十九年度追加省总概算内各级公务员役团警米津项下开支等语，应准如拟办理。

十、据地政局呈缴本局三十年度行政经常费预算书分配表暨比较表等，请核示等情。饬据会计处签称，查书表所列数目，除副局长特别办公费由五月份起增列为月支二百元一节，核案不符，拟代为更正外，其余核尚无不合，计本年度由五月份起至十二月份，月增俸给费二千三百九十二元，八个月共增加一万九千一百三十六元，此款拟准照案在三十年度省总概算内调整机构补助公务员生活费项下开支等语，应准如拟办理。

十一、据卫生处呈缴曲江药库本年改订俸给经常费预算书，请核示等情。饬据会计处签称，查所列数目核属不合，拟准照规定应增数额先行发给，计本年度由五月份起至十二月份月增俸给费二百一十元，八个月共增加一千六百八十元，此款拟准照案在本年度省总概算内调整机构补助公务员生活费项下开支等语，应照准如拟办理。

十二、据建设厅签呈，转缴养路队及渡车船三、四月份员工生活补助费预算书表，请核示等情。饬据会计处签称，该养路队每月仍应支四万三千二百六十二元，三、四两月份共支八万六千五百二十四元，各渡车船每月仍应支八千七百零九元，三、四两月份应共支一千七百四十元，合计八万八千二百六十四元，此款在三十年度省总概算内调整机构补助公务员生活费项下开支等语，应准如拟办理。

十三、据会计处案呈，关于广东高等法院先后转送第六分院及台山、德庆、海丰等监狱米津预算书册，除恩平地方法院、恩平监狱、海康监狱非属米贵区应予核减外，其余尚无不合，计核减后共仍列三千二百七十七元七角七分，此款拟在二十九年度追加省总概算内各级公务员役团警米津科目项下开支等情，应准如拟办理。

十四、据会计处案呈，准教育厅片送罗定中学一至三月生活补助费

225

及广雅中学保管处二十九年五至十二月米津本年一月至四月份生活补助费各预算书，请核示等情。饬据会计处签称：（一）罗定中学校本年一至二月份共支二千一百六十元。（二）广雅中学保管处，本年一至四月份共应列支二百四十元。（三）广雅中学保管处二十九年度五至十二月份米津共应列四十元。以上（一）、（二）两项共计【列】支二千四百元，此款在三十年度省总概算内调整机构补助公务员生活费项下开支。至第（三）项共计应支四十元，此款在追加二十九年度省概算内"各级公务员役团警米津"项下开支，仍饬按实支报，并饬财政厅照案连同罗定中学校四月份一个月生活补助费七百二十元一并拨付等语，应准如拟办理。

十五、据会计处案呈，准教育厅片送省教育会本年度经费预算书表，请核示等情。饬据会计处签称，查所列数目，核有未合，除饬更正外，拟姑将应增数额先行拨发，计本年度由五月份起至十二月份月增俸给费一百零五元，八个月共增加八百四十元，此款拟准照案在三十年度省总概算内调整机构补助公务员生活费项下开支等语，应准如拟办理。

十六、据第五区行政督察专员呈缴本年度经费支付预算书，暨分配表，及比较表等，请核示等情。饬据会计处签称，查所列数目除情报组雇员应列月支四十九元外，其余核尚无不合，计本年度由五月份起至十二月份，月增俸给费二千五百八十七元，八个月共增加二万零六百九十六元，此款拟准照案在三十年度省总概算内调整机构补助公务员生活费项下开支等语，应准如拟办理。

十七、据秘书处呈送本府委员会及秘书处三十年度经常费岁出预算书分配表及比较表等，请核转等情。饬据会计处签称，查所列数目核尚无不合，计本年度由五月份起至十二月份，月增俸给费一万七千五百零九元五角，八个月共增加一十四万零七十六元，此款拟准照案在三十年度省总概算内调整机构补助公务员生活费项下开支等语，应准如拟办理。

十八、据建设厅签呈，缴三十年度预算书分配表及比较表等，请核示等情。饬据会计处签称，查所列数目核有未合，除将原列数额分别予以更正外，计本年度由五月份起至十二月份月增俸给费一万二千一百三十九元八角，八个月共增九万七千一百一十八元四角，此款拟准照案在

226

三十年度省总概算内调整机构补助公务员生活费项下开支等语，应准如拟办理。

十九、据本府战时通讯所呈送直一分台三十年度预算书表等，请核示等情。饬据会计处签称，核数尚无不合，计本年度由五至十二月，八个月共增二千零八十八元，此款拟准照案在三十年度省总概算内调整机构补助公务员生活费项下开支等语，应准如拟办理。

二十、据本府战时通讯所呈缴无线电直属第二、三分台本年度预算书表等，请核示等情。饬据会计处签称，查表列数目核尚无不合，计本年度由五月份起至十二月份，每分台月增俸给费二百六十一元，八个月共增二千零八十八元，两个月直属分台合计增加四千一百七十六元，此款拟准照案在三十年度省总概算内调整机构补助公务员生活费项下开支等语，应准如拟办理。

二十一、据连连阳乳建设委员会呈缴本会三十年度经常费支付预算书及分配表等，请核示等情。饬据会计处签称，查所列数目核尚无不合，计本年度由五月份起至十二月份月增经费一百二十元，八个月共增加九百六十元，此款拟准照案在三十年度省总概算内调整机构补助公务员生活费项下开支等语，应准如拟办理。

二十二、据会计处案呈，准教育厅片送本厅上窑社会教育实施区本年度经常费支付预算书，请核转等情。饬据会计处签称，查所列数目月增一百零四元，核案不符，计该区三月份生活补助【费】册列员□员役二人共月支六十元，以七成加给，由本年五月份起，至十二月份止，应月增俸给费一百零二元，八个月实共应增加八百二十六元，此款拟准照案在本年度省总概算内调整机构补助公务员生活费项下开支，并饬照核定数更正等语，应准如拟办理。

二十三、据合署建筑委员会呈送取缔黄岗附近建搭房屋拥厂暂行办法，请核定颁布一案，经饬秘书处签拟修正，拟请报会后颁布并复等情，应准如拟办理。

二十四、据卫生处签呈，拟具修正本省护士注册章程等规章一案，经饬秘书处签拟再修正各点，拟照修正报会后呈行政院核备施行等情，应准如拟办理。

二十五、据省振济会呈缴第六振济区改编三十年全年度岁出经常费预算书分配表比较表等，请核发等情。饬据会计处签称，查所列数目核尚无不合，计本年度由五月份起至十二月份止，八个月共增加八百四十元，此款拟准在三十年度省总概算内调整机构补助公务员生活费项下开支等语，应准如拟办理。

二十六、据会计处案呈，准教育厅片送省立民众教育馆本年度经费预算书表等，请核拨等情。饬据会计处签称，查所列数目，核尚无不合，计本年度五月份起至十二月份止，八个月共增加五千九百九十六元，此款拟准在三十年度省总概算内调整机构补助公务员生活费项下开支等语，应准如拟办理。

二十七、据会计处案呈，准教育厅片送省立艺术院本年度预算书表，请核示等情。饬据会计处签称，依照规定，其战时加给系照该院三月份生活补助费数额九百二十元加七成发给，计本年度由五月至十二月份应增俸给费一千五百六十四元，八个月共增加一万二千五百一十二元，款拟在三十年度省概总算内调整机构补助公务员生活费项下开支等语，应准如拟办理。

二十八、据第一区行政督察专员呈缴本署三十年度经费预算书分配表比较表等，请核拨等情。饬据会计处签称，查所列数且核尚无不合，计本年度由五月至十二月份八个月共增加一万七千七百七十六元，此款拟在三十年度省总概算内调整机构补助公务员生活费项下开支等语，应准如拟办理。

二十九、据财政厅签呈，转缴增城稽征所三十年四月份员役生活预算书册，请核示等情。饬据会计处签称，查书列由四月二十八日起至同月三十日止共三天列支一十三元，核数尚合，拟准照拨，款在三十年度总概算内调整机构补助公务员生活费项下开支等语，应准如拟办理。

三十、据建设厅签呈，转缴农林局天蚕试验场三十年度三月至十二月份经常费预算书表，及比较表等，请核示等情。饬据会计处签称，查核与案不合，应照原核定三月份生活补助费数额二百二十元加五成发给，计本年度由五月至十二月份八个月共增加二千六百四十元，此款拟在三十年度省总概算内调整机构补助公务员生活费项下开支，并饬依照规定改编书表呈核等语，应准如拟办理。

三十一、据会计处签呈，准教育厅片送曲江小学校本年度经费预算

228

书及分配表等，请核拨等情。饬据会计处签称，查核尚无不合，计本年度由五月至十二月八个月共增加四千零八十元，此款拟在三十年度省总概算内调整机构补助公务员生活费项下开支等语，应准如拟办理。

三十二、据本府战时通讯所呈缴有线电报室三十年度预算书表，请核示等情。饬据会计处签称，查核尚无不合，计本年度由五月份至十二月份八个月共增加三千三百三十六元，此款拟在三十年度省总概算内调整机构补助公务员生活费项下开支等语，应准如拟办理。

讨论事项

一、准广东全省保安司令部函送本部新兵训练所三十年度支付预算书，月列二万七千九百一十四元四角，年列三十万七千零五十八元四角，该费由本部三十年度保安团队经费节余项下按月拨支，请查照等由，请公决案。

（会计处签拟）查本省保安司令部为调整团队，统一新兵训练，以便补充，于三十年二月一日，在曲江龙归组设新兵训练所，事尚需要，其原送预算书第一项三目士兵副食费科目内士兵多列九名，每月多列三十六元，拟予剔除，改正后，全所经临费月支二万七千八百七十八元四角，似可自三十年二月份起，款在保安司令部经管之三十年度保安团队经费节余项下拨支。

（决议）照会计处签拟通过。

二、准审计部广东省审计处通知，为美麦内运第二、三批及第四批以后各批美麦运费，依法不能以购粮基金拨支，应请另行指定开支款目等由，请公决案。

（会计处签拟）查第二、三批之运费既经提会核定改在救灾准备金项下开支，自可不必再议。至第四批暨以后各批美麦内运本府负担部分运费，似可援案仍在救灾准备金项下开支，案关变更原提会决议，请提会核定后通知救灾准备金保管委员会。

（决议）照会计处签拟通过。

三、据民政厅签呈，奉饬商议救济各县水灾一案，经约集各有关专员县长洽商，谨将交换意见及请求各节胪陈，计共需款一十五万九千元，应否在本府救济费项下拨支，请核示等情，请公决案。

（决议）照案通过。

四、（略）

五、据财政厅签呈，拟具管理土制煤油厂暂行办法，请核示等情，请公决案。

（决议）交郑（丰）委员审查。

六、据财政厅签呈，从新拟订本省各县市房捐征收章程草案，请核定公布施行等情，请公决案。

（决议）交何、高两委员审查，由何委员召集。

七、据财政厅签呈，查救灾机关团体经费之支给，既经规定不得动用救灾准备金，所有前在救灾准备金拨过第一、第九难民区经费省立临时医院建筑费，补助医院收容所经费，拟照会计处签拟分别改拨，藉符院令等情，请公决案。

（会计处签拟）查第一、九难民区经费共三千六百元，系属救济性质，该款拟改在三十年度省总概算救济费项下拨支，省临时医院建筑费三万六千六百一十五元五角七分，及补助医院收容所经临费二万九千三百七十二元八角，合共六万五千九百八十八元三角七分，拟改在三十年度省预备金项下拨支，请提会核定后饬财政厅分别办理转账手续。

（决议）照会计处签拟通过。

八、据财政厅签呈，革命老同志简崇光二十七年十月至三十年六月份止养老金合共一千三百二十元，除三十年上半年养老金应照案拨支外，其二十九年以前各该年度养老金，兹拟在三十年度省预备金项下拨支，请核示等情，请公决案。

（决议）照案通过。

九、据财政厅报告，本厅二十九年度迁移费垫款四万四千四百二十元零九角八分，查系顾前任内在经管暂收款项下挪垫，缴同概算书，请核示等情，请公决案。①

（决议）照会计处签拟通过。

十、（略）

十一、据教育厅签呈，关于南雄中学二十九年修缮费九百七十二元五角，暨梅州中学购置及设备临时费三千二百九十二元四角，拟由初中

---

① 会计处签拟略。

230

学生学费及未开班之初中一班经费拨支缘由，请公决案。

（决议）照案通过。抵解手续照会计处签拟办理。

十二、据教育厅签呈，转缴省立汕尾水产职业学校二十九年度第二学期高四组初四组学生分赴江西香港实习临时费支付预算书及计划书，支列二千七百六十九元五角，拟请准在经费节余项下开支，请核示等情，请公决案。①

（决议）照会计处签拟通过。

十三、据教育厅签呈，缴省立韩山师范学校二十九年度下学期增建厨房膳厅等临时支付预算书，计列支三千七百一十八元，拟在该校二十九年度节余经费四千零四十元一角七分项下开支等情，请公决案。

（决议）照案通过。抵解手续照会计处签拟办理。

十四、据教育厅签呈，缴省立韩山师范学校三十年二至七月份附小经费预算书表，列支三千九百六十元，款拟在本年度国教费内流动学校及各校补助费项下拨支，请核示等情，请公决案。

（决议）照案通过。

十五、据教育厅签呈，编造选送黄国俊等二十六人赴中央训练团第十六期受训旅费预算书，及据黄总植等请增给旅费签呈，又准广东省地方行政干部训练委员会函选送林甘侯等六员赴中央训练团第十六期受训请酌增旅费各等由，请公决案。

（决议）照会计处签拟通过。（签拟略）

十六、据财政厅签呈，缴各税局所各税务局管理卷烟桐油人员，本厅办理征收养路费汽车营业税人员、各税务局征收养路费汽车营业税人员三十年五至十二月改订俸给增加俸饷预算书，请核示等情，请公决案。

（决议）照会计处签拟通过。（签拟略）

十七、据建设厅签呈，据公路处呈缴抢建大江河木便桥工程费支付预算书，列支三万九千三百六十一元，请指款拨发归垫等情，请公决案。

（决议）交张、郑（彦棻）两委员审查，由张委员召集。

---

① 会计处签拟略。

十八、据建设厅签呈，据合作事业管理处呈缴三十年度调训各县合作指导员来程旅费支付预算书，列支一千一百四十八元，请指款拨付应支等情，请公决案。①

（决议）照会计处签拟通过。

十九、据建设厅签呈，转缴修理南韶雄庾雄信等三公路工程预算细数总表等件，列支五万二千零九十四元五角二分，请核示等情，请公决案。②

（决议）照会计处签拟通过。

二十、据本府战时通讯所签呈，参酌本省各县目前实际情形，拟具广东省各县设立收音室省库补助经费标准，请核示等情，请公决案。

（决议）交张、黄两委员审查，由张委员召集。

二十一、据本省战时政治工作总队呈缴二十九年度业务讲习班全期经费交付预算书，共列支一万六千四百零四元五角二分，请核示等情，请公决案。③

（决议）照会计处签拟通过。

二十二、据第二区行政督察专员呈缴三十年度巡回审判军法官经费支付预算书表，列支三千八百三十六元，拟仍在本署二十九年度军法官节存经费项下开支，请核示等情，请公决案。

（会计处签拟）现据呈称系奉本府已有作电办理，各军法官由五月份起，照本省改订薪给办法委任三级支薪，并奉绥靖公署本年已全绥法电，饬该区巡回审判军法官清理积案期间，再延期一个月至八月删日止，其由五月一日起至七月十五日止两个半月，及延长一个月，共增经费七百三十六元，径同前编预算数三千一百元，合共三千八百三十六元，均据由该署二十九年度该项节余经费开支，计尚盈余二百一十二元一角二分等情。查该前编预算业经提会核定追加预算分别存转有案，现拟称各节，核属实情，该增加经费七百三十六元，拟在三十年度省总概算岁出经常门临时部分行政支出款下追加第二区专署临时费科目，以该

<hr>

① 会计处签拟略。
② 会计处签拟略。
③ 会计处签拟略。

232

署二十九年度该项节余经费抵拨，并追列三十年度省总概算岁入经常门临时部分其他收入款下各机关以前年度节余经费解库款科目，请提会核定，并将前编预算书注销，余款二百一十二元一角一〔二〕分返纳入库具报。

（决议）照会计处签拟通过。

二十三、据连山县政府呈缴三十年度国省库补助国民教育经费县地方岁入预算书，计列收三千零七十二元，请核示等情，请公决案。

（决议）照案通过。

二十四、据宝安县政府呈缴三十年度第一次追加岁入岁出预算书，各列五千四百元，请核示等情，请公决案。

（决议）照案通过。

二十五、据会计处案呈，查英德县地方三十年度岁入岁出追加概算，各列为八万六千零六元，拟准照数追加，酌请提会核定施行等情，请公决案。

（决议）照案通过。

二十六、据会计处签呈，查南雄县地方三十年度岁入岁出追加概算，均为三千六百元，似应准予追加，仍请提会核定等情，请公决案。

（决议）照案通过。

二十七、据会计处案呈，查花县地方三十年度岁入岁出追加概算，均为一万五千六百元，拟准照数追加，仍请提会核定等情，请公决案。

（决议）照案通过。

二十八、据会计处案呈，查广宁县地方三十年度岁入岁出总概算，经参照各厅处意见，核编完竣，核编后，计编改列各为四十七万二千四百七十四元，仍请提会核定等情，请公决案。

（决议）照案通过。

二十九、据建设厅呈，缴公路处第九养路队队长朱颂荐委表，请核赐给委等情，请公决案。

（决议）照派代理。

三十、据财政厅签呈，关于本厅所属征收机关办公费，拟自本年九月份起照原额酌增一倍，请核示等情，请公决案。

（决议）照案通过，追加预算交财政厅另筹来源。

三十一、何委员、张委员会复审查关于补助各县有线电讯网设备一案，经本厅会同财厅拟具补助各县有线电通讯网设备案审查意见第五项关于贫瘠县份之编列意见，请查照办理等由，请公决案。

（决议）照审查意见通过。（意见略）

三十二、张委员函复审查建设厅公路处设置商车出境检查站开办费及经常费预算书表，款拟在本年度预备金项下拨支一案意见，请公决案。

（决议）照审查意见通过。（意见略）

三十三、奉第七战区长官部电，以转奉委座核定士兵副食费每人每月增加二元，自本年七月份起实施，粤省再加一元五角（共三元五角），仰饬属知照等因，请公决案。

（决议）照案通过，追加预算交财政厅另筹来源。

三十四、准三民主义青年团广东支团部筹备处函，请补拨本处建筑礼堂办公厅不敷款国币一万元等由，请公决案。

（决议）补助五千元，追加预算交财政厅另筹来源。

三十五、准中国国民党广东省执行委员会函，请拨助本会建筑费二万五千元，以应开支等由，请公决案。

（决议）补助迁建费二万五千元，追加预算交财政厅另筹来源。

三十六、据广东省卫生处签呈，缴本处建筑职员宿舍车房及曲江药库等工程费预算书表，计共需国币四万四千元，请赐核准等情，请公决案。

（决议）交张、何、郑（丰）、黄、郑（彦棻）五委员审查，由张委员召集。

三十七、据教育厅签呈，转缴省立勷勤商学院建校计划书及省立文理学院迁移及建校计划书等件，计省立勷勤商学院建校费共需二十一万六千元，省立文理学院迁移及建校费共需三十九万四千七百五十元，请察核，并将下列各费先行核拨，以利进行等情，请公决案。

（决议）两院共拨迁建费三十万元，由教育厅统筹办理，追加预算交财政厅另筹来源。

三十八、据教育厅签呈，缴三十年度第二次追加补助战区退出学生膳费预算书，列支一万六千五百六十元，请察核指款拨支等情，请公

234

决案。

（决议）每人每月准再增发膳费三元，按实在人数自九月份起款在原有经费内匀支，倘确有不敷，再呈核办。

三十九、据会计处案呈，关于本府驻渝办事处增加经费一案，前经提付本届委员会第二五〇次会议，决议"照案通过"并奉发处办理在案。查本案交办单议案内容系照本处签拟叙列，而决议则为照案通过。细绎决议案原旨，似系照本处数额通过（原案所列数额与本处核签数额不同），为求切合并免误会，可否将本案决议改正为："照会计处签拟通过。"如须维持原决议案，则应如何办理之处，请核示等情，请公决案。

（决议）职员家属米津代金照发，但以在渝居住者为限，余照会计处签拟通过。

四十、（略）

四十一、据建设厅签呈，关于本省粮食增产总督导处请示本省粮食增产经费应如何筹拨一案，经奉饬遵照审查意见拟具实施计划及最低限度筹拨数额呈核等因。遵经饬据农林局呈复，计（一）扩大乐昌骨粉制造厂经费，（二）举办农村经济调查经费，（三）添购病虫害虫仪器药品经费，（四）冬耕调用农校员生经费，（五）增加农业工作站经费，（六）成立农田水利第三测量队经费，（七）成立畜疫防疗所第一分所经费，七项计共需款四十四万八千五百四十四元，附缴各项实施计划请核前来，查所拟计划办法及概算尚属可行，请转察核示遵等情，请公决案。

（决议）照会计处签拟通过，不敷之数在本年度建设事业临时费项下开支。（签拟略）

四十二、郑委员（彦棻）、胡委员、何委员、高委员、刘委员（佐人）会复审查会计处签拟依照中央规定改订本省公务员薪给办法案及教育厅呈缴本省各级学校及教育机关人员增加薪给原则案意见，并请公决案。

（决议）照审查意见通过。（意见略）

广东省政府第九届委员会
第二百五十四次议事录

日　期　八月二十六日

地　点　曲江本府

出席者　李汉魂　何　彤　黄麟书　郑　丰　郑彦棻　张导民
　　　　许崇清　高　信　刘佐人

列席者　黄　雯　毛松年

主　席　李汉魂

纪　录　谢乐文（谢晨光代）　吴煜堂

报告事项

一、据会计处案呈，准教育厅片送第二电影教育巡回施教区及电化教育服务处本年度经费支付预算书表等，请查核存转等由。依照规定，计本年度由五月至十二月份月各应增加俸给费一百零二元，八个月各共增加八百一十六元，两款八个月总计一千六百三十二元，此款拟准在三十年度省总概算内调整机构补助公务员生活费项下开支等语，应准如拟办理。

二、准第七战区编纂委员会函送三十年度经费支付预算书及分配表等。经饬会计处签称，查所列数目系照原规定五成加给，由本年五至十二月份八个月共增加一万零八十元，此款拟在本年度省总概算内调整机构补助公务员生活费项下开支，并饬补编预算书表送府存转等语，应准如拟办理。

三、奉第七战区长官部代电，以据挺进第×纵队司令转报番禺第二大队第七中队捕获江村江莲拾乡伪联防主任江××一名，请转请依章从优给奖等情，合转电遵办等因。经饬据秘书处、会计处签称，似可仍适用修正广东捕杀敌伪组织官员奖励办法第三条第四款之规定，给予四百元之奖金，是项奖金拟在三十年省概算岁出经常门临时部分第十四款其他支出第一项一目奖赏金项下拨付等语，应准如拟办理。

四、准广东军管区司令部代电，转送该部医务室添置卫生材料费预算书，计列二千二百八十四元五角，该款拟在本部三十年度预备费项下拨支，请查照等由，经饬会计处签称，核属需要，似可照准等语，应准如拟办理。

五、据财政厅签呈，关于南雄县政府敌警朱代椿二十九年八至十二月份遗族应领恤金国币一十七元五角，拟请在三十年度恤金项下开支，请核示等情。饬据会计处签称，尚属可行，似可照准，款在三十年度省总概算恤金项下补拨等语，应准如拟办理。

六、据建设厅签呈，转缴农林局改编三十年度岁出预算书表，请核示等情。饬据会计处签称，查核尚无不合，计本年度由五月份起至十二月份，月增俸给费除去该局技正栗宗嵩特别补助生活费每月移拨六十二元外，每月仍应增加俸给费一万零三百元，八个月共增加八万二千四百元，此款拟在三十年度省总概算内调整机构补助公务员生活费项下开支等语，应准如拟办理。

七、据财政厅签呈，转缴台山税务局三十年度沙头冲及海晏稽征所开办费预算书，请核示等情。饬据会计处签称，查该预算书列支二百元，既据财厅查核尚属需要，拟予照准，该款拟在三十年度省总概算岁出经常门临时部分财务支出款下追列台山税务局临时费科目，以该局二十九年度经费节余项下抵拨，一面追列三十年度省总概算岁入经常门临时部分其他收入款下各机关以前年度节余经费解库款科目等语，应准如拟办理。

八、据财政厅报告，以卫生试验所上年十月份米津前经奉核定照发，现再奉饬拨，是否系属重复，请核示等情。饬据会计处签称，查该所二十九年十月份米津，前经本府核准月支九十一元，续又核准月支五十八元五角五分，而第二次核准之五十八元五角五分，系属重复，应毋庸再拨，至第一次核准之数，系多拨三十二元四角五分，此款拟饬该所返纳入库具报等语，应准如拟办理。

九、据建设厅签呈，为本厅科员郑文裕因病身故，经拨款二百元妥为殓葬，该项拨款拟请准予在本厅经费节余项下支销。请核示等情，既经秘书处及会计处签称系属事实需要，似可照准，款在该厅本年度经费节余项下支拨等语，应准如拟办理。

十、据建设厅签呈，为田螺涌小学教员王健病故，医殓无费，经在本厅经费节余项下拨给二百元资用，请核示等情。经饬秘书处、会计处签称系属事实需要，似可照准，该款拟准在该厅本年度经费项下撙节匀支等语，应准如拟办理。

十一、据建设厅签呈，为据农林局转缴乐昌蚕桑改良场三十年度岁出经费预算书表，请核示等情。饬据会计处签称，查所列数目核有未合，姑准先行核定，照三月份原发生活补助费二百元加五发给，计本年度由五至十二月份八个月共增加二千四百元，此款拟准在三十年度省总概算内调整机构补助公务员生活费项下开支，并饬改编预算呈核等语，应准如拟办理。

十二、据本府广播电台呈缴三十年度改编预算书表，请核示等情。饬据会计处签称，查核尚无不合，计本年度由五月份起至十二月份月增九百五十一元，八个月共增加七千六百零八元，款在本年度省总概算内调整机构补助公务员生活费项下开支等语，应准如拟办理。

十三、据卫生处签呈，转缴防疫第三区署三十年度预算书表，请核示等情。饬据会计处签称，查核尚无不合，计本年度由五至十二月份八个月共增加三千四百七十八元，款在三十年度省总概算内调整机构补助公务员生活费项下开支等语，应准如拟办理。

十四、据本府战时通讯所呈缴第一至九区台三十年度经费预算表，及一、三、四、六、七区修理室三十年度一、二月份经费预算书表等，请核示等情。饬据会计处签称，查核尚无不合，除无线电第四区台经另案办理外，其余第一、二、三、五、六、七、八、九区台，计本年度由五至十二月份每区台月增俸给费四百六十八元五角，八个月共增加三千七百四十八元，八个区台合计月增俸给费三千七百四十八元，八个月共增加二万九千九百八十四元，此款拟在三十年度省总概算内调整机构补助公务员生活费项下开支等语，应准如拟办理。

十五、据会计处案呈，准建设厅片送东莞县政府二十八年度破坏公铁路支出计算书类，查核仍有错误，经代改正，拟姑免发还，准照列支等由，查本破路案该县系于二十八年度内办理，其征工伙食，依照规定每工日给毫券二毫，全款预算数建设厅改正为三万零二百五十二元四角八分，其中第五目核计多列一百元，应代改正，全款预算数为三万零一百五十二元四角八分，折合国币为二万零九百三十九元二角二分，至所呈支出计算书原列一万四千五百元较预算数尚属减少，据称因奉发伙食费只有一万四千五百元，只算得减成摊发，尚属可行，既经第四游击区第四游击纵队司令部出具证明手续尚合，似可准将本府第九届委员会第三十一次、第八十六次、第九十六次先后核定在二十八年二十九年建设事业支出项下拨付一万四千五百元之款拨支。又本府第九届委员会第一百四十四次会议核定在二十九年度建设事业支出项下拨付该县加强破坏清龙、清樟、平淡、莞樟等公路征工伙食费四千元一案，办理情形及款目动支数目，并饬查报核夺等语，应准如拟办理。

十六、据广东省银行呈，为依照本年度施政计划推进信托事业，拟由第三期起变更实施程序，请核示等情，经由本府效率委员会签称，事关变更计划，拟请报会后并饬知照等语，应准如拟办理。

十七、据会计处案呈，准财政厅片送省党部请发五、六月份加给经费原代电，请查明核办等由。查省党部暨所属各机关由本年五月份起照改订俸给办法第二项规定加给六成，每月应发给一万零二百二十七元二角，五至十二月份八个月共应发给八万一千八百一十七元六角，又各县市党部照改订俸给办法第二项规定加给五成，计每月应发给二万一千三百元，五至十二月份八个月共应发给一十七万零四百元，以上两共合计二十五万二千二百一十七元六角，此款拟在三十年度省总概算内调整机构补助公务员生活费项下开支，并请依照规定分别补编书表送府核转等语，应准如拟办理。

讨论事项

一、据本府战时通讯所签呈，转据顺德县分台电，以该县政府以无地方款故，对本台职员生活补助费不予给发，请转呈省政府准予核发本台职员生活补助费等语，转请核示等情，请公决案。

（决议）照会计处签拟通过。（签拟略）

二、（略）

三、据教育厅签呈，转缴上窑社教区附设国民学校增设幼稚班开办费预算书，列支一千零三十元，三十年九月至十二月份经常费预算书计列支四百八十八元，共计一千五百一十八元，拟在三十年度国民教育经费岁出预算第三项第一目试办流动学校及补助各校经费项下照数拨支等情，请公决案。

（决议）照案通过。

四、据广东省卫生处转缴省立救济医院本年院舍被焚善后费预算书，计列三千三百二十七元，拟在该院本年度一至七月份经常费节余项下开支等情，请公决案。

（决议）照案通过。

五至六、（略）

七、据建设厅签呈，关于公路处请拨新建乳源河渡车船工程费三千五百二十七元八角六分一案，经呈奉指复准予照列，此款应由改善韶连公路工程费预算内列支等因。查改善韶连公路工程费确无法列支，上项工程费请准迅予另行拨款开支等情，请公决案。

（决议）照案通过，款改在本年度建设事业临时费项下拨支。

八、据财政厅签呈，转据缉私处呈报制发公役服装共需二千零七十二元，拟在该处二十九年度所属各机关节余经费项下拨支，附缴预算书表，请核转等语，转请察核等情，请公决案。

（决议）照会计处签拟通过。（签拟略）

九、据财政厅签呈，关于罗定县退职警长陈光汉、警士陈计暨故警陈海遗族等二十七年七月起至二十九年十二月底应支恤金共计国币七百七十元，拟请准在三十年度恤金项下开支等情，请公决案。

（决议）照案通过。

十、据卫生处签呈，本处卫生工程队员薪饷拟照本年度本省地方机关改订俸薪办法，由七月份起支给，该项增加俸给费二千零八十八元，拟在该两队六月份节余经费一千七百五十六元项下开支，不足之数，由该两队办公费项下减列移拨等情，请公决案。

（决议）照会计处签拟通过。（签拟略）

十一、据教育厅签呈，关于前编本厅上窑村厅址地租预算列支一千二百七十五元，请在本厅所属机关学校临时费项下开支一案，奉饬应列入本机关经常费预算办公费内等因。遵查关于上项厅址地租，苟非另案指款拨支，本厅原经费预算费实属无从再行匀配支报，仍请准予照原拟由本厅所属机关学校临时费项下开支，并饬财政厅照数划拨等情，请公决案。

（决议）照案通过。

十二、（略）

十三、据本府战时通讯所呈缴二十九年八月至十二月份，及先后奉准价让各机关通讯器材价目表收款预算书，计列四千零五十八元，请察核等情，请公决案。

（决议）照会计处签拟通过。（签拟略）

十四、（略）

十五、据建设厅签呈，转缴合作事业管理处三十年度临时事业费支付预算书，计列支二千元，请核示等情，请公决案。

（决议）照会计处签拟通过。（签拟略）

十六、据广东省卫生处签呈，转缴防疫医院建筑及家私购置等费药械添置费及增加人员三十年六月至十二月份薪俸等预算书，计建筑及购置家私费列支五千六百一十八元八角，增加人员薪俸四百六十四元，合计共支一万元，该款拟在本处本年度事业费开支等情，请公决案。

（决议）照会计处签拟通过。（签拟略）

十七、据本府战时通讯所呈，拟具本府所属各级行政机关电讯联络员要则，缴请核示等情，请公决案。

（决议）照秘书处签拟通过。（签拟略）

十八、（略）

十九、何委员、郑委员（彦棻）、张委员会复，审查本府秘书处签呈拟具广东省各县市局出征抗敌军人家属优待经费筹募暂行办法草案请核施行一案审查意见，请公决案。

（决议）照审查意见通过。（意见略）

二十、郑委员（彦棻）、何委员、刘委员（佐人）会复，关于审查财政厅地政局会拟签订本省没收汉奸不动产实施办法草案及本省各县（市或局）汉奸不动产清查表式一案审查意见，请公决案。

（决议）照审查意见通过。（意见略）

二十一、（略）

二十二、据建设厅案呈，关于奉发第三区行政督察专员呈转高明、鹤山、云浮等县运输业登记办法等案，饬会同财政厅办理等因。遵查各县运输业情形大致相同，登记办法似无分别拟订之必要，兹参照秘书处、财政厅意见，将原办法改订为广东省各县（市局）运输业登记办法，通饬施行，以归一致，请核示等情，请公决案。

（决议）照秘书处签拟通过。（签拟略）

二十三、据会计处签呈，拟具本省民国三十年度第二次追加省地方普通总概算书，请察核等情，请公决案。

（决议）照案修正通过。

修正之点如下：甲、追加税入部分：（一）舶来物产专税改为追加一千一百九十二万六千一百六十二元。（二）营业税追加一百四十二万。（三）汽车养路费追加八十万。增收办法由财政厅另拟呈核。（四）什项罚金收入追加二十七万七千一百二十三点六六元。乙、追加岁出部分：（一）建设事业临时费照原列追加数减五十万元。（二）卫生事业临时费原拟追加二十万元照列。（三）调整机构改善公务员待遇一目原列追加数减七十万元。（四）战地县份补助款照原列追加数减列四十万元。（五）贫瘠县份补助款照原列追加数减列三十万元。（六）预备金照原列追加数减一十万元。

二十四、何委员、张委员、郑委员（丰）三委员会复，审查广东省粮食管理局呈缴广东省战时田赋征收实物经收实施办法草案请核示遵一案意见，请公决案。

（决议）照审查意见通过。（意见略）

二十五、主席提议，文昌县长杨永仁辞职照准，遗缺派吴世璇代理，请公决案。

（决议）照派代理。

广东省政府第九届委员会
第二百五十五次议事录

日　期　八月二十九日

地　点　曲江本府

出席者　李汉魂　郑彦棻　张导民　高　信　郑　丰　胡铭藻
　　　　　许崇清　何　彤　黄麟书　刘佐人

列席者　毛松年　伍崇厚

主　席　李汉魂

纪　录　谢晨光　吴煜堂

报告事项

一、据会计处案呈，关于阳山县政府补呈二十八年十二月至二十九年一月份办理破坏清阳交界之木槽岭等处及英阳交界之六师洞等处公铁路及各乡道路民工伙食费预计算书类，经建设厅核明尚属适合，本处复核亦符，所列清阳交界木槽岭等处征工伙食国币一百零一元三角，英阳交界之六师洞等处征工伙食国币三百一十二元四角，两共四百一十三元七角之款，似可准在本府第九届委员会第一百零五次会议核定由二十九年度建设事业支出项下拨付该县破路款国币一万元额内拨支，其支余破路款九千五百八十六元三角，既据呈明本年四月十九日返纳省金库阳山分库核收，似可准予备查，仍饬财政厅查明办理，并饬阳山县政府补取驻军验收证明书呈核等情，应准如拟办理。

二、准广东全省防空司令部函送本部所属惠阳防空通讯所三十年度四月份起至六月份止增拨主食补助费支付预算书，请查照办理等由。饬据会计处签称，查防空部队官兵主食补助费经本府核定自本年五月下半月起官兵一律月发十四元（另主食费四元），以前拟准惠阳防空通讯所自四月至六月每人增加米津四元一节，除四月份一个月拟准照增外，所需七十二元之款，照在该所三十年度经费节余项下拨支，至五、六两月份拟毋庸再增等语，应准如拟办理。

三、据建设厅签呈，转缴农林局修葺龙泉观计划及工料表，计列国币一千八百七十六元一角四分，请核示等情。饬据会计处签称，查是项计划及工料费经由秘书处核明，大致尚合，似可准予照办，该项工料费拟以各机关以前年度经费节余解库款科目追列三十年度岁入概算，并以农业试验场修葺龙泉观故址为办公地址科目追列三十年度岁出概算，余将该场二十九年度节余款办理抵解手续抵解后，仍余三元八角六分，拟饬解库等语，应准如拟办理。

四、据建设厅签呈，转缴农林局北区林业促进指导处改订三十年度岁出经常费预算书表，请核示等情。饬据会计处签称，查该区本年三月份编制为职员十一人，警役十九人，共月支生活补助费四百一十元，自应照四百一十元之数加五成发给，计由本年五月份起至十二月份止，应月增六百一十五元，八个月共增加四千九百二十元方合，此款拟准照案在本年度省总概算内调整机构补助公务员生活费项下开支等语，应准如拟办理。

五、据财政厅报告，为依照预算法规定，将应付未付二十八、九年度各款转账加入本年度开支，列表报请核备等情。饬据会计处签称，核尚可行，拟予照准，报会备案等语，应准如拟办理。

六、据会计处案呈，关于第一、第四区专署及新会、揭阳等县政府呈报捕获汉奸敌伪请奖一案，既经秘书处签奉，核定奖金数额共计三百三十五元，拟在本年度省总概算奖赏金项下拨发，呈长官部转报军委会发还归垫等情，应准如拟办理。

七、准广东省新生活运动促进会函送本会三十年度新编预算书表及统筹改订俸给办法标准等，请查照办理等由。饬据会计处签称，查所列数目核尚无不合，计本年度由五月份起至十二月份月增俸给费三百四十五元，八个月共增加二千七百六十元，此款拟准在三十年度省总概算内调整机构补助公务员生活费项下开支等语，应准如拟办理。

八、据会计处签呈，缴本处修建葵棚费支付预算书，经依实支数编列计国币八千零九十八元八角，并经驻审员签证，请饬厅拨款归垫等情，应准照办理。

九、据广东省救护委员会呈，为遵将视察旅费预算书表等分别更正，又补注明白，呈缴察核驻〔注〕销等情。饬据会计处签称，查该项旅费预算列支一百零三元四角二分，拟准照列，其余疏散档案公物购置费预算书列支十七元，暨赴坪石旅费预算书列支一十元三角，均尚无不合，上列三款，共计三十元七角二分，该款拟在三十年度省总概算岁出经常门临时部分保育及救济支出款下追列补拨救护委员会临时费科目，以该会刘前任移交节余经费项下抵拨，一面追列三十年度省总概算岁入经常门临时部分其他收入款下各机关以前年度节余经费解库款科目等语，应准如拟办理。

十、据秘书处呈缴改编省节约建国储蓄团二十九年十至十二月及三十年全年度经常费预算书，月列六百五十六元，请核示等情。饬据会计处签称，核案尚无不合，惟事关变更原核定预算内所列项目，请核定后报告会议等语，应准如拟办理。

十一、据会计处案呈，准教育厅片送中小学教师服务团二十九年奉令疏散档案公物迁移费支付预算书，请核转办理一案，查核尚无不合，此项临时费三十八元六角二分，拟准以各机关以前年度经费节余解库款科目追列三十年度岁入概算，以补拨中小学校教师服务团二十九年度迁移费科目追列三十年度岁出概算，饬该团将二十九年度经费节余款办理抵解手续等语，应准如拟办理。

十二、据秘书处呈送三十年度广东政治月刊岁入预算书表，请核转等情。饬据会计处签称，查该书表经增列广告费收入四百五十元，此款拟以广东政治月刊广告费收入科目追加三十年度总概算岁入，并照数追加三十年度省总概算岁出预备金，其余所列售价收入数及公务员月刊岁入岁出预算书表所列数目，核案均符等语，应准如拟办理。

十三、据会计处案呈，准建设厅片【送】关于廉江县政府呈复二十八年度拆城费补缴议案录文告一案，应否姑准变通办理，请查照核办等由。查该县长发给拆城补助费事未经呈准，原属不合，惟案关军要，系属权宜处置，原列各补助数目既经建设厅核明与假定征工伙食费数目较为减少，似可姑念情形特殊，准照原列九千四百五十元之数列支，款在本府第九届委员会第九十七次会议核定由二十八年度建设事业费项下拨付该县拆城补助费国币一万元额内拨支，余款五百五十元，拟饬返纳入库，并饬该县另检底案交该县财务委员会另纸签证补呈核转等语，应准如拟办理。

十四、据建设厅签呈，转缴西江船务管理所三十年一月份收支预计算书，计船照收入列二百八十一元，经费列支二百七十元，请核办等情。饬据会计处签称，除船照收入业经列入本年度省总概算船舶牌照费科目在案，该款二百八十一元，可即以该科目列收外，其一月份经费，虽经本府核准，但未列入省概算内，该款二百七十元，似可准在本年度省概算预备金项下开支，并准在前项船照收入项下开支，并准在前项船照收入项下坐支抵解，抵解后尚余十一元，拟饬解库等语，应准如拟办理。

十五、据会计处案呈，关于二十七年十一月六日本省保安第十四团第一营第三连上尉连长钟景云在连平军次被敌机轰炸殒命，前经本府核定一次恤金二百四十元，年抚金一百三十元。现据该故员遗族钟姚氏呈，以核定恤金过低，请改照陆军平战时抚恤暂行条例给恤等情。经本府秘书处核明签奉核定照陆军平战时抚恤暂行条例第七条第二款第八条第一项第二十二条第二款之规定，给与其遗族一次恤金四百元，每年年抚金二百元，给与十年为止，前项一次恤金四百元，拟在三十年度省概算岁出经常门临时部分第七款第一项第一目恤金项下拨支，年抚金每年二百元，拟在三十一年度起递年编入省地方岁出概算列支，至前核定给恤案，应即撤销等语，应准如拟办理。

十六、据建设厅签呈，缴合作事业管理处三十年度岁出经常门常时部分管理费及临时部分事业费预算书表等，请核示等情。饬据会计处签称，查核尚无不合，计本年度管理费部分，由五月至十二月八个月共增加三万零三百三十六元，又事业费由五月至十二月八个月共增加三万二千九百一十二元，两部分总计六万三千二百四十八元，此款拟准在三十年度省总概算内调整机构补助公务员生活费项下开支等语，应准如拟办理。

十七、据本府战时通讯所呈，转缴汕头分台遵照本省地方机关俸给改订办法编造三十年度预算书表，请核示等情。饬据会计处签称，查核尚无不合，计本年度由五至十二月份八个月共增加二千零八十八元，此款拟特准照案在三十年度省总概算内调整机构补助公务员生活费项下开支等语，应准如拟办理。

十八、据广东省粮食管理局呈缴南路运销处三十年一至三月份员役生活补助费预算书及名册，请核转等情。饬据会计处签称，查所列数目为一千二百八十元，核与原案尚无不合，拟准照列，并饬核实开支，及列入三十年度营业预算内等语，应准如拟办理。

十九、据建设厅签呈，缴麻织厂及硫化铁矿场两管理处三十年度预算书类，请核示等情。饬据会计处签称，查（一）麻织厂系依照原三月份核定生活费二百四十元加五发给，计本年度由五至十二月八个月共增加二千八百八十元；（二）英德硫化铁矿场照原三月份核定生活补助费五十元加五发给，计本年度由五至十二月份八个月共增加六百元，二项合共三千四百八十元，此款拟准照案在三十年度省总概算内调整机构补助公务员生活费项下开支等语，应准如拟办理。

二十、据广东新生活运动促进会妇女工作委员会呈缴本会所属各县新运妇委会预算书薪给比较表等，请核示等情。饬据会计处签称，查所列数目核有未合，为免公文往返起见，姑准照本年三月份核定该会派驻各县工作员役生活补助费一千七百一十元数额加五发给，自行支配，计本年度由五至十二月份八个月共增加二万零五百二十元，此款拟准照案在三十年度省总概算内调整机构补助公务员生活费项下开支，所请各县工作人员月增薪俸十元一节，似未便照准等语，应准如拟办理。

讨论事项

一至二、（略）

三、据第三区行政督察专员呈，据四会县政府呈缴更正第四期增加破路经费计算书类表结，计列支毫券三万一千零九十九元八角，折合国币二万一千五百九十七元零八分，请存转核销等语，转请核示等情，请公决案。

（决议）照会计处签拟通过，补拨之款，在本年度建设事业临时费项下开支。（签拟略）

四、据化县县长何宝书呈缴二十八年度第二、三次及二十九年度第四次破坏公路补助伙食费预计算书类，共列支四千八百一十七元五角五分，请准予分别存转等情，请公决案。

（决议）照会计处签拟通过。（签拟略）

五、（略）

六、据财政厅签呈，以钦〈廉〉地方法院故院长吴淮友遗族二十八年二十九年份恤金国币五百零四元，因各该年度收支结束，拟并在三十年度恤金项下拨支等情，请公决案。

（决议）照案通过。

七、据建设厅签呈，缴本年度本厅特务队公役等夏季服装预算书，计列服装一百套共国币一千八百三十元，请准照案在本厅本年度经费节余项下开支等情，请公决案。

（决议）照会计处签拟通过。（签拟略）

八、准第七战区战时粮食管理处函送二十九年五月至十二月份透支汽油追加预算书计列二千零九十六元一角三分，及三十年度一至四月份透支汽油费流用经费数额表，计列一千七百五十元，合计共需三千八百四十六元一角三分，请查照办理等由，请公决案。

（决议）照案通过。抵解手续照会计处签拟办理。

九、（略）

十、据振济会呈，为儿童教养团第五团由新兴至南雄迁移费计共需一千八百六十二元零四分，该款经准在各团经费节余项下开支附缴预算书，请察核存转等情，请公决案。

（决议）照案通过，抵解手续照会计处签拟办理。

十一、据建设厅签呈，转缴公路处新增甘岩等路养路队七月至十二月六个月经常费及生活补助费预算书表，计经常费共列支三万六千零六十元，生活补助费列支二万六千八百八十元，转缴核示等情，请公决案。

（决议）照会计处签拟通过。（签拟略）

十二、据财政厅签呈，转据税警总团呈缴该团三十年度追加增设副团长经费预算书表，计列四千一百七十六元，请转呈备案等语，此项追加经费，拟准照列，如奉核定，即在该总团三十年度经费节余项下拨支，检同原缴书表，请核示等情，请公决案。

（决议）照案通过。

十三、据第三区行政督察专员公署呈，以前缴该署二十九年度临时费预算书，列支八千四百六十元，请拨还归垫一案，奉饬自行筹抵等因。查上项临时款，业已支出无从归垫，仍请准照前缴预备数目迅予拨还，以免赔累等情，请公决案。

（决议）照会计处签拟通过。（签拟略）

十四、准广东全省保安司令部代电，附送三十年度官佐夏服津贴费预算书表，计列支二万二千三百元，请查照备案等由，请公决案。

（决议）照会计处签拟通过。（签拟略）

十五、准广东全省保安司令部函送本部通讯军士教育队三十年度支付预算书，计由四月成立起至本年十二月止九个月共列三千七百三十九元五角，请查照办理见复等因，请公决案。

（决议）照会计处签拟通过。（签拟略）

十六、据第八区行政督察专员呈，以该区自卫队第一大队遵于本年五月底结束，除将该大队第一中队王光球部拨编为广东省保安第一特务大队机枪中队外，其余大队部及二、三两中队官兵，均于五月三十日给资遣散，官佐每员发给恩饷半月，士兵每名发给恩饷八元，计共需官兵遣散费一千四百八十五元，该款业经挪借垫发，附呈计算书，请核发归垫等情，请公决案。

（决议）照案通过，款在本年度省预备金项下拨支。

十七、据建设厅签呈，为农林局总务课课长一缺，拟请调派林业课技士兼营林股主任陈应圻接充等情，请公决案。

（决议）照派代理。

十八、（略）

十九、据财政厅签呈，关于本厅前拟本省各县乡镇财产保管委员会组织暂行章程，奉批照秘书处签拟意见参酌修正提会等因，签复察核等情，请公决案。

（决议）照案修正通过。①

二十、据会计处签呈，关于电白县政府呈缴三十年度县地方岁入岁出第一次追加概算书，均为一万一千七百八十二元，拟准照数追加，仍请提会核定等情，请公决案。

（决议）照案通过。

二十一、据会计处签呈，关于合浦县政府呈缴二十九年度县地方第

---

① 修正之点略。

三次追加岁入岁出概算书，经参酌各厅意见，整理完竣，整理后，拟改列各追加为二万八千三百二十一元，请提会核定等情，请公决案。

（决议）照案通过。

二十二、据会计处签呈，关于封川县政府呈缴三十年度岁入岁出追加概算书，经参照各厅意见修正，修正后，计各追加三万九千三百一十七元，仍请提会核定等情，请公决案。

（决议）照案通过。

二十三、据会计处签呈，关于化县县政府呈缴三十年度县地方岁入岁出追加概算书，经参照各厅意见，分别整理，整理后，拟准照原列各为四万六千七百五十八元之数追加，仍请提会核定等情，请公决案。

（决议）照案通过。

二十四、据会计处签呈，关于罗定县政府呈缴县地方三十年度岁入岁出追加概算书，经参照各厅意见，整理核编，核编后，计追加数仍照原列各为一十二万四千七百三十三元，请提会核定等情，请公决案。

（决议）照案通过。

二十五、据会计处签呈，关于梅县政府呈缴县地方三十年度岁入岁出追加概算书，经参照各厅意见，改列各为九万一千九百三十二元，请提会核定等情，请公决案。

（决议）照案通过。

二十六、据会计处签呈，关于三水县政府呈缴县地方二十九年度岁入岁出第五次追加概算书收支各列为三千零三十三元，系属教育收支，经送教育厅核明应准予追加等语，拟如拟照准追加，请提会核定等情，请公决案。

（决议）照案通过。

二十七、据会计处签呈，关于仁化县政府呈缴县地方三十年度岁入岁出追加概算书，经参酌各厅意见修正，修正后，计各追加五万三千三百八十八元，请提会核定等情，请公决案。

（决议）照案通过。

二十八、据秘书处案呈，关于本省粮食管理办法一案，据本省三十年行政会议秘书处呈府核办前来，请提会核定等情，请公决案。

（决议）交何、黄、张、郑（丰）、高五委员审查，由何委员召集。

二十九、据本府边政委员会呈缴该会组织规程及编制表等件，请核示等情，请公决案。

（决议）交何、黄、刘（佐人）三委员审查，由何委员召集。

三十、张委员、郑委员（彦棻）、高委员会复审查建设厅签呈转据面粉纺纱织造厂筹备处呈缴修正预算一案意见，请公决案。

（决议）照审查意见通过。（意见略）

广东省政府第九届委员会
第二百五十六次议事录

日　期　九月二日

地　点　曲江本府

出席者　李汉魂　郑彦棻　张导民　何　彤　黄麟书　胡铭藻
　　　　刘佐人　许崇清　高　信　郑　丰

列席者　毛松年　黄　雯

主　席　李汉魂

纪　录　谢晨光　吴煜堂

报告事项

一、据广东省粮食管理局代电，为增进业务上之效能及免出差人员因公赔累起见，酌拟本局暨所辖各机关员役出差旅费暂行给与甲乙两表，请核示等情。饬据会计处签称，查表列各数，核与需要似可准照办理等语，应准如拟办理。

二、据教育厅签呈，转缴省立韩山师范二十九年度六至十二月份校舍租金临时支付预算书，计列支二百九十一元六角九分，请准由该校二十六、二十七、二十八各年度节余经费一千二百零三元五角二分开支。等情。饬据会计处签称，似可准照二百九十一元六角九分之数以各机关以前年度经费节余解库款科目追列三十年度岁入概算，以补拨省立韩山师范学校二十九年度六至十二月份校舍租金科目追列三十年度岁出概算，饬该校将上开节余经费办理抵解手续，至抵解后尚余九百一十一元八角三分，应悉数解库等语，应准如拟办理。

三、据建设厅签呈，转缴农业试验总场三十年岁出经常费预算书表等，请核示等情。饬据会计处签称，查核尚无不合，计本年度由五至十二月份八个月共增加五千一百九十二元，此款拟在三十年度省总概算内调整机构补助公务员生活费项下开支等语，应准如拟办理。

四、据第三区行政督察专员代电，以据南海县请自七月份起增加情报活动费每月一百元，拟请由省库拨助等情。转请核示一案，饬据会计处签称，查核原与规定不符，惟查该县系属战地县份，情报工作，较为切要，是项活动费每月一百元，拟由九月份起至十二月止，四个月经费四百元，准在本年度省总概算内接近战区战时工作费项下拨支等语，应准如拟办理。

五、据本府战时通讯所呈，转缴有线电话队二十九年疏散档案购置费预算书表，计列支一百六十九元一角，请核拨归垫等情。饬据会计处签称，查核尚无不合，该款拟在三十年度省预备金项下开支等语，应准如拟办理。

六、准广东省戏剧电影审查委员会函，以本会自各戏院奉令限于每星期一、四两日演剧后，经费入不敷支，请每月补助经费国币五十元，以利会务等由。饬据会计处签称，查此案既由秘书处签奉核准拨付，计由本年八月份起至十二月份止共国币二百五十元，拟在本年度省总概算预备金项下拨支等语，应准如拟办理。

七、据广东省粮食管理局呈送西江四邑运输处三十年一至三月份员役生活补助费预算书及名册，请核转等情。饬据会计处签称，查核书列支二千六百六十元，既经该局查核相符，复核尚无不合，拟准照列，款在救济米荒基金项下开支，并饬列入三十年度营业预算内报会备案等语，应准如拟办理。

八、据财政厅签呈，转缴梅县税务局增设扩充征收站设备费预算书，请核示等情。饬据会计【处】签称，查核预算书列支二百五十二元二角似属需要，所请拟在本年度征收民营汽车营业税站开办费项下开支，似可照准等语，应准如拟办理。

九、据会计处案呈，准教育厅片送省立广州农工职业学校二十九年十至十二月员役米津预算书册。请核办一案，查核书册每月列支一百三十四元，三个月共列支四百零二元，核数尚相符合，拟准照拨，款在二十九年度追加省总概算内各级公务员役团警米津项下开支等语，应准如拟办理。

十、准广东高等法院函送番禺、始兴地方法院等二十九年十至十二月份员役米津预算数目表，请核办等由。饬据会计处签称，除番禺县府业经核定饬拨外，其余始兴等院员役米津，三个月共一千零八十九元，拟准照拨，款在二十九年度追加省总概算内各级公务员役团警米津项下开支等语，应准如拟办理。

十一、据卫生处签呈，转缴第三卫生区署制备公役服装费预算书，请察核等情。饬据会计处签称，查书列制服费每套列支一十六元，四套共六十四元，似可准予列支，该款拟饬在该署本年度经费撙节支报等语，应准如拟办理。

讨论事项

一、准广东省军管区司令部电送翁源、新丰两县三十年度办理国民兵役初次施行壮丁调查办公费等预算书，各列支一千七百四十八元七角五分，请查照办理等由，请公决案。

（决议）照案通过，款在本年度省预备金项下拨支。

二、准广东省军管区司令部电送仁化县办理国民兵役壮丁调查办公费等支付预算书，列支一千七百四十八元七角五分，请查照办理等由，请公决案。

（决议）照案通过，款在本年度省预备金项下拨支。

三、准广东省地方行政干部训练委员会电，据仁化县地方行政干训所电，为调集全县保长、国民兵团队长、班长训练共编一中队请照成例补发事业费国币五百元等情，请查照办理等由，请公决案。

（决议）照案通过，款在本年度补助实施新县制县份经费项下拨支。

四、准广东省地方行政干部训练委员会函送干训团增建游泳棚主任教官室等临时建筑费支付预算书，共列支八千六百二十九元，款在该团三十年度节余经费项下开支，请查照办理等由，请公决案。

（决议）照案通过。

五、准广东省地方行政干部训练团函复，本团特务队所负任务与警卫营相同，所请自三十年三月份起增加主食补助费预算，似可准予照办，又送特务队三十年五月至十二月份追加经费支付预算书，共列七千零三十八元，请查照准予给领等由，请公决案。

（决议）照会计处签拟通过。（签拟略）

六、准广东省地方行政干部训练委员会函送干训团第七、八、九区联训班三十年度一至四月份额外人员经费支付预算书，共列支一千四百九十二元四角，请查照等由，请公决案。

（决议）照会计处签拟通过。（签拟略）

七、据民政厅签呈，据花县县长报告，拟请暂缓实施战地党政机构调整纲要，并进一步实施新县制，拟准暂免改组，并定三十一年一月一日起开始实施新县制，请提会核定等情，请公决案。

（决议）照案通过。

八、据财政厅签呈，关于省库垫付黄隆生同志公葬费五千元一案，似可由省库指定开支科目，以便转账等情，请公决案。

（决议）照案通过，款在本年度省预备金项下拨支。

九、据财政厅转据税警总团呈，报该团干部训练班三十年度追加学员旅费预算书，计列全期共需一万零九百五十元，拟援案在该团三十年度经费节余项下拨支等情，请公决案。

（决议）照案通过。

十、（略）

十一、据建设厅签呈，关于前缴三十年度护路队服装费预算书列支三千五百六十元一案，以公路处及护路队节余过少，无法搏节开支，请另指款拨支等情，请公决案。

（决议）照案通过，款在本年度省预备金项下拨支。

十二、据建设厅转呈公路处追加官渡至梅坑路段养路队本年六至十二月份经常费及生活补助费支付预算书表，计经常费共列支三万四千一百八十元，生活补助费共列支一万九千四百二十一元，请察核指款拨支等情，请公决案。

（决议）照会计处签拟第（一）、（二）两点办理。（签拟略）

十三、据建设厅签呈，关于提运接收工业管理处存贺小汽车五辆一案列具旅费支付预算书，计列一万零二百四十二元，请核示等情，请公决案。

（决议）照会计处签拟通过。（签拟略）

十四、据建设厅转缴铲运曲江河西渡口原有渡车船一艘至官渡河应用沿途费用及船具支付预算书表，计列支一千零九十元，请指款拨发归垫等情，请公决案。

（决议）照会计处签拟通过。（签拟略）

十五、据建设厅签呈，转据合作事业管理处呈，以拟增办合浦、防城两县合作事业，连同追加三十年度合作事业费支付预算书，计列由本年六月份起至十二月份止七个月共支八千二百六十九元，该款拟在前农村合作委员会结存款项下拨支等语，请核示等情，请公决案。

（决议）照案通过，抵解手续照会计处签拟办理。

十六、主席提议，据本府边政指导委员会签呈，以曲江县境西山一带，向为山民聚居之区，拟在该处设站施教，请自八月份起，由省库月拨经费八百元等情。应准自九月份起支，仍请公决案。

（决议）照案通过。款在本年度省预备金项下拨支。

十七、据广东省军民合作总站呈转丰顺、广宁、花县等军民合作站开办费，及三十年度经常费，暨恩平县军民合作站开办费二十九年度八月至十二月经常费预算书类，合计共需一万一千零七十元，请由省库拨助，以维站务等情，请公决案。

（决议）照会计处签拟通过。（签拟略）

十八、据广东省驿运管理处签呈，为代驿运班经支各费一千八百一十六元五角三分，请准在本处二十九年度营业预算营业支出节余项下报销等语，请公决案。

（决议）照案通过。

十九、据第一区行政督察专员公署呈缴该署三十年六月份行政因粮表册，实支因粮五百零五元二角，请核发归垫等情，请公决案。

（决议）照案通过。款在本年度寄押人犯口粮项下拨支。

二十至二十一、（略）

二十二、据建设厅签呈，拟请调升本厅科员马炳枢代理本厅视察等情，请公决案。

（决议）照派代理。

二十三、据民政厅签拟，请委派王仁佳为本厅荐任视察等情，请公决案。

（决议）照派代理。

二十四、（略）

二十五、据教育厅签呈，以据文理学院呈缴三十年寒假兵役宣传费预算书，计列支一千六百三十二元，转请核准拨支等情，请公决案。

（决议）照案通过。

二十六、据教育厅签呈，以比照省校教职员改善待遇办法，请拨款增加私立仲元、执信、仲凯三校补助费，计仲元中学月加一千三百六十一元，执信中学月加二千零三十九元五角，仲凯农职月加一千五百九十九元五角，三校月共五千元等情，请公决案。

（决议）照案通过，自九月份起，款在本年度调整机构补助公务员生活费项下拨支。

二十七、主席提议，中山县县长肖豪辞职照准，遗缺派袁带代理，请公决案。

（决议）照案通过。

二十八、据秘书处案呈，查阳山县人邓官福等因水利争执不服阳山县政府之处分，提起诉愿一案，现经审查决定，作成决定书，请提会核定等情，请公决案。

（决议）交郑委员（丰）审查。

二十九、据秘书处案呈，查恩平县人陈家超等因与刘希权经管账目之争执不服恩平县政府民国二十四年二月二十日所为投变财产之处分，提起诉愿一案，现经审查决定，作成决定书，请提会核定等情，请公决案。

（决议）照决定书通过。

三十、据建设厅签呈，转缴广东粮食增产总督导处呈，改拟本省三十年度扩大冬耕种植食粮作物实施办法，所拟冬耕贷款总额为三百万元，查核尚属可行，经厅与省银行洽商并拟订本厅与省银行贷款合约草案×份，请将该草案令发省银行饬照数借足，会同本厅签订合约等情，请公决案。

（决议）照案通过。应拨之利息，在本年度建设事业临时费项下开支，拨付手续，照会计处签拟办理。

广东省政府第九届委员会
第二百五十七次议事录

日　期　九月五日
地　点　曲江本府
出席者　李汉魂　郑彦棻　张导民　何　彤　黄麟书　胡铭藻
　　　　刘佐人　高　信　郑　丰
列席者　黄　雯　毛松年　陈　文
主　席　李汉魂
纪　录　谢晨光　吴煜堂

报告事项

一、据广东省卫生处签呈，转缴茂名药库运药费预算书，列支二千六百元，请核示等情。经饬会计处签称，查列支运药费既经卫生处核明属实，饬遵照编列，复核□数亦无不合，拟准在购置五千万元药物费预算内第二□旅运费开支等语，应准如拟办理。

二、据广东省振济会呈，转缴本会儿童教养院各院部二十九年九月份员役米津支付预算书册，请核转等情。饬据会计处签称，查核预算列支九百六十六元三角五分，既经该会核无不合，款在振款项下拨支，拟准照办等语，应准如拟办理。

三、据教育厅签呈，关于专上学校战区粤籍生贷金额，自八月份起，每名每月增至国币十六元，至增加部分少贷之款，则将各专上学校已定之名额比例核减抵拨，请核备等情。饬据会计处签称，拟准予照办等语，应准如拟办理。

四、据财政厅签呈，转缴云浮税务局三十年度游征营业税旅费预算书，请核示等情。饬据会计处签称，查核预算书列支九十九元，既据财政厅签明尚属需要，似可照准，为节省手续起见，拟饬列入该局三十年度经费预算内办公费项下支报等语，应准如拟办理。

五、据广东省振济会呈，以救济总队由本年四月份增加坪石药库办公费月支一十五元，连前共三十元，请核备等情。饬据会计处签称，核尚可行，该款由本年四至十二月共九个月，计一百五十三元，拟着在该队本年度经常费撙节开支，列入经常费内支报等语，应准如拟办理。

六、据广东省振济会呈缴本会第二医疗队二十九年九、十月份出差旅费支付预算书，请核转等情。饬据会计处签称，查：（一）第二医疗队二十九年九、十两月份出差旅费支付预算书，合共列支国币一百三十八元七角。（二）第三医疗队二十九年十月、十一月两月份出差旅费支付预算书，合共列支国币二百一十二元四角。以上两项列支数目，既经该会在振款项下拨支，核尚可行，拟请照准等语，应准如拟办理。

七、据教育厅签呈，转缴省立连县社教实验区二十九年度搬迁修葺添置费临时追加预算书，计列支一百八十七元，此款拟在二十九年度一月份经费节余项下拨支等情。饬据会计处签称，所称原列搬迁修葺添置等项预算数不敷应支，拟将原预算第×项实施区设备费一百零七元流用于一、二两项，核与预算法尚无不合，拟予照准。至流用后尚应追加之一百八十七元，拟以各机关以前年度经费节余解库款科目追列三十年度岁入概算，以补拨连县社会教育实验区二十九年度搬迁修葺添置临时费科目追列三十年度岁出概算，饬该区将二十九年度一月份经费节余款二百元办理抵解手续。至抵解后尚余一十三元，应饬一并解库等语，应准如拟办理。

八、据卫生处转呈第二卫生区署本年改订俸给经费预算书，请核示等情。饬据会计处签称，查该区署系属省地方普通公务机关，现据呈预算书表所列数目核尚无不合，计本年度由五月份起至十二月份，月增俸给费四百三十四元五角，八个月共增加三千四百七十六元，此款拟准照案在三十年度省总概算内调整机构补助公务员生活费项下开支等语，应准如拟办理。

九、据建设厅案呈，关于勘定韶关工务局业务管辖范围一案，现据会勘机关代表将会议录及界线图呈核到府，就目前韶市尚未十足发展，及工务局组织而论，县府所拟界线暂时以较适合，至公务局所呈分区意见，拟俟界线核定后，再行核饬，请核示等情，应暂以曲江县政府所拟界线为工务局业务管辖范围。

十、奉行政院令，发战时三年建设计划大纲、战时三年建设计划大纲整理办法、各机关三十一年度计划编制办法、各机关三十一年度计划进度及概算对照表等件，饬遵照办理等因，经分别函行各机关办理。

讨论事项

一、据公路处呈，拟请核准成立总工程师室，所需经费改由各项改善工程费及养路费节余项下开支，请赐将前呈预算核定等情，请公决案。

（决议）必要时准增设总工程师一员，工程技术人员若干员，款由该处各种经费匀支。

二、据财政厅签呈，转缴缉私处由三江迁马坝迁移费预算书类，计列支一千五百九十一元八角，请核发归垫等情，请公决案。

（决议）照案通过，款在本年度省预备金项下补拨。

三、据教育厅转据高州中学卸校长陈智乾任内迁移校具及添建校舍支出预计算书类，计需款四千三百零三元一角一分，除将任内征存高初中学费拨用外，尚差一千五百八十四元一角一分，请准予指拨归垫等情，请公决案。

（会计处签拟）查省立学校所收学生学费，既经列入省总概算岁出项下，自应以原科目解库。该卸校长现将任内经支补助公费生费及迁移校具添建校舍临时费□应解学费开支，似有未合，惟查教厅签具意见，以二十九年度教育文化费无可挪拨，而该校长亦卸任多时，款既实际支出，因案未解决，至无从报销，为解决悬案起见，上开迁移校具及添建校舍临时费四千三百零三元一角一分，暨补助公费生费一百四十七元，两项共四千四百五十元一角一分，拟准在本年度省预备金项下开支，饬将征存学费二千八百六十六元解库抵领。

（决议）照会计处签拟通过。

四、准广东省地方行政干部训练团函送本团装设电灯费支付预算书，计列二万五千八百八十一元九角，款在本团本年度经费节余项下开支，请查照存转备案等由，请公决案。

（决议）照案通过。

五、（略）

六、据从化县政府呈缴俸给原支数及改订数比较表，请准将不敷款一千元饬库自本年七月份起按月补助等情，请公决案。

（会计处签拟）查该县是项补助费，拟由七月份起，每月依照规定补助（查该县原有省库补助行政经费年支一万七千七百九十六元，每月分配为一千四百八十三元）七百四十一元，六个月合共四千四百四十六元，款在本年度省总概算内接近战区县份战时工作费项下拨支。

（决议）照会计处签拟通过。

七、据建设厅签呈，驿运管理处秘书吴紫铨已调本府秘书处服务，遗缺权调派秘书处法制室编审郑炯湖接充等情，请公决案。

（决议）照案通过。

八、据会计处案呈，查四会县政府地方三十年度第一及第二次追加概算书，经参照各厅意见，改列岁入岁出追加数均为二万四千九百七十九元，仍请提会核定等情，请公决案。

（决议）照案通过。

九、据会计处案呈，查龙门县政府二十九年度国省库补助国教费追加岁入岁出概算书，计收支各列为一百三十六元，核案相符，拟准予追加，仍请提会核定等情，请公决案。

（决议）照案通过。

十、据会计处案呈，查普宁县政府地方三十年度追加概算书，经参照各厅意见，改列岁入岁出追加数均为一万五千七百二十四元，仍请提会核定等情，请公决案。

（决议）照案通过。

十一、据会计处案呈，查从化县政府二十九年度县地方追加岁入岁出概算书，经参照各厅意见，改列岁入岁出追加数均列一万零四百九十七元，仍请提会核定等情，请公决案。

（决议）照案通过。

十二、据会计处案呈，查始兴县政府地方三十年度追加概算书，经参照各厅意见，改列岁入岁出均为五万零七百九十三元，仍请提会核定等情，请公决案。

（决议）照案通过。

十三、据财政厅签呈，缴修正船舶牌照费征收章程连同岁入岁出概算，请核示等情，请公决案。

（决议）交郑委员（丰）审查。

十四、据广东省边政指导委员会签呈，缴充实文物举办事业费预算书，列支一万元，请由省库拨助等情，请公决案。[①]

（决议）照会计处签拟通过。

十五、据广东省卫生处签呈，拟订本省各县（市局）卫生院收费标准表，请察核通饬遵行等情，请公决案。

（决议）照案通过。

十六、据安化管理局局长廖炯然报称，本局因无地方款收入，故特别办公费向无开支，请指定核发，及核定办公费应增数目等情，请公决案。

（会计处签拟）关于第二五一次会议规定之增加特别办公费每月一百元，暨办公费每月二百元，原规定在县局地方款开支，惟该局因无地方款收入，本年度预算虽列有预备金二千六百五十五元，但除必要支出外，所余有限，似难再负担此项由九月份起增加之办公费及特别办公费每月共三百元，本年度内共一千二百元之数，似可并在本年度省地方总概算预备金项下开支，并饬该局将是项增加补助数补办局地方追加预算呈核。

（决议）照会计处签拟通过。

十七、据资源委员会广东省政府合办工矿事业理事会呈缴粤北铁工厂及八字岭煤矿资金分配表等，请照负担额一百一十四万元按月拨会转发，以利进行等情，请公决案。

（决议）准先借支四十万元，款在本年度调整机构补助公务员生活费项下垫付。

十八、据建设厅签呈，拟请委派钟俊修代理本厅第一科科长等情，请公决案。

（决议）照案通过。

十九、据财政厅签呈，转缴缉私处由马坝迁连县迁移费预计算书，计列支七千八百四十一元八角一分，请核发归垫等情，请公决案。

（决议）照案通过。款在本年度预备金项下拨支。

---

① 会计处签拟略。

二十、据建设厅签呈，转缴农林局呈拟农林部补助本省三十年度防除牛瘟计划发展蚕丝计划麻类试验计划及东韩江永〔水〕源林苗圃及增设北江水源林苗圃等计划预算，请依照部颁补助办法第四项规定，筹拨经费等情，请公决案。

（决议）照案通过，应由本府拨付之款，在本年度建设事业临时费项下开支。

二十一、张委员、刘委员（佐人）会复，审查秘书处签拟修正广东省公务员雇员公役遭受空袭损害暂行救济办法草案一案意见，请公决案。

（决议）照审查意见通过。（审查意见略）

二十二、何委员、郑委员（丰）、张委员会复，审查关于集泰庄司理陈伯青不服曲江税务局没收卷烟之处分，提起诉愿案，秘书处所拟决定一案意见，请公决案。

（决议）照原决定书通过。

二十三、主席提议，兼广东省立医院院长黄雯呈请辞职，应予照准，遗缺以该院院监赵秀生升充，请公决案。

（决议）照案通过。

二十四、（略）

二十五、据本府行政效率促进委员会、本府秘书处会呈，依据政务视导检讨会议决议改善各项原则，及参照过去经验，从新修订广东省政务视导团组织大纲，及视导办法，暨视导区域配置表，请提会决定施行等情，请公决案。

（决议）交高、郑（丰）、何三委员审查，由高委员召集。

二十六至二十八、（略）

二十九、民政厅长提议，拟在韶关择地建筑省忠烈祠，计建筑费等共五万五千元，拟在本年度建设事业临时费项下开支，经常管理祭祀等费共年支三千四百元，从三十一年度起支，拟请准予列入三十一年度预算，请公决案。

（决议）照案通过。

三十、主席提议，海丰县县长李钰着即免职，遗缺派曾镇南代理，请公决案。

（决议）照案通过。

三十一、据会计处案呈，关于省参议会函请增加第六次开会及参议员出席旅费暨秘书处经费等五项计共增九万三千二百二十元，究应增拨若干，其经常费及特别办公费由何月起拨，请提会核定在本年度省总概算预备金项下拨支，明年度应在何项开支，并请核夺等情，请公决案。

（决议）交张、郑（彦棻）、郑（丰）三委员审查，由张委员召集。

三十二、据建设厅签呈，转缴公路处养路队及各渡口渡车船三十年度经常费预算书表，计养路队经常费本年度原核定六十三万七千三百九十六元，现列连追加预算总数一百二十万三千二百七十元，各渡口渡车船经常费本年度原核定四万七千五百八十元，现列连追加预算总数五万九千三百四十八元，请核示等情，请公决案。

（决议）交张、郑（彦棻）高三委员审查，由张委员召集。

三十三、主席提议，拟组织广东省企业公司，以助成本省经济建设，兹拟定广东省企业公司章程，请公决案。

（决议）交郑（丰）、郑（彦棻）、张、何、高、胡、刘（佐人）七委员审查，由郑委员（丰）召集。

广东省政府第九届委员会
第二百五十八次议事录

日　　期　九月九日

地　　点　曲江本府

出席者　李汉魂　郑彦棻　高　信　郑　丰　许崇清　胡铭藻
　　　　　何　彤　刘佐人　黄麟书

列席者　毛松年　何汉昌　黄　雯　陈　文

主　　席　李汉魂

纪　　录　谢晨光　吴煜堂

报告事项

一、据韶关工务局呈，经商准建设厅公路处派测量队协助绘测本市东西河坝及黄田坝等地，所需旅费津贴等费共四千四百四十元，请如数拨给等情。饬据会计处签称，查公路处测量队既有原薪给领，拟将所列旅费津贴等三千九百六十元全数剔除，核减后共列四百八十元，饬在该局经费节余项下开支等语，应准如拟办理。

二、据省振济会先后呈缴南路振济区西营及寸金桥归侨招待所兼义民输送站三十年度经常费岁出预算书表，计西营招待所年支二千七百二十四元，寸金桥招待所年支二千一百八十四元，款在该区振款项下开支。饬据会计处签称，核与前缴预算书相符，似可准予存转等语，应准如拟办理。

三、据省振济会呈缴第二、三医疗队二十九年度服养费预算书，各列支三百八十八元五角。饬据会计处签称，拟准照款列，款在该会振款项下拨支等语，应准如拟办理。

四、据卫生处呈缴第二防疫队本年改订俸给增加经费预算书表。饬据会计处签称，查书表所列数目核案不符，应按照本年三月份核发该队员工每月生活补助费共一百八十元数额加五成改发战时加给经费，计本年度由五月份起至十二月份，月增俸给费二百七十元，八个月共增加二千一百六十元，此款拟准照案在三十年度总概算内调整机构补助公务员生活费项下开支等语，应准如拟办理。

五、据本府战时通讯所呈缴业务调查电台三十年预算书类。饬据会计处签称，查书表所列数目核尚无不合，计本年度由五月份起至十二月份，月增俸给费一百七十九元，八个月共增加一千四百三十二元，此款拟准照案在三十年度省总概算内调整机构补助公务员生活费项下开支等语，应准如拟办理。

讨论事项

一、据教育厅签呈，缴省立梅州师范附属小学本年度一至七月份经费支付预算书表，一月份经费三百一十五元二角，拟照成案仍由梅州农职学校本年度一月份未开班节存经费拨支，二月至七月份六个月经费共一千九百八十元，拟由国民教育经费内流动学校及各校补助费项下按月拨支等情，请公决案。

（决议）照案通过。

二、据教育厅签呈，为奉部令考送国立社会学院学生，编拟旅费及广告费预算书，计共二千五百七十四元七角二分，拟在本年度国内外各地留学生经费项下拨支等情，请公决案。

（决议）照案通过。

三、据财政厅签呈，缴设置驻税局审核员暂行办法及驻各税务局审核员薪俸预算书，计二十九年度（十一至十二月）列支一千一百元，本年度年支六千六百元，驻宝安税务局审核员额外生活补助费预算书，列支一千四百元，款在各该年度各税务局管理卷烟桐油经费余额项下支付。又本年度（五至十二月）审核员改订俸给增加薪俸预算书，计列支二千一百六十元，请在调整机构补助公务员生活费项下拨支等情，请公决案。[①]

（决议）增薪之款在财务经费项下匀支，余照秘书、会计两处签拟通过。

四、（略）

五、据本省粮食增产总督导处呈，请准由省库先行垫借粮食增产专款一十万元，俟农林部第二期粮食增产专款汇到归垫等情。经饬财政厅在本年度省预备金项下先行拨垫，补提会请追认案。

（决议）照案追认。

六、据会计处案呈，准教育厅片送上窑社教区国民学校三十年度岁出预算书表，计应月发战时加给经费一百七十元，本年度由五月份起至十二月止八个月共一千三百六十元，该款拟在调整机构补助公务员生活费项下开支等情，请公决案。

（决议）照案通过。

七、据本府战时调查处呈缴本年六月份建筑办公厅及购置家具临时费预算书，列支七百九十一元二角，款在本处本年度六月份节存经费项下开支，请核示等情，请公决案。

（决议）照案通过。

八、据第一区行政督察专员公署呈缴三十年七月份囚犯出入循环表暨囚粮清册，列支五百四十九元二角，请核发归垫等情，请公决案。

（决议）照案通过。款在本年度寄押人犯口粮项下拨支。

---

① 秘书处签拟、会计处签拟略。

九、（略）

十、据本府边政指导委员会呈，为本会已于八月一日开始工作，本会预算每月经费一千五百元，应与粤北边疆施教区原有预算分编，请转饬知照等情，请公决案。

（决议）照案通过。

十一、据本府驻渝办事处电，拟将原址修理，以便办公，约需工料费一千四百元。又购置车胎计需款一千七百九十五元，请核示等情，请公决案。

（决议）照案通过，款在本年度省预备金项下拨支。

十二、据会计处案呈，查合浦县地方三十年度岁入岁出追加概算，经参照财、教两厅意见整理核编后，计拟改列各为三万二千六百二十元，请提会核定等情，请公决案。

（决议）照案通过。

十三、据会计处案呈，查东莞县地方二十九年度岁入岁出追加概算各列为四百七十三元，经教育厅核案尚符，拟准照数追加，请提会核定等情，请公决案。

（决议）照案通过。

十四、准广东省军管区司令部电送本省兵役人员训练班三十年度士兵夏服支付预算书，计需款一千七百六十七元零八分，经准在本年度团队经费节余项下支付，请查照等由，请公决案。

（决议）照案通过。

十五、准广东省军管区司令部电送连阳自卫总队三十年一月份移防连县旅运费支付预算书，列支一千三百二十四元八角，经饬在该总队本年度经费节余项下开支，请查照等由，请公决案。

（决议）照案通过。

十六、（略）

十七、主席提议，吴秘书种石免兼机要室第三组组长职，所遗组长缺，以本府咨议张文仲调充，请公决案。

（决议）照案通过。

十八、据建设厅呈缴视察□□□□荐委表，请赐核委等情，请公决案。

（决议）照派代理。

十九、据粮食管理局签呈，请将秘书处机要室科员罗志达调充本局荐任视察等情，请公决案。

（决议）照案通过。

二十、何委员、刘委员（佐人）、黄委员会复，审查关于边政指导委员会呈缴该会组织规程及编制表一案意见，请公决案。

（决议）照审查意见通过。（意见略）

二十一、何委员、高委员会复，审查财政厅呈拟本省各县市房捐征收章程草案一案意见，请公决案。

（审查意见）查原章程第六条一、二两项应修正如左：（一）出租房屋按所收租金百分之四征收，但其房屋基地未纳地税者，在土地赋税未整理前，暂按所收租金百分之六征收。（二）自用房屋按所报产价千分之四征收，但其房屋基地未纳地税者，在土地赋税未整理前暂按所报产价千分之六征收。

前两项租金或产价，以开征前一个月所报数额为准。

秘书处修正章程第十五条填缴经征机关之下，拟加"编列房捐册并"六字，前两项通知书及之下拟加入"房捐册"三字，以资完备。其余各条，似可照秘书处签拟分别修正。

（决议）照审查意见通过。

二十二、据本省粮食管理局呈，请修正广东省战时田赋征收实物实施办法草案，及经征施行细则草案、经收施行细则草案等情，请公决案。

（决议）交何、郑（丰）、高三委员审查，由何委员召集。

二十三、（略）

二十四、据财政厅签呈，拟具各县发动田赋征实宣传办法及经费预算书，列支一十万元，请核定在省预备金项下开支等情，请公决案。

（决议）交黄、何、高三委员审查，由黄委员召集。

二十五、据粮食管理局签呈，以转奉院令改组为粮政局，拟于十月一日遵照改组，□缴本局及各区粮政处三十年度编制预算表、组织规程暨所属机关三十年度临时费概算表，计列本局经常费每月四万五千一百一十六元，各区粮管处经费每月二千九百九十八元，本局及附属机关临时费列支一万一千四百三十元，请核示等情，请公决案。

（决议）交张、郑（丰）、高三委员审查，由张委员召集。

二十六、据粮食管理局呈缴本省乡（镇）粮库保管委员会组织章程草案、省粮库及收集所组织通则草案，及市用制量器图例等，并签请修正暨声复各节，请核示等情，请公决案。

（决议）交张、郑（丰）、高三委员审查，由张委员召集。

二十七、据本省粮食管理局呈缴粮政局暨各区粮政处组织规程及粮政局暨各区粮政处三十一年度编制预算表等件，计粮政局月列五万七千零六十元，各区粮政处月列三千八百四十元，请核示等情，请公决案。

（决议）交张、郑（丰）高三委员审查，由张委员召集。

二十八、据建设厅案呈，据公路处呈复，平远、和平、坝子三检查站职务由养路费征收站代理，势难兼顾，请准将该三站开办费及本年五至十二月八个月经常费两共一万三千一百八十三元核定等情，请公决案。

（决议）照案通过。款在本年度建设事业费项下拨支。

广东省政府第九届委员会
第二百五十九次议事录

日　期　九月十一日

地　点　曲江本府

出席者　李汉魂　郑彦棻　张导民　郑　丰　高　信　许崇清
　　　　黄麟书　何　彤　胡铭藻　刘佐人

列席者　袁晴晖　毛松年

主　席　李汉魂

纪　录　谢晨光

报告事项

宣读上次会议议决案。

讨论事项

一、郑委员（彦棻）、张委员、黄委员、何委员、郑委员（丰）会复关于审查会计处拟编三十一年度本省岁出概算草案一案意见，请公决案。

（决议）照案修正通过。

二、据秘书处案呈，拟修正本府合署办公施行细则，请核定等情，请公决案。

（决议）交许、刘（佐人）高三委员审查，由许委员召集。

三、胡委员、何委员、郑委员（丰）、张委员、高委员会复关于奉交广东省粮管局签拟田赋征得实物拨充军粮办法一案意见，请公决案。

（决议）照案修正通过。①

四、据行政效率促进委员会呈，遵照行政院颁布三十一年度计划编制办法重编普通政务及特别建设计划各一份，请核示等情，请公决案。

（决议）照案修正通过。

广东省政府第九届委员会
第二百六十次议事录

日　　期　九月十六日

地　　点　曲江本府

出席者　李汉魂　郑　丰　高　信　张导民　胡铭藻　刘佐人
　　　　何　彤　黄麟书　许崇清

列席者　黄秉勋　何汉昌　黄　雯　陈　文

主　　席　李汉魂

纪　　录　谢晨光

报告事项

一、据卫生处电，拟请修正本省医师开业管理规则，及中医开业管

---

① 修正之点略。

理规则第四、第五等条条文，及履历表。饬据秘书处核拟分别酌予修正，请颁行前来，应核准如拟办理。

二、据建设厅签呈，转缴公路处护路队本年七至十二月份官兵生活补助费书表，月列一千一百六十元，七至十二月份六个月共六千九百六十元。饬据会计处签称，核案尚符，拟准照发，款在三十年度省总概算内调整机构补助公务员生活费项下开支等语，应准如拟办理。

三、据省振济会呈，缴第五振济区本年度经费岁出预算书表。饬据会计处签称，所列数目核无不合，计由五月份起至十二月份，月增俸给费二百零五元，八个月共增加八百四十元，此款拟准照案在三十年度省总概算内调整机构补助公务员生活费项下开支等语，应准如拟办理。

四、据卫生处呈缴茂名药库本年改订俸给预算书表。饬据会计处签称，该药库本年度由五月份起至十二月应增俸给费一百三十五元，八个月共增一千零八十元，现呈书表列月增二百零四元，核属不合，兹拟准先照月增一百三十五元之数发给，款在三十年度省总概算内调整机构补助公务员生活费项下开支等语，应准如拟办理。

五、据本省粮食管理局呈缴南路运销处无线电台本年二月至三月份员役生活补助费支付预算书，列支四百四十元。饬据会计处签称，拟准照列，饬列入三十年度营业预算内开支等语，应准如拟办理。

六、据会计处案呈，新会、揭阳、惠来、从化、海康、遂溪、潮安、恩平、连县、防城、乳源、开平、台山、乐昌、徐闻、茂名、南雄、电白等县，三区专署，八医专署，梅菉管理局，本府驻广州湾通讯处等各无线电台二十九年度各月份米津经先后据缴书册，查核与审尚符，拟一并存转，至徐闻分台二十九年八、九月份列支七十二元，比较五至七月之数共增十元，此款拟在二十九年度追加省总概算内各级公务员役团警米津项下开支等语，应准如拟办理。

七、据省振济会呈缴第二医疗队二十九年九月及十月至十二月份预算书册计九月份列支四十九元，十至十二月份共列三百零九元。饬据会计处签称，似可准予照列，款在振款项下开支。等语，应准如拟办理。

八、据财政厅报告，依照预算法决定，将应付二十八、九年度各款转账加入本年度开支等情。饬据会计处签称，核尚可行，请核定报会备案等语，应准如拟办理。

九、据建设厅签呈，据农林局呈缴徐闻垦殖场本年度岁出经常费预算书表。饬据会计处签称，一至四月各支十七元，五至十二月各支四十五元，似可准予照办。惟旅费及肥料费核属不合，本年度由五至十二月份该科目应照一至四月之数改正，计应增俸给费三百一十二元，八个月共增二千四百九十六元，此款拟准照案在三十年度省总概算内调整机构补助公务员生活费项下开支等语，应准如拟办理。

十、据省振济会呈缴第二医疗队本年二月派员出差旅费支付预算书，列支二百二十二元六角。饬据会计处签称，既经该会核属需要，款在振款项下拨支，拟请核定备案等语，应准如拟办理。

讨论事项

一、据广东省体育访问团筹备委员会呈，请赐拨经费六千元等情，请公决案。

（决议）照案通过，款在本年度民众运动经费项下拨支。

二、据会计处案呈，本省政工总队直属宣传队本年六月份追加经费一千六百二十一元，拟由本年度省预备金项下拨支，请核定等情，请公决案。

（决议）照案通过。

三、据秘书处签呈，拟订本府所属各机关人事管理人员设置暂行办法草案，请通饬施行等情，请公决案。

（决议）交刘（佐人）、许、何三委员审查，由刘委员召集。

四、据会计处案呈，查清远县地方三十年度岁入岁出追加追减概算核编后，拟改列各为二十万一千三百零七元，请提会核定等情，请公决案。

（决议）照案通过。

五、据实〔会〕计处案呈，查阳山县地方三十年度岁入岁出追加概算经费总计各列六万二千五百五十六元，拟准照数追加，请提会核定等情，请公决案。

（决议）照案通过。

六、据会计处案呈，查顺德县地方三十年度岁入岁出总概算核编后，计拟改列各为二万九千九百四十四元，请提会核定等情，请公决案。

（决议）照案通过。

七、据会计处案呈，查连平县地方三十年度岁入岁出追加概算核编后，拟改列各为五万八千五百四十元，请提会核定等情，请公决案。

（决议）照案通过。

八、据会计处案呈，查保安司令部新编保安第十团官兵主食补助费预算书，月需五千七百五十二元八角，该款拟自七月十六日该团成立日起，在本年度省预备金项下开支等情，请公决案。

（决议）照案通过。

九、准广东省军管区司令部电送紫金县办理国民兵役初次施行调查办公费等支出预算书，计列一千七百四十八元七角五分，请查照等由，请公决案。

（决议）照案通过，款在本年度省预备金项下拨支。

十、据教育厅签呈，缴三十年度收容各县战区退出员生经费预算书及追加岁入预算书，请核示等情，请公决案。

（会计处签拟）据呈三十年度追加岁入预算书列收一十三万元，拟分别将三万元以教育部协济款科目及将一十万元以中央振济会补助款科目追列三十年度省总概算岁入经常门临时部分第七款第一项下，至所呈之增班收容南路东江各县战区退出员生经费岁出预算书，列支九万三千六百六十四元，及增班收容南路东江各县战区退出员生追加补助战区生膳费岁出预算书，列支三万六千三百三十六元，查核均属需要，拟分别以原科目追列三十年度省总概算岁出经常门常时部分第四款第一项下。

（决议）照会计处签拟通过。

十一、据本省粮食管理局电缴驻赣购粮办事处本年四月份追加遣散费支付预算书，列支五百四十八元。该费拟在该处本年五月份管理费预算项下开支，请核示等情，请公决案。

（决议）照案通过。

十二、何委员、黄委员、张委员、郑委员（丰）、高委员会复，审查秘书处案呈关于本省粮食管理办法一案意见，请公决案。

（决议）照审查意见通过。（审查意见略）

十三、据建设厅案呈，为公路处拟添置工具，充实修车厂，请将核定编列三十一年概算之修理旧车费四十万元准于本年内垫付作为营业资金，以便先行修理营业等情，请公决案。

（决议）款准在营业投资及维持支出项下先行垫付，余照秘书处签拟通过。

十四、据建厅呈缴公路处总工程师董恩炯荐委表，请准予照派代理等情，请公决案。

（决议）照案通过。

十五、据本府行政效率促进委员会签呈，为缴修正本会组织规程，请提会核定等情，请公决案。

（决议）照案通过。

十六、郑委员（丰）函复，审查关于阳山县人邓官福等因水利争执不服阳山县政府之处分提起诉愿案秘书处所拟决定一案意见，请公决案。

（决议）照原决定书通过。

十七、据本府行政效率促进委员会签呈，拟修正广东省战时三年建设计划大纲草案一案，请提会核定等情，请公决案。

（决议）交何、张、黄、郑（丰）、高五委员审查，由何委员召集。

十八、（略）

十九、张委员、郑委员（彦棻）、高委员会复，审查建设厅呈转公路处养路队及各渡口渡车船三十年度经常费预算书表一案意见，请公决案。

（审查意见）（一）关于养路队五至十二月职员增俸数及渡口渡车船缴费，似可照会计处签拟第一、二项办理。（二）据请养路队经费及生活补助费自九月份起至十二月底止各月份仍照八月份数额拨支，以便于旱季施工一节，核案不符，似未便照准，如因运输采集路面桥涵各项材料沙石须在旱季预备，拟另准予拨给桥涵材料沙石购备费四十万元，款在本年度建设事业临时费项下开支。

（决议）照审查意见通过。

二十、张委员、高委员、刘委员（佐人）会复，审查建设厅转据农林局呈缴滑水山森林保管处组织章程及滑水山森林保管办法一案意见，请公决案。

（决议）照案通过。自十月份起，款在本年度建设事业临时费项下拨支。

二十一、郑委员（丰）、郑委员（彦棻）、张委员、何委员、胡委员、高委员、刘委员（佐人）会复，审查广东省企业公司章程一案意见，请公决案。

（决议）照审查意见通过。（审查意见略）

广东省政府第九届委员会
第二百六十一次议事录

日　　期　九月十九日

地　　点　曲江本府

出席者　李汉魂　许崇清　何　彤　黄麟书　胡铭藻　刘佐人

　　　　　高　信　郑　丰　张导民

列席者　黄秉勋　黄　雯　何汉昌

主　　席　李汉魂

纪　　录　（秘书）谢晨光

报告事项

一、据本府印刷所呈，报以印刷机件抵押向广东省银行透支国币十万元，业蒙省银行如数拨付，理合连同抄白合约缴请核备等情。饬据会计处签称，查此案借款既缴财政厅保证承还，拟准备案等语，应准如拟办理。

二、准广东省军管区司令部电送龙门县办理兵役调查办公费及应备书簿表册费追加预算书，请查照办理等由。饬据会计处签称，查所列数额四百六十二元五角，核与规定相符，此款拟准在本年度省预备金项下拨支等语，应准如拟办理。

三、据建设厅签呈，关于公路处前曲江征收站员役遭受空袭损害请予救济一案，查核均属实在，请核示等情。饬据会计处签称，查此案既经秘书处核拟，酌给救济费，计：（一）叶录潮一百五十元；（二）李锦汉一百元；（三）梁铨昌一百三十元；（四）李期伯七十元；（五）伙夫卢兴三十元。共计国币四百八十元。该款拟在本年度省总概算预备金项下拨支等语，应准如拟办理。

四、据省振济会呈缴本会振济总队本年度经常费支付预算书及分配表等，请核转等情。饬据会计处签称，查所列数目核有未合，为免公文往返起见，姑先准照该队三月份生活费核定数额三千一百三十元加五成发给，计本年度由五至十二月份八个月共增加三万七千五百八十元，此款拟准在三十年度省总概算内调整机构补助公务员生活费项下开支，并饬另编预算书表呈核等语，应准如拟办理。

讨论事项

一、据第八区行政督察专员缴防城县政府修葺东兴芒街国际铁桥工程临时费预算书，计列支一千二百四十四元，请拨款归垫等情，请公决案。

（决议）照案通过，款在本年度建设事业临时费项下拨支。

二、据会计处案呈，为据澄海县政府电请拨发该县义民输送站所开办费三百元，及二十九年九月份起至本年八月份止经常费共三千六百元等情，请公决案。

（会计处签拟）查该县输送站所三十年度经费月额三百元，已列入本年度省总概算内，故本年一至八月计八个月共二千四百元，似应饬财厅查明签发，毋须另拨。至二十九年由九至十二月计四个月共一千二百元，连同开办费三百元，合共一千五百元，拟改在本年度省救济费项下补拨。

（决议）照会计处签拟通过。

三、据会计处案呈，以曲江县政府呈缴修理曲江桥工料费支付预算书等，计列支二千八百九十元，请核拨等情，拟准在本年度建设事业费临时费项下拨支等情，请公决案。

（决议）照案通过。

四、据本府粤侨通讯处签呈，以东江护侨事务所二十九年度搬迁暨修缮购置费七百元，拟请改由该所三十年度经费节余项下拨支等情，请公决案。

（决议）照案通过。

五、据会计处案呈，关于中山大学农学院函请补助南路信宜韩江北江等稻作试验场经费共国币八千元一案，拟一次过在本年度建设事业临时费项下拨支等情，请公决案。

（决议）照案通过。

六、据会计处案呈，查郁南及东莞县政府三十年度追加岁入岁出概算书，核编后，郁南县拟改列各为一十六万四千四百四十元，东莞县拟改列各为五千六百零四元，请核定等情，请公决案。

（决议）照案通过。

七、据省振济会呈缴本会儿童教养院各院部三十年度儿童补充服装费支付预算书，计列支一十二万六千六百四十元，款由本会振款项下拨支等情，请公决案。

（决议）照案通过。

八、据省驿运管理处呈缴李田站站长谢文登遇害及雇员黄锦华受伤医理费预算费，计列支九百四十六元七角八分，请由省库拨给等情，请公决案。

（决议）照案通过，款在本年度恤金项下拨支。

九、据教育厅呈缴梅州中学接收东江临时中学校具搬运旅费支付预算书，计列支六百六十七元四角五分，请准在该校二十九年度迁校临时费项下拨支等情，请公决案。

（决议）照案通过，抵解手续照会计处签拟办理。

十、（略）

十一、据财政厅签呈，转缴税警总团三十年度支付汽车司机助手经费预算书，计月列三百九十元，拟请照案在该总团本年度经费节余项下开支等情，请公决案。①

（决议）照会计处签拟通过。

十二、据本府香港通讯处呈缴三十一年度经费支付预算书，请准由本年八月份起每月增加三千三百元，合共月支九千九百三十二元等情，请公决案。

（决议）照案通过，自九月份起，款在本年度省预备金项下拨支。

十三、张委员、郑委员（丰）、高委员会复，审查粮政局组织规程

---

① 会计处签拟略。

及本年度暨三十一年度编制预算一案意见，请公决案。

（决议）照审查意见通过。（意见略）

十四、张委员、郑委员（丰）、高委员会复，审查粮食管理局呈缴本省乡（镇）粮库保管委员会组织章程草案，省粮库及收集所组织规则草案及市用制量器图例等一案意见，请公决案。

（审查意见）关于经费问题：查各县县仓修建设备等需款，前经粮管局签称，以共需款八十余万元，购粮基金项下不足支应，请由省库垫付等情，原件奉交财政厅核拟，当经该厅拟复似可在省总概算调整机构补助公务员生活费项下先行垫付，并由粮管局负责催请中央拨款，此件如奉核定，即可解决。关于经收费用，尚未能估定，拟将粮管局编拟预算转部核发，在部未将款拨到前，照粮食部复电，由省库酌先垫支。

关于组织及量器问题：（一）乡（镇）粮保会与粮库之组织应予合并。（二）粮管局所订组织章则如与合并，原则不相抵触，其条文之修订可如法制室签拟办理。（三）新测量器在未制定标准斗发用以前，拟如拟饬县仿制暂用。

（决议）照审查意见通过。

十五、主席提议，本府委员兼第五区行政督察专员刘志陆赞勤省政督察五区，卓著劳绩，本月十七日以积劳在任病故，除电派周专员景臻设处治丧外，拟由本府发给治丧费，请公决案。

（决议）拨给治丧费一万五千元，款在本年度省预备金项下拨支。

十六、据省粮食管理局签呈，请转令各县于本年十月一日将粮管会裁撤，同时于县府内添设粮政科，拟具该科编制预算，请核定等情，请公决案。

（决议）交张、何、郑（丰）三委员审查，由张委员召集。

十七、黄委员、何委员、高委员会复，审查财政厅所拟各县发动田赋征实宣传办法及预算一案意见，请公决案。

（决议）省会宣传费增拨二千元，余照审查意见通过。

广东省政府第九届委员会
第二百六十二次议事录

日　期　九月二十三日

地　点　曲江本府

出席者　李汉魂　胡铭藻　郑　丰　高　信　刘佐人　何　彤
　　　　黄麟书　许崇清

列席者　杜之英　黄　雯　黄秉勋

主　席　李汉魂

纪　录　（秘书）谢晨光

报告事项

一、据省战时贸易管理处呈缴本处暨所属机关本年四月份员役生活补助费预算书及名册，请核示等情。饬据会计处签称，查书列数目合共一万零一百八十元，内该处员役生活补助费四千一百八十元，香港办事处八百二十元，西江办事处五百一十元，长沙办事处四百八十元，禄步购运所三百八十元，泗沦购运所三百五十元，修车厂七百九十元，汽车队七百六十元，龙川站二百六十元，东镇站二百六十元，茂名站一百元，黄坡站二百一十元，曲江第一仓库一百四十元，曲江第二仓库一百四十元，龙川第一仓库一百四十元，罗定仓库一百四十元，禄步仓库一百一十元，泗沦仓库一百一十元，东镇仓库一百一十元，黄坡仓库一百四十元，连平停车场五十元，各数尚合，拟饬列入该处营业预算业务费项下开支等语，应准如拟办理。

二、据财政厅报告，为奉饬将省保安等团队官兵主食费自本年五月下半月起十足支付，饬遵照筹拨一案。饬据会计处签称，查防空司令部防空情报播音队既系六月一日成立，其应补发主食费及补助费，自应改由六月一日起计算，计全年度补发总额核减后应为八十四万三千五百一十四元八角，拟报会更正后分别通知等语，应准如拟办理。

三、何委员彤函复，关于财政厅签呈，以据广州市立银行函请继续向省行增订国币一十五万透支合约一案，审核后尚属需要，仍可照准等语，应准如【拟办理】。

四、据财政厅签呈，转缴开平税务局单水口税征所战时损失购置公物费预算书，计列支一百三十元。饬据会计处签称，似属需要，该款拟准在本年度省概算各税务局设备费项下开支等语，应准如拟办理。

五、据会计处案呈，关于卫生处连县药库呈缴本年度五至十二月份经常费改订俸给预算书，计列月增七十一元，核属不合，拟先照每月四十五元之数发给，计五至十二月份八个月共增加三百六十元，款拟准照案在三十年度省总概算内调整机构补助公务员生活费项下开支等情，应准如拟办理。

六、准广东高等法院函送钦县及新丰两监狱二十九年十至十二月份员役米津预算书册，请□核办理等由。饬据会计处签称，查钦县监狱书册十至十二月三个月共列支五十一元，新丰监狱书册，依照米贵区编造，十至十二月三个月共列支一百二十元，以上两款合一百七十一元，查核尚无不合，拟准照拨，此款在二十九年度追加省总概算内各级公务员役团警米津项下开支等语，应准如拟办理。

七、据会计处案呈，以省警总队第三大队部于本年六月三十日奉令裁撤，所拟员役每人发给恩饷一个月，共国币二百八十四元，该款似可如民政厅所拟在省警总队本年七月至十二月份经费节余项下拨支等情，应准如拟办理。

八、据省粮食管理局电报，以八月二十六日五里亭火警，本局临时处理经过，及支过各费暨公物损失情形，请核备等情。饬据会计处签称，关于支过各项救火费共八百六十七元五角，拟可准予在该局三十年度行政经费节余项下支付等语，应准如拟办理。

九、据会计处签呈，以准秘书处函送本府三十年四月至六月特别经费基金支出数目表单据粘有簿等，请核办一案，查原表列支各数，核【与】本府特别经费基金处理办法第五条规定尚无不合，似可准予报会等情，应准如拟办理。

十、据省振济会呈缴儿童教养院第七院本年一至三月份员役生活补助费支付预算册，请核转等情。饬据会计处签称，查书列数目三个月合计一千六百一十元，既经该会核明各数总散相符，复核亦无不合，似可准予照列，款在振款项下拨支等语，应准如拟办理。

十一、奉行政院电知，□以此次财政系统改制，今后省政设施应分别轻重缓急，以最经济而利抗建者仅先举办，特再指示概算编制方法七项，务各本此意旨，共济时艰等因。除即摘要电知郑秘书长、毛科长外，并令知各机关。

十二、据本省战时贸易管理处呈，为本处奉令九月底结束，现距结束期近，关于交替办法，请核饬遵等情。查广东企业股份有限公司定于该处结束时成立，该处经办事项应饬分别移交该公司接收。

讨论事项

一、准广东省军管区司令部电送本年四月份各县兵团副团长赴渝中训团受训旅费预算书，共计二万□千五百元，该款列在本部三十年度团队经费节余项下开支，请查照办理等由，请公决案。

（决议）照案通过。

二、据会计处案呈，本府前准第五战区司令长官部广西绥靖主任公署驻京办事处函，以前西南航空公司机师郑厚邦驾机失事受伤，请赐给医药费港币一千元等由。经拨给国币二千元有案，该款拟在本年度省救济费项下开支拨还归垫，请提会追认等情，请公决案。

（决议）照案通过。

三、（略）

四、据财政厅签呈，据台山税务局拟具整理所属沙田册籍计划书暨临时费支付预算书，列支二千八百八十元，拟予照拨，款在本年度各税务局管理卷烟桐油经费余额项下拨支，请核示等情，请公决案。

（决议）照案通过。

五至七、（略）

八、据秘书处签呈，奉交本省三十年行政会议第七区专员提议，拟请转呈调整专署机构，以收督察实效一案，经会同效率会、会计处审议，拟具意见，请核示等情，请公决案。

（决议）照审议意见通过。（意见略）

九、刘委员、许委员、何委员会复，审查秘书处拟订本府所属备机关人事管理人员设置暂行办法草案意见，请公决案。①

（决议）照审查意见通过。

十、据会计处案呈，查电白县地方二十九年度岁入岁出第五次追加概算，核编后，拟收支各列六千八百六十七元，请提会核定等情，请公决案。

（决议）照案通过。

十一、据粮食管理局呈，为修建粮库四百零一个，计需款八十八万二千二百元，请由省库垫款办理等情，请公决案。

（财政厅签拟）（一）查田赋征收实物对于各县粮库修理与设备，自属急不容缓，是项需款购粮基金既不敷垫发，若由各县在地方款垫支，事实上当有困难，为因应事机起见，似可由省库垫拨。（二）是项修理设备费照粮管局所列预算表计需款八十八万二千二百元，为数颇巨，本年度省总概算建设事业临时费已属溢支，而预备金一项尚未动支之余额亦无多，自未能在该两科目垫拨，本案如奉核准垫拨，似可在调整机构补助公务员生活费科目暂垫。（三）是项垫款若在粮库租项下分扣归还，恐非短期内所能收足，且下年度起，财政收支系统改变，已无省款收支，对于该项垫款，如奉核定，自以在本年内收回为限，俾免将来处理困难，兹拟该项垫款应由粮管局负责于最短期间电请中央拨还，并于本年内归还省库。

（决议）照财政厅签拟通过。

十二、据民政厅呈缴三十年度增设兵役股经费预算书，列支四千三百八十元七角五分，请准由省库预备金项下按月发支等情，请公决案。

（决议）照会计处签拟通过，俟国民身份证实施后照民政厅原签办理。（签拟略）

十三、据广东省粮食管理局广东省散振美麦委员会签呈，拟订广东省旅港各属同乡购运粮食委员会组织章程、广东省各口岸舶来粮食管理站组织规则、广东省运用民船载运洋米麦入口暂行办法，连同编制预算表，请核定施行等情，请公决案。

（决议）交高、许、刘三委员审查，由高委员召集。

----

① 审查意见略。

十四、据财政厅签呈，本省桂类统销办法应否撤销，请核示等情，请公决案。

（决议）应于九月底撤销。

十五、据教育厅签呈，关于省校教职员役改善待遇一案，拟将原拟雇员及公役补助金酌减，计改发雇员补助金三十五元，公役补助金二十二元，请准照办等情，请公决案。

（决议）照会计处签拟通过，从九月份起。（签拟略）

十六、主席提议，派陆宗骐为广东企业股份有限公司总经理，关伯平为协理，请公决案。

（决议）照案通过。

十七、主席提议，派张导民、郑丰、郑彦棻、陆宗骐、丁培纶、云照坤为广东企业股份有限公司董事会董事，吴鼎新、钱树芬为监察人，请公决案。

（决议）照案通过。

十八、据建设厅签呈，请派本府行政效率促进委员会委员李世英兼任本厅主任秘书等情，请公决案。

（决议）照案通过。

十九、据建设厅签呈，请调本府秘书处秘书魏育怀为本厅秘书等情，请公决案。

（决议）照案通过。

广东省政府第九届委员会
第二百六十三次议事录

日　　期　九月二十六日

地　　点　曲江本府

出席者　　李汉魂　何　彤　刘佐人　高　信　张导民　胡铭藻
　　　　　郑　丰　许崇清

列席者　　黄希声　杜之英　黄秉勋　黄　雯

主　席　李汉魂

纪　录　（秘书）谢晨光

报告事项

一、奉行政院电复，三十一年度概算编制应遵照漾计井电办理，三十年度先后追加概算，仰候与原编三十年度概算并案核定，再行伸算加入等因，经抄知效率会及会计处。

二、据本府行政效率促进委员会签呈，修正广东省党政军机关示范工作视察办法暨广东省党政军机关示范工作视导及评绩办法，请通饬遵行等情，应准如拟办理。

三、据财政厅签呈，转缴三水税务局管理卷烟员役二十九年十至十二月份米津预算书，月列一十三元，三个月共列三十九元。饬据会计处签称，核数尚无不合，拟准照补发，该款在二十九年度追加省总概算内各级公务员役团警米津项下开支等语，应准如拟办理。

四、据财政厅签呈，关于英德税务局二十九年十一月份修缮局址费九十元六角，应否追列本年度省总概算，补办领解手续等情。饬据会计处签称，现二十九年度收支既经结束，该款似应在三十年度省总概算岁出经常门临时部分财务支出款下追列补拨英德税务局临时科目，以该局二十九年度节余经费项下抵拨，一面追列三十年度省总概算岁入经常门临时部分其他收入款下各机关以前年度节余经费解库款科目等语，应准如拟办理。

五、据建设厅签呈，据公路处呈请核给第十养路队技佐兼分队长周庆相溺毙抚恤费及悬赏寻尸殓埋各费等情。饬据秘书、会计两处签称，所请发给抚恤费，核与规定不符，拟饬应毋庸议。至支出悬赏寻尸及殓埋费二百六十二元五角，似可准如厅拟在该队经费节余项下拨支等语，应准如拟办理。

六、据建设厅签呈，据公路处呈，为各养路队经费汇费每月约一千余元，拟请准在养路费总节余项下开支，请核示等情。饬据会计处签称，拟予照准等语，应准如拟办理。

七、据卫生处签呈，转缴省立救济医院本年十月至十二月份员役米津费预算书册，月列一百九十三元，三个月共列五百七十九元，饬据会计处签称，核数尚属相符，拟准照发，款在二十九年度追加省总概算内各级公务员役团警米津项下开支等语，应准如拟办理。

八、据会计处案呈，省警总队三十年度购置装备费四万四千零七十元，经提本府第九届委员会第二百五十七次会议通过，惟该款除在省警总队服装费科目余额二万二千七百五十二元拨支外，实不敷数为二万一千三百一十八元，民政厅误书二万一千三百一十元，比较少列八元，经代改正，分别通知，请补报会议更正等情，应准如拟办理。

九、据台山县政府呈报，端分乡故乡长梅仿韩因公积劳病故，请核给恤款等情。饬据秘书、会计两处签拟，依照战时乡镇保甲长暨联保主任因公伤亡给恤暂行标准之规定，给予一次抚恤费一百五十元，款在本年度省总概算恤金项下拨支等语，应准如拟办理。

十、据民政厅签呈，拟将白沙县改为战地县份，饬令依照战地党政机构调整实施纲要改组等情，查属可行，应准照办。

讨论事项

一至二、（略）

三、据财政厅签呈，据三水税务局呈缴建筑局址工料费预算书，列支二千四百元，查属实情，拟准在本年度各税务局设备费项下拨支等情，请公决案。

（决议）照案通过。

四、据财政厅签呈，据海康税务局呈缴修缮购置费预算书，列支七百六十四元，核尚需要，该款拟在本年度各税务局设备费项下拨支等情，请公决案。

（决议）照案通过。

五、据建设厅签呈，据农林局呈缴三十年度修建办公厅礼堂宿舍预算书，列支二千九百七十二元八角，查属急要，似可准予照办，请核示等情，请公决案。

（决议）准【拨】半数，择要修建，款在本年度省预备金项下拨支。

六、据本府战时通讯所签呈，本府中枢台及有线电话队增设会计员，本年九月至十二月份俸薪共七百七十元，拟在本所及所属机关用人经费节余项下开支等情，请公决案。

（决议）照案通过。

七、据秘书处案呈，据省警察队护侨中队部呈缴奉命出发南路行军费预算书，列支三千一百二十六元三角，核尚需要，经准照数列支，款在本年度省预备金项下拨付，补拟会议，请公决案。

（决议）照案追认。

八、据开平县政府电，请核发本县干训所补助费，计五中队共二千五百元等情，请公决案。

（决议）交刘委员审查。

九、（略）

十、据财政厅签呈，本厅所属各税务局所警士拟各发服装一套，计需八千六百七十□元，款在本年度各税务局设备费项下开支等情，请公决案。

（决议）照案通过。

十一、据会计处案呈，查德庆县地方二十九年度岁入岁出第二次追加概算，经参照各厅意见，整理后，计拟改列各为三百六十五元，请提会核定等情，请公决案。

（决议）照案通过。

十二、据会计处签呈，查开建县地方三十年度岁入岁出追加概算，经参照各厅意见，整理后，计各为□万三千零四十七元，请提会核定等情，请公决案。

（决议）照案通过。

十三、据会计处案呈，查封川县地方三十年度岁入岁出追减概算，经参照各厅处意见，整理后，计合为一万六千九百一十四元，请提会核定等情，请公决案。

（决议）照案通过。

十四、据教育厅签呈，本厅督学黄锡铨奉调别职，未克到差，拟予照准，遗缺调本厅社会教育督导员石玉昆升充，请核示等情，请公决案。

（决议）照案通过。

十五、据建设厅案呈，缴农林局技正简浩然荐委表，请赐核委等情，请公决案。

（决议）照派代理。

十六、据卫生处呈缴本处第四防疫区署主任谢卓深荐委表，请核赐给委等情，请公决案。

（决议）照派代理。

十七、据教育厅签呈，黄埔中正学校经费不敷，拟请由省库拨款补助等情，请公决案。

（决议）本年度准一次过增拨四千元，款在省预备金项下拨支，三十一年度每月增拨一千元，在原列教育文化费项下开支。

十八、据财政厅签呈，关于改善韶兴公路追加工程费七十万元一案，既奉准由省行在解库盈利项下扣还作为库垫，请指定开支科目，并迅电中央于本年内拨还，俾清账目等情，请公决案。①

（决议）照会计处签拟通过。

十九、据省粮食管理局签呈，关于各县粮管会开办费，拟按照编制规定，甲等县七百元，乙等县六百元，丙等县五百元，准在该县地方款预备费项下开支，请核示等情，请公决案。

（决议）照案通过。

二十、主席提议，防城县长陈树渠辞职照准，遗缺以谭鉴斌代理，请公决案。

（决议）照案通过。

二十一、据会计处呈，拟将会计技术进修班结业学员一部分留处服务，计月支薪俸一千零一十八元五角，由九月份起在岁计会计事业费见习员俸薪项下拨□□□□请核备案等情，请公决案。

（决议）照案通过。

二十二、（略）

二十三、张委员、郑委员（彦棻）、郑委员（丰）会复，审查北江区船舶大队部呈缴暂行编制表开办费暨经常费支付预算书一案意见，请公决案。

（审查意见）查该大队原缴编制预算既经建设厅会计处分别核明，所有应需经临各费，拟照会计处签拟办理。至本府既无是项士兵制服可发，拟每名发给代金二十元，一次过共需二百元，该款并在三十年度省预备金项下拨付。又本案经常费额内列支官兵主食代金每人十八元十足

---

① 会计处签拟略。

发给，似可照办，以一待遇。

（决议）照审查意见通过。

二十四、张委员、郑委员（丰）、何委员会复，审查省粮食管理【局】请转令各县于本年十月一日将粮管会裁撤，同时于县府内添设粮政科，拟具该科编制预算，请核定一案意见，请公决案。

（审查意见）（一）会计处所拟各等县粮政科编制预算大致妥洽，但一、二等县应增列办公费每月一百元，三、四等县应增列办公费每月九十元，并仍宜称粮政科，不称粮政课。（二）梅菉安化管理局似无设立粮政课必要。（三）战地县份拟缓设置。（四）各县粮政科经费（办公费及旅费在内）似应由县地方款开支。

（决议）照审查意见通过。

广东省政府第九届委员会
第二百六十四次议事录

日　　期　九月三十日

地　　点　曲江本府

出席者　李汉魂　郑　丰　张导民　胡铭藻　何　彤　刘佐人
　　　　　许崇清

列席者　杜之英　黄希声　黄　雯　袁晴晖　黄秉勋

主　　席　李汉魂

纪　　录　（秘书）谢晨光

报告事项

一、据会计处案呈，以中央警官学校在韶取录新生邓启汉等二十四名，现赴校在即，拟先饬财政厅在本年度省预备金项下垫拨每名旅费二百五十元，计共六千元，拟由民政厅具领转发，俟中央警官学校拨还归垫等情，经准如拟办理。

二、据财政厅签呈，转缴宝安税务局大鹏稽征所留港员役遣散费预算书，请核示等情。饬据会计处签称，查所缴预算书列支二百九十三元，既据该厅查核尚符，该款拟请在该所本年度三月份经费内俸给费项下开支，似可照准等语，应准如拟办理。

三、据财政厅签呈，为拟将广宁县政府政警陈金二十七年起至二十九年止遗族恤金，共一百一十三元八角七分在本年度省总概算恤金项下开支等情。饬据会计处签称，查核尚属可行，拟予照准等语，应准如拟办理。

四、据会计处案呈，关于财政厅先后签呈，请示教育厅故科长邓章兴二十九年下半期遗族恤金一百一十四元一角，保安第五团伤兵陈植怀二十九年份恤伤年金二十八元，高等法院故书记官蔡杞材遗族恤金一百元一角，拟请均在三十年度省概算恤金项下开支一案，查以上三款，共计国币二百四十二元二角，似可均准在三十年度省总概算恤金项下补拨等情，应准如拟办理。

五、据教育厅签呈，缴电影片运费临时预算书，请核示等情。饬据会计处签称，查所呈预算列支一百元，核属需要，此款拟准在本年度教育厅及所属机关学校临时费项下拨支等语，应准如拟办理。

六、据省振济会呈缴儿童教养院第三院本年四月份员役生活补助费支付预算书册，请核示等情。饬据会计处签称，查所缴预算书列支四月份生活补助费一千四百六十元，既经该会核明书列各数总散相符，款在振款项下拨支，拟予照准等语，应准如拟办理。

七、据省振济会呈缴四会义民收容所本年度经常费支付预算书表，请核示等情。饬据会计处签称，查书列数目为七千一百四十元，核与规定尚无不合，惟查办公费第三目消耗年列一千一百四十二元，与前核定预算多列一元，拟代更正。其余购置费及事业费列支各数，核属相符，款在振款项下拨支，并准备案等语，应准如拟办理。

八、据省振济会呈缴第二振济区改编三十年全年度经常费岁出预算书表，请核示等情。饬据会计处签称，查核尚无不合，计本年度由五至十二月八个月共增加八百四十元，此款拟准在本年度省总概算内调整机构补助公务员生活费项下开支等语，应准如拟办理。

九、据本府战时通讯所签呈，以转据新闻收发室代电，该室译电员梁勋积劳病故，请按照规定，给予一个月月薪之抚恤金及殡殓费等，请

288

核示等情。饬据会计处签称，查该故员抚恤金月薪一个月计三十八元七角五分，及殡葬费一百五十元，合计一百八十八元七角五分，既经本府秘书处核明，似可准照办理，该款拟请在本年度省总概算恤金项下拨支等语，应准如拟办理。

十、据省战时贸易管理监察委员会呈，以准贸易管理处函送建搭修车厂预算书验收证等件，转请核备等情。饬据会计处签称，查书列支五千九百四十九元，查核所缴估价单及合约实列五千九百四十六元七角，比预算书所列实少二元三角，拟准照实支数五千九百四十六元七角列入该处三十年度营业预算补充表内开支，并饬将三十年营业预算从速编造呈府核办等语，应准如拟办理。

讨论事项

一、准广东省地方行政干部训练委员会函，据干训团呈报价发花县及清远县干训所旧服装二百三十套，计共收入价款三千四百六十六元八角，拟在本年度岁入科目临时部分入账，查核尚无不合，请查照备案等由，请公决案。

（会计处签拟）该县既系售卖该团旧服装，收入似应请如数解库，并在本年度省总概算岁入经常门临时部分其他收入款下追列干训团旧服装售价收入科目，另一面追加本年度省预备金科目。

（决议）照会计处签拟通过。

二、准广东省地方行政干部训练团函送本团音乐队三十年度服装费支付预算书，列支八百九十七元，拟在本团三十年度经费节余项下拨支等由，请公决案。

（决议）照案通过。

三、（略）

四、据建设厅签呈，据公路处呈缴第四养路队临时购置船具费预算表，列支三百七十四元，及增雇船夫费数额表，列支三百六十一元，拟准在该路一月份节余经费项下开支等情，请公决案。

（决议）照案通过。

五、据建设厅签呈，据公路处呈转星坪公路工程处监工朱盈广因抗贼身亡，拟发给丧葬费恤金及医药费等共一千五百九十二元四角八分等情，请公决案。

（决议）照案通过，恤金由本年度恤金项下拨支，医药费由星坪路工程费项下支付。

六、准广东省文化运动委员会函，本会员役生活补助费无从统筹，请仍由省府照案发给等由，请公决案。①

（决议）照会计处签拟通过。

七、准广东省军管区司令部电送德庆县兵役调查办公费表册费等支付预算书，共列一千七百四十八元，请照案由省库补助等由，请公决案。

（决议）照案通过，款在本年度省预备金项下拨支。

八、准广东省军管区司令部先后电送始兴、封川两县壮丁调查办公费表册费预算书，各列支一千二百四十八元七角五分，合共三千四百九十七元五角，请查照办理等由，请公决案。

（决议）照案通过，款在本年度省预备金项下拨支。

九、据建设厅签呈，据公路处呈缴修理韶兴公路自十四公里至财政厅路段工程费预算书，列支三千三百二十八元六角，请指款拨给办理等情，请公决案。

（决议）照案通过，款在本年度建设事业临时费项下拨支。

十、据卫生处签呈，拟具广东省各县卫生协进会组织通则，请核夺施行等情，请公决案。

（决议）交何委员审查。

十一、据卫生处签呈，缴追加第二诊疗所经费预算书，计由九月一日起至【十】二月底止共支七百四十八元，款在本处本年度卫生事业费节余项下拨给等情，请公决案。

（会计处签拟）本案经由本府秘书处核签意见，以查第二诊疗所因业务上需求，拟增设委任二级医师一人（核与第一诊疗所同），似尚可行等语，拟如秘书处所拟。查该医师每月应支俸薪一百八十元，由本年九月一日起至十二月底止，四个月共支七百四十八元，此款拟准在本年度省总概算内卫生事业临时费项下拨支，仍请提会核定后，饬转饬补编预算分配表呈核。

---

① 会计处签拟略。

290

（决议）照会计处签拟通过。

十二、据卫生处签呈，转缴卫生试验所三十年度防疫制品岁出岁入预算书，计岁入共列二万七千五百零四元，岁出列一万二千五百元，请核示等情，请公决案。

（会计处签拟）拟准将二万七千五百零四元以防疫制品收入科目追列三十年度岁入概算，并分别将一万二千五百元以防疫制品费科目追列三十年度岁出概算，将一万五千零四元追列省预备金，仍请提会核定。

（决议）照会计处签拟通过。

十三、据省振济会呈缴本会儿童教养院各院部三十年度医药设备费支付总概算书，月列四千四百四十元，年列四万五千六百元，除第六院医药费设备费每年九千六百元请准由省库拨支外，由本会振款项下拨支等情，请公决案。

（决议）照案通过，应发第六院医药设备之款在本年度救济费项下拨支。

十四、据省振济会呈缴本会儿童教养院第六分院本年一至三月份生活补助费预算书，月列一千四百六十元，三个月共列四千三百八十元，请照案由省库拨发等情，请公决案。

（决议）照案通过，款在本年度调整机构补助公务员生活费项下拨支。

十五、（略）

十六、据本府战时通讯所签呈，本府电话队自二十九年一月份起改编后，每月追加经费一百四十九元九角六分，一至七月份追加经费合计一千零四十九元七角二分，请准在本所及所属各机关二十九年度经费节余项下抵拨等情，请公决案。①

（决议）照会计处签拟通过。

十七、据高要县政府电，为本县各区署各警察所等公费请依照县府办公费增加办法由八月份起各照原额增发一倍，款由预备费拨付，请核示等情，请公决案。

（会计处签拟）该县所称尚属实情，拟准由八月份起，各区署及各

---

① 会计处签拟略。

警察机关办公费照现支实数增加一倍，款由地方款预算金项下拨支，并拟通饬各县酌察地方财力酌量办理。

（决议）照会计处签拟通过。

十八、据花县县政府电，报本县义民收容所输送站成立日期，请拨发开办费三百元，及由二十八年六月份至二十九年十二月份经费五千七百元等情，请公决案。

（会计处签拟）查欠发开办费三百元，核尚属实，惟由二十八年六月十三日起至二十九年十二月止，共计经常费改列为五千五百八十元，开办经常两费合计共五千八百八十元，该款拟改在本年度省救济费项下补拨。

（决议）照会计处签拟通过。

十九、据赤溪县政府呈缴本年三月份战时特别费支出预算书，列支六百五十元，请由省库拨发归垫等情，请公决案。

（决议）照案通过，款在本年度省预备金项下拨支。

二十、据安化管理局呈，为改订公务员薪饷支给，编造本局及所属各机关学校本年经常费岁出预算书表，计年共支九万三千六百一十一元，比较本年核定概算额计年增一万四千二百八十元，请准由本年七月份起施行等情，请公决案。

（会计处签拟）查本年度省库原补助该局经费全年总计一万四千七百五十三元，每月分配为一千二百二十九元四角一分，由七月份起至十二月份止，六个月补助费合共七千三百七十六元四角六分，拟在本年度省预备金项下拨支。

（决议）照会计处签拟通过。

二十一、据会计处案呈，查合浦县地方二十九年度八至十二月份追加国教费岁入岁出均为五千九百九十九元，请提会核定等情，请公决案。

（决议）照案通过。

二十二、据会计处案呈，查中山县地方三十年度岁入岁出总概算，经参酌各厅处意见，核编后，计拟改列各为一十三万三千六百二十一元，请提会核定等情，请公决案。

（决议）照案通过。

二十三、据会计处案呈，查英德县地方三十年度岁入岁出第二次追加概算各列三万一千六百八十元，拟准照原数追加，请提会核定等情，请公决案。

（决议）照案通过。

二十四、据会计处案呈，查恩平县地方三十年度岁入岁出追加追减概算，经分别整理后，计追加总数拟改列各为五万一千九百五十三元，请提会核定等情，请公决案。

（决议）照案通过。

二十五、据会计处案呈，查连山县地方三十年度岁入岁出追加概算，经照财政厅意见整理后，计拟改列各为三千九百元，请提会核定等情，请公决案。

（决议）照案通过。

二十六、高委员、郑委员（丰）、何委员会复，审查效率会、秘书处会呈修改本府政务视导团组织大纲及视导办法暨视导区域配置表一案意见，请公决案。

（决议）照审查意见通过。（意见略）

二十七、据民政厅签呈，请派史勉济代理本厅第四科科长。等情。请公决案。

（决议）照案通过。

二十八、据省粮食管理局签呈，缴各县军粮堆积所三十年度经常费支付预算书，月列一万二千二百四十元，由九月份起至十二月止四个月共四万八千九百六十元，请指款拨支等情，请公决案。

（决议）可由该局在征购军粮管理运杂费项下核实开支。

二十九、据第七区行政督察专员公署电，缴架设信实电话专线工料运费预算书，计列四千一百零四元五角，请核示等情，请公决案。①

（决议）照会计处签拟通过。

三十、主席提议，派蔡增基为广东企业股份有限公司董事会董事，请公决案。

（决议）照案通过。

---

① 会计处签拟略。

广东省政府第九届委员会
第二百六十五次议事录

日　期　十月三日
地　点　曲江本府
出席者　李汉魂　何　彤　胡铭藻　张导民　郑　丰　许崇清
　　　　黄麟书　刘佐人
列席者　杜之英　黄秉勋　黄　雯
主　席　李汉魂
纪　录　（秘书）谢晨光

报告事项

一、据建设厅签呈，据公路处请核发经办汽车及驾驶人员罚款奖金二千九百三十八元零五分等情。饬据财政厅、会计处签称，查所称支解办法既系依照交通部电饬办理，所请拟予照准，并拟由该处自行提扣，不必另签支令等语，应准如拟办理。

二、据建设厅签呈，据公路处呈缴二十八、九两年度征收汽车养路费收入数目表，计二十八年度列收二万一千零六十六元三角九分，二十九年度列收八十五万四千七百九十三元五角一分。饬据会计处签称，二十八年度省总概算未列有汽车养路费收入，似应补列，复查琼崖公路专员借款九百五十八元，系属应支二十八年度之临时费，似应即由二十八年度汽车养路费收入抵解，兹拟将本府九届第二〇五次会议，对于此案"饬公路处将二十九年度征存汽车养路费办理抵解手续"之决议，更正为"饬公路处将二十八年度征存汽车养路费办理抵解手续"。至二十八年度收存养路费其余部分饬以其他收入一并解库内应拨县款，俟核定后，另案核饬。如此办理，对于数目之处理，已较适当，而于二十九年度省总概算所列该年度汽车养路费收入科目，亦可免重复等语，应准如拟办理。

三、据建设厅签呈，转缴省营×××钨矿专员办事处本年一至四月份员工兵警生活补助费预算书，月列一千零七十四元，四个月共列四千二百九十六元。饬据会计处签称，似可准予照列，款在该处营业基金项下开支等语，应准如拟办理。

四、据省粮食管理局呈，报本局办理本年度征购军粮挪用周转金及附呈各县分配数量估定价格汇款数目明细表，请核示等情。饬据会计处签称，（一）据呈报中央贷发周转金已汇到一千万元，该局原拟向原省银行暂借五百万元，及与中中交农四行联合办事处韶州支处商借前经行政院核定贴放之四百五十万元，似可毋庸商借，以免加重利息之负担。（二）原定各团及特务营估算购米三十八万市担，约共值二千四百七十万元，现据报依照第七战区司令长官司令部颁发之各地驻军人数表分配各县征购数总共征购米额四十一万六千六百二十市担，总共值二千六百零三万三千零三十元，比原估计三十八万市担之米值超出一百三十余万元，所列尚无不合，关于定金第一期米款八百四十六万零七百二十六元，及运什费约二十余万元，拟在中央已汇到之一千万元周转金内挪用，查核亦属可行等语，应准如拟办理。

五、据会计处签呈，关于本府所属各级机关公务员薪给参照中央办法改支一案，兹拟补充办法：（一）各单位公务员本年五月份（六、七、八月照此下同）实支月薪在六十元以上者，得比例荐委雇等级五月份实支额改为九月份实支额之数，改支比例计算之零数删除。（二）五月份实支月薪不满六十元者，其九月份改支数一律增给十六元。（三）由上二项办法列实支月薪之数编造预算，不另划分薪额及生活补助金部分等语，应准如拟办理。

六、据建设厅签呈，准第二区行政督察专员公署电，准规定二十九年冬耕购种贷款展期内利息止息日期一案，兹拟定该利息止息日期计至农民缴到保甲长之日止，至乡公所、县政府、专员公署汇转暨汇款在途各日期内利息，由省银行减免，惟仍限保甲长收到该款，须即日缴乡公所，乡公所、县政府、专员公署等汇转该款日期，每级不得超过五日。等情。经准如拟分饬遵办。关于第五区行政督察专员兼保安司令刘志陆在任病故，遗缺经权调第一区行政督察专员兼保安司令李郁焜代理，至第一区专长兼保安司令职务，并经电呈行政院另请简派。

讨论事项

一、准广东全省保安司令部先后电，增发本部官经保安第四五八九二大队官兵主食补助费款，分别在本部保安团队各经常费及主食补助费内匀支等由，请公决案。

（决议）照会计处签拟通过。（签拟略）

二、据秘书处签呈，编造本府二十九年度编印各种书籍印刷费岁出概算书，列支五万九千七百六十七元零二分，及二十九年度各项印刷品售价岁入概算书，列收一万六千六百六十三元二角二分，请核示等情，请公决案。①

（决议）照会计处签拟通过。

三、据教育厅签呈，缴改编二十九年度各县干训所师资班服装转让亏折费支付预算书，列支七千八百九十二元六角，请核示等情，请公决案。

（决议）照案通过，款在本年度国民教育师资训练经费节余项下拨支。

四、据第三区行政督察专员公署呈复，德云高及高四两话线均由驻军自行管理使用，前垫支该两线购置器材费共一千六百二十元，请还归垫等情，请公决案。

（决议）照案通过，款在本年度建设事业临时费项下拨支。

五、（略）

六、主席提议，本府驻渝办事处副处长赵英纶另有任用，应予免职，遗缺派梁春灵代理，请公决案。

（决议）照案通过。

七、主席提议，连连阳乳建设委员会秘书陈次恺另有任用，应予免职，遗缺调派本府参议陈季颖代理，请公决案。

（决议）照案通过。

八、主席提议，本府秘书处第二科科长陆冠裳另有任用，应予免职，遗缺派洪钟鎏代理，请公决案。

（决议）照案通过。

---

① 会计处签拟略。

九、据秘书处签呈，本省电话管理规则与架设规则现经参酌各方意见，整理修正，请提会核定施行等情，请公决案。

（决议）照案通过。

十、据会计处签呈，田赋改征实物后，各县停征税款在中央拨款未到以前，应如何补救，或应否由省库酌予借垫，请核夺等情，请公决案。

（决议）由省库暂行垫付一个月，款在本年度收入总存款项下垫支。

十一、据卫生处签呈，为加强省会救护设备及扩充事业，拟具办法及预算书，计本年度十至十二月共需款一十八万二千七百九十一元，请指款拨支等情，请公决案。

（决议）准拨三万元，款在本年度卫生事业临时费项下开支另编预算呈核。

十二、据秘书处签呈，遵照院颁省社会处组织大纲拟具本省社会处设置办法及三十年度暂行经费概算等件，请核示等情，请公决案。

（决议）交何、张、刘三委员审查，由何委员召集。

十三、委员兼民政厅长提议，据编印广东省各县概况一千本，共需印刷费七千八百六十元，请准在本年度省预备金项下拨支案。

（决议）照案通过。

十四、主席提议，连县县长王仁宇另有任用，应予免职，遗缺派李仲仁代理，请公决案。

（决议）照案通过。

十五、主席提议，高要县县长林世恩另有任用，应予免职，遗缺派伍琚华代理，请公决案。

（决议）照案通过。

十六、主席提议，潮阳县长沈梓卿着即免职，遗决派胡公木代理，请公决案。

（决议）照案通过。

十七、据民政厅签呈，拟具新县制检讨队组织及工作纲要，请核示等情，请公决案。

（决议）照秘书处签拟通过。（签拟略）

广东省政府第九届委员会
第二百六十六次议事录

日　期　十月七日

地　点　曲江本府

出席者　李汉魂　黄麟书　高　信　胡铭藻　郑　丰　张导民

　　　　许崇清　刘佐人　何　彤

列席者　杜之英　黄　雯　黄秉勋

主　席　李汉魂

纪　录　（秘书）谢晨光

报告事项

一、准广东省地方行政干部训练委员会训练团会函，诸〔请〕将垫支五至九月份加给经费七万一千九百六十元发给等由。饬据会计处签称，核数相符，在预算法案尚未核定前，拟准先照数在三十年度调整机构补助公务员生活费项下拨支等语，经准如拟办理。

二、准广东省地方行政干部训练委员会训练团会函，请将战时加给经费先照每月应总领额一万四千三百九十二元之数，自五月份起提前暂付等由。饬据会计处签称，计本年度由五月份起至十二月份止，八个月共增加一十一万五千一百三十元，此款拟照案在三十年度省总概算内调整机构【补助】公务员生活费项下开支等语，应准如拟办理。

三、准审计部广东省审计处函复，前保安处军需李杰挟逃公款一千四百二十八元三角二分，拟由该处经费截旷保管款项下列支一案，检送原领款收据四纸证明书，请查照办理等由。饬据会计处签称，既准审计处核复"应予备案"似可照准分别通知等语，应准如拟办理。

四、据财政厅签呈，转缴阳江税务局三十年度设备费预算书表，列支二百五十元。饬据会计处签称，既据该厅查核尚属需要，该款拟准在三十年度省总概算各税务局设备费项下拨支等语，应准如拟办理。

五、据财政厅签呈，转缴潮阳税务局本年设备费预算书表，列支一百四十六元。饬据会计处签称，既据该厅查核尚属需要，该款拟准在本年度省总概算各税务局设备费项下开支等语，应准如拟办理。

六、据财政厅签呈，转缴三水税务局大塘稽征所修葺查验艇工料费预算书，列支三百元。饬据会计处签称，既据该厅核属需要，该款拟准在本年度省总概算税务局设备费项下开支等语，应准如拟办理。

七、据财政厅签呈，转缴电白税务局水东稽征所本年三月撤退挑运费预算书，列支四十九元五角。饬据会计处签称，既据该厅查核尚属实在，似可在该局本年度经费节余项下支报等语，应准如拟办理。

八、据财政厅签呈，转缴连县税务局建筑养路费征收站预算书，列支三百六十九元。饬据会计处签称，既据该厅查核尚属需要，该款拟准在追加本年度省总概算征收民营汽车营业税开办费科目拨支等语，应准如拟办理。

九、据教育厅签呈，据上窑社会教育实施区呈缴三十年临时修缮设备费预算书，列支三百八十八元，尚属需要，请核示等情。饬据会计处签称，拟准在本年度省总概算内教厅及所属机关学校临时费项下开支等语，应准如拟办理。

十、据卫生处呈缴省立临时救济医院二十九年六至九月份员役米津预算书册。饬据会计处签称，除六月份一百一十元四角四分，七月份一百七十五元七角四分，九月份一百八十六元五角一分，尚属相符外，其八月份应更正为一百八十二元九角二分，计四个月共应列支六百五十五元六角一分，此款拟在二十九年度追加省总概算内各级公务员役团警米津项下开支等语，应准如拟办理。

十一、据卫生处呈缴第四卫生防疫区署三十年度预算书。饬据会计处签称，核无不合，计由五月份起至十二月份八个月共增加三千四百七十六元，此款拟准照案在三十年度省总概算内调整机构补助公务员生活费项下开支等语，应准如拟办理。

十二、据建设厅呈缴畜疫防疗所三十年度经费预算书表。饬据会计处签称，核无不合，计由五月份起至十二月份止八个月共增加七千七百四十元，此款拟准照案在三十年度省总概算内调整机构补助公务员生活费项下开支等语，应准如拟办理。

十三、据省振济会呈缴第三振济区二十九年十至十二月员役米津预算书册，月列一十八元，三个月共列五十四元。饬据会计处签称，核数尚属相符，拟准照拨，款在二十九年度追加省总概算内各级公务员役团警米津项下开支等语，应准如拟办理。

十四、据省振济会呈缴南路振济区改编三十年全年度经常费岁出预算书表。饬据会计处签称，核无不合，计本年度由五月份起至十二月份止八个月共增加二千六百元，此款拟准照案在三十年度省总概算内调整机构补助公务员生活费项下开支等语，应准如拟办理。

十五、据本府南路护侨事务所呈缴本所及所属各站三十年度经常费岁出预算书。饬据会计处签称，书表所列数目，均自五月一日起计，核属不合，兹拟照五月五日成立日起，计五月份二十七日应增加一千一百五十七元零八分，连同六至十二月份止计共增一万零四百五十六元五角八分，款准在三十年度省总概算内调整机构补助公务员生活费项下开支等语，应准如拟办理。

讨论事项

一、据秘书处呈缴修正广东省政府粤侨通讯处组织规程，请提会核定等情，请公决案。

（决议）照案通过。

二、据建设厅呈，据公路处呈，拟在郊外盖搭修车厂及车房，建筑费共计八千四百零三元四角二分，似可准在行车营业项下开支等情，请公决案。

（决议）照案通过。

三、据秘书处签呈，去年五月本府委员刘佐人及统计室主任张益民先后奉派赴渝公干，共支出旅费二千八百三十四元二角四分，请准在本府三十年度特别公差款项下拨支归垫等情，请公决案。

（决议）照案通过。

四、据韶关工务局呈缴三十年度开办购置费预算书，列支一万元，请核示等情，请公决案。

（决议）照案通过，款在本年度预备金项下拨支。

五、据本府驻渝办事处呈，本处二十九年度超支经费共计一千三百五十五元八角五分，请准在本处二十八、二十九两年经费节余项下开支等情，请公决案。

（决议）照会计处签拟通过。（签拟略）

六、据本府战时通讯所先后呈：（一）请将本府委员会第二二〇次会议核定之电池费及磁碍子费共五千二百元改由省库拨给，旅运费准核实在本年度电讯临时费项下开支。（二）拟再购电池五百个，价款五千六百一十元，请如数照拨，或准在保安司令部二十九年价领器材费项下拨支抵解等情，请公决案。

（决议）照会计处签拟通过，但嗣后除公用电话之规定由府供给器材者外，仍应价领。（签拟略）

七、据阳春县政府电，拟由本年九月份起附属各机关办公费加倍发给，及拟定区署职员下乡旅费，请核示等情，请公决案。

（决议）照会计处签拟通过。（签拟略）

八、据顺德县政府先后呈缴三十年度县行政经费预算书，增员经费预算书，暨电台经费预算书，请核示等情，请公决案。

（决议）照会计处签拟通过。（签拟略）

九、（略）

十、据广东省银行呈缴本府派驻该行特务营三十年度经费预算书，列支二十一万六千二百六十三元四角八分，请核示等情，请公决案。

（决议）照案通过，准列入该行本年度营业预算损失表管理费内开支。

十一、据会计处签呈，本府以前颁行各县之各项章则中倘有规定"得由省库酌予补助经费"等字句，拟通饬一律不能适用，其呈准补助有案者，仍继续补助至本年底止，由明年度起，统筹核定，不予逐案补助，请核示等情，请公决案。

（决议）照案通过。

十二、据秘书处签呈，拟就广东省候用公务员登记简则草案，请核定公布施行等情，请公决案。

（决议）交许、刘两委员审查，由许委员召集。

十三、据财政厅先后报告，一七五师黄团七、八两月份军粮补助费一万八千零四十元六角，暨八月份增发补助费五百九十五元七角，遵经汇发，款在本年度团警米津项下开支，请提会追认等情，请公决案。

（决议）照案追认。

十四、据会计处案呈，关于财政部广东省田赋管理处函请垫借一百万元以应田赋征实各项经费开支一案，节经本府在省预备金项下借拨五十万元有案，请补提会议追认，并拟准在调整机构补助公务员生活费项下再垫五十万元，连前垫足一百万元，仍请该处即电中央请领归垫等情，请公决案。

（决议）照案通过。

十五、主席提议，派曾问吾代理本府秘书处法制室编审，请公决案。

（决议）照案通过。

十六、（略）

十七、准中国国民党广东省执行委员会函，请补助民众运动委员会特别活动费，以利工作等由。拟一次过拨一万元，款在本年度省总概算民众运动工作经费项下开支，请公决案。

（决议）照案通过。

十八、张委员、黄委员会复，审查战时通讯所签拟广东省各县设立收音室省库补助经费标准一案意见，请公决案。

（审查意见）查本案战时通讯所原拟补助标准，拟照会计处签拟各点修正，其本年度省库应补助数目，会计处所拟共计六万二千零九十二元二角六分，核属妥洽，拟准在本年度省总概算实施新县制经费补助款项下开支，另筹来源追加预算。

（决议）照审查意见通过。

十九、郑委员（丰）函复，审查财政厅呈缴修正船舶牌照费征收章程及岁入岁出概算一案意见，请公决案。

（决议）照审查意见通过。（意见略）

二十、（略）

二十一、据教育厅签呈，编订三十年度选送海军学校与考学生经费支付预算书，列支三万一千元，请指款开支等情，请公决案。

（决议）照案修正通过，款在本年度省预备金项下拨支。

修正之点如下：（一）分曲江、高要、兴宁、茂名、香港五区招考，高要、兴宁、茂名等区由三、六、七区各区专署分别负责，曲江区速组委员会办理，香港区函请吴鼎新、陈庆云、陈策各先生会办。

（二）曲江区取录八名，其余各区取录三名，曲江区加录备取十七名，香港区加录备取三名。（三）去程旅费由府发给，落第仍由府发给回程旅费。香港取录各生发给来韶飞机票。（四）预算发还教育厅另编呈核。

二十二、据教育厅呈缴中等学校训导人员调训旅费预算书等件，计列支三万一千九百八十元，除三民主义青年团中央团部拨助一万元外，其余二万一千九百八十元。拟请由省库拨给等情，请公决案。

（决议）照案通过，款在本年度省预备金项下拨支。

二十三、据省驿运管理处呈，曲三、曲庾两线拟提前办理，计调查费列支二千五百五十五元六角，请准追加，开办设备暨营业流动资金等费列支二十六万八千元，请先由省库垫拨，并自九月份起恢复本处原有编制等情，请公决案。

（决议）交胡、张、高三委员审查，由胡委员召集。

二十四、何委员函复，审查卫生处签呈，拟具广东省各县卫生协进会组织通则一案意见，请公决案。

（审查意见）卫生处原拟通则第七条关于该协进会之经费在县地方款项下拟支一节，查县之县立医院或平民医院之改组为县卫生院，系因地方贫瘠，经费支绌，不能另行组设县卫生院关系，如再使负担该协进会经费，似非所宜。至该会之职员如照法制室签拟改为义务性质，每月不过开会一次，所需文件什费，自属甚微，拟在法制室修改之第九条末加"会内文书事宜，由卫生院兼办，所需费用，并由县卫生院经费项下拨支"一句，其余各条，似可照法制室签拟意见改正。

（决议）照审查意见通过。

二十五、（略）

二十六、张委员、何委员、郑委员（丰）、黄委员、郑委员（彦棻）会复，审查卫生处所缴建筑职员宿舍车房及曲江药库等工程费预算一案意见，请公决案。[①]

（决议）照审查意见通过。

---

① 审查意见略。

广东省政府第九届委员会
第二百六十七次议事录

日　期　十月十日

地　点　曲江本府

出席者　何　彤　黄麟书　胡铭藻　高　信　张导民　许崇清
　　　　刘佐人　郑　丰

列席者　杜之英　黄秉勋　黄　雯

主　席　李汉魂（公差　何彤代）

纪　录　（秘书）谢晨光

报告事项

一、据本府行政效率促进委员会签呈，拟订广东省政府所属各机关关于设计考核联系办法，请核示等情，经交秘书处签拟修正分别令行遵办。

二、据财政厅签呈，拟订各县救灾准备金保管委员会经费标准及该会组织通则，请分饬各县遵照等情。饬据秘书处签称，查所拟标准大致尚合，似可准予照办等语，应准如拟办理。

三、据财政厅签呈，转缴阳江税务局本年度公役服装费支付预算书，列支一百五十元。饬据会计处签称，既据该厅核属需要，该款拟准在该局本年度经费节余项下开支等语，应准如拟办理。

四、据教育厅签呈，请饬财厅将本厅所属机关学校战时加给经费依照各该原定经费一并签发等情。饬据会计处签称，计原表所列四十七个单位，除汕尾水产职校曲江小学第二电【教】巡教区艺术院童军理事会教育会上窑社教区电化教育服务处及民教馆经先后核发外，其余文理学院等四十个单位，实应发战时加给经费四万九千五百七十九元零二角，五至十二月份八个月共三十九万六千六百三十三元六角，此款拟先准在三十年度省总概算内调整机构补助公务员生活费项下开支等语，应准如拟办理。

五、据秘书处签呈，广东政治月刊行将出版，请将本年预算印刷费自四月份起至十二月份止全部经费二万二千零五十元移为九至十二月四个月支用，并准先领四至八月份五个月经费等情。饬据会计处签拟准将原核定预算内之印刷费一项，由四月份至八月份每月一千六百元移并为九至十二月份印刷费，俾资因应，其余各项，概照原核定预算额按月开支等语，应准如拟办理。

六、据建设厅签呈，据长途电话管理所呈，以本年四至六月份员工生活补助费预算，奉饬剔除公役三十二名，请免予剔除，似可照准等情。饬据会计处签称，查所称各节，似属实情，似可姑准免予剔除等语，经准如拟办理。

七、据本省粮食管理局签呈，缴本省未参战保安团队税警省警省府警卫营特务营及连阳自卫总队粮食补给办法，请补报会议准予备案等情，应准如拟办理。

八、据广东省战时政治工作总队呈缴三十年下半年度支付预算书表暨组织大纲，列支六万六千四百零二元，请核示等情。经交秘书、会计两处签拟后，分别核饬：（一）该总队修正组织大纲及总队部组织系统表准予修正备案。（二）该总队拨给战时调查队补助费计下半年占九千五百元零二分应在该总队预算内另列一项。（三）由本年七月份起，增列会计人员薪俸，应照案编入该总队预算内。（四）原呈预算表只由七月份起编，核有未合，应重编全年度经费预算书表呈核再办。

九、据本府广播电台呈，拟由本年八月份起，月增经费三百五十元，在本年度省预金项下拨支等情。饬据会计处签称，关于追加办公费及购置费部分，拟核减一半，计办公费拟准月增七十五元，购置费准月增五十元，合共月增一百二十五元，由本年十月份起至十二月份止，共三百七十五元，该款拟在本年度省预备金项下开支，其余招待费及特别办公费，拟暂不追加，如招待费不敷，可在该经费预算内其他各项目流用等语，应准如拟办理。

十、据会计处案呈，查广宁县政府本年征集架设广宁县城至顾水墟电话线松杆一百八十一根，共支价运费三百二十六元七角，既奉第七战区司令长官司令部电饬应由省库拨支，该款拟在三十年度省建设事业临时费项下开支等语，应准如拟办理。

十一、据会计处案呈，关于本府战时通讯所签呈，本所中枢电台及有线电话队增设会计员二员，本年九至十二月份俸薪共七百七十元，拟在本所及所属机关用人经费节余项下开支一案，现为办理岁计手续简便起见，拟将原案摘由内删去"及所属机关"五字等语，应准如拟办理。

十二、据会计处案呈，关于东莞县长电，以本县公务薪饷加给费每月九百八十三元五角，请自八月份起按月由省库补助一案，经本处签拟准在省总概算内接近战区县份战时工作费项下拨支，提出第二六一次会议决议：照会计处签拟通过在案。查上项原科目列支数额，经已动支无余，现拟改在本年度省地方款预备金项下拨支等情。应准如拟办理。

十三、奉行政院电知，本院第五三四次会议，决议任命吴迺宪为广东省政府委员等因，经饬秘书处函知，并电复。

讨论事项

一、准广东省军管区司令部电，本部兵役人员训练班学员分发在即，拟制发服装应用，计需费六千六百元，经准在该班经费节余项下支付，请查照等由，请公决案。

（决议）照案通过。

二、据会计处签呈，关于民政厅及干训团选送中央警校警察学校教育班受训学员郭瑞斌等三员去程旅费，每名核发八百三十元，三员共发二千四百九十元，经准先由本年度省总概算赴中央干训团受训旅费项下开支，提会补请追认案。

（决议）照案追认。

三、据省地政局呈，为派员会勘连阳两县争界案，支出旅费五百五十一元五角四分，请指款拨还归垫等情，请公决案。

（决议）照案通过，款在本年度省预备金项下拨支。

四、据广东省新生活运动促进会妇女工作委员会呈，为与干训团合办妇女高级干部训练班，请发各县选调学员来程旅费及招考费共一万元等情，请公决案。

（决议）照案通过，款在本年度民众运动工作经费项下拨支。

五、据建设厅签呈，请改善本省荒地承领造林办法，以期推行尽利等情，请公决案。

（决议）交何、张、高三委员审查，由何委员召集。

六、据卫生处签呈，第二补助医院奉令改组，关于遣散编余员兵恩饷一个月计五百五十八元，请准由该院二十九年度经费节余项下开支，请核示等情，请公决案。

（会计处签拟）查该院奉令改组，将编余人员发给恩饷一个月遣散，既系依照军政部向例办理，此项恩饷费五百五十八元，拟准由该院二十九年度经费节余项下开支。

（决议）照会计处签拟通过。

七、据本府战时通讯所签呈，为本所暨所属机关三十年度新编制实行后，编余员役共二十员名，应发恩饷共五百五十九元，款拟在中枢台电话队新闻室及装修厂等一至三月份经费节余匀支，请核示等情，请公决案。

（决议）照案通过。

八、据会计处案呈，查花县地方三十年度岁入追加概算列九千元，拟如财厅意见，准予照列，并代编岁出追加概算，请准照数追加，提会核定等情，请公决案。

（决议）照案通过。

九、据会计处案呈，查始兴县地方二十九年度岁入岁出追加概算整理后，计岁入部分为一万零七百零四元，岁出部分为五万四千五百一十七元，比较不敷四万三千八百一十三元，此数原应在本年度新县制经费补助款内拨补，以资平衡，但该科目已不敷支，拟在预备金项下开支，请提会一并核定等情，请公决案。

（决议）照案通过。

十、张委员、高委员、刘委员会复，审查建设厅公路处行车亏蚀四十余万元，会计处查属实在，请准在二十九年度养路费收入项下抵解一案意见，请公决案。

（决议）照审查意见通过。（意见略）

十一、张委员、郑委员（丰）、郑委员（彦棻）会复，审查广东省临时参议会先后函请增加第六次开会费参议员出席旅费及秘书处经费等共九万三千二百二十元一案意见，请公决案。

（决议）参议会秘书处增加经费自九月份起，余照审查意见通过。（意见略）

十二、据卫生处签呈，缴本处环境卫生实验场经临费预算书，计开办费列支二万五千七百二十元，经常费由本年九月起至十二月止四个月共列支六千九百五十二元，请核示等情，请公决案。①

（决议）照会计处签拟通过。

十三、据财政厅呈缴第一科科长王绍猷荐委表暨原任科长罗韵涛去职表，请分别任免等情，请公决案。

（决议）照案通过。

广东省政府第九届委员会
第二百六十八次议事录

日　期　十月十四日

地　点　曲江本府

出席者　胡铭藻　郑　丰　郑彦棻　高　信　张导民　许崇清
　　　　　黄麟书　刘佐人

列席者　杜之英　黄　雯　李锡朋

主　席　李汉魂（公差　郑彦棻代）

纪　录　（秘书）谢晨光

报告事项

一、奉行政院先后电，第一区行政督察专员兼保安司令李郁焜调充第五区行政督察专员兼保安司令，递遗第一区行政督察专员兼保安司令缺，调第三区行政督察专员兼保安司令李磊夫接充，递遗第三区行政督察专员兼保安司令缺，派连县县长王仁宇代理等因，经分别电饬遵照。

二、准第七战区司令长官司令部编纂委员会函送审计处核准本会二十九年十二月间疏散档案公物临时费各项实支数目表签证，请查照如数划拨归垫等由。饬据会计处签称，核案尚无不合，此项临时费四百二十七元，拟准在本年度省预备金项下开支等语，应准如拟办理。

---

①　会计处签拟略。

308

三、准广东省地方行政干部训练团函，准边政指导委员会函，请每月补助西山施教站一百元，经准照办，自九月份起，款在本团三十年度经临费节余项下开支，请查照等由。饬据会计处签称，查此款该站既分配为干事等补助费，核与规定不符，似应将该项预算书各科目改为补助旅费等语，应准如拟办理。

四、（略）

五、据建设厅签呈，转缴揭阳糖厂请追加机器搬迁费预算书，列支二百一十八元三角九分。饬据会计处签称，似可照准，款在建设厅工业类营业基金项下拨支等语，应准如拟办理。

六、据建设厅签呈，转缴田螺涌小学校修理校舍添置校具预算书，列支三百元。饬据会计处签称，拟准在该校本年度经费节余项下拨支列入经常费报销等语，应准如拟办理。

七、准广东全省防空司令部函，据省会防护团呈，以自本年七月份起，加搭浮桥两度，奉准增设专任员兵，月需追加经费二千零五十九元四角四分，连原定经费月共四千五百六十元。饬据会计处签称，所列各费，尚属适合，既经该部核准，似可照支，除本府月拨"曲江县东河浮桥养桥费"五百元移交，另由曲江县政府每月发补五十五元五角六分外，其余四千零四元四角四分，在该团防空附加捐项下拨支等语，应准如拟办理。

八、据财政厅签呈，转缴鹤山税务局盖搭税警蓬房预算书，列支二百三十五元。饬据会计处签称，既经本府秘书处核明尚属核实，拟准在三十年度省总概算岁出经常门临时部分财务支出款下追加鹤山税务局临时费科目拨支，饬该局将二十九年度经费节余款抵解，并照数追加三十年度省总概算岁入经常门临时部分其他收入款下各机关以前年度节余解库款科目等语，应准如拟办理。

九、据建设厅签呈，据公路处呈缴第十养路队购置指示牌等费预算书，列支三百四十四元。饬据会计处签称，拟准在该队本年度经常各费节余项下开支等语，应准如拟办理。

十、据省振济会呈缴第三医疗队本年二月份迁移费支付预算书，列支一百四十三元。饬据会计处签称，既经该会核明，款在该会振款项下拨支，似可准予照列等语，应准如拟办理。

十一、据本府战时通讯所呈缴器材库三十年度经费预算书暨本年三、四月份生活补助费预算书。饬据会计处签称，计本年度由五月份起至十二月份止，列月增俸给费二百二十一元，八个月共增加一千七百六十八元，核尚无不合，准予照拨，款拟照案在三十年度省总概算内调整机构补助公务员生活费项下开支等语，应准如拟办理。

十二、据会计处签呈，拟订广东省各县市局预算事项补充办法，请转送财政部主计处，审计部核定等情，应准如拟办理。

十三、据会计处呈，准教育厅片送罗定、始兴两县党部本年度办理战时民校补助费支付预算书，各列支一百二十六元，两款合计二百五十二元，似应准以各机关以前年度经费节余解库款科目追列三十年度岁入概算，以补发罗定始兴县党部二十九年举办民校补助费科目追列三十年度岁出概算，由该两县党部分别办理抵解手续等语，应准如拟办理。

十四、据省振济会呈缴第一振济区改编三十年全年度经常费岁出预算书。饬据会计处签称，所列数目核无不合，计本年度由五月份起至十二月份月增俸给费一百零五元，八个月共增八百四十元，此款拟准照案在三十年度总概算内调整机构补助公务员生活费项下开支等语，应准如拟办理。

十五、据第九区行政督察专员先后电，请拨发本署员役增薪及生活补助费等情。饬据会计处签称，所列数目，核无不合，计由本年五月份起至十二月份，月增俸给费二千二百七十七元，八个月共增一万八千二百一十六元，款在预算未呈到前，先行照案在三十年度省总概算内调整机构补助公务员生活费项下开支等语，应准如拟办理。

讨论事项

一、准广东省军管区司令部电，为举行三十一年度国民兵总抽签，所需费用，上年度所定标准似难敷支，经本部重予规定，统在县地方款预备项下作正开支。请查照通饬各县遵照等由，请公决案。

（会计处签拟）查该部拟订各县办理三十一年国民兵总抽签费用数额，比与三十年度国民兵总抽签费用略有增加，计一等县增加一百元（三十年度三百元），二等县增加七十元（三十年度二百三十元），三等县增加六十元（三十年度一百四十元），其增加数与现物高涨之比自不为多，所拟似可照办，通饬各区专署转饬各县遵照并复。

（决议）照会计处签拟通过。

二、（略）

三、据民政厅签呈，奉发三十年度行政会议阳山等县提议增设社会科一案，谨订定广东省各等县社会科编制表及经费预算表，请核定通饬施行等情，请公决案。

（决议）交刘、许、张三委员审查，由刘委员召集。

四、据第八区行政督察专员电，据防城县长电，以防白防思两电话线架设费共需五万二千九百五十三元，奉准垫拨一万元不敷修架，请核示等情，请公决案。

（决议）准再垫四万元，连前垫一万元统在本年度建设事业临时费项下垫付，并请中央拨还归垫。

五、据第五区行政督察专员公署呈，转缴丰顺县破坏丰揭公路征集民工伙食预算费，支列一千八百七十六元，请拨款归垫等情，请公决案。

（会计处签呈）查丰顺县政府于二十八年度奉令彻底破坏丰揭公路，征集民工伙食费国币一千八百七十六元，其工程部分，经建设厅核明尚属适合，预算列支之数，复核亦符，该款拟可照准在本府第九届委员会第八十六次会议核定由二十八年度建设事业费项下拨付该县破路款一万元额内拨支，至支余之八千一百二十四元，据称已先后拨支破坏丰揭公路费一千五百三十元四角三分，及破坏丰兴公路费一千一百九十元（上述两案预计算书类正在审核办理中）外，比对尚余五千四百零三元五角七分之款，据称已悉数返纳等语，拟照备查。

（决议）照会计处签拟通过。

六、据第八区行政督察专员呈缴本区巡回军法官本年一至十一月份经费预算书，共列支二千四百一十二元，除将上年度结余六百元拨抵外，尚不敷一千八百一十二元，遵经逐月派由各清理积案县份负担，请核示等情，请公决案。

（会计处签拟）查该项由二十九年度经费节余项下开支之款六百元，拟在三十年度省总概算岁出经常门临时部分行政支出款下追列第八区专署巡回审判军法官经费科目，以二十九年度该项节余经费抵拨，一面追列三十年度省总概算岁入经常门临时部分其他收入款下各机关以前年度节余经费解库款科目，至派由各县地方款开支部分，仍饬照章办理请款手续。

（决议）照会计处签拟通过。

七、据本府行政效率促进委员会签呈，拟修订广东省政府所属各机关暨各县市局工作考核实施细则及工作检讨办法暨考核标准，请核示等情，请公决案。

（决议）交许委员审查。

八、据卫生处签呈，据省立救济医院呈缴三十年度添置器具费预算书，列支三千六百七十一元，款在该院本年度经费节余项下开支，请核示等情，请公决案。

（决议）照案通过。

九、（略）

十、据仁化县政府电，拟于本年八月份起，遵照战时加给办法拨支各机关经费，请由省库每月补助三千元等情，请公决案。

（会计处签拟）查该县系属贫瘠县份，所请核与规定相符，该县是项公务员战时加给补助费，拟由八月份起至十二月份止每月补助七百八十元三角四分，五个月合共二千九百零一元七角，款在本省本年度省预备金项下拨支。

（决议）照会计处签拟通过。

十一、据本府警卫营呈，本府卫士队遵经改编成立，编缴该队本年十至十二月经常费支付预算书，共支二万二千一百一十二元一角，请核示等情，请公决案。

（会计处签拟）该营第五连及卫士排奉令于本年十月一日改编为本府卫士队，预算月需经费七千三百七十元七角，核与该营第五连及卫士排原定经费数目尚属适合，似可照准，自三十年十月一日起，款在该营每月经费额内扣出移拨开支。

（决议）照会计处签拟通过。

十二、（略）

十三、据教育厅签呈，拟于三十年度上学期起设立省立北江简易师范学校一所，其经常费部分每月五百一十六元，本年度八至十二月份共二千五百八十元，拟由新县制附设简师科经费项下拨支，下年度请另指款划拨，俾便继续办理，并请委戚焕尧充任该校校长等情，请公决案。

（决议）下年度经费由三十一年度教育及文化支出额内统筹支配，余照案通过。

十四、据建设厅呈缴本厅技正兼第三科科长叶汉予荐委表，请赐核委等情，请公决案。

（决议）照派代理。

十五、据建设厅呈缴公路处视察邹瑛荐委表，请赐核委等情，请公决案。

（决议）照派代理。

十六、据第四区行政督察专员公署呈缴秘书张佳玖荐委表，请赐核委等情，请公决案。

（决议）照派代理。

十七、据建设厅呈缴技正谭锡鸿荐委表，请赐核委等情，请公决案。

（决议）照派代理。

十八、主席提议，佛冈县县长凌准着与五华县县长李则谋对调，请公决案。

（决议）照案通过。

十九、据秘书处签呈，修正韶关市政筹备处组织规程及编制经费概算表，另拟具韶关市工务局暨警察局组织规程，请提会核定等情，请公决案。

（决议）交何、高、张三委员审查，由何委员召集。

二十、张委员、郑委员（彦菜）会复，审查建设厅公路处抢建大江河木便桥工程费一案意见，请公决案。

（审查意见）查该木便桥既系奉令抢建如期完成，所需工程费三万九千三百六十一元，核尚需要，拟照会计处签拟，款准在本年度建设事业临时费项下拨还归垫。

（决议）照审查意见通过。

二十一、郑委员（丰）函复，审查财政厅所拟管理土制煤油厂暂行办法一案意见，请公决案。

（审查意见）（一）本办法第六条规定煤油制成后应先报由该管税

务局所发证，并派员检验，为免零碎派员检验起见，故第十一条规定检验以十二罐起算，秘书处签拟将第十一条改为土制煤油，不得为少于一罐之零沽散卖，似未顾及税务局零碎派员检验之麻烦，该条条文拟仍如原拟，毋庸修改。（二）在此非常时期，内地煤油来源缺乏，本办法之拟订含有扶植内地工业积极生产之意，惟观全部条文未有奖励生产之规定，拟将第七章"罚则"二字改为"奖惩"，并加入"土制煤油厂每月出品达一万加仑以上者，准减征营业税额百分之五，达五万加仑以上者，准减征税额百分之十"一条为第十三条，原第十三条改为第十四条，以下依次递改。余拟如秘书处签拟办理。

（决议）照审查意见通过。

二十二、胡委员、张委员、高委员会复，审查省驿运管理处所拟三十年度筹备曲三曲庾两线调查计划及追加概算一案意见，请公决案。

（审查意见）（一）查原拟恢复驿运编制经费，尚属需要，拟准月补助一万五千元（连前发之维持费三千九百三十一元在内）。（二）至三十一年度经费，拟由该处直接呈请中央补助。（三）余拟照会计处签拟一、二项意见通过。

（决议）照审查意见通过，自十月下半月起，款在本年度建设事业临时费项下拨支。

广东省政府第九届委员会
第二百六十九次议事录

日　　期　　十月十七日
地　　点　　曲江本府
出席者　　郑彦棻　黄麟书　刘佐人　高　信　郑　丰　许崇清
　　　　　　张导民　胡铭藻　何　彤
列席者　　黄　雯　杜之英
主　　席　　李汉魂（公差　何彤代）
纪　　录　　（秘书）谢晨光

报告事项

一、奉行政院电，准军委会函，核定重建区党政分会权限划分办法，仰即知照等因，应分饬所属知照。

二、据财政厅签呈，转缴宝安税务局沙头角稽征所二十九年度开办费预算书，列支二百二十八元四角五分。饬据会计处签称，查核各数尚属需要，似可照准，该款拟准在本年度省概算岁出经常门临时部分财务支出款下各税务局设备费项下开支等语，照准如拟办理。

三、据财政厅签呈，转缴新兴税务局洞口稽征所盖搭葵棚概算书，列支四百四十五元。饬据会计处签称，似可准在本年度省概算临时部分各税务局设备费项下拨支，至将来期满后每月租金二十元，可准在该所办公费内开支等语，应准如拟办理。

四、据财政厅签呈，农林局西江蚕桑改良场经费省库应拨部分已照清拨。至农林部补助部分，拟补列收支等情。饬据会计处签称，查该场蚕种既无旧价收入，自可准免补其收入预算，亦毋庸追列概算。至中央补助之十万元，拟照原审查意见补列三十年省总概算岁入经常门临时部分补助及协助收入款下科目，并在同年度岁出经常门临时部分经济及建设支出款内农林机关临时费项下追列西江蚕桑改良场科目，饬农林局补办抵解手续等语，应准如拟办理。

五、据教育厅签呈，据东方战友社请予补助经费等情，经核准一次过拨助五百元。饬据会计处签称，此款拟在本年度省预备金项下开支等情，应准如拟办理。

六、据省振济会呈缴儿童教养院第四院本年度经费岁出预算书，列支二十一万一千八百五十六元，俸给费每月列支五千零一十二元，比较前核定二千五百三十元，计增加二千四百八十二元，由五月份起，八个月共增加一万九千八百五十六元。饬据会计处签称，似可准予照列，款在振款项下拨支等语，应准如拟办理。

七、据省粮食管理局呈缴召集各专员县长粮食座谈会费暨召集新派县粮管会主任委员见习费预算书，计共列支一千二百六十四元九角五分。饬据会计处签称，核尚需要，此款拟准在该局三十年度行政经常费节余项下开支等语，应准如拟办理。

八、据省粮食管理局电，为奉派驻局宪兵一排，计官兵五十二员名，拟请自四月份起，派出外勤宪兵每月每名津贴伙食一十元，款在业务费项下开支，驻局宪兵每名每月津贴伙食五元，款由本局经常费节余项下匀支等情。饬据会计处签称，查驻守各机关兵警曾有补助伙食先例，本案所称尚属实情，似可准予照办等语，应准如拟办理。

九、据会计处签呈，本府第二六四次会议核定中山县政府改订公务人员薪饷由接近战区各县战时工作经费项下开支一案，查该科目余额已不敷支应，该项生活补助费三千六百七十四元，拟改由本年度省预备金项下开支等情，应准如拟办理。

十、据省地政局呈，拟统筹改订该局曲乳乐仁四县测量队及曲乳两县地政处俸给费等情。饬据会计处签称，该局拟将乐仁两县测量队一并照改订俸给办法统筹改订，计改订后，四县测量队经费合计为一百三十三万零六十八元，比原有增五十一万三千六百一十九元，除以战时加给经费抵支外，不敷数系拟乐仁两县测量队预备金全部，并由四县测量材料费分拨，适可相抵，不再增加省库负担，拟准照办。至该局曲乳两县测量队及地政处由本年五月份起每月发给战时加给经费四万零一百四十六元，此款拟在三十年度省总概算内调整机构补助公务员生活费项下开支等语，应准如拟办理。

讨论事项

一、准广东省地方行政干部训练团函，为本团新辟水井二口，计需费三千八百五十元，在本团本年度经临费节余项下开支，请查照等由，请公决案。

（决议）照案通过。

二、据财政厅签呈，为本厅修建职员宿舍等计需七千七百四十五元，编呈预算，请指款拨支等情，请公决案。

（决议）照案通过，款在本年度省预备金项下拨支。

三、据财政厅、会计处签呈，本厅选送中央训练团第十七期受训人员丘斌存等十一员旅费九千一百三十元，拟在本年度省总概算赴中央干训团受训人员旅费项下开支等情，请公决案。

（决议）照案通过。

四、据财政厅签呈，遂溪税务局建筑职员宿舍等费共需二千五百元，拟予照拨，款在本年度省总概算各税务局设备费项下开支等情，请公决案。

（决议）照案通过。

五、据教育厅签呈，准本省中等学校教员暑假讲习会函，以前编提本府二四七次会议之预算书，未尽适应需要，拟变更分配预算连同追加补助收入预算书，请核示等情，请公决案。①

（决议）照会计处签拟通过。

六、据建设厅签呈，据省营×××钨矿专员请拨发三十年度营业基金一十万元，拟先拨五万元，除扣回厅垫三万元解还公库外，其余二万元，充作该处营业基金等情，请公决案。

（决议）照案通过，款在本年度营业投资项下拨支。

七、据建设厅签呈，据农林局呈，拟将西江蚕桑改良场三十年度预算书重新编订，并将三至五月份节余款项分别拨充俸给办公等费，连同改编预算书及组织章程编制表，请核示等情，请公决案。

（决议）交张委员审查。

八、（略）

九、据本府战时通讯所签呈，缴追加二十九年度电讯临时费预算书，列支八千八百二十九元六角七分，请核示等情，请公决案。

（决议）交郑（彦棻）、张、郑（丰）三委员审查，由郑委员（彦棻）召集。

十、据会计处案呈，查大埔县地方三十年度岁入岁出追加概算，经参照各厅意见整理后，计拟改列追加数均为四万一千六百五十三元，请提会核定等情，请公决案。

（决议）照案通过。

十一、据会计处案呈，查普宁县地方三十年度岁入岁出追加概算，均各列为一十六万七千六百二十元，拟准照案追加，请提会核定等情，请公决案。

（决议）照案通过。

十二、据会计处案呈，查乐昌县地方三十年度岁入岁出追加概算，经照各厅处意见整理后，计拟改列均为五万二千一百九十二元，请提会

---

① 会计处签拟略。

核定等情，请公决案。

（决议）照案通过。

十三、据会计处案呈，查惠阳县地方三十年度岁入岁出追加概算，经照财政厅意见整理后，计拟改列均为一万五千九百三十元，请提会核定等情，请公决案。

（决议）照案通过。

十四、据会计处案呈，查始兴县地方三十年度岁入岁出追加概算，经照各厅处意见整理后，计拟改列均为四万二千八百八十六元，请提会核定等情，请公决案。

（决议）照案通过。

十五、何委员、张委员、刘委员会复，审查本省社会处设置办法及三十年度暂行经费概算一案意见，请公决案。

（决议）照审查意见修正通过。（审查意见及修正之点略）

十六、许委员、刘委员、高委员会复，审查秘书处所拟修正本府合署办公施行细则一案意见，请公决案。

（审查意见）（一）第一章第二条合署办公之单位，似应加上粮政局、社会处，而次序之排列，应修正如后：1. 秘书处；2. 民政厅；3. 财政厅；4. 教育厅；5. 建设厅；6. 地政局；7. 粮政局；8. 卫生处；9. 社会处；10. 会计处。（二）第二章第十一条地政局职掌一项，似应在各科室之下分设二股至三股，并各增股长一人，以昭划一，而利分工。（三）余尚属可行，拟请照原案通过。

（决议）照审查意见通过。

十七、准广东高等法院函，请代购各监所戒护枪弹所需价款七万二千五百二十八元四角，拟在各监所解存本院额余囚粮七万四千元项下拨支等由，请公决案。①

（决议）照会计处签拟通过。

十八、据秘书处拟订广东省各县水利委员会组织通则，请提会核定公布施行等情，请公决案。

（决议）交郑（丰）、高、胡三委员审查，由郑委员召集。

_____

① 会计处签拟略。

318

十九、（略）

二十、据本府警卫营呈，为购置本年度冬季被服，除粤海师管区拨来军毡三百张，该款三千一百五十九元外，拟另购棉被一百二十张，约需款六千元，请准予照发等情，请公决案。

（决议）照会计处签拟通过。（签拟略）

二十一、主席提议，电白县长林春荣另有任用，应予免职，遗缺派陈旃旗代理，请公决案。

（决议）照案通过。

广东省政府第九届委员会
第二百七十次议事录

日　期　十月二十一日

地　点　曲江本府

出席者　何　彤　郑彦棻　张导民　黄麟书　高　信　胡铭藻
　　　　　许崇清　郑　丰　刘佐人

列席者　杜之英　黄　雯　谢哲声

主　席　李汉魂（公差　何彤代）

纪　录　（秘书）谢晨光

报告事项

一、据财政厅签呈，转缴花县税务局从化稽征所本年度二至五月十日增员预算书列支一百五十元。饬据会计处签称，既据该厅查核尚属需要，拟准在本年度各税务局所站经费未支配余额项下开支等语，应准如拟办理。

二、据财政厅签呈，电白税务局税务员林敏绪等两员因敌犯电城，损失衣物，请发救济费共一百二十元等情，应准予照办。饬据会计处签称，该款拟在本年度省救济费项下开支等语，应准如拟办理。

三、据财政厅先后签呈，从化县地方法院故执达员黄焯暨省营制药厂故办事员李诚三十年度以前恤金共四十五元六角七分，拟在本年度省

319

总概算恤金项下开支等情。饬据会计处签称，核尚可行，应准照办等语，应准如拟办理。

四、据建设厅签呈，缴农林局中区林业指导区三十年度岁出经常费预算书表。饬据会计处签称，现呈书表核案不合，该区计由五月份至十二月份每月应给三百元，八个月共二千四百元，此款拟准先在三十年度省总概算内调整机构补助公务员生活费项下开支，饬照规定改编等语，应准如拟办理。

五、据建设厅签呈，缴省营揭阳糖厂三十年度四月份员工生活补助费预算书册，及保管费预算书表。饬据会计处签称，查书册核数尚合，至书表，核与原案不符，应依改订俸给办法规定，按原核定三月份生活补助费数额加五改发战时加给经费计五至十二月份每月应加给三百五十一元，八个月共加二千八百零八元，此款拟在三十年度省总概算内调整机构补助公务员生活费项下开支。饬财政厅照数先行拨付等语，应准如拟办理。

六、据省振济会呈，拟定增加广东妇女生产工作团学生托儿所儿童膳费办法，请核示等情。饬据会计处签称，查所拟各节，尚属可行，拟予照准，饬编具追加预算呈核等语，应准如拟办理。

七、据省振济会呈缴儿童教养队第一儿童教养团二十九年九至十一月份追加医药临时费预算书，月各列支一百三十元。饬据会计处签称，既经该会核明，款由该院各团经费节余项下开支，拟准照列，款在该院各团二十九年度经费节余项下拨支等语，应准如拟办理。

八、据省振济会呈缴第二医疗队本年二月由惠阳撤退至观音阁行车旅费四百六十元伍角及由观音阁河源出差旅费八十一元九角预算书。饬据会计处签称，既经该会核无不合，款在振款项下拨支，拟准照列，除将笔误代为改正外仍饬依照修正国内出差旅费规则办理等语，应准如拟办理。

九、据第一区行政督察专员呈缴本年八月份行政人犯口粮表册，请将囚粮三百八十二元四角拨发归垫等情。饬据会计处签称，核数尚属符合，该款拟在本年度省总概算寄押人犯口粮科目拨还归垫等语，应准如拟办理。

十、据第八区行政督察专员呈缴三十一年度账册印刷费支付预算

320

书，列支一百七十四元。饬据会计处签称，似属需要，所请在该署会计室本年度节余经费项下拨支，拟可照准等语，应准如拟办理。

十一、据会计处签呈，财政厅呈缴修正船舶牌照费征收章程及岁入岁出概算一案，经第二六六次会议决议：照审查意见通过在案。惟未将收支数额明定追列省概算，兹拟岁入预算二十九万二千八百元，追加三十年度省总概算岁入经常门常时部分规费收入款下船舶牌照科目，岁出概算四万七千八百一十三元除照据费一万一千元在财厅及所属印刷票照费科目开支外，其余悉照财厅编列岁出概算书列，计应列二万六千八百一十三元，该款拟追列三十年度省总概算岁出经常门常时部分财务支出款下征收船舶牌照费经费科目。至岁入与岁出概算比对余额二十五万五千九百八十七元，拟追加三十年度省总概算预备金科目等语，应准如拟办理。

十二、据建设厅签呈，拟将本省各属小灌溉贷款工程费办法，变通改为在一万元以下者准由各县政府负责核准，以归简便，请核示等情，应准如拟办理。

十三、据第三区行政督察专员呈，奉令赴桂林参加四省盐粮会议，计支过旅什费共一千五百三十九元九角八分，拟请准在粮管区西江四、邑运销处业务费项下开支等情。饬据会计处签称，经送准粮管局核准，似可照该局所拟办理等语，应准如拟办理。

讨论事项

一、（略）

二、据建设厅签呈，缴公路处三十年度护路队追加服装费预算书，列支一千五百八十四元，请指款拨支等情，请公决案。

（决议）照案通过，款在本年度省预备金项下拨支。

三、据建设厅签呈，据合作事业管理处呈，为增加指导员六十名，主任指导员二十名，除主任指导员之事业费一万八千九百元请在本处本年度事业费节余项下追加列支外，其指导员之经费三万一千零五元，请由省库拨支等情，请公决案。

（决议）照案通过，款在本年度建设事业临时费项下拨支。

四、据曲江县政府呈，本县警察局应领二十九年度临时事业费共计二千五百一十六元一角六分，请照案发给等情，请公决案。

（决议）照案通过，款在本年度省预备金项下拨支。

五、据第三区行政督察专员呈缴改编本年一月至四月十五日本区巡回审判军法官经费预算书表，请核示等情，请公决案。

（会计处签拟）据呈预算书表列支一千七百元，据称内有一千四百九十八元五角系由二十九年度该项节余经费项下拨支，其余二百零一元五角，由该署分配清理积案县份在地方款项下拨足等情。该上项节余款一千四百九十八元五角，拟在三十年度省总概算岁出经常门临时部分行政支出款下追列第三区专署巡回审判军法官经费科目，以该署二十九年度该项节余经费抵拨，并一面追列三十年度省总概算岁入经常门临时部分其他收入款下各机关以前年度节余经费解库款科目。

（决议）照会计处签拟通过。

六、据第三区行政督察专员呈，本署迁址办公，计需运什各费共二千八百二十三元三角，请准照拨支等情，请公决案。

（决议）照案通过，款在本年度省预备金项下拨支。

七、据本府边政指导委员会签呈，拟修订本会组织章程，请察核等情，请公决案。

（决议）照秘书处签拟修正通过。（签拟略）

修正之点如下：（一）总干事仍由委员兼任，不定阶级。（二）组主任得由委员兼任。

八、许委员、刘委员会复，审查广东省候用公务员登记简则一案意见，请公决案。

（决议）照审查意见一、二两点通过。（意见略）

广东省政府第九届委员会
第二百七十一次议事录

日　期　十月二十四日

地　点　曲江本府

出席者　李汉魂　郑彦棻　何　彤　张导民　郑　丰　许崇清

高　信　胡铭藻　黄麟书　刘佐人

列席者　杜之英　黄雯

主　席　李汉魂

纪　录　（秘书）谢晨光

报告事项

一、准广东全省防空司令部函，为新丰县防护团总干事黎宝祥因奉调防空工作人员训练班受训期间病故，检同乙种调查表等，请查照给恤等由。饬据秘书、会计两处签拟，依照广东省各地防护团干部及团员因公伤亡抚恤暂行办法之规定，给予一次恤金四百八十元，在三十年度省地方概算岁出经常门临时部分恤金项下拨支等语，应准如拟办理。

二、准广东全省保安司令部电复，保安三团二营四连排长朱绍民、伤士丘行均系在乐昌罗家渡剿匪伤亡，请查照给恤等由。饬据秘书、会计两处签称，似均应照本省保安人员抚恤规程办理，拟朱绍民给与一次恤金三百元，遗族年抚金一百六十元，并给与八年为限，至伤士丘行，拟给与年抚金二十五元，并给与三年为限，前项应给第一年年抚金，照军委会规定，自三十年度起给领，连同一次恤金并在三十年度省地方概算岁出经常门临时部分恤金项下拨支，其第二年以后之年抚金，按年列入省概算拨支等语，应准如拟办理。

三、准广东省地方行政干部训练委员会函，据训练团呈，拟从新规定第四期各县结业学员回程旅费数额，所有沿韶兴公路之东江各县乘搭汽车者，每公里发给车费三角五分，在途期内，每名每天发给膳宿费八元，其余西江北江及南路各县，除每名每天发给膳宿费八元外，另每天发行李挑夫费一元二角，应准照办等语，应准如拟办理。

四、据财政厅签呈，广宁县政府请核发义警故队长黄世球二十九年第二期及三十年第一期遗族年恤金共七十五元，二十九年第二期恤金三十七元五角，照案以毫券折合国币二十六元二角五分，拟一并在三十年度省总概算恤金项下给领等情。饬据会计处签称，核尚可行，应予照准等语，应准如拟办理。

五、据建设厅签呈，据省营×××矿专员办事处呈，拟就本处现有员役分别改订加给薪饷，以不超过已奉确定管理费预算额每月四千五百元为原则，请核示等情。饬据会计处签称，查核所呈比较表列改订后薪饷总额仍照旧数所拟，尚属可行，拟予存转等语，应准如拟办理。

六、据财政厅签呈，拟修正各县财务委员会章程第十四条及选举规则第三条第一款条文内三等县之下加"以下"二字等情。饬据秘书处签称，所拟修正条文大致尚合，惟"三等县以下"一语，似欠明确，拟改为"三等及特三等县"，以与其【余】各条用语相一致等语，应准如拟办理。

七、据财政厅签呈，据新兴县政府呈，请发紫金地方法院推事陈休尧二十九年下期恤金案，因二十九年度□支经已结束，该项恤金折合国币八十四元，拟在三十年度省总概算恤金项下动支等情。饬据会计处签称，查核尚属可行，拟予照准等语，应准如拟办理。

八、据民政厅呈，为本府代中央警官学校考取第十一期新生每名津贴旅费二百五十元，奉谕每名增发五十元，计实到十九名，共五千七百元，经电请中央警校汇还归垫等情。饬据会计处签称，事关变更原案，请核定报会备案等语，应准如拟办理。

九、据卫生处签呈，转缴曲江妇婴室本年改订俸给预算书表，饬据会计处签称，核无不合，计由本年五月份起至十二月份月增俸给费二百一十一元，八个月共增一千六百八十八元，此款拟准在本年度省总概算内调整机构补助公务员生活费项下开支等语，应准如拟办理。

讨论事项

一、（略）

二、据教育厅签呈，为分区视导小学教员暑假训练班旅费共需一千九百元，拟在本年新县制各县附设简师科经费项下拨支，请核示等情，请公决案。

（决议）照案通过。

三、据财政厅签呈，关于本年度第二次追加概算养路费追加八十万元一案，增收办法拟照现行征收率增加三分之一，自本年十月一日起实行，拟定修正广东省公路征收汽车费补充规则第二条条文，请核示等情，请公决案。

（决议）照案通过。

四、据卫生处签呈，缴第五卫生诊疗所开办费预算书，列支五千五百九十一元六角，及经常费预算书，月列六百零八元，由三十年九月一日起至十二月底止，四个月共二千四百三十二元，请核等情，请公决案。①

（决议）准自十月十六日起支，余照会计处签拟通过。

五、据第二区行政督察专员公署电，拟规定各县粮食增产指导处办公费，一、二等县月支三十元，三等县以下月支二十元，指导员下乡旅费则依【实】报销，均在各县地方款预备金项下请款开支，请核示等情，请公决案。

（会计处签拟）查所拟一、二等县生产指导处每月办公费三十元，三等县以下月支二十元，款在地方款预备金项下开支，既经粮食增产总督导处核明可行，复核亦无不合，似可照准。惟查指导员下乡旅费，究竟所支若干，未据叙明，现为切合事实需要，及划一规定起见，该项下乡旅费拟照各县县指导员下乡旅费规定，不分县等，每月不得超过二十元，款并在地方预备金项下拨支。

（决议）照会计处签拟通过。

六、据第三区行政督察专员公署呈，据南海县政府呈缴更正该县三十年度改订俸给行政经费暨增员经费预算书类，请由省库补助前来。查列数经超过原补助经费半数之规定，应如何拨助，请核示等情，请公决案。

（会计处签拟）查该案列支数目，除月支二十元之雇员自七月份起书列每名月实支五十五元，核与（五月起）改订俸给办法第一条戊项之规定不符，拟改正为每名实支四十五元外，其余数列尚无不合，惟查代更正后连增员经费部分，计月增一千五百五十四元，六个月共增九千三百二十四元，核已超过原办法乙项第三条以不超过原补助经费半数为原则之规定，自应核减为每月补助九百一十八元五角（即原日补助行政经费一千八百三十七元之半数），计七至十二月共为五千五百一十一元，该款拟准在三十年度省款预备金项下拨支，并由该县统筹支配，再编预算呈核。

（决议）照会计处签拟通过。

七至八、（略）

① 会计处签拟略。

九、准广东全省保安司令部电，为成立看守所，检送编制预算书表，月列八百元零八角六分，由本年四月份下半月起至年底止，计八个半月共六千八百零七元三角一分，另官兵主食补助费八个半月共三千五百一十一元，请查照等由，请公决案。

（决议）照案通过，款在本年度保安团队经费节余项下拨支。

十、据民政厅签呈，拟遵院电将广东各县市局出征抗敌军人家属优待经费筹募暂行办法第五条第二款条文修正，请提会决定等情，请公决案。

（决议）交张、胡两委员审查，由张委员召集。

十一、据财政厅签呈，据英德税务局翁源稽征所呈缴□仔、龙仙两征收站本年修建设备费预算书，共列支五百九十六元，拟准在本年度省总概算征收民营汽车营业税开办费项下开支，请核示等情，请公决案。

（决议）照案通过。

十二、据卫生处签呈，为茂名肇庆兴宁妇婴卫生室经先后成立，每室约需卫生器材费三百元，合共九百元，此款拟在本年度追加卫生事业费项下拨给，请核示等情，请公决案。

（决议）照案通过。

十三、（略）

十四、据财政厅签呈，奉饬自九月份起筹垫田赋征实经收部分经费之半数，应在省总概算何科目垫支，请核示等情，请公决案。

（决议）在本年度省预备金项下垫借三十万元。

十五、据会计处案呈，广东各界慰劳湘北前线将士筹备会函请本府负担之慰劳团经费七万元，既经饬由秘书处先行垫支，似可在三十年度奖赏金项下支拨五万元，及在省预备金项下支拨二万元，照数发还归垫，请提会核定等情，请公决案。

（决议）照案通过。

十六、主席提议，韶关工务局经费原定开办三月后由建设基金统筹应支，现适应事实需要，经饬财政厅曲江县仍照案分别继续垫发在〔至〕本年底止，将来由建设基金筹还，补提会请追认案。

（决议）照案通过。

十七、据秘书处呈，请商请考选委员会举办特种考试广东省统计人员考试，选拔八十名，由府设班训练，计需款六万一千三百一十二元，除将本年度统计事业费结存款全数拨支外，计尚不敷一万九千九百四十七元九角四分，拟由省预备金项下开支，连同考试办法及训练办法等，请核示等情，请公决案。

（决议）交黄、张、刘三委员审查，由黄委员召集。

十八、据建设厅签呈，拟就广东省奖励棉毛业生产暂行办法草案，请核定公布施行等情，请公决案。

（决议）交高委员审查。

十九、许委员函复，审查本府行政效率促进委员会所拟修订广东省政府所属各机关暨各县市局工作考核实施细则及工作检讨办法暨考核标准一案意见，请公决案。

（审查意见）（一）检讨办法第四条第三项之规定，在分层负责制尚未具体决定实施期间，似应暂缓列入。（二）其余大致妥洽。

（决议）照审查意见通过。

二十、刘委员、许委员、张委员会复，审查民政厅所订广东省各等县社会科编制及经费预算一案意见，请公决案。

（决议）照审查意见通过。（意见略）

二十一、郑委员（彦棻）、张委员、郑委员（丰）会复，审查本府战时通讯所呈缴追加二十九年度电讯临时费预算一案意见，请公决案。

（审查意见）（一）本案追加预算书拟照会计处签拟准予列支八千三百九十九元六角七分，款在本年度省预备金项下补拨。（二）本案未备单据之旅费四百三十元，系已支出款项，拟原则上准予追加，饬该所商审计处妥定编报办法，再行编报。（三）原呈明细表第八项应由县地方款开支之款，仍应由该所设法追还归垫。（四）应饬该所以后对于此类案件务须依期编报，毋得稽延，以符规定。

（决议）照审查意见通过。

二十二、据财政厅签呈，准省田赋管理处函送广东省战区土地田赋减免暂行办法草案，请核示等情，请公决案。

（决议）照案修正通过。①

---

① 修正之点略。

二十三、据会计处案呈，拟定本省贫瘠县份及战地县份补助标准，拟自本年十一月份起，照此项办法核发，请察核等情，请公决案。

（决议）交郑（彦棻）、高、郑（丰）三委员审查，由郑委员（彦棻）召集。

二十四、何委员、张委员、黄委员、郑委员（丰）、高委员会复，审查效率会签拟修正广东省战时三年建设计划大纲一案意见，请公决案。

（决议）照审查意见通过。（意见略）

二十五、据民政厅签呈，新县制工作检讨队组织拟略加变更，连同该队公旅费预算书，计列一万一千八百四十元，请核示等情，请公决案。

（决议）照案通过，款在本年度实施新县制经费补助款项下拨支。

二十六、据财政厅呈，拟将香烛纸宝捐拨县款追列岁出岁入，请察核等情，请公决案。

（决议）照案通过。

广东省政府第九届委员会
第二百七十二次议事录

日　期　十月二十八日

地　点　曲江本府

出席者　郑彦棻　高　信　张导民　郑　丰　黄麟书　刘佐人　许崇清

列席者　杜之英　黄　雯　李锡朋

主　席　李汉魂（公差　郑彦棻代）

纪　录　（秘书）谢晨光

报告事项

一、据财政厅呈，据陆丰税务局转缴河田稽征所本年度搬运费预算书，列支一百二十元。饬据会计处签称，既经该厅核定，似可准予照列，款准在本年度各税务局所站经费余额开支等语，应准如拟办理。

二、据省振济会呈复，第三医疗队二十九年八月份临时购置费一十七元四角，请仍准在振款项下拨支等情。饬据会计处签称，该队办公费既无法撙节开支，似可准予照列等语，应准如拟办理。

三、据省振济会呈缴第三医疗队本年一至三月份员役生活补助费预算书，月列一百五十八元，三个月共四百七十四元。饬据会计处签称，既经该会核无不合，款由振款项下拨支，似可准予照列等语，应准如拟办理。

四、据省驿运管理处呈，为本处修理棚厂及加搭竹篱需费九百八十五元，拟在交通部驿运管理处拨发补助费二万元内开支等情。饬据会计处签称，拟准照办，并列入三十年度营业补充表内开支等语，应准如拟办理。

五、据秘书处签呈，拟将本府设置巡回视察实施办法第一条将设置视察"六人"遵谕修正为"九人至十二人"以便将来增调，第二条"由本府各厅就原有职员名额抽调派充"修正为"由本府就各厅处局原有编制额抽调派充"，第十二条"依修正国内出差旅费规则所定数额以国币七成发给"，将"以国币七成"句删去，并拟就修正薪给表，请核示等情，应准如拟办理。

六、据省振济会呈缴第三医疗队二十九年九月至十二月份员役米津费预算书，月列四十九元，九至十二月份四个月共一百九十六元。饬据会计处签称，既经该会核明系援照本府发给员役米津办法办理，列支各数，尚无不合，款由振款项下拨支，似可准予照列等语，应准如拟办理。

七、准粮食部电，奉行【政】院令，本院第五三四次会议决议，任命胡铭藻为广东省粮政局局长，谭葆寿、巫奇为副局长，俾转饬先行代理职务，依法补具任用审查证件，以凭请任等因，请查照等由，经转饬遵照。

八、据第六区行政督察专员电，拟制发公役一十五名棉衣各一件，共需四百三十二元，请核示等情。饬据会计处签称，似属需要，所请在该署本年度经费节余项下拨支一节，似可照准等语，应准如拟办理。

九、据建设厅签呈，转缴修正农林局各区林业促进指导区组织章程，请核示等情。饬据秘书处签拟分别修正报会等语，应准如拟办理。

十、郑委员（丰）、张委员、高委员、胡委员、何委员、郑委员（彦棻）会函拟请再加修正广东企业股份有限公司章程第二十四条条文为"本公司设董事十一人，组织董事会，公股董事由广东省政府派任，商股董事由股东会就股东中选任，公股商股董事人数之分配，按照出资比例决定之，并由省政府就公股董事中指定一人为董事长"等由，应准如拟办理。

讨论事项

一、据财政厅签呈，据曲江税务局呈，拟租地建筑办公厅及宿舍案，共需一万三千零一元，请指款拨支，另地租每井月纳二元，拟准按月在该局经费项下开支，请核示等情，请公决案。

（会计处签拟）拟在本年度省总概算各税务局设备费项下照数暂垫办理，并饬财厅迅将缉获朱锡华私烟线人奖金案送回本处，俟解决后，将款拨充，不敷之数，核实再由本年度省总概算各税务局设备费项下开支拨足。

（决议）照会计处签拟通过。

二、（略）

三、据会计处案呈，广东省新运妇女工作委员会三十年度办理战时民校补助费预算书，列支五百八十八元，拟准在本年度省总概算内战时教育经费项下开支等情，请公决案。

（决议）照案通过。

四、据广东省图书杂志审查处呈，奉中央图书杂志审查委员会令，准自本年六月份起，按月补助经费五百元，编缴收入预算书暨追加预算表，请核示等情，请公决案。

（会计处签拟）拟照数追列三十年度省总概算岁入经常门常时部分补助及协助收入款内中央补助收入项下科目，并在同年度省总概算岁出经常门常时部分教育及文化支出款下追列广东省图书杂志审查处经费科目，仍请提会核定。

（决议）照会计处签拟通过。

五、据韶关工务局呈，遵照规定办法，分别改编本局九月一日至二十五日及由九月二十六日至十二月底止岁出预算表，请核定。饬由省县两库各半拨付等情，请公决案。①

（决议）照会计处签拟通过。

六、据会计处案呈，查云浮县地方三十年度追加追减概算，经参照各厅处意见，整理后，计拟改列岁入岁出各为五万零七百八十六元，请提会核定等情，请公决案。

（决议）照案通过。

七、据会计处案呈，查清远县地方三十年度岁入岁出第二次追加概算，经参照各厅处意见，整理后，拟各改列为九万五千三百四十元，请提会核定等情，请公决案。

（决议）照案通过。

八、主席提议，本省企业公司现既成立，为谋公营事业机构之合理调整，拟将本府印刷所交由该公司接办，其资产作为公股，不列入本府投资之二千万元额内，至资产如何折价，由双方妥商呈核，请公决案。

（决议）照案通过。

九、据秘书处签呈，本府三十年行政会议临时费超出原预算一万五千六百四十一元二角一分，请追加指款拨发归垫等情，请公决案。

（决议）照案通过，款在本年度省预备金项下拨支。

十、何委员、张委员、高委员会复，审查建设厅签请改善本省荒地承领造林办法一案意见，请公决案。

（审查意见）查广东省荒地承领造林暂行规程与修正广东省战时督垦荒地办法大纲重复之处颇多，而关系亦甚重大，本案拟交地政局、建设厅、财政厅详加讨论，拟定办法，再行送会核定。

（决议）照审查意见通过。

十一、据建设厅签呈，拟继续筹设省营酒精厂，共需四十万零二千七百三十三元，请准指拨的款，俾于本年度筹办完竣等情，请公决案。②

（决议）照会计处签拟通过。

---

① 会计处签拟略。
② 会计处签拟略。

十二、（略）

十三、何委员、高委员、张委员会复，审查秘书处签拟修正韶关市政筹备处组织规程及编制经费概算表另拟具韶关市工务局等暨警察局组织规程一案意见，请公决案。

（决议）照审查意见修正通过。

广东省政府第九届委员会
第二百七十三次议事录

日　　期　十月三十一日

地　　点　曲江本府

出席者　郑彦棻　张导民　黄麟书　郑　丰　高　信　许崇清
　　　　刘佐人

列席者　杜之英　黄　雯　李锡朋

主　　席　李汉魂（公差　郑彦棻代）

纪　　录　（秘书）谢晨光

报告事项

一、奉行政院令知，奉国民政府令派郑丰兼广东省驿运管理处处长等情，遵经转饬知照。

二、准海军部电复，华侨子弟选考海军，本部已有专案请侨委会办理，贵省选考名额，仍请照原定计划办理等由。饬据教育厅签拟报告会议等情，应准如拟办理。

三、准广东省军管区司令部电送兵役人员训练班三十年一月份编余官兵遣散费，支出计算费，列支二百九十元四角。饬据会计处签称，核属需要，似可照办，款在该部经管三十年度国民兵团队经费节余项下拨支等语，应准如拟办理。

四、准广东省军管区司令部电，以连阳自卫总队辖属之通讯分队、担架分队办公费每分队原定月各列支二十元，现拟依照三十年陆军暂行给与规则规定，每月改支四十元，另政训员办公室办公费原列支三十元，亦照规定增加一倍，每月改支六十元等由。饬据会计处签称，尚无不合，似可照办，前项增加办公费，月需七十元，本年度共需八百四十元为数无多，似可复请饬在该总队本年度各月份经费节余项下拨支等语，应准如拟办理。

五、准广东高等法院函送乐昌监狱二十九年十一月十二月米津预算书册，月列十一元，二个月共列二十二元。饬据会计处签称，核数尚属符合，拟在二十九年度追加省总概算内各级公务员役团警米津项下拨支等语，应准如拟办理。

六、据卫生处签呈，缴第三诊疗所本年度改订俸给预算书表。饬据会计处签称，所列数目核无不合，计本年度由五月份起至十二月份月增俸给费二百零四元，八个月共增加一千六百三十二元，拟准在三十年度省总概算内调整机构补助公务员生活费项下开支等语，应准如拟办理。

七、据建设厅签呈，转缴战时长途电话管理所服装费预算书等，计列支国币三百元，请核示等情。饬据会计处签称，拟予存转，饬依照原案在该所本年度经费节余项下开支等情，应准如拟办理。

八、据教育厅签呈，转省立文理学院三十年度选派学生参加坪石区学业竞赛旅费预算书，请察核照准等情。饬据会计处签称，本案预算列支一百四十五元，既经教育厅查明尚属需要，似可准在该院本年度经费节余项下开支等情，应准如拟办理。

九、据教育厅签呈，据省立广州女子师范学校呈，请核给女教员梁瑞英生产期间休息假期内代理人俸给国币九十元一案，签请核示等情。饬据会计处签称，本案既经教育厅签明依法尚无不合，似可准在本年度教育厅及所属机关学校临时费项下拨支等情，应准如拟办理。

十、据财政厅签呈，准七战区长官部伍处长蕃函，请补发革命老同志张炳二十七年五月至八月止养老金，拟在三十年度省预备金项下拨付等情。经饬据会计处签称，查张炳养老金原案确系核定月支五十元，所请将张同志二十七年五至八月养老金照成案折合国币一百四十元在三十年度省预备金项下补拨一节，似可照准等情，应准如拟办理。

十一、据财政厅签呈，据曲江县政府呈，请核发故员朱廷英二十九年度恤金六十六元一案，应准照本省历办抚恤成案，以毫券七成折回国币四十六元二角发给。惟该年度省总概算收支经已结束，兹拟在三十年度省总概算恤金项下拨支等语。饬据会计处签称，拟予照办等语，应准如拟办理。

十二、据财政厅转呈龙川税务局暨所属贝岭稽征所二十九年十至十二月份员役米津预算书，请核示一案。经饬据会计处签称，查预算书每月列支二百二十元，三个月共支六百六十元，核与名册所列数目不符，本应发还。兹为免繁牍起见，原预算书拟照名册所列代为更正后拨付，计十月份员役共应领米津一百八十四元，十一、十二两个月份员役应领米津月各二十元，十至十二月三个月共需支六百二十四元，此款在二十九年度追加省总概算内各级公务员役团警米津项下开支等情，应准如拟办理。

十三、据广东省北江区船舶大队呈报，遵于本年十月一日组织成立等情。经分别通知各有关机关，并饬财政厅自该队成立日期拨支经费。

讨论事项

一、据财政厅签呈，为缉私总处垫拨该处及所属机关二十九年度临时费共二万四千九百六十元零一分，拟准在该处暨所属机关三十年度经费节余项下开支，请核示等情，请公决案。

（决议）照案通过。

二、据建设厅签呈，合作事业管理处处长谢哲声奉派代表出席全国合作会议，共用过来回程旅费二千五百三十五元五角二分，似可准予列支归垫，请核示等情，请公决案。①

（决议）照会计处签拟通过。

三、据卫生处签呈，拟由本年十月份起增设人事股，每月经费四百七十三元，十至十二月三个月共计一千四百三十九元，款在本处本年度经常费节余项下开支，请核示等情，请公决案。

（决议）经费自设股成立之日起支，余照案通过。

四、据第六区行政督察专员呈，为添置本署汽车内外胶轮等件共需一千五百七十元，拟在本处三十年度历月节余经费项下移拨等情，请公决案。

---

① 会计处签拟略。

（决议）照案通过。

五、（略）

六、据会计处案呈，查南雄县追加二十九年度国教补助费岁入岁出预算书各列四千九百九十四元，核数相符，拟准予追加，并请提会核定等情，请公决案。

（决议）照案通过。

七、准广东全省防空司令部函，以防空情报播音队呈，拟盖搭住棚一座，所需材料费一千九百八十三元五角五分，由该队本年六月份经费节余项下拨支一案，业经权予照准，检同原预算等，函请查照存转备案等由，请公决案。

（决议）照案通过。

八、据广东省粮政局签呈，拟具广东省乡（镇）粮库保管委员会会议规则草案，广东省乡（镇）粮库及供应粮库员丁保证规则草案，广东省战时田赋征收实物变坏处理及处置暂行办法草案等，请察核等情，请公决案。

（决议）交高、郑（丰）、张三委员审查，由高委员召集。

九、据财政厅签呈，拟订广东省各县警捐征收暂行章程草案，请察核公布施行等情，请公决案。

（决议）交刘、许、高三委员审查，由刘委员召集。

十、黄委员、刘委员、张委员会复，审查关于商请考选委员会举办特种考试广东省统计人员考试选拔八十名设班训练一案意见，请公决案。①

十一、（略）

十二、主席提议，派朱瑞元代理韶关市政筹备处处长，请公决案。

（决议）照案通过。

十三、据广东省会计人员考试委员会代电缴会计人员考试三十年度办理再试临时费预算书，例〔列〕支三千七百七十四元二角，请指款开支等情，请公决案。

（决议）照案通过，款在本年度省预备金项下拨支。

———————————

① 审查意见略。

十四、主席提议，派广东企业股份有限公司董事郑丰为该公司董事长，请公决案。

（决议）照案通过。

广东省政府第九届委员会
第二百七十四次议事录

日　　期　　十一月四日

地　　点　　曲江本府

出席者　　郑彦棻　张导民　郑　丰　许崇清　高　信　刘佐人

列席者　　杜之英　黄　雯　李锡朋　黄希声　巫　琦　黄秉勋

主　　席　　李汉魂（公差　郑彦棻代）

纪　　录　　（秘书）谢晨光

报告事项

一、据财政厅呈，据阳江税务局呈缴平冈、织篢两稽征所本年搬运费预算书，计平冈所列支五十元，织篢所列支四十八元。饬据会计处签称，既据该厅查核尚属需要，所请在本年度各税务局经费未支配余额项下开支，似可照准等语，应准如拟办理。

二、据财政厅签呈，据始兴县呈请发给前广东省会公安局太平分局警士曹德二十七年七月至二十九年十二月止恤金共两年六个月，计金额毫券三百三十元，以七成折合国币二百三十一元发给，并以各该年度省总概算收支经已结束，拟在三十年度省总概算恤金项下动支等情。饬据会计处签称，核尚可行，据准予照办等语，应准如拟办理。

三、据教育厅签呈，转缴省立韩山师范学校二十九年度实施农业生产临时预算书，请准在该校二十八年度经费节余项下拨支等情。饬据会计处签称，查书列三百九十八元，既据该厅查属核实，复核总散亦无不合，拟准以各机关以前年度经费节余解库款科目追列三十年度省地方岁入概算，以补拨省立韩山师范学校二十九年度实施农业生产临时费科目

336

追列三十年度省地方岁出概算，饬该校将二十八年度经费节余款办理抵解手续等语，应准如拟办理。

四、据教育厅签呈，转缴省立琼崖联合中学三十年五月临时修缮费预算书，列支三百五十八元。饬据会计处签称，经由秘书处核明大致尚无不合，复核总散亦属相符。拟准在本府九届二〇三次会议核准该校之二十九年度八月份临时迁移及修缮费一千二百七十二元七角节余项下拨支等语，应准如拟办理。

五、据建设厅、省银行会呈，改订广东省农贷机关经收农贷增息办法，请通饬办理等情。饬据会计处签称，查现呈办法所称改正各点，核无不合，拟准照办，分别通饬办理等语，应准如拟办理。

六、据省振济会呈缴三十年度增加生产组岁出预算分配表及俸给改订数比较表，请核示等情。饬据会计处签称，表列俸给费一项，九月份起至十二月份每月一万零七十五元五角六分，核案尚无不合，计每月应增加一千九百六十二元五角，四个月共增加七千八百五十元，似可准予照列，款在该会三十年度华侨捐助生产事业款项下开支等语，应准如拟办理。

七、据省振济会呈，转缴本会驻港办事处二十九年度经常费及开办费预算书表，计经常费列支一万五千零九十六元七角七分，开办费一千五百元。饬据会计处签称，经常费除经核准发给七个半月共一万五千元外，其尚差九十六元七角七分，拟在三十年度省总概算岁出经常门临时部分保育及救济支出款下追列补拨省振会驻港办事处经常费科目，以该会接收前粤北战地各县振济工作队部移交振济余款抵拨，一面追加三十年度省总概算岁入经常门临时部分其他收入款下前粤北战地各县振济工作总队移交款科目等语，应准如拟办理。

八、据本府边政指导委员会呈缴三十年度九月份疏散费预算书类，列支一百九十三元五角，请发还归垫等情。饬据会计处签称，似属需要，该款拟援案在本年度省预备金项下拨付等语，应准如拟办理。

九、据会计处签呈，准秘书处函送三十年七月至九月份特别经费基金支出数目表据，计列收入数二十三万九千三百二十三元二角八分，支出数一十六万二千六百八十九元三角三分，结存数七万六千六百三十三元九角五分，核与本府特别经费基金处理办法第五条规定尚无不合，似可准予报告会议等情，应准如拟办理。

十、据第三区行政督察专员呈，请将本署二十九年度召开第一、二次行政会报经费不敷数，饬厅签发归垫等情。饬据会计处签称，查该署二十九年度召开第一、二次行政会报经费共二百七十六元，系只将第一次行政会报经费预算所列二百七十六元报会核定办理抵解，第二次行政会报经费三百三十元，并未列入计算。兹拟饬先将二十九年度节余经费一百八十一元四角三分返纳入库，追列三十年度省总概算岁入经常门临时部分其他收入款下各机关以前年度节余经费解库款科目，并一面追加三十年度省预备金。至第二次行政会报经费三百三十元，拟在三十年度省预备金项下补拨，以清款目等语，应准如拟办理。

十一、第六区保安司令部列送本部修械所二十九年十月至十二月份主副食费预算书，月列四十一元，三个月共列一百二十三元。饬据会计处签称，核尚符合，查二十九年度收支业已结束，该款现拟在三十年度团警米津科目项下拨支等语，应准如拟办理。

讨论事项

一、准广东省地方行政干部训练委员会函，据训练团呈，拟援案自本年六月份起至八月份止，每月增发特务队官兵夫军粮补助费六百五十二元八角，三个月共一千九百五十八元四角，及自七月份起，增发特务队士兵夫副食补助费二百七十四元四角，由七月至十二月共一千六百四十六元四角，款在本团三十年度经临费节余项下拨支等情。似可照准，请查照等由，请公决案。

（决议）照案通过。

二、据财政厅呈，据三水税务局呈，请拨款补购本年被炸公物，缴呈预算书表，列支五百九十元，核尚需要，拟准照拨等情，请公决案。

（决议）照案通过，款在本年度各税务局设备费项下拨支。

三、据教育厅签呈转缴省立南雄中学二十九年一至七月份追加岁入岁出预算书，各列一千五百七十五元六角三分，请核示等情，请公决案。

（决议）照会计处签拟通过。

四、据建设厅签呈，转缴农林局刘局长本年赴渝出席全国农林行政会议出差旅费预算书表，列支二千九百八十三元零八分，请核示等情，请公决案。①

（决议）照会计处签拟通过。

五、据建设厅签呈，转据农林局稻作改进所呈报茂名县二十九年推广良种员工薪资临时费一千二百七十元，请核准在推广二十九年晚造优良稻种临时费节余项下拨抵等情，请公决案。②

（决议）照会计处签拟通过。

六、据建设厅案呈，据卸公路处处长陈正元呈缴二十九年四月至十二月份各渡口渡车船经常费预算书，共计追加经费一万八千八百零一元系在岁入类垫拨，拟由前年度及上年度一至三月各渡口经费节余项下开支，请核示等情，请公决案。③

（决议）照会计处签拟通过。

七、据卫生处签呈，缴茂名、兴宁、肇庆妇婴卫生实验室本年由七月一日起至十二月底止改订俸给预算书表，请准发给等情，请公决案。

（会计处签拟）拟准其由九月份起，按照九月份本府改订俸给后应支之标准，依其原定编制等级增加，计本年度由九月份起至十二月份每室月应增俸给费三百三十四元，三室共应月增一千零二元，四个月合计应增四千零八元，此款拟由本年度调整机构补助公务员生活费项下拨支。

（决议）照会计处签拟通过。

八、准广东省军管区司令部电，拟自本年十月份起，将本部直辖特务连扩编为特务大队，仍归本部直辖，计月支经费官兵主食费及补助费共一万零九百七十七元九角，除特务连原有预算二千二百四十元八角五分移用外，月实不敷八千七百三十七元零五分，拟就本年度国民兵团队经费节余项下开支，请查照等由，请公决案。

（决议）照会计处签拟通过。

九、据民政厅长呈，报出巡曲江等十县支过旅费共七千五百四十四元八角，请饬库拨支归垫等情，请公决案。

---

① 会计处签拟略。
② 会计处签拟略。
③ 会计处签拟略。

（决议）照案通过，款在本年度行政视导经费项下拨支。

十、据财政厅呈，为三水税务局本年二月份疏散支过搬迁费一千八百九十五元，拟准照拨，款在本年度各税务局经费余额项下开支，请核示等情，请公决案。

（决议）照案通过。

十一、据教育厅签呈，据省立文理学院呈缴改编二十九年度选派教授赴渝受训去程旅费预算书，列支五百四十九元九角六分，请准在该院二十九年度经费节余款项下开支等情，请公决案。

（决议）照案通过，抵解手续照会计处签拟办理。

十二、据建设厅呈，据合作事业管理处呈报招考合作学员在本省干训团开班训练，所需招考费及学员到团受训旅费约共需四千零七十元，拟由本处二十九年度经费剩余款三千二百四十九元五角二分全数拨充，不敷之数，并拟在本处本年度管理费节余项下补足，似可准如所拟办理，请核示等情，请公决案。

（决议）照案通过，抵解手续照会计处签拟办理。

密十三、据从化县长电，奉第一八六师电，饬征集木杆二万七千四百五十九条，每条运费二角，请先汇拨。至木材价款应如何规定，统乞示遵等情，请公决案。①

十四、据乳源县政府电，请将七、八、九三个月补助费共一万零九百六十四元五角汇发等情，请公决案。

（会计处签拟）查该县系属贫瘠县份，所请核与原办法第二条之规定相符，自应照准，是项员役战时加给补助费，拟由七月份起至十二月份止，每月补助一千九百八十九元五角，六个月总计一万一千九百三十七元，款在本年度省预备金项下开支。

（决议）照会计处签拟通过。

十五、据战时贸易管理处呈，拟由本年十月一日至十二月底为本处办理结束期间，每月办公费酌减为三千五百元，员役薪给四千四百八十四元，请核示等情，请公决案。

（会计处签拟）查结束时间既有三个月，所列员役人数似宜酌减，

---

① 原文缺"决议"内容。

办公费平时月支四千四百元，现拟每月三千五百元之数，亦有宜加节省之处，该处现呈留办结束员役薪饷及办公费三个月共支二万三千九百五十二元，拟均减列为一万八千元，仍请提会核定。再核定后，此款拟准在该处三十年度营业预算内管理费项下开支。

（决议）照会计处签拟通过。

十六、会计处案呈，查化县县地方三十年度岁入岁出第二次追加概算书，经照财政厅意见整理后，计拟改列各为六万五千元，请提会核定等情，请公决案。

（决议）照案通过。

十七、据会计处案呈，查灵山县地方三十年度岁入岁出追加概算，经照各厅处意见整理后，计各为一十万零二千三百三十五元，请提会核定等情，请公决案。

（决议）照案通过。

十八、据建设厅签呈，据合作事业管理处签呈，本处视导组组长欧阳汇辞职，拟予照准，遗缺拟调技正林缵春代理，请核示等情，请公决案。

（决议）照案通过。

广东省政府第九届委员会
第二百七十五次议事录

日　期　十一月七日

地　点　曲江本府

出席者　郑彦棻　郑　丰　高　信　刘佐人　张导民

列席者　杜之英　黄　雯　李锡朋　黄希声　巫　琦　黄秉勋

主　席　李汉魂（公差　郑彦棻代）

纪　录　（秘书）谢晨光

报告事项

一、据财政厅呈，电白税务局本年度公役服装费一百二十元，拟照案准在该局经费节余项下开支等情。饬据会计处签称，似可照准等语，应准如拟办理。

二、据财政厅呈，紫金税务局本年五月十三日奉令疏散，支过迁移费九十五元二角五分，拟准在本年度各税务局经费余额项下拨支等情。饬据会计处签称，似可照准等语，应准如拟办理。

三、据财政厅签呈，灵山县政府请核发保安队故兵张德兴二十八、九年份恤金毫券四十八元照案，折合国币三十三元六角，唯二十九年以前省总概算收支经已结束，拟并在三十年度省总概算恤金项下动支等情。饬据会计处签称，查属可行，拟如所拟办理等语，应准如拟办理。

四、据财政厅呈，本省二十九年六厘公债抵押借款一千二百万元，前经本厅与广东省银行签订合约实行，除本年一月二十四日借入过一百五十万元，计由一月二十四日起至六月二十日止利息四万四千四百元，经照数在本年度省总概算岁出经常门临时部分偿付，并在本年度省总概算岁出特殊门临时部分照约还本外，尚余一千零五十万元，亦于九月三十日如数过付入库，唯二十九年度收支已告结束，业照规定转账，加入本年度岁入预算等情。饬据会计处签称，拟准备案等语，应准如拟办理。

五、据教育厅签呈，据省立连州中学呈缴修架电话临时费预算书，列支一百七十元。饬据会计处签称，既据该厅查明列数尚无不合，拟准在本年度省总概算内教厅及所属机关学校临时费项下拨支等语，应准如拟办理。

六、据教育厅签呈，为修正广东省战区学校退出员生登记办法，经通饬各县市校遵照，暨分呈教育部请核备【案】等情，应准如拟办理。

七、据建设厅签呈，据公路处呈缴第二养路队乳源秤架两渡口船夫增加工饷分配数目比对表，请核示等情。饬据会计处签称，查该两渡口船夫拟将原有名额缩减，以节余工饷及生活补助费增加其余名额，既与原核定预算并无超越，似可准在本年十一月份起，照原呈增加工饷分配数目比对表办理等语，应准如拟办理。

八、据卫生处签呈，转缴曲江药库二十九年七至九月份员役米津预算书，七月份列支九元，八月份列支一十八元零一分，九月份列支三十四元，三个月共列支六十一元零一分。饬据会计处签称，核数尚合，拟

342

准照拨，该款在二十九年度追加省总概算内各级公务员役团警米津项下开支等语，应准如拟办理。

九、据省振济会呈，缴第四振济区改编三十年度岁出经费预算书。饬据会计处签称，核无不合，计本年度由五月份起至十二月份，月增俸给费一百零五元，八个月共增八百四十元，此款拟准照案在三十年度省总概算内调整机构补助公务员生活费项下开支等语，应准如拟办理。

十、据会计处案呈，编具本府所属各级公务机关增加俸给费案汇列清表，计本年度由九月至十二月共增一十六万四千四百六十二元，请报会后分别通知审计处、财政厅等情，应准如拟办理。

讨论事项

一、准广东全省防空司令部函，为惠阳防空通讯所本年五月迁址办公，计支出移动费七百九十一元四角，请核饬财厅径拨该所收领等由，请公决案。

（决议）照案通过，款在本年度预备金项下拨支。

二、据广东省银行呈，以派驻本行特务营呈缴三十年度一次过建设费列支二万七千三百七十元零二角，请核示等情，请公决案。

（会计处签拟）本案经准保安司令部函复，以该营开办时，由本部颁发一次过建设费支付概算书自行购置，依法报销被服装具各项，并经电饬遵照保九团估定价格制办，现查册列各项单价大致尚合等由，拟准照列，款在该行营业预算损失表内营业外支出项下开支拨还归垫。

（决议）照会计处签拟通过。

三、据会计处案呈，关于广东省军管区政治部二十九年度学校女生看护训练经费督导员办公室选办费译电员奖金等三项，共一千四百四十二元，拟准在二十九年度该部经费节余项下开支，追列本年度省预算，请核示等情，请公决案。

（决议）照案通过。

四、据财政厅签呈，为依照中央规定及增加各县收入并制一办理起见，拟将各县屠场租予以一律规定，凡在屠场屠宰牲畜屠猪每头收国币一元五角，屠牛每头收国币二元五角，屠羊每头收国币八角，屠野牛猪羊比照征收等情，请公决案。

（决议）照案通过。

五、据财政厅呈，为海丰税务局本年三月迁址办公支过费用三千八百二十二元，查属需要，拟予照准，改在本年度省总概算各税务局经费未支配余额项下拨支，请核示等情，请公决案。

（决议）照案通过。

六、据财政厅签呈，据赤溪、翁源两县先后电请核定本年七月份起县府员役薪饷增加部分拨县应支，似可照案由库补助，请核示等情，请公决案。

（会计处签拟）查该两县均属贫瘠县份，所请尚无不合，自应照准。又查依照规定应补助赤溪县每月九百二十三元四角一分，由七月至十二月止六个月合计五千五百四十元四角六分；翁源县每月一百零六元三角三分，由七月至十二月止六个月合计六百三十七元九角八分。两县总计补助费六千一百七十八元四角四分，款在本年度省预备金项下拨发。

（决议）照会计处签拟通过。

七、据财政厅呈，为台山税务局本年三月迁址办公计搬迁费共二千二百九十二元，拟准在本年度省总概算各税务局经费未支配余额项下拨支，购置费六百四十九元，拟在本年度省总概算各税务局设备费内拨支，请核示等情，请公决案。

（决议）照案通过。

八、据财政厅呈，为陆丰税务局本年度三月间修理局址及购置费共计八百元，拟准在本年度省总概算各税务局设备费项下拨支，请核示等情，请公决案。

（决议）照案通过。

九、准广东全省保安司令部函送二十九年度支出官佐亲属疏散费预算书列支六千一百元，款在本部二十九年度经费节余项下开支，请查照等由，请公决案。

（决议）照案通过，抵解手续照会计处签拟办理。

十、据民政厅呈缴本省警察队三十年六月份经常费预算书，列支二万八千九百三十九元五角，又七月至十二月份长警集训经费预算书，列支一千七百一十六元，又长警集训开办费预算书，列支五十元合共三万零七百零五元五角，请核示等情，请公决案。

（决议）照案通过，款并在本年度六月份省警察总队经常费及生活补助费项下移拨开支。

十一、据教育厅签呈，拟集中本厅直属社会教育工作团，戏剧歌咏队、各电影巡回施救区队，施以短期训练，订定训练办法，连同经费预算书，计需三千元，拟由战时教育经费项下支拨，请核准举办等情，请公决案。

（决议）照案通过。

密十二、据建设厅签呈，据长途电话管理所呈，本所奉令接管连县电话，自应计划整理并将各原有路线分别修缮，共计列支二万六千五百八十三元五角二分，谨将工程计划表及预算书呈请核示等情，请公决案。

（会计处签拟）查现缴预算书核案尚无不合，拟予存转，款在本年度省总概算建设事业临时费项下拨支，仍作本府投资。饬并入营业预算补充表内报销，并补具资本增减表呈候核转。

（决议）照会计处签拟通过。

密十三、据建设厅签呈，据广东省战时长途电话管理所呈，为韶坪话线修架已久，亟应彻底整理，共计需款一万三千四百六十四元八角，谨将工程计划暨预算书呈请核示等情，请公决案。

（会计处签拟）据缴预算书列支一万三千四百六十四元八角，计多列运费九百七十六元，应照一千根计减列为二千元，以符原案，其余尚无不合。预算书减列旅运费九百七十六元后实为一万二千四百八十八元八角，拟代更正存转，款在本年度省总概算建设事业临时费拨支，列作本府投资。饬并入该所营业预算补充表内报销，并补具资本增减表呈候核转。

（决议）照会计处签拟通过。

十四、据建设厅签呈，据农林局呈缴本年度粮食增产各项计划办法及预算书，查核尚合，似可准予照办，请核示等情，请公决案。

（会计处签拟）查现呈各项预算及计划办法，核案尚符，唯农林局畜疫防疗所第一分所临时费预算多列三万元，此款据称系由建设厅呈准农林部补助为畜疫防疗所第一分所开办费等语，似应照数追列三十年度省总概算岁入经常门临时部分补助及协助收入款下中央补助农林局畜疫防疗所第一分所临时费科目，并在同年度省总概算岁出经常门临时部分经济及建设支出款下追列畜疫防疗所第一分所临时费科目。

（决议）照会计处签拟通过。

十五、据本府广播电台呈缴本台修理电球器材费预算书，列支七百七十九元六角，请指拨归垫等情，请公决案。①

（决议）照会计处签拟通过。

十六、据秘书处呈，关于防空司令部函请将汕头市防空支会结存款项拨为归还本府前垫第三防空情报所通讯器材一部分价运费一案，查此项结存款业经核拨四千五百元为第五区专署建筑防空避难室之用，似应由省库拨还，请核示等情，请公决案。

（决议）准由本年度省预备金项下拨还归垫。

十七、据省振济会呈，据广东妇女生产工作团呈请发给学生新制服每名恤衫及工人裤一套缴呈预算书，列支一万一千三百四十元，该费拟准在本会振款项下拨支，请核示等情，请公决案。

（决议）照案通过。

十八、据建设厅呈缴技正曾广弼荐委表，请赐核委等情，请公决案。

（决议）照派代理。

十九、刘委员、许委员、高委员会复，审查财政厅所拟本省各县警捐征收暂行章程草案意见，请公决案。

（审查意见）（一）财政厅所拟订本省各县警捐征收章程草案，第四条关于捐率，法制室拟修正为百分之六，以符部令，民厅则以原税额经本省行政会议决议增加，依法似无不合，且现时物价飞涨，警费不敷甚巨，主张仍维持财厅原订捐率百分之十，兹为兼顾事实起见，拟照民、财两厅签拟仍订为百分之十。（二）征收期间，法制室拟增一条，改为按季缴纳，民厅以按季征收，难免无漏缴情弊，且本省以往亦系按月征收，主张仍照原案按月为宜，查草案除第六条缴纳按月外，尚第七条之迁入迁出系按月，第十二条之罚锾亦系按月，拟照民厅意见，仍按月不按季，而照法制室修正条文修正。（三）法制室修正第四条第二项

---

① 会计处签拟略。

346

末句"由房产评价委员会评定之",但评价委员由何产生,未有着落,拟将末句修正为"由房产评价委员会评定。房产评价委员会组织另定之",饬照法制室意见修正。

（决议）照审查意见通过。

二十、据财政厅签呈,拟请由府增设田赋征收督导人员,计本省行政区除第九区外,余八区每区指派一员,均荐任待遇,以十一、十二两月为督导期限,所需经费每月八千五百一十元,两个月共一万七千零二十元,请准在省预算内指款开支等情,请公决案。

（决议）照案修正通过,款在本年度省预备金项下拨支。

修正之点如下：（一）待遇视其能力资历而定,自荐任十级至六级。（二）预算交财政厅重编呈核。

二十一、郑委员（丰）、胡委员、高委员会复审查秘书处所拟广东省各县水利委员会组织通则一案意见,请公决案。

（审查意见）奉交审查秘书处拟订广东省各县水利委员会组织通则原案,查法制室所拟尚属适当,拟请照修正案通过。

（决议）照审查意见通过。

广东省政府第九届委员会
第二百七十六次议事录

日　　期　十一月十一日
地　　点　曲江本府
出席者　郑彦棻　张导民　郑　丰　高　信　刘佐人
列席者　李锡朋　黄希声　黄秉勋　蔡铁郎　黄春鸿　巫　琦
主　　席　李汉魂（公出　郑彦棻代）
纪　　录　（秘书）谢晨光

报告事项

一、准广东高等法院函送第一联合监狱等二十九年十至十二月追加看守米津预算数目表。饬据会计处签称,查表列第四联合监狱及阳山监狱数目核案不合，拟代为更正后，计共十一监狱追加二十九年十至十二月看守米津共实应支二百五十八元九角，该款拟照案准在各该监狱米津节余项下发支抵解等语，应准如拟办理。

二、据财政厅签呈，前阳春查缉所故所长黎文杰二十九年九至十二月份恤金，折合国币一十六元五角九分，拟在三十年度恤金项下开支等情。饬据会计处签称，核尚可行，拟予照准等语，应准如拟办理。

三、据会计处案呈，据从化县政府呈报行政经费分配表，并补助囚粮情形一案，查该县行政经费系照本省游击区县政府组织及经费支付暂行办法规定办理，现该项办法业已废止，应重新照现行之战地各县党政机构调整实施纲要分配，其警察事项，应照本省战区警察处理大纲实施办法办理，所请督学技士等经费仍在县款开支，核有未合，未便照准。至该县囚粮，据财政厅称系相沿核发，本年度拟照数补发三百元，款在省预备金动支等情，应准如拟办理。

四、据会计处案呈，关于省振济会呈送第三振济区蒋岸义民收容所本年一至三月份员役生活补助费预算书，原列月支五十元，前签拟误为三十元，拟予更正等情，应准如拟办理。

五、据第一区行政督察专员呈缴本年九月份行政囚犯口粮清册，列支四十三元二角，请拨发归垫等情。饬据会计处签称，核尚无不合，该款拟在三十年度省总概算寄押人犯口粮科目开支等语，应准如拟办理。

六、据第六区行政督察专员电，以平远县财政不敷公务员薪饷，改订支给办法尚未实行，拟请将二十九年度补助该县数额照旧拨发等情。饬据会计处签称，查平远县系属贫瘠县份，所请核与规定相符，拟照规定由本年七月份起至十二月份止，每月补助三十八元五角三分，六个月共二百三十一元一角七分，款在本年度省地方款预备金项下开支等语，应准如拟办理。

七、据海丰县长电报县属小部沦陷，拟于明年一月一日实施新县制等情。饬据民政厅签拟电复照准等语，应准如拟办理。

八、据本府驻港通讯处签呈，请援照驻渝办事处例，改名为广东省政府驻香港办事处，其人员编制，并拟请暂从其旧，以免纷更等情，应准如拟办理。

讨论事项

一、准第×战区司令长官司令部编纂委员会函送出版计划预算书，请续拨事业费一十万元，以资办理等由，请公决案。

（决议）照案通过，款在本年度省预备金项下拨支。

二、第××集团军总司令部电，据景华舰长报告该舰修理工程费一千六百余元，现奉省府补助一千元，实不敷用，特请仍照预算发足等由。经准先补拨六百一十四元八角二分，款在本年度预备金项下拨付，提会补请追认案。

（决议）照案追认。

三、准广东省军管区司令部电，为冬令已届，拟拨发本区部及直属队各级官佐冬服补助费每人二十元，计需一万零二百二十元，款在本部经管国民兵团队经费节余项下拨发，请查照等由，请公决案。[①]

（决议）照会计处签拟通过。

四、准广东省军管区司令部电复，本区政治部二十九年度职员亲属迁移费一千六百元，拟请在该部二十九年度节余项下开支等由，请公决案。[②]

（决议）照会计处签拟通过。

五、据会计处案呈，关于广东省军管区政治部拟遵照军委会政治部令颁增发士兵副食费办法，计本部每月共应增发一百二十二元五角，各县国民兵团政指室每月共应增发三百九十二元，款拟在本部暨各县国民兵团政指室各该经费节余项下开支一案，似可照准自本年七月份起，请核示等情，请公决案。

（决议）照案通过。

六、据财政厅呈，准税警总团特别党部电，拟自本年五月份下半月起，按月增加官兵主食补助费二百九十四元，并在总团本年度经费节余项下开支，拟予照准，请核示等情，请公决案。[③]

（决议）照会计处签拟通过。

---

① 会计处签拟略。

② 会计处签拟略。

③ 会计处签拟略。

七、据卫生处签呈，为黄岗环境卫生经费不敷开支，请由本年十月份起，每月拨助三百元，到本年底止，共九百元，款在本处三十年度追加卫生事业费二十万元项下拨给等情，请公决案。

（决议）照案通过。

八、据卫生处签呈，遵令改编妇婴实验室建筑费预算书，列支二千二百三十六元五角，款在本处第一届选送贵阳受训学员旅费节余项下开支，请核示等情，请公决案。

（决议）照案通过，抵解手续照会计处签拟办理。

九、据本省救护委员会呈，拟由本年六月份起至十二月份止，本会直属救护队长附员役每月加给生活补助费共一千六百三十六元，拟在一至五月份节余经费项下拨支，请核示等情，请公决案。

（决议）照案通过。

十、据第五区行政督察专员呈，为本年三月敌犯潮阳，策动民众协助防军与敌抗战，支出临时费九千七百五十元，请拨还归垫等情，请公决案。

（决议）照案通过，款在本年度省预备金项下拨支。

十一、据卫生处呈缴第二卫生区署主任李希余荐委表，请赐核委等情，请公决案。

（决议）照派代理。

十二、据卫生处呈缴卫生试验所制药室主任盛展能荐委表，请赐核委等情，请公决案。

（决议）照派代理。

十三、据省地政局呈缴第一科科长李穆堂、技正李君明荐委表，请核准对调派委等情，请公决案。

（决议）照案通过。

十四、据秘书处案呈，查四会县城天福号司理黄炜南因保证责任争执不服四会税务局责令赔偿之处分，提起诉愿一案，现经审查完竣，作成决定书，请提会核定等情，请公决案。

（决议）照案通过。

密十五、据会计处签呈，准秘书处函，为本府警卫营购置轻机枪二十四挺，枪榴弹筒四十枝，枪榴弹四千颗，共价一十一万六千元，请指款开支等由。该款似可在本年度省预备金项下拨支等情，请公决案。

（决议）照案通过。

十六、据挺进第×纵队莫司令电，请将申月发动琶江民众垫支费用五千余元发还等情，请公决案。

（决议）新垫之款准先拨五千元，款在本年度省预备金项下拨支，仍饬迅将计算书类呈府核办。

密十七、据潮安县长电，准陆军独立第二十旅电，请征集杉木大小共一千零六十一条，请拨款遵办等情，请公决案。

（会计处签拟）查该县应征之杉木既经第七战区司令长官司令部核减征交半数，其余半数饬由丰顺县政府征交在案，似应饬照案征交。关于该县及丰顺县征集本案之杉木价款，现拟援照本府第九届委员会第二百七十三次会议核定潮安县政府前次奉令征交挺一纵队加强升仙山尖山岭等阵地及独立二十旅修补大脊岭等处工事暨构筑轻机枪掩体十五个之杉木价款成案准由三十年度建设事业临时费项下每县先行垫付五千元应支，报请军政部拨还归垫。

（决议）照会计处签拟通过。

密十八、准财政部广东缉私分处函，为财政厅缉私处所属各处所站经费向例于上半月发放，现本处成立伊始，尚须继续维持现状，本月经费亦未全部领到，请暂借五万元转发等情，请公决案。

（财政厅签拟）查本厅缉私处经费月额四万二千六百元，向系按月提前核发，业已发至十一月份在案。嗣本厅缉私处奉令裁并，而财部缉私分处亦于十一月一日成立，对于已发过本厅缉私处十一月份经费自应收回。经令饬遵照，并先通知金库停付。现财部缉私分处请暂借款五万元，似可即在省库原应拨本厅缉私处十一及十二月份经费项下照数垫借。仍请其迅向国库请领经费如数归还。

（决议）照财政厅签拟通过。

广东省政府第九届委员会
第二百七十七次议事录

日　　期　十一月十四日

地　　点　曲江本府

出席者　郑彦棻　何　彤　郑　丰　张导民　许崇清　高　信　刘佐人

列席者　杜之英　黄　雯　巫　琦　黄希声　黄秉勋　曾晓峰

主　　席　李汉魂（公出　郑彦棻代）

纪　　录　（秘书）谢晨光

报告事项

一、准外交部电复，贵省继续停止外人游历六个月一案，经本部知照各省市政府及发照机关等由，经分别函行呈报。

二、据本府行政效率促进委员会签呈，拟加入粮政局派员充任本府政务视导团团员等情，应准如拟办理。

三、据卫生处呈，拟请准由本处指派高级职员一人兼任效率会专员，以资联系等情。经予照准。并于广东省政府所属各机关设计考核工作联系办法第三条粮政局之下加入"卫生处"三字。

四、据本省粮食管理局呈报，守卫第一、二仓库区各分库保安队兵拟每名每月各给津贴费五元，计第二仓库区四十名，自本年六月份起支给，第一仓库区二十二名，自本年七月份起支给，每月共三百一十元，款在本局业务费项下拨支等情。饬据会计处签称，似可准予照办等语，应准如拟办理。

五、据本省粮政局呈，据三水县政府呈，请设科主办粮政，请核示等情。饬据会计、秘书两处签称，拟照准增设，该科经费仍照规定由县负担等语，应准如拟办理。

六、据省振济会呈，据韶关空袭紧急救济联合办事处呈缴三十年九月二十九日至十月八日在五里亭附近设茶水站费用预算书，列支五百元。饬据会计处签称，既经该会核属需要，款在该会振款项下拟〔拨〕支，似可准予照列等语，应准如拟办理。

七、据会计处签呈，拟请修正广东省政府建设厅农林局各区林业促进指导区组织章程第四第五条条文等情。饬据秘书处签称，所拟修正各点尚合，拟照修正报会等语，应准如拟办理。

八、据第三区行政督察专员电缴三十年第一次召集区属各县县长行政会报经费预算书，列支三百二十八元。饬据会计处签称，似属需要。所请拟在该署本年度经费节余项下拨支一节，尚属可行，拟予照准等语，应准如拟办理。

九、据海丰县政府呈，为本县鹿境乡故乡长兼乡队长吕彦章于本年八月十三日赴县报告敌情，被敌机炸毙，请依章抚恤等情。饬据秘书、会计两处签拟依照战时乡镇保甲长暨联保主任因公伤亡给恤暂行标准规定，给予其遗族一次过抚恤费二百元，款在本年度省概算恤金项下开支等语，应准如拟办理。

十、据会计处签呈，关于封川县长请示县粮管会经费如何拨付及督察员应负何项职掌任务一案，查县粮委会经费，经粮管局拟定由县负担，提付本府委员会第二四〇次会议决议暂在省购粮基金项下垫支在案。现拟将各县粮管会组织规程第十三条略为修正为"县粮管会改组后之行政经费，暂在省购粮基金项下垫支，仍列入县预算，业务经费，自行筹集，编制预算，呈省粮食管理局核转省政府核定"。至县粮管会督察员职掌任务，系承主任副主任之命，办理一切督察事项，请报会后通饬等语，应准如拟办理。

讨论事项

一、据会计处签呈，关于孙院长函请补助汉民中学经费一案，奉批商拨二万元，此款应否在本年度教育及文化支出项下统筹支配，抑另行指定科目开支等情，请公决案。

（决议）照拨二万元，款在本年度省预备金项下开支。

二、准广东全省保安司令部电，据本部第二团电称，二营五连前连长肖明华任内挟逃九、十两月份伙食九百八十二元八角，请发还等情。除责令该团负责赔偿半数外，其余半数四百九十一元四角，经准在本部二十九年度团队经费节余项下开支拨补，请查照等由，请公决案。

（会计处签拟）该款四百九十一元四角，拟如所请在保安司令部二十九年度保安团队经费节余项下开支。查二十九年度收支业已结束，现拟以各机关以前年度经费节余解库款及补拨保安第二团第二营第五连连长肖明华挟逃损失科目追列三十年度省地方岁入岁出预算，并请保安司令部办理抵解手续，仍请提会核定。

（决议）照会计处签拟通过。

三、准广东省军管区司令部电，据本部政治部呈缴三十年度经常费支付预算书，请查照核办等由，请公决案。

（会计处签拟）查军管区政治部现呈三十年度经费预算一月至三月份，计：（一）政治部经费每月列支九千九百四十一元一角五分；（二）特务排经费每月列五百七十元三角五分；（三）电讯队经费每月列四百二十九元七角；（四）督导员办公室经费每月列一千一百一十元。以上各项经费，每月共列一万二千零五十一元一角，除三十年度省地方岁出概算经常门常时部分第十二款一项十目军管区政治部经费月列五千二百零九元及军事委员会政治部每月拨付六千三百四十元二角外，计每月不敷经费五千零二元。又据称自四月份起，改照新核定编制办法预算：（一）政治部经费每月列九千一百七十六元四角九分；（二）特务排经费每月列四百八十九元四角五分；（三）电讯队经费每月列四百三十九元六角五分；（四）督导员办公室经费每月列一千一百一十元。以上各项经费每月共列一万一千二百一十五元五角九分，除省地方概算原列军管区政治部经费五千二百零九元内除去（女生看护训练班经费八百一十二元，自四月份起移交军管区司令部支领外），每月实发三千三百九十七元，及军事委员会政治部每月核减拨付五千三百九十八元九角外，计每月不敷经费二千四百一十九元六角九分。查预算编列各费，核尚适合，根据上述该政治部一月至三月份每月不敷经费五百零二元，四月至十二月每月不敷经费二千四百一十九元六角九分，三十年全年度合共不敷经费二万三千二百八十三元二角一分，除原拟一、二两月不敷之一千零四元在前军训处移交节余项下拨支，其余不敷二万二千二百七十九元二角一分，拟在军管区司令部核准自三月份起每月补助该政治部经费每月三千元，年共三万元项下拨支一节，似可照准，仍请提会核定。

（决议）照会计处签拟通过。

四、据民政厅呈，编具本府代表周杰三等前赴四邑慰问旅费预算书列支一万元，款经由秘书处垫付，请准在本年度省救济费项下拨还归垫等情，请公决案。①

（决议）照会计处签拟通过。

五、据财政厅签呈，拟改订各县财务委员会经费支给标准，请核示等情，请公决案。

（决议）照案通过，自本年十二月份起实行。

密六、据财政厅签呈，准广东省银行函，请由省库拨还建筑韶关新住宅区工程费透借款第一期不敷偿还本息共九万一千八百二十四元六角六分等由。谨拟解决办法二项，请核示等情，请公决赛。

（决议）照数拨付，款在本年度建设事业临时费项下开支。

七、据建设厅、会计处签呈，核拟本省三十年行政会议开平县长林光远提议二十九年度冬耕购种贷款展期内月息请由省库负担一案，为体恤农民起见，该项利息计五个月共三万元，似可在三十年度省预备金项下拨支，请核示等情，请公决案。

（决议）准予拨付，款在本年度建设事业临时费项下开支。

八、据建设厅签呈，据合作事业管理处呈，缴三十年度筹备疏散临时费预算书，列支五百二十一元七角七分，请核示等情，请公决案。

（决议）照案通过，款在本年度省预备金项下拨支。

九、据建设厅呈复接管各任移交林任经管各科目停兑中纸共五万八千五百七十元四角四分，系省银行支票，请准予注销，饬省库将支票收受，并请将本厅保管方便医院同人基金六十二元五角指定慈善机关拨付等情，请公决案。

（会计处签拟）查该厅前呈注销前任移交停兑中纸各科目表列各数目共五万八千五百七十元四角四分，核与该厅二十九年四月六日呈缴经管款收支暨处理办法表列各数相符，且注明均系上任移交，似可准予注销，拟请提会核定后，派员及函请审计处派员会同监销。又方便医院同人基金六十二元五角，拟饬拨交省立救济医院。

（决议）照会计处签拟通过。

---

① 会计处签拟略。

十、据会计处签呈，编具三十年度疏散档案公物迁移费支付预算书，列支三千八百三十三元五角八分，请拨还归垫等情，请公决案。

（决议）照案通过，款在本年度省预备金项下拨支。

十一、据秘书处签呈，编具本府图书室三十年度经常费预算书，计由一月份起至十二月止，共列支七千八百九十八元，请按月拨付等情，请公决案。①

（决议）照会计处签拟通过。

密十二、据会计处签呈，关于省战时贸易管理处转呈省互励社二十九年度营业概算书等件，请察核一案。查核所列各数尚无不合，拟准照列等情，请公决案。

（决议）交张委员审查。

十三、据本省北江区船舶大队电，为健全机构，适应战时需要起见，各县船舶中队，拟设员专责造具所属曲江等九县船舶中队暂行编制预算书表，计每中队月列四百一十七元七角，九中队共列三千七百五十九元三角，请核示等情，请公决案。②

（决议）照建设厅签拟通过，自十二月份起，款在各该县本年度地方款预备金项下拨支。

十四、据本省粮政局签呈，拟具广东省战时田赋征收实物收变储运损耗报核暂行办法草案，请核准施行等情，请公决案。

（决议）交郑（丰）、张、何三委员审查，由郑委员召集。

密十五、据清远县长电，请发预备金一万元，以便归垫团队伙食暨破坏道路民众伙食等情，请公决案。

（决议）照案通过，款在本年度建设事业临时费项下拨支。

十六、据会计处案呈，高明县防空监视哨二十八、九两年度经费共二千九百五十元，拟在三十年度省建设事业临时费项下拨支，请提会核定等情，请公决案。

（决议）照案通过。

十七、据本府战时通讯所签呈，拟购瑞典式电话收送器二十只，西

---

① 会计处签拟略。

② 建设厅签拟略。

门子式五副备用，共需款四千二百元，请指款开支等情，请公决案。

（决议）照案通过，款在本年度建设事业临时费项下拨支。

十八、高委员函复，审查建设厅所拟广东省奖励棉毛业生产暂行办法一案意见，请公决案。

（审查意见）拟照秘书处签拟意见办理。

（决议）照审查意见通过。

十九、秘书处签呈，请另指款应支战时法令汇编第二辑印刷费四万八千元等情，请公决案。

（决议）交许委员审查。

二十、据建设厅呈，据农林局呈，拟广东省政府建设厅向农林部贷款举办农田水利工程办法，请核示等情，请公决案。

（决议）照案通过。

二十一、主席提议，佛冈县县长李则谋因病不能赴任，呈请辞职，应予照准，遗缺改派钟道存代理，请公决案。

（决议）照案通过。

广东省政府第九届委员会
第二百七十八次议事录

日　　期　十一月十八日

地　　点　曲江本府

出席者　郑彦棻　张导民　郑　丰　胡铭藻　高　信　许崇清
　　　　黄麟书　何　彤

列席者　杜之英　黄　雯　黄秉勋

主　　席　李汉魂（公差　郑彦棻代）

纪　　录　（秘书）谢晨光

报告事项

一、据财政厅签呈，拟将三十年度督征田赋实施计划补列进度表及各县局工作计划大纲先行呈院等情。饬据效率会签称，查核尚无不合等情，应准如拟办理。

二、据财政厅签呈，查各县办理契税得按照所收之税额准予提扣一成为办公费，历经办理在案，现各县契税已由税捐处移交县田赋管理处接收办理，拟在未奉令改订办法以前，仍准其在契税税款收入项下提扣一成为办公费等情，应准备案。

三、据秘书处签呈，拟请将本府设置巡回视察实施办法第十二条再修正为"视察及随从书记之出差费，依二十九年行政院呈奉国府令准在非常时期内暂定数额发给"以符法令等情，应准如拟办理。

四、据省粮食管理局电，为调整运输机构与划一事权起见，拟将北江运输所改为运输站，并隶属驻湘购粮办事处运输所管辖等情。饬据秘书、会计两处签称，查该所改站后，经费月支二千二百五十四元五角，计月减少三十余元，核属可行，似可准予备案等语，应准如拟办理。

五、据本府战时通讯所呈缴无线电第八区台本年八月份公役制备服装费预算书，列支五百六十元。饬据会计处签称，公役服装每名二套，核与规定不符，拟核减为公役每人制发一套，共需价款二百八十元，该款拟照所请在该台本年度经费节余项下开支等语，应准如拟办理。

六、据鹤山县政府电，请核发该县义民输送站所各年度经常费暨开办费等情。饬据会计处签称，查该县输送站所二十八九年暨本年度经费，经分别核定科目开支有案，似应饬财厅迅予分别签发，至开办费三百元，既未拨付，该款拟在本年度省救济费项下补拨等语，应准如拟办理。

七、据遂溪县政府呈报，第二区北坡镇第二保保长袁秀廷因公伤亡，拟请依战时乡镇保甲长暨联保主任因公伤亡给恤暂行标准第一条乙项从优给予抚恤费一百六十元等情。饬据会计处签称，该款拟在三十年度省总概算恤金项下开支等语，应准如拟办理。

讨论事项

一、据会计处签呈，关于军管区政治部二十九年度各县政训室干部人员分发旅费共支九千八百七十三元，及本部政治工作队二十九年一二月份经费共二千五百七十九元，拟请准在二十九年度国民兵团政训室经费节余一万三千零九十元七角项下开支一案，似可准如所请分别追列本年度省地方岁入岁出总概算，并饬办理抵解抵领手续等情，请公决案。

（决议）照案通过。

二、据财政厅签呈，惠来税务局本年六月间支出搬迁费六百三十元，拟准在该局本年度节余经费项下开支，请核示等情，请公决案。

（决议）照案通过。

三、据秘书处呈，补缴本省统计人员训练班开办费预算书，经费预算书，暨分配表，请察核等情，请公决案。

（决议）照案通过。

四、据民政厅签呈，拟将潮阳县改为战地县份，惠阳、从化两县定三十一年一月一日起实施新县制，请核示等情，请公决案。

（决议）照案通过。

五、据秘书处案呈，据粤侨通讯处拟具粤侨技术人员调查登记任用办法，请核定公布施行等情，请公决案。

（决议）交黄、张、胡三委员审查，由黄委员召集。

六、据财政厅呈，据税警总团呈，为订购本团士兵棉被一千七百三十张，计需国币四万三千五百九十六元，拟由本年度未领服装款四万一千零八十六元及前奉核准已领未办之行军灶锅款二千六百元支用，嗣后购置行军锅灶，则由本总团经常费常备金项下开支，请核示等情，请公决案。

（决议）照案通过。

七、据建设厅签呈，据公路处呈缴雄信公路许村桥及鹤子坑桥图则预算，列支五千六百六十三元一角三分，请拨还归垫等情，请公决案。

（决议）照案通过，款在本年度建设事业临时费项下拨支。

八、据秘书处转，据韶关新住宅区建设委员会呈缴修理长乐村新住宅区被炸房屋工程费预算书，列支一千零四十九元二角八分，请核示等情，请公决案。

（会计处签拟）似可准予照列，款在该会收存租金项下拨支，仍列入该基金预算办理。

（决议）照会计处签拟通过。

九、据秘书处转，据本府警卫营呈，请购制卫士队装具，共需款六千八百四十一元，请核发等情，请公决案。①

---

① 会计处签拟略。

（决议）照会计处签拟通过。

十、准广东省地方行政干部训练委员会函，据干训团呈报第七、八、九行政督察区联合训练班因遭风灾毁坏棚厂，共需七千一百八十六元二角，除将该班本年五至十二月份修缮费节余款二千三百元移用外，仍不敷四千九百八十六元二角，请如数补助等由，请公决案。①

（决议）准拨二千五百元，余照会计处签拟通过。

十一、据民政厅签呈，代编三十年度拨支防空节纪念大会经费预算书，列支六百元，请核示等情，请公决案。

（决议）照案通过，款在本年度省预备金项下拨支。

十二、据建设厅呈，据龙门县呈缴全县电话线计划图表预算，计需款二万九千九百四十四元，查核大致尚合，请酌予拨款补助等情，请公决案。

（决议）准补助一万五千元，款在本年度建设事业临时费项下开支。

十三、据粤北新闻记者公会呈，请按月补助本会经常费一千元，另一次过补助会所建筑费等情，请公决案。

（会计处签拟）查本年度省总概算内类此公会者尚有中国青年新闻记者粤北分会及广东新闻记者联合会驻韶办事处两个单位，各该会处均属宣传抗建工作，促进社会文化事业，可否提会核准在三十年度省预备金项下再酌予一次过补助各该会处本年度经费共一千元（平均分配）。又粤北新闻记者公会请一次过补助该会所建筑费若干元一节，拟复未便照准。

（决议）照会计处签拟通过。

十四、据会计处签呈，第七战区组训五邑民众督导处经费奉准续拨十万元，该款拟在三十年度省预备金项下拨支，经饬财厅拨发，提会补请追认案。

（决议）照案追认。

十五、据会计处案呈，查开建县政府三十年度追加自治户捐等预算，经照财政厅意见整理，并代编岁入追加预算，计拟改列各为一万七

---

① 会计处签拟略。

千八百二十七元，请提会核定等情，请公决案。

（决议）照案通过。

十六、据会计处案呈，查蕉岭县地方二十九年度岁入岁出追加概算，各列为九百六十五元，拟准照数追加，请提会核定等情，请公决案。

（决议）照案通过。

十七、据广东省图书杂志审查处呈，拟迁市外办公，计需建筑费等共九千元，请准由库拨支等情，请公决案。

（决议）准拨四千元，款在本府合署建筑费项下开支。

十八、据韶关市政筹备处呈缴三十年度开办购置预算书，计列支国币六万九千六百六十七元六角，请核定指款拨支等情，请公决案。

（决议）准拨三万元，款在本年度省预备金项下开支。仍改编预算呈核。

十九、据本府合署建筑委员会呈缴第一期工程概算书等，计列支国币三十六万六千三百九十一元六角八分，请察核等情，请公决案。①

（决议）照会计处签拟修正通过。

二十、据财政厅签呈，为准省田赋管理处函送广东省战时山林湖荡池塘宅地赋税征收办法草案一案，请迅予核定，俾便转咨办理等情，请公决案。

（决议）交高委员审查。

二十一、主席提议，茂名县长林××应予撤职，遗缺调信宜县长张虞韶代理，递遗信宜县长缺调电白县长陈旌旗代理，递遗电白县长缺派赖泽銮代理，请公决案。

（决议）照案通过。

二十二、据财政厅签呈，拟订广东省政府田赋督导员服务规则及督导员须知，请核定颁行等情，请公决案。

（决议）交高、郑（丰）、何三委员审查，由高委员召集。

二十三、何委员、郑委员（丰）、高委员会复，审查修正广东省战时田赋改征实物实施办法及经征经收施行细则一案意见，请公决案。

（审查意见）奉交审查修正广东省战时田赋征收实物实施办法草案

---

① 会计处签拟略。

及经征施行细则草案经收施行细则草案，经会商有关各方，将办法及施行细则重行拟订，请提会公决。

（决议）照审查意见通过。

广东省政府第九届委员会
第二百七十九次议事录

日　　期　十一月二十一日
地　　点　曲江本府
出席者　郑彦棻　黄麟书　郑　丰　胡铭藻　张导民　高　信
　　　　许崇清
列席者　黄　雯　黄秉勋　毛松年　李锡朋
主　　席　李汉魂（公出　郑彦棻代）
纪　　录　（秘书）谢晨光

报告事项

一、据财政厅签呈，安化管理局二十九年度调查徭区兵要地志出差旅费九十五元，拟准由省库指款拨发归垫等情。饬据会计处签称，该款拟准在三十年度省预备金项下拨支等语，应准如拟办理。

二、据建设厅签呈，据公路处呈缴第二及第七养路队提高工饷分配数目比对表，请核示等情。饬据会计处签称，查该第二及第七养路队路工木工生活困难，拟将原有名额缩减，以节余工饷及生活补助费增加其余名额，既与原核定预算并无超越，似可准由本年度十一月份起，照原呈增加工饷分配数目比对表办理等语，应准如拟办理。

三、据省粮政局签呈，缴修正本省未参战保安团队、税警、省警、省府警卫营、特务营及连阳自卫总队粮食补给办法，请报会备案等情，应准予备案。

讨论事项

一、据民政厅呈，据卸广东省警察总队长呈，第八中队由东江回韶支过行军费二千四百六十二元一角，拟准由省预备金项下拨给归垫，请核示等情，请公决案。

（决议）照案通过。

二、据民政厅呈，为本厅二十九年度疏散公物共支过旅运费九百九十元零一角，请饬库拨支归垫等情，请公决案。

（决议）照案通过，款在本年度省预备金项下拨支。

三、据财政厅呈，本省临时参议会二十九年度第四次大会开会费一万零九百四十元，经以暂付款科目开支，应如何归垫，请核示等情，请公决案。

（决议）准在本年度省预备金项下拨还归垫。

四、据财政厅呈缴三十年度疏散费预算书，列支八千一百零一元八角六分，请指款归垫等情，请公决案。

（会计处签拟）据呈预算书列支八千一百零一元八角六分，内除车辆修理费四千二百九十四元九角，房租一百九十元，旅费二百五十五元七角二分，三项共四千七百四十元六角二分，似属迁移事项以外支出，应列入经费预算支报外，其余三千三百六十一元二角四分，拟在本年度省预备金项下开支。

（决议）照会计处签拟通过。

五、据教育厅签呈，拟定期举行艺术展览会，附缴办事简则及经费预算书，计需经费八百元，拟在本年度战时教育经费内拨支，请核示等情，请公决案。

（决议）照案通过。

六、据建设厅签呈，据合作事业管理处呈，为增办揭阳、鹤山、英德、连山四县合作事业所需经费，拟就本处经费统筹支配，请核示等情，请公决案。

（会计处签拟）查合作事业管理处自本年七月份起增办揭阳、鹤山两县合作事业，计揭阳县合作事业经费月支六百二十四元，鹤山县合作事业经费月支四百七十七元。又自十月份起继续增办英德、连山两县合作事业，计每月各支经费四百七十七元，以上增办揭、鹤、英、连四县合作事业均系事前未经呈府核准，而先行增办，原有未合，唯查上列各县合作事业经费尚属需要，似可姑准在该处本年度事业费内统筹支配。

（决议）照会计处签拟通过。

七、据本省战时贸易管理监察委员会呈缴贸易处三十年度营业计划书及预算书表，请核示等情，请公决案。

（决议）交张、郑（丰）、黄三委员审查，由张委员召集。

密八、据广东企业股份有限公司呈，奉饬购办各县有线电讯网通讯器材案，经请财政厅将贷款一百五十一万六千五百六十元汇港。唯所需运杂各费甚巨，请准饬财政厅先拨备用金一百万元等情，请公决案。

（决议）交张委员审查。

密九、据第三区行政督察专员呈，据四会县呈，奉令征集民工材料修复绥江河道封锁工程，计支过二千一百九十五元五角，转请发还归垫等情，请公决案。

（决议）照案通过，款在本年度建设事业临时费项下拨支。

密十、据第八区行政督察专员呈，据防城县呈缴架设防东防茅话线预算书，列支六万零二百零六元五角，请核示等情，请公决案。

（决议）准照数垫拨，款在本年度建设事业临时费项下开支。

十一、据民政厅呈，缴省警察总队二十九年度搬迁费预算书，计列支国币二千二百一十八元七角，转请核拨归垫等情，请公决案。

（决议）照案通过。款在本年度省预备金项下拨支。

十二、据秘书处签呈，韶关市政筹备期中，拟先由本府以命令指定该市行政归第二区行政督察专员公署指导监督，俟市政府成立后，依行政督察专员公署组织暂行条例第二条之规定，报部转呈核备等情，请公决案。

（决议）照案通过。

十三、据财政厅签呈，以据灵山县呈，据县税捐处呈拟业户税契报载地价限制办法一案，拟请核准备案，并通令各县遵照等情，请公决案。

（决议）交胡委员审查。

十四、据教育厅签呈，转缴黄岗小学校添置校具预算书，列一千八百八十四元，款在国民教育经费预算内试办流动学校及补助各校经费项下拨支等情，请公决案。

（决议）照案通过。

十五、据建设厅签呈，转缴农林局三十年度准备疏散临时费支付预算书，计列支三千七百三十元二角五分，请核拨归垫等情，请公决案。

（决议）照案通过，款在本年度省预备金项下拨支。

十六、据财政厅先后签呈，拟追加本年度代理金库贴费及印刷账库表册费共六万元，请准予照数追加，款在本年度省预备金项下开支等情，请公决案。

（决议）照案通过。

密十七、第七战区司令部电，据闽粤赣边区香总司令电缴汤坑𡒃崅间预备阵地构筑计划，共需民工伙食费六万八千九百五十二元，此款请转省府准由各该县地方款项下支给等情，核尚可行，仰饬有关各县长商承香总司令指示办理等因，请公决案。

（决议）准垫付四万元，款在本年度建设事业临时费项下拨支。

十八、据广东省新生活运动促进会妇女工作委员会呈，拟将各县妇运会经费节余款一万三千二百元以一万元移作妇女工作讨论会议之用，三千二百元留作刊印各种妇女小丛书之用，请核示等情，请公决案。①

（决议）照会计处签拟通过。

十九、张委员、胡委员会复，审查民政厅所拟将广东各县市局出征抗敌军人家属优待费筹募暂行办法第五条第二款条文修正一案意见，请公决案。

（审查意见）查法制室所拟修正本省各县市局出征抗敌军人家属优待经费筹募暂行办法草案第五条第二款规定按各乡田亩总数每亩筹谷一市升，核与三十年度征补兵员实施办法第十五条规定标准尚属相符，但此项优待谷之征收，除提拨乡村仓谷外，不敷数由全乡田亩摊派各节，与本省战时田赋征收实物实施办法第四条"各县田赋改征实物后，所有按田课征之捐费一律撤销，此后并不得巧立名目征收附加或以田亩为对象摊筹派募"之规定不合，且上项征实办法经呈奉财政部核准转报行政院备案在案，为免生抵触起见，关于筹募办法第五条第二款拟予删除。再查行政院复电叙明出征抗敌军人家属优待谷或优待金征集办法已由军政、财政、粮食三部统筹商议中，则此项优待金谷之筹募，中央必有统一办法以资遵循，现本省此项筹募办法，拟予保留暂缓实施，俟中

---

① 会计处签拟略。

央订定办法颁布后，再行参酌办理，以免中央与地方政令纷歧。

（决议）照审查意见通过。

二十、郑委员（彦棻）、高委员、郑委员（丰）会复，审查会计处所拟本省贫瘠县份及战地县份补助标准一案意见，请公决案。

（审查意见）（一）贫瘠县份除改善公务员待遇补助金外，原有省库补助数与新增补助数之和，以不超过纯地方税收总额为限。（二）从化县照战地县份补助办法办理，不列入贫瘠县份计算。（三）其余照会计处原签办法办理。

（决议）照审查意见通过。

二十一、高委员、郑委员（丰）、张委员会复，审查粮政局所拟广东省乡镇粮库保管委员会会议规则、广东省乡镇粮库及供应粮库员丁保证规则、广东省战时田赋征收实物变坏处理及处置暂行办法一案意见，请公决案。

（决议）照审查意见通过。

二十二、据财政厅签呈，本年度清收地税契税计一至九月份应提扣督催经贵〔费〕六万九千一百一十元，自十月份起，拟增加临时催征人员协助催征计本年十至十二月该项经费一十二万五千五百二十元，拟照提扣督催经费办法办理，合共一十九万四千六百三十元，请一并补列岁出预算，即以是项征起收欠为岁入等情，请公决案。

（决议）（一）提扣督催经费准展期至本年十二月止。（二）提扣督催经费一至九月份交财政厅查明如属重复，另筹来源补入收支，十至十二月份应将增员人数及办法补呈办理。

二十三、据建设厅签呈，据长途电话管理所呈，缴改编构筑肇沙电话线工料费预算书，列支三十六万三千二百二十七元，请指款办理等情，请公决案。①

（决议）准先拨二十万元，款在本年度建设事业临时费项下开支，照秘书处签拟改编预算呈核。

二十四、据本府驻渝办事处呈，拟依照行政院修正中央机关公务员生活补助费办法，自本年七月份起增加本处职员生活补助费，计每月追

————————

① 秘书处签拟略。

加五百元，本年七月至九月共一千五百元，请准照追加汇发等情，请公决案。

（决议）照案通过。款在本年度调整机构补助公务员生活费项下拨支。

二十五、据秘书处签呈，拟印本府三十年行政会议纪要一千本，及主席行政会议提示三千本，共需印刷费七千四百元，拟请在本度省预备金项下拨支等情，请公决案。

（决议）照案通过。

二十六、据本府行政效率促进委员会呈，据新县制研究会呈，拟订本省各县等次及改订县等实施步骤，查核大致尚称妥适，唯紫金、南雄、连平、高明等四县似宜保留现行县等情，请核示等情，请公决案。

（决议）交许、胡、黄三委员审查，由许委员召集。

二十七、高委员函复，审查广东省战时山林湖荡池塘宅地赋税征收办法一案意见，请公决案。①

（决议）照审查意见通过。

二十八、据民政厅签呈，拟具韶关市警察局划区设警暂行办法暨韶市派警服勤暂行办法等件，请察核等情，请公决案。

（决议）交张委员审查。

二十九、主席提议，广东省驿运管理处副处长罗永钦辞职照准，遗缺派毛文骏代理，请公决案。

（决议）照案通过。

三十、据财政厅签呈，为拟订加强本省田赋经征机构暂行办法三项请核准提会公决施行等情，请公决案。

（决议）照案通过。

三十一、主席提议，廉江县长张逊另候任用，遗缺派黄镇代理，请公决案。

（决议）照案通过。

三十二、高委员、郑委员（丰）、何委员会复，审查财政厅拟订广

---

① 审查意见略。

东省政府田赋督导员服务规则及督导员须知一案意见，请公决案。

（审查意见）甲、关于服务规则部分：（一）第二条第九款"关于业户收租不足纳赋之协商解决事项"拟改为"关于纳赋纠纷之协商解决事项"。（二）余照法制室签拟意见办理。乙、关于须知部分：（一）甲第四项"业主收租款不足供纳田赋者或一田两主者或其他业佃纳赋纠纷之解决办法"拟删去"业主收租款不足供纳田赋者或者"十四字为"一田两主或其他业佃纳赋纠纷之解决办法"。（二）甲第五项"大户田赋之催收办法"拟将"大户"二字删去为"田赋之催收办法"，文内并将"催收大户田赋"之"大户"二字删去，并将"……将该户所欠赋额列册……"改为"……再择欠赋大户列册……"。（三）余照法制室签拟意见办理。

（决议）照审查意见通过。

广东省政府第九届委员会
第二百八十次议事录

日　　期　十一月二十五日

地　　点　曲江本府

出席者　郑彦棻　黄麟书　郑　丰　胡铭藻　张导民　许崇清

列席者　杜之英　黄秉勋　黄　雯　李锡朋

主　　席　李汉魂（公出　郑彦棻代）

纪　　录　（秘书）谢晨光

报告事项

一、据本府行政效率促进委员会签呈，重拟修正广东省党政军机关示范工作视导及评绩办法，请通饬遵行等情，应准如拟办理。附抄：（一）原呈；（二）办法。

二、据教育厅签呈，据省立民众教育馆呈，请发给儿童艺术训练班经费三百九十元。饬据会计处签称，既据该厅认属需要，此款拟准在本年度省总概算内战时教育经费项下拨支等语，应准如拟办理。

三、据教育厅报告，奉饬黄岗小学校由教育厅统筹扩充办理等由。遵经订定改组扩充办法七项，令饬该小学校办理，请核示等情，应准如拟办理。

四、据建设厅签呈，缴东江船务管理所员工领支遣散费预算书册，列支三百三十五元。饬据会计处签称，既经建设厅查核尚合，拟准在三十年度省预备金项下拨支等语，应准如拟办理。

五、据卫生处签呈，拟请修改五十万元药物分配处置办法，并拟订广东省政府所属各机关及各县局暨省立或经立案学校备价领用药物暂行办法，请核示等情。饬据秘书处、会计处签拟酌予修正报会等语，应准如拟办理。

六、准广东省高等法院函送开平地方法院等二十九年十至十二月份米津预算书册。饬据会计处签称，计开平、英德、广宁、高明、花县、丰顺监狱开平法院等七院监二十九年十至十二月份三个月米津共实应支七百二十三元，拟在二十九年度追加省总概算内各级公务员役团警米津项下开支等语，应准如拟办理。

七、据财政厅呈，转缴连平税务局新丰稽征所公役服装费预算书，列支二十五元。饬据会计处签称，似属需要，该款拟照重加规定案，改在该局本年度用人经费节余项下拨支等语，应准如拟办理。

八、据财政厅签呈，据清远县请核发故监狱管理员高玉林二十七年十二月至二十九年份恤金一百四十八元七角五分。饬据会计处签称，拟准照财政厅签拟在三十年度省恤金项下一并拨支等语，应准如拟办理。

九、据秘书处呈缴改编本府超然、青萍、前进、民治四电船本年度经费预算分配表等。饬据会计处签称，查表列一至八月份数核与原定尚无增减，其九至十二月份月列五百六十元，除原定月发四百四十元外，比较尚需月增一百二十元，计四个月共增四百八十元，拟在本年度省岁出概算调整机构补助公务员生活费项下拨支等语，应准如拟办理。

讨论事项

一、据教育厅签呈，据省立韩山师范学校呈缴改编二十九年七至十二月及三十年一、二月份接收金山中学校保管费预算书，计列二十九年七至十二月预算数九百零四元零二分，三十年一、二月预算数三百零一元三角四分，请核示等情，请公决案。

（决议）照案通过，抵解手续照会计处签拟办理。

二、据建设厅签呈，据农林局呈，请仍准拨给故技正张福达治丧费一千元，款由该局经费节余项下拨支，请核示等情，请公决案。

（秘书处签拟）本案请给予该故技正张福达治丧费一千元于法本属无据，唯既系由该局经费节余项下支拨殓葬费六百七十八元三角，并由该局驻审员核签照支有案，拟准给予殓葬费六百七十八元三角。

（决议）照秘书处签拟通过。

三、据会计处案呈，准教育厅函送义务教育实验区短期小学二十八年开办设备补助费预算书，列支一千五百一十九元，及该区办事处二十八年八月至二十九年二月临时费预算书，列支一百零五元合共一千六百二十四元，拟准以各机关以前年度经费节余解库款科目追列本年度省地方岁入概算，以原预算科目及数额分别追列本年度省地方岁出概算，饬该区将上开节余经费办理抵解手续等情，请公决案。

（决议）照案通过。

四、据会计处案呈，准秘书处编送本年广东省会各机关文卷物资职员眷属疏散委员会疏散费预算书，列支一万七千二百六十三元零一分，此款拟在本年度省预备金项下开支，请提会核定等情，请公决案。

（决议）照案通过。

五、据建设厅签呈，缴东江船务管理所三十年度一月份收支预算书，计收入列二千五百元，支出列五百元，请核示等情，请公决案。①

（决议）照会计处签拟通过。

六、据建设厅案呈，据农林局呈复，本局修葺办公厅等工程经已完竣，及由驻审员签收，请准照原预算拨发全数二千九百七十二元八角等情，请公决案。②

（决议）照会计处签拟通过。

七、据粮政局电，拟修葺办公厅礼堂等，计需工料费三千二百元，拟由本局本年度预算节余经费项下开支，请核示等情，请公决案。

（决议）照案通过。

---

① 会计处签拟略。
② 会计处签拟略。

370

八、据灵山县政府呈报本年本县水灾损失情形，请拨款振济等情，请公决案。

（决议）准拨二千元指定为补助冬耕之用，款在本年度救济费项下开支。

密九、据灵山县政府电，为本县造架县属坛墟至陆屋电话杆线工料费预算需一万四千二百五十九元四角，现奉准垫拨五千元，唯本县库款奇绌，仍请全数拨足，以利办理等情，请公决案。

（决议）准加拨二千元，连前共七千元，款均在本年度建设事业临时费项下开支。

十、据潮安县政府电，奉发改善公务员生活办法，计由九月份起，本县暨所属各机关共需增薪五千二百七十三元六角三分，请准由省库发给等情，请公决案。

（会计处签拟）拟照本府前颁之县各级公务员薪饷改订定支给办法乙项第三条之规定，先将该县员役战时加给费由省库拨助自七月份起至十二月份止每月补助九百一十八元五角，六个月共计五千五百一十一元，款在本年度调整机构补助公务员生活费项下拨支。

（决议）照会计处签拟通过。

密十一、据三水县政府呈，为垫支暂七师第四团构筑堡垒征构木材费六百三十一元六角，请发还归垫等情，请公决案。

（决议）准照数在本年度建设事业临时费项下拨还归垫转请中央拨还。

十二、据会计处签呈，宝安县政府二十九年度第三次追加岁入岁出预算书，计收支各列为一万五千零三十元，既经财政厅核案尚无不合，拟准予照原列数额追加等情，请公决案。

（决议）照案通过。

十三、据连山县政府电，为本县特别贫瘠，请准予补助改订员役生活薪饷不敷数等情，请公决案。

（会计处签拟）该县是项员役战时加给费拟照规定每月补助五百一十五元七角，由七月份起至十二月份止，六个月总计三千零九十四元二角，款在本年度调整机构补助公务员生活费项下拨支。

（决议）照会计处签拟通过。

十四、据潮安县政府电，为本县运输站所于二十八年十月一日成立，请迅赐拨发开办经常各费等情，请公决案。①

（决议）照会计处签拟通过。

十五、据财政厅呈缴三十年度船舶牌照费岁入岁出预算书类，请准予追加等情，请公决案。

（决议）（一）追加票照印刷费准在本年度省预备金项下开支。（二）追加票照运送费准在该厅本年度经费节余项下开支。

十六、据会计处签呈，拟编印三十年各县地方总概算汇编五百本，共需印刷费一万五千二百七十五元五角，款在本年度省预备金项下开支，请核示等情，请公决案。

（决议）照案通过。

十七、据第七区行政督察专员呈缴三十年度第二次郊外临时办公厅室修葺费预算书，列支一千八百元，款请由省库拨支等情，请公决案。

（决议）照案通过，款在本年度省预备金项下拨支。

密十八、据财政厅呈，据缉私处呈，请发给办理结束经费一万四千零四元及发给遣散费一万一千六百一十三元，可否准在本年度省总概算原列该处十一、十二月份经费额内支给，请核示等情，请公决案。

（决议）遣散费除兼职者外，该款一万一千一百五十三元准予拨付，结束费除特别办公费不给外，准发六千六百零二元，由该处统筹分配，另编预算呈核，款在该处十一、十二月份经费额内缉私分处归还借款五万元项下拨支。

十九、据建设厅呈缴农林局技士李尉霞荐委表，请赐核委等情。请公决案。

（决议）照派代理。

二十、胡委员函送审查据财政厅签呈，以据灵山县呈据税捐处呈以业户税契报载地价限制办法拟请核准备案并通令各县遵照一案意见，请公决案。

（审查意见）关于本案业户税契报载地价限制办法问题：（一）查自抗战以来，土地价格逐渐高涨，自属实在，而一般业户报请契税之价

---

① 会计处签拟略。

格，常有依照年湮代远之原契地价投税，核与现值时价漫无标准，该灵山县所拟凡投税产价不得少过本年一月加倍征收后所定地价两倍，即原评定价四倍之数，尚属平允，现秘书处法制室所签拟意见，大致尚合，唯原订自本年八月十五日起实行，已失时效，似应以三十一年一月一日起实施为宜。又此种增税办法只适用于战时，将来战事结束后，物价平复，地价必随而降落，故仍应冠以"战时"二字为适合。又各县情形未必尽同，似无通令各县一体遵办之必要。（二）田赋征收实物，原照评定地价征收，当此推行伊始，自以无其他妨碍为原则，现税契既照四倍地价额核征，必须声明此为税契增加，与田赋征实无涉，盖税契税金系一次过缴纳，虽略为增加，业户亦乐于投税，唯一般心理恐因税契增加地价后，将来缴纳田实，亦须照加价之数核计，则不免怀疑观望，阻塞税源，及妨碍征实进行。

（决议）照审查意见通过。

二十一、据教育厅签呈，请派温心园为省立琼崖联合中学粤北分校校长等情，请公决案。

（决议）照案通过。

广东省政府第九届委员会
第二百八十一次议事录

日　　期　十一月二十八日

地　　点　曲江本府

出席者　郑彦棻　黄麟书　胡铭藻　张导民

列席者　杜之英　黄　雯　李锡朋　李世安

主　　席　李汉魂（公出　郑彦棻代）

纪　　录　（秘书）谢晨光

报告事项

一、据财政厅呈，拟将广东省船舶牌照费征收暂行章程第十三条条文修正等情。饬据秘书处签称，似可将该条但书"或遗失补照或因改名租赁出质买卖等各事换照"等二十字及"者"字下之"均"字一并删去等语，应准如拟办理。

二、据财政厅呈缴税务局征收站三十年度开办设备费预算书，列支一百六十五元四角。饬据会计处签称，所请在追加三十年度省总概算征收民营汽车营业税开办费科目开支，似可照准等语，应准如拟办理。

三、据财政厅签呈，拟将台山县前警卫常备队故小队长林竹风二十八及二十九年份恤金照成案共折合国币四十九元，并改在本年度省总概算恤金项下动支等情。饬据会计处签称，核尚可行，拟予照准等情，应准如拟办理。

四、据教育厅签呈，为省立艺术院派员赴湘桂两地考察，列支旅费四百五十元，拟在本厅三十年度所属机关学校临时费项下拨支等情。饬据会计处签称，查属需要，拟予照准等语，应准如拟办理。

五、据建设厅签呈，转缴农林局变卖破烂汽车售价收入预算书，计列二百元。饬据会计处签称，拟准分别存转，并照数以农林局破烂汽车售价收入科目追加三十年度省总概算岁入，暨照数追加三十年度省总概算岁出预备金科目，饬局解库具报等语，应准如拟办理。

六、据建设厅签呈，转缴西江船务管理所二十九年度船舶牌照印刷费预算书，列支三十元，经该所在二十九年度六月份船税收入项下先行垫支等情。饬据会计处签称，该款拟准在本年度省预备金科目项下拨还归垫等语，应准如拟办理。

七、据本府行政效率促进委员会呈，为本会组员王度炯眷属寓所遭敌机轰炸燃烧，查系不可抗力之损害，拟照修正广东省公务员雇员公役遭受空袭损害救济办法规定，给予救济费一百五十元等情。饬据秘书、会计两处签称，似可准予拨给，款在本年度省救济费项下开支等语，应准如拟办理。

八、据粮政局电，为本局第三科第二股股长肖永光遭受空袭损害，拟发给救济费一百五十元等情。饬据秘书处签称，核与修正广东省公务员雇员公役遭受空袭损害救济办法规定尚属相符，拟予照准，该费在该局原有经费内匀支等语，应准如拟办理。

九、据粮政局呈，据西江四邑运销处电，因协办军粮，会计室人少事繁，难于应付，拟由本年十月份临时增设办事员二员，款在会计室俸给节余项下拨支，请核示等情。饬据会计处签称，既经该局核属实情，所请似可姑准，唯三个月期满应即裁撤等语，应准如拟办理。

十、据省振济会呈缴韶市义民招待所三十年度夫役服装费预算书，列支二十六元。饬据会计处签称，似可准予照列，款饬在该所三十年度用人经费节余项下拨支等语，应准如拟办理。

十一、据第四区行政督察专员呈，转缴龙门县加强破坏永汉以南增城道路民工伙食费支出计算书表，列支一百元。饬据会计处签称，拟准照数发给，款在三十年度省建设事业临时费项下开支等语，应准如拟办理。

十二、据广东省北江区船舶大队电，奉核发大队士兵服装代金二百元，每名仅得二十元，实不敷一衣之费，请按编制配发等情。饬据会计处签称，拟每名改发代金四十元，该大队编制〈制〉士兵十名，计需四百元，比对尚需补发二百元，款在三十年度省预备金项下开支等语，应准如拟办理。

讨论事项

一、准广东省军管区司令部先后电送合浦、兴宁两县办理国民兵役调查办公费暨应备书簿表册等费预算书，计合浦县调查办公费七百元，应备书簿表册等费三千八百七十一元；兴宁县调查办公费六百元，应备书簿表册等费二千八百六十五元七角八分，请查照办理等由，请公决案。

（决议）照案通过，款在本年度省预备金项下拨支。

二、准广东省军管区司令部电送连县国民兵役调查办公费暨应备书簿表册等费预算书，计调查办公费五百元，应备书簿表册等费一千二百四十八元七角五分，请查照办理等由，请公决案。

（决议）照案通过款在本年度省预备金项下拨支。

三、据民政厅签呈，拟订广东省战地各县区署组织暂行章程及编制预算表，请核示等情，请公决案。

（决议）交胡、黄、张三委员审查，由胡委员召集。

四、据民政厅签呈，拟订广东省各县仓款及仓谷抵押借款举办农贷暂行办法草案，请核示等情，请公决案。

（决议）交张、黄两委员审查，由张委员召集。

五、据教育厅签呈，拟由本年度国民教育师资训练经费项下拨支省立女师、连州中学、艺术院等设班经费，计本年八月至十二月份五个月共计四千七百九十元，请核示等情，请公决案。

（决议）照案通过。

六、据卫生处呈，为省立救济医院本年度重建院舍及增添病室等，计共追加建筑费四千二百四十三元□角，拟在救济费项下拨支，请核示等情，请公决案。

（决议）照案通过。

七、据建设厅呈，据农林局呈，拟将本局骨粉肥料厂改称广东建设厅农林局骨肥改进所连同组织章程及编制表，请核示等情，请公决案。

（决议）交黄委员审查。

八、据秘书处转缴本府广播电台二十九年十二月疏散器材公物迁移费预算书，列支二千三百四十三元八角三分，请核示等情，请公决案。①

（决议）照会计处签拟通过。

九、据第八区行政督察专员呈缴本年度修葺办公厅及职员宿舍工料费预算书，列支六百五十四元，请饬厅发还归垫等情，请公决案。

（决议）照案通过，款在本年度省预备金项下拨支。

密十、据开平县政府电，奉广阳区指挥部饬架设幕□桥，该项工程料费□千五百元请准在国防费拨发等情，请公决案。

（决议）照案通过，款在本年度建设事业临时费项下垫付，仍请中央拨还归垫。

密十一、据台山县政府电，奉指挥部电饬架设由台城至三埠迳电话专线，计需费七千七百二十三元五角，请准在省款项下拨支等情，请公决案。②

（决议）照会计处签拟通过。

十二、据本府统计委员会呈，为本会调查队二十九年度八月份节余经费六百九十四元九角二分，拟移作二十九年八、九月份临时修缮购置

---

① 会计处签拟略。

② 会计处签拟略。

费之用，缴呈预算书，请核示等情，请公决案。①

（决议）照会计处签拟通过。

十三、据会计处签呈，查本府秘书处前垫付广东各界庆祝民族复兴节大会及庆祝元旦暨慰劳荣誉军人及抗战军人家属大会经费六百元，未饬财厅归垫，兹拟将该款改在本年度省预备金项下发还秘书处，请提会核定等情，请公决案。

（决议）照案通过。

十四、据会计处案呈，查信宜县地方二十九年度岁入岁出追加概算各列为一万五千二百八十五元，经财、教两厅核无不合，拟准予照原列数追加，请提会核定等情，请公决案。

（决议）照案通过。

十五、张委员函复，关于审查建设厅农林局拟将西江蚕桑改良场三十年度预算书重新编订，并将三至五月份节余款项分别拨充俸给办公施业建筑购置等费附同改编预算书及组织章程编制表请核示一案意见，请公决案。

（决议）三至五月份未用经费准予流用，唯除照改订薪饷办法按原编制增加生活补助费外，其余应全数列作事业费，交该厅转饬，另编预算呈核。

十六、郑委员（丰）、张委员、何委员会复，审查省粮政局拟具广东省战时田赋征收实物收交储运损耗报核暂行办法草案请核准施行一案意见，请公决案。②

（决议）照审查意见通过。

十七、许委员函复，审查秘书处呈请另指款应支战时法令汇编第二辑印刷费四万八千元一案意见，请公决案。

（决议）改印一千本，该款三万三千元准在本年度省预备金项下拨支。

十八、据财政厅签呈，遵饬修正广东省各县营业牌照税征收章程，请提会核定等情，请公决案。

---

① 会计处签拟略。

② 审查意见略。

（决议）交胡、郑（彦棻）两委员审查，由胡委员召集。

广东省政府第九届委员会
第二百八十二次议事录

日　期　十二月二日

地　点　曲江本府

出席者　郑彦棻　胡铭藻　许崇清　张导民　黄麟书

列席者　杜之英　黄秉勋　李世安　黄　雯　李锡朋

主　席　李汉魂（公出　郑彦棻代）

纪　录　（秘书）谢晨光

报告事项

一、据民政厅呈，为中央警官学校第七期毕业生派本省工作人员十九名，经分派实习，除钟广文等各员不需补助旅费外，其余九名，计补助共三百八十五元，经先由本厅暂在借垫中央警官学校第十一期新生旅费剩余款内支付，请发还归垫等情。饬据会计处签称，该款拟在本年度省预备金项下拨支等语，应准如拟办理。

二、据财政厅呈，转缴鹤山税务局游征三十年度营业税出差旅费预算书，列支二百元，拟在该局二十九年度节余经费项下拨支等情。饬据会计处签称，拟予照准，该款拟在三十年度省总概算岁出经常门临时部分财务支出款下追列鹤山税务局临时费科目，以该局二十九年度经费节余项下抵拨，并一面追列三十年度总概算岁入经常门临时部分其他收入款项各机关以前年度节余经费解库款科目等语，应准如拟办理。

三、据财政厅呈，据廉江税务局呈缴四至六月份预算书册，所列四月份应领生活费为四百四十元零三分，计应补领石角稽征所四月二十一日至月底员役生活费三十元零三分，查核相符，拟准予补发等情。饬据会计处签称，此款三十元零三分拟在三十年度省总概算内调整机构补助公务员生活费项下开支等语，应准如拟办理。

四、据财政厅签呈，据博罗县政府请领故乡长陈衍初一次恤金一百

378

五十元，请核示等情。饬据会计处签称，此款既经核准在二十九年度省总概算恤金项下开支，因该年度收支经已结束，未便出账，似可准改在本年度省总概算恤金项下拨支等语，应准如拟办理。

五、据财政厅呈，据惠来税务局呈缴本年六月二十六日敌在神泉登陆搬迁费预算书，列支七百三十一元。饬据会计处签称，既据该厅查核尚属核实，为节省手续起见，拟饬列入该局本年度经费预算内支报等语，应准如拟办理。

六、据财政厅签呈，遵照修正各点将田赋征收督导人员经费预算重编，计共列支一万六千五百四十元，请核示等情。饬据会计处签称，计比前呈预算少列四百八十元，查其内容核与原决议案尚无不合，似可照现列预算数在本年度省预备金项下开支，关于旅费一项，饬照规定按实支报等语，应准如拟办理。

七、据建设厅呈，据公路处呈，请援例发给调赴干训团统计班受训邝以钦治装费五十元，请核示等情。饬据会计处签称，查严觉非治装费本府只准发给三十元，现亦应照案核减为三十元，款在该处本年度经费预算内匀支。又前发严觉非治装费，拟并饬在该处本年度经费内匀支等语，应准如拟办理。

八、据省地政局呈，为乐昌县测量队事务员黄崇德因公差坠水毙命，请予给恤等情。饬据秘书处签称，所请依照战时雇员公役因公伤亡给恤暂行标准之规定给予十四个月薪资之一次抚恤费九百一十元，款在该队经费节余项下支付，作正报销，核尚相符，拟予照准等语，应准如拟办理。

九、据会计处案呈，查广东省新生活运动促进会等机关本年九至十二月份增加俸给费一十万七千一百五十二元八角二分，开列清表，请报会后分别通知等情，应准如拟办理。（附抄清表）

讨论事项

一、准广东省军管区司令部电，拟自本年十二月一日起编组乐昌等二十六县乡镇队，计月需七万四千一百四十八元，将本省非战地各县后备队裁撤后，节余经费流用，请查照决定等由，请公决案。

（决议）照案通过。

二、据民政厅呈，为制发本年度警察队冬季制服，共需二万一千八百七十元，请准在该队本年度经费节余项下拨支等情，请公决案。

（决议）照案通过。

三、据民政厅呈，据卸省警总队第三大队长呈，以二十九年奉令率领本队员役暨所属第九中队移驻淡水等地护侨，垫支过驻防不敷伙食五百八十六元零八分，请发还归垫前来。查属实在，该款拟在本年七月份省警察队长警主食费节余项下支给，请核示等情，请公决案。

（决议）照案通过。

四、（略）

五、据建设厅呈，为农林局稻作改进所二十九年图书仪器费一千八百三十元，拟准补备法案，将款转入三十年度开支，请核示等情，请公决案。

（决议）照案通过，抵解手续照会计处签拟办理。

六、（略）

七、据财政厅签呈，关于财政部咨复对于本省屠宰税征收章程饬重加核议修正一案，谨拟修正各点及拟订委托代征屠宰税办法，请核示等情，请公决案。

（决议）照案通过。

八、据本府战时通讯所呈缴改进中枢台通讯建筑预算书，列支一万一千九百九十五元一角，请核示等情，请公决案。

（决议）照秘书、会计两处签拟通过。（签拟略）

九、据卫生处签呈，拟订广东省卫生人员征调限期服务暂行办法草案，请核议施行等情，请公决案。

（决议）交许、何两委员审查，由许委员召集。

十、据秘书处签呈，缴二十九年度政务视导团经费预算书，列支一十二万八千六百二十三元八角八分，除前由库暂拨五万元外，其余七万八千六百二十三元八角八分，请核发归垫等情，请公决案。

（会计处签拟）查政务视导团经费除前经暂拨五万元外，□尚不敷七万八千六百二十三元八角八分，该款已系实际支出，且二十九年度收支又经结束，为因应事实上之需要起见，该项经费全部列支一十二万八千六百二十三元八角八分，似应改在本年度省预备金项下补拨，并将前暂拨之五万元冲正科目，分别归垫，请提会核定。

380

（决议）照会计处签拟通过。

十一、据建设厅呈缴第四科科长莫炯焜荐委表，请赐核委等情，请公决案。

（决议）照派代理。

十二、据会计处签呈，查翁源县地方三十年度岁入岁出追加概算，经照各厅意见整理后，计拟改列为三万零四百八十四元，请提会核定等情，请公决案。

（决议）照案通过。

十三、据会计处案呈，查高要县地方三十年度岁入岁出追加概算，经照各厅意见整理后，计拟改列为二十万零二千七百八十四元，请提会核定等情，请公决案。

（决议）照案通过。

十四、主席提议，遂溪县长颜继金另候任用，遗缺经派王辉代理，请追认案。

（决议）照案追认。

十五、（略）

十六、据建设厅签呈，遵饬约集有关机关代表会订疏浚特侣塘办法，请核示等情，请公决案。

（决议）交张、胡、郑（彦棻）三委员审查，由张委员召集。

十七、据省粮政局签呈，拟于三十一年度起裁撤粮库科，将该科职掌纳入各科室，并依照本局组织规程规定用足科员办事员各五十员，经费每月三万二千八百五十五元，比较现支经费每月减少一万余元，请核准施行等情，请公决案。

（决议）交张、郑（彦棻）两委员审查，由张委员召集。

十八、据会计处签呈，查广东省政府粮政局组织规程规定对于主计系统略欠明显，拟请将该规程第五、第九、第十一各条文予以修正等情，请公决案。

（决议）照案通过。

十九、据秘书处签呈，拟具广东省水利暂行规程，请提会核定等情，请公决案。

（决议）交胡、许、张三委员审查，由胡委员召集。

二十、据教育厅签呈，省立北江简易师范学校校长戚焕尧辞不就职，遗缺查有钟铚声堪以充任，连同履历，请赐核委等情，请公决案。

（决议）照案通过。

二十一、据财政厅签呈，缴追加三十年度岁出本厅及所属印刷票照费及追加岁入课税收入预算书，计各列一十三万元，请迅赐核定等情，请公决案。

（决议）照案通过。

广东省政府第九届委员会
第二百八十三次议事录

日　期　十二月五日

地　点　曲江本府

出席者　郑彦棻　胡铭藻　张导民　许崇清

列席者　杜之英　黄　雯　李锡朋　黄希声　李世安　黄秉勋

主　席　李汉魂（公出　郑彦棻代）

纪　录　（秘书）谢晨光

报告事项

一、据财政厅呈，为高要县政府故警长梁森二十五年三月起至二十九年十二月份止遗族恤金共三百零九元三角四分，拟照本省历办成案，以毫券折合国币二百一十六元五角四分发给，在三十年度恤金项下拨发等情。饬据会计处签称，核尚可行，拟予照准等语，应准如拟办理。

二、据财政厅呈，为连县税务局本年度修葺费二百九十五元，拟准在本年度各税务局设备费项下拨支等情。饬据会计处签称，所请似可照准等语，应准如拟办理。

三、据建设厅签呈，据农林局转缴东陂酒壶岭牧场更正三十年度经常费预算书。饬据会计处签称，该场五至十二月份八个月共加给经费四千二百元，此款拟在三十年度省总概算内调整机构补助公务员生活费项下开支等语，应准如拟办理。

四、据第五区行政督察专员呈，据潮安县呈报，第一区中云乡副乡长方立强因公殉职，请赐给恤等情。饬据秘书、会计两处签拟一次过给恤金一百五十元，该款拟在三十年度省概算恤金项下开支等语，应准如拟办理。

五、据第九振济区电，请照案发给战时加给经费等情。饬据会计处签称，该区五至十二月份加给经费八百四十元，及一至四月份生活补助费二百八十元，全年计一千一百二十元，此款拟在三十年度省总概算内调整机构补助公务员生活费项下开支等语，应准如拟办理。

六、据卫生处呈缴第二诊疗所三十年度五月份改订俸给预算书表。饬据会计处签称，查核所列数目尚无不合，计本年度由五月份起至十二月份止，月增俸给二百零四元，八个月共增加一千六百三十二元，此款拟准照案在三十年度省总概算内调整机构补助公务员生活费项下开支等语，应准如拟办理。

七、准财政部广东田赋管理处电，奉部电复，三十一年度田赋加征法币仍应照三十年度成案办理等因，请饬属知照等由，经分电各县局遵照。

讨论事项

一、（略）

二、准广东省军管区司令部电，据乳源县政府呈缴三十年度办理国民兵役调查办公费暨应备书簿表册费预算书，列支办公费四百元，书簿表册费一千二百四十八元七角五分，请查照办理等由，请公决案。

（决议）照案通过，款在本年度省预备金项下拨支。

三、准广东省临时参议会函送修建本会房舍预算书，列支二万零二百九十六元，请核定拨支等由，请公决案。

（决议）准共拨修建费一万元，款在本年度建设事业临时费项下开支。

四、据建设厅案呈，据稻作改进所呈，本所二十八年迁移费实支八百五十六元六角，前奉核拨三百五十六元六角，请补发五百元归垫，请核示等情，请公决案。

（决议）照案通过，款在本年度省预备金项下拨支。

五、据卫生处呈，拟重新建造职员宿舍等共需四万零五百六十九元二角五分，请在本年度建设事业临时费项下拨给等情，请公决案。

（会计处签拟）此项营造费四万零五百六十九元二角五分，似可准予照列，惟查卫生处系属本府合署办公之一部，现本府合署建筑已成立委员会办理，上开营造费似应交由该会统筹办理。

（决议）照会计处签拟通过。

六、据会计处案呈，关于阳山县政府电，现乡镇预算请准单独编造一案，谨拟具解决意见，并拟修正三十一年度县预算编制办法，请通饬遵行等情，请公决案。

（决议）交张委员审查。

七、（略）

八、据第四区行政督察专员电，为修筑惠博莞三县溃堤工程费，据各该县呈，缴预算共需三十四万二千六百六十元二角六分，与奉准拨借三十万元之数实超过四万二千六百六十元二角六分，请准追加预算等情，请公决案。

（会计处签拟）该项工程费借款似可饬省行照三十四万二千六百六十元二角六分数额拨借，并由第四区专署径与省行洽商，拟具借款合约，并偿还办法呈核，请提会核定。

（决议）照会计处签拟通过。

九、据秘书处案呈，据本府警卫营先后呈，请补给本年七、八、九月份增加士兵副食费共一千六百七十七元二角，请核示等情，请公决案。

（会计处签拟）除七、八、九月份已核定增发二千二百五十六元八角外，计七月份尚需补发五百二十五元七角，八月份尚需补发五百三十六元二角，九月份尚需补发五百五十三元七角，三个月共需补发一千六百一十五元六角，该款似可准在该营本年度七、八、九各月份经费节余项下拨支，仍请提会核定。

（决议）照会计处签拟通过。

十、据民政厅签呈，拟具修正广东省各县乡镇公所及保办公处编制经费预算表，请核示等情，请公决案。

（决议）交胡、张两委员审查，由胡委员召集。

十一、据省振济会呈缴儿童教养院第六院米船被撞沉损失预算书，列支四千零一十二元五角六分，款在该院经费节余项下拨支，请核示等情，请公决案。

（决议）照案通过。

十二、（略）

十三、据财政厅签呈，拟具广东省各县（市）房产评价委员会组织规程，请核定施行等情，请公决案。

（决议）交胡委员审查。

十四、据教育厅呈缴本年度国民教育师资进修班增加办公费及省立钦州师范学生转校旅费预算书，计办公费二千零四十元，旅费七百五十元，合共二千七百九十元，拟并由本年度新县制各县附设简师科经费项下开支等情，请公决案。

（决议）照案通过。

十五、据省振济会呈缴广州湾办事处二十八年十二月份及二十九年全年度预算书，计月列一千元，合共计一万三千元，请核示等情，请公决案。

（会计处签拟）查该处既自二十九年九月份合并南路振济区，其九月份经费自毋庸发给，兹拟准拨二十九年七、八两月份经费共二千元，在三十年度省救济费项下开支。至该办事处二十八年十二月份至二十九年一至六月份经费每月一千元，七个月共计七千元，前虽经本府提会核定在二十九年度救灾准备金项下拨给，但查该科目并无余款可拨，兹拟并改为在三十年度省救济费项下拨还归垫，请一并提会核定。

（决议）照会计处签拟通过。

十六、据秘书处转广东省战时政治工作总队部呈，为本年七月份起经将原有大队部裁撤，改为工作队，所有遣散官佐队员恩饷共垫发二千九百七十五元，恳准在本部本年度节余项下拨支，请核示等情，请公决案。

（决议）照案通过。

十七、黄委员、张委员、胡委员会复，审查关于秘书处案呈据粤侨通讯处拟具粤侨技术人员调查登记任用办法一案意见，请公决案。

（审查意见）查修订粤侨技术人员调查登记任用办法第三条委托海外侨团及党部之下拟添入"暨领馆"三字，第五条侨团党部之下添入

"使领馆"三字，第七条回国旅费得请求"酌予发给"一节，恐将来款项无着，拟予删去。

（决议）照审查意见通过。

十八、胡委员、张委员、黄委员会复，审查民政厅所拟广东省战地各县区署组织暂行章程及编制预算一案意见，请公决案。

（审查意见）照秘书处法制室签拟办理。

（决议）照审查意见通过。

十九、据财政厅签呈，修正广东省营业税征收章程草案，请决定施行等情，请公决案。

（决议）交胡、许、郑（彦棻）三委员审查，由胡委员召集。

广东省政府第九届委员会
第二百八十四次议事录

日　期　十二月九日

地　点　曲江本府

出席者　李汉魂　张导民　郑彦棻　许崇清　胡铭藻

列席者　杜之英　黄　雯　李锡朋　李世安　黄希声　黄秉勋

主　席　李汉魂

纪　录　（秘书）谢晨光

报告事项

一、据财政厅签呈，关于农林局稻作改进所二十九年度种物农具布袋图书仪器临时费，请核定开支科目等情。饬据会计处签称，拟将该款七千五百元以补拨农林局稻作改进所二十九年度种物农具布袋图书仪器临时费科目追加三十年度省总概算岁出经常门临时部分经济及建设支出款下开支，并照数追加三十年度省总概算岁入经常门临时部分其他收入款下各机关以前年度节余解库款科目等语，应准如拟办理。

二、据教育厅签呈，据广东省编印局请拨修葺藏版棚架费一百三十九元二角，核属需要，请核示等情。饬据会计处签称，拟准在三十年度教育厅及所属机关学校临时费项下拨支等语，应准如拟办理。

三、据建设厅案呈，东坡酒壶岭牧场请增设场警六名，由本年六月份起，每月支饷食二百一十二元，款在该场本年度节余经费拨支等情。饬据会计处签称，拟准在本年十二月份奉文后实行，月增饷食在该场本来〔年〕度经费薪饷节余拨支，其在未增设场警以前所雇省警七名，应同时解雇。至该省警离队后，拟援粮政局例，每名月补助伙食费五元，月应给三十五元，自八月份雇用日起至解雇日止，应需之款，拟并准在该场三十年度薪饷节余项下拨支等语，应准如拟办理。

四、拟〔据〕卫生厅呈，转缴卫生试验所会计室开办费预算书，列支三百二十元。饬据会计处签称，似可准在该所三十年度经常费节余项下拨支等语，应准如拟办理。

五、据秘书处案呈，据本府警卫营呈缴卫士队特别购置费预算书。饬据会计处签称，本府卫士队于本年十月一日由本府警卫营第五连及卫士排改编成立，关于该队垫支购置旗帜官兵胸臂章费用共二百一十六元八角之款，似可照准在本年度省预备金项下拨支等语，应准如拟办理。

讨论事项

一、准广东省保安司令部电，为本部全部士兵共二万零三百三十六名，每月应追加士兵副食费七万一千一百七十九元五角，由本年七月份起至十二月份止，六个月共四十二万七千零七十七元，请查照办理等由，请公决案。

（会计处签拟）现准广东全省保安司令部列送前项士兵增加副食费预算书，月列七万一千一百七十九元五角，核系将本府尚未核定增拨本年七月十六日新编之保安第十团增设士兵二百二十九名并入计算，依照规定按发，每月实发五万六千九百四十三元六角，除本府第九届委员会第二五三次会议核定拨付五万六千三百零二元四角外，计每月尚须增拨六百四十一元二角，自本年七月十六日（保安第十团编成日期）起拨，本年度计五个半月共需三千五百二十六元六角，该款似可跟案追列本年度省地方岁出预算拨支，筹措来源，追列岁入预算，仍请提会核定。

（决议）照会计处签拟通过。

二、据财政厅签呈，关于乡镇中心学校基金应由乡镇财产保管会保管，抑另组中心学校基金保管会保管，请核示等情，请公决案。

（决议）在乡镇财产保管委员会下设乡镇中心学校基金保管部，其办法由教育厅妥拟呈核。

三、据教育厅签呈，省立长沙师范学校本年九月因敌犯四邑，共垫支迁移抢运费四千九百七十九元零八分，此款拟准由本年度省预备金项下拨支归垫，请核示等情，请公决案。

（会计处签拟）似可准予照列，惟据声叙本厅及所属机关学校临时费既经呈奉核准支拨殆尽，而各项教育文化费亦已无从腾挪，该款拟请在本年度预备金项下拨支一节，饬据该厅会计室所列由本年度教厅及所属机关学校临时费项下拨支之各项经费，除已核定开支者外，尚余五千六百二十四元九角八分，本案系属已支出之款，似应仍由该厅及所属机关学校临时费项下拨支归垫，仍请提会核定。

（决议）照会计处签拟通过。

四、据教育厅签呈，查私立交通小学三十年度岁出预算内由本厅核准补助者共七百三十二元，即自本年度九月份起，每月补助一百八十三元，该款拟在本年度国民教育经费内试办流动学校及补助各校经费内拨支，请核示等情，请公决案。

（决议）照案通过。

五、据财政厅、民政厅会呈，拟修正广东省各县征收自治户捐办法第三条条文，请核示等情，请公决案。

（决议）照案通过。

六、据秘书处签呈，拟具广东省验收电话线路工程办法，请核定施行等情，请公决案。

（决议）交胡委员审查。

七、据财政厅签呈，拟依照院饬将本省原颁各县市房捐征收章程第四条条文修正等情，请公决案。

（决议）照案通过。

八、据教育厅签呈，据省立高州中学呈缴三十年度增班设备费预算书，列支五千八百六十七元二角，查属需要，拟在奉准追加之国民教育经费内教育厅办理训练班邮电杂费及各校班设备费项下拨支等情，请公决案。

（决议）照案通过。

九、据省振济会呈，本会二十九年度购置汽车价款四千五百元，请准在本会三十年度经常费节余项下拨支，抑改在奉拨省立第七儿童教养团二十九年度剩余经费项下拨支抵解等情，请公决案。

（会计处签拟）现据该会呈明二十九年度节余经费不敷抵拨实情，似应准予改拨，惟查第七儿童教养团经费系由振款开支，其节余未便移拨为普通基金之用，该项购车价款四千五百元，拟准照该会前呈所请在该会三十年度经费节余项下开支，至二十九年度节余经费二十一元一角七分，应扫数返纳入库，仍请提会核定。

（决议）照会计处签拟通过。

十、据省振济会呈，为本会二十九年疏散档案公物迁移费共支一千二百一十六元二角九分，请照案在三十年度省预备金项下拨还归垫等情，请公决案。

（决议）照案通过。

十一、据会计处案呈，查五华县地方三十年度岁入岁出追加概算各列为四千三百七十五元，拟如教育厅所拟，准予照数追加，请提会核定等情，请公决案。

（决议）照案通过。

十二、据会计处案呈，查新丰县地方三十年度岁入岁出追加概算，原各列为一万五千八百二十二元，拟准照原列数追加，请提会核定等情，请公决案。

（决议）照案通过。

十三、据会计处案呈，查河源县地方三十一年度岁入岁出总概算，经参照各厅处意见核编后，计拟改列各为八十万零一千八百九十四元，请提会核定等情，请公决案。

（决议）交张、胡、郑（彦棻）三委员审查，由张委员召集。

十四、据会计处案呈，查三水县地方三十年度岁入岁出追加减概算，经参照各厅意见办理，计拟改列各追加一十三万零七百零八元，各追减二千五百元，相抵后，实追加各一十二万八千二百零八元，请提会核定等情，请公决案。

（决议）照案通过。

十五、据会计处案呈，查蕉岭县地方三十一年度岁入岁出总概算，经参照各厅处意见核编后，计岁入为五十六万七千零一十元，岁出为五十八万七千零六十元，拟在三十一年度省岁出概算实施新县制补助金科目内拨助该县国币二万元，俾资平衡，请提会核定等情，请公决案。

（决议）交张、胡、郑（彦棻）三委员审查，由张委员召集。

十六、据会计处案呈，查连平县三十一年度地方岁入岁出总概算，经参照各厅处意见核编后，计岁入三十八万零七百六十九元，岁出为四十万零七百六十九元，拟在三十一年度本省岁出概算实施新县制经费补助金科目内拨助该县是项经费国币二万元，俾资平衡，请提会核定等情，请公决案。

（决议）交张、胡、郑（彦棻）三委员审查，由张委负召集。

十七、据会计处案呈，查连山县地方三十一【年】度岁入岁出总概算，经参照各厅处意见审核编后，计拟改列为三十一万九千零四十六元，请提会核定等情，请公决案。

（决议）交张、胡、郑（彦棻）三委员审查，由张委员召集。

十八、据卫生处签呈，拟请由省救灾准备金项下拨支连山、乳源两县卫生补助费各五千元，连县、阳山两县卫生补助费各三千元等情，请公决案。

（决议）照数拨发，款在本年度省预备金项下开支。

十九、据教育厅签呈，缴广东省立体育场建筑计划大纲，计共需建筑设备费三十万元，请核示等情，请公决案。

（决议）照数拨付，款在本年度教育文化费项下开支，追加预算交财政厅筹措来源。

二十、张委员函复，审查民政厅所拟韶关市警察局划区设警暂行办法暨韶关市派警服勤暂行办法一案意见，请公决案。

（决议）照审查意见通过。

广东省政府第九届委员会
第二百八十五次议事录

日　期　十二月十二日
地　点　曲江本府
出席者　李汉魂　郑彦棻　张导民　胡铭藻　王志远　许崇清
　　　　吴迺宪
列席者　杜之英　李锡朋　黄　雯　李世安　黄希声
主　席　李汉魂
纪　录　（秘书）谢晨光

报告事项

一、据广东省驿运管理处呈，拟由本年十二月份起，每月增加本处守卫特警十名津贴膳费共四十八元等情。饬据会计处签称，该项增加补助伙食费，似可准予照案在该处营业预算管理费项下匀支等语，应准如拟办理。

二、据广东省新生活运动促进会妇女工作委员会呈，缴妇女生产工作团三十年经常费预算书表。饬据会计处签称，所列数目核无不合，拟由本年五月份起至十二月份止，月增俸给费五百四十元，八个月共增四千三百二十元，此款拟准照案在三十年度省总概算内调整机构补助公务员生活费项下开支等语，应准如拟办理。

讨论事项

一、准广东省地方行政干部训练委员会函，据干训团呈，为第七、八、九行政督察区联合训练班三十年度一至四月份员役伙食补助费实支一万八千四百二十元，除将该班已领之各该月份员役生活补助费八千五百八十元移拨支销外，尚超支九千八百四十元，拟请准在调整机构补助公务员生活费项下拨给，请查照等由，请公决案。

（决议）照案通过。

二、据秘书处、民政厅会呈，编印广东省实施新县制工作概况一书印刷费五千元，拟请改由省库预备金项下拨支，请核示等情，请公决案。

（决议）照案通过。

三、据财政厅呈，关于战时通讯所驻港电台购机费及迁移费，经伸合国币二千一百七十一元零五分支付，请核示等情，请公决案。

（决议）照案通过。款在本年度省预备金项下拨支。

四、据建设厅签呈，据公路处呈缴第九养路队抢修梅东路东段管理费预算书，月支一千三百二十六元，由本年七月一日至九月底止，三个月共支四千八百五十八元，拟在养路队经费节余项下开支，请核示等情，请公决案。

（会计处签拟）查原预算计由本年七月一日至九月底止，三个月共支管理费四千八百五十八元，核无不合，拟准在第九养路队本年度四至六月份经费节余项下拨支，仍请提会核定。

（决议）照会计处签拟通过。

五、据建设厅签呈，据合作事业管理处呈，拟认购广东省合作社物品供销处提倡股一千元，款在经费节余项下列报，请核示等情，请公决案。

（决议）照案通过。

六、据会计处签呈，前省粮管局三十年度岁出经常门常时部分改订俸薪及改组月份预算分配表等，计九月份超过原预算八千八百八十元，拟在三十年度省预备金项下开支等情，请公决案。

（决议）照案拨付，款在本年度调整机构补助公务员生活费项下开支。

七、准广东省军管区司令部电，为本区政治部学校军训教官二十九年度主食费每月四百六十元，全年共五千五百二十元，拟在二十九年度学校教育经费节余项下支报，请查照核办等由，请公决案。

（会计处签拟）似可照办，现二十九年度经已结束，前项经费，拟以各机关以前年度经费节余解库款及补拨二十九年度军管区政治部军训教官主食费科目追列三十年度省地方岁入岁出预算，并饬办理抵解抵领手续，仍请提会核定。至二十九年度军训教官节余经费，除支去上项主食费外，尚余七千二百八十五元九角一分之款，拟饬返纳省库。

（决议）照会计处签拟通过。

八、据佛冈县政府电报遵限完成有线电通讯网，计共支出材料膳食等费一千一百九十四元，请由省库补助等情，请公决案。

（决议）照案通过，款在本年度建设事业临时费项下拨支。

九、据平远县政府呈缴军民合作站各乡站三十年度经费支出预算书，月列二百四十元年列二千八百八十元，请核示等情，请公决案。

（决议）自成立之日起照数补助，款在本年度省预备金项下拨支。

十、张委员函复审查关于广东企业股份有限公司呈请饬财厅先行拨付各县有线电讯网设备通讯器材雇用金一百万元一案意见，请公决案。

（决议）该项垫款，交财政厅筹措来源追加预算，运杂各费，应并在一百五十万元额内计算，不另发付。

十一、黄委员、张委员、郑委员（丰）会复，审查关于广东省贸易管理处呈缴三十年度营业计划及概算一案意见，请公决案。

（审查意见）（一）查该计划绪言第（六）项出品贸易列有杂粮一项，现查本省粮食时虞不足，若以之倾销外国，似属不当，应予剔去。（二）概算书内损失表第一款第一项第一目液体燃料之成本损失比上年度增加约百分之六百七十六，而利益表同项之售价收入利益则只增百分之一百九十九，两者相差颇大，又同表一款一项五目内列棉类之成本损失比去年约增百分之二十四，而利益表内则反减约百分之一百四十三，基上原因，故概算所列盈利及官息解库款，均与三十年度省概算所列者不符，关于少欠部分，拟饬仍由该处在利益表内将各该项售价票收入比照损失表之比率相对增加，以资抵补。（三）会计处签拟各点，除第（四）项外，拟予照核。

（决议）照审查意见通过。

十二、胡委员函复，审查关于各县（市）房产评价委员会组织规程一案意见，请公决案。

（审查意见）（甲）第四条拟改为："评议会评议房屋产价租价以委员过半数之同意决定之，如委员意见分三说以上，各不达过半数时，以最低价额意见之人数顺次算入次低价额意见之人数至过半数时，以所算入比较最高之价额决定之。"（乙）第七条拟如法制室拟，但为奉行者普遍明了起见，似应加入"前项亲等如附表所定"等字样，作为第二项，仍由法制室制成此表，于奉核定后，附于组织通则，一并颁行。（丙）余如法制室拟。

（决议）照审查意见通过。

十三、据建设厅呈缴技正李巨扬荐委表，请赐核表等情，请公决案。

（决议）照派代理。

十四、据建设厅签呈，据本省战时长途电话管理所呈，缴更正清阳话线工程设计概算书，经审查核减后，工料费共需二十三万四千一百一十四元，请核定指款拨付等情，请公决案。

（决议）照案通过。款在本年度建设事业临时费项下拨支。

广东省政府第九届委员会
第二百八十六次议事录

日　期　十二月十六日
地　点　曲江本府
出席者　郑彦棻　郑　丰　胡铭藻　许崇清　吴迺宪　王志远
列席者　杜之英　黄　雯　李锡朋　黄希声
主　席　李汉魂（公出　郑彦棻代）
纪　录　（秘书）谢晨光

报告事项

一、据财政厅呈，依照预算法将省库应付未付二十八、二十九年度各款共五万一千零八十元八角转账加入本年度开支等情。饬据会计处签称，核尚可行，拟予照准等语，应准如拟办理。

二、据省振济会呈缴第×医疗队二十九年九月由惠阳出发从化行军费支付预算书，列支三百一十一元二角五分，款由本会振款项下拨支等情。饬据会计处签称，查核尚无不合，拟准予照拨，饬核实开支等语，应准如拟办理。

三、据会计处案呈，准教育厅片送高要登记站二十九年五至九月份员役米津预算书，共列支四十元。饬据会计处签称，拟准照拨，款在二十九年度追加省总概算内各级公务员役团警米津项下开支等语，应准如拟办理。

四、据会计处案呈，查韶关市政筹备处及韶关市警察局业经成立，经费亟待开支，在预算未核定开支科目以前，拟着由财政厅即在三十年度省总概算内调整机构补助公务员生活费项下垫借该处二万元，俟该处局经费预算核定开支科目后，再行冲正科目等情，经准如拟办理。

五、（略）

六、据清远县政府呈，为第二区德和乡保长何瑞庭因敌人窜犯，不避危险，督促保民疏散，遇敌殉职，请依照战时乡镇保甲长暨联保主任因公伤亡给恤暂行标准规定，给予一次过恤金一百六十元等情。饬据秘书、会计两处签称，核尚相符，拟予照准，款拟在三十年省总概算内恤金项下开支等语，应准如拟办理。

讨论事项

一、（略）

二、据教育厅签呈，拟配发及补助省立师范暨职业学校员生食米原则及补助费数目，请核夺等情，请公决案。

（决议）交许、胡、郑（彦棻）、郑（丰）四委员审查，由许委员召集。

三、据教育厅先后签呈，拟改收容志愿升学高中毕业生办法，计需开办及经常费年共一万八千四百元，请准在省预算预备金项下拨支等情，请公决案。

（决议）准并在文理学院设先修班一班，拨开办费四千四百元，经常费每月四百元，自十月份起，本年度款在调整机构补助公务员生活费项下拨付，明年度款在教育文化费项下匀支。

四、（略）

五、据省振济会呈，为本会儿童教养院第六院修建费九百元，拟准在该院经费节余项下开支，请核示等情，请公决案。

（决议）照案通过。

六、据第七战区挺进第×纵队司令部电，为发动民众编队杀敌，支出旅运各费共五千三百八十六元四角，请发还归垫等情，请公决案。

（会计处签拟）查原呈政训室副主任出差旅费报告表内十月五日列支旅费计算似有错误，兹按备考所注核算代为改正，列支五十六元二角。又合计数亦有错误，改正后，全程旅费改为列支四百九十七元五角。又计算书内第一项第一目第一节赴琶江旅费科目亦比照改为列支一千三百七十元八角，改正后，本案全部费用共需支五千三百九十六元四角，除本府已核准在三十年度省预备金项下拨付五千元外，比对尚须补拨三百九十六元四角之款，拟照数在三十年度省预备金项下拨支，仍请提会核定。

（决议）照会计处签拟通过。

七、据会计处签呈，为本年度省总概算所列电讯经费调整后，似应办理追加追减手续，列具详表，请提会核定等情，请公决案。

（决议）照案通过。

八、胡委员、郑委员（彦棻）会复，审查关于财政厅签拟修正本省各县营业牌照税征收章程一案意见，请公决案。

（审查意见）（甲）第四条应加入"得"字，为"营业牌照税系直接税，不得转嫁于顾客"。（乙）第六条第一款"收取房租"应改为"收取租值"，以防有藉口只收被租床租而不收房租者。（丙）第十条之后应另加入一行"征收机关须于每年一月一日及七月一日以前将本条规定布告周知"。（丁）其余照法制室签拟。

（决议）照审查意见通过。

九、张委员、黄委员会复，审查民政厅所拟广东省各县仓款及仓谷抵押借款举办农村贷款暂行办法草案意见，请公决案。

（审查意见）（一）查各县仓款及仓谷抵押借款举办农村贷款事宜，县参议会（县财务委员会）似亦应参与其事，负监核责任，拟于法制室签拟意见：（一）项"呈报省政府备案"之后加入"并送请县参议会查核"。（二）借款及贷款之最长期限，似不宜限制过短，盖垦荒及植林等之收益，非短期间内所能获得，拟将最长期限改为五年［原草案十一条拟订以一年为原则，法制室签拟第（四）第（十）拟定为三年］。（三）关于贷款之溢利或损失补抵办法，及农民抵押品之保管处理等事项，拟着另订补充条例。（四）其余拟照粮政局及法制室之签拟意见修正。

396

（决议）照审查意见修正通过。

修正之点如下：借款及贷款之最长期限不得超过三年。

十、张委员函复，审查关于阳山县政府电为乡镇预算请准单独编造一案意见，请公决案。

（决议）乡镇经费其来源如非由县库补助者，应径列乡镇收入及支出款内，但由县库补助者，应只列乡镇支出款内，并分别在注明栏内注明，余照审查意见通过。（意见略）

十一、胡委员、张委员会复，审查民政厅所拟修正广东省各县乡镇公所及保办公处编制经费预算表一案意见，请公决案。

（审查意见）查民政厅拟具修正广东省各县乡镇公所及保办公处编制经费预算表所列数目尚属适合，似可照会计处核签意见由三十一年度起实行，惟所增经费，应由县就民厅规定办法三项先行确定来源，编列收支预算呈核，以资平衡，而谋实际。

（决议）照审查意见通过。

十二、黄委员函复，审查关于建设厅呈据农林局呈拟将本局骨粉肥料厂改称广东建设厅农林局骨粉改进所一案意见，请公决案。

（审查意见）甲、关于条文部分：（一）章程第一条第六条应照法制室所拟改正。（二）章程第八条应照会计处所拟改正。（三）章程第十条应删至有必要时应另设制造厂。乙、关于人员部分：现在设置人员比诸前经核定之名额略有增加（见会计处十一月十四日签拟），应酌予减少。（一）第四条"技正兼"三字应删去。（二）第六条应改为"技士一人，技佐一人，助理员一至二人"。丙、关于级俸部分：（一）第五条括弧内"或荐任"三字应删去。（二）股主任及技士应定为委任五级至一级。（三）技佐应定为委任十四级至十级。（四）助理员应定为委任十六级至十三级。（五）办事员应定为委任十六级至十二级。（六）会计员应定为委任六级至二级。（七）雇员薪应为四级至一级。丁、经费应照原核定额。

（决议）照审查意见通过。

十三、据建设厅呈缴农林局林业课课长王藩章荐委表，请赐核委等情，请公决案。

（决议）照派代理。

十四、（略）

十五、据卫生处呈缴省立医院三十年度增建房屋及购置临费预算书，列支一十万元，请准追加等情，请公决案。

（会计处签拟）本案预算关于建筑工程部分，经由本府秘书处核明尚属需要，至购置及什费一项，核与总散亦无不合，此项临时费共一十万元，拟准在三十年度追加卫生事业临时费二十万元项下拨支，惟仍应核实撙节支报，仍请提会核定。

（决议）照会计处签拟通过。

十六、据民政厅签呈，据潮阳县长等电，拟自明年一月份起实行新县制，并请收回改战地县份成命，不无理由，所请似可照准，请提会核定等情，请公决案。

（决议）照案通过。

十七、许委员、胡委员会复，审查关于本府效率会呈据新县制研究会拟订本省各县等次及改订县等实施步骤一案意见。

（决议）保留。

十八、张委员、胡委员、郑委员（彦棻）会复，审查疏浚特侣塘一案意见，请公决案。

（审查意见）（一）关于筹款方面：（1）项尚属可行。（2）项以现在年度将届终了，省库预备结账移并国库无法垫支，所拟由省库拨垫二十万元，似可饬向银行息借应用。（3）、（4）两项拟照办，借得或领到补助费，应即归还银行贷款。（5）项系手续问题，拟并入第（1）项办理。（二）关于工程及机构方面：（1）、（2）两项尚属可行，均拟照办，至水利协会及工程处组织，仍应呈府核准。（3）项待工程处成立后再议。

（决议）照审查意见通过。

广东省政府第九届委员会
第二百八十七次议事录

日　期　十二月十九日
地　点　曲江本府
出席者　张导民　郑彦棻　王志远　许崇清　胡铭藻　郑　丰
列席者　杜之英　黄　雯　黄希声　李锡朋
主　席　李汉魂（公出　郑彦棻代）
纪　录　（秘书）谢晨光

报告事项

一、据建设厅签呈，据农林局呈，请援案举行森林防火运动，并缴三十年度森林防火运动临时费预算书，列支五百元，请指款拨发等情。饬据会计处签称，核尚需要，款拟在三十年度建设事业临时费项下拨支等语，应准如拟办理。

二、据建设厅呈，据本厅主任科员马宝森呈，以遭受空袭损害，请酌给救济费等情，核尚属实，拟依照修正广东省公务员雇员公役遭受空袭损害救济法之规定，给予一百二十元。饬据秘书、会计两处签称，似可照准，该款饬在建设厅本年度经费内匀支等语，应准如拟办理。

三、据建设厅签呈，转缴×××钨矿专员办事处二十九年迁连临时费预算书，列支五百三十一元五角。饬据会计处签称，核与本处前准审计处函送该办事处迁移连县表列数目相符，拟予存转，款在该矿专员办事处营业基金项下拨支等语，应准如拟办理。

四、据省振济会呈缴儿童教养院各院部二十九年十至十二月员役米津预算书，列支三千四百三十八元七角四分。饬据会计处签称，拟准照列，款在振款项下拨付，饬核实开支等语，应准如拟办理。

五、据省振济会呈缴第四医疗队本年三月份行军费预算书，列支二百九十八元。饬据会计处签称，查核尚属需要，拟准照列，款在振款项下拨付，饬依照修正国内出差旅费规则规定核实开支等语，应准如拟办理。

六、据省振济会呈缴本会三十年度疏散档案公物迁移费预算书，共列支八百六十六元一角。饬据会计处签称，查预算书第一目旅运费列支五百七十三元一角，似应饬在省振济会本年度经常费预算内旅运费项下列报，第二目购置费列支二百九十三元，拟在三十年度省预备金项下拨还归垫等语，应准如拟办理。

七、据秘书处案呈，据本府南路护侨事务所呈缴该所及台城等站本年"九·三十"事变被劫公物损害表等。饬据会计处签称，该所撤退及迁回费一百三十八元及单水口站疏散搬迁费四十元，两共一百七十八元，此款拟准在三十年度省预备金项下先行拨给等语，应准如拟办理。

八、据第一区行政督察专员呈缴三十年十月份行政囚犯口粮清册，列支四十二元四角。饬据会计处签称，查核尚无不合，该款拟在三十年度省总概算寄押人犯口粮项下开支等语，应准如拟办理。

九、据紫金县政府电缴无线电紫金县分台二十九年十至十二月米津费预算书。饬据会计处签称，查该台所在地系属米贵处，依照规定，每月实应支七十二元，三个月共二百一十六元，拟代更正照拨，款在二十九年度追加省总概算内各级公务员役团警米津项下开支等语，应准如拟办理。

十、据中山县政府呈，为本县第九区牛角乡乡长吴照辉因公遇害，请予给恤等情。饬据秘书会计两处签称，拟依照战时乡镇保甲长暨联保主任因公伤亡给恤暂行标准第一条乙项规定，给予一次过抚恤费二百元，款在三十年度省总概算内恤金项下开支等语，应准如拟办理。

十一、据花县县政府呈，为县属第一区螺湖乡长苏文石因公被炸毙命，请予给恤等情。饬据秘书、会计两处签称，拟照战时乡镇保甲长暨联保主任因公伤亡给恤暂行标准第一条第二项规定，酌给该故乡长遗族二百元之一次抚恤费，在本年度省总概算恤金项下拨支等语，应准如拟办理。

十二、（略）

讨论事项

一、准广东省军管区司令部电，为本部兵役人员训练班第一期毕业学生计一百七十七员，经分派各县兵团充任乡镇队副，旅费共支九千六百八十四元，该款拟在本年度国民兵团队经费结余项下开支，请查照等由，请公决案。

（决议）照案通过。

二、准广东省地方行政干部训练团函，为制发第五期学员服装共需价款四万八千九百六十七元六角，请照数补助等由，请公决案。

（决议）交张、郑（彦棻）两委员审查，由张委员召集。

三、准广东省军管区司令部函，据政治部呈，为本部官佐冬服补助费共八千二百九十元，拟在二十八年十二月份四份一社训经费八千九百五十九元二角五分项下拨支等情，请查照等由，请公决案。

（会计处签拟）查所列各数核与规定相合，似可照准，款在该政治部经管二十八年十二月份四份一社训节余经费八千九百五十九元二角五分项下拨支，并拟以各机关以前年度经费节余解库款科目追列三十年度省地方岁入预算，以原科目追列岁出预算，饬办理抵领抵解手续，仍请提会核定。至上项社训节余经费，除拨支本案补助费外，尚余之款，拟并饬返纳入库。

（决议）照会计处签拟通过。

四、据民政厅呈缴三十年度厅长赴渝训练及公干旅费预算书，列支七千九百六十六元，请饬库拨支等情，请公决案。

（决议）照案通过。款在本年度赴中央干训团受训旅费项下拨支。

五、据民政厅、粮政局会呈，拟订广东省县政府粮政科暂行职掌，请通饬施行等情，请公决案。

（决议）照案修正通过。

修正之点如下：（一）第一项"筹措"之下加"运用"二字。（二）增列"关于禁酒限制屠牛及其他粮食节约之策划推进事项"为第六项，原第六项改列为第七项，余照递改。

六、据财政厅呈，据缉私处呈缴所属机关三十年度迁移费及购置费预算书，列支一千零九十八元八角，请准一并在本处所属机关三十年度节余经费项下开支，查核尚属核实，请核示等情，请公决案。

（决议）照案通过。

七、据财政厅呈，拟就广东省各县（局）队警剿匪费给与办法，请核定颁行等情，请公决案。

（秘书处签拟）（一）第一条拟改为："广东省各县（局）调动自卫团队警察政警队（以下简称队警）剿匪时，其所需费用依本办法给与之。"并将原第九条改列为本条第二项如下："各县局调动队警费参加抗战所需费用之给与，得准用本办法之规定，但所需款项，应在抗战准备金项下拨支，无抗战准备金者，始得在县地方预备金项下拨支。"（二）第二条"自卫团队警察政警队"拟改为"队警"。（三）第六条"该管专署"拟改为"该管行政督察专员公署"。（四）原第十条拟改列第八条，并将"款在抗战准备金并案列报"一段删去。（五）原第十一条拟改为第九条，原第九条拟删去，原第八、第十二两条拟合并改列为第十条如下："本办法所规定各项费用，均由各该县（局）地方款预备金项下拨支，并应依照规定办理请款手续，但事机急迫者，得在任务完毕后，附具每月剿匪情形报告书，补办请款手续。"（六）原第十三条拟改列为第十一条。

（决议）照秘书处签拟通过。

八、据财政厅签呈，转呈缉私处三十年度经费概算书编制表，暨无线电总站组织章程，查缉组二十九年十月份经费预算书，及拟修正缉私处组织规程，并本年五月及九月起改订俸给预算书表等件，请准追认，俾资结束等情，请公决案。

（决议）照会计处签拟通过。（签拟略）

九、据教育厅签呈，省立广州农业职业学校三十年度增班设备费二千九百三十三元六角，拟在奉核增班收容南路东江各县战区退出员生经费项下拨支，请核示等情，请公决案。

（决议）照案通过。

十、据教育厅签呈，省立韶州师范学校本年增班设备临时费八千五百元，拟在奉准之国民教育经费内推行国民教育特别补助费项下拨支，请核示等情，请公决案。

（决议）照案通过。

十一、据建设厅呈，所有本省公营及商办客运电油车拟如公路处所拟每人每公里收国币四角，木炭车照电油车八折收费，韶郊区间车韶田线增收至八角，韶黄线增至五角，韶马线暂照旧收三元，请核示等情，请公决案。

402

（决议）照案通过。

十二、据建设厅签呈，缴公路处转交通管理站三十年度经常费岁出预算书表，计公路处由九月份起至十二月份四个月共增加九千六百六十四元，交通管理站四个月共增二千六百四十八元，请核示等情，请公决案。

（决议）照案通过，款在本年度调整机构补助公务员生活费项下拨支。

十三、据卫生处签呈，拟订广东省药商注册规则及广东省成药注册规则，请核定施行等情，请公决案。

（决议）交王委员审查。

十四、据省振济会呈，为儿童教养院第六院三十年度补充儿童服装费二万八千六百七十五元，请准由省库款项下拨支等情，请公决案。

（会计处签拟）查儿童教养院第六院补充儿童服装费预算书，计列支二万八千六百七十五元，似属需要，惟查由省库发放全部经费之各学校均无发给服装费成例，且该第六院经费并非全由省库发给，该项补助服装费，似应饬照发四五七各院成案办理，款在振款项下开支，仍请提会核定。

（决议）照会计处签拟通过。

十五、据本省驿运管理处呈，为从新拟就本处所属驿运总分段站组织通则，并请将前次公布之暂行通则予以作废等情，请公决案。

（决议）交胡、王、吴三委员审查，由胡委员召集。

十六、据本省驿运管理处呈，拟就本处所属驿运站运夫征雇规则，请核准施行等情，请公决案。

（决议）交胡、王、吴三委员审查，由胡委员召集。

十七、（略）

十八、据吴川县政府呈，请确定黄陂为该县县治等情，请公决案。

（决议）照案通过。

十九、据秘书处签呈，拟请将本省粮政局组织规程再行修正等情，请公决案。

（决议）交胡委员审查。

二十、据会计处签呈，查韶关市政筹备处经费月支一万五千二百九十七元，韶关市警察局经费月支四千七百二十三元，两共月支一万九千九百八十元，请核定指款开支，及起付日期，并请修正各该组织规程等情，请公决案。

（决议）本年度经费自十一月十六日照数拨付，款在调整机构补助公务员生活费项下开支，组织规程照修正。

二十一、据秘书处签呈，拟具广东省战时公务员雇员公役在职亡故核给殓葬费暂行办法，请核定公布施行等情，请公决案。

（决议）交张委员审查。

二十二、据秘书处签呈，请将支过斌庐修缮费四千六百九十九元七角发还归垫等情，请公决案。

（决议）准照数在本年度省政府招待费项下拨还归垫。

二十三、胡委员函复审查关于秘书处所拟广东省验收电话线路工程办法一案意见，请公决案。

（审查意见）第六条"或认为有特殊情形者"句拟改为"或因特殊情形报府核准者"，余拟照秘书处签拟通过。

（决议）照审查意见通过。

二十四、据卫生处签呈，拟具筹设广东省妇婴卫生助理员训练班计划书暨预算书件，计列开办费五万二千一百二十六元，经常费每月四千八百九十元，本年由十月至十二月共列一万四千六百七十元，请核示等情，请公决案。

（决议）照秘书、会计两处签拟通过，经常费自开办之日起支。（签拟略）

二十五、据民政厅、财政厅会呈拟订本省三十年度补助游击区各县乡镇自治经费概数一览表，计共补助二十万元请提会决定等情，请公决案。

（决议）照案通过。

广东省政府第九届委员会
第二百八十八次议事录

日　期　十二月二十三日

地　点　曲江本府

出席者　李汉魂　郑彦棻　张导民　胡铭藻　许崇清

列席者　杜之英　史延程　李世安　黄秉勋　黄　雯　黄希声
　　　　李锡朋

主　席　李汉魂

纪　录　（秘书）谢晨光

报告事项

一、据财政厅呈，为国库拨补本省各县田赋款经汇到三百万元，已尽先转发各县，前奉饬在收入□存款垫款法案，拟请撤销等情，应准如拟办理。

二、据财政厅呈，据遂溪税务局呈缴补编本年四月份增加职员生活补助费预算书册，请核示等情。饬据会计处签称，现缴书册列支九百四十元，核案相符，拟照存转。至该局由四月份起改特等二级编制，增加职员生活补助费一百二十元，拟准在本年度省总概算内调整机构补助公务员生活费项下开支等语，应准如拟办理。

三、据省振济会呈缴韶关市义民招待所三十年度修建及购置费预算书件，列支五百元。饬据会计处签称，查核尚无不合，拟准照列，款在该所本年度经费节余项下拨支等语，应准如拟办理。

四、据省振济会呈缴第三医疗队本年三月份派员赴清远省行领取经费出差旅费预算书，列支三十六元。饬据会计处签称，既经该会核明尚属需要，拟准照列，款在振济项下拨付等语，应准如拟办理。

五、据省振济会呈缴第二医疗队本年四、五月份行军旅费预算书。饬据会计处签称，四月份列支一百一十八元五角，五月份列支八百一十七元零五分，拟准照列，款在振济项下拨支，饬依照修正国内出差旅费规则规定照实开支等语，应准如拟办理。

六、据粮政局呈，为本年度准备疏散购过棕绳担挑铅线洋锁等用具共支二百八十四元，请拨款归垫等情。饬据会计处签称，此款既经审计处驻审人员签证属实，拟准在本年度省预备金项下拨支等语，应准如拟办理。

七、据广东省银行呈，拟将小灌溉工程贷款书表及将该项条文修正等情。饬据秘书处签称，查核大致尚合，惟所称第四条第二项，似系第四条第二款之误，又同条第一款文内"申请贷款书"似亦应并修正为"借款申请书"以归一致。拟修正后，令发各行政督【察】专员转饬各县局暨农林局合管处遵照等语，应准如拟办理。

八、据会计处案呈，查黄岗消防队呈拟将本队员夫役三十年度服装超支款一百零九元二角改由该队二十九年度用人经费节余项下拨支一案，该队二十九年度既尚有用人经费节余足资拨支，似可照准，惟二十九年度已过，该款拟在三十年度省总概算岁出经常门临时部分保安支出款下追列拨补黄岗消防队购置服装费科目开支，以该队二十九年度用人经费节余照数抵拨，一面追列本年度省概算岁入经常门临时部分其他收入款下各机关以前年度节余解库款科目等语。应准如拟办理。

九、准财政部电，为修正广东省田赋改征实物战区土地赋税减免暂行办法，请转省田赋管理处遵办等由，经照修正分发田赋管理处及各区专署县局遵办。

讨论事项

一、准广东省军管区司令部电，为遵照中央规定，自三十年七月份起增发司令部暨直属各单位士兵每名每月副食费三元五角，预算月需一千零四元五角，三十年度七月至十二月计六个月共需六千零二十七元，款在三十年度国民兵团队经费预算内预备费项下开支，请查照核定等情，请公决案。

（决议）照案通过。

二、准广东省地方行政干部训练委员会先后函，据训练团呈缴第七、八、九行政督察区联合训练班本年度修建费及水灾损失公物购置费预算书，计共列支三千二百九十二元，除六百元由临时预算修缮费拨支外，不敷之数，请准由经临费节余项下开支等情，请查照等由，请公决案。

（会计处签拟）查所送估价单经本府秘书处查核尚属核实，该款二千六百九十二元拟准在该班三十年度经临费节余项下开支，提会核定，至损失公物部分，请依照审计法第四十八条及同法施行细则第三十六条办理。

（决议）照会计处签拟通过。

三、准第×××集团军总司令部电，请准予补助或令饬第五区专署酌量价发景华舰等食米等由，请公决案。

（决议）照会计处签拟通过。（签拟略）

四、据财政厅呈，遵照行政院令，再修正广东省田赋征收实物实施办法草案，及经征施行细则草案，请核定转咨备案等情。请公决案。

（决议）照案通过。

五、据财政厅呈缴各税务局所站及办理卷烟桐油养路费员役三十年九至十二月改订薪给增加经费预算书，计各税务局所站列支一十三万一千三百二十三元，管理卷烟桐油人员列支四千七百七十六元，养路费汽车营业征收站员役列支四千八百八十四元，本厅办理征收养路费汽车营业税人员列支一千零六十八元，驻局审核员列支二百七十六元，请核示等情，请公决案。

（决议）照案通过，各税务局所站改订俸给增加经费在本年度调整机构补助公务员生活费项下开支，其余在各税务局所站经费未支配余额项下拨付。

六、据教育厅签呈，拟就广东省实施国民教育强迫入学暂行办法，请核定通令施行等情，请公决案。

（决议）交许委员审查。

七、（略）

八、据教育厅呈缴省立汕尾水产职业学校本年一至五月保管汕尾新校舍员役薪饷临时预算书，列支四百元，款在该校二十九年度经费节余项下开支等情，请公决案。

（决议）照案通过，抵解手续照会计处签拟办理。

九、据教育厅呈缴省立广州农业职业学校本年增班设备费预算书，列支一万一千七百三十四元四角，款在增班收容南路东江各县战区退出员生经费预算内各校增班预备费项下开支等情，请公决案。

（决议）照案通过。

十、据建设厅呈缴省营×××钨矿专员办事处二十九年十一月十六日至十二月底营业预算书表，列收一万七千一百七十九元八角六分，列支一万七千八百一十七元三角六分，请核示等情，请公决案。

（决议）照案通过。

十一、据省振济会呈缴第二、三医疗队三十年度经常费支付预算书，各列年支五千七百元，款由本会振款项下拨支，请核示等情，请公决案。

（决议）照案通过。

十二、据省粮政局电，为拨助五里亭消防分所建筑费八百元，款在粮管局期内本年度节余经费项下开支，请核示等情，请公决案。

（决议）照案通过。

十三、据省粮政局电，为补助广东省社会服务处民众招待所迁建费一千五百元，款拟在粮管局期内本年度节余经费项下列支，请核示等情，请公决案。

（决议）照案通过。

十四、据本府驻渝办事处呈缴本年汽车修理费预算书，列支三千三百五十四元，请拨款归垫等情，请公决案。

（决议）照案通过，款在本年度省预备金项下拨支。

十五、据会计处案呈，关于军区政治部请发给该部及学校军训教官各国民兵团政治指导员室官兵本年一、二、三月份生活补助费一案，拟议办法两点请核定等情，请公决案。

（决议）照案通过。（签拟略）

十六、据教育厅签呈，据省立广州女子师范学校呈缴二十九年度迁移费预算书表，列支一千零七十五元一角五分，请核示等情，请公决案。

（决议）照案通过，款在本年度省预备金项下拨支。

十七、据会计处案呈，查建设厅呈缴营业基金工业类三十年度预算一案，核与原案尚合，似可准予照列，请提会核定等情，请公决案。

（决议）照案通过。

十八、（略）

十九、据会计处案呈，查丰顺县三十年度地方岁入岁出追加概算，经参照各厅处意见核编后，计拟改列各为一十三万五千五百元，请提会核定等情，请公决案。

（决议）照案通过。

二十、据秘书处案呈，据第二科签呈，本府棚舍本年度修葺费一万三千六百八十九元三角七分，系在本科备用金项下挪垫，请提会指款开支归垫等情，请公决案。

（会计处签拟）秘书处垫支本府三十年下半年度各棚舍修葺费共计一万三千六百八十九元三角七分，此款拟请提会核定在三十年度省预备金项下拨支，惟应饬依照审计处审核数额办理，并饬补编预算呈府存转。

（决议）照会计处签拟通过。

二十一、据秘书处签呈，拟具广东省各级行政机关组织编制研究委员会组织规程，请核定施行等情，请公决案。

（决议）交许委员审查。

二十二、（略）

二十三、据本省驿运管理处呈，为订定商运管理办法征收驿运管理费办法及各驿运段分段规定运价办法，请核示等情，请公决案。

（决议）交胡、王、吴三委员审查，由胡委员召集。

二十四、（略）

二十五、据建设厅签呈，奉拨修改各公路工程费一百二十万元，事实上万难收效，请准在本年度省库预算溢额项下再拨一百三十万元，以应急需等情，请公决案。

（会计处签拟）请再拨一百三十万元一节，既因该一路关系军运，非彻底修理不可，似应准予如数先由广东省银行三十年度盈利应解库项下预借垫拨，饬财政厅筹措来源，以便追加三十年度建设事业临时费支出科目拨还归垫，仍请提会核定。

（财政厅签呈）建设厅呈拟请再拨款一百三十万元专为修理韶兴梅东及兴平等路之用，核尚切要，似可如会计处所拟，此款先由广东省银行三十年度盈利应解库项下预借垫拨，由本厅筹措来源追加三十年度建设事业临时费科目拨还。

（决议）照财政厅、会计处签拟通过。

二十六、主席提议，派刘应时为韶关市警察局长，请公决案。

（决议）照派代理。

二十七、据卫生处签呈，拟组织港澳归国侨民救护医疗防疫大队二队，分赴惠阳三埠等地管理由港澳内迁义民之医疗防疫工作，三个月约需二万二千二百二十元，款在卫生及治疗支出第四项补助卫生经费第一目各麻疯院费项下垫支等情，请公决案。

（决议）照案通过。

二十八、张委员、郑委员（彦菜）会复，审查粮政局所拟于三十一年度起裁撤粮库科将该职掌编入各科室办理一案，请公决案。

（决议）照审查意见通过。（审查意见略）

广东省政府第九届委员会
第二百八十九次议事录

日　期　十二月二十六日

地　点　曲江本府

出席者　李汉魂　郑彦菜　张导民　胡铭藻　许崇清　刘佐人
　　　　王志远　吴迺宪

列席者　杜之英　黄　雯　黄希声　李锡朋　李世安

主　席　李汉魂

纪　录　（秘书）谢晨光

报告事项

一、据财政厅呈，为本省香烛纸宝冥镪捐，经奉核定自三十一年度起全数划为县库收入，自应由下年一月一日起，拨归各县税捐征收处兼征，所有征收方法，暂仍依照现行章程办理，其原定在该项捐收项下划拨各县补助费，并应同时一律取销等情，应准如拟办理。

二、据财政厅签呈，为革命老同志赵珊林二十七年及二十九年份共六个月养老金折合国币一百六十八元，拟在三十年度恤金项下开支等情。饬据会计处签称，拟准照财厅签据办理等语，应准如拟办理。

三、据省振济会呈缴儿童教养院第七分院翻制及新制棉胎概算书，共列支二千九百七十八元二角五分。饬据会计处签称，查核尚属需要，所列数目亦尚核实，拟准照列，款在该分院三十年度经费节余项下拨支等语，应准如拟办理。

四、据粮政局签呈，拟具广东省各县局预借田赋实物抵纳办法草案，请核示等情，应准修正颁行。（附抄办法）

五、据本府战时通讯所呈转中枢台三十年度一、二月份另案雇用工役生活补助费名册等，每月列支一百六十元，两个月共列三百二十元。饬据会计处签称，该项工役经本府核准雇用有案，该费似可饬照数在该台三十年度经费节余项下拨支等语，应准如拟办理。

六、据博罗县政府呈，缴铁场乡民朱远闰等十七名请恤事实表，请予给恤等情。饬据秘书、会计两处签称，查邹兆熊、钟枝、邹其锡、钟有、陈英五名各给遗族一次过恤金八十元，五名共四百元，又年抚金各五十元，以十年为止，上项一次恤金及第一年年抚金，拟在三十年度省总概算恤金项下拨支，至第二年以后之年抚金，拟由三十一年起至三十九年止，按年列入省概算恤金项下拨支。其余朱岳尧等十二名，均与规定不符，应发还补正等语，应准如拟办理。

讨论事项

一、准广东省地方行政干部训练团团舍建筑委员会函送团舍建筑费预算书，列支三十一万五千五百七十一元六角八分，拟在干训团二十九年度及三十年度经临费节余项下开支等由，请公决案。

（会计处签拟）准送干训会团址建筑费预算书，列支三十一万五千五百七十一元六角八分，既据本府秘书处核明列支各数大致尚合，该项建筑费拟准在干训会团二十九年及三十年度经临费节余项下开支，计由干训会团二十九年度经临费节余款拨为建筑会团址建筑费为四万八千二百五十七元一角六分，该款拟在三十年度省总概算岁出经常门临时部分教育及文化支出款下追列干训会团临时费科目，并一面追列三十年度省总概算岁入经常门临时部分其他收入款下各机关以前年度经费节余解库款科目。至此建筑费预算数额不足之二十六万七千三百一十四元五角二分，拟准在干训会团三十年度经临费节余项下开支，请一并提会核定。

（决议）照会计处签拟通过。

二、据财政厅呈，为本厅调赴本省干训团第五期税务班受训人员旅费七千一百六十元，拟在下年度各税务局经费未支配余额拨支等情，请公决案。

（决议）照案通过。

三、（略）

四、据教育厅签呈，为广东省训育主任公民教员资格审查委员会三十年度经费七百二十元，拟在辅导职业学校公旅费项下拨支，请核示等情，请公决案。

（决议）照案通过。

五、据教育厅签呈，省立韩山师范学校三十年度上学期增班设备费八千八百元零八角，拟在奉准追加之国民教育经费预算内第一项三十目拨支，请核示等情，请公决案。

（决议）照案通过。

六、（略）

七、据建设厅案呈，揭阳溃堤，业经珠江水利局派员勘明，拟具修筑工程费概算两项：（一）需六十二万三千零一十元；（二）需三十四万二千四百九十四元。请核示等情，请公决案。

（会计处签拟）本案既据本府建设厅签称，修筑揭阳溃堤工程费概算分为两种：一为六十二万三千零一十元，一为三十四万二千四百九十四元。为数颇巨，无论采用何种修筑，所需工程费均非地方财力所能负担，拟饬组水利协会向省行贷款，并准在三十年度省建设事业临时费项下酌予拨助等情。查本府以前办理修筑惠博东三县溃堤工程费，系先由各县民众筹集，其不敷部分，饬径向省行洽借，拟具借款合约及偿还办法呈核有案。本案如为节省财力起见，拟采用修筑工程费三十四万二千四百九十四元之一种，暨援照修筑惠博东三县溃堤贷款办法办理，请提会核定。

（决议）照会计处签拟通过。

八、据卫生处签呈，订定审核各县局三十一年度卫生经费原则及改订本省县各级卫生组织编制经费表，请通饬遵行等情，请公决案。

（决议）交张、何、刘三委员审查，由张委员召集。

九、据卫生处呈，为本处盖搭车房费九百零六元四角七分，拟在本处各项专业费节余项下开支，请核示等情，请公决案。

（决议）照案通过。

十、据卫生处呈，为订定广东省各县局卫生院医疗及收费规则，请核示等情，请公决案。

（决议）交张、何、刘三委员审查，由张委员召集。

十一、据民政厅呈，拟具本省各县政府指导员服务规则草案，请核示等情，请公决案。

（决议）交刘委员审查。

十二、据省振济会呈，准广东省救灾准备金保管委员会函，关于潮安等九县设置□送站收容所开办及经常费共四千八百元，未【便】在救灾准备金项下拨支等由。应如何办理，请核示等情，请公决案。

（决议）改在本年度省救济费项下拨支。

十三、据粮政局签呈，拟具广东省各县乡镇粮库办事通则，请核示等情，请公决案。

（秘书处签拟）所缴通则大致尚合，拟酌修正数点如下：（一）原第三条拟于第一联句上加"田赋串票"四字，于"通知单"上加"征收田赋"四字，于第二联下加"征收田赋验收单"字。（二）原第五条"持赴经征机关调换田赋收据与业户或径"句拟删去。（三）原第六条"通知单"三字拟删去。（四）原第十七条"换日"似系"按日"之误，拟照改正。（五）原第十八条"粮保会"拟改"为保管委员会"。

（决议）照秘书处签拟通过。

十四、据教育厅签呈，省立长沙师范学校于敌犯台开时疏散迁移费一千九百七十二元六角，及迁校百□搬迁费一万一千八百六十六元四角，拟在奉核准增班收容南路东江各县战区退出员生经费预算内二项一目项下拨发，请核示等情，请公决案。

（决议）照案通过。

十五、准广东省军管区司令部电，为本部翻印兵役法规费二万一千三百九十元，经奉军政部准在二十九年度国民兵团队积余经费内支报，请查照等由，请公决案。

（决议）照案通过。抵解手续照会计处签拟办理。

十六、据会计处案呈，查潮安县三十年度地方岁入岁出追加概算，经参照各厅意见整理后，另拟改列各为二万八千一百八十元，请提会核定等情，请公决案。

（决议）照案通过。

十七、据会计处案呈，查梅县三十年度地方岁入岁出追加概算，经参照各厅处意见整理后，计各为一十六万一千八百零二元，请提会核定等情，请公决案。

（决议）照案通过。

十八、据会计处案呈，查紫金县三十年度地方岁入岁出追加概算，经参照各厅意见整理后，计改列各为四万九千五百二十九元，请提会核定等情，请公决案。

（决议）照案通过。

十九、据会计处案呈，查翁源县三十年度地方岁入岁出追加概算，经参照各厅意见整理后，计各列为一万八千元，请提会核定等情，请公决案。

（决议）照案通过。

二十、据会计处案呈，查蕉岭县三十年度地方岁入岁出追加概算，经参照各厅意见整理后，计改列为五万四千五百四十六元，请提会核定等情，请公决案。

（决议）照案通过。

二十一、据会计处案呈，查鹤山县三十年度地方岁入岁出追加概算，经参照各厅意见整理后，计各为一十万五千一百元，请提会核定等情，请公决案。

（决议）照案通过。

二十二、据会计处案呈，查吴川县三十年度地方岁入岁出追加概算，经参照各厅意见整理后，计改列各为五万五千五百三十九元，请提会核定等情，请公决案。

（决议）照案通过。

二十三、据会计处案呈，查潮阳县三十年度地方岁入岁出追加概算，经参照各厅意见整理后，计改列各为二千三百五十元，请提会核定等情，请公决案。

（决议）照案通过。

二十四、据会计处案呈，查从化县三十一年度地方岁入岁出总概算，经参照各厅处意见核编后，计岁入为四十六万一千零六十二元，岁出为四十二万六千零六十二元，收支不敷三万五千元，拟在该县三十一年一月一日实行新县制经费补助，以资平衡，请提会核定等情，请公决案。

（决议）照案通过。

二十五、据会计处案呈，查紫金县三十一年度地方岁入岁出概算，经参照各厅处意见核编后，计改列各为七十三万五千零二十五元，请提会核定等情，请公决案。

（决议）照案通过。

二十六、据会计处案呈，查郁南县三十一年度地方岁入岁出总概算，经参照各厅处意见核编后，计拟改列各为八十七万八千五百三十元，请提会核定等情，请公决案。

（决议）照案通过。

二十七、据会计处案呈，查饶平县三十一年度地方岁入岁出总概算，经参照各厅处意见核编后，计拟改列各为三百七十万零一千四百八十一元，请提会核定等情，请公决案。

（决议）照案通过。

二十八、据会计处案呈，查新丰县三十一年度地方岁入岁出总概算，经参照各厅处意见核编后，计岁入为三十六万八千九百一十六元，岁出为四十一万八千九百一十六元，比对不敷五万元，拟在省岁出概算实施新县制经费补助金科目项下拨给，以资平衡，请提会核定等情，请公决案。

（决议）照案通过。

二十九、据会计处案呈，查揭阳县三十一年度地方岁入岁出总概算，经参照各厅处意见核编后，计拟改列各为二百八十四万九千六百五十三元，请提会核定等情，请公决案。

（决议）照案通过。

三十、据会计处案呈，查海康县三十一年度地方岁入岁出总概算，经参照各厅处意见核编后，计拟改列各为一百一十二万六千六百五十七元，请提会核定等情，请公决案。

（决议）照案通过。

三十一、据会计处案呈，查翁源县三十一年度地方岁入岁出总概算，经参照各厅处意见核编后，计岁入为四十九万六千九百三十六元，岁出为五十一万一千九百三十六元，收支不敷一万五千元，拟在三十一年度本省岁出概算实施新县制经费补助金科目内补助，以资平衡，请提会核定等情，请公决案。

（决议）照案通过。

三十二、据会计处案呈，查梅县三十一年度地方岁入岁出总概算，经参照各厅处意见核编后，拟改列各为二百八十八万四千一百零二元，请提会核定等情，请公决案。

（决议）照案通过。

三十三、据会计处案呈，查龙川县三十一年度地方岁入岁出总概算，经参照各厅处意见核编后，计拟改列各为一百零八万六千一百五十九元，请提会核定等情，请公决案。

（决议）照案通过。

三十四、据会计处案呈，查五华县三十一年度地方岁入岁出总概算，经参照各厅处意见核编后，计拟改列各为一百六十九万一千一百四十元，请提会核定等情，请公决案。

（决议）照案通过。

三十五、据会计处案呈，查安化管理局三十一年度地方岁入岁出总概算，经参照各厅处意见核编后，计拟改列各为六万七千三百一十四元，请提会核定等情，请公决案。

（决议）照案通过。

三十六、张委员、郑委员（彦棻）、胡委员会复，审查河源县三十一年度地方岁入岁出总概算一案意见，请公决案。

（审查意见）（一）岁入经常门常时部分第三款第一项第一目店户警费科目名称现因征收章程变更，该目应改为"警捐"。（二）岁入经常门常时部分第六款第一项第一目补助国民教育经费三万三千一百二十元，依照乡镇财政收支平衡原则，拟将原科目及数额改在第七款第一项乡镇收入项下契税附加科目之后立目列收，较为合理。

（决议）照审查意见通过。

三十七、张委员、郑委员（彦棻）、胡委员会复，审查连平县三十一年度地方岁入岁出总概算一案意见，请公决案。

（审查意见）（一）岁入经常门常时部分第三款第一项第一目店户警费科目名称现因征收章程变更，该目应改为"警捐"，另有房捐部分应在岁入加列房产税一项，立目列收房捐三千元，岁入常时部分合计及常时总计各栏应各增三千元，至岁出预备金项目及常时部分合计暨常临总计各栏，各增三千元。（二）岁入经常门常时部分第五款第一项第一目补助国民教育经费二万三千八百二十元，依照乡镇财政收支平衡原则，拟将原科目及数额改在第六款各乡镇收入加列第一项，各乡镇收入之后，立目列收（原编第一项应改为第二项以下同）。至该费如何分配，应饬县补报备查。（三）岁入经常门常时部分第五款第一项第五目补助实施新县制经费及第十目香烛冥镪捐拨款，该两目之前后均属三十一年度无收入科目，拟改列同项补助无线电分台经费科目之后，立目列收，以资划一（即将有收入各目并列在前无收入各目并列在后）。

（决议）照审查意见通过。

三十八、张委员、郑委员（彦棻）、胡委员会复，审查蕉岭县三十一年度地方岁入岁出总概算一案意见，请公决案。

（审查意见）（一）岁入经常门常时部分第三款第一项第二目店户警费科目名称现因征收章程变更，该目应改为"警捐"，另有房捐部分，应在岁入加列房产税一项，立目列收房捐一万元，岁入常时部分合计及常临总计各栏应各增一万元，至岁出预备金项目及常时部分合计暨常临总计各栏，各增一万元。（二）岁入经常门常时部分第六款第一项第二目补助国民教育经费一万七千四百一十二元，依照乡镇收支平衡原则，拟将原科目及数额改在第八款第一项乡镇收入项下第八目尝款拨助费科目之后立目列收，较为合理。（三）岁入经常门常时部分第六款第一项第十目补助实施新县制经费在该费之前后各目，均属三十一年度无收入之科目，拟将第十目改列在同项补助无线电台经费之后立目列收，以资划一（即有收入之各目并列在前无收入之各目并列在后）。

（决议）照审查意见通过。

三十九、张委员、郑委员（彦棻）、胡委员会复，审查连山县三十一年度地方岁入岁出总概算一案意见，请公决案。

（审查意见）岁入经常门常时部分第七款第一项第一目补助国民教育经费二万二千八百三十六元，依照乡镇收支平衡原则，拟将原科目及数额改在第八款各乡镇收入，加列第一项，各乡镇收入之后，立目列收（原编第一项应改为第二项，以下同），至该费如何分配，应饬县补报备查。

（决议）照审查意见通过。

四十、主席提议，本府秘书处机要室第二组组长林荫溥着调升秘书处秘书，遗缺调本府咨议林应麒代理，请公决案。

（决议）照案通过。

四十一、主席提议，广东企业股份有限公司协理关伯平辞不就职，应予照准，遗缺以戴玉珩接充，请公决案。

（决议）照案通过。

四十二、准广东省地方行政干部训练委员会函送干训团第七、八、九区联训班学员兵夫服装费预算书，列支一万二千八百一十元，请在三十年度省预备金项下开支等由，请公决案。

（决议）照案通过。

四十三、准广东省临时参议会函，请增支第六次大会出席参议员旅费七千四百元，款由此次大会参议员出席旅费节余项下开支，请查照等由，请公决案。

（会计处签拟）所请增支旅费七千四百元，拟照准，惟未出席人员之旅费，系属未用结余款，除拨前项增支旅费外，应悉数解还省库，不再挪作别用。

（决议）照会计处签拟通过。

四十四、张委员、郑委员（彦棻）会复，审查广东省地方行政干部训练团制发第五期学员服装费及四、五期学员结业回程旅费一案意见，请公决案。

（审查意见）奉交审查广东省地方行政干部训练团制发第五期学员服装费及四、五期学员结业回程旅费，查本案干训团原称定制漂染学员服装费预算四百八十九万六千七百六十元，及第四、五期学员结业回程旅费一千二百一十一万七千三百一十元，共计一千七百零一万四千零七十元，惟本年度经临费节余款现已支尽，请将上开之款照数补助等语，复经该团将本年一至十一月经临费节余拨支不敷概况列表送交会计处，照会计处签拟以除第五期结业学员回程旅费拟俟第五期结业时另案办理外，其定制漂染学员服装费及第四期结业学员回程旅费共计七百七十四万六千七百三十五元，拟在本年度省预备金项下拨支。兹核第五期学员现尚未结业，对于是项回程旅费，自应俟结业后，核实数目另案办理。至第五期学员，现只四百余人，原列制灰棉衣夹裤七百套未免过多，拟减列为五百套，灰军服一千套拟减为八百套，灰军帽一千五百顶拟减为一千顶，短袖衬衣短衫一千五百套拟减为一千套，其余各项照列，计三万三千九百二十元，及第四期学员回程旅费二百八十四万九千九百七十五元，合共六百二十四万一千九百七十五元，似可照会计处签拟在省预备金开支。

（决议）照审查意见通过。

四十五、据财政厅呈，关于本年度第三次追加概算筹抵岁入来源一案，并〈并〉同拟议三项，请核示等情，请公决案。

（决议）交郑（彦棻）、胡、许三委员审查，由郑委员召集。

广东省政府第九届委员会
第二百九十次议事录

日　期　十二月三十一日

地　点　曲江本府

出席者　李汉魂　郑彦棻　张导民　胡铭藻　高　信　王志远
　　　　许崇清　吴迺宪　刘佐人

列席者　杜之英　李锡朋　黄希声　毛松年　黄秉勋

主　席　李汉魂

纪　录　（秘书）谢晨光

报告事项

一、据教育厅签呈，省立勳勤商学院领运子弹演习军事训练支过领运费二百一十三元六角，该款拟在二十九年度经费节余项下开支等情。饬据会计处签称，此款拟准以各机关以前年度经费节余解库款科目追列三十年度省地方岁入概算，以补拨省立勳勤商学院二十九年度领运实施军训子弹临时费科目追列三十年度省地方岁出概算，饬该学院将二十九年度节余经费办理抵解手续等语，应准如拟办理。

二、据建说〔设〕厅签呈，据公路处呈缴第二工务总段二十八年储备抢修材料费预算书，列支三百九十五元二角六分。饬据会计处签称，拟准以各机关以前年度经费节余解库款科目追列三十年度省地方岁入概算，以补拨公路处第二工务总段二十八年储备抢修材料费科目追列三十年度省地方岁出概算，饬公路处将二十八年度连贺路第一期工程费节余款办理抵解手续等语，应准如拟办理。

三、据建设厅呈缴地方小灌溉工程工务所办事通则，请核示等情。饬据秘书处签称，查依农林局水利课组织纲要第八条之规定水利协会或灌溉生产合作社不属于工务所之组织分子，又该所组缴规则尚未订定，则其办事通则亦无所根据，爰拟订地方小灌溉工程工务所组织及办事通则，请核夺报会后公布施行等语，应准如拟办理。（附抄通则）（通则略）

四、据省振济会呈缴儿童教养院第四分院三十年四月份员役生活补助费预算书，列支一千四百六十元。饬据会计处签称，既经该会核明款在振款下拨支，复核现列数目相符，似应准予照列等语，应准如拟办理。

五、据省振济会呈缴儿童教养院第四分院架设电话工运费预算书，列支六百七十二元三角。饬据秘书、会计两处签称，核属需要，总散数目相符，拟准照列，款在该第四【分】院三十年度经费节余项下拨支等语，应准如拟办理。

六、据驿运管理处呈，拟订本处及所属各段站人员保证办法，请核示等情。饬据秘书处签称，拟将原办法第四、第五、第十各条条文修正施行等语，应准如拟办理。（附抄办法）（办法略）

七、据会计处案呈，查广东省北江区船舶大队呈拟在曲江等九县各设检查卡一所，经建设厅核属需要，似可照准，每卡经费拟代改正月需一百二十元七角，自各该卡成立日起拨，照案在各该县地方款预备金项下拨支等语，应准如拟办理。

讨论事项

一、准广东省全省保安司令部电，为本部津贴本省保安团队官佐冬服费三万八千九百七十元，该款由三十年度团队历月节余经费项下开支，请查照等由，请公决案。

（决议）照案通过。

二、据民政厅呈，为广东省警察总队第三大队部先后三次行军费共一千八百六十九元五角三分，请准在本年度省预备金项下拨支归垫等情，请公决案。

（决议）照案通过。

三、据财政厅呈，合浦税务局本年三月搬迁费六百三十三元一角五分，拟准在本年度各税务局经费未支配余额项下开支，请核示等情，请公决案。

（决议）照案通过。

四、据财政厅先后呈缴英德、新会、清远、台山等县税务局三十年度迁移费预算书，及台山税务局二十九年十二月及三十年一月解送税款旅运费预算书，宝安税务局三十年度办理中顺新会沙田批承事项临时费预算书，合共五千六百四十五元零九分，拟准在本年度各税务局经费未支配余额项下开支，请核示等情，请公决案。

（决议）照案通过。

五、据教育厅签呈，据省立肇庆师范学校呈缴附属小学三十年度一至七月份经常费预算书，共列支四千六百二十元，查属需要，款拟在奉核准之本年度国民教育经费预算内流动学校及补助各校经费项下拨支，请核示等情，请公决案。

（决议）照案通过。

六、据教育厅签呈，据省立南雄中学呈缴三十年度上学期增班设备临时费预算书，列支二千九百三十三元六角，核尚核实，拟在奉核准之增班收容南路东江各县战区退出员生经费预算内第二项拨支，请核示等情，请公决案。

（决议）照案通过。

七、据教育厅签呈，据省立琼崖联合中学粤北分校筹备委员会呈缴开办预【备】费预算书，列支一万零一十三元一角，款在增班收容南路东江各县战区退出员生经费预算内二项一目开支，请核示等情，请公决案。

（决议）照案通过。

八、据教育厅签呈，据省立曲江小学呈缴三十年增建教室添置台椅增加设备临时经费预算书，列支五千七百一十二元八角，拟由奉核准之试办流动学校经费项下拨支，请核示等情，请公决案。

（会计处签拟）核减后预算总数应列为五千二百九十元零四分，此款拟准在本府第九届委员会第二百三十二次会议核定之三十年度国民教育经费预算内试办流动学校及补助各校经费项下拨支，仍请提会核定。

（决议）照会计处签拟通过。

九、据教育厅签呈，据省立文理学院呈请追加三十年八月至十二月经费一万三千元，该款拟由奉核准之暑期中等学校教员讲习会经费项下拨支，请核示等情，请公决案。

（决议）照案通过。

十、据建设厅签呈，据公路处呈，拟由三十年十二月份起增加护路兵一班，派赴星坪公路，每月工饷及补助费合共五百一十元，在护路队节余经费项下拨支，请核示等情，请公决案。

（会计处签拟）该班三十年十二月份工饷及补助费五百一十元，拟准在该队三十年九月份起缩编后节余经费二千二百零四元内拨支，惟拨支后仍尚有一千六百九十四元之节余，自应饬遵照前案悉数解库，仍请提会核定。

（决议）照会计处签拟通过。

十一、据建设厅签呈，据合作事业管理处呈缴三十年度员工棉衣费预算书，列支五千五百六十元，拟由本处三十年度经费节余项下拨支，请核示等情，请公决案。

（决议）准在该处三十年度俸给费节余项下照数拨支。

十二、据建设厅呈，拟具广植木薯运动办法草案，请通饬施行等情，请公决案。

422

（决议）照秘书处签拟通过。（签拟略）

十三、据粮政局呈，为修正广东省粮政局驻湘购粮办事处组织章程及运输所组织章程，请核示等情，请公决案。

（决议）交张、郑（彦棻）、吴三委员审查，由张委员召集。

十四、据省振济会呈，据儿童教养院第六分院呈缴改编三十年度经费预算书，计由五月份起至十二月份止，照省立学校生活补助费办法，每月增俸给费二千四百八十二元，八个月共增一万九千八百五十六元，请核示等情，请公决案。

（决议）照案通过。款在本年度调整机构补助公务员生活费项下拨支。

十五、据韶关市政筹备处呈缴韶关市警察局暨各分局及各分驻所开办费及购置费预算书表，计该局开办费二万零八百三十一元一角，又分局三间开办费四万零三十七元九角，及分驻所五所开办费共三万一千八百五十九元五角，总计共九万三千七百一十八元五角，请核准拨支等情，请公决案。

（决议）交张、何、高三委员审查，由张委员召集。

十六、据卫生处案呈，据省立医院呈缴曲江门诊部开办费预算书，列支五千元，请准由本年度追加卫生事业费项下拨发等情，请公决案。

（决议）照案通过。

十七、据秘书处签呈，关于公路处修筑官渡桥永久式桥一案，遵经召开工程会议决定办法五项，工程费计一十八万五千零五十四元，请饬厅转行办理等情，请公决案。

（决议）照案通过，除已拨十万元外，应补拨八万六千八百五十四元，款在本年度建设事业临时费项下开支。

二十①、据建设厅签呈，据战时长途电话管理所呈缴编修理韶兴电话线工程计划及预算书，列支一万八千五百元，请核示等情，请公决案。

（会计处签拟）核减后预算应为一万六千三百四十一元（原列一万八千五百元），拟代为更正分别存转，款在本年度建设事业临时费项下

---

① 原文缺第十八至十九项。

拨支，仍作为本府投资，饬并入补充表内报销，并补具资本增减表呈核，仍请提会核定。

（决议）照会计处签拟通过。

二十一、据会计处案呈，查吴川县三十年度地方第二次追加岁入岁出概算，经参照各厅意见整理后，计拟改列为一万八千五百元，请提会核定等情，请公决案。

（决议）照案通过。

二十二、据会计处签呈，查封川县三十年度地方第二次追加岁入岁出概算，经参照各厅意见整理后，计拟改列各为一万四千八百九十二元，请提会核定等情，请公决案。

（决议）照案通过。

二十三、据会计处案呈，查新丰县三十年度地方岁入岁出追加概算，经参照各厅处意见整理后，计拟改列各为一万二千九百一十九元，请提会核定等情，请公决案。

（决议）照案通过。

二十四、据会计处案呈，查五华县三十年度岁入岁出追加概算，经参照各厅处意见整理后，计拟改列各为一十二万五千二百五十三元，请提会核定等情，请公决案。

（决议）照案通过。

二十五、据会计处案呈，查海康县三十年度地方岁入岁出追加概算，经参照各厅处意见整理后，计拟改列各为二十七万七千零五十六元，请提会核定等情，请公决案。

（决议）照案通过。

二十六、据会计处案呈，查乳源县三十一年度地方岁入岁出总概算，经参照各厅处意见核编后，计拟改列各为二十六万五千七百三十一元，请提〈时〉会核定等情，请公决案。

（决议）照案通过。

二十七、据会计处案呈，查化县三十一年度地方岁入岁出总概算，经参照各厅处意见核编后，计拟改列各为一百三十九万二千一百零八元，请提会核定等情，请公决案。

（决议）照案通过。

二十八、据会计处案呈，查信宜县三十一年度地方岁入岁出总概算，经参照各厅处意见核编后，计拟改列各为二百二十一万八千零三十八元，请提会核定等情，请公决案。

（决议）照案通过。

二十九、胡委员、王委员、吴委员会复审查驿运管理处所拟该处所属驿运运夫征雇规则一案意见，请公决案。

（审查意见）（一）原第六条"领队"二字应改为"队长"又"乡镇长或队长"一句拟删。（二）秘书处签拟将第四案第五款修改，驿运管理处请维持原案，查尚可行，所拟改第四案第五款，除条款项列照秘书处修正外，原条文拟仍照驿运管理处原草案。（三）余照秘书处法制室签拟修正。

（决议）照审查意见通过。

三十、胡委员函复，审查秘书处所拟再将本省粮政局组织规程修正一案意见，请公决案。

（审查意见）（一）粮政局组织规程系依据省粮政局组织大纲之全部而订定，并非只依据该大纲第一条而订定，原规程第一条条文内组织大纲第一条之"第一条"三字拟删去。（二）粮政局近奉粮食部戍江余参代电饬知，省粮政局组织大纲第七条原列增产职掌，业奉行政院修正由农业机关专责主办，"增产"二字应删去，嗣后粮政局虽不直接办理增产事务，惟对于扩大冬耕开垦荒地及改进生产等增产事宜，仍应随时提供农业机关注意，务使粮食生产与管理密切配合，加增联系等语。原规程第七条第一款拟改为"关于粮食增产意见之提供事项"，以符现制。（三）查粮政局曾奉粮食部三十年十一月七日余会四（三十）字第五〇四六号训令，以据本部会计处签呈，转奉国民政府主计处三十年十月二十日谕处字第一一八一号训令知，省粮政局主办会计人员，其经管业务部分会计事务并应同时受粮食部会计长之监督指导等语，并经省府会计处以同案函知粮政局在案。故秘书处原签拟修正粮政局组织规程第十一条条文"依法受局长副局长之指挥"之下拟加入"在业务上仍受粮食部会计长之指导"等语，以期周全。（四）其余似可照秘书处原签呈所列意见办理。

（决议）照审查意见通过。

三十一、据韶关市政筹备处呈，拟具韶关市曲江县财政划分临时办法，请核示等情，请公决案。

（决议）交张、郑（彦棻）、高、何、刘五委员审查，由张委员召集。

三十二、据粮政局电，准第三区专署电，拟增设军粮科，每月经费一千七百七十二元，请在三十年九月份起实施，至从前向西江四邑运输处借支之经费，请准在业务费内作正开支等由，请核示等情，请公决案。

（决议）交何委员审查。

三十三、主席提议，万宁县县长钟瑛另有任用，遗缺派林镇代理；乐会县长冯汝楫另有任用，遗缺派王佐才代理；昌江县县长陈明栋出缺，遗缺派岑孟雅代理，请公决案。

（决议）照案通过。

三十四、据会计处签呈，拟设班训练会计人才，拟具招考学员章程训练办法，专科训练实施计划，学员服务规则，连同预算书表，计列开办费二万五千三百元，全期经常费四万九千三百元，请核示等情，请公决案。

（决议）交刘、郑（彦棻）、张三委员审查，由刘委员召集。

三十五、主席提议，本省三十一年度概算经呈奉行政院核复，兹遵照审查意见将原编概算整理完竣，提请公决案。

（决议）照案通过。

三十六、据财政厅签呈，拟将本省船舶牌照自三十一年度起划拨归县列入使用牌照税项下征收，拟具暂行章程书式，请通饬各县遵照等情，请公决案。

（秘书处签拟）查所拟章程，系依据现行本省船舶牌照征收暂行章程□□□正，大致尚无不合，惟：（一）第二条第一项后段"未逾限期"四字拟删，盖既称合法牌照，自当未逾限期，且如确属他县过境船舶，已领有牌照，年度初过未及换领，亦应责令向原县换领，未便递行征收，致县与县间发生争议。（二）第四条第三项拟改为："前二项所称船长为船舱之长度；其丈量方法，应自船头木板里面起，沿甲板平线量至安舵之横断面为止。"（三）第六条"该船舶所在地之县税捐征收处"拟改为"该管县税捐征收处"。（四）第十二条但书与第九、十、十一等条规定略有抵触，前经本处签奉核定将"或遗失补照或因改名租赁出质买卖等各事换照"等二十字及"者"字下"均"字删去，并报告本府委员会第二八一次会议有案，拟仍照修正。

（决议）照秘书处签拟通过。

三十七、郑委员（彦棻）、胡委员、许委员会复，审查财政厅呈关于三十年度第三次核准追加概算筹抵岁入来源一案拟议三项意见，请公决案。

（决议）照审查意见通过，另追加救济费八十万元，岁入以舶来物产专税照额筹抵。

三十八、据秘书长等签呈，奉派于三十年九月赴渝公干，计支过旅费五千五百零四元三角五分，寄运费一千三百一十八元三角，请提会核准在省总概算本府特别公差旅费项下拨支归垫等情，请公决案。

（决议）照案通过。

三十九、据本府驻渝办事处呈，为本处原有汽车破烂不能行驶，拟售改购道奇小车一部，旧车售价与新车购价相抵后不敷之数约六万元，请核示等情，请公决案。

（决议）照案通过，款在本年度省预备金项下拨支。

四十、主席提议，为办理港澳南洋及各地侨胞疏散救济事宜特联合有关机关组织广东省紧急救侨委员会，检同该会组织规程，提请公决案。

（决议）照案通过。

四十一、主席提议，补助中华文化学院五千元款，在本年度省预备金【项】下拨支，请公决案。

（决议）照案通过。

广东省政府第九届委员会
第二百九十一次议事录

日　期　民国三十一年一月六日

地　点　曲江本府

出席者　李汉魂　郑彦棻　郑　丰　张导民　胡铭藻　高　信
　　　　许崇清　刘佐人　黄麟书

列席者　杜之英　李锡朋　黄　雯

主　席　李汉魂

纪　录　（秘书）谢晨光

报告事项

一、据财政厅呈，据平远税务局呈缴征收站设备费预算书，列支二百五十元。核与规定相符，经予照准，款在三十年度第二次追加总概算经常门临时部分八款一项一目征收民营汽车营业税开办费项下拨发等情。饬据会计处签称，查属可行等语，应准如拟办理。

二、据教育厅签呈，据肇庆中学呈缴三十年度奉令召集肇庆区中学教育研究预算书，列支四百九十一元一角八分，请准在该校二十九年度前节余经费拨支等情。饬据会计处签称，拟准以各机关以前年度经费节余解库款科目追列三十年度省地方岁入概算，以省立肇庆中学三十年度召开区中学教育研究会临时费科目追列三十年度省地方岁出概算，饬该校将二十九年度前节余经费办理抵解手续等语，应准如拟办理。

三、据建设厅呈缴公路处养路队二十九年十至十二月员工夫役米津及生活费预算书表。饬据会计处签称，经将原书表分别更正后，计每月共给一万六千八百八十元，十至十二月份三个月共五万零六百四十元。除将该处经费及工程费节余款共四万二千零五十九元六角七分抵拨外，尚需八千五百八十元三角三分，拟在追加二十九年度省总概算内各级公务员役团警米津项下开支等语，应准如拟办理。

四、据澄海县政府呈缴无线电分台二十九年十至十二月份员役米津预算书册。饬据会计处签称，经代更正后，计每月实应支六十七元，十至十二月份三个月共二百零一元，拟准在追加二十九年度省总概算内各级公务员役团警米津项下开支等语，应准如拟办理。

五、据会计处签呈，本省三十一年度岁出概算表，业经提付本府第九届委员会第二九○次会议，决议照案通过，纪录在案。兹遵将下列各数再加整理：（一）在教育文化支出一款中将各机关公务员研究费一十万元，及警官学校粤籍学生回粤旅费七千五百元，中央陆大粤籍学员回粤补助费三万元三科目删去，计可省一十三万七千五百元，并将儿童保育会广东分会二万八千八百元抽出，改在预备金项下开支，计本款共省一十六万六千三百元。（二）奉准增列兴宁职业学校三万二千四百元，中正中学增加补助费八千零八十四元，省立黄岗小学一万三千四百八十八元，省立北江简易师范学校一万二千八百八十八元，私立县立学校补助费三万六千元，文理学院四万元，勤勤商学院二万五千元，教育厅增加经费一万三千八百元，八项目共一十八万一千六百六十元，除以上述一十六万六千三百元相抵外，其不足之一万五千三百六十元，将以前调整时加入干训团之余额一万五千四百七十八元抽出一万五千三百六十元，以资抵补。以上二项，经在原概算书修正，拟请报会等情，准如所拟办理。

讨论事项

一、据财政厅先后呈缴各税务局稽征所等三十年搬迁费预算书，计列支茂名税务局四百零六元五角，东莞税务局二百五十八元，三水税务局先觉院稽征所八十二元，新会税务局沙路稽征所七十八元，又一百四十元零五角，海康税务局三百元，台山税务局四百七十七元，阳春税务局二百九十元，合共二千零三十三元，款拟在三十年度各税务局经费未支配余额项下开支等情，请公决案。

（决议）照案通过。

二、据建设厅呈，据公路处呈，拟增加视察及助理秘书各一员，薪俸在该处经费节余开支，可否照准，请核示等情，请公决案。

（会计处签拟）查公路处拟临时增加荐任九级视察（月支二百四十元）及委任助理秘书（连生活补助金月支二百零二元）各一员，经送秘书处核复，以该处事务繁剧，似可暂予照准等语。查公路处所增上项员薪，属于三十年度者，似可准在该处三十年度经常费俸给费节余项下开支，至三十一年度，应饬在该处经费额内自行支配，仍请提会核定。

（决议）照会计处签拟通过。

三、据建设厅签呈，据省营面粉纺纱织造三厂筹备处呈，拟由三十年七月起延长筹备期间六个月，共需筹备费二万二千元，请核示等情，请公决案。

（决议）照案通过。

四至八、（略）

九、据会计处案呈，查平远县三十年度地方岁入岁出追加概算，经参照各厅意见整理后，计拟改列各为一万七千七百三十八元，请提会核定等情，请公决案。

（决议）照案通过。

十、据会计处案呈，查阳江县三十年度地方岁入岁出追加概算，经参照各厅意见整理后，计拟改列各为四万三千三百零二元，请提会核定等情，请公决案。

（决议）照案通过。

十一、据会计处案呈，查高明县三十年度地方岁入岁出追加概算，经参照各厅处意见整理后，计拟改列各为三万九千三百三十五元，请提会核定等情，请公决案。

（决议）照案通过。

十二、据会计处案呈，查龙门县三十一年度地方岁入岁出总概算，经参照各厅处意见核编后，计岁入为一百一十二万六千九百二十五元，岁出为一百一十七万六千九百二十五元，比对不敷五万元，拟在三十一年度省岁出概算实施新县制经费补助金科目项下拨助，俾资平衡，请提会核定等情，请公决案。

（决议）照案通过。

十三、据会计处案呈，查茂名县三十一年度地方岁入岁出总概算，经参照各厅处意见核编后，计拟改列各为一百六十万零七千六百三十六元，请提会核定等情，请公决案。

（决议）照案通过。

十四、据会计处案呈，查英德县三十一年度地方岁入岁出总概算，经参照各厅处意见核编后，计拟改列各为二百二十六万五千二百五十六元，请提会核定等情，请公决案。

（决议）照案通过。

十五、据会计处案呈，查南海县三十一年度地方岁入岁出总概算，经参照各厅处意见核编后，计拟改列各为一十二万五千三百一十五元，请提会核定等情，请公决案。

（决议）照案通过。

十六、据会计处案呈，查普宁县三十一年度地方岁入岁出总概算，经参照各厅处意见核编后，计拟改列各为一百三十万零八百五十二元，请提会核定等情，请公决案。

（决议）照案通过。

十七、据会计处案呈，查防城县三十年度地方岁入岁出追加概算，经参照各厅处意见整理后，计拟改列各为三千六百三十五元，请提会核定等情，请公决案。

（决议）照案通过。

十八、据会计处案呈，查英德县二十九年度地方岁入岁出追加概算，经参照财教两厅意见整理后，计总额仍各为一万零六百四十二元，请提会核定等情，请公决案。

（决议）照案通过。

十九、据会计处案呈，查电白县三十一年度地方岁入岁出总概算，经参照各厅处意见核编后，计拟改列各为二百三十一万二千六百六十五元，请提会核定等情，请公决案。

（决议）照案通过。

二十、据会计处案呈，查开建县三十一年度地方岁入岁出总概算，经参照各厅处意见核编后，计拟改列各为四十七万一千五百九十七元，请提会核定等情，请公决案。

（决议）照案通过。

二十一、据会计处案呈，查和平县三十年度地方岁入岁出追加追减概算，经参照各厅处意见整理后，拟追减数据不照准，其追加岁入岁出各为一万六千一百七十八元，请提会核定等情，请公决案。

（决议）照案通过。

二十二、据会计处案呈，查仁化县三十年度地方岁入岁出【追】加概算，经参照各厅处意见整理后，计拟改列各为七万八千四百四十九元，请提会核定等情，请公决案。

（决议）照案通过。

二十三、据会计处案呈，查东莞县三十年度地方岁入岁出追加追减概算，经参照各厅处意见整理后，计不必办理追减，其追加岁入岁出数各为七千一百二十元，请提会核定等情，请公决案。

（决议）照案通过。

二十四、据会计处案呈，查廉江县三十年度地方岁入岁出追加概算，经参照各厅处意见整理后，计仍各为一十九万二千六百零五元，请提会核定等情，请公决案。

（决议）照案通过。

二十五、刘委员函复，审查民政厅所拟本省各县政府指导员服务规则草案意见，请公决案。

（审查意见）查法制室原拟修改各点，大致尚属妥适，惟原服务规则第三条既将指导员工作范围及职权分款列举，则仓储及合作卫生等项均为乡镇必办之重要事项，似应并予列入，俾便工作。兹拟在原服务规则第三条四款（即法制室现拟修改后第五款）之后加入"关于乡镇仓储之调查督导事项"一款，并于同条十款（即法制室现拟修改后第十一款）之后加入"关于乡镇合作及卫生事业之考察督导事项"一款，其款别次序，依次序改正。

（决议）照审查意见通过。

二十六、许委员函复，审查教育厅所拟广东省实施国民教育强迫入学暂行办法一案意见，请公决案。

（决议）照审查意见通过。（意见略）

二十七、据财政厅签呈，缴追加三十年十一月至十二月本省临时督导田赋人员经费预算书，共列支四千二百元，请指款开支等情，请公决案。

（会计处签拟）据呈各节似属不无理由，该款四千二百元拟请照本处三十年十二月十日签拟办法办理，款在三十年度省预备金项下开支，请提会核定。

（决议）照会计处签拟通过。

二十八、（略）

广东省政府第九届委员会
第二百九十二次议事录

日　期　一月九日

地　点　曲江本府

出席者　李汉魂　何　彤　黄麟书　胡铭藻　高　信　刘佐人

　　　　许崇清　郑彦棻　吴迺宪　郑　丰　王志远

列席者　杜之英　黄　雯　黄秉勋　何汉昌

主　席　李汉魂

纪　录　（秘书）谢晨光

报告事项

一、奉行政院令，发修正各省市政府会计处组织及办事通则，仰知照等因，应通饬知照。

二、准运输统制局电，为汽车养路费征收率自三十一年一月一日起，改订为：（一）乘人营业小汽车七座以内每车每公里一角。（二）乘人大客车七座以上无论自用或营业，每车每公里二角。（三）运货汽车无论自用营业，每公吨每公里三角，请查照等由，经饬由财政厅通行所属遵办。

三、准广东省地方行政干部训练委员会函，据干训团呈，为本团总务处经理课员李锦华积劳病故，转请查照抚恤等由。饬据秘书、会计两处签拟：比照公务员恤金条例规定给予一次恤金二百四十八元，款在三十年度省概算恤金项下开支等语，应准如拟办理。

四、准广东全省保安司令部电送改编三十年度保安经费预算书，每月列支六十三万二千零五十五元。饬据会计处签称，核与审计处审核意见尚属适合，似可照办，该款即照核定原案在省款月拨五十八万一千一百六十九元，军政部及第七战区长官部月拨米津五万零八百八十六元项下开支等语，应准如拟办理。

五、准广东省军管区司令部函送本部训练处办公厅棚厂工料费预算书，列支五百元，请查照核定等由。饬据会计处签称，该项修葺费既经在各县国民兵团队三十年九月份预备费项下拨支，似可照办等语，应准如拟办理。

六、准广东省军管区司令部函送三十年度十月份购发有线电话班通讯器材费支付预算书，列支六百九十元，请查照核定等由。饬据会计处签称，该费既经在三十年十月份各县国民兵团队预备费项下拨支，似可照办等语，应准如拟办理。

七、准广东省军管区司令部电送三十年度本省非战地各县国民兵团民族复兴节国民兵学术竞赛奖旗代金预算书，列支一千三百四十元，拟在三十年度国民兵团队经费预算内预备费项下支报等由。饬据会计处签称，似可照办等语，应准如拟办理。

八、据民政厅签呈，据本省派赴中央警官学校警察教育讲习班受训学员吴镇昌等三员报告入学应缴服装费一百五十七元，并请发给不敷回程旅费四百五十元，所请补助回程旅费，似未便照准，至服装费，内政部既有规定，拟准照发等情。饬据会计处签称，民厅所拟尚属允洽，该项服装费共四百七十一元，拟在三十年度省总概算赴中央干训团受训人员旅费项下拨支等语，应准如拟办理。

九、据财政厅呈，为英德税务局三十年度营业税调查印刷费超支数四百五十三元一角九分，拟准在该局三十年度经费节余项下开支等情。饬据会计处签称，似可照准等语，应准如拟办理。

十、据财政厅呈，据新兴税务局呈，为三十年七、八月派员出差调查香烛纸宝冥镪捐及征收第三期营业税支过旅费八十三元六角，拟在本局二十九年度节余经费项下开支，核尚需要，经予照准，请呈核示等情。饬据会计处签称，该款拟在三十年度省总概算岁出经常门临时部分财务支出款下追列新兴税务局临时费科目，以该局二十九年度节余经费项下抵拨，一面追列三十年度省总概算岁入经常门临时部分其他收入款下各机关以前年度节余经费解库款科目等语，应准如拟办理。

十一、据财政厅呈缴新会税务局牛湾稽征所三十年九月份搬迁费预算书，列支二百五十六元，款拟在本年度各税务局经费未支配余额项下拨支等情。饬据会计处签称，似可照准等语，应准如拟办理。

十二、据教育厅呈缴省立广州女子师范学校三十年度教职员生产期间代课费预算书，列支一百六十八元。饬据会计处签称，似可准予核发，惟此项薪俸原应由教育厅及所属机关学校临时费项下开支，兹查该科目业经开支殆尽，拟准如所请在三十年度省地方总概算内教职员养老金项下拨支等语，应准如拟办理。

十三、据建设厅呈缴本厅三十年度特务队兵及公役夏季服装预算书，列支一千八百三十元，请准在本厅三十年度经费节余项下开支等情。饬据会计处签称，该项公役风纪带共八十二元五角，似可准如所请免予剔除，仍准在该厅三十年度经费节余项下开支。至公役草鞋费共一百五十四元，拟仍照原案剔除等语，应准如拟办理。

十四、据卫生处呈缴曲江卫生院改订韶州市示范区三十年度改良环境卫生计划及预算书，计列九千元。饬据会计处签称，现韶州市示范区为因应事实上需要，将原定改良该区环境卫生计划改订，所需经费虽与原核定数额尚无超越，惟属变更法案，拟请列报会议等语，应准如拟办理。

十五、据省振济会呈缴妇女生产团三十年五至十二月份改订俸给比较表暨经费预算书及追加预算书等，请核转等情。饬据会计处签称，查核尚属需要，拟准照列，计每月俸给及办公费等增加二千六百八十二元八角，五至十二月共增加二万一千四百六十二元四角，此款拟援案在振款项下拨支等语，应准如拟办理。

十六、据本府战时通讯所签呈，拟具清结省库垫款购买收音机办法请核示等情。饬据会计处签称：（一）中央补助不足部分，应分饬各领用机关在节余经费或地方款项下补足。（二）贸管处垫支税运费除经拨还一万九千八百一十五元九角四分外，因港汇高涨而要求补贴之四千一百一十七元八分，似未便照拨。（三）战地县份及三等正常县份除中央补助数半数外，其余由省库补助之半数，及税运费二万四千二百八十九元六角五分，拟饬财厅照数在三十年度省总概算补助新县制经费项下垫拨，筹措来源具报，以凭追加预算抵拨。（四）各专署县局及各机关应缴之机价税运等费，拟饬财厅照表分别扣还归垫。各等语。应准如拟办理。

十七、据本府战时通讯所电缴河源县分台故台长李毓民抚恤殓葬费预算书，列支二百元，在通讯所三十年度经费节余项下开支等情。饬据会计处签称，据呈预算书既经核定有案，似可照案报会等语，应准如拟办理。

十八、据省振济会呈缴第三振济区改编三十年度经费预算书表，请核示等情。饬据会计处签称，所列数目核有未合，应照案依照该区三月份生活补助费额九十元加五发给，计三十年度由五月份起至十二月份八个月共增加一千零八十元，此款拟准先行在三十年度省总概算内调整机构补助公务员生活费项下开支等语，应准如拟办理。

讨论事项

一、据教育厅签呈，据仲恺农业职业学校呈缴向广东省银行借款合约及抢运公物清册暨预算书，计列支抢运费一万六千六百九十元零五角八分，又建筑仪器室及设备费预算书列支九千零六十元，拟请在本省三十年度预备金项下分别拨给等情，请公决案。

（会计处签拟）本案关于建筑设备费预算内所列仪器室建筑费一项，拟照秘书处意见饬改为瓦面竹织，批荡墙铺，七分地板建筑，并核定每英井工料费为六百元，计该室面积约十二英井应减列建筑费为七千二百元，至仪器室设备费一千二百六十元，拟准予照列，以上两项核减后预算总数应列为八千四百六十元。又抢运公物临时费预算列支一万六千六百九十元五角八分，似属需要，拟准予照列。综上两项预算核定共为二万五千一百五十元零五角八分，此款拟请准在三十年省预备金项下拨支，提会核定。

（决议）照会计处签拟通过。

二、据建设厅、地政局会呈，拟订本省限制耕地改葬坟墓暂行办法，请察核施行等情，请公决案。

（决议）交何、许、刘三委员审查，由何委员召集。

三、据建设厅签呈，缴广东省县农业推广所组织大纲、县农林场组织章程、县农业推广协进会组织通则及合浦县农业推广处组织章程暨编制概算等，请核示等情，请公决案。

（决议）交何、高、刘三委员审查，由高委员召集。

四、据建设厅签呈，据公路处呈缴第十养路队装置电话工料费预算书，列支八百六十七元五角，拟由该队经费节余项下开支，请核示等情，请公决案。

（会计处签拟）查该养路队装置电话工料费预算书表列支八百六十七元五角，建厅签具意见以表列十六号铅线五十斤，拟核减为三十五斤，杉杆十五条拟增为二十条，碍子相同，又装工费一百元未据列明，工数拟饬大小共用八工，其余大致尚无不合。等词。兹复经本府秘书处核明建厅所签意见尚合，并拟定大小工每名每日工资七元计算，似可如秘书处所拟办理，计预算总数应核减为六百七十六元，此款拟准在该队三十年度经费节余项下拨支，仍请提会核定。

（决议）照会计处签拟通过。

五、据建设厅签呈，拟订广东省三十年度冬耕贷款用途监查办法，请核示等情，请公决案。

（决议）交高、何、刘三委员审查，由高委员召集。

六、（略）

七、据卫生处呈，据第一卫生区署呈，拟在三十年度员役薪俸节余项下抽拨国币七百一十元补助员役制服费，请核示等情，请公决案。

（决议）照案通过。

八、（略）

九、据卫生处案呈，缴第四卫生区署主任刘内修荐委表，请赐核委等情，请公决案。

（决议）照派代理。

十、准第七战区司令长官司令部编纂委员会函，为本会仿照贵府发给员役棉衣办法发给本会员役棉衣共需费三千零一十元，拟在本年度经费节余项下拨支，经奉长官部准予备案，请查照办理等由，请公决案。

（决议）照案通过。

十一、（略）

十二、据会计处签呈，本府派赴内政部户籍人员训练班受训学员三员回程旅费照中训团发给数额计增五百一十元，业由民厅垫汇六百元，该款拟在三十年度省总概算赴中央干训团受训人员旅费项下拨还归垫，至多垫之九十元，拟饬由民厅径向各该员收还归垫等情，请公决案。

（决议）照案通过。

十三、准广东省地方行政干部训练委员会函，送训练团第七八九区联训班三十年度九月份特别临时修建费预算书，共列支七千一百八十六元二角，除由省府补助及将该班三十年修缮费节余款移用外，尚不敷二千四百八十六元二角，请在该班三十年度经临费节余项下开支等由，请公决案。

（决议）照案通过。

十四、准广东省地方行政干部训练委员会函，据训练团呈，请自三十年十月份起，每月追加妇女生活改进委员会仁和实验乡特别区分会经费二百五十元，款在本团三十年度经临费节余项下拨支等情，请查照等由，请公决案。

（决议）照案通过。

十五、（略）

十六、准广东全省防空司令部函复，关于贵府垫支代办本部所属第三防空情报分所通讯器材价运费二万九千九百八十六元五角，嘱将汕市商库券不能折兑国币之数拨还一案，经函准防空基金保管委员会拟复办法二点，请查核办理等由，请公决案。

（决议）照秘书处签拟通过。（签拟略）

十七、准广东省军管区司令部函，据政治部呈，以该部原拟请求军委会政治部自三十年三月份起每月补助各县国民兵团政治指导员室经费不敷数五千七百七十三元一角九分一案，因未奉照准，现拟改在七八月份起裁撤政指室节余经费五万八千九百四十四元项下开支等情，请查照等由，请公决案。

（会计处签拟）查该部原拟请求军委会政治部自三月份起每月补助五千七百七十三元一角九分，全年度共五万七千七百三十一元九角之款，拟改在七八月份起裁撤各县国民兵团政治指导员室全年度节余经费二万一千七百四十四元。又由三月份起政指室兼职中校指导员每月平均三十员全年度节余经费三万七千二百元，两共五万八千九百四十四元项下开支等情。查原预算既有虚额，原应按实改编分配，惟查该项分配预算已编送，为节省手续，拟姑以所拟减少之支出抵扣未奉军委会补助之款分别通知核备，仍拟请提会核定。

（决议）照会计处签拟通过。

十八、据财政厅签呈，拟具广东省处理公有不动产章程施行细则投变放领办法，请核公布施行等情，请公决案。

（决议）交高、何、刘三委员审查，由高委员召集。

十九、据财政厅呈缴三十年度追加卷烟桐油管理费预算书，计追加三万七千三百七十元，由本厅另筹来源追加岁入，以资抵补，请核示等情，请公决案。

（决议）照案通过。

二十、据教育厅签呈，省立梅州师范学校三十年度增加设备费二千九百三十三元六角，拟在追加国民教育经费一项三十目各项临时费拨支，请核示等情，请公决案。

（决议）照案通过。

二十一、据教育厅签呈，缴追加三十年度国民教育视导旅费预算书，列支二千六百九十六元，及社教督导员旅费预算书，列支一千二百八十元，合共三千九百七十六元，此款拟在三十年度国内外地留学生经费及辅导职业学校公旅费项下划拨等情，请公决案。

（决议）照案通过。

二十二、据教育厅签呈，缴省立连州中学三十年度增班开办费预算书，列支二千九百三十三元六角，拟在奉准追加之国民教育费一项三十目各项临时费拨支，请核示等情，请公决案。

（决议）照案通过。

二十三、据教育厅签呈，据粤北边疆施教区呈缴二十九年度编印费预算书，合共八百九十九元七角三分，内列山排住民镌刊费六百四十元零三角一分，由二十九年度教育部补助事业费节余项下开支，本区概况镌刊费二百五十九元四角二分，由二十九年度省拨事业费节余项下开支，似属可行，请核示等情，请公决案。

（会计处签拟）查该两项【镌】刊费既经实际支出，拟准照原额及原科目分别追列三十年度省地方岁出概算，并将八百九十九元七角三分以各机关以前年度经费节余解库款科目追列三十年度省地方岁入概算，饬该区将上开节余经费办理抵解手续，仍请提会核定。

（决议）照会计处签拟通过。

二十四、据教育厅签呈，请准在省预备金项内拨发省立雷州师范学校搬迁费四千元等情，请公决案。

（决议）照案通过。

二十五、据地政局、韶关市政筹备处会呈，拟具韶关市征收土地计划草案，请核示等情，请公决案。

（决议）交何、许、刘三委员审查，由何委员召集。

二十六、据地政局呈，依照土地法规定，对于韶关市改良地税率拟为其估定地价数额千分之二十市，未改良地拟为千分之二十五市，荒地拟为千分之三十，请察核施行等情，请公决案。

（决议）交何、许、刘三委员审查，由何委员召集。

二十七、据地政局呈，拟具南雄、始兴两县土地整理后统计工作计划预算，需时四个月，全期经费八千一百四十四元，临时费一千八百五十六元，在三十年度统计调查费项下开支，请核示等情，请公决案。

（决议）照数拨付。款在三十一年度统计事业费项下开支。

二十八、据卫生处呈缴防疫医院三十年度建筑防空壕洞预算书，列支八百元，又本院修缮工料费预算书列支九百零九元，请在三十年度本院经常费节余项下开支等情，请公决案。

（会计处签拟）查所叙防空壕造价未能依照防空建设委员会所订工价办理，似尚具理由，拟准照每公尺七元编列预算，计改编后防空壕费预算总数应为七百元，修缮工料费预算总数应为九百零九元，以上两项共为一千六百零九元，此款拟准在该院三十年度经常费节余项下拨支，仍请提会核定。

（决议）照会计处签拟通过。

二十九、据卫生处呈，为罗定、信宜两县卫生院补助费各三千元，拟改请援照补助连连阳乳卫生费案准在省总概算预备金项下拨助等情，请公决案。

（会计处签拟）查前据卫生处会计室所列之三十年度卫生事业各项经费节余数额表计共二万六千零九十八元八角四分，除经本处签请在该款内拨支卫生处建筑车房费九百零六元四角七分外，计尚有二万五千一百九十二元三角七分之节余，该罗定、信宜两县卫生院补助费各三千元，似应在此节余经费款拨支，仍请提会核定。

（决议）照会计处签拟通过。

三十、据卫生处案呈，据卫生试验所呈缴三十年度棉衣费预算书，列支二千零三十元，款在三十年度俸薪费节余项下开支，请核示等情，请公决案。

（决议）照案通过。

三十一、据会计处案呈，曲江对敌跳伞部队演习经费，遵照司令长官指示，应由省政府拨助，先由长官部借拨一万元，该款拟在三十年度省预备金项下开支，请提会核定等情，请公决案。

（决议）照案通过。

三十二、据秘书处案呈，据东江护侨事务所呈，为本所奉令迁回河源，计支搬迁费二千零四十八元，请核示等情，请公决案。

（会计处签拟）（一）膳宿杂费四百七十元（原书列出差旅费名称不符应更正如上）应照规定及该所三十年度预算内员额改列为四百零六元，惟开支时坐舟车期内不得支宿费，只支膳什费，照全额三分之二计算，并在原书备考栏改注"所长一员日支一十五元，办事员二员日各支一十元，雇员二员日各支八元，公役三名日各支四元，由韶关至河源约需时六天，计共支三百七十八元，又由河源派员役各一人（员拟以委任列）往惠阳需时约二天，计支二十八元，合支如上数"字样。（二）夫力费七十八元应照修正国内出差旅费规则第九条之规定，将由韶至河员役行李八担及由河至惠行李二担夫力费共五十四元剔出后，改列为二十四元。（三）原书舟车费一千四百五十元，什支五十元，均拟照预算列支，上拟（一）、（二）、（三）项计该所三十年度搬迁费预算数应改列为一千九百三十元，此款拟请提会核定在三十年度省预备金项下开支，仍饬按实支报。

（决议）照会计处签拟通过。

三十三、据秘书处案呈，准广东省银行函，请拨还垫发粤体育访问团经费四千元，请核示等情，请公决案。

（决议）照案通过。款在三十年度民众运动经费项下拨支。

三十四、据本省战时政治工作总队部呈缴三十年五月及七月份比例增加薪数额表，请核准照七月份薪额为标准等情，请公决案。

（会计处签拟）所请照七月份薪饷额为标准计算增俸尚属可行，如奉核定，由九至十二月增俸给费七千九百七十五元，四个月共三万一千九百元，拟在三十年度省总概算调整机构补助公务员生活费开支，请提会核定。

（决议）照会计处签拟通过。

三十五、据本府合办工矿事业理事会呈缴三十年七月至九月份筹备费预算书，列支三千元，及三十年十月至十二月份管理费预算书，列支七千五百元，请核示等情，请公决案。

（会计处签拟）现据缴筹备费预算书及管理费预算书查核所列支数目尚无不合，款在合办工矿理事会营业基金拨付，并饬分别并编入三十年度营业预算迅呈核办，仍请提会核定。

（决议）照会计处签拟通过。

三十六、（略）

三十七、据本府战时通讯所签呈，请参照本府规定之棉衣补助金办法发给员役补助金，附缴预算书册，共列支三千一百一十元，请核示等情，请公决案。

（决议）照案通过，款在该所三十年度俸给费节余项下拨支。

三十八、据会计处案呈，查阳春县地方三十年度岁入岁出第一次追加概算，经参照各厅处意见整理后，计拟改列各为五万四千零六十元，请提会核定等情，请公决案。

（决议）照案通过。

三十九、据会计处案呈，查阳山县地方三十年度岁入岁出追加概算，经参照各厅处意见整理后，计拟改列各为一十四万一千七百六十四元，请提会核定等情，请公决案。

（决议）照案通过。

四十、据会计处案呈，查始兴县地方三十年度岁入岁出追加概算，经参照各厅处意见整理后，计拟改列各为二万零五百九十五元，请提会核定等情，请公决案。

（决议）照案通过。

四十一、据会计处案呈，查普宁县地方三十年度岁入岁出追加概算，经参照各厅处意见整理后，计拟改列各为三万三千九百六十四元，请提会核定等情，请公决案。

（决议）照案通过。

四十二、据会计处案呈，查信宜县地方三十年度岁入岁出追加概算，经参照各厅处意见整理后，计拟改列各为五十万一千六百六十七元，请提会核定等情，请公决案。

（决议）照案通过。

四十三、据会计处案呈，查遂溪县地方三十年度岁入岁出追加概算，经参照各厅处意见整理后，计拟改列各为三十二万五千四百八十二元，请提会核定等情，请公决案。

（决议）照案通过。

四十四、据会计处案呈，查德庆县地方三十年度岁入岁出追加概算，经参照各厅处意见整理后，计拟改列各为八万六千三百九十八元，请提会核定等情，请公决案。

（决议）照案通过。

四十五、据会计处案呈，查化县县地方三十年度下半年第三次追加概算，经参照财政厅意见整理后，计拟改列各为一万七千一百六十九元，请提会核定等情，请公决案。

（决议）照案通过。

四十六、据会计处案呈，查封川县地方三十一年度岁入岁出总概算，经参照各厅处意见核编后，计岁入为三十四万四千八百八十七元，岁出为三十八万二千八百八十七元，比对不敷三万八千元，拟在省岁出概算实施新县制补助金科目下拨助，以资平衡，请提会核定等情，请公决案。

（决议）照案通过。

四十七、据会计处案呈，查三水县地方三十一年度岁入岁出总概算，经参照各厅处意见核编后，计拟改列各为六十二万五千四百二十二元，请提会核定等情，请公决案。

（决议）照案通过。

四十八、据财政厅签呈，省税改隶后，致本厅办理省税人员一部分失业，请设法安置，或按年资发给遣散费，准在三十年度各税务局经费余额项下开支，请核示等情，请公决案。

（决议）照案通过。

四十九、胡委员、王委员、吴委员会复，审查本省驿运管理处呈，为从新拟就本处所属驿运总所段站组织通则并请将前次公布之暂行通则予以作废一案意见，请公决案。

（审查意见）（一）原第三条、第十一条、第十七条均拟仍照原案。（二）原第十三条"如有特别情形，得由县长兼任"句拟删，于原条文之后增列一行"前项分段长得由各县县长兼任之"。（三）原第十九条拟仍照原案。（四）余均照秘书处签拟修正。

（决议）照审查意见通过。

广东省政府第九届委员会
第二百九十三次议事录

日　　期　一月十三日

地　　点　曲江本府

出席者　李汉魂　郑彦棻　何　彤　黄麟书　胡铭藻　郑　丰
　　　　高　信　许崇清　刘佐人　吴迺宪　王志远

列席者　杜之英　黄　雯　黄秉勋　何汉昌

主　　席　李汉魂

纪　　录　（秘书）谢晨光

报告事项

一、准广东高等法院函送新会等监狱三十年十至十二月份追加主任看守米津预算书册，计新会、梅县、台山、顺德四监狱设在米贵区每员每月追加四元，高要监狱非米贵区每员每月追加二元，以上五监狱共追加四十六元。饬据会计处签称，查该各数尚属相符，该款拟准照案在各该监狱二十九年度米津节余项下拨支等语，应准如拟办理。

二、据财政厅呈，准新会地方法院函，请将二十七年十一月服装费二十元及二十八年四月服装费一十四元四角补发等由。该款经该院在结存款项下垫支，似可追列三十年度收支科目，办理抵解手续等情。饬据会计处签称，该款共三十四元四角，拟在三十年度省预备金项下拨支归

444

垫，至该地方法院二十八年度节余经费八百八十元五角，应以二十年度省总概算内各机关经费节余解库款科目列收，办理抵解手续等语，应准如拟办理。

三、据财政厅签呈，拟将广东高等法院故检察官湛桂芬二十八、二十九年份恤金七百零四元，依据本省历办抚恤成案以毫券七成折合国币四百九十二元八角改由三十年度省恤金项下动支等情。饬据会计处签称，查核尚属可行，似可照准等语，应准如拟办理。

四、据教育厅呈缴省立肇庆师范学校三十年七月迁核〔移〕附小分校临时费预算书，列支二百四十六元一角二分，请在奉核准之国民教育经费内试办流动学校及补助各校经费项下拨支等情。饬据会计处签称，所请在该科目开支，对于预算用途似未适合，原应办理追加追减预算手续始可挪移开支，惟该款无多，且年度行将告终，拟姑如所请挪支办理等语，应准如拟办理。

五、据建设厅呈，为本厅合作事业管理处处长谢哲声出席全国合作会议旅费请仍照原案预算数额列支等情。饬据会计处签称，查该处长出席全国合作会议膳宿杂费如准照增加后之荐任规定每天十五元计，五十七天应共支八百五十五元，除前核准拨支四百五十六元外，尚应拨三百九十九元，此款似可在该处三十年度经费节余项下拨支，并饬遵照前令迅将余款二百八十五元三角二分返纳入库等语，应准如拟办理。

六、据建设厅签呈，据公路处呈，拟将改善各路工程费一百二十万元分配为星坪公路第二期工程费八十万元，南韶公路改善桥梁涵洞及择要修筑路面工程费一十万元，韶兴公路改善桥梁涵洞及择要修筑路面工程费二十八万元，韶坪公路修理桥【梁】涵洞工程费二万元，请核示等情。饬据秘书、会计两处签称，所拟尚属允洽，拟准照办等语，应准如拟办理。

七、据秘书处签呈，关于广东省各县（市）房屋评价委员会组织规程第七条条文，遵加研究，现拟修正为"评委会委员或其直系血亲配偶兄弟姐妹子妇女婿或同居亲属为所评议之房屋所有人典权人或房客时，应行回避，并由原派机关临时另派代表充任"，请核定报会施行等情，应准如拟办理。

八、据秘书处案呈，据东江护侨事务所呈，拟由三十年十一月份起将原有梅县等八个站缩编为驻柳州等六个站，并将原核定十一至十二月份两个月经费重新分配为该所本部月列一千四百七十六元，驻柳州、郁林两站月各列三百八十二元，驻陆川、良田、石角及廉江四站月各列二百六十六元，合共月列三千三百零四元。饬据会计处签称，核与本府原核定该所及所属各站自三十年九月份经费月额尚符，惟俸给费一项与规定不合，拟饬依照规定改编。又前编警队公差费现改编为旅运费，大致亦无不合，惟应注明警队公差旅费亦在该项开支等语，应准如拟办理。

九、据省地政局呈，请准在该局三十年度曲江乳源两县土地整理费节余项下拨支乳源地政处故复丈员谭新民丧葬费三百元等情。饬据秘书、会计两处签拟，先行参照签拟之本省战时公务员雇员公役核给殓葬费标准案拨支该故员殓埋费一百元，款准在该局曲江乳源两县土地整理经费节余项下开支等语，应准如拟办理。

十、据省振济会呈缴南路振济区广州湾办事处所属各机关三十年一至三月及四至六月份员役生活补助费预算书册，每月列支一百七十元。饬据会计处签称，既据该会核案相符，似可准予照列，并准在拨存该区振款项下开支至三十年四月份止，由五月份起饬照改订俸给办理等语，应准如拟办理。

十一、据省振济会呈缴技工养成所暨火柴工场文卷物资疏散费预算书，计技工养成所列支三百零一元一角二分，火柴工场列支三百零八元六角六分。饬拟〔据〕会计处签称，既经该会核定技工养成所疏散费准在该所三十年度经费节余开支，火柴工场疏散费准在该场营业基金项下开支，复核尚无不合，拟予照准等语，应准如拟办理。

十二、据省振济会呈缴第五振济区汕头同济医院三十年一至四月份员役生活补助费预算书册，月列一百八十元。饬据会计处签称，既经该会核准在接收汕头市振济会结存振款项下拨支，复核尚无不合，似可准照拨支等语，应准如拟办理。

十三、据会计处签呈，将广东省临时参议会等二十一机关三十年九至十二月份增加俸给费汇列清表，计共四万五千四百一十二元，请列报会议等情，应准如拟办理。

十四、据本省驿运管理处呈，请将李田站站长黄志球病故遗失公款三千元一案依照原呈更正为三千零七十元等情。饬据会计处签称，似可准予照办等语，应准如拟办理。

十五、据曲江县政府及韶关工务局先后呈，请准予广达电话公司增收话费等情。饬据建设厅签称，拟照韶关工务局所拟准该公司自三十年十一月份照原价加倍征收，饬分期切实整理等语，应准如拟办理。

讨论事项

一、（略）

二、准广东省地方行政干部训练委员会函，据干训团呈缴仁和实验乡辅导委员会组织规程及三十年度经常费预算书，每月列支一千元，按月由省干训团节余经费项下及曲江县政府各拨五百元，请查照等由，请公决案。

（会计处签拟）据呈预算书月列支经费一千元，除五百元由曲江县政府地方款拨支另案办理外，其余五百元，系由省干训团三十年度经临费节余项下拨支，计全年度十二个月共六千元，该款拟准由干训团会三十年度经临费节余项下拨支，请提会核定。

（决议）照会计处签拟通过。

三、据财政厅呈，为惠阳税务局三十年度修葺购置费一千五百八十九元，拟准在三十年度各税务局经费未支配余额项下拨支，请核示等情，请公决案。

（决议）照案通过。

四、据教育厅签呈，据省立喜泉农业职业学校呈缴追加附小三十年度一至七月份经费预算书，列支一千五百四十元，拟予照准。款在三十年度国民教育经费预算内流动学校及各校经费项下拨支等情，请公决案。

（决议）照案通过。

五、据教育厅签呈，准海军总司令部咨，以三十一年度海军学校续招航海轮机学生各一队，附送考选简章等，请查照办理等由，谨拟具办法七项，计需费共七万元，款拟由三十一年度预备金项下拨支，请核示等情，请公决案。

（决议）由三十一年度第一预备金项下先拨三万元，预算及办法交该厅另拟呈核。

六、据建设厅呈，据长途电话管理所呈，为兴宁分所管理员黄希铨积劳病故，拟照该所员工服务细则发给恤殓金五百七十七元，在该所恤金项下列支，请核示等情，请公决案。

（决议）照案通过。

七、据粮政局电，拟改建职员宿舍，计需工料费一万三千七百二十四元，款在粮管局期内三十年度节余经费项下拨支，请核示等情，请公决案。

（决议）照案通过。

八、（略）

九、据省振济会呈，为本会驻港广州湾办事处开办费五百九十六元三角二分，及筹备费一千一百三十八元九角八分，请准援案由省库拨支归垫等情，请公决案。

（决议）照案通过。款在三十年度省救济费项下拨支。

十、据本省战时政治工作总队部呈缴三十年下半年度夫役制服预算书，共列支二千五百九十七元，款在本队三十年度用人经费节余项下拨支，请核示等情，请公决案。

（决议）照案通过。

十一、据建设厅案呈，据北江区船舶大队部呈缴三十年六月至九月份筹备费支出计算书，共列支一千八百三十元，请核示等情，请公决案。

（决议）照案通过。款在三十年度省预备金项下拨支。

十二、据本省边政指导委员会呈缴开办费概算书，列支一万五千元，请核示等情，请公决案。

（会计处签拟）查开办费一万五千元内有一万四千五百元系由粤北边疆施教区二十九年度经费节余项下拨支，其余五百元系由三十年度经费节余项下拨支，拟以粤北边疆施教区以前年度经费节余解库款为来源，补列岁入、岁出方面拟在三十一年度省岁出概算经常门临时部分行政支出款下追列补拨三十年度省边政指导委员会开办费科目，请提会核定。

（决议）照会计处签拟通过。

十三、据秘书处案呈，据本府印刷所呈缴留办结束人员名册及预算书，月列二千三百三十九元，计结束期间为三个月，三十年度十二月之费用拟在原预算原科目列支，三十一年度一、二月费用拟并请在三十年度推销费及管理费节余项下先行提出作为三十年度应付未付之转账数，以备三十一年一、二月份支应，请核示等情，请公决案。

（会计处签拟）似均属需要，三十年十二月份结束经费拟准在原预算原科目支销，三十一年度结束经费拟准在三十年度推销费及管理费节余项下拨支。

（决议）结束期间核减为两个月，余照会计处签拟通过。

十四、据秘书处签呈，编缴三十年度巡回视察出差旅费追加预算书，列支四千五百四十二元，请指款拨支等情，请公决案。

（决议）照案通过。款在三十年度省预备金项下拨支。

十五、据教育厅呈缴督学刘桂灼荐委表，请赐核委等情，请公决案。

（决议）照派代理。

十六、据建设厅呈缴公路处秘书王啸荐委表，请赐核委等情，请公决案。

（决议）照派代理。

十七、据粮政局呈缴稽核陈苏然荐委表，请赐核委等情，请公决案。

（决议）照派代理。

十八、据建设厅签呈，缴三十年度准备疏散临时费预算书，列支九千五百六十七元一角二分，请拨款归垫等情，请公决案。

（决议）照案通过。款在三十年度省预备金项下拨支。

十九、据会计处案呈，奉谕钦县地方团队及自治人员抗敌得力经给奖一万元，饬签拟指款归垫等因。该款在三十年度省总概算奖赏金项下拨还归垫，请提会追认等情，请公决案。

（决议）照案追认。

二十、据会计处案呈，查封川县地方三十年度岁入岁出追加概算，经教育厅核案相符，拟准照追加，计各列为二千五百元，请提会核定等情，请公决案。

（决议）照案通过。

二十一、据会计处案呈，查徐闻县地方三十年度岁入岁出追加概算，经参照各厅意见整理后，计拟改列各为八万九千五百元，请提会核定等情，请公决案。

（决议）照案通过。

二十二、据会计处案呈，查新兴县地方三十年度岁入岁出第一次追加概算，经参照各厅意见整理后，计各列为七万八千三百六十八元，请提会核定等情，请公决案。

（决议）照案通过。

二十三、据会计处案呈，查化县地方三十年度岁入岁出第四次追加概算，经参照各厅处意见整理后，计拟改列各为二万三千三百二十八元，请提会核定等情，请公决案。

（决议）照案通过。

二十四、据会计处案呈，查四会县地方三十一年度岁入岁出总概算，经参照各厅处意见核编后，计岁入为八十九万一千六百六十四元，岁出九十一万一千六百六十四元，比对不敷二万元，拟在省岁出概算实施新县制补助金科目项下拨助，以资平衡，请提会核定等情，请公决案。

（决议）照案通过。

二十五、据会计处案呈，查大埔县地方三十一年度岁入岁出总概算，经参照各厅处意见核编后，计拟改列各为一百五十三万九千二百九十五元，请提会核定等情，请公决案。

（决议）照案通过。

二十六、张委员、何委员、刘委员会复，审查卫生处签呈订定审核各县局三十一年度卫生经费原则及改订本省县各级卫生组织编制经费表请通饬遵行一案意见，请公决案。

（审查意见）查卫生处拟改订三十一年度县各级卫生院组织编制经费表，核与三十年度各县卫生院经费均增两倍以上，三十年度各县卫生院经费间尚有未能照办者，现遽增加巨额经费，诚恐影响预算之平衡，会计处所拟将预备费剔除，将原表修正作为三十一年度卫生经费最高标准，如收入可能负担之县份，照表列各数及原定审核各县局三十一年度卫生经费原则各项列入，如收入无法负担县份，暂保三十年度原有状态，尚属允当。至卫生处原拟乡镇卫生所及保健药箱经费，虽属切要惟

450

每一乡镇卫生所经费每月二百五十元，保健药箱十元，假定每乡以十保计算，每月共需经费三百五十元，全年每乡计共四千二百元，以现在各乡镇公所保办公处经费尚感筹措维难对此巨额卫生经费恐更感困难，为切合事实计，似宜将是项数额作为乡镇保健经费最高标准，仍由乡镇保视当地财力情形斟酌办理，以期适应。

（决议）照审查意见修正通过。

修正之点如下：如收入无法负担县份，得呈准酌予减支。

二十七、张委员、何委员、刘委员会复，审查卫生处所拟订定广东省各县局卫生院医疗及收费规则一案意见，请公决案。

（审查意见）查秘书处法制室所拟修改各条文，尚属允当，惟各县卫生院及所属卫生分院卫生所经费系由各县地方款及乡镇负担，则其收入自应认为县及乡镇之收入，卫生处原拟第四十条（即法制室所拟改为第三十八条）之后似宜增列一条："所有本院及所属卫生分院所收入各费，每月终汇缴县库，分别列入县或乡镇事业收入内之医务收入科目。"（即依秘书处法制室所拟次序为第三十九条，以下依次递改）。

（决议）照审意见通过。

二十八、张委员函复，审查秘书处所拟广东省战时公务员雇员工役在职亡故核给殓葬费暂行办法一案意见，请公决案。

（审查意见）查所拟本省战时公务员雇员在职亡故核给殓葬费暂行办法七条除第四条所载省预备费数字会计处拟改为"省款"二字尚属切当，应予改正外，其余各条，亦无不合，似可照办。

（决议）照审查意见通过。

二十九、胡委员、王委员、吴委员会复，审查本省驿运管理处呈拟订商运管理办法征收驿运管理费办法及各驿运段分段规定运价办法一案意见，请公决案。

（审查意见）拟照秘书处法制室本年一月九日签拟修正。

（决议）照审查意见通过。

三十、据会计处案呈，查连县地方三十一年度岁入岁出总概算，经参照各厅处意见核编后，计拟改列各为一百八十八万二千八百七十三元，请提会核定等情，请公决案。

（决议）照案通过。

三十一、高委员、何委员、刘委员会复，审查广东省三十年度冬耕贷款用途监查办法草案意见，请公决案。

（审查意见）查所拟办法为监查冬耕贷款，用途大致尚属妥洽，为三十年度现已过去，为立名实及永久适用起见，拟将名称内之"三十年度"及第一条内之"本年度"删去，并在标题"办法"之上，加"暂行"二字。

（决议）照审查意见通过。

三十二、高委员、刘委员、胡委员会复，审查韶关市政筹备处拟韶关市区域及权宜区域一案意见，请公决案。

（审查意见）查韶关市政筹备处所划定权宜区域对于天然形势行政管理及人口交通工商业各种状况均能顾及，尚属可行，惟拟定区域似应俟市政府正式成立后，再行视事实需要，另行草拟，目前似无须预为划定，故现在韶市筹备处行政范围似以权宜区域为准。

（决议）照审查意见通过。

三十三、据会计处案呈，查社会处三十年度开办费列支三万五千零一十元，所列各项似有应行剔除缩减各点谨列请先行核定数额在三十一年度省岁出概算第一预备金项下拨支等情，请公决案。

（决议）开办费核定为二万元，余照案通过。

三十四、主席提议，顺德县长苏玉泉辞职照准，遗缺派高鼎荣代理，请公决案。

（决议）照案通过。

广东省政府第九届委员会
第二百九十四次议事录

日　　期　一月十七日

地　　点　曲江本府

出席者　李汉魂　郑彦棻　黄麟书　胡铭藻　郑　丰　高　信
　　　　　许崇清　刘佐人　吴迺宪　何　彤　张导民

列席者 杜之英　黄　雯

主　席 李汉魂

纪　录 （秘书）谢晨光

报告事项

一、据财政厅呈，据台山税务局呈，以三十年度整理沙田原定三个月办竣，因年度瞬将届满，拟将原定计划缩短为两个月办竣，在奉核定预算数内将原定人员加以调整，拟准照办等情。饬据会计处签称，事关变更原核定整理期限（经费作两个月用等于增多），如奉核准，请报会办理等语，应准如拟办理。

二、据财政厅呈，据卸缉私处长汤毅生呈缴三十年八月三水查缉所迁移费预算书，列支四百一十四元。饬据会计处签称，既据财政厅查核尚属需要，拟如所拟办理，款在缉私处三十年度经费节余项下开支等语，应准如拟办理。

三、据财政厅呈，据阳江税务局呈缴前税务员黄子义调差旅费预算书，列支一百元。该费前由本厅垫借，嗣经扣回，现该局只收回五十元，其余五十元似可准其在二十九年度经费节余项下拨支等情。饬据会计处签称，该员调差旅费既经该局垫支实额五十元，似应以五十元编列预算，在三十一年度省概算岁出追列补拨阳江税务局临时费科目，一面以该局二十九年度节余经费为来源追加岁入，饬办抵解手续等语，应准如拟办理。

四、据粮政局呈，据本局驻湘购粮办事处呈，为湘北战事，各员由长沙携眷撤赴衡阳，请补助旅费二百五十元，可否准在该处节余管理费项下列支，请核示等情。饬据会计处签称，拟准予在该处三十年度管理费项下匀支等语，应准如拟办理。

五、据省振济会呈缴南路振济区广州湾办事处重建厨房浴室预算书，列支二百六十元。饬据会计处签称，拟准照列，款在振济会拨存该区振款项下拨付，饬核实开支等语。应准如拟办理。

六、据会计处签呈，查第二区保安司令部增筑本府根据地防御工事追加经费为三千零八十六元一角四分，经本府第二八七次会议通过在案，当时误照连连阳乳建设委员会三十年十一月八日原呈列为追加二千九百七十三元一角四分，经照更正，请补报会议等情，应准如拟办理。

七、据会计处案呈，准教育厅片送省立钦州师范学校二十九年十至十二月份员役米津预算书册，月列九十六元，三个月共列二百八十八元，拟请准予照发，款在追加二十九年度省总概算内各级公务员役团警米津项下开支等情，应准如拟办理。

八、据会计处案呈，准教育厅片送汕尾水产职业学校三十年度预算书表，计由五月份起至十二月份月增俸给费九百三十五元，八个月共增七千四百八十元，核无不合，拟准照案在三十年度省总概算内调整机构补助公务员生活费项下开支等情，应准如拟办理。

讨论事项

一至二、（略）

三、准广东省军管区司令部函，为各区保安司令部点验视察员自卫队旅费一次过共需三千二百元，又三十年九月份起至十二月份止补助办公费每月共八百元，该款拟统在三十年度团队预备费项下开支，请查照核定等由，请公决案。

（决议）照案通过。

四、准广东省军管区司令部函，为本部派赴渝中训团兵役班第十二期受训计南雄等九县国民兵团副团长旅费共支七千四百七十元，请查照等由，请公决案。

（决议）照案通过，款在三十年度国民兵团队经费节余项下拨支。

五、准广东省地方行政干部训练委员会函，据钦县训练所电，请转省府汇发补助第一期调训保长两中队事业费一千元，请查照办理等由，请公决案。

（决议）照案通过，款在三十年度补助实施新县制县份经费项下拨支。

六、据本府行政效率促进委员会呈，为本会编订《行政设计与考核概况》小册一千本，所需印刷费九百零四元九角五分，拟将第一政务视导团二十九年度节余视导经费七百八十元零四分全数移用，不足之一百二十四元九角一分由本会节存款项下补足等情，请公决案。

（会计处签拟）既有第一政务视导团二十九年度节余款及效率会三十年度节余经费为来源，追加岁入似可照准，岁出方面拟在三十一年度省岁出概算岁出经常门临时部分行政支出款下追列补拨行政设计与考核概况印刷费科目，请提会核定。

（决议）照会计处签拟通过。

七、据财政厅先后呈缴各区税务局三十年度搬迁费等预算书，计列支三水税务局搬迁费五百七十五元，揭阳税务局修葺费四百元，海丰税务局设备费一千一百二十九元，合共二千一百零四元，请准在三十年度各税务局经费未支配余额项下拨支等情，请公决案。

（决议）照案通过。

八、据财政厅呈，为三水税务局于三十年九月敌犯芦苞支过疏散搬迁费二千二百七十五元，拟准在三十年度各税务局经费未支配余额项下拨支，请核示等情，请公决案。

（决议）照案通过。

九、据财政厅签呈，拟订广东省各县乡镇卫生洁净征收办法大纲，请核定通饬施行等情，请公决案。

（决议）交何委员审查。

十、据教育厅签呈，省立韩山师范学校三十年度因风灾损失修缮校舍临时费三千七百四十六元，可否准予于该校二十八年度第二学期及二十九年度第一、二学期学生费尚未解缴项下拨发，抑准由三十年度本省总预备金项下拨支，请核示等情，请公决案。

（决议）照数拨付，款在三十年度省预备金项下开支，未解库学费应扫数解库。

十一、据教育厅签呈，汇发执信及琼崖联合中学等校三十年度一至七月份学生公费膳费共需汇费一千六百五十五元二角九分，请准在公费膳费内开支等情，请公决案。

（决议）照案通过。

十二、据教育厅签呈，三十年度高中毕业生升学考试费共支过九百七十八元，拟由三十年度省概算岁出经常门监考旅费项下划拨七百二十六元，暨山排奖学金项下划拨二百五十二元，请核示，等情，请公决案。

（决议）照案通过。

十三、据建设厅呈缴三十年度十至十二月份追加特务队经常费预算书，月列一千一百八十三元五角，三个月共列三千五百五十元五角，请准由库款拨发等情，请公决案。

（会计处签拟）拟照三十年陆军暂行给与规则所规定改正，计每月实需追加费三百七十三元六角，三十年度三个月共需追加一千一百零三元八角，该款似可准如所请由省库另拨，在三十年度调整机构补助公务员生活费项下开支，三十一年度起该队官兵给与似可准照三十一年度中央修正陆军部队给与支给，由该厅在三十一年度经费额内统筹支配办理，仍请提会核定。

（决议）照会计处签拟通过。

十四、（略）

十五、据建设厅呈，据公路处呈，为本处于三十年十二月十六日设置统计股，附缴编制表，请核示等情，请公决案。

（秘书处签拟）查该处统计事务繁多，似有设股之必要，至该处呈缴之编制表，列有办事员一员，核与地方行政机关统计组织暂行规则统计股并无办事员名称之规定，拟将办事员一缺改用雇员，惟事关增设统计机构，似应提会核定。

（会计处签拟）查公路处增设统计股，该股主任俸薪应在该处经常费内匀支，不能在行车营业费项下拨支。

（决议）照秘书、会计两处签拟通过。

十六、据建设厅呈，为农林局技正兼推广课课长王××藉假不归，拟予撤职，所遗课长缺，拟准以技正谭锡鸿兼任，请公决案。

（决议）照案通过。

十七、据财政厅呈缴秘书谢月峰荐委表，请赐核委等情，请公决案。

（决议）照派代理。

十八、据卫生处呈缴秘书李文韬荐委表，请赐核委等情，请公决案。

（决议）照派代理。

十九、据卫生处呈缴防疫医院三十年度护士及工役服装费预算书，列支一千三百六十元，款在该院三十年度经常费节余项下拨支，请核示等情，请公决案。

（决议）照案通过。

二十、据建设厅先后呈缴广东省战地合作工作队组织规程经费概算广东省推行战区合作事业方案及三十年度举办粤北六县合作讲习会计划大纲暨概算书，计战地合作工作队列支一万二千五百六十元，粤北六县合作讲习会列支七千四百四十元，请核示等情，请公决案。

（决议）仍准用委任十级至八级干事一员，余照秘书、会计两处签拟通过。（签拟略）

二十一、据粮政局电缴建筑图书室工程费预算书，列支八千四百三十二元，款在本局节余经费项下拨支，请核示等情，请公决案。

（决议）照案通过。

二十二、据省振济会呈缴本会儿童教养院实验中学部三十年度生产事业费预算书，列支二万五千二百五十三元一角六分，款在中央振济会指拨该院办理生产事业款三十五万元内开支，请核示等情，请公决案。

（决议）照案通过。

二十三、据省银行呈，拟具惠阳修堤借款办法，请核示等情，请公决案。

（会计处签拟）查第四区专署前呈惠、博、东三县修筑溃堤工程费预算，惠阳县连追加工程费应共为二十万零三千三百九十六元三角三分拟应饬省银行照二十万零三千三百九十六元三角三分数额拨借，至省行现拟借款及保证偿还办法，似尚可行，请提会核定。

（决议）照会计处签拟通过。

二十四、据战时贸易管理处呈，请准予由三十一年一月一日起延长办理结束时间一个半月，附缴预算书，计共列支七千五百元，款在本处三十年度营业预算管理费节余项下开支等情，请公决案。

（会计处签拟）□□□一个月，饬知届时无论如何，务须截算账目移交广东□□□司接收，毋得再请延展，以清交案，而节公帑。此项延【长】结束经费五千元，并拟在该处三十年度营业预算管理费节余项下开支，仍请提会核定。

（决议）照会计处签拟通过。

二十五、据本府广播电台呈，为本台一月份燃料费应需七千零八十元，除原□□三千一百七十元四角四分外，计不敷三千九百零九元五角六分，请准追加，并核定以后各月份是否按月追加预算，抑照□□□价格拨发全年度追加数等情，请公决案。

（决议）照【会计】处签拟通过。（签拟略）

二十六、（略）

二十七、据会计处呈，请修正农林局会计室编制，并拟由三十一年度一月份起实行，至应增经费，请饬农林局在核定三十一年度经费额内自行支配编入预算等情，请公决案。

（秘书处签拟）似属需要，惟会计主任似应比照该局技正兼课长改为荐任八级至六级。又佐理会计员官等弹性亦嫌过大，似应酌予缩紧，改为四级至二级，八级至六级，十四级至十二级，办事员十六级至十四级，事务员、书记仍照原拟薪级。

（决议）照秘书处签拟通过。

二十八、据三水县长电，为本县发动民众供应军需，请先拨款二万元，以应急支，俱候分别在国防费项下报销等情。经饬财厅准在三十年度建设事业临时费项下垫拨一万元，提会补请追认案。

（决议）照案追认。

二十九、据本府边政指导委员会签呈，本会经费于审查三十一年度预算时，业奉减暂定月支三千元，惟以法定手续未备，无由具领请核示等情，请公决案。

（会计处签拟）如准照三十一年度该会经费连改善公务员生活费在内计算月支三千元，则月需加拨八百二十五元，由三十年八至十二月计五个月共四千一百二十五元，在三十年度省总概算调整机构补助公务员生活费科目开支之外，仍请提会核定。

（决议）照会计处签拟通过。

三十、据会计处案呈，查建筑官渡河半永久式桥工程费一案，经由委员会决定垫拨十万元，第二九〇次会议核定，该桥工程费及办公费补拨之款在三十年度建设事业费临时费项下开支，前垫之十万元应否在三十年度建设事业临时费项下开支，抑将全部工程费仍改为在三十年建设事业临时费项下拨，依照军政部电转请拨还归垫，请再提会核定等情，请公决案。

（决议）仍改为在三十年重〔建〕设事业临时费项下垫拨，请中央拨还归垫。

458

三十一、据会计处案呈，查紫金县地方三十年度岁入岁出追加追减概算，经参照各厅意见整理后，计岁入追加数七万零四百九十元，追减数二千四百九十五元，岁出追加数六万八千二百一十六元，追减数二百一十二元，岁入岁出比较实增数各为六万八千零四元，请提会核定等情，请公决案。

（决议）照案通过。

三十二、据会计处案呈，查清远县地方三十一年度岁入岁出总概算，经参照各厅处意见核编后，计拟改列各为四百二十七万九千九百零九元，请提会核定等情，请公决案。

（决议）照案通过。

三十三、据会计处案呈，查廉江县地方三十一年度岁入岁出总概算，经参照各厅处意见核编后，计拟改列各为一百七十三万九千五百六十二元，请提会核定等情，请公决案。

（决议）照案通过。

三十四、据会计处案呈，查佛冈县地方三十一年度岁入岁出总概算，经参照各厅处意见核编后，计岁入为五十四万八千七百五十六元，岁出为五十九万八千七百五十六元，比对不敷五万元，拟请在省概算补助实施新县制经费项下拨助，俾资平衡，请提会核定等情，请公决案。

（决议）照案通过。

三十六①、主席提议，梅菉管理局局长王公宪另有任用，遗缺派林树德代理，请公决案。

（决议）照案通过。

广东省政府第九届委员会
第二百九十五次议事录

日　期　一月十九日

---

① 原文缺第三十五项。

地　点　曲江本府

出席者　李汉魂　郑彦棻　何　彤　张导民　黄麟书　郑　丰
　　　　胡铭藻　高　信　许崇清　吴迺宪　刘佐人

列席者　杜之英　黄　雯

主　席　李汉魂

纪　录　（秘书）谢晨光

报告事项

一、据本府驻渝办事处电，请一次过补助远东通讯社经费二百元一案，经饬据会计处签称，此款拟在三十一年度省总概算内第一预备金项下拨支等语，应准如拟办理。

二、据省振济会呈，报近拨第四振济区拨款三万元，统筹救济东江惠博两属灾情之用，此款拟由粤北振济余款项下拨支，请备案等情。经饬据会计处签称，似可准予照办，拟连同前在振款项下拨支之二万元一并报会备案等语，应准如拟办理。

三、据会计处签呈，据花县县政府呈缴第一区东南乡第二保长丘集汉请恤事实表，请核恤一案，查此案既经秘书处签奉核定依法给与其遗族一次过恤金国币一百六十元，此款拟在三十一年度省岁出概算恤金项下开支等情，应准如拟办理。

四、据教育厅签呈，以乡镇中心学校设置基金保管委员会一案，经教育部列入于本年一月二十六日举行之全国国民教育会议议题之内，拟俟会议决定后，再行参照办理等情，应准如拟办理。

五、据建设厅签呈，转缴揭阳糖厂服装费遣散费追加预算书，请核示等情。经饬据会计处签称，查该厂所列二十七年十月份制服费一百六十元，二十八年二月份遣散费一百七十七元零八分，二十八年五月份制服费一百零二元五角，二十八年七月份遣散费三百五十五元八角四分，既系在保管费节余项下开支，且系为补具法案，复经建设厅核无不合，似可准予存转等语，应准如拟办理。

六、据省振济会呈缴韶关空袭紧急救济联合办事处三十年度经常费支付预算书表，请核示等情。经饬据会计处签称，查所缴预算书表计列支三千八百四十元，俸给费每月列支二百六十七元，比较前核定一百六十二元计增加一百零五元，由五月份起，八个月共增加八百四十元，核与规定尚合，似可准予照列，款在振款项下拨支等语，应准如拟办理。

七、据省振济会呈，转缴第三振济区筹设义民工厂计划预算表，请核示等情。经饬据会计处签称，查所缴预算表计划支一万元，既经该会核无不合，似可准予照办等语，应准如拟办理。

八、据教育厅签呈，缴本厅三十年度办理小学教员暑期训练经费支付预算书，列支五万五千四百二十八元，请核示等情。经饬据会计处签称，查该预算书内第一、二两目所列分配各数均与原案不符，惟据称系为切应实际需要，似可准予照列等语，应准如拟办理。

九、据教育厅呈缴三十年度调训公私立中等学校训导人员经费预算书，列支三万一千九百八十元，拟将原奉核定之调训公私立中等学校训导人员来程旅费改编照实增列科目，以资适应等情。饬据会计处签称，查与原核定预算总数尚无超越，惟属变更法案，请列报会议等语，应准如拟办理。

十、据省振济会呈缴韶关空袭紧急救济联合办事处三十年八月至十二月份追加预算书。饬据会计处签称，查该会自三十年五月份起，月支经费三百零五元，计俸给费二百七十元，办公费三十五元，现拟月增一百一十五元，合计每月经费四百二十元，既经该会核尚需要，拟准照办，由三十年十月份照数列支，款援案在振款项下拨支等语，应准如拟办理。

讨论事项

一、准广东省军管区司令部函，据编练处呈请施行国民兵身份证，拟具减支经费办法五项，恳转省府饬属从速策划进行等情，请查照办理等由，请公决案。

（决议）款在三十一年度战时特别预备金项下拨支，余照民政厅签拟通过。（签拟略）

二、据教育厅签呈，省立文理勷勤两学院校舍建筑委员会呈复两院建筑工程费如非拨足四十万元，实难□事，请仍准于原核定二十五万元之外加拨一十五万元，请核示等情，请公决案。

（决议）照案通过。款在三十年度建〈筑〉设事业临时费项下拨支。

三、【据】教育厅签呈，省立汕尾水产职业学校修理及添置费九千一百八十二元拟请由三十年度省预备金项下拨支，请核示等情，请公决案。

（决议）照案通过。

四、据教育厅签呈，省立罗定中学三十年度增班设备临时费二千九百三十三元六角，拟在收容南路东江各县战区退出员生经费预算内第二项列支，请核示等情，请公决案。

（决议）照案通过。

五、据建设厅呈，据公路处呈缴加建官渡河渡口渡车船预算书，列支八千九百零五元八角，请拨给归垫等情，请公决案。

（会计处签拟）本案第一艘工料费八千九百零五元八角，经本府秘书处审核尚属需要，似可准予照列，惟前核拨两艘工料费共五千四百四十二元一角四分，既因物价高涨，尚未依照预算建造，似应移拨为本案第一艘工料费，计除抵拨外，尚欠三千四百六十三元六角六分，此款拟准在三十年度建设事业临时费项下拨支，仍请提会核定。

（决议）照会计处签拟通过。

六、据建设厅先后签呈，据公路处呈，为星坪公路宜章县地价，经计□共需补偿一十一万二千五百四十三元四角八分，为与本路原预算该县土地补偿比较共不敷四万二千三百五十三元四角八分，请准拨发等情，请公决案。

（决议）照案通过。款在三十年度建【设】事业临时费项下拨支。

七、奉第七战区司令长官司令部电，饬将垫购防空器材电池价款五万八千三百八十四元拨还等因，请公决案。

（决议）照数拨还归垫，款在三十一年度临时特别预备金项下开支。

八、广东省临时参议会函，为本会第六次开会费共支出二万三千三百元，查临时参议会三十年度第六次大会参议员出席旅费节余款，经前本府核定通知除增支出席参议员旅费七千四百元外，其余请返纳入库有案，现请由第六次大会参议员出席旅费节余款拨支追加开会费一节，似未便照办，惟第六次大会现已闭幕，款已用去，该项追加开会费拟准其援案并在三十年度省预备金项下增拨开支，请提会核定。

（决议）照会计处签拟通过。

九、据教育厅呈，为省立南路临时中学三十年度增班临时费五千八百六十七元二角，拟在收容南路东江各县战区退出员生经费预算内第二项列支，请核示等情，请公决案。

（决议）照案通过。

十、据卫生处呈，拟依照各机关学校筹组消费公用合作社办法之规定，在本处三十年度经临各费节余项下拨支付提倡股金一千元为开办消费公用合作社之用等情，请公决案。

（会计处签拟）拟准如所请在该处三十年度各项事业及临时费节余共二万零四百七十七元五角三分项下拨支，仍请提会核定。再查上开节余款内有一千零一十九元九角九分系属米津及生活补助费专款节余拟并饬即扫数解库，不能再有请求开支其他经费。至其余之一万九千四百五十七元五角四分，除拟准开支本案股金一千元外，尚有一万八千四百五十七元五角四分。现已届三十一年度，亦应迅速解库，以符规定。

（决议）照会计处签拟通过。

十一、据粮政局电，改建办公厅等计需工料费一万五千一百七十七元六角，款在本局节余经费项下拨支等情，请公决案。

（决议）照案通过。

十二、据粮食管理局先后呈缴三十年度营业预算书暨所属各机关一至三月生活补助费预算书册，及运输大队三十年度经费预算书，暨第二中队冬夏季服装预算表，请核示等情，请公决案。

（决议）照会计处签拟通过。（签拟略）

十三、准广东省地方行政干部训练委员会函送干训团第七八九区联训班二十九年度调职人员旅费预算书，列支七千六百五十三元三角五分，除列入开办费预算旅费项下一千元拨支外，尚不敷六千六百五十三元三角五分，拟请准在该班二十九年度经临费节余项下开支，请查照等由，请公决案。

（决议）照案通过。

十四、本省战时政治工作总队部呈缴第九工作队三十年十二月份改发人员恩饷暨遣散费预算书册，列支九百一十元，拟请准在本部三十年度经费节余项下拨支等情，请公决案。

（决议）照案通过。

十五、据秘书处案呈，据本府印刷所呈缴三十年度营业岁入岁出预算书计划书暨俸给原支数及改订数比较表，请核示等情，请公决案。

（决议）照会计处签拟通过。（签拟略）

十六、据第一区行政督察专员呈缴三十年度修购临时费预算书，列支三千四百二十六元八角五分，请如数拨发等情，请公决案。

（决议）照案通过，款在三十年度省预备金项下拨支。

十七、据第一区保安司令部电，为收编伪保安第七团部，代发犒费一千元，请拨还归垫等情，请公决案。

（决议）照案通过，款在三十年度奖赏金项下拨支。

十八、据第三区行政督察专员先后电缴封川棉作改良实验区三十年度经临费预算书暨该区员役生活补助费预算书，请核示等情，请公决案。

（决议）照会计处签拟通过。（签拟略）

十九、据第五区行政督察专员呈缴二十九年建筑房舍工料费预算书，列支七千三百三十七元六角，请拨还归垫等情，请公决案。

（决议）照案通过，款在三十年度省预备金项下拨支。

二十、据新丰县政府电，请将三十年七月份至九月份本县员役薪饷照改订俸给办法支给后较原预算增加部分赐予补助等情，请公决案。

（会计处签拟）查新丰县系属贫瘠县份，该县所请核与规定相符，该县是项补助费，拟照规定每月补助（查该县三十年度省库补助全年经费为三千四百六十六元六角六分，每月分配为二百八十八元八角八分）二百八十八元，三十年七月至十二月六个月共一千七百二十八元，款在三十年度省总概算调整机构补助公务员生活费项下拨支，仍请提会核定。

（决议）照会计处签拟通过。

二十一、（略）

二十二、据财政厅呈，本厅主任秘书毛松年辞职照准，遗缺拟派何汉昌代理，附缴荐委表，请赐核委等情，请公决案。

（决议）照案通过。

二十三、据会计处案呈，查连平县地方三十年度岁入岁出追加概算，经参照各厅意见整理后，计拟改列各为一万五千六百二十二元，请提会核定等情，请公决案。

（决议）照案通过。

二十四、据会计处案呈，查鹤山县地方三十一年度总概算，经参照各厅处意见核编后，计拟改列各为一百七十二万八千一百八十九元，请提会核定等情，请公决案。

（决议）照案通过。

二十五、何委员函复，审查粮政局电准第三区专署电拟增设军粮科，每月经费一千七百七十二元，请在三十年九月份起实施，至从前向西江四邑运销处借支之经费，请准在业务费内作正开支，一案意见，请公决案。

（审查意见）（一）专署原有编制人员不多，粮政局所拟增设人员办理军粮事务，尚属需要，拟照秘书处签拟办理。至各区专署应增员额如附表（一）。（二）第三区专署拟姑准自三十年一月份起照附表（一）增设人员，所需经费，拟照会计处签拟在三十年度省预备金项下拨支。（三）拟自三十一年一月份起，各区专署照附表（一）增设人员，所需经费拟在三十一年度省总概算第一预备金项下拨支。

（决议）照审查意见通过。

二十六、准中国国民党广东省执行委员会函，请拨助本省商民代表大会经费三十元等由，请公决案。

（决议）照数拨助，款在三十一年度第一预备金项下开支。

二十七、据会计处签呈，准本省图书杂志审查处函请增加三十一年度办公等费等由。谨拟议两点，请提会核定等情，请公决案。

（决议）准在三十一年度调整机构补助公务员生活费项下拨五万元，交该处重编预算呈核。

二十八、张委员、郑委员（彦棻）、高委员、何委员、刘委员会复审查韶关市政府筹备处所拟韶关市曲江县财政划分临时办法一案意见，请公决案。

（审查意见）查财政厅原签七项办法尚属允当，拟请仍照原签办理。

（决议）照审查意见通过。

二十九、据会计处签呈，拟具本省各厅处会局等机关主管长官特别办公费标准月额表，请提会核定等情，请公决案。

（决议）交张、郑（彦棻）、胡、高四委员审查，由张委员召集。

广东省政府第九届委员会
第二百九十六次议事录

日 期 一月二十二日

地 点 曲江本府

出席者 郑彦棻 张导民 吴迺宪 高 信 胡铭藻 黄麟书
郑 丰 许崇清 王志远

列席者 杜之英 袁晴晖 黄 雯

主 席 李汉魂（公出 胡铭藻代）

纪 录 （秘书）谢晨光

报告事项

一、据财政厅呈，据花县税务局呈缴从化稽征所补助办公费预算书，请核示等情。饬据会计处签称，该项补助办公费似宜列作旅费支报，以符事实，现据分配于文具消耗什支各目，似□符合事实，拟先将该局月补助办公费三十元由二至四月计，三个月共九十元，准如所拟办理，款在三十年度省总概算各税务局所站经费未支配余额项下开支报会后代为更正科目等语，应准如拟办理。

二、据财政厅签呈，兴宁县请转核发惠来县地方法院故书记官廖毓华二十九年下半年至三十年全年份遗族恤金一案，除三十年全年恤金七十二元照案拨支外，其二十九年恤金二十五元二角拟在三十年度省总概算恤金项下动支等情。饬据会计处签称，拟予照准等语，应准如拟办理。

三、据省振济会呈，为制发韶市义民招待所难民用被套五十五床，共需一千九百五十二元五角，款在该所三十年度经常费节余项下开支等情。饬据会计处签称，拟准照办等语，应准如拟办理。

四、据本省驿运管理处呈缴本处三十年度维持费追加预算书，列支一千二百三十九元。饬据会计处签称，核与改订俸薪数额尚符，拟予照准，款在驿运处三十年五月至十月上半月维持费内匀支，饬连同核定维持费数额并入该处营业预算内该处经费支销等语，应准如拟办理。

五、据省振济会呈，缴救济总队队员罗择存救护韶市空袭受伤留医证明书，请由该总队员役生活补助费节余项下拨给该员特别奖金一百元等情。饬据秘书、会计两处签称，似可照准，款在三十年度省奖赏金项下开支等语，应准如拟办理。

六、据本府战时通讯所呈缴第九区台暨所属各分台二十九年度五至十二月份员役米津及三十年度一至四月份员役生活补助费预算书。饬据会计处签称，除九区电台员役米津及生活补助费前经核定发给外，其余儋县、琼山、文昌、定安四个电分台二十九年五月至十二月份米津合共七百六十元，拟准照拨，款在追加二十九年度省总概算各级公务员役团警米津项下开支，三十年一至四月生活补助费合共二千四百元照案特准在三十年度调整机构补助公务员生活费项下开支等语，应准如拟办理。

七、据财政厅签呈，遵谕根据现支各数及核定法案将经费数目核实调整，计常时部分本厅经费连核定增加办公费在内共列五十六万八千七百六十六元，临时部分设置自治财政整理委员会经费二十一万六千元，视察及督导旅费七万二千元，财政特别费六万元，常临合计共九十一万六千七百六十六元，前经电请行政院核示在本府三十一年度概算财务支出一款内，对于原列各数应否依照修改，请核示等情，应予照办。

八、据财政厅呈，为恩平税务局三十年九月因敌犯境搬迁费一百二十九元，拟在三十年度各税务局经费未支配余额项下拨支等情。饬据会计处签称，似可照准等语，应准如拟办理。

九、据财政厅呈，请补发揭阳税务局棉湖稽征所二十九年十、十一两月份米津九十六元等情。饬据会计处签称，似可准如所请，款在追加二十九年度省总概算各级公务员役团警米津项下开支等语，应准如拟办理。

十、据建设厅呈缴改编三十年度一至四月份员役生活补助费预算书，列支六千六百四十九元六角。饬据会计处签称，核与原案尚无不合，拟准照列，款在建设厅工业类营业基金项下拨支等语，应准如拟办理。

讨论事项

一、准广东省军管区司令部电送三十年度督催各区县积欠兵额旅杂费预算书，计共需五万九千九百元，款在三十年度□□□□□经管国民兵团队经费节余项下拨支，请查照等由，请公决案。

（决议）照案通过。

二、据财政厅签呈，修正广东省非常时期银钱业经营规则，请核示等情，请公决案。

（决议）交高、吴两委员审查，由高委员召集。

三、据财政厅签呈，拟请核发本厅所属税局及稽征所一个月结束费共约需二十一万元，在三十年度调整机构补助公务员生活费项下开支，又办理结束后，留其未用人员，拟发一个月薪给遣散费，约需一十万元，亦拟在三十年度前项补助费项下开支，请核示等情，请公决案。

（决议）照案通过。

四、准广东省临时参议会函，为本会三十年度第五次大会开会费预算油脂一项超出原预算三千六百元，请准由本会三十年上半年度特别临时费节余项下开支，不另追加预算等由，请公决案。

（会计处签拟）查该项特别临时费款既系由三十年度参议员出席旅费节余额内撙节开支，纵有余额，仍系参议员出席旅费之节余，且临时费预算内无油脂科目可以列报，本案超出电油三千六百元似可准照第五次大会特别临时费案在三十年度上半年参议员出席旅费节余项下拨支，并列入原第五次临会预算内报销，仍请提会核定。

（决议）照会计处签拟通过。

五、准广东省临时参议会函，为本会三十年十一月份修建费二万零二百九十六元，除照案领修理费一万元外，其余不敷一万零二百九十六元，拟由本会三十年度第六次大会参议员出席旅费节余项下拨支，不再向省库请领，请查照等由，请公决案。

（会计处签拟）查广东省临时参议会第六次大会参议员出席旅费节余款，前经本府核定，请返纳入库□案，现省参议会修建房舍土料费不敷一万零二百九十六元，拟请由该项节余款拨支一节，似未便照办，惟该会议工程既照原预算招工修缮完竣，该项不敷工数一万零二百九十六元，拟准在三十年度省建设事业临时费项下拨支，提会核定。

468

（决议）照会计处签拟通过。

六、据建设厅签呈，据农林局呈拟举办农林建设人员训练班一班，附缴表册预算，计列支二万七千七百二十二元，款在该局三十年度增强各县农业指导工作站机构充实人员追加经常费节余项下拨支，请核示等情，请公决案。

（决议）受训学员回程旅费应删，余照案通过。

七、据卫生处呈缴茂名药库搬【运】药物旅运费预算书，列支五千二百元，此款拟请由省库拨支等情，请公决案。

（会计处签拟）查五十万元药物余款既未汇回，本案旅运费自应另行指款拨支。至请追加之数，核亦需要，惟查前据卫生处会计室编列之三十年度各项事业费节余计有二万六千零九十八元八角四分，内除本处先后签请开支卫生处车房建筑费九百零六元四角七分，罗定、信宜卫生院补助费各三千元，坪石迁连县药物运费五千零六十四元，救济医院显微镜费一万元外，尚有节余款四千一百二十八元三角七分，上开旅运费五千二百元，拟由此项节余款拨支，除抵拨外，仍不敷旅运费一千零七十一元六角三分，仍由卫生处就三十年度以前各项节余经费拟议拨足（如属米津及生活补助费之节余则不能指拨应专案解库）。本案为期迅速解决起见，请先行提会核定。

（决议）照会计处签拟通过。

八、据第八区行政督察专员呈，报垫支□雷剿匪黄德胜部兵夫米津补助费三千八百一十七元八角四分，请拨还归垫等情，请公决案。

（决议）照案通过。款在三十年度省预备金项下拨支。

九、据财政厅签呈，台山税务局台城新昌都斛稽征所被敌军犯境员役衣物行李遭受损失，拟请比照公务员雇员公役遭受空袭损失暂行救济办法规定给予救济费共一千四百三十元，援案在救济费项下拨给等情，请公决案。

（决议）照案通过。

十、准广东省军管区司令部电，为本部团队管理处暨省款给与各直属单位官兵增发主食费共计五万三千零四十元，经在兵团队预备费项下按月拨支，请查照等由，请公决案。

（决议）照案通过。

十一、准广东省地方行政干部训练委员会函，据干训团呈，为三十年度调职人员旅费支出五千零九十七元七角三分，请准在本团三十年度经临费节余项下开支，请查照等由，请公决案。

（会计处签拟）准送预算书列支五千零九十七元七角三分，查其内容第一款一项一目二节补助该团官佐眷属旅费列支八十元，此项开支于法无据，自难报销。又同目第一节未准送各该员调差旅费报告表，亦难查核开支旅费是否符合规定，惟为节省公文往返转折起见，拟准照数在干训会团三十年度经临费节余项下开支，复请转饬按照本府及所属各机关调任人员支给在途旅费暂行办法规定核实支报，请提会核定。

（决议）照会计处签拟通过。

十二、准广东省地方行政干部训练委员会函，据训练团呈，为第五期结业学员回程旅费九万二千六百七十三元二角五分，拟请在省库拨款补助或准予追加三十年度训练经费，转请查照核定等由，请公决案。

（决议）准在三十年度省预备金项下拨支。

十三、据民政厅、会计处会呈，拟订战地各县政府编制暨经费分配标准表，请提会核定通饬实行等情，请公决案。

（决议）交张、郑（彦棻）两委员审查，由张委员召集。

十四、据秘书处、建设厅会呈，遵令与两广地质调查所商定调查本省地质矿产合作办法，计由本府每年负担调查费一万元，请核示等情，请公决案。

（决议）照案通过，款在本年度第一预备金项下拨支。

十五、据建设厅签呈，据农林局呈缴稻作改进所组织章程草案，请核示等情，请公决案。

（决议）交高、胡两委员审查，由高委员召集。

十六、据粮政局呈，拟就广东省各县供应粮库办事通则草案，请核准公布施行等情，请公决案。

（秘书处签拟）兹就原草案，酌予修正如次：（一）原第六条"领粮机关（人）到库提粮"句拟改为"领粮机关或个人到库提粮时供应粮库"，"并取具提粮单"句拟改为"并收取提粮单"。（二）原第八条拟改为"领粮机关或个人如分期提取应领实物，供应粮库应于初期即收取提粮单领粮收据正副联，并会同经领人于每期提取时在备考栏内注明提取期次及数额，并加盖图章"。（三）原第十三条拟改为"供应粮库管理员每周至少应检查实物一次，如遇狂风暴雨，天气潮湿时须勤加检查，并须随时加以整理，以免损坏"。（四）原第十九条拟改为"本通则自公布日施行"。

（决议）照秘书处签拟通过。

十七、据本府驻渝办事处呈，为三十年本处修理被炸房屋共支出三千九百七十二元，除前拨来款一千四百元外，余由本处垫支二千五百七十二元，请拨还归垫等情，请公决案。

（决议）照案通过，款在三十年度省预备金项下拨支。

十八、据会计处案呈，查茂明〔名〕县地方三十年度岁入岁出追加概算，经参照各厅意见整理后，计拟改列各为一十四万二千元，请提会核定，请公决案。

（决议）照案通过。

十九、据会计处案呈，查阳山县地方三十一年度岁入岁出总概算，经参照各厅处意见核编后，计拟改列各为九十四万零八百一十七元，请提会核定等情，请公决案。

（决议）照案通过。

二十、据会计处案呈，查始兴县地方三十一年度岁入岁出总概算，经参照各厅处意见核编后，计岁入为四十四万三千八百七十元，岁出为五十二万二千六百七十元，比对不敷七万八千八百元，拟在三十一年度省岁出概算实施新县制经费补助金科目项下拨助，以资平衡，请提会核定等情，请公决案。

（决议）照案通过。

二十一、许委员函复，审查秘书处所拟广东各级行政机关组织编制研究委员会组织规程一案意见，请公决案。

（审查意见）据本案原签附拟理由系因本省各级行政机关组织编制过于庞大，且极紊乱，非重加检讨，施以调整，不足以使省政机构在既定之施政计划及年度预算下臻于合理，其所拟检讨范围至为广泛，全省行政机构与全省施政计划是否适应，有无重复冗□，各机关组织于官制系统是否允协，职员名额配置是否妥贴，制在统筹调整之列，惟原拟研究委员会负责委员多则属另有本职，未必均能兼顾如此繁重之研究工作，而所谓对于行政组织素有研究之专家，亦不易得，所拟检讨调整事项将来能否收效，实属疑问。窃以为不如即交行政效率研究委员会指定专员研究，庶几事有专责，且可免又多一行政效率研究机关之设置也。

（决议）照审查意见通过。

二十二、王委员函复，审查卫生处所拟广东省【药】商注册规则及广东省成药注册规则一案意见，请公决案。

（审查意见）查该案所拟各节尚无不合，兹将原件提会，以便照案通过准予施行。

（决议）照审查意见通过。

二十三、高委员、何委员、刘委员会复，审查建设厅呈缴广东省县农业推广所组织通则、县农林场组织章程、县农业推广协进会组织通则及经临概算一案意见，请公决案。

（决议）照审查意见通过。（意见略）

二十四、高委员、何委员、刘委员会复，审查财政厅所拟广东省处理公有不动产章程施行细则暨广东省公有不动产投变放领办法一案意见，请公决案。

（决议）照审查意见通过。（意见略）

二十五、主席提议，梅县县长梁国材辞职照准，遗缺派李世安代理，兴宁县县长刘平另有任用，遗缺【派】□克成代理，请公决案。

（决议）照案通过。

二十六、主席提议，罗定县县长张嘉斌另有任用，遗缺派王公宪代理，请公决案。

（决议）照案通过。

广东省政府第九届委员会
第二百九十七次议事录

日　期　一月二十六日
地　点　曲江本府

出席者　郑彦棻　何　彤　张导民　黄麟书　胡铭藻　高　信
　　　　郑　丰　许崇清　吴遒宪
列席者　杜之英　黄　雯　史延程
主　席　李汉魂（公出　郑彦棻代）
纪　录　（秘书）谢晨光

报告事项

一、准广东省全省保安司令部函，据保安第九团呈缴三十年一月率领官兵由茂名赴廉江办理邹黄案件支出旅费预算书，列支四千一百六十七元六角七分，请查照核销等由。饬据会计处签称，核与本府核定相符，拟予照准，款在本府核定由三十年度省预备金项下拨付之六千元额内开支，比对尚余一千八百三十二元三角三分之款，拟饬返纳等语，应准如拟办理。

二、据建设厅签呈，据公路处呈缴修建乌径交通管理站工料费预算书，列支二百六十元五角。饬据会计处签称，似可准予如数在该站三十年五、六月份经费节余项下拨支归垫。至该站三十年五、六月份节余经费共有五百五十五元，除上项开支外，尚结存二百九十四元五角，应饬解库等语，应准如拟办理。

三、据卫生处呈缴茂名乡村妇婴卫生室三十年度追加开办费预算书列支三百二十六元四角。饬据会计处签称，据请以该室三十年七至九月份经常费节余款为岁入来源拨支，似可照准，此类节余经费挪支之预算，拟以补拨茂名乡村妇婴卫生室开办费科目汇列清表将来转呈中央核备等语，应准如拟办理。

四、据韶关市政筹备处呈缴三十年度经费预算书表，列支二万二千八百一十元五角。饬据会计处签称，核数尚符，拟照存转，惟查原核定预算月支一万五千二百五十七元，系因原编制预算表委任官俸薪栏多列五十元，又韶关市警察局编制预算表雇员栏少列一百元，似应分别更正，计处局共月支二万零三十元，除前核定月拨一万九千九百八十元外，计每月应补给五十元，三十年度计一个半月共应补给七十五元，此款拟在三十年度总概算内调整机构补助公务员生活费项下拨支等语，应准如拟办理。

五、据财政厅签呈，连平税务局助理员颜玉润病故，殡葬无资，可

473

否在征收养路费经费节余额项下酌给四百元，请核示等情。饬据秘书、会计两处签拟给一百元，款准在三十年度省总概算公路处征收汽车养路费各站经费余额项下拨支等语，应准如拟办理。

六、据会计处、教育厅会呈，拟定三十一年度本省岁出概算第三款教育文化支出调整数额表，请核示等情，应准照办。饬据会计处签称，经在三十一年度省概算数内照数改列完竣。（附抄调整数额表）

七、据省振济会呈缴技工养成所修理棚舍预算书，列支一千五百六十一元。饬据秘书、会计两处签称，审核尚属需要，拟准照列，款在该所三十年度经费节余项下开支等语，应准如拟办理。

八、据秘书处签呈，本处职员李承恩住宅遭受空袭损害，拟照修正本省公务员雇员公役遭受空袭损害救济办法规定，给予救济费一百五十元等情。饬据会计处签称，该款拟在三十年度省救济费项下开支等语，应准如拟办理。

九、据会计处签呈，关于驻韶机关宣传工作会议议决请本府负担拥护中美英苏四强领导民主集团反侵略宣传运动经费一次过一百五十元，似属需要，该款似可在三十年度省总概算预备金项下开支等情，应准如拟办理。

讨论事项

一至二、（略）

三、据建设厅呈缴技正蔡熙荐委表，请赐核委等情，请公决案。

（决议）照派代理。

四、据卫生处呈，据省立救济医院呈，为三十年度迁移费六百八十元，拟由本院三十年度十月份经费节余项下开支，请核示等情，请公决案。

（决议）照案通过。

五、据卫生处呈，为本处添印卫生人员注册执照印刷费共需六百五十元，此款拟在本处三十年度印刷广东卫生表格费节余项下开支，请核示等情，请公决案。

（决议）照案通过。

六、据粮政局呈缴业务处三十年度公役服装费预算书，列支七百六十元，请准在该处管理费之用人经费节余项下开支等情，请公决案。

（决议）照案通过。

七至八、（略）

九、据秘书处案呈，据本府警卫营呈拟三十年度士兵夏季装具支出计算书表，列支三万四千一百一十二元七角，除三十年度省概算原列该费服装费年额三万二千二百四十元照数拨支，比较不敷一千八百七十一元七角，在该营三十年度经费节余项下拨支，请核示等情，请公决案。

（决议）照案通过。

十、据秘书处案呈，据本府警卫营先后呈报十月份十一月份全营士兵实有人数五百九十八名，每名补发副食费七角，计每月四百一十八元六角，两个月共八百三十七元二角，请准补发等情，请公决案。

（会计处签拟）核尚需要，似可照准，关于本府第九届委员会第二八三次【会议】校准补发七、八、九月份该营士兵副食费一千六百一十五元六角，及本签拟十、十一两月份补发该营士兵副食费共八百三十七元二角，以上七至十一月份共需补发二千四百五十二元八角之款，拟并在上开该营三十年度经费净余一千零八十二元九角七分拨支外，其比对不敷拨支一千三百六十九元八角三分之款，并拟在三十年度省预备金项下开支，仍请提会核定。

（决议）照会计处签拟通过。

十一、据会计处案呈，连、乐、乳、宜四县联防办事处经费每月一千元，由三十年度一月份起至四月份止四个月共四千元，此款拟准在三十一年度省岁出概算第一预备金项下拨支，请核示等情，请公决案。

（决议）照案通过。

十二、据会计处案呈，查高明县地方三十年度追加岁入岁出概算，经参照各厅意见整理后，计实增数各为二万八千八百六十三元，请提会核定等情，请公决案。

（决议）照案通过。

十三、据会计处案呈，查新会县地方三十一年度岁入岁出总概算，经参照各厅处意见核编后，计拟改列各为九十三万六千六百一十元，请提会核定等情，请公决案。

（决议）照案通过。

十四、据会计处案呈，查德庆县地方三十一年度岁入岁出总概算，经参照各厅处意见编核后。计拟改列各为七十四万三千九百六十五元，请提会核定等情，请公决案。

（决议）照案通过。

十五、据会计处案呈，查平远县地方三十一年度岁入岁出总概算，经参照各厅处意见核编后，计岁入为四十九万零七百七十九元，岁出为五十万零七百七十九元，比对不敷一万元，拟请在省概算实施新县制经费补助金项下拨助，俾资平衡，请提会核定等情，请公决案。

（决议）照案通过。

十六、据会计处案呈，查新兴县三十一年度岁入岁出总概算，经参照各厅处意见核编后，计拟改列各为一百三十七万九千八百八十三元，请提会核定等情，请公决案。

（决议）照案通过。

十七、据本府行政效率促进委员会、会计处签呈，为本省文职公务员三十年度拟依照行政院前颁非常时期改善公务员生活办法规定发足生活补助金，拟具办法，请提会核定等情，请公决案。

（决议）交张、何、黄、郑（彦棻）、郑（丰）、胡、高、许、王、吴十委员审查，由张委员召集。

广东省政府第九届委员会
第二百九十八次议事录

日　期　一月二十九日

地　点　曲江本府

出席者　郑彦棻　何　彤　黄麟书　胡铭藻　高　信　许崇清

列席者　杜之英　黄　雯　何汉昌　史延程

主　席　李汉魂（公出　郑彦棻代）

纪　录　（秘书）谢晨光

报告事项

一、准广东高等法院函，据本院第七分院呈请将该分院二十九年度节余办公费一百五十五元一角三分及该地方法院二十九年度节余办公费一百六十四元三角一分移拨为修葺费支用，请准拨支等由。饬据会计处签称，似可照办，拟照数以各该院二十九年度办公费节余款科目列收，并以补拨各该院临时费科目列支，候将来汇列清表呈请中央核备等语，应准如拟办理。

二、准广东高等法院函送五华地方法院等院监二十九年十至十二月份员役米津预算书册，请核办等由。饬据会计处签称，核尚符合，计五华地方法院等八个院监二十九年十至十二月三个月总共一千五百九十七元六角七分，拟准照拨，款在追加二十九年度省总概算各级公务员役团警米津项下开支等语，应准如拟办理。

三、据卫生处呈，为第二卫生工程队购置公役服装费二百六十四元，拟在该队三十年度七月份至十二月份用人节余经费四百零八元九角四分项下拨支等情。饬据会计处签称，核案尚无不合，拟予照准，除准拨支上开制服费外，尚余一百四十四元九角四分，应饬扫数解库等语，应准如拟办理。

四、据卫生处呈缴第一医疗防疫队购置公役服装费预算书，列支一百六十四元。饬据会计处签称，拟准照案在该队三十年度经费内俸给费节余项下拨支等语，应准如拟办理。

五、据会计处案呈，据省立曲江小学呈缴二十九年十二月疏散公物预算书，列支三百八十元八角一案，据称系经将支出凭证呈奉审计处签证依照核准数目编列，此款似可准予照案在三十年度省预备金项下拨还归垫等情，应准如拟办理。

六、据本府战时通讯所签呈，南路行署电讯室台班技术人员回韶薪旅费应更正为列支三千二百五十三元，比前核定数多列九十九元等情。饬据会计处签称，应准照改列，除前拨三千一百五十四元外，计少拟九十九元，拟仍在三十年度省预备金项下补拨等语，应准如拟办理。

七、据韶关工务局呈，为三十年十二月一日起至同年月十五日止共十五天经费，请仍准照前案所列办理结束经费数额一千零三十六元拨给，俾资结账移交等情。饬据会计处签称，似可姑准照办，饬财政厅及曲江县政府各在三十年度省县预备金项下继续垫拨各五百一十八元发交等语，经准如拟办理。

讨论事项

一至三、（略）

四、何委员、许委员、刘委员会复，审查建设厅地政局会呈拟订本省限制耕地改葬坟墓暂行办法一案意见，请公决案。

（审查意见）查秘书处签拟修改各节，均甚适当，似可照拟修正公布施行，并咨部备案。

（决议）照审查意见通过。

五、许委员、何委员、刘委员会复，审查地政局呈拟市地各种地税地税率一案意见，请公决案。

（审查意见）查核所拟大致尚无不合，可照原拟办理。

（决议）照审查意见通过。

六、刘委员、郑委员（彦棻）、张委员会复，审查会计处拟设立会计人员训练班一案意见，请公决案。

（审查意见）（一）属于专业训练之各种训练班，自以干训团附设为最佳。若干训团暂难附设，原可委托各大学代办，惟此项短期训练班，须在与实际业务相配合，大学管教究竟能否适合要求，不无疑问，所请自行设班训练，尚属需要，似可照准，以期训练人才适应实际之需要。（二）该班经费应从节省，原拟专任教师二人至三人，似可减为一人，训育员可改由干训团派用，文牍、事务员应力为减少，能由会计处派员兼任尤佳，公务减为二名，全部办公费及特别费以减至十分之四为度。（三）服装可向干训团借用，讲堂亦应设法借用，图书除设法借用外，可酌购若干。（四）原拟招考一百人，似可减为六十人，务求严选真才。（五）以上所拟原则，如属可行，本案拟仍发交会计处根据上开审查意见重拟呈核。

（决议）照审查意见通过。

七、（略）

八、据建设厅签呈，请调派林艾进代理滑水山森林管理处技正兼主任等情，请公决案。

（决议）照派代理。

九、据建设厅呈，拟具广东省合作金库辅设委员会组织规程草案暨概算书，计六个月共需一千八百元，请由省库拨支等情，请公决案。

478

（决议）交黄、高、张、郑（彦棻）四委员审查，由黄委员召集。

十、据教育厅签呈，据省立国民革命博物馆呈缴组织章程暨办事细则，经予修正，请核示施行等情，请公决案。

（决议）交许委员审查。

十一、据教育厅签呈，拟订广东省各县市乡保学校办理民教部奖惩办法，请核示等情，请公决案。

（决议）照秘书处签拟通过。（签拟略）

十三①、据本府战时通讯所签呈，缴三十年度疏散器材旅运费预算书，列支二千二百元零九角，请拨款归垫等情，请公决案。

（决议）照案通过，款在三十年度省预备金项下拨支。

十四、据会计处案呈，查惠阳县地方三十一年度岁入岁出总概算，经参照各厅处意见核编后，计拟改列各为一百七十八万二千九百三十元，请提会核定等情，请公决案。

（决议）照案通过。

十五、（略）

十六、据秘书处签呈，拟将本府原有运输车三部改装木炭车，计需装修费共二万五千七百一十元，请指款开支等情，请公决案。

（决议）照案通过。款在本年度第一预备金项下拨支。

十七、据民政厅签呈，拟具本厅增设户政科编制经费概算表及户政科职掌表，请核定等情，请公决案。

（决议）照秘书处签拟通过。（签拟略）

十八、张委员、何委员、黄委员、郑委员（彦棻）、郑委员（丰）、胡委员、高委员、许委员、王委员、吴委员等会复审查本府行政效率促进委员会会计处呈为本省文职公务员三十一年度拟依照行政院前颁非常时期改善公务员生活办法规定发给生活补助金办法一案意见，请公决案。

（决议）照审查意见通过。（意见略）

十九、（略）

二十、据教育厅签呈，省立喜泉农业职业学校校长何立才拟饬另候任用，遗缺拟以赵华声接充等情，请公决案。

（决议）照案通过。

---

① 原文缺第十二项。

广东省政府第九届委员会
第二百九十九次议事录

日　期　二月二日

地　点　曲江本府

出席者　郑彦棻　何　彤　黄麟书　胡铭藻　高　信　许崇清
　　　　郑　丰　张导民

列席者　杜之英　戴振魂　何汉昌　黄　雯

主　席　李汉魂（公出　郑彦棻代）

纪　录　（秘书）谢晨光

报告事项

一、准广东省军管区司令部先后电函送本省三十年度各师管区特务连暨自卫特务中队经常费及士兵主食补助费预算书，及三十年十至十二月份自卫独立分队经常费主食补助费冬服补助费预算书，请查照核定等由。饬据会计处签称，查上述经常费，计三十年二月份月支八千三百三十三元，三至九月份月支四千三百五十二元一角六分，主食补助费六百四十八元，十至十二月份月支二千六百九十二元零六分，主食补助费四百五十元，另冬服补助费一千七百五十元，三十年度十一个月合计五万四千五百一十元二角，该款既经军管区司令部按月在三十年度国民兵团队预备费项下拨支，似可照办等语，应准如拟办理。

二、据本府行政效率促进委员会签呈，拟就原定本会三十一年度总概算数内及原有人员数两项原则，将本会三十一年度编制酌予变更，计比原有编制可节省俸给费一百五十二元，拨入办公费项下，请核示等情。饬据秘书处签称，查核尚无不合等语，应准予备案。

三、据粮政局签呈，查花县城东南乡第二保保长丘习汉因抢运军谷，被敌杀害，请予抚恤等情。饬据秘书、会计两处签拟依照战时乡镇保甲长暨联保主任因公伤亡给恤暂行标准之规定，给予一百六十元之一次抚恤费，款在三十一年度省总概算恤金项下开支等语，应准如拟办理。

四、据新会县政府呈缴前河南警察所所长谭文甫请恤调查表，请予核恤等情。饬据秘书、会计两处签拟依照非常时期奖恤警察暂行办法之规定，酌给恤金一百元，款在三十一年度省总概算恤金项下开支等语，应准如拟办理。

五、据卫生处呈缴第四医疗防疫队三十年度五月份改订俸给预算书。饬据会计处签称，查核尚无不合，计本年度由五月份起至十二月份，月增俸给费三百元，八个月共增二千四百元，拟准照案在三十年度省总概算内调整机构补助公务员生活费项下开支等语，应准如拟办理。

六、据省振济会呈缴韶关空袭紧急救济联合办事处改编三十年度经常费岁出预算分配表比较表，全年列支四千一百二十八元。饬据会计处签称，查所列九月份起员工俸给每月三百三十九元，比前核定月支二百六十七元之数，计每月增七十二元，九至十二月共增加二百八十八元，核与规定尚合，拟准照列，拟援案在振款项下拨付等语，应准如拟办理。

讨论事项

一、张委员函复审查建设厅呈缴营业基金工业类二十九年七月至十二月底止营业预算书表及营业计划书一案意见，请公决案。

（审查意见）查此项营业预算及营业计划，系由二十九年七月起至十二月底止，距今已历年余，时过境迁，预算之本意已失，只属一种手续上之补办，似可照会计处签拟通过。

（决议）照审查意见通过。

二、据省银行、财政厅、建设厅会呈，拟就广东省小工业贷款范围标准草案、广东省小工业放款章程草案、广东省小工业申请业务技术供销及捐税协助办法草案、广东省小工业贷款奖惩规则草案，请公布施行等情，请公决案。

（决议）交高委员审查。

三、（略）

四、据第二区行政督察专员呈缴秘书周游荐委表，请赐核委等情，请公决案。

（决议）照派代理。

五、据博罗县政府呈缴李金玉等请恤事实表，请照章给恤等情，请公决案。

（秘书处签拟）（一）严金箸、李锦、李才胜、李金玉等四名，核与人民守土伤亡抚恤实施【办法】第三条第四款之规定相符，拟依同法第四条第一款第八条第一款各给与其遗族八十元之一次恤金外，并给与每年五十元之年抚金，给以十年为止。至该款由何项下开支，拟先交会计处办理法案手续，另报内政部备案。（二）李葵（女性）一口为敌戏弄，力与敌抗拒，因被敌击伤脾部。严陈京一名，为该村父老见围中壮丁，且战且退，不幸被敌刺毙于树林内。李陈娇（女性）一口，与敌抗拒，因侮辱不遂，被敌枪击刀刺重伤，李旁妹、李钟妹、李谢利、李刘聋女等四口，因恐遭敌奸污，甘自投塘而殁，核其事实与人民守土伤亡抚恤实施办法第三条各款规定不符，未便议恤，除严陈京并无抵抗明文，不幸被敌击毙，拟不予置议外，余拟依照褒扬条例施行细则第三条前段规定，予以褒扬，并着内政部核复。

（会计处签拟）关于给恤部分，既经本府秘书处签奉核定严金箸、李锦、李才胜、李金玉四名各给予其遗族一次过恤金八十元，年抚金五十元，以十年为止，计四名一次过恤金共三百二十元，及第一年年抚金共二百元，拟在三十一年度省总概算恤金项下开支。至第二年以后年抚金，拟逐年在省预算恤金科目开支，请提会核定。

（决议）照秘书、会计两处签拟通过。

六、据建设厅签呈，据公路处呈，为本处汽车驾驶人申请考验书及体格检查表航邮费八百五十七元五角，拟请改在交通管理站费节余项下开支，请核示等情，请公决案。

（决议）照案通过。

七、据建设厅呈，据合作事业管理处呈，拟自三十一年度起，另设主任指导员三十七人，又增加指导人员一百三十七人，除主任指导员，由三十一年度本处新增事业费内开支外，其余增加指导人员经费，拟列入动支农贷增息计划预算之内开支，并请准予在三十年度农贷增息收入项下先行垫支四万元，以资因应，请核示等情，请公决案。

（会计处签拟）（一）合作事业管理处拟依照该处三十一年度施政计划增设主任指导员三十七人经费，准在三十一年度省级概算原核定合作事业费数额内统筹支配，拟具预算呈候核定。（二）又依上项计划增加指导员一百三十七人经费，拟由广东省农贷机关征收农贷增息项下拨支一节，核与原办法第五条第二款"此项增收利息得充作增加合作指导人员之用"之规定尚符，拟准照办，至所谓先垫四万元一节，应饬依照原办法第六条规定，迅即商同农贷机关订定该项计划及预算，请核定再夺。

（决议）照会计处签拟通过。

八、据秘书处签呈，拟具广东省各级行政机关被裁员役发给川资补助费暂行标准，请核示等情，请公决案。

（决议）交许、张、胡三委员审查，由许委员召集。

九、据秘书处签呈，拟具广东省战时情报人员伤亡给恤暂行标准，请核示等情，请公决案。

（决议）交许、张、胡三委员审查，由许委员召集。

十、据会计处案呈，查电白县地方三十年度岁入岁出第二次追加概算，经参照各厅意见整理后，计拟改列各为一十一万七千六百三十三元，请提会核定等情，请公决案。

（决议）照案通过。

十一、据会计处案呈，查赤溪县地方三十一年度岁入岁出总概算，经参照各厅处意见核编后，计岁入为二十四万八千一百一十六元，岁出为二十七万三千一百一十六元，比对不敷二万五千元，拟在省概算实施新县制经费补助金项下拨助，俾资平衡，请提会核定等情，请公决案。

（决议）照案通过。

十二、高委员、吴委员会复，审查财政厅签呈修正广东省非常时期银钱业经营规则一案意见，请公决案。

（审查意见）查本省非常时期银钱业经营规则所定之银号业务，既与银行注册章程及非常时期管理银行暂行办法规定相符，自应视同银行，依照中央法令实施管理。至找换店业务，自实施管货以后，除找换大票小票外，已无找换货币可□，且常有暗中投机操纵破坏外汇及货币信用等情弊，实有取缔必要，似可如秘书处所拟，将本省非常时期银钱业经营规则废止，通令各地银号依银行注册章程及非常时期管理银行暂行办法等规定，于一个月内报由当地县市政府，转呈本府，咨财政部核准给证，方得营业。至专营找换货币及买卖有价证券之找换店，则禁止开业。

（决议）照审查意见通过。

十三、据粮政局签呈，拟定广东省非常时期各县办理军粮奖惩暂行办法，请核示等情，请公决案。

（决议）交何委员审查。

十四、张委员、郑委员（彦棻）、胡委员、高委员会复，审查会计处拟具本省各厅处会局等机关主管长官特别办公费标准月额表一案意见，请公决案。

（审查意见）（一）表列第二类拟改为"省府委员、厅长、秘书长"，因依法厅长应由委员兼任，而秘书长事实上亦系由省政府委员兼任，似无须多列一类。（二）表列第三类既并入第二类，原第四类改为第三类，原第五类改为第四类。（三）改正后，第一类月额拟列为二千元，第二类六百元，第三类五百元，其副主官列为二百元。（四）原附注□之"至5"二字删去，呈附注二之5字改为4字，其余所拟各点，尚无不合，拟照通过。

（决议）照审查意见通过。

十五、据建设厅呈，据公路处呈，罗信公路展修至连滩段土桥涵工程概算约需三十六万元，请核示饬遵等情，请公决案。

（会计处签拟）□该路展修至连滩，需追加工程费三十六万元，经本府秘书处核签意见，以罗定县城至连滩一段，冬季水浅，航运困难，原有公路地属平坦，容易修复，自应准予展修，以便交通等语，拟准予照数追加，仍援案向省银行借款，以三十年解库盈利担保，一并请中央发还归垫，提会核定。

（决议）照会计处签拟通过。

十六、据教育厅签呈，拟设置本省仪器标本制造厂，计需开办费一十万元，事业费年共一十一万二千元，经常费年共七万二千元，合共二十八万四千元，请准如数在三十年度省预备金项下拨支，附呈计划大纲，请核示等情，请公决案。

（决议）交张、郑（丰）、许三委员审查，由张委员召集。

十七、据教育厅签呈，为省立中区临时中学校长黎梓材拟另有任用，遗缺拟以郑□容接充等情，请公决案。

（决议）照案通过。

十八、据教育厅签呈，省立老隆师范学校校长叶青天另有任用，遗缺拟请委何德辉接充等情，请公决案。

（决议）照案通过。

十九、据广东省图书杂志审查处□□派秘书张振鹏一员赴渝受训，造具旅费预算书，列支八百三十元，请准予照数发给等情，请公决案。

（会计处签拟）查现呈预算列支八百三十元，核与规定尚符，拟准照列，款在三十一年度省概算内赴中央干训团受训人员旅费项下开支，仍请提会核定。

（决议）照会计处签拟通过。

二十、据会计处案呈，准广东省新生活运动促进会妇女工作委员会函，送【该】会所属各县新运妇委会甲乙丙三种预算书，请核定等由。为迅速统筹办理起见，各□级预算，拟由各县照县财力及妇运实情，径与县新运妇委会自行商定办理，请提会核定等情，请公决案。

（决议）照案通过。

广东省政府第九届委员会
第三百次议事录

日　期　二月五日

地　点　曲江本府

出席者　郑彦棻　何彤　郑丰　黄麟书　高信　许崇清

列席者　杜之英　何汉昌　黄雯

主　席　李汉魂（公出　郑彦棻代）

纪　录　（秘书）谢晨光

报告事项

一、准广东省军管区司令部函，据政治部呈缴该部三十年度译电员奖金预算书，列支一百九十二元，该款拟在三十年度该部经费节余项下开支，请查照办理等由。饬据会计处签称，似可照准等语，应准如拟办理。

二、据建设厅呈缴三十年度停办各厂筹备费预算书，列支四千零五十一元二角四分。饬据会计处签称，拟准照列，款在建设厅工业类营业基金项下拨支，并入该厅三十年度工业类营业预算报销，惟现列员役生活补助费一百四十五元六角，前经建厅并编，拟饬不得再开支。又酒精厂现已停办，自无收入及开工费用支出，拟并饬知编列追减营业基金工业类三十年度营业预算呈核等语，应准如拟办理。

三、据建设厅签呈，据公路处呈缴举办登记甄用公路会计人员支付预算书，列支四百三十七元。饬据会计处签核尚属需要，此款据请准在三十年度该处经费节余项下开支，似可准予照办，拟以补拨公路处三十年度办理登记甄用公路会计人员经费科目汇列清表，将来转呈中央核备等语，应准如拟办理。

四、据建设厅报告，据公路处呈，报支配星坪公路第二期工程费八十七万元，韶坪公路修理桥梁二万二千元，改善韶兴公路一百一十万零三千元，南韶、雄庾、雄信三路共一十七万二千元，兴平、兴梅、梅正、新东各路共二十七万五千元，翁虔公路五万八千元，请察核等情，饬据会计处签称，似可照准等语，应准如拟办理。

五、据建设厅签呈，据公路处呈缴第一养路队三十年八月份裁工加饷分配表比对表，请核示等情。饬据会计处签称，查第一养路队路工木工船夫等因生活困难，拟将原有名额缩减，以节余工饷及生活补助费增加其余名额，既与原核定预算并无超越，似可准由三十年八月份起，照原呈增加工饷分配数目表办理等情，应准如拟办理。

六、奉行政院电，本院第二四八次会议决议，广东省政府委员罗翼群呈请辞职，应免本职，遗缺任命方少云继任，仰知照等因，应转饬所属各厅处会局行所知照。

七、据秘书处签呈，机要室组长吴以起遭受空袭损害财物，拟照【修】正广东省公务员雇员公役遭受空袭损害救济办法规定，给予一百二十元之救济费等情。饬据会计处签称，该款似可在三十年度总概算救济费项下开支等语，应准如拟办理。

八、据省战时贸易管理监察委员会呈缴贸易管理处二十九年度营业

486

决算表件，请核示等情。饬据会计处签称，核无不合，拟予存转等语，应准如拟办理。

九、据本府行政效率促进委员会呈，为本会组员吴士达寓所遭受空袭损害，请予救济等情。饬据秘书、会计两处签拟依照修正本省公务员雇员公役遭受空袭损害救济办法第二条但书规定，酌受救济费八十元，款拟在三十年度省救济费项下开支等语，应准如拟办理。

十、据财政厅签呈，拟将广东新会地方法院故推事阮秉钧二十九年三至十二月份止遗族年恤金共一百八十一元六角七分，依据本省历办抚恤成案，以毫券七成折合国币一百二十七元一角七分，改由三十年度省恤金项下开支等情。饬据会计处签称，查核尚属可行，似可照准等语，应准如拟办理。

十一、据南海县政府先后呈缴三十年九月十月十二月份因粮费预算书，计共六百七十五元六角。饬据会计处签称，核属需要，总散亦复相符，似可照案准在三十年度省总概算接近战区各县战时工作费项下拨支，惟是项科目经已动支无余，似应改在三十年度省总概算预备金开支等语，应准如拟办理。

十二、据龙川县政府呈缴修正龙川县码头租征收章程。饬据财政厅签拟将第三条第十一条分别修正等情，应准如拟办理。

讨论事项

一至二、（略）

三、据建设厅签呈，据公路处呈缴增建官渡河车船及修理码头工料费预算书，经代为更正后，计码头修理费应改为二千七百八十元零四角，渡车船工料费每艘九千零六十五元四角，两艘共一万八千一百三十元零八角，请核示等情，请公决案。

（会计处签拟）查本案预算列两艘渡河车船应改为一艘，并照建厅现拟核减之每艘工料费九千零五十六元四角计算，此外修理官渡河码头工程费，照建厅核拟减为二千七百八十元零四角，两项共计一万一千八百三十六元八角，此款尚属核实，拟准照数在三十年度建设事业临时费项下拨还归垫。

（决议）照会计处签拟通过。

四至七、（略）

487

八、据本府合署建设委员会呈，拟具黄岗附近地区免租借用建筑临时住宅暂行办法，广东省政府补助黄岗私有住宅拆迁办法，黄岗附近临时住宅区房屋建筑简章，请核示等情，请公决案。

（决议）交高、何、郑（丰）三委员审查，由高委员召集。

九、据秘书处签呈，拟具广东省政府直属各机关暨各县市局公务员考绩委员会设置大纲、广东省各级行政机关公务员考绩暂行办法暨表件，请核定施行等情，请公决案。

（决议）交许、黄、胡三委员审查，由许委员召集。

十、（略）

十一、准广东省动员委员会函送推进连连阳乳曲五县动员工作暨每月经费预算书旅费表等，请查照等由，请公决案。

（决议）交高、何、郑（丰）三委员审查，由高委员召集。

十二、（略）

十三、据会计处签呈，查三十一年度未列入省概算之新设立各机关，计北江船舶大队部经费年支四万二千三百八十四元，省节约建国储蓄团增加经费，支三千零七十一元，拟在三十一年度省第一预备金项下开支，环境卫生实验场经费年支二万零八百五十六元，第五诊疗所经费年支七千二百九十六元，拟饬卫生处在三十一年度卫生事业临时费项下统筹分配办理，请提会核定等情，请公决案。

（决议）照案通过。

十四、据卫生处案呈，查新丰县地方三十年度岁入岁出第二次追加概算，经参照各厅处意见整理后，计拟改列各为一万九千九百二十五元，请提会核定等情，请公决案。

（决议）照案通过。

十五、据会计处案呈，查饶平县地方三十年度岁入岁出追加追减概算，经参照各厅处意见整理后，计岁入追加数为四十四万六千零一十二元，追减数为二千八百元，岁出追加数为四十四万七千四百二十八元，追减数为四千二百一十六元，岁出岁入比较实增数各为四十四万三千二百一十二元，请提会核定等情，请公决案。

（决议）照案通过。

十六、据会计处案呈，查仁化县地方三十一年度岁入岁出总概算，经参照各厅处意见核编后，计岁入为五十七万零三十二元，岁出为五十九万五千零三十二元，比对不敷二万五千元，拟请在省概算实施新县制经费补助金项下拨助，俾资平衡，请提会核定等情，请公决案。

（决议）照案通过。

十七、据会计处案呈，查花县地方三十一年度岁入岁出总概算，经参照各厅处意见核编后，计拟改列各为六十三万三千四百九十八元，请提会核定等情，请公决案。

（决议）照案通过。

十八、据会计处案呈，查梅菉管理局地方三十一年岁入岁出总概算，经参照各厅处意见核编后，计拟改列各为四十一万八千七百五十二元，请提会核定等情，请公决案。

（决议）照案通过。

十九、张委员、郑委员（彦棻）会复，审查民政厅会计处会同拟订战地各县政府编制暨经费分配标准表一案意见，请公决案。

（审查意见）查本案所拟订战地各县政府编制经费预算分配标准表，尚属妥适，似可通过。其经费分配标准表附记第二项末句，法制室所拟修正为其初任人员除二等委任职以下人员得按其学识经验酌叙级俸外，均应从最低级俸叙起，亦属允当。

（决议）照审查意见通过。

二十、高委员、胡委员会复，审查农林局所拟稻作改进所组织章程草案意见，请公决案。

（审查意见）查所缴稻作改进所组织章程草案大致尚属妥洽，似可照秘书处意见办理。员额部分，照建设厅签拟，仍须视业务需要，逐渐增加。经费部分，由该所本年度核定经费内统筹办理。

（决议）照审查意见通过。

二十一、准广东省防空司令部函，为派员赴渝都市防毒干训班训练，所需旅费三千三百二十元，请拨付归垫等由，请公决案。

（决议）照案通过。款在本年度赴中央干训团受训人员旅费项下拨支。

二十二、据教育厅签呈，省立高州农业职业学校校长黄宗铨迭请辞职，拟予照准，遗缺拟以该校教务主任熊光升充等情，请公决案。

（决议）照案通过。

二十三、（略）

二十四、据教育厅签呈，为省立艺术院院长拟以副院长赵如□升充等情，请公决案。

（决议）照案通过。

二十五、据教育厅签呈，为省立国民革命博物馆长李金发辞职，拟请照准，遗缺以胡根天接充等情，请公决案。

（决议）照案通过。

广东省政府第九届委员会
第三百零一次议事录

日　　期　　二月九日

地　　点　　曲江本府

出席者　　郑彦棻　何　彤　黄麟书　许崇清　高　信　胡铭藻
　　　　　郑　丰

列席者　　杜之英　戴振魂　何汉昌　黄　铮　黄　雯

主　　席　　李汉魂（公出　郑彦棻代）

纪　　录　　（秘书）谢晨光

报告事项

一、据教育厅签呈，拟就广东省立体育场建筑委员会简章，请核示等情。饬据秘书处签称，所缴简章，大致尚无不合，拟准予备案等语，应准如拟办理。

二、据建设厅签呈，为本厅科员张适诸积劳病故，拟拨给殓葬费三百元，拟在本厅三十年度经费节余项下支销等情。饬据秘书、会计两处签拟，依照本省战时公务员、雇员、公役在职亡故核给殓葬费暂行办法第二条第一款规定，核给殓葬费一百五十元，在该厅三十年度节余经费项下拨支等语，应准如拟办理。

三、据地政局呈，为曲江县地政处助理员李达积劳病故，拟一次过

490

给予丧葬费三百元，款在本局曲江、乳源两县土地整理经费节余项下开支等情。饬据秘书、会计两处签拟，依照本省战时公务员、雇员、公役在职亡故核给殡葬费暂行办法第二条第二款项规定，给予殡葬费一百元，在该局曲江、乳源两县土地整理费节余项下开支等语，应准如拟办理。

四、据第五区行政督察专员呈缴建筑厨房及冲凉房工料费预算书，列支四百八十五元，请拨款归垫等情。饬据秘书、会计两处签称，核尚需要，拟在三十年度省预备金项下拨还归垫等语，应准如拟办理。

五、据财政厅签呈，丰顺县故管狱员林德馨二十七年九月至十二月恤金、伸合国币一百零七元八角，拟改在三十年度省总概算恤金项下开支等情。饬据会计处签称，似可照准等语，应准如拟办理。

六、据财政厅呈缴电白税务局水东稽征所二十九、三十各年度解款旅费预算书。饬据会计处签称，查该所解款旅费，二十九年十一月及十二月份列支二百四十八元，三十年一月份列支六十五元九角，核尚符合，所请分别在该局二十九、三十年度节余经费项下开支，似可照准等语，应准如拟办理。

七、据财政厅签呈，奉通知修改各公路工程费，准再拨一百三十万元，先由广东省银行在三十年度盈利应解库项下预借垫拨，由本厅另筹来源追加三十年度建设事业临时费科目拨还等因。查此项工程费，前经本厅另筹来源，呈奉追列三十年度第三次追加省总概算建设事业临时费科目，拨由公路处收领在案。除函知省银行毋庸预借垫拨外，请察核等情。饬据会计处签称，查属变更法案，请核定报会等语，应准如拟办理。

八、据卫生处呈，拟将本处曲江药库图则改变，略为扩大，增建住宅厨房加围竹篱掘填土方等项，所需营造费，统由原预算九千元内开支等情。饬据会计处签称，所需营造费，虽与原核定预算并无超越，惟属变更法案，请列报会议等语，应准如拟办理。

九、据省振济会呈缴第三振济区第二期办理生产救济事业计划预算表，列支一万三千一百一十四元一角，款由该区第一期办理生产事业基金结存三千一百一十四元一角，及前拨第二期生产救济事业基金一万元，合共一万三千一百一十四元一角拨付等情。饬据会计处签称，查核尚无不合，似可准予照列等语，应准如拟办理。

十、据台山县政府呈，为本县长与乡长叶洪湛于三十年"三三"事变时，因赴县请示追击敌人策略，致中途被流弹轰中殉命，请予核恤等情。饬据秘书、会计两处签拟，照战时乡镇保甲长暨联保主任因公伤亡给恤暂行标准第一条乙项之规定，给予一次抚恤费二百元，款在三十年度省恤金项下开支。应准如拟办理。

十一、奉行政院令，发追加预算案处理大纲及各省动支预备金暂行办法，仰遵照，并饬属遵照等因。应遵办，并请通知本省各机关。

讨论事项

一至四、（略）

五、据建设厅呈，据农林局呈缴畜疫防疗所第一分所组织规程及编制表，请核示等情，请公决案。①

（决议）照秘书处签拟通过。

六、据建设厅签呈，据农林局呈缴稻作改进所指导区及指导分区组织大纲，请核示等情，请公决案。

（决议）照秘书处签拟通过。（签拟略）

七、据卫生处呈，为缴纳药物税五百九十三元零五分，该款拟由本处三十年度卫生事业临时费项下拨付，请核示等情，请公决案。

（决议）照案通过。

八、据卫生处呈缴环境卫生实验场三十年购置公役服装费预算书，列支五百二十八元，拟在该场三十年度十一及十二月份俸给节余五百二十一元五角项下开支，仍不足六元五角，在该场十二月份主任特别办公费内开支，请核示等情，请公决案。

（决议）照案通过。

九、据省振济会呈，为儿童教养院第六分院三十年度补充儿童服装费二万八千六百七十五元，拟请改在奉发救济备用金三十六万元项下拨发，请核示等情，请公决案。

（决议）照案通过。

十、据粮政局电，为本局拟建防空壕洞、休息棚、防空指挥台等，

_____

① 秘书处签拟略。

计工料费共需一万七千二百二十二元，除奉配拨补助费三千八百二十二元外，不敷一万三千三百九十九元，拟由本局三十年度追加开办费暨本局经费节余项下分别拨支。又本局业务处建筑防空仓库，计需四千三百七十五元，及建卷房计需五千一百四十五元，均拟在业务费项下列支，请核示等情，请公决案。①

（决议）照会计处签拟通过。

十一、据本省北江区船舶大队呈，为制印船舶登记各种表照共支出七百三十四元四角，请拨还归垫等情，请公决案。②

（决议）照会计处签拟通过。

十二、据番禺县政府呈缴员役薪饷原支数及改订数比较表件，请依照县各级公务人员薪饷改订支给办法，由三十年七月份起，照额按月核拨补助等情，请公决案。③

（决议）照会计处签拟通过。

十三、（略）

十四、据教育厅签呈，拟请准由三十年度战时教育经费拨支社教工作团回韶旅费七百三十元等情，请公决案。

（决议）照案通过。

十五、据教育厅签呈，据省立勷勤商学院呈，拟将二十九年度结存经费一千三百九十六元四角二分移挪添置图书，请核示等情，请公决案。

（决议）照案通过。

十六、据教育厅签呈，请将二十九年度战区生膳费结存款一万四千九百三十八元一角七分移拨为三十年度战区退出学生膳费等情，请公决案。

（决议）照案通过。

十七、据卫生处电，为各县卫生院长来韶受训毕业，分往各地卫生机关参观见习，计共需膳什旅费九百四十八元，拟在本处三十年度经费

---

① 会计处签拟略。
② 会计处签拟略。
③ 会计处签拟略。

节余项下开支，请核示等情，请公决案。

（决议）照案通过。

十八、据卫生处呈，据省立救济医院呈缴三十年度重建院舍增添营造费预算书，列支四千零八十元，请在本院三十年度十至十二月份经常费节余项下开支，请核示等情，请公决案。①

（决议）照会计处签拟通过。

十九、据会计处案呈，查佛冈县地方三十年度岁入岁出追加概算，经参照各厅意见整理后，计拟改列各为二万八千零六元，请提会核定等情，请公决案。

（决议）照案通过。

二十、据会计处案呈，查赤溪县地方三十年度岁入岁出追加概算，经参照各厅意见整理后，计拟改列各为二万五千二百五十元，请提会核定等情，请公决案。

（决议）照案通过。

二十一、据会计处案呈，查增城县地方三十一年度岁入岁出总概算，经参照各厅处意见核编后，计拟改列各为三十三万一千零九十元，请提会核定等情，请公决案。

（决议）照案通过。

二十二、据会计处案呈，查吴川县地方三十一年度岁入岁出总概算，经参照各厅处意见核编后，计拟改列岁入为八十六万零二百二十一元，岁出为九十一万零二百二十一元，比对不敷五万元，拟请在省概算实施新县制经费补助金项下拨助，俾资平衡，请提会核定等情，请公决案。

（决议）照案通过。

二十三、据秘书处签呈，拟具广东省政府公务人员军事训练办法大纲、军事训练队组织规则、暨军事训练队编制表，请核示等情，请公决案。

（决议）交胡、黄两委员审查，由胡委员召集。

二十四、据合浦县政府电呈，拟自三十一年一月份起，所有乡镇公

---

① 会计处签拟略。

所员役每月规定补助谷津五十市斤，由乡镇自筹，请察核等情，请公决案。

（决议）交胡、何、高、张四位委员审查，由胡委员召集。

广东省政府第九届委员会
第三百零二次议事录

日　　期　二月十二日
地　　点　曲江本府
出席者　郑彦棻　何　彤　黄麟书　郑　丰　胡铭藻　高　信
　　　　许崇清　张导民
列席者　杜少英　戴振魂　黄　雯
主　　席　李汉魂（公出　郑彦棻代）
纪　　录　（秘书）谢晨光

报告事项

一、准广东军管区司令部函送更正本部三十年度十月份修配公用汽车机件工料费预算书，列支一千零八十一元。饬据会计处签称，似可照现列款，在国民兵团队三十年度十月份预备费项下开支等语，应准如拟办理。

二、据财政厅呈，为清远税务局三十年十月间紧急搬运公物费用一百四十六元四角，拟准在三十年度各税务局未支配余额项下拨支等情。饬据会计处签称，似可照准等语，应准如拟办理。

三、据教育厅呈缴省立广东农工职业学校三十年度改订俸给重编预算书表。饬据会计处签称，似可准予照列，计由三十年度八月至十一月共应增拨俸给及生活补助金一万二千一百五十五元，此款拟准在三十年度省总概算内调整机构补助公务员生活费项下开支等语，应准如拟办理。

四、据省地政局呈，为乳源县地政处助理员马从亮、工役高良积劳病故，拟请准如各给丧葬费等情。饬据秘书、会计两处签称，拟依照本省战时公务员、雇员、公役在职亡故核给殓葬费暂行办法第二条第一款规定，给予马从亮殓葬费一百元，同条第三款规定给公役高良七十元，款准在地政局曲江、乳源两县土地整理费节余项目下开支等语，应准如拟办理。

五、据省地政局呈，为本局三十年度制发公役夏季服装费六百二十四元，拟在本局三十年度行政经费薪俸节余项下开支等情。饬据会计处签称，查其内容系列公役每名制发服装两套，原与规定不合，惟据称系于三十年度五月定制，拟姑照列，该款拟准在该局三十年度用人经费节余项下开支等语，应准如拟办理。

六、据粮政局呈缴本局业务处三十年度开办费建筑预算表，列支一万九千九百元。饬据秘书、会计两处签称，核尚需要，似可准予在该局三十年度营业预算补充表第一款第一项第一目第一节建筑粮仓费节余项下开支等语，应准如拟办理。

七、据粮政局呈缴驻桂购粮办事处三十年度开办费预算书，列支一千元。饬据会计处签称，似可准予照列，款在该局营业基金拨付，饬并入三十年度营业预算补充表内报销等语，应准如拟办理。

八、据省振济会呈缴韶关空袭紧急救济联合办事处三十年度办公厅宿舍修理费预算书，列支七百三十五元。饬据秘书、会计两处签称，核属需要，拟准照列，款在该处三十年度开办费节余项下开支等语，应准如拟办理。

九、据省振济会呈，据妇女生产工作团托儿所呈缴二十九年度购置儿童制服费预算书，列支二百七十二元八角。饬据会计处签称，事隔经年始行呈核，原有未合，惟既经该会核明款在该所二十九年五月至八月份经常费内膳费节余项下开支，拟姑予照准等语，应准如拟办理。

十、据本省驿运管理处呈，为适应事实及环境需要起见，拟请恢复本处所属驿运总处段站组织通则原第二十一条"各站视事务繁简，酌用雇员三人至五人，由各站长遴员递呈总段派充，并呈报本处备案之规定"等情。饬据秘书处签称，所请既为事实上所必需，似尚可行等语，应准如拟办理。

十一、据秘书处签呈，本府故科员黎耀初积劳病故，拟依照本省战时公务员、雇员、公役在职亡故拨给殓葬费暂行办法第二条第一款规定，核给该故员殓葬费一百五十元等情。饬据会计处签称，查该处既无节余经费拨付，拟在三十年度省救济费项下开支等语，应准如拟办理。

十二、据秘书处案呈，据本府警卫营呈请补发卫士队三十年十月份士兵副食费不敷款一百三十一元六角，请核示等情。饬据会计处签称，核尚需要，该队三十年十至十二月份经费节余数，现据表报为一百七十二元，除最近本府核准拨支该队官佐三十年度冬服津贴费一百七十元外，计尚净余二元，该款拟予照数拨支本案不敷副食费外，比计尚需补拨一百二十九元六角之款，拟在三十年度省预备金项下补拨开支等语，应准如拟办理。

十三、据秘书处案呈，据本府警卫营呈请补发卫士队三十年十一、十二月份士兵副食费不敷数共二百六十三元二角，请核示等情。饬据会计处签称，核尚需要，似可照准，款拟在三十年度省预备金项下补拨开支等情，应准如拟办理。

十四、据秘书处案呈，据本府警卫营呈，请补发该营三十年十二月份士兵副食费不敷数四百一十八元六角，请核示等情。饬据会计处签称，核尚需要，似可照准，款拟在三十年度省预备金项下补拨开支等语，应准如拟办理。

讨论事项

一、准中共〔央〕振济委员会电，为广东省紧急救济委员会需款举办紧急救济事项，请连同原已垫拨该会各款拨足三百万元，统由本会请款归垫等由。经先饬财政厅担保该会向省银行如数垫借济用，并将该行前垫救侨会各款扣还利息，由救侨会担负，补提会请追认案。

（决议）照案追认。

二、准广东省临时参议会函，为本会第六次大会张参议员光第提请修正禁酒条例，以杜流弊案，经大会决议，照原案修正通过，送请省政府办理在案，请查照办理等由，请公决案。

（决议）交何委员审查。

三、准广东全省保安司令部电，为保安第六、七两个团三十一年度主食费每个月需二万三千一百三十六元，两团共月需四万六千二百七十二元，编列追加预算表，请按月照数拨付等由，请公决案。

（决议）照案通过，款在本年度调整机构补助公务员生活费项下拨支。

四、准广东全省保安司令部函，为本部垫支三十年元旦委座犒赏费七千九百四十七元九角，除由军需局核发八百六十一元三角外，计尚垫支七千零八十六元六角，无法归垫，该款拟由三十年度历月经费节余项下支销，请查照等由，请公决案。

（决议）照案通过。

五、据秘书处、会计处、民政厅、财政厅、粮政局会呈，关于恩平县请援照补助团警食米办法，筹给行政囚粮一案，谨将会商结果，请核示等情，请公决案。

（决议）照案修正通过。

六、据民政厅呈，为本厅三十年度修理运输汽车费一万零一百零七元，拟在本厅三十年度禁烟临时费节余项下开支，请核示等情，请公决案。

（决议）照案通过。

七、据财政厅呈，为东莞税务局三十年五月份敌寇进扰搬迁费五百九十六元三角，拟准在三十年度各税局经费未支配余额项下拨支，请核示等情，请公决案。

（决议）照案通过。

八、据教育厅签呈，为三十一年度办理调训各中等学校训导人员经费计需二万七千七百六十元九角五分，除拟将三十年度办理调训经费剩余一万六千五百六十四元拨用外，并拟将三十年度先后核准之战区退出教师来韶旅费、辅导职业学校公旅费、高等及普通考试检定委员会经费、中等学校教员暑期补习会经费、赴渝中央训练团受训人员旅费、训导会议经费各剩余款拨用，请核示等情，请公决案。

（决议）照案通过。（签拟略）

九、据教育厅签呈，缴省立高州农业职业学校三十年度增班设备临时费用预算书，列支五千八百六十七元二角，请核示等情，请公决案。

（决议）照案通过。

十、据教育厅签呈，拟将师范生及梅州女师与连州中学之简师科学生膳费由三十年九月份起各增拨三元，合原额共为十八元，请核示等情，请公决案。

（决议）照案通过。

十一、据教育厅呈缴三十年度及三十一年度追加战区生膳费预算书，因米价日涨，各生膳费难以维持，拟将三十年度该项结余款三万一千五百八十四元六角九分转入本年度继续支付，请核示等情，请公决案。①

（决议）照会计处签拟通过。

十二、（略）

十三、据教育厅签呈，拟将省立文理学院附属中学改为省立越秀中学，并以现任附中校长黄继植继续充任该校校长，检同履历，请察核任用等情，请公决案。

（决议）照案通过。

十四、据建设厅呈缴农林局技士袁士珍荐委表，请赐核委等情，请公决案。

（决议）照派代理。

十五、据建设厅签呈，为本厅三十年度奉命选送赴中央第十七条〔期〕受训人员王世昌、马文栋、孔昭英、黄秉书等四员旅费共三千三百二十元，请拨还归垫等情，请公决案。

（决议）照案通过，款在三十年度赴中央干训团受训人员旅费项下拨支。

十六、据建设厅先后呈缴战时长途电话管理所改编三十年度营业预算及改订俸给比较表等情，请公决案。

（决议）交张委员审查。

十七、（略）

十八、据本府战时通讯所呈，拟在本所暨所属各机关三十年度节余经费内分配负担本所无线电中枢台及中山公园扩音室三十年度燃料费不敷六千八百元，请核示等情，请公决案。

（决议）照案通过。

十九、据本府边政指导委员会签呈，拟具广东省政府边政指导委员会组织规程暨西山施教示范站组织规程，请核示等情，请公决案。

———————————

① 会计处签拟略。

（决议）交黄委员审查。

二十至二十一、（略）

二十二、据澄海县政府呈缴二十九年度筹措抗战准备费收支结存数目表暨第二次追加县地方岁入岁出概算书表，计一万八千六百五十四元，请准列入地方预算统收统支等情，请公决案。

（决议）照案通过。

二十三、（略）

二十四、据会计处案呈，查南海县地方三十年度岁入岁出追加概算，经参照财政厅意见整理后，计改列各为六百元，请提会核定等情，请公决案。

（决议）照案通过。

二十五、据会计处案呈，查海康县地方三十年度岁入岁出第二次追加概算，经参照财政厅意见整理后，计各列仍为三万九千八百八十七元，请提会核定等情，请公决案。

（决议）照案通过。

二十六、据会计处案呈，查台山县地方三十年度岁入岁出追加概算，经参照各厅意见整理后，计各列仍为二十二万八千六百一十九元，请提会核定等情，请公决案。

（决议）照案通过。

二十七、据会计处案呈，查乳源县地方三十年度岁入岁出追加概算，经参照各厅意见整理后，计改列各为二万六千二百七十一元，请提会核定等情，请公决案。

（决议）照案通过。

二十八、据会计处案呈，查南雄县地方三十一年度岁入岁出总概算，经参照各厅处意见核编后，计拟改列各为一百四十五万零七百五十二元，请提会核定等情，请公决案。

（决议）交张、何、黄、郑（丰）四委员审查，由张委员召集。

二十九、据会计处案呈，查海丰县地方三十一年度岁入岁出总概算，经参照各厅处意见核编后，计拟改列各为一百三十七万八千三百四十元，请提会核定等情，请公决案。

（决议）照案通过。

三十、据会计处案呈，查阳春县地方三十一年度岁入岁出总概算，经参照各厅处意见核编后，计拟改列各为一百二十六万一千八百三十八元，请提会核定等情，请公决案。

（决议）照案通过。

三十一、何委员函复审查财政厅所拟广东省各县乡镇卫生洁净费征收办法大纲一案意见，请公决案。

（决议）照审查意见通过。（意见略）

三十二、黄委员、高委员、张委员、郑委员（彦棻）会复，审查建设厅所拟广东省合作金库辅设委员会组织规程暨概算一案意见，请公决案。①

（决议）照审查意见通过。

三十三、高委员函复审查省银行、财政厅、建设厅会拟广东省小工业贷款范围标准草案、广东省小工业放款章程草案、广东省小工业申请业务技术供销及捐税办法草案、广东省小工业贷款奖惩规则草案意见，请公决案。②

（决议）照审查意见通过。

三十四、据教育厅签呈，省立中区临时中学追加三十年九月二十日因敌犯台开迁移费一千五百八十六元，拟准在三十年度省预备金项下拨还归垫，请核示等情，请公决案。

（决议）照案通过。

三十五、据教育厅签呈，省立勤勤商学院购置校具家私等费共需六千五百六十七元四角，除在奉核发迁移费、设备费三万元，剩余款二千一百七十二元开支外，尚不敷四千三百九十五元四角，拟准在三十年度省预备金项下拨支，请核示等情，请公决案。

（决议）照案通过。

三十六、据教育厅签呈，国民教育委员会主任委员三十年三月赴渝及视察连连阳乳各县国民教育支出旅费共三千七百九十元，拟由三十年度国民教育经费内国民教育委员会经费节余项下拨支，请核示等情，请

---

① 审查意见略。

② 审查意见略。

公决案。

（决议）第二项旅费照会计处签拟办理，余照案通过。（签拟略）

三十七至三十八、（略）

三十九、据会计处签呈，奉准拨发第五区专署保安各部迁设汤坑搬迁费一万元，该款拟在三十一年度省岁出概算第一预备金项下据实开支，请提会核定等情，请公决案。

（决议）照案通过。

四十、据秘书处、会计处、财政厅会呈，关于刷新本府公报需用流动金五万元一案，拟在三十一年度省岁出概算第一预备金项下提拨，请核示等情，请公决案。

（决议）照案通过。

四十一、据民政厅签呈，为生活程度高涨，省警待遇拟请援照本府文职公务员最近支薪办法办理，请核示等情，请公决案。

（决议）交张委员审查。

四十二、准广东全省保安司令部函，为将奉令改编两保安团为八个保安大队，及机炮教导第一大队，预算月需追加主食代金七万零三十八元，本年度共七十七万零四百一十八元，请查照办理等由，请公决案。

（决议）交张委员审查。

广东省政府第九届委员会
第三百零三次议事录

日　期　二月十六日

地　点　曲江本府

出席者　李汉魂　郑彦棻　何　彤　黄麟书　张导民　胡铭藻
　　　　郑　丰　刘佐人　许崇清　吴遒宪　高　信

列席者　戴振魂　杜之英　黄　雯　云照坤

主　席　李汉魂

纪　录　（秘书）谢晨光

报告事项

一、据省振济会呈缴韶市义民招待所三十年度经常费预算书表，请核备等情。饬据会计处签称，查该预算书列支六万七千五百一十二元，既经振济会核无不合，复核总散各数亦相符，拟准照列，款在振款项下拨支等语，应准如拟办理。

二、据省振济会呈缴儿童教养院实验小学部三十年改制棉袄支付预算书，请核转等情。饬据会计处签称，查该预算书列支一千二百四十元，既经振济会核属需要，并准在该院各院部三十年度经费节余项下拨支，复核所列各数亦属核实，拟准照办等语，应准如拟办理。

三、据粮政局呈缴本局业务处购置费预算书，请核示等情。饬据会计处签称，查该预算书列支一万五千七百元，既经粮政局核属需要，似可准在该局三十年度营业预算补充表第一款第三项第一目第二节船舶购置费项下拨支等语，应准如拟办理。

四、据教育厅签呈，转缴第三四五电影教育巡回施教区三十年调韶集中整训旅运费预算书，请核示等情。饬据会计处签称，查该预算书共列支三百八十七元七角八分，此款据教厅拟议在三十年度中等学校教员暑期讲习会经费节余项下拨支，似可照准等语，应准如拟办理。

五、据建设厅签呈，本厅在经费项下垫支过技术人员旅费四千零二元八角八分，及生活补助费六百四十元，拟由本厅三十年度经费节余项下支销等情。饬据会计处签称，技术人员旅费拟准照列，饬列入该厅三十年度经常费、办公费项下支报，至技术人员生活补助费加给数，业已开支，应否特予照准，请核示等语，关于生活补助费应准予照支，余如拟办理。

六、据建设厅签呈，罗信茂路监理林冠五由吴川至韶关受职，所需旅费六百四十六元，拟准在该路工程处监理费办公费内旅费项下开支，请核示等情，应准如拟办理。

七、据粮政局呈，为驻湘购粮办事处运输所由三十年五月起增设乙种分库一个，该仓管理费拟请在该所管理费节余项下列支等情。饬据会计处签称，查该仓库月支二百九十四元，由三十年五月份至十二月底止，共支二千三百五十二元，似可准在该所三十年度管理费节余项下开支等语，应准如拟办理。

八、据本省驿运管理处呈，为本处三十年十二月份增建棚舍临时费共支出三百六十六元三角，拟在该月份经费俸给费节余项下拨支等情。饬据秘书、会计两处签称，核尚需要，似可准在该处三十年十二月份经费俸薪节余项下拨支等语，应准如拟办理。

九、据第一区行政督察专员呈缴三十年十二月囚犯口粮清册及囚犯出入循环表，共垫支二百一十二元一角，请拨还归垫等情。饬据会计处签称，查核尚无不合，该款拟在三十年度省总概算寄押人犯口粮科目拨还归垫等语，应准如拟办理。

十、据会计处签呈，关于军委会核发七战区挺进×纵队击毙著匪一名奖金七十元，经由本处向财政厅查明业已给领归□，拟请补报会议等情，应准如拟办理。

讨论事项

一、（略）

二、准广东省军管区司令部函，为本部三十年十二月份购买卫生材料费一千九百九十三元九角，拟在本部三十年度兵团队预备费项下开支，请查照等由，请公决案。

（决议）照案通过。

三、准广东省军管区司令部函，据政治部呈缴三十年十二月份结报处经费预算书，月支一千三百元零四角，三个月共支四千三百三十元四角，拟在该部三十年度节余经费八千六百六十九元七角七分项下拨支，请查照核办等由，请公决案。

（决议）照案通过。

四、准广东省军管区司令部函，为增搭本部特务第一连官兵宿舍厨房一座，共支工料费一千九百五十三元九角，该款经在国民兵团队三十年度十一月份预备费项下拨支，请查照核定等由，请公决案。

（决议）照案通过。

五、据民政厅签呈，拟订广东省各县警察局设置通则，请□饬施行等情，请公决案。

（决议）照秘书处签拟修正通过。①

---

① 修正之点略。

六、据教育厅签呈，据本厅中小学教师工作团呈缴三十年度经费预算书表，列支三万二千七百六十元，请由省总概算岁出经常门临时部分四款一项六目战时教育费项下拨支等情，请公决案。

（决议）照案通过。

七、准广东省临时参议会函，为本会第六次大会，徐参议员飞提创设省立国产药物制造厂案，经大会决议，照原案修正通过，送请省政府办理在案，请查照办理等由，请公决案。①

（决议）照秘书处签拟通过。

八、据秘书处签呈，遵饬会同珠江水利局制成广东水利根本建设计划大纲表，请提会决定公布实施等情，请公决案。

（决议）交郑（丰）、张、高三委员审查，由郑委员召集。

九、略。

十、（略）

十一、据卫生处呈，为第一卫生区署三十年度建造棚厂署址费一千七百五十八元七角五分，请准在该署三十年度经费节余项下开支等情，请公决案。

（决议）照案通过。

十二、据卫生处呈，为本处环境卫生实验场建造灭虱站共需三千三百六十元，除该场开办费一千三百六十元拨支外，仍不足二千元，拟在本处三十年度卫生事业临时费项下拨支，请核示等情，请公决案。

（决议）照案通过。

十三、据卫生处呈，据第一卫生诊疗所呈，拟购置蒸溜器及油印机等共需款九百八十元，拟在该所三十年度经费及所长特别生活补助费节余款项下开支，请核示等情，请公决案。②

（决议）照会计处签拟通过。

十四、据财政厅签呈，为惠阳税务局因敌寇进扰，损失衣物，拟每员各发救济费一百二十元，六员共七百二十元，援案在省救济费项下拨给，请核示等情，请公决案。

---

① 秘书处签拟略。
② 会计处签拟略。

（决议）照案通过。

十五、据前广东省战时贸易管理处呈缴互助社三十年度营业计划及概算书表，请核示等情，请公决案。[①]

（决议）照会计处签拟通过。

十六、据本省战时政治工作总队部呈，为制发本部所属各队员单人棉被三百三十床，共需款九千五百七十元，请准在本队三十年度经费节余项下拨支等情，请公决案。

（决议）照案通过。

十七、据建设厅呈，据合作事业管理处呈，拟由该处三十年度经费剩余项下增拨防空设备费三千五百元，请核示等情，请公决案。

（决议）照案通过。

十八、据建设厅呈缴农林局畜疫防疗所第一分所技正兼所长王立群荐委表，请赐核委等情，请公决案。

（决议）照派代理。

十九、（略）

二十、据秘书处案呈，准中国童子军广东省理事会筹备处函送庆祝童军节纪念大会经费预算书，列支一千一百五十元，请如数拨助等由，请核示等情，请公决案。

（决议）照数拨助，款在本年度第一预备金项下开支。

二十一、据会计处案呈，查和平县地方三十年度岁入岁出第二次追加概算，经参照各厅处意见整理后，计拟改列各为三千元，请提会核定等情，请公决案。

（决议）照案通过。

二十二、据会计处案呈，查花县县政府地方岁入岁出追加无线电分台经费预算，拟自三十年三月份起，准予追加一百元，计岁入岁出均改为一百元，请提会核定等情，请公决案。

（决议）照案通过。

二十三、据会计处案呈，查兴宁县地方三十一年度岁入岁出总概算，经参照各厅处意见核编后，计拟改列各为三百一十万零二百九十二

[①] 会计处签拟略。

元，请提会核定等情，请公决案。

（议决）照案通过。

二十四、据会计处案呈，查云浮县地方三十一年度岁入岁出总概算，经参照各厅处意见核编后，计拟改列各为一百五十万五千八百八十八元，请提会核定等情，请公决案。

（决议）照案通过。

二十五、据教育厅签呈，省立雷州师范学校校长邓时乐电请辞职，拟予照准，遗缺请以宋其芳接充等情，请公决案。

（议决）照案通过。

二十六、主席提议，龙门县县长郑泽光另有任用，遗缺调德庆县县长张绍焜代理，递遗缺调连山县县长甘殊希代理，所遗连山县县长缺，派张益民代理，请公决案。

（议决）照案通过。

二十七、据民政厅签呈，本厅第二科科长陈铁樵拟调充第五科科长，遗缺调第三科科长李乐接充；递遗第三科科长缺，拟派郑泽光代理，并兼本省警察训练所教务主任等情，请公决案。

（决议）照案通过。

二十八、准广东省临时参议会函，为本会三十一年度各项经临费，拟请仍照三十年度十二月份经临各费数目支拨，请查照办理等由，请公决案。

（议决）照会计处签拟通过。（签拟略）

二十九、据教育厅签呈，省立南雄中学校长黄培才辞职，业予照准，遗缺拟派关照祺代理等情，请公决案。

（议决）暂派代理。

三十、据教育厅签呈，省立钦州师范学校校长张开照辞职，拟予照准，遗缺拟派陈智和代理等情，请公决案。

（决议）暂派代理。

广东省政府第九届委员会
第三百零四次议事录

日　期　二月十九日

地　点　曲江本府

出席者　李汉魂　刘佐人　郑　丰　何　彤　郑彦棻　黄麟书
　　　　胡铭藻　许崇清　张导民

列席者　杜之英　戴振魂

主　席　李汉魂

纪　录　（秘书）谢晨光

报告事项

一、据财政厅签呈，奉饬删改本省实施县各级组织纲要，财政划分补助办法，自应遵照办理，唯查本省原办法实际已不适用，拟予废止，请报会后通饬等情，应准如拟办理。

二、据教育厅签呈，请指款拨还前垫省校校舍建筑工程师酬金等情。饬据会计处签称，该项酬金垫款四百九十一元四角，拟准照原拟以二十七年度防空设备建筑费计南雄中学三百五十一元八角四分，罗定中学一百零五元，雷州师范一百零三元，共五百五十九元八角四分，为岁入来源拨支，自此类节余经费挪支之预算，拟以补拨建筑省校校舍工程师酬金科目汇列清表，将来转呈中央核备等语，应准如拟办理。

三、据建设厅签呈，据农林局呈，请从新将本局经费调整增拨西江及乐昌蚕桑场经费，请核示等情。饬据会计处签称，现经将三十一年度省概算经济及建设支出款内调用农校员生补助二万四千二百四十元全数拨为乐昌蚕桑改良场经费，另列西江蚕桑改良场经费九万九千一百一十一元一目，照原请求将增产奖金临时费科目拨三万元，增制血清临时费四万一千六百五十五元，畜疫防疗增购器材费科目拨二万七千四百五十六元，三目核拨。又将稻作改进所水稻增产及增设指导区经费二十万一千六百二十五元全数并入稻作改进所经费内，谨列表请报会备案等语，

508

应准如拟办理。

四、据省振济会呈缴实验小学部三十年疏散办理前站旅费预算书费列支九十七元五角。饬据会计处签称，既经该会核明款在该部三十年度经费节余项下开支，复核总散各数相符，拟照准等语，应准如拟办理。

五、据省振济会呈缴儿童教养院第五院二十九年修缮费预算书，列支四千四百三十四元。饬据秘书、会计两处签称，查该所列大致尚合，既经该会核明款在该院二十九年度经费节余项下拨支，拟准照拨等语，应准如拟办理。

六、据粮政局电，为本局运役班工饷微薄，拟由三十一年一月份起，依照公役给与附缴编制预算表月支七百七十七元，款援案在本局业务经费项下拨支等情。饬据会计处签称，查表列正班长月饷五十五元，副班长五十元，比前核定数正班长四十五元，副班长四十元，月各增一十元，运役十四人，各月支四十八元，比前核定月各支四十元之数，计每名月增八元，共月增一百八十八元，似可准予照办。饬并编入该局三十一年度营业预算，迅呈核办等语，应准如拟办理。

七、据粮政局呈，为本局西江四邑办事处业务增繁，拟请将原有组织酌予扩充，增加员额，拟具编制预算表，及三十年度十一月至十二月底止经费概算书，月支二千一百三十八元，请核示等情。饬据会计处签称，比二十九年度经费月支二百四十元之数，计月增一千六百零八元，既经该局核拟需要，复核所列该处办公费每月三百五十元，及长沙分库百合分库办公费月各支七十元，尚属核实，似可准予照办。饬汇编入该运销处三十年度营业预算内，并改编编制表，一并呈核等语，应准如拟办理。

八、据第四区行政督察专员电缴修正修筑惠、博、莞三县溃堤工程计划及实施办法暨工程费总预算表，计实支工程费为一十二万八千八百零一元九角二分，请核示等情。饬据会计处签称，核与前呈预算比较实减少五千二百元，则省行拨借该县修堤贷款额亦应减为十九万八千一百九十六元三角三分，至所呈计划及实施办法，多有核与现实情形不同，似应另行编拟，并依照更正后数额重编三县修堤工程费预算书呈核，事关变更原拨借数额及工程费总额，仍请报会核定等语，应准如拟办理。

九、据第九区行政督察专员电，请增设粮政人员五员。饬据粮政局签称，与核准各区专署增设办理粮政人员之通案未符，为划一处理起见，拟准该区暂增设科员、办事员各一人，仍归原日署内主管粮食科内办事等语，应准如拟办理。

讨论事项

一、准广东省全省防空司令部函送本部所属合浦防空通讯所二十九年十、十一月份追加运费预算书表，列支二千七百六十八元七角五分，款在该所二十九年五月至十二月各月份经费节余项下拨支，请查照办理等由，请公决案。

（决议）照案通过。

二、据财政厅呈，为本厅选派中央政治学校人事训练班第三期受训一员，计需旅费暨治装费八百九十元，请准在三十年度训练临时费项下赴中央干训团受训人员旅费科目拨给等情，请公决案。

（决议）照案通过。

三、（略）

四、据建设厅签呈，合作事业管理处三十年度临时印刷费五千六百五十元，拟准予在该处三十年度经费剩余项下拨支，请核示等情，请公决案。

（决议）照案通过。

五、据建设厅签呈，据农林局呈缴广东省补助垦荒贷款利息计划纲要，暨广东省各县推行垦荒面积贷款补助分配表，请核示等情，请公决案。

（决议）交张、刘、郑（彦棻）三委员审查，由张委员召集。

六、据建设厅签呈，据长途电话所呈，拟将电话管理规则第二十条"均免收费"四字改为"减半收费"，请核示等情，请公决案。

（决议）乡镇公所因公通话暂准记账。其余政府机关收半费。

七、据财政厅呈，为曲江税务局参加韶关检查所分担建筑费六百七十五元零七分二厘，拟准照拨，款在三十年度各税务局经费余额项下开支，请核示等情，请公决案。

（决议）照案通过。

八、据粮政局呈缴本局三十年度经费预算表，月支经费四万元，请察核示遵等情，请公决案。

510

（决议）照案通过。

九、（略）

十、据秘书处签呈，据本府驻渝办事处呈缴三十一年度预算书，请由三十一年度起，依照中央各机关办法，所有职工家属，无论在渝或乡间，均一律照发米津补助代金，请核示等情，请公决案。

（决议）交张委员审查。

十一、据会计处案呈，查乐昌县地方三十一年度岁入岁出总概算，经参照各厅处意见核编后，计拟改列各为七十八万三千九百二十二元，请提会核定等情，请公决案。

（决议）照案通过。

十二、据会计处案呈，查恩平县地方三十一年度岁入岁出总概算，经参照各厅处意见核编后，计拟改列各为一百零九万五千三百三十六元，请提会核定等情，请公决案。

（决议）照案通过。

十三、据秘书处签呈，为节省汽油，适合预算起见，拟将各委员所乘车辆及差遣车辆应领汽油数量酌减后，各发手车一辆代步，计需手车共十六辆，请拨款办理。至手车夫月饷，仍照原规定，向本处领汽油者，由处支给，其余则由各厅处或兼职机关支给，请核示等情，请公决案。

（决议）准先拨五万元，款在三十年度省预备金项下开支，车由该处购发，余照案通过。

十四、（略）

十五、据本省社会处签呈，本处员役生活补助金年额一十万零五千八百四十元，拟另编列预算，并请在本年度调整机构公务员生活补助费项下另案拨发，附缴三十一年度经费预算书及员役生活补助金预算书，请准拨发等情，请公决案。

（决议）照案通过。

广东省政府第九届委员会
第三百零五次议事录

日　　期　二月二十三日

地　　点　曲江本府

出席者　　李汉魂　何　彤　郑彦棻　郑　丰　许崇清　吴迺宪

　　　　　张导民　黄麟书　刘佐人　胡铭藻

列席者　　戴振魂　杜之英　黄　雯

主　　席　李汉魂

纪　　录　（秘书）谢晨光

报告事项

一、据财政厅呈，为蕉岭税务局开征民营汽车营业税需支设站购置费一百元，经在三十年度第二次追加省地方岁出概算经常门临时部分八款一项征收民营汽车营业税开办费科目项下照拨，请核示等情。饬据会计处签称，似可照准等语，应准如拟办理。

二、据本省驿运管理处呈，为本处会计室股长陈□民积劳病故，无人料理，经由本处代付殓葬费二百四十二元，拟援案在本处节余经费项下开支，请核示等情。饬据会计处签称，拟准予照发，款在该处三十年度经费节余项下开支等语，应准如拟办理。

三、据本省军民合作总站呈，为本站副总站长丁鸿训、干事丁鸿议等住宅去年十一月遭受敌机轰炸损害，请分别给予救济费等情。饬据秘书、会计两处签拟照本省公务员雇员公役遭受空袭损害救济办法第八条第二项（乙）、（丙）两款之规定，分别给与该副总站长丁鸿训救济费一百五十元，干事丁鸿议一百八十元，合共三百三十元，在三十一年度岁出概算救济费项下拨支等语，应准如拟办理。

四、据财政厅呈，为高明税务局三十年九月疏散票照公物迁移费九十八元五角，拟准在各税务局三十年度经费未支配余额项下拨支等情。饬据会计处签称，似可照准等语，应准如拟办理。

512

五、据建设厅签呈，转缴农林局西区林业促进指导区改编三十年度岁出经常费预算书表。饬据会计处签称，查核尚无不合，计三十年度由五月份起至十二月份月增俸给费五百七十元，八个月共增加四千五百六十元，此款拟准照案在三十年度省总概算内调整机构补助公务员生活费项下开支等语，应准如拟办理。

六、据粮政局呈，拟于三十一年一月起，恢复驻赣购粮办事处，及其所属运输所，暂仍依照原编制预算遴员办理等情。饬据会计处签称，查核所缴编制预算表列该处员役名额俸级及办公费数计每月列支一千七百八十三元，核与原编制尚属相符，至运输所编制表，除所列委任十级办事人员八员，核与原编制列办事员八员，月支薪额每员八十五元，计多列九十六元外，其余所列尚合，拟准予由三十一年一月份起，恢复该办事处及运输所，饬知运输所办事员八员应改为委任十三级，以符原案，并饬汇编入该局三十一年营业预算迅呈核办等语，应准如拟办理。

七、据粮政局呈，据东江运销处呈缴惠来人口站员役恩饷预算书，列支四百四十二元。饬据会计处签称，拟准照列，援照澄潮饶各入口站裁撤发给恩饷案，款在该处三十年业务费项下开支，仍饬列入该处三十年度营业预算迅呈核办等语，应准如拟办理。

八、据省银行呈缴二十九年度下期及全年决算表。饬据会计处签称，表内所列各数，核与本府核定该行二十九年度纯益分配案各表列数略有不符，经函该行更正，准复尚属实情，复查分配表各数，核与原案相符，至催收款项，经遵令扣出一百万元作为呆账开支。又查本省二十九年度总概算列该行解库盈利二百五十万元，现列解库盈利四百二十万元，计溢收一百七十万元，此项溢收款，经列入本省三十年度第三次追加岁入总概算内，原送各表，拟予存转等语，应准如拟办理。

九、据省银行呈，缴省营工业各项借款汇总合约。饬据会计处签称，查原呈合约，既系遵照核定清理办法签订，似可准予备案等语，应准如拟办理。

十、据本府战时通讯所呈缴本所业务调查台三十年度各员役棉衣补助金预算书，列支三百二十元。饬据会据〔计〕处签称，拟准在该台三十年度经费预算内俸给费节余项下拨支等语，应准如拟办理。

讨论事项

一、何委员函复，审查粮政局签呈拟定广东省非常时期各县办理军粮奖惩暂行办法一案意见，请公决案。[①]

（决议）照审查意见通过。

二、据建设厅签呈，拟具广东省辅设省县合作金库暂行办法附具说明书等，请核示等情，请公决案。

（决议）交刘委员审查。

三、据本府合署建筑委员会呈，编具本会及所属工程处三十一年度经费预算书，共列支九万六千四百二十元，请核示等情，请公决案。[②]

（决议）款在本府合署建筑费项下拨支，余照会计处签拟通过。

四、（略）

五、据秘书处案呈，据广播电台呈，本台三十一年度所需柴油，每月差额为四百三十二元，全年为五千一百八十四元，请予追列等情，请公决案。[③]

（决议）照会计处签拟通过。

六、据本省战时政治工作总队部呈，为垫支过修建各棚舍工料费一千七百三十元，拟在本部三十年八月份经费结存项下如数拨支，请核示等情，请公决案。

（决议）照案通过。

七、据财政厅案呈，据本厅派赴中训团第十七期受训学员何汉昌等十二员联呈，因物价增涨，奉发旅费不敷，拟请发给去程旅费每员一千一百元。除已奉拨八百三十元外，每员请补发二百七十元，请核示等情，请公决案。

（决议）派赴中央训练团受训人员去程旅费，由第十七期起，甲区每员改发一千元，其余各区均照甲区增加率比例修正。

八、据财政厅先后呈，为四会税务局三十年九月搬迁票照公物费一百四十四元，及惠阳税务局疏散票照公物旅运费六百五十一元，均拟在

---

① 审查意见略。

② 会计处签拟略。

③ 会计处签拟略。

514

三十年度各税局经费未支配余额项下拨支，请核示等情，请公决案。

（决议）照案通过。

九至十、（略）

十一、据本省北江区船舶大队呈，为本队三十一年度岁出经常费预算数月支四千六百零三元二角六分，年支五万五千二百三十九元一角二分，请查核备案等情，请公决案。①

（决议）照会计处签拟通过。

十二、据第一区行政督察专员呈，为本署三十年度制发公役服装费共一千五百九十九元，该款拟在本署三十年度俸给费历月节余项下拨支，请核示等情，请公决案。②

（决议）照会计处签拟通过。

十三、据开平县政府呈，为本县各级警察机关办公费拟照原额增加至双倍，请核示等情，请公决案。③

（决议）照会计处签拟通过。

十四、（略）

十五、据会计处案呈，查南澳县地方三十一年度岁入岁出总概算，经参照各厅处意见核编后，计拟改列各为八万四千七百七十五元，请提会核定等情，请公决案。

（决议）照案通过。

十六、据会计处案呈，查徐闻县地方三十一年度岁入岁出总概算，经参照各厅处意见核编后，计拟改列各为五十五万一千一百五十六元，请提会核定等情，请公决案。

（决议）照案通过。

十七、主席提议，保亭县县长蔡××应予撤职，遗缺派王槐森代理，请公决案。

（决议）照案通过。

十八、据秘书处签呈，遵经会商广东全省保安司令部拟定广东省战

---

① 会计处签拟略。
② 会计处签拟略。
③ 会计处签拟略。

时各区行政督察专员公署及保安司令部合并组织实施计划纲要及暂行编制表，请连同会计处所拟预算并提会决定等情，请公决案。

（决议）交何、刘、吴三委员审查，由何委员召集。

十九、张委员函复审查民政厅签呈为生活程度高涨省警待遇拟请援照本省文职公务员最近支薪办法办理一案意见，请公决案。[1]

（决议）照审查意见通过。

二十、张委员、郑委员（丰）、许委员会复，审查教育厅签拟设置本省仪器标本制造厂计需开办费及事业经常各费合共二十八万四千元请准如数在三十年度省预备金项下拨支一案意见，请公决案。[2]

（决议）照审查意见通过。

二十一、据财政厅、会计处会呈，编具本省三十年度第四次追加省地方普通概算书，请提会核定后，呈行政院核办，并请设置特种事业基金管理委员会等情，请公决案。

（决议）照案修正通过。

二十二、据秘书处签呈，编印本省分县新图及说明书、本省政治经济地图及说明书，附总概算书，列支十五万元，请提会核定等情，请公决案。

（决议）照案通过，款在三十年度建设事业临时费项下拨支。

二十三、据教育厅签呈，为三十年度补助流动社会教育团队职员团队员制服费共四千二百九十元，拟请俯念该团队困难情形，准在三十年度战区退出教师旅费项下拨支等情，请公决案。

（决议）照案通过。

---

① 审查意见略。
② 审查意见略。

广东省政府第九届委员会
第三百零六次议事录

日　期　二月二十六日

地　点　曲江本府

出席者　郑彦棻　何　彤　张导民　胡铭藻　许崇清　吴迺宪
　　　　刘佐人　郑　丰　黄麟书

列席者　杜之英　戴振魂　黄　雯

主　席　李汉魂（公出　郑彦棻代）

纪　录　（秘书）谢晨光

报告事项

一、据财政厅签呈，据连县县政府呈请核发故队长陈义华积存未领各年份年抚金，查该队长恤金前给至二十七年九月份止，除三十年份恤金应照改订办法签发外，所有二十七年十月起至二十九年下期止，照毫券新率七成折合国币三百五十一元零一分，拟改在三十年度省总概算恤金项下开支等情。饬据会计处签称，查核尚属可行等语，应准如拟办理。

二、据建设厅呈复关于制纸示范厂二十九年度预算办理情形，饬据会计处签称：（一）据饬遵照前令迅编制纸示范厂预算呈核。（二）该厂筹备期延长，及将筹备费连同追加数并列入各厂三十年度筹备期预算一节，拟俟另编该厂筹备预算呈府再核。（三）查该厂收入及业务管理费支出均由一月至十二月份计算，如延长筹备期间至三十年六月止，似应追减三十年度营业预算，以符事实。（四）拟将该厂二十九年度营业预算损益表及补充表盈亏拨补表注销。至该厂二十九年度计划书，拟准免补呈各等语，应准如拟办理。

三、据前粮食管理局呈，代编缴广东省粮食调节委员会二十九年度追加营业预算及原计算书类，请核示等情。饬据会计处签称，查现呈追加营业预【算】损益对照表列收支数各为四百五十元，核与原呈该办

517

事处收支计算书列数额相符，拟准照列，连同计算书类一并存转等语，应准如拟办理。

四、据第三区行政督察专员呈，为职署雇员张文钦住屋遭受空袭损失，请发给救济费一百八十元等情。饬据秘书、会计两处签称，似可照准，此项救济费，拟准以该署三十年度节余经费为岁入来源拨支，此类以节余经费挪支之预算，拟以第三区专署职员张文钦救济费科目汇列清表，将来转呈中央核备等语，应准如拟办理。

五、据灵山县长电报，该县前奉令架设擅圩至陆屋话线，现奉第四战区司令长官张电知，系在第三步完成线路，请察核等情。经电饬缓办，至本府前拨架设费七千元，着返纳具报。

讨论事项

一、准广东省军管区司令部电送广宁县办理国民兵役初次调查办公费预算书，列支六百元，及应备书簿表册费预算书，列支一千九百九十八元，请查照等由，请公决案。①

（决议）照会计处签拟通过。

二、准广东省军管区司令部电送本部岭南、潮惠、粤海三师区二十九年度制办自卫第一、二、三大队士兵冬季服装费、旅运费预算书，列支八万三千六百四十二元二角七分，款在本部二十九年度兵团队经费节余项下开支，请查照办理等由，请公决案。

（决议）照案通过。

三、据建设厅签呈，据农林局呈缴西江蚕桑改良场三十年度临时费预算书，列支三万五千元，请核示等情，请公决案。②

（决议）照会计处签拟通过。

四、据韶关市政筹备处呈，为本处制发员役棉衣费共需六千八百一十元，拟由本处三十年度经费节余项下拨支，请核示等情，请公决案。③

（决议）照会计处签拟通过。

五、据秘书处签呈，拟订广东省各县临时监狱组织规程，请核示等

---

① 会计处签拟略。

② 会计处签拟略。

③ 会计处签拟略。

情，请公决案。

（决议）交刘、何、吴三委员审查，由刘委员召集。

六、据财政厅呈，据税警总团呈缴点放委员会经费预算书，列支二万一千二百四十五元九角，该款拟在本总团三十年度经费节余项下拨支，请核示等情，请公决案。

七、据建设厅签呈，为公路处护路队增制棉被衣裤费共需三千三百八十二元，拟在该队三十年度经费节余项下开支，请核示等情，请公决案。

（决议）照案通过。

八、据会计处签呈，据①从新规定临时费动支省款数额在三千元以下，或每月补助性质月额在三百元以下者，均由主席核定，报会备案，此外仍提会核定动支等情，请公决案。

（决议）照案通过。

九、据本省驿运管理处呈，缴本处三十年度营业追加预算书，请核示等情，请公决案。

（决议）照会计处签拟通过。（签拟略）

十、据会计处案呈，查佛冈县地方三十年度岁入岁出追加概算，经参照各厅意见整理后，计拟改列各为四万六千二百零九元，请提会核定等情，请公决案。

（决议）照案通过。

十一、据会计处案呈，查曲江县地方三十年度岁入岁出第二次追加概算，经参照各厅意见准予追加，计各为二十五万四千六百二十一元，请提会核定等情，请公决案。

（决议）照案通过。

十二、据会计处案呈，查花县地方三十年度岁入岁出追加概算，经参照各厅意见整理后，计各为二千零二十元，请提会核定等情，请公决案。

（决议）照案通过。

十三、据会计处案呈，查宝安县地方三十一年度岁入岁出总概算，

---

① 疑是"拟"字。

经参照各厅处意见核编后，计拟改列各为四十八万三千四百七十五元，请提会核定等情，请公决案。

（决议）照案通过。

十四、据会计处案呈，查高明县地方三十一年度岁入岁出总概算，经参照各厅处意见核编后，计拟改列各为六十五万四千七百六十一元，请提会核定等情，请公决案。

（决议）照案通过。

十五、准广东省军管区司令部函送本部三十年度后备队及政训室编余干部调充乡镇队附交通旅费预算书表，列支一万二千二百五十九元五角，请查照核定等由，请公决案。

（决议）照案通过。款在三十年度国民兵团队经费节余项下拨支。

十六、胡委员、许委员、张委员会复审查秘书处所拟本省水利暂行规程一案意见，请公决案。

（决议）交回该处参照审查意见修正呈核。

十七、许委员、张委员、胡委员会复，审查秘书处所拟广东省战时情报人员伤亡给恤暂行标准一案意见，请公决案。①

（决议）照审查意见通过。

十八、胡委员、何委员、高委员、张委员会复，审查民政厅签呈据合浦县电拟由三十一年一月份起所有乡镇公所员役每月规定补助谷津五十市斤由乡镇自筹一案意见，请公决案。②

（决议）照审查意见通过。

十九、据建设厅呈缴技正陈兆荣荐委表，请赐核委等情，请公决案。

（决议）照派代理。

二十、据建设厅呈缴技正黄子民荐委表，请赐核委等情，请公决案。

（决议）照派代理。

二十一、主席提议，潮安县长洪之政辞职照准，遗缺派练秉彝代

---

① 审查意见略。

② 审查意见略。

理，请公决案。

（决议）照案通过。

二十二、据建设厅签呈，据合作事业管理处请由该处三十年度节余经费提拨省合作社物品供销处资金五千元，转请核示等情，请公决案。

（决议）照案通过。

广东省政府第九届委员会
第三百零七次议事录

日　期　三月二日

地　点　曲江本府

出席者　郑彦棻　黄麟书　何　彤　刘佐人　吴迺宪　胡铭藻
　　　　许崇清

列席者　杜之英　戴振魂　黄　雯　魏育怀　何汉昌　黄秉勋

主　席　李汉魂（公出　郑彦棻代）

纪　录　（秘书）谢晨光

报告事项

一、据财政厅呈，为台山税务局台城稽征所三十年度"九·二十"敌寇犯境撤退搬运费二百三十四元，拟准在三十年度各税务局经费未支配余额项下拨支，请核示等情。饬据会计处签称，似可照准等语，应准如拟办理。

二、据省振济会呈缴儿童教养院第五分院三十年度八月份膳食费追加预算书类，列支二千六百七十七元八角六分。饬据会计处签称，核与原案尚无不合，似可准予照列，款援案在振款项下拨付，饬依照补助办法核定并入该月份原预算数内报销等语，应准如拟办理。

三、据建设厅呈，据公路处呈缴修理官渡河旧渡车船预决算表，列支四百九十一元。饬据秘书、会计两处签称，似可照准，在三十一年度省岁出概算书第一预备金项下补拨等语，应准如拟办理。

四、（略）

讨论事项

一、准广东省临时参议会函，为本会政治研究委员会三十年八月至十二月经费共需一千三百六十元，应否由贵府拨支归垫，抑在本会五、六两次大会参议员出席旅费结余未用款下拨用，请查照核定等由，请公决案。

（决议）照数拨付，款在参议会第六次大会参议员出席旅费结余款项下开支。

二、准广东省地方行政干部训练团函，请将核减学员服装费一万一千七百二十元及漂染学员服装费三千三百二十七元六角，合共一万五千零四十七元六角一并补发等由，请公决案。

（决议）交张、郑（彦棻）两委员审查，由张委员召集。

三、（略）

四、据第一区行政督察专【员】呈缴本区无线电台改编三十年度制发公役服装费预算书，列支七百二十元，款在该台三十年度经费第一款第一项一目节余俸薪费开支，请核示。

（决议）照案通过。

五、何委员函复，审查关于本省临时参议会函请修正禁酒条例一案意见，请公决案。

（决议）保留。

六、张委员、何委员、黄委员、郑委员（丰）会复，审查南雄县地方三十一年度岁入岁出总概算一案意见，请公决案。

（决议）照审查意见通过。（意见略）

七、据建设厅呈缴技正李连钦荐委表，请赐核委等情，请公决案。

（决议）照派代理。

八、准广东省地方行政干部训练委员会函送训练团第七八九区联训班二十九年度十一、十二两月份员役补助米津费预算书册，计十一月份列支一千八百九十九元五角一分，十二月份列支四千一百一十八元一角六分，合六千零一十七元六角七分，款在本团二十九年度经费节余项下拨支，请查照等由，请公决案。

（决议）照案通过。

九、据秘书处签呈，缴三十年度行政视导经费预算书，列支九万四千八百六十八元，请准在三十年度行政视导经费项下拨支等情，请公决案。

（决议）照案通过。

十、据会计处案呈，查澄海县地方三十一年度岁入岁出总概算，经参照各厅处意见核编后，计据〔拟〕改列各为五十三万五千八百九十五元，请提会核定等情，请公决案。

（决议）照案通过。

十一至十二、（略）

十三、主席提议，本府秘书处机要室主任朱江另有任用，遗缺调秘书罗球兼充，请公决案。

（议决）照派代理。

十四至十五、（略）

广东省政府第九届委员会
第三百零八次议事录

日　期　三月五日

地　点　曲江本府

出席者　李汉魂　何　彤　吴迺宪　刘佐人　张导民　许崇清

　　　　胡铭藻　郑彦棻　郑　丰　黄麟书

列席者　杜之英　戴振魂　黄秉勋　黄　雯（李文韬代）

主　席　李汉魂

纪　录　（秘书）谢晨光

报告事项

一、奉第七战区司令长官司令部电知，北江挺进队干部训练所改编为第八挺进队，经费照旧等因。饬据会计处签称，查第七战区北江挺进队干部训练所经费月支一万七千元，三十一年度已照数编入省岁出概算保安支出款内，现奉饬该所经于三十年十月一日起改编为挺进第八纵队，仍以莫雄为司令，经费照旧，事关变更经费科目，拟请报会后，呈请行政院核备等语，应准如拟办理。

二、据秘书处签呈，关于本府行政效率促进委员会编订行政设计与考核概况印刷费，请另行指款拨支等情。饬据会计处签称，拟将该项印刷费七百八十元零四分改在三十一年度省岁出概算第一预备金项下补拨等情，应准如拟办理。

三、据省振济会呈缴儿童教养院实验小学部三十年四至六月份员役生活补助费预算书，月各列二百零七元。饬据会计处签称，核与该部三十年一至三月份员役生活补助费，拟准援案在振款项下拨付，五月份起，饬依照改订俸给办法办理等语，应准如拟办理。

四、据粮政局呈，准全省保安司令部函，为第五、第九两团奉命改编担任后方防务工作，拟自本年二月份起，按照中央暨省府规定后方团队粮食给与办法，官兵主食改为每人月发代金十八元，向各该驻地县府价领米粮等由。查该两团改编后之给养办法，经签奉批照后方未参战保安团队价领实物办法办理，仍向中央补备法案，请补报会议备案等情，应准如拟办理。

五、据本省驿运管理处呈，为本处佐理会计员李燊和住宅被敌机炸毁，经派员查明属实，取具证明书，请予救济等情。饬据秘书、会计两处签拟，依照本省公务员、雇员、公役遭受空袭损害救济办法第八条第二项乙款之规定，给予救济费一百八十元，款准在该处三十年度十二月份俸给费节余项下开支等语，应准如拟办理。

六、据第五区行政督察专员呈，为本署会计室职员宿舍修建费四百四十七元，拟请准在该室三十年度经费节余项下开支等情。饬据会计处签称，似可照准，此类节余经费挪支之预算，拟以补拨第五区专员公署临时费科目开支，汇列清表，将来转呈中央核备等语，应准如拟办理。

讨论事项

一、（略）

二、准广东省军管区司令部先后电送博罗、连平、四会、防城、乐昌等五县办理国民兵役初次调查办公费及应备书簿表册等费预算书，计应备书簿表册等费各列一千二百四十八元七角五分，国民兵初次调查办公费博罗、防城两县各列支六百元，乐昌、四会、连平等三县各列支五百元，请查照等由，请公决案。

（决议）照会计处签拟通过。（签拟略）

三、（略）

四、准第三十五集团军总司令部电，请筹发景华舰员兵食粮，以资补助等由，请公决案。

（决议）照会计处签拟通过。（签拟略）

五、据教育厅签呈，转缴连山县三十年度山排公费生津贴费预算书，列支一千八百七十二元，款在三十年度省总概算四款八项二目山排奖学金项下拨支，请核示等情，请公决案。

（决议）照案通过。

六、据曲江县政府电，奉第七战区司令长官司令部电，饬征集构筑曲江附近阵地工事材料，查此项增购材料，依照原章核定价格计算，概须增加材料费一十四万二千一百三十二元二角一分，除另请追加外，请续拨先今两案材料费二十五万元，以资支应等情，请公决案。

（决议）照会计处签拟通过。

七、据会计处案呈，查罗定县地方三十年度岁入岁出追加概算，经参照各厅意见整理后，计各列为六万六千七百五十一元，请提会核定等情，请公决案。

（决议）照案通过。

八、据会计处案呈，查罗定县地于〔方〕三十一年度岁入岁出总概算，经参照各厅处意见核编后，计拟改列各为八十八万四千六百八十元，请提会核定等情，请公决案。

（决议）照案通过。

九、据会计处案呈，查台山县地方三十一年度岁入岁出总概算，经参照各厅处意见核编后，计拟改列各为七百一十六万九千五百八十二元，请提会核定等情，请公决案。

（决议）照案通过。

十、据财政厅呈缴视察梁海平荐委表，请赐核委等情，请公决案。①

十一、胡委员、黄委员会复，审查秘书处所拟广东省公务人员军事

① 原文缺"决议"内容。

训练办法大纲、军事训练总队组织规则暨军事训练总队编制表一案意见，请公决案。

（决议）照审查意见修正通过。①

十二、张委员函复，审查关于全省保安司令部改编两保安团为八个保安大队及机炮教导第一大队，追加本年度主食代金共七十七万零四百一十八元一案意见，请公决案。②

（决议）照审查意见通过。

十三、张委员、刘委员、郑委员（彦棻）会复，审查建设厅农林局所拟广东省补助垦荒贷款利息计划纲要暨广东省各县推行垦荒面积贷款补助分配表一案意见，请公决案。③

（决议）照审查意见通过。

十四、据秘书处、民政厅、财政厅、会计处会呈，拟定增加各县政府办公费数额，由三十一年度起实行，概在各该县局地方款追加预算或在预备金项下拨支，并将三十年度历次颁定之增加办公费办法一律废止，请核示等情，请公决案。

（决议）照案通过。

十五、据秘书、会计两处会呈，拟将三十一年度本省各县局地方岁入岁出总概算书各铅印二百份，共需一万七千一百二十元，款拟在三十一年度省岁出概算第一预备金项下开支，请核示等情，请公决案。

（决议）照案通过。

十六、据社会处签呈，广东各界纪念国父逝世十七周年暨扩大植树运动大会函，拟请由府拨植树经费二千二百九十元，交农林局具领等由。应否照拨，请核示等情，请公决案。

（决议）照数拨付。款在本年度第一预备金项下开支。

---

① 修正之点略。
② 审查意见略。
③ 审查意见略。

广东省政府第九届委员会
第三百零九次议事录

日　期　三月九日

地　点　曲江本府

出席者　李汉魂　郑彦棻　张导民　何　彤　胡铭藻　吴迺宪
　　　　郑　丰　许崇清

列席者　杜之英　黄　雯　戴振魂

主　席　李汉魂

纪　录　（秘书）谢晨光

报告事项

一、据省振济会呈缴儿童教养院第五分院三十年度增设第四教导区设备费支付预算书，列支二千七百九十四元四角。饬据会计处签称，似可准予照列，并准款在该分院三十年度经费节余项下拨支等语，应准如拟办理。

二、据省振济会呈缴儿童教养院第四分院三十年七至十月份米价证明书。饬据会计处签称，查该院三十年度膳食费，经本府核定月列一万元，前缴该分院七至十月份膳食费追加概算书，计七月份九千八百零四元七角三分，八月份六千八百九十七元一角六分，九月份六千一百三十一元七角，十月份六千八百五十八元八角，合共追加二万九千六百九十四元三角九分，似可准予照列，拟援案在该会振款项下照拨，饬依照补助办法规定并入各该月份原预算数内支销等语，应准如拟办理。

三、拟〔据〕省振济会呈缴儿童教养院第四分院三十年度三至六月份膳食费追加预算书。饬据会计处签称，计三月份二百零五元四角六分，四月份二千三百六十七元四角一分，五月份三千六百五十九元八角三分，六月份五千三百二十八元六角四分，合共一万一千五百六十一元三角四分，似可准予照列，并准在该会振款项下拨支，饬依照补助办法规定，并入各该月份原项预算数内支销等语，应准如拟办理。

四、据省振济会呈，为儿童教养院各院部儿童膳食费，拟自三十一年度一月份起，按级递增一元，增加之数，仍在本会振款项下拨支等情。饬据会计处签称，拟准照办，饬并编入各该院部三十一年度经费预算迅呈拟办等语，应准如拟办理。

五、据省振济会呈缴救济药库购价装备费预算书，列支五百八十□元八角，拟在振款项下拨支等情。饬据会计处签称，拟准照办等语，应准如拟办理。

六、据省振济会呈缴技工养成所本年四至七月份改组期间经常费预算书，计四月份列支五千八百八十九元六角一分，五月份列四千一百五十一元五角七分，六月份列四千零三十二元七角，七月份列四千六百零九元二角六分，四个月共计一万八千六百八十三元一角四分，款在振款项下拨付等情。饬据会计处签称，拟准照办等语，应准如拟办理。

七、据粮政局呈缴补编运输大队二十九年十月一日至十一月五日经常费预算书，列支三千四百二十九元三角二分。饬据会计处签称，既经该局如数汇还潮梅师管区，拟准照办等语，应准如拟办理。

讨论事项

一、准广东全省保安司令部函，为保安第八团收购迫击炮弹四百三十二发，共需购运费一万五千元，该款拟在本部三十年度历月份保安经费节余项下开支，请查照等由，请公决案。

（决议）照案通过。

二、准广东全省保安司令部电，为保安一大队及保五、保九两团自本年一月份起改编为保安八个大队，暨一个机炮教导大队，不敷每月八十元三角拟在本年度额定保安经费节余项下匀支，请查照等由，请公决案。

（决议）照案通过。

三、准广东全省保安司令部电，为所属保安团队二十九年十二月份募补及接收新兵共一千一百八十五名，应支募接新兵临时费一万零四百一十九元一角二分，拟在本部二十九年度历月份保安团队经费节余项下开支，请查照等由，请公决案。

（决议）照案通过。

四、据民政厅呈缴三十一年度经常费预算分配表，月列三万四千一百五十七元七角五分，年列四十万零九千八百九十三元，补足折薪差额预算分配表月列六千八百八十七元，年列八万二千六百四十四元，生活补助金预算分配表月列一万五千七百六十元，年列一十八万九千一百二十元，请核示等情，请公决案。①

（决议）照会计处签拟通过。

五、据财政厅呈，饶平税务局三十年度临时搬运费共一千六百四十五元，拟准在三十年度各税务局经费未支配余额项下照数拨支归垫，请核示等情，请公决案。

（决议）照案通过。

六、据建设厅签呈，据公路处呈，为本处工程训练班实习费一千三百二十元，拟在养路队经费节余项下拨支，似可准予照办，请核示等情，请公决案。

（决议）照案通过。

七、据卫生处签呈，拟订广东省非常时期卫生器材及药品统制管理暂行办法，请核夺施行等情，请公决案。

（决议）交郑（丰）、何、刘三委员审查，由郑委员召集。

八、据卫生处呈，为本处疏散迁移费一千五百零八元九角九分，请□款归垫等情，请公决案。

（决议）照案通过，款在本年度第一预备金项下拨支。

九、据第七区行政督察专员呈，为本署三十年度冬季公役服装费共七百八十元，拟在本署三十年度经费节余项下拨支，请核示等情，请公决案。

（决议）准在该署三十年度俸给节余项下照数拨支。

十、据会计处案呈，查徐闻县地方三十年度岁入岁出追加概算，经参照各厅意见整理后，计各列为二千八百元，请提会核定等情，请公决案。

（决议）照案通过。

十一、据会计处案呈，查潮安县地方三十一年度岁入岁出总概算，经参照各厅处意见核编后，计拟改列各为四十九万九千二百零四元，请

---

① 会计处签拟略。

提会核定等情，请公决案。

（决议）照案通过。

十二、据会计处案呈，查惠来县地方三十一年度岁入岁出总概算，经参照各厅处意见核编后，计拟改列各为一百四十五万二千九百四十九元，请提会核定等情，请公决案。

（决议）照案通过。

十三、黄委员函复，审查本省边政指导委员会所拟该会组织规程暨西山施教示范站组织规程一案意见，请公决案。①

（决议）照审查意见通过。

十四、何委员函复，审查关于本省临时参议会函请修正禁酒条例一案意见，请公决案。

（决议）照审查意见通过。（意见略）

十五、据秘书处呈缴法制室编审李翰桢荐委表，请赐核委等情，请公决案。

（决议）照派代理。

十六、据社会处呈缴秘书李敏荐委表，请赐核委等情，请公决案。

（决议）照派代理。

十七、主席提议，花县县长邓飞鹏另有任用，遗缺派江世荣代理，请公决案。

（决议）照案通过。

十八、主席提议，吴川县县长梁汉强呈请辞职，应予照准，遗缺派何迺英代理，请公决案。

（决议）照案通过。

十九、（略）

二十、高委员、何委员、郑委员（丰）会复，审查关于省动员会函送推进连、连、阳、乳、曲五县动员工作暨每月经费预算书旅费表等一案意见，请公决案。

（决议）照审查意见修正通过。②

---

① 审查意见略。

② 修正之点略。

广东省政府第九届委员会
第三百一十次议事录

日　　期　三月十二日
地　　点　曲江本府
出席者　李汉魂　郑彦棻　何　彤　张导民　黄麟书　郑　丰
　　　　　胡铭藻　许崇清　刘佐人　吴迺宪
列席者　杜之英　戴振魂
主　　席　李汉魂
纪　　录　（秘书）谢晨光

报告事项

一、查本省第四、六两区联防指挥部业已裁撤，本年度省概算保安支出款列该部经费，经核定发至本年二月底止，三月起，该部经费拨交保安司令部作临时剿匪补助费。

二、准广东省军管区司令部电，为曲江直属部队官兵一、二月份食米，由乐昌县就库以实物拨给，计需购草包一千六百个，共款二千二百四十元，装包雇船夫力等费月约一千元至二千元，该款并在三十一年度预备费项下分别支报等由。饬据会计处签称，核尚可行，一、二月份费用又在三十一年度国民兵团队经费预算内预备费项下核实支报，三月份起，该项米食如仍改由乐昌或其他县份拨给，其所应接运费，似可照案支报等语，应准如拟办理。

三、据粮政局呈缴本局三十年九至十二月份及三十一年度增用见习人员生活费追加预算表，月列二百四十元。饬据会计处签称，核尚需要，计三十年四个月共支九百六十元，拟准在该局三十年度经常费俸给费节余项下开支，三十一年度共二千八百八十元，拟饬该局列入三十一年度经费俸给费内匀支等语，应准如拟办理。

四、据卫生处呈缴改编广东省妇婴卫生助理员训练班经常费暨开办费预算书，计追列教官两员月各支一百二十元，此款请同在三十年度追加之卫生事业临时费二十万元项下拨支等情。饬据秘书、会计两处签称，查追列教官两员月各一百二十元，尚无不合，预算所列其他各项，亦与原案核定数额相符，拟准照列等语，应准如拟办理。

五、据省振济会呈缴儿教院实验小学部二十九年十二月至三十年七月各月份儿童营养费预算书，共列支三百一十一元八角。饬据会计处签称，核无不合，似可准予照列，准在该部三十年度经费结余项下拨支等语，应准如拟办理。

六、据省振济会呈缴儿童教养院第五、七两院暨实验小学部改编三十年度经常费预算价表。饬据会计处签称，查儿教院第五、七两院经常费，由五月份起，月各增俸给费二千四百八十二元，五至十二月八个月共增加一万九千八百五十六元，实验小学部经费，由五月份起，月增俸给费四百五十九元，八个月共增加三千六百七十二元，拟准照列，款援案在振款项下拨支等语，应准如拟办理。

七、据省振济会呈缴本会产品推销处三十年七至九月份筹备费预算书，共列支八百一十元，款在振款项下开支等情。饬据会计处签称，拟准照办等语，应准如拟办理。

八、据本府战时通讯所呈缴本所器材库三十年度夫役棉衣补助金预算书册，列支一百六十元。饬据会计处签称，似属需要，所请在该库三十年度用人经费节余项下拨支，似可照准等语，应准如拟办理。

九、据会计处案呈，准民政厅函，请将前核拨翁源县政府救济金连汇费共一千零一十五元拨还归垫一案，查前案并未办理补报会议手续，法案未备，且二十九年度以前各年度收支均经结束，该款既经前难民救济会广东分会垫汇有案，似应改在三十一年度救济费项下补拨，应准如拟办理。

讨论事项

一、（略）

二、准广东省地方行政干部训练委员会函，据训练团呈送第七、八、九区行政督察区联合训练班无线电台及通讯班三十年度经常开办费预算书，共列支一万零六十元，拟在该班三十年度经临费节余项下开支，请查照等由，请公决案。

（决议）照案通过。

三、准广东省地方行政干部训练委员会函，请发给派赴中央干训团第十九期受训人员尹耀辰等去程旅费每员一千二百元，并转电中央训练团照数发给回程旅费等由，请公决案。

（决议）每员准发去程旅费一千元，款在本年度赴中央干训团受训人员旅费项下拨支。

四、准广东省军管区司令部函，据政治部呈，为本部暨督导员室特务排电讯队官兵共需遣散费一千九百三十五元，拟在本部三十年度经费结余八千六百六十九元八角项下开支，各县国民兵团政指室官兵遣散费八千五百六十六元，拟在国民兵团政指室三十年度经费结余一万零二百零五元八角二分项下拨支等情，请查照等由，请公决案。

（决议）照案通过。

五、准广东省军管区司令部函，据政治部呈，为各县国民兵团政指室官佐调派各师管区暨各县国民兵团服务共需调派旅费五千一百八十七元，拟在三十年度国民兵团指导室特别米津经费结余七千三百三十二元项下开支等情，请查照等由，请公决案。

（决议）照案通过。

六、准中国国民党广东省军管区特别党部电，为本部暨各师管区党部三十年十二月份经费月支一万零六十六元五角除由中央及军师管区共拨补五千五百元外，余四千五百六十六元五角，经与军区政治部商妥，由三十年度经费项下节余拨付，请查照办理等由，请公决案。①

（决议）照会计处签拟通过。

七、据教育厅签呈，省立民众教育馆建筑及购置费共八千二百四十元，除奉核准五千二百九十元外，不敷二千九百五十元，拟请在三十年度省总概算岁出经常门临时部分第四款一项六目战时教育费项下拨支，请核示等情，请公决案。②

（决议）照会计处签拟通过。

八至九、（略）

十、据地政局呈，为本局曲江、乳源两县土地整理计划，及乐昌、

---

① 会计处签拟略。

② 会计处签拟略。

仁化两县土地测量计划，均须延长完成期限，其延期经费，计曲、乳两县地政局及所属分处共需五十万九千八百零一元，乐、仁两县测量队共需四万四千六百零四元，拟仍在上开计划经费节余项下开支，请核示等情，请公决案。

（决议）照案通过。

十一、据会计处案呈，准财政厅片兴平公路桥梁材料费一千四百三十三元七角，查追加二十九年度省总概算未照原科目追加，未悉是否列入建厅事业费款内，请查明见复等由。查二十九年暨三十年度均已结束，拟改由本年度省岁出概算第一预备金项下补拨，请提会核定等情，请公决案。

（决议）照案通过。

十二、据会计处案呈，查连平县地方二十九年度岁入岁出追加概算，拟参照财政厅意见办理，计追加仍各为一万元，请提会核定等情，请公决案。

（决议）照案通过。

十三、张委员、郑委员（彦棻）、吴委员会复，审查粮政局所呈广东省粮政局驻湘购粮办事处组织章程及运输所组织章程一案意见，请公决案。[①]

（决议）照审查意见通过。

十四、张委员函复，审查本府驻渝办事处请由三十一年度起依照中央各机关办法照发米津补助代金一案意见，请公决案。[②]

（决议）照审查意见通过。

十五、主席提议，宝安县县长辛耀燊呈请辞职，应予照准，遗缺派李若泉代理，请公决案。

（决议）照案通过。

十六、（略）

十七、主席提议，此次出巡钦县时，为奖励该县抗战得力乡村及抚恤抗敌伤亡团队，曾发给过奖励及抚恤费国币一万元，请予追认案。

---

① 审查意见略。
② 审查意见略。

（决议）照案追认，款在三十年度恤金项下拨支。

十八、据省地政局呈，为曲江，乳源两县地政处暨所属各分处共应增加俸给费九万三千七百三十九元，乐昌、仁化两县测量队共应增加俸给费六万六千七百四十元，该款业经本局先行垫支，兹奉准饬发二万零九百四十七元，实无法因应，请仍准依照原拟增加数拨发等情，请公决案。

（决议）交刘、张、郑（彦棻）三委员审查，由刘委员召集。

十九、主席提议，惠阳县县长黄佩纶另候任用，遗缺派李鼎谋代理，请公决案。

（决议）照案通过。

二十、据财政厅签呈，拟具广东省特种事业基金管理委员会组织章程，请提会核定施行等情，请公决案。

（决议）照案修正通过。[①]

广东省政府第九届委员会
第三百一十一次议事录

日　期　三月十六日

地　点　曲江本府

出席者　李汉魂　郑彦棻　郑　丰　张导民　胡铭藻　黄麟书
　　　　　　何　彤　许崇清　刘佐人　吴迺宪

列席者　杜之英　戴振魂　黄　雯（李文韬代）

主　席　李汉魂

纪　录　（秘书）谢晨光

报告事项

一、准军事委员会抚恤委员会驻桂抚恤处电复，关于第五区保安司令部故员肖旭之抚恤案，不适用平战时陆军抚恤暂行条例，应由贵府自

---

① 修正之点略。

行抚恤等由。饬据秘书、会计两处签拟，照广东全省保安人员抚恤规程规定给予一次抚恤金二百四十元，每年年抚金一百三十元，给与五年为限，前项第一年年抚金及一次过恤金，并在本年度省概算社会事业支出款内恤金项下开支。其第二年以后之年抚金，按年列入省预算恤金项下开支等语，应准如拟办理。

二、据建设厅呈复，拟遵照第三〇四次会议决议案，将电话管理规则第二十条修改等情。饬据秘书处签拟，将该条条文改为"凡因公务使用长途电话或乡村电话，除在商办民办电话通话应照收费外，均减半收费，乡镇公所并暂准记账，但不得以私事冒混"等语，应准如拟通令遵照。

三、据卫生处先后呈，为茂名药库三十年五至十二月份改订俸给案，奉核减助理员一员，公役一名，拟请照原案补发，并将该药库三十年一至四月份员役生活补助费漏列员役一并照补发等情。饬据会计处签称，为体恤该员生活起见，似可准予补发，计助理员一员月增三十元，五至八月份四个月共增一百二十元，款拟在三十一年度省总概算内调整机构补助公务员生活费项下补拨。至一至四月份员役生活补助费漏列职员，系在三月份起新增，核与本府补充办法规定不符，未便照准等语，应准如拟办理。

四、据会计处签呈，查本府教育厅等机关三十年九至十二月份增加俸给费，计共一十四万五千零四十九元五角，汇列清表，请报会后分别通知等情，应准如拟办理。

讨论事项

一、据省振济会呈，为本会儿童教养院各院部开办费原定三十九万元，以物价高涨，与业务扩充，按照实在需要，增至四十五万三千元，除由振济委员会指定在粤北振款一百万元内拨二十万元，及广东农村复兴委员会拨一十万元外，不敷一十五万三千元，拟在振款项下拨支，请核示等情，请公决案。

（决议）照案通过。

二、（略）

三、据会计处案呈，查从化县地方三十年度岁入岁出第二次追加概算，经参照各厅处意见整理后，计追加各为四万三千五百二十二元，请提会核定等情，请公决案。

（决议）照案通过。

四、据会计处案呈，查连山县地方三十年度岁入岁出追加概算，经参照民、财两厅意见整理后，计追加各为五千一百元，请提会核定等情，请公决案。

（决议）照案通过。

五、据会计处案呈，查合浦县地方三十年度岁入岁出第二次追加概算，经参照各厅意见整理后，计追加各为四万六千九百五十九元，请提会核定等情，请公决案。

（决议）照案通过。

六、据会计处案呈，查开建县地方三十年度十月至十二月岁入岁出追加概算，计各为六十元，请提会核定等情，请公决案。

（决议）照案通过。

七、据会计处案呈，查郁南县地方三十年度岁入岁出第二次追加追减概算，经参照各厅处意见整理后，计岁入追加数五万三千五百八十二元，追减数五千元，岁出追加数常时部分四万九千五百八十二元，临时部分四千元，追减数五千元，请提会核定等情，请公决案。

（决议）照案通过。

八、据会计处案呈，查防城县地方三十一年度岁入岁出总概算，经参照各厅处意见核编后，计拟改列各为六十万二千一百七十八元，请提会核定等情，请公决案。

（决议）照案通过。

九、据会计处案呈，查丰顺县地方三十一年度岁入岁出总概算，经参照各厅处意见核编后，计拟改列各为一百一十五万九千九百六十三元，请提会核定等情，请公决案。

（决议）照案通过。

十、据本省北江区船舶大队部电缴组织暂行规程及办事细则等，请核示等情，请公决案。

（决议）照秘书处签拟修正通过。①

————————

① 修正之点略。

十一、据本府战时通讯所呈缴本所三十年度购置电讯器材临时费预算书表，列支一十四万一千一百一十七元二角四分，请指款归垫等情，请公决案。①

（决议）照会计处签拟通过。

十二、张委员、郑委员（彦菜）会复，审查关于准广东省地方行政干部训练团函请将核减学员服装费一万一千七百二十元及漂染学员服装费三千三百二十七元六角合共一万五千零四十七元六角一并补发一案意见，请公决案。②

（决议）照审查意见通过。

广东省政府第九届委员会
第三百一十二次议事录

日　期　三月十九日

地　点　曲江本府

出席者　李汉魂　郑彦菜　何　彤　黄麟书　胡铭藻　郑　丰
　　　　吴迺宪　许崇清　刘佐人

列席者　杜之英　戴振魂　何汉昌　黄　雯（李文韬代）

主　席　李汉魂

纪　录　（秘书）谢晨光

报告事项

一、奉行政院电复，关于广东全省防空司令部在桂林军政部制电厂购置电池手摇发电球耳筒线等价款一案，准在战时预备金拨支八万三千三百八十四元，编入拟定单位预算等因，查本案购置费，现奉第七战区司令长官司令部饬知实需八万三千一百四十二元，遵经转饬财政厅照拨，并分别电呈核备。

---

① 会计处签拟略。

② 审查意见略。

二、据财政厅呈，为遂溪税务局建筑验货场费一千元，拟准照拨，款在三十年度各税务局经费未支配余额项下拨支等情。饬据会计处签称，似可照准等语，应准如拟办理。

三、据教育厅签呈，为省立文理学院教授张栗原积劳病故，拟照私立岭南大学故院长古桂芬及国民大学教授方瀛鸥褒恤成案，酌予一次恤金一千元等情。饬据秘书、会计两处签拟，如厅拟给恤，款在三十一年度省概算恤金项下开支等语，应准如拟办理。

四、据教育厅呈缴前广雅中学校具保管费三十年度预算书，计由九月至十二月共增加俸薪二百三十二元。饬据会计处签称，此款拟准在三十年度省总概算内调整机构补助公务员生活费项下开支等语，应准如拟办理。

五、据建设厅签呈，关于本厅三十年度特务队夏季服装预算内列支公役草鞋费一百五十四元，因当时厅内各役须一律参加朝会发给，且草鞋早经穿烂请免剔除等情。饬据会计处签称，拟姑准照列，款在该厅三十年度节余经费项下拨支，嗣后不得援以为例等语，应准如拟办理。

六、据建设厅呈，为本厅三十年度暂付派赴中政校人事班受训人员旅费八百三十元，拟在本厅三十年度节余经费项下开支等情。饬据会计处签称，似可照准等语，应准如拟办理。

七、据省振济会呈缴本会韶市义民招待所改编三十年五至十二月份改订薪俸给预算书类。饬据会计处签称，计俸给五月份增加五百五十五元，六至十二月每月增加三百三十元，五至十二月共增加二千八百六十五元，既经该会核明款在振款项下开支，复核散总各数相符，拟准照办等语，应准如拟办理。

八、据省振济会呈缴技工养成所三十年度八至十二月份经常费预算书，及改订俸给后经常费预算书表。饬据会计处签称，查原经常费预算书月列七千元，改订俸给后预算书月列八千一百零四元，八至十二月五个月共列四万零五百二十元，既经该会核明款在振款项下拨付，复核尚合，拟准照办等语，应准如拟办理。

九、据省振济会呈缴儿童教养院直属儿童大队二十九年三至八各月份经费预算书，共列支三万三千三百零八元。饬据会计处签称，既经该会查案相符，复核总散各数亦无不合，似可照准照列，款准在该院各分院部二十九年度经费内按所选送名额拨付等语，应准如拟办理。

十、据省振济会呈缴儿童教养院第三分院三十年度七月份儿童膳食费追加概算书类，列支五万一千四百四十四元六角八分。饬据会计处签称，既经该会核无不合，复核各数尚属相符，似可准予照列，款援案在该会振款项下拨付，饬依照补助办法第二项规定，并入该院七月份原预算数内支销等语，应准如拟办理。

十一、据本省驿运管理处呈，为本处修建棚舍竹篱费九百三十六元，购办消防设备费六百四十二元，印刷簿籍费六百五十三元，添置家具费三百零五元，拟一并在本处三十年度节余经费内拨支等情。饬据会计处签称，除印刷账簿费六百五十三元，据注明系印在三十一年度账簿，饬在该处三十一年度经费内办公费项下开支外，其余拟准照列，并准在该处三十年度经费节余项下拨付等语，应准如拟办理。

十二、据会计处签呈，关于曲江县政府呈缴三十年度开凿曲江桥药室工程费预算列支三千二百元一案，经本府第三百次会议决议照会计处签拟通过在案，查本案工程费原为三千二百一十元，现经照更正，请报告会议等情，应准如拟办理。

讨论事项

一、据民政厅签呈，关于曲江县政府呈拟变更韶关市权宜区域一案，经召集曲江县警察局等实地查勘，谨将会商结果，请提会核定等情，请公决案。

（决议）照案通过。

二、据教育厅签呈，缴粤北边疆施教区□利山排建筑费预算书，列支五千元，款由该区三十年度节余经费项下拨支，请核示等情，请公决案。

（决议）照案通过。

三、据建设厅签呈，据合作事业管理处呈缴三十一年度调派合作指导人员赴渝受训旅费预算书，列支五千二百七十元，请核示等情，请公决案。

（决议）照案通过，款在本年度赴中央干训团受训人员旅费项下拨支。

四、准广东全省保安司令部先后电，编送本部直属新兵第一、二、

三、四中队及第一、二大队三十年度经费预算书，该款拟分别在本部三十年度历月份保安机关部队经费节余项下开支，请查照等由，请公决案。

（决议）照案通过。

五、（略）

六、准军政部电复，贵省三十年度以前国防工事费，兹再电粤军需局补助二十万元，不敷之款，请就省库统筹办理等由，请公决案。

（决议）照会计处签拟通过。（签拟略）

七、据建设厅签呈，合作事业管理处三十一年度招考第六期合作班学员临时费三千三百五十元，请仍准由该处三十年度经费节余项下拨支等情，请公决案。

（决议）照案通过。

八、（略）

九、据曲江县政府呈，省立文理学院、勤勤商学院收用桂头地段建筑院址，评价委员会拟评定旱田每亩三百元，另由院方补偿旱地冬耕作物费用；其余山地每亩每年租值五元，请核示等情，请公决案。

（决议）山地每亩年租改为三元，余照案通过。

十、据第三区行政督察专员呈缴本署秘书黄煦云荐委表，请赐核委等情，请公决案。

（决议）照派代理。

十一、据会计处案呈，查梅县地方三十年度岁入岁出追加概算，经参照财、教两厅意见整理后，计拟改列各为□万零七百九十二元，请提会核定等情，请公决案。

（决议）照案通过。

十二、据会计处案呈，查开平县地方三十年度岁入岁出追加概算，经参照各厅意见整理后，计改列各为一十八万一千四百七十六元，请提会核定等情，请公决案。

（决议）照案通过。

十三、准第七战区司令长官司令部编纂委员会函送本会增建委员宿舍支付预算书，列支三千二百八十二元，拟在本会三十年度经费节余项下拨支，请查照办理等由，请公决案。

（决议）照案通过。

十四、准广东全省保安司令部电送全省保安机关部队南路特务大队全省保安司令部干部训练班三十一年度经费预算书，请照数拨付等由，请公决案。

（决议）照案通过。

十五、据卫生处呈缴防疫医院三十一年度增加病人伙食预算书，列支六千三百元，拟在本年度省岁出概算卫生事业临时费项下拨支，请核示等情，请公决案。

（决议）照案通过。

十六、据建设厅呈缴本省三十一年度北区玉蜀黍引种示范实施计划概算，列支五万五千七百八十元，请准在三十年度及第四次追加省总概算内增加粮食生产事业基金项下拨支等情，请公决案。

（决议）照案修正通过。①

十七、主席提议，保安第二团在陆丰□俘获敌机时，当地团队民众协捕机师异常出力，经犒赏国币一千五百元，藉资奖励，请提会追认案。

（决议）照案追认，款在三十年度奖赏金项下拨支。

十八、据民政厅签呈，鹤山县垫支铲获烟苗奖金二万二千七百五十元，拟在三十年度查烟铲苗费项下垫支，并饬该县迅将没收种烟犯财产变价即行缴还归垫，请核示等情，请公决案。

（决议）照案通过。

广东省政府第九届委员会
第三百一十三次议事录

日　期　三月二十三日
地　点　曲江本府

---

① 修正之点略。

出席者 李汉魂　郑彦棻　郑　丰　高　信　许崇清　何　彤
　　　　　吴遒宪　胡铭藻　刘佐人

列席者 杜之英（蔡铁郎代）　戴振魂（李敏代）　黄希声
　　　　　黄　雯（李文韬代）　何汉昌

主　席 李汉魂

纪　录 （秘书）谢晨光

报告事项

一、据省振济会呈，请准将本会儿童膳食费补助办法附表柴盐油菜费数额逐级增加二元，以维儿童健康等情。饬据会计处签称，本案所拟由三十一年度一月份起按级递增柴盐油菜费至二元，似可准予照办，饬并编入各该院部三十一年度经费预算内呈核等语，应准如拟办理。

二、据省振济会呈缴儿童第四教养分院三十年十一月份儿童膳食费追加概算书类，列支六千八百零二元七角六分。饬据会计处签称，既经该会核无不合，复核各数尚属相符，似可准予照列，款援案在该会振款项下拨付，饬依照补助办法第二项之规定，并入该院十一月份原预算数内支销等语，应准如拟办理。

三、据省振济会呈缴儿童教养院第六分院二十九年十一月份接收第六儿童教养团儿童旅膳费预算书，列支四百二十七元三角七分。饬据会计处签称，据拟在各儿童教养团二十九年度经费节余项下开支，核尚可行，拟准照办等语，应准如拟办理。

四、据财政厅签呈，据连县县政府呈请发给故兵徐国标二十九年份遗族年抚金二十四元，以毫券七成折合国币一十六元八角，又三十年份二十四元，拟并在三十年度省预算恤金项下支付等情。饬据会计处签称，查所拟核尚可行，似可照准等语，应准如拟办理。

五、据本省图书杂志审查处呈，为本处秘书张振鹏赴渝受训旅费原列八百三十元，因物价高涨，请再增四百七十元等情。饬据会计处签称，查本省甲区赴中训团受训人员旅费经本府委员会核增为每员一千元，本案似可准照增列为一千元，除已拨付八百三十元外，计须补拨一百七十元，此款拟仍在三十年度省概算内赴中央干部训练团受训人员旅费项下开支，应准如拟办理。

六、据新会县政府呈缴县属旺冲乡民陈巧许、陈理等请恤事实表，饬据秘书、会计两处签称，除陈理一名另案办理外，关于陈巧许一名，拟依照战地人民守土伤亡抚恤实施办法规定，给与其遗族一次恤金八十元，年抚金五十元，以十年为止，该项恤金及第一年年抚金共一百三十元，拟在三十一年度省总概算恤金项下开支，至第二年以后抚金，拟逐年在省预算恤金科目开支等语，应准如拟办理。

七、据新会县政府呈缴县属天湖乡民陈国锐请恤事实表，饬据秘书、会计两处签称，拟依照战地人民守土伤亡抚恤实施办法规定，给与其遗族一次恤金八十元，年抚金五十元，以十年为止，该项恤金及第一年年抚金共一百三十元，拟在三十一年度省总概算恤金项下开支。至第二年以后抚金，拟逐年在省预算恤金科目开支等语，应准如拟办理。

八、据卫生处呈，为本年度黄岗环境卫生费拟仍由本处依照成案每月继续补助三百元，全年共三千六百元，款在三十一年度卫生事业临时费项下拨支等情。饬据会计处签称，拟予照准等语，应准如拟办理。

九、据本府战时通讯所签呈，拟废止各级无线电台因战事急迫移动时雇用长短夫暂行办法等情。饬据会计处签称，查所拟尚属可行，似应准予废止，惟在该办法未废止前，各区台直属分台前经呈准雇用长短夫有案者，支出夫费，应在三十一年度省岁出概算各电讯机关战时行政通讯临时费项下拨支等语，应准如拟办理，并自本年四月一日起废止。

十、据第一区行政督察专员呈缴三十一年一月份行政囚粮表册，列支三百三十二元八角。饬据会计处签称，查核尚无不合，该款拟准在三十一年度省岁出概算行政人犯口粮费项下拨支等语，应准如拟办理。

讨论事项

一、（略）

二、据建设厅呈，据公路处呈缴三十年度行车营业预算书表，请核示等情，请公决案。

（决议）照会计处签拟通过。（签拟略）

三、据卫生处呈，拟定广东省政府招致沦陷区及香港、澳门、广州湾等地卫生人员内迁服务办法及旅费补助办法，请核示等情，请公决案。

（决议）照案修正通过。

四至十、（略）

十一、据建设厅签呈，据合作事业管理处呈，拟订广东省各县举办合作讲习会暂行办法，请核示等情，请公决案。

（决议）交郑（彦棻）、许、吴三委员审查，由郑委员召集。

十二、据建设厅签呈，据农林局呈缴西江蚕桑改良场三十年度经临费保留数额表，计经常费保留数四千一百四十一元一角，临时费保留数一十四万零一百零六元四角一分，请准保留等情，请公决案。

（决议）准转入三十年度预算，仍编预算报核。

十三、据建设厅签呈，据农林局呈缴西江蚕桑改良场三十一年度蚕桑推广计划概算，全年列支四万九千三百六十元，请准在该局三十年度扩大农业工作站追列经费节余项下拨支等情，请公决案。

（决议）照案通过。

十四、据会计处签呈，中央警察学校第八期粤籍学员李本珍等六十一员毕业回粤旅费，遵经电饬本府驻渝办事处仍照每员一百五十元垫发，款在本年度第一预备金项下拨支，请核示等情，请公决案。

（决议）照案通过。

十五、据建设厅先后签呈，据公路处呈，以燃料机件日涨，拟将本省公路客运电油车每人每公里改收八角，木炭车照电油车七折收费，又韶郊区间车韶黄线票价增至一元，韶田线一元五角，韶马线五元，请核示等情，请公决案。

（决议）汽油客车每人每公里准改收六角，余照案通过。

十六、据粮政局呈缴视察胡仲达荐任表，请赐核委等情，请公决案。

（决议）照派代理。

广东省政府第九届委员会
第三百一十四次议事录

日　期　三月二十六日

地　点　曲江本府

出席者 李汉魂　郑彦棻　吴迺宪　许崇清　高　信　郑　丰
　　　　何　彤　胡铭藻　刘佐人

列席者 戴振魂　黄　雯　杜之英　何汉昌

主　席 李汉魂

纪　录 （秘书）谢晨光

报告事项

一、据卫生处呈，为本处派人事股长赴渝受训旅费计八百三十元，在本处三十年度经常费节余项下开支等情。饬据会计处签称，拟予照准等情，应准如拟办理。

二、据省振济会呈缴韶关空袭紧急救济联合办事处三十年度派员赴防空研究游动教育班受训旅费预算书，共列支二百三十四元七角。饬据会计处签称，拟准照列，款在该办事处三十年度经常费节余项下开支等语，应准如拟办理。

三、据本府行政效率促进委员会签呈，准公路处函请更正该处三十一年度普通建设计划等由。除按该处所请原定"养路队"改为"工务段，暨注销原定渡口"各项目于经印该处计划时，经照更正外，请报会核备等情，应准如拟办理。

四、准卫生署电送二十七年内政部咨准备查之广东省管理开业中医规则，请查照等由。饬据卫生处签称，拟即转饬各县市局颁行，并同时废止本府三十年二月十四日颁行及同年十月二十九日修正之广东省中医开业管理规则等语，应准如拟办理。

讨论事项

一、准广东省地方行政干部训练委员会函，据训练团呈缴第七、八、九区联训班三十年度第二、三期增加学员膳费预算书册，共列支二万二千九百三十二元，请查照办理等由，请公决案。①

（决议）照会计处签拟通过。

二、准广东全省保安司令部电送增编通讯兵大队无线电中队第十四队至十九分队三十一年度月份经常费预算书，每分队月列一千零一十八元三角，六个分队每月共列支六千一百零九元八角，该款拟在本部三十

────────────

① 会计处签拟略。

一年度额定月份保安经费节余项下开支，不另追加预算，请查照等由，请公决案。

（决议）照案通过。

三、准广东高等法院函，本省各监狱二十九年度额余囚粮及广东第一监狱暨广州看守所二十九年度寄押囚粮共结存三万八千零四十一元零五分，拟拨三万八千元为本省各监所作业基金之用，请查照核办等由，请公决案。

（决议）照案通过。

四、据建设厅签呈，据公路处呈，为建筑办公室及职员住眷宿舍工程费共一十三万一千二百七十八元三角六分，拟分别在该处历年节余款及三十年度各种节余款项下开支，请核示等情，请公决案。

（决议）照会计处签拟通过。（签拟略）

五、据建设厅签呈，据公路处呈，为各站队调训人员来程旅费共五千六百五十二元，该款拟在三十年度各该站队节余经费项下拨支，请核示等情，请公决案。

（决议）照案通过。

六、据秘书处签呈，本府三十一年度派赴中央军事政治学校第四期人事行政班受训人员四员，依照规定，每员发给旅费一千元，治装费每员一百五十元，合共发给四千六百元，请指款拨支归垫等情，请公决案。

（决议）照案通过，款在本年度赴中央干训团受训人员旅费项下拨支。

七、据会计处呈，查高要县地方三十一年度岁入岁出总概算，经参照各厅处意见核编后，计拟改列各为三百三十六万五千一百七十四元，请提会核定等情，请公决案。

（决议）照案通过。

八、据会计处案呈，查始兴县地方三十年度岁入岁出第四次追加概算，经参照民、财厅意见整理后，计追加各为一千六百三十七元，请提会核定等情，请公决案。

（决议）照案通过。

九、（略）

十、据地政局签呈，拟具广东省征收土地增值税简章，请核示等情，请公决案。

（决议）交何、胡、刘三委员审查，由何委员召集。

十一、据本省新生活运动促进会妇女工作委员会电缴所属各妇委会开办费预算书，共列支三千八百五十八元，及工作人员出发旅费预算书，列支二千一百四十二元，请将属会实验县各分会三十年一、二月份经费移用等情，请公决案。

（决议）照案通过。

十二、刘委员函复，审查建设厅所拟广东省辅设县合作金库暂行办法一案意见，请公决案。

（决议）照审查意见修正通过。①

十三、据社会处呈，为本省举行各种革命纪念集会及其他一切临时发动之各种欢迎会所需经费，拟请援案指款三千元应支等情，请公决案。

（决议）照秘书处签拟通过。（签拟略）

十四、主席提议，陆丰县长吴今另候任用，遗缺调英德县长左新中接充；递遗英德县长缺，调新丰县长黄干英接充；递遗新丰县长缺，派陈淦代理。请公决案。

（决议）照案通过。

十五、据行政效率促进委员会、会计处会呈，拟订广东省三十二年度各县工作计划编造办法暨三十二年度各县工作计划纲要草案，并对于预算编制办法之意见各一份，请核示等情，请公决案。

（决议）交郑（彦棻）、何、郑（丰）、胡、高五委员审查，由郑委员（彦棻）召集。

十六、据行政效率促进委员会呈，拟修正广东省政府所属各机关暨各县市局工作考核实施细则，是否有当，请核示等情，请公决案。

（决议）交许、郑（彦棻）、吴三委员审查，由许委员召集。

---

① 修正之点略。

广东省政府第九届委员会
第三百一十五次议事录

日　期　三月三十日

地　点　曲江本府

出席者　李汉魂　郑彦棻　郑　丰　吴迺宪　许崇清　刘佐人

列席者　戴振魂　黄希声　黄　雯　何汉昌　杜之英（蔡铁郎代）

主　席　李汉魂

纪　录　（秘书）谢晨光

报告事项

一、据省振济会呈缴儿童教养院第四院三十年度服装运输费预算书，列支一千九百九十二元二角五分。饬据会计处签称，既经该会核明款在该院三十年度经费节余项下拨支，复核尚属需要，拟准照办。等语。应准如拟办理。

二、据省振济会呈缴儿童教养院第四分院三十年度改造儿童棉褛工料费预算书，列支五千二百九十元。饬据会计处签称，既经该会核属需要，复核尚无不合，拟准照列，款在该院三十年经费节余项下拨支。等语。应准如拟办理。

三、据会计处签呈，为本府前核定派赴中训团第十七期受训学员何汉昌等追加旅费二千五百五十元一案，未有指定该追加费由何科目拨付，兹拟为符合事实起见，拟将前饬在三十年度省总概算调整机构补助公务员生活费项下开支之二千五百五十元，改在三十年度省总概算赴中央干训团受训人员旅费科目开支等情，应准如拟办理。

四、据省振济会呈缴儿童教养院实验小学部三十年度三至六月份追加儿童膳食费预算书，月列四百元，四个月共列一千六百元。饬据会计处签称，既经该会核准，拟姑准照列，并准款在该部三十年度经费节余项下拨支等语，应准如拟办理。

五、准广东省地方行政干部训练委员会函，据干训团呈，请免缴第

七、八、九区联训班二十九年度服装费流为修建费用数额表暨准予购置毡衣费在三十年度经临费节余项下拨支，请查照等由。饬据会计处签称，查所请邀免编送流用数额表，系属同项流用，且开办费计预业经分送核销在案，拟准免编，至购置毡衣费列支一千五百九十元，三十年度该班经临费节余项下既可敷支，似应照准等语，应准如拟办理。

六、准广东全省保安司令部电送保安第九团二十九年十二月份接收电白县国民兵团拨交新兵费预算书，列支二百九十六元二角六分。饬据会计处签称，既经保安司令部在二十九年度保安经费节余项下列支，似可照办等语，应准如拟办理。

七、据卫生处呈缴本处翻印卫生员训练方案费预算书，列支一千一百七十九元。饬据会计处签称，核属需要，拟准如所请在本年度省岁出概算内卫生事业临时费项下拨支等语，应准如拟办理。

八、据卫生处呈缴本处派员赴浙江衢县鼠疫防治见习旅费预算书，列支一千一百零九元。饬据会计处签称，据在说明栏内所列细数，核尚相符，此款系属三十年度之支出，拟准予照列，仍应按照规定核实支报，并拟准在三十年度卫生事业临时费项下拨支等语，应准如拟办理。

九、据本府战时通讯所呈缴汕头电分台二十九年八、九月份员役米津费预算书册，每月列支三十一元，两个月共支六十二元。饬据会计处签称，核数尚合，拟准照拨，款在二十九年度追加省总概算内各级公务员役团警米津项下开支等语，应准如拟办理。

十、据会计处签呈，查郁南县政府架设郁德联络话线工料费，前经本府核准在三十年度省建设事业临时费项下拨付三千元，嗣据该县电称：工料价涨，须增加一万五千一百五十五元，始能架设，业再由本府核准在本年度战时特别预备金项下增拨五千元，并依照规【定】报请行政院核示在案。现奉电复准予照办，拟请报会后分别通知等语，应准如拟办理。

十一、据粮政局签呈，奉第七战区司令长官司令部电，以各县拨供军米每有参〔掺〕杂粃糠、泥沙及温水等情弊，饬妥订交收米粮征〔惩〕奖办法等因。兹拟将此项交收军米之奖惩并入前拟广东省非常时期各县办理军粮奖惩办法内，谨修改办法条文意见，请核夺等情。饬据秘书处签称，除第十条第三款、第十二条第二款拟予修改，及第十二条

550

第三款拟仍依通过原案外，余均无不合，拟如拟办理等语，应准如拟办理。

讨论事项

一、据建设厅签呈，拟修正广东省各江基围围董会组织大纲，请核示等情，请公决案。

（决议）交郑（彦棻）、许、吴三委员审查，由郑委员召集。

二、据地政局签呈，拟订非常时期韶关各机关征地建筑暂行办法，请核示等情，请公决案。

（决议）交郑（丰）、何、许三委员审查，由郑委员召集。

三、据会计处签呈，本府前在三十年度调整机构补助公务员生活费科目垫付工矿理事会资金五十万元，拟即拨正作为本府投资，至资源委员会借来四十五万元，拟作暂收款入库等情，请公决案。

（决议）照案通过。

四、（略）

五、据秘书处签呈，拟就本省非常时期战地县行政人员及警察官暨技术人员任用暂行标准，请分呈核定施行等情，请公决案。

（决议）交刘、何、许三委员审查，由刘委员召集。

六、据会计处案呈，查仁化县地方三十年度第三次追加岁入岁出概算，经参照各厅意见整理后，计拟改列各为四万零五百六十五元，请提会核定等情，请公决案。

（决议）照案通过。

七、据会计处案呈，查安化管理局三十年度七至十二月地方岁入岁出追加概算，经参照各厅意见整理后，计各为七千三百七十六元，请提会核定等情，请公决案。

（决议）照案通过。

八、据会计处案呈，查龙川县地方三十年度追加岁入岁出概算，经参照各厅处意见整理后，计拟改列各为一十四万四千二百二十五元，请提会核定等情，请公决案。

（决议）照案通过。

九、据会计处案呈，查合浦县地方三十一年度岁入岁出总概算，经参照各厅处意见核编后，计拟改列各为二百九十一万三千三百三十一元，请提会核定等情，请公决案。

（决议）照案通过。

十、据会计处案呈，查阳春县地方三十年度岁入岁出第二次追加概算，经参照财厅意见整理后，计改列各为七万七千九百二十六元，请提会核定等情，请公决案。

（决议）照案通过。

十一、据建设厅呈缴秘书林起钰荐委表，请赐核委等情，请公决案。

（决议）照派代理。

十二、主席提议，感恩县长麦邦垣另有任用，遗缺派何重民代理，请公决案。

（决议）照案通过。

十三、主席提议，博罗县县长黄仲瑜另候任用，遗缺派曾宪章代理，请公决案。

（决议）照案通过。

十四、据本府行政效率促进委员会签呈，拟具广东省政府非常时期改善公务员生活办法，请提会议决呈院核定等情，请公决案。

（决议）照案修正通过。①

广东省政府第九届委员会
第三百一十六次议事录

日　期　四月二日

地　点　曲江本府

出席者　李汉魂　胡铭藻　郑彦棻　刘佐人　许崇清　高　信

列席者　杜之英　黄秉勋　何汉昌　戴振魂　黄希声　黄　雯

主　席　李汉魂

① 修正之点略。

纪　录　（秘书）谢晨光

报告事项

一、准广东全省保安司令部电复，规定保安部队囚粮从三十年十一月十六日起，每名月给囚粮二十一元，从三十一年三月份起，月给囚粮二十四元等由。饬据会计处签称，第一区行政督察专员前呈三十年十一月份囚粮表册，列支一百五十元四角，似属妥洽，既经该署垫发在前，似宜在三十年度省岁出概算人犯口粮科目拨还归垫等语，应准如拟办理。

二、据财政厅呈，为秘书处垫付东江护侨事务所二十八年十二月份经费一千一百六十四元，似可在三十年度省预备金项下拨支归垫等情。饬据会计处签称，查三十年度省预备金经已超支，似可在三十一年度省第一预备金项下拨支归垫等语，应准如拟办理。

三、据财政厅签呈，化县警长劳靖国二十九年十至十二月份遗族年恤金一百一十一元，拟以毫券七成折合国币十四元七角在三十年度恤金项下动支等情。饬据会计处签称，查核尚属可行，似可照准等语，应准如拟办理。

四、据省振济会呈缴儿童教养院第四分院三十年十二月份膳食费追加概算书，列支八千一百二十九元三角六分。饬据会计处签称，既经该会核无不合，复核与原案尚属相符，似可准予照列，款援案在该会振款项下拨支，饬依照儿童教养院各院部膳食费用补助办法第一项之规定，并入该院十二月份原预算数内支销等语，应准如拟办理。

五、据省振济会呈缴韶市义民招待所三十年夫役服装费预算书，列支二百七十六元，并称该所三十年度用人经费并无节余，请准在三十年度该所经常费节余项下拨支等情。饬据会计处签称，查所称尚属实情，为兼顾事实起见，该费似可特准改在该所三十年度经常费节余开支等语，应准如拟办理。

六、据省振济会呈缴妇女生产工作团托儿所三十年度追加预算书。饬据会计处签称，计由五月起至十二月止，共增加经费四千七百四十八元八角，拟准照列，款援案在振款项下拨支等语，应准如拟办理。

七、据省振济会呈缴儿童教养院培德小学部改编三十年度经常费预算书表，计四至十二月共增加四千七百六十八元。饬据会计处签称，核与原案尚合，拟准照列，款援案在振款项下拨付，惟查现呈改编预算分配表列由四月起至十二月止计共应为三万七千一百六十八元，现三十年度预算数罗列四万七千九百六十八元，系属错误，拟代更正存转。又该部既系三十年四月一日成立，似应饬追减三十年一至三月份经常费预算等语，应准如拟办理。

八、据阳山县政府呈，为垫发铲获烟苗举报人奖金六十元，请拨还归垫等情。饬据会计处签称，该款拟在三十年度省概算禁烟临时费项下垫支，并饬迅将没收种烟犯财产变价缴还归垫等语，应准如拟办理。

九、行政院令，抄发国民参政会第二届第二次大会建议节减开支紧缩预算一案，仰知照等因，应通令各机关随时注意。

讨论事项

一、据建设厅呈，据战时长途电话管理所呈拟新订增加话费办法四项，自三十一年二月二十一日起实行，及自三月份起增收养线费至每月每户十二元，应否照准，请核示等情，请公决案。

（决议）照案通过。

二、据秘书、会计处呈，拟订县农业推广所编制俸级及预算，款在各该县地方款预备金项下拨支，或另筹来源追加预算，请提会核定等情，请公决案。

（决议）编制俸级及预算照案通过，所需之款，由农业工作站原有经费移拨开支，工作站应于农业推广所成立后裁撤。

三至五、（略）

六、据秘书处签呈，拟续办本府统计人员训练班一期，计需费二万八千三百五十元，除将该班第一期节存二万元拨支外，实需一万八千二百五十元，请拨款续办等情，请公决案。

（决议）照案通过，款在本年度第一预备金项下拨支。

广东省政府第九届委员会
第三百一十七次议事录

日　期　四月六日

地　点　曲江本府

出席者　李汉魂　胡铭藻　刘佐人　郑　丰　高　信　许崇清　吴逎宪　何　彤

列席者　杜之英　黄希声　黄　雯　黄秉勋

主　席　李汉魂

纪　录　（秘书）谢晨光（科长谢乐文代）

报告事项

一、据教育厅签呈，缴省立广州女子师范学校三十年度女教员麦桂香生产期间代课费预算书，列支二百二十九元五角。饬据会计处签称，既据教育厅签明与规定尚符，似可准在本年度省岁出概算内教育厅临时费项下拨支等语，应准如拟办理。

二、据省振济会呈缴儿童教养院各院部三十年度改编经费预算分配表。饬据会计处签称，查表列数目，核案尚无不合，计由三十年九月份起至十二月份止，儿童教养院第四五七三分院合共增一万六千三百五十六元，实验小学部共增一千三百四十四元，培德小学部共增一千五百一十六元，合共增加俸给费一万九千二百一十六元，拟准予照列，款援案在该会振款项下拨支。至实验中学部预算分配表，拟发交教育厅一并核议再行办理等语，应准如拟办理。

三、据省振济会呈缴妇女生产工作团三十年度六、七月份追加学生生活费预算书，计六月份追加二百八十五元，七月份追加一千八百二十八元七角四分。饬据会计处签称，既经该会核明款在振款项下拨支，复核与原案相符，拟准照办等语，应准如拟办理。

四、据省振济会呈缴四会义民收容所改编三十年度经常费预算分配表，计由九月份起每月增加俸给费一百六十三元，九至十二月共增加六百五十二元。饬据会计处签称，核与原案尚合，拟准照列，款援案在振款项下拨付等语，应准如拟办理。

五、据本府战时通讯所呈缴无线电第七区台三十年度工役制服费预算书，列支八百八十元。饬据会计处签称，既有用人经费节余足资拨支，查核列数亦尚无不合，该款拟准在该台三十年度用人经费节余项下开支等语，应准如拟办理。

六、据本府驻渝办事处呈缴三十年度临时费预算书，共列支三千零五十元三角七分。饬据会计会〔处〕签称，计添购家具费、房屋修理费暨电灯费、汽车修理费共一千七百一十二元零七分，均属经常费预算内应有之支出，拟饬在该处三十年度经费节余项下开支，如不敷，再呈请在三十一年度经费补支。至长途电话费一千三百三十八元三角，原应由使用者给费，惟该款既经支出，事成过去，似可特准照数在三十一年度省第一预备金项下拨给归垫等语，应准如拟办理。

七、据财政厅呈，为遂溪税务局三十年九月修葺税警宿舍经费共八百元，核尚属实，拟准照拨，款在三十年度各税务局经费未支配余额项下拨支等情。饬据会计处签称，似可照准等语，应准如拟办理。

八、据新丰县政府呈，为本县所编缴三十年度七月至九月份岁入岁出追加概算，予以注销等情。饬据会计处签称，该县前呈原意，既系请求补助性质，但误将预算原有收支编成追加总预算，致滋误会，现为切合事实，并免将来追减手续起见，拟姑准予所请，将原核定追加概算注销等语，应准如拟办理。

九、据会计处签呈，关于本省各机关献金救侨一案。前经本府规定办法五项，分饬各机关妥办。现查各机关献缴情形，各有不同，兹分别性质，汇列三表，请核定饬财厅办理等情。查第一表已献金两个月者，应予以补还一个月金额，第二表已捐一个月者，无须再代捐献，至两个月均未捐献者，应照数由财厅代捐献一个月，在各该机关生活补助金项下扣除，第三表各机关长官个人献金者，应如拟照数发还。

讨论事项

一、刘委员、张委员、郑委员（彦棻）会复，审查地政局请依照原拟增加曲江、乳源两县地政处暨所属各分处俸给费及乐昌、仁化两县

556

测量队俸给费一案意见，请公决案。①

（决议）照审查意见通过。

二、据省振济会呈，关于救济总队三十年由五月份起，每月再追加经费一千七百六十元二角一案，请仍维持原案，准在省救济费或预备费项下拨支等情，请公决案。②

（决议）照会计处签拟通过。

三、据省振济会呈，为儿童教养院第五、六、七各分院暨实验小学、培德小学、实验中学部三十年度五月起改订俸给预算书，经先后呈送核办，请迅将前缴该院各分院部三十年下半年追加预算书核定等情，请公决案。③

（决议）照会计处签拟通过。

四、据民政厅、财政厅会呈，拟改变各县自治户捐征收办法，请饬县遵照等情，请公决案。

（决议）照案通过。

五、据建设厅签呈，缴本厅合作事业管理处设置广东省合作社农工产品陈列室设置计划及预算书，计需一万元，请准予在该处三十年度节余经费项下先行予以保留等情，请公决案。

（决议）除建筑费外，余照案通过。

六、（略）

七、据财政厅签呈，拟就各县税捐征收处、征收分处及征收站编制经费表暨等级标准表、各县税捐征收处等级经费表，请核定颁发各县遵照办理等情，请公决案。

（决议）交何、高、刘三委员审查，由何委员召集。

八、据建设厅签呈，拟就中中交农四行局与广东省政府洽订农田水利贷款合同草案，关于垫额五十五万七千一百二十元，拟饬由银行照额息借依约分年拨付，并妥拟贷借办法呈核等情，请公决案。

（决议）照案通过。

---

① 审查意见略。

② 会计处签拟略。

③ 会计处签拟略。

九、准广东全省保安司令部电，为本部二十九年度十月份超支办公费二千二百七十六元二角六分，十一月份超支九百九十五元六角六分，十二月份超支二千三百二十三元一角七分，拟照规定，均在本部二十九年度历月份保安机关部队经费节余项下列支，请查照等情，请公决案。

（决议）照案通过。

十、据新生活运动促进会妇女工作委员会电缴该会三十一年度临时费预算书，列支三千二百元，款在各县妇委会经费剩余项下拨支等情，请公决案。

（决议）照案通过。

十一、据教育厅签呈，本厅派驻琼崖督学韩国清，请予免职，遗缺拟以林尤菜接充，请公决案。

（决议）照案通过。

十二、准国立中山大学医学院函，请拨助款项三万元，为本院医院建筑费等由，请公决案。

（决议）照数拨助，款在本年度第一预备金项下开支。

十三、据建设厅呈复，遵令约集有关机关审核韶关市政筹备处所拟开辟韶关市东四河区各马路路线一案情形，检同会议录，请察核示遵等情，请公决案。

（决议）照案通过。

十四、主席提议，秘书处法制室组长董世芳调充秘书，请公决案。

（决议）照派代理。

广东省政府第九届委员会
第三百一十八次议事录

日　期　四月九日

地　点　曲江本府

出席者　李汉魂　许崇清　方少云　郑彦菜　高　信　何　彤
　　　　郑　丰　胡铭藻　刘佐人

列席者 杜之英　戴振魂　黄　雯　黄炳勋　何汉昌　黄希声

主　席 李汉魂

纪　录 （秘书）谢晨光

报告事项

一、据财政厅签呈，请援案在三十年度省救济费项下拨给台山税务局员役损失行李救济费二千九百零五元等情。饬据会计处签称，查机关驻地被敌军犯境，员役因公致私人行李损失，向无明文规定发给救济费，但为鼓动员役服务迁近战区起见，亦有比照空袭损害救济办法发给救济费先例，且此次台山税务局员役损失行李，经取具当地行政机关证明书证明，似尚属实，拟照财厅所拟办理等语，姑准如拟办理。

二、据财政厅呈，为三十年度各税务局办理沙田测绘员役薪饷，请准在三十年度各税务局经费未支配余额项下拨发等情。饬据会计处签称，此项员役薪饷，计支出者，有合浦、潮安两局，共一千零五十六元，拟姑准照所请办理等语，应准如拟办理。

三、据卫生处呈缴省立医院三十一年度经常费预算分配表，计一至十一月份每月列支七千五百九十四元，十二月份七千六百零三元，年共列支九万一千一百三十七元。饬据会计、秘书两处签称，核与核定概算数额尚无不合，惟关于特别办公费一项，据列每月二百四十元，核与规定不符，拟酌定为二百元等语，应准如拟办理。

四、据第六区行政督察专员呈缴龙门县二十九年度折城费预算书，列支九千五百九十四元八角。饬据会计处签称，既经建设厅核明尚属适合，似可准予照数列支，除将变卖砖瓦款二千七百四十三元二角九分抵支外，尚差六千八百五十一元五角一分之款，拟在本府以前发给该县折城补助费一万元额内动支等语，应准如拟办理。

五、据防城县呈缴三十年度加强破坏防钦、防东等公路民工伙食费预算书，列支四千四百二十四元。饬据会计处签称，似可准照列支，款在本府第九届委员会第二一七次会议核定由三十年度建设事业临时费项下拨付该县破路费六千元额内开支，比对尚余一千五百七十六元之款，拟饬返纳入库等语，应准如拟办理。

讨论事项

一、（略）

二、准全国节约建国储蓄劝储委员会广东分会函，为关于本省储运分会撤并后，以前各机关拨助费，请仍照额拨归节储联合办事处等由，请公决案。

（决议）照案通过。

三、郑委员（彦棻）、许委员、吴委员会复，审查建设厅所拟修正广东省各江基围围董会组织大纲一案意见，请公决案。①

（决议）照审查意见通过。

四、据教育厅签呈，三十年度本厅派赴南岳参加防空学校人民防空研究游动教育班受训人员六人，共支旅费及治装费一千五百六十元；又派员一人赴渝人事行政班受训，旅费及治装费九百八十元。两项共二千五百四十元，该款拟由三十年度赴渝受训人员旅费项下开支，请核示等情，请公决案。

（决议）照案通过。

五、据省振济会呈缴儿童教养院第四分院二十九年三至八月份经常费预算书，共列支四万一千零五十六元八角四分，款在本会振款项下拨支，请核示等情，请公决案。②

（决议）照会计处签拟通过。

六、据卫生处电缴三十年度购置医药器材费预算书表，列支二十万元，请核示等情，请公决案。

（决议）照案通过。

七、据社会处签呈缴具本处人事编制表，请核示等情，请公决案。③

（决议）照秘书处签拟通过。

八、据建设厅签呈，据本省战时长途电话管理所呈编具构筑南雄至大坊墟话线计划预算书图表，共列支七万三千六百二十五元三角六分等情。拟议核减各点，拟在本年度战时特别预备金项下拨支，请核示等情，请公决案。

（决议）照案通过。

---

① 审查意见略。
② 会计处签拟略。
③ 秘书处签拟略。

九至十一、（略）

十二、据粮政局呈，拟具驻赣接运米粮办事处组织章程、编制预算等，计办事处每月列五千六百三十四元，甲种站每月列一千四百六十四元，乙种站每月列一千零八十一元，请核示等情，请公决案。

（决议）照秘书、会计两处签拟通过。（签拟略）

十三、何委员、刘委员、吴委员会复，审查秘书处签呈，会商广东全省保安司令部拟定广东省战时各区行政督察专员公署及保安司令部合并组织实施计划纲要及暂行编制表，请连同会计处所拟预算提会决定一案意见，请公决案。

（决议）照审查意见通过。（审查意见略）

十四、（略）

十五、据建设厅签呈，拟在连县、乳源之间选择适宜地点设立化工材料制造厂址，计设厂资金概算一百六十四万元，请先行拨款办理等情，请公决案。

（决议）交特种基金保管委员会核贷基金办理。

十六、据粮政局签呈，拟具广东省各县公教警团平价米筹给办法纲要，请核示等情，请公决案。

（决议）交郑（彦棻）、何、刘三委员审查，由郑委员召集。

十七、准广东省临时参议会函送本会三十一年度特别临时费预算书，列支二万一千三百四十元，请在本会三十年度参议员出席旅费算〔节〕余全数拨支等情，请公决案。

（决议）照案通过。

广东省政府第九届委员会
第三百一十九次议事录

日　期　四月十一日

地　点　曲江本府

出席者　李汉魂　郑彦棻　胡铭藻　高　信　方少云　许崇清

何　彤　刘佐人

列席者　杜之英　黄希声　黄　雯　何汉昌

主　席　李汉魂

纪　录　（秘书）谢晨光

报告事项

一、据粮政局签呈，关于产妇自酿糯米酒一案，拟规定限制办法五项，请核示等情。饬据秘书处签称，查所拟办法，大致尚属妥洽，惟应于原第二项之后，增列第一项如下："产妇酿造自用糯米酒所需之酒饼，得依禁酒暂行办法施行细则第十一条之规定，呈准向封存商店揭封购买，或向主管官署价领，但以确供酿造自用糯米酒之用为限，不得转售或移作别用。"原第三项改为第四项，以下挨次递改。又原第四项"限自开始酿造后于两个月服用完毕"，拟改为"限于产后三个月内服用完毕"，余拟悉如原拟等语，应准如拟办理。

二、据秘书处签呈，据本府农村调查队报告，队员卢寿桂因公积劳病故，殓埋费支出二百八十元九角，拟在本队三十年度经费节余项下开支，请核示等情。饬据会计处签称，该款拟准在该队经费节余项下开支等语，应准如拟办理。

三、据本府战时通讯所呈，编造本所三十年度临时收入预算书表，计列收七千三百五十九元七角二分。饬据会计处签称，查核尚无不合，拟饬以其他收入解三十年度省库核收等语，应准如拟办理。

四、据省振济会呈缴救济总队三十年度派员赴坪石药库提取药物旅运费预算书，列支五百一十八元二角。饬据会计处签称，查核尚属需要，似可准予照列，并准款在振款项下拨支等语，应准如拟办理。

五、据省立救济医院呈，报本院三十年度药械公物疏散费预算书，列支一千一百六十四元二角。饬据会计处签称，似可准予如数在本年度省第一预备金项下补拨等语，应准如拟办理。

六、据韶关市政筹备处呈缴韶关市警察局三十年度预算书，及韶关市警察局三十年度已领未领经费对照表。饬据会计、秘书两处签称，现列该局三十年度十二月份经常费九千八百八十一元，核与原核定月支四千八百七十七元超列五千零五十八元，拟饬在省库已拨该局三十年度个半月经费共七千二百三十四元五角内统筹支配，不敷之数，饬在本年市地方款内筹拨等语，应准如拟办理。

七、据第九区行政督察专员呈缴本署本年二月份囚犯口粮清册，列支三百九十元。饬据会计处签称，查核尚无不合，拟准在三十一年度省岁出概算行政人犯口粮项下拨还归垫等语，应准如拟办理。

八、据第九区行政督察专员电，请照前电拨款修建办公处所及设置一二后方办事处等情。饬据会计处签称，拟仍饬利用原有房屋办理，至办公处所修建费一千九百三十元，据称已雇工修葺完竣，该款拟在三十一年度省岁出概算第一预备金拨还归垫等语，应准如拟办理。

九、据乳源县政府呈，请将垫支本年立春发放徭盐价款一千五百五十四元如数拨还等情。饬据会计处签称，查所称尚属实情，此款似可准在三十年度省概算新县制补助款内拨付，饬办追加预算手续，下年度起由县自行编制绥瑶经费，不再特别补助等语，应准如拟办理。

讨论事项

一、准广东省军管区司令部电，为本省高中以上学校军事训练及看护训练班经费共二十七万二千一百三十六元，拟以本区政治部原有经费共三十五万五千一百零四元除饬拨改组特别党部经费八万二千九百六十八元外，其余全部移拨等由，请公决案。[①]

（决议）照会计处签拟通过。

二、准广东省军管区司令部电，为三十一年度国民兵调查书簿表册经费，拟请按照现时物价实际情形，照原定标准增加二倍，俾易办理等由，请公决案。

（决议）照会计处签拟通过。（签拟略）

三、准刘委员、何委员、吴委员会复，审查秘书处所拟广东省各县临时监狱组织规程一案意见，并改拟广东省各县看守所、监狱组织规程、编制表，及各县经临概算书，请公决案。

（决议）照审查意见修正通过。

四、（略）

五、据秘书处签呈，编制本省统计人员特种考试委员会编制员额表

---

① 会计处签拟略。

及临时费预算书，列支一万五千四百元，请核示等情，请公决案。①

（决议）照会计处签拟通过。

六、据教育厅呈缴督学连宝城荐委表，请赐核委等情，请公决案。

（决议）照派代理。

七、据建设厅呈缴合作事业管理处视察谢君哲荐委表，请赐核委等情，请公决案。

（决议）照派代理。

八、据粮政局呈缴秘书李炳垣荐委表，请赐核委等情，请公决案。

（决议）照派代理。

九、据本府战时通讯所呈缴汕头、安化两分台三十一年度经常费、生活补助金暨补足折支薪额各项预算书，计每分台年列经常费四千九百五十六元，生活补助金八百零四元，补足折薪差额九百七十二元，请核示等情，请公决案。②

（决议）照会计处签拟通过。

十、据本府边政指导委员会呈缴本会三十一年度事业费预算书，列支九千六百元，西山、乐昌、乳源各施教站三十一年度经常费预算书，计西山列支一万四千四百元，乐昌、乳源各列支九千元，请准列入各该县总概算或饬县在预备金项下拨支等情，请公决案。③

（决议）照会计处签拟通过。

十二④、据本省救护委员会呈，为本会三十一年度开设直辖救护总队部暨救护两中队，全年经费二万一千七百二十元，拟在香港分会募来事业费项内开支，请核示等情，请公决案。⑤

（决议）照会计处签拟通过。

十三、据广东省银行呈缴省特务营三十一年度经常费预算书，列支三十三万八千三百五十七元零四分，请核示等情，请公决案。⑥

---

① 会计处签拟略。
② 会计处签拟略。
③ 会计处签拟略。
④ 原文缺第十一项。
⑤ 会计处签拟略。
⑥ 会计处签拟略。

（决议）照会计处签拟通过。

十四、据秘书处案呈，查兴宁县民陈幼凡等因与李环杰等互争水涵水利灌荫田禾不服兴宁县政府处分，提起诉愿一案，经审查完竣，作成决定书，请提会核定等请，请公决案。

（决议）交何、郑（丰）、高三委员审查，由何委员召集。

十五、秘书处案呈，查兴宁县民罗文光等因与毛凯强等互争石陂圳水利不服兴宁县政府处分，提起诉愿一案，经审查完竣，作成决定书，请提会核定等情，请公决案。

（决议）交何、郑（丰）、高三委员审查，由何委员召集。

十六、据会计处案呈，查河源县地方三十年度岁入岁出追加概算，经参照各厅处意见整理后，计追加各为九万三千零六十四元，请提会核定等情，请公决案。

（决议）照案通过。

十七、许委员、郑委员（彦棻）、吴委员会复，审查行政效率促进委员会拟修正广东省政府所属各机关暨各县市局工作考核实施细则一案意见，请公决案。

（决议）照审查意见通过。（意见略）

十八、据第九区行政督察专员电，本署第二科科长李□育，拟调充秘书等情，请公决案。

（决议）照派代理。

十九、主席提议，云浮县县长沈铣辞职照准，遗缺派□宗流代理，请公决案。

（决议）照案通过。

广东省政府第九届委员会
第三百二十次议事录

日　期　四月十六日
地　点　曲江本府

出席者　李汉魂　郑彦棻　高　信　郑　丰　刘佐人　方少云
　　　　许崇清　胡铭藻
列席者　杜之英　戴振魂　黄希声
主　席　李汉魂
纪　录　（秘书）谢晨光（科长谢乐文代）

报告事项

一、准广东省防空司令部函，请追加本部派赴重庆都市防毒干训班受训人员旅费及治装费共一千九百元等由。饬据会计、秘书两处签称，旅费拟照本府新订数额补发，款在三十一年度省岁出概算赴中央干部训练团受训人员旅费科目拨支，治装费请在该部经费项下筹支等语，应准如拟办理。

二、据教育厅签呈，缴粤北边疆施教区二十九年五至九月份米津预算书册。饬据会计处签称，查原缴书册五、七、八月份米津数依照三十日计算，微有不合，经代更正，计五至九月份共应列支七百一十元三角八分，除将前核发之五至九月份米津五百六十五元扣抵外，尚应补发一百四十五元三角八分，款拟准在二十九年度追加省总概算内各级公务员役团警米津项下开支等语，应准如拟办理。

三、据建设厅签呈，拟加建韶州总站宿舍及储藏室工程费，经本厅核减为三千四百零九元八角三分，款拟准在该处行车营业基金开支等情，经准予照办。

四、据粮政局电，为本局驻湘购粮办事处运输所请领第一、二次湘北战事该所职员眷属疏散旅费共一千八百五十元，可否在该所三十年度业务费项下开支，请核示等情。饬据会计处签称，业务费系供业务上之一切支销，在该科目开支，似属不合，此项迁眷旅费，拟饬在该局三十年度营业预算第二款意外损失科目开支等语，应准如拟办理。

五、据粮政局呈，为本局驻湘购粮办事处请领第二次湘北战事该处职员眷属疏散旅费共三百元等情。饬据会计处签称，拟准援案在该处三十年度管理费节余项下匀支等语，应准如拟办理。

六、据卫生处呈缴本处妇婴卫生助理员训练班三十一年度生活补助金预算书，列支一千一百七十元，拟在三十一年度卫生事业临时费项下拨给等情。饬据会计处签称，查系援照三十一年广东省文职公务员俸给

566

预算编列办法第一条乙款及照第六条之规定办理，似尚可行，拟请照准等语，应准如拟办理。

七、据省振济会呈缴韶关空袭紧急联合办事处三十一年度购置时钟预算书，列支一百一十元。饬据会计处签称，既经该会核明由振款拨支，复核尚属需要，拟准照办等语，应准如拟办理。

八、据秘书处签呈，秘书长等三十年九月奉派赴渝，由本府驻渝办事处代支过汽油费一千七百二十元，请准一并在三十年度本府特别公差旅费拨支归垫等情。饬据会计处签称，查所耗汽油，既系因公差而支出，似可准列入上项旅费内支报等语，应准如拟办理。

九、据第一区行政督察专员呈缴三十一年一月份囚犯口粮清册。饬据会计处签称，查册列四百五十二元四角，尚无不合，除前拨还三百三十二元八角外，其余一百一十九元六角，拟准在三十一年度省岁出概算行政人犯口粮项下拨还归垫等语，应准如拟办理。

讨论事项

一、准广东省军管区司令部电送河源、开平、云浮等县办理国民兵后〔役〕初次调查办公费预算书，各列支六百元，办理国民兵后〔役〕应备书簿表册预算书，河源县列支一千二百四十八元七角五分，开平县列支一千九百九十八元，请查照办理等由，请公决案。[①]

（决议）照会计处签拟通过。

二、据民政厅签呈，关于本省国民身份证一案，遵经会同秘书处、军管区司令部编练处从新修订实施细则、办法、守则大纲等，请核定公布施行等情，请公决案。

（决议）交方、刘、许三委员审查，由方委员召集。

三、据民政厅签呈，关于本省施行国民兵身份证经费一案，兹再从新分配各县共四十八万六千六百七十五元，本厅省用宣传印刷预备费共五万三千五百七十五元，请提会核定分别发给等情，请公决案。

（决议）交方、刘、许三委员审查，由方委员召集。

四、据民政厅签呈，拟具广东省各县局政务警察，改编警察队办法

---

① 会计处签拟略。

各项经费列入县预算，由县库支给，请核示等情，请公决案。①

（决议）照秘书处签拟通过。

五、据秘书处签呈，编具本府三十一年度追加巡回视察旅费预算表，列支二万七千二百五十二元，请指款拨支等情，请公决案。

（决议）照案通过。款在本年度省第一预备金项下拨支。

六、据秘书处案呈，据黄岗消防队呈缴三十一年度燃料费预算书，月支一万三千二百元，请赐核发等情，请公决案。

（决议）照会计处签拟通过。（签拟略）

七、据会计处案呈，查封川县地方三十年度岁入岁出第三次追加概算，经参照各厅意见整理后，计追加各为四万六千一百五十四元，请提会核定等情，请公决案。

（决议）照案通过。

八、据民政厅签呈，为拟订广东省各县乡镇公所分等及各股职掌划分办法，请核示，并将本省各县乡镇公所组织暂行规程，保办公处暂行组织规程，保民大会暂行章程，保民大会会场规则，保长、副保长选举暂行规则，甲、户长会议暂行规则，予以废止等情，请公决案。

（决议）交方、黄、许三委员审查，由方委员召集。

九、据民政厅呈缴视察罗湘元荐委表，请赐核委等情，请公决案。

（决议）照派代理。

十、据社会处呈缴第二科科长丁鸿训荐委表，请赐核委等情，请公决案。

（决议）照派代理。

十一、何委员、刘委员提议，拟仿照各县设置警佐办公室之成例，在各县政府编制尚未整□调整以前，暂行设置承审员办公室，附具编制预算表，请公决案。

（决议）照案修正通过。

十二、主席提议，文昌县县长吴世璿久不到差，应予免职，遗缺派何定之代理，请公决案。

（决议）照案通过。

十三、主席提议，澄迈县县长梁稚标辞职照准，遗缺派何劲秋代

---

① 秘书处签拟略。

理，请公决案。

（决议）照案通过。

十四、据粮政局签呈，为各县粮食管理委员会三十年九月份七成补助费一十五万二千二百八十二元九角，拟请由省库开支，即在粮食部拨还前垫发本局经费项下划抵等情，请公决案。

（决议）照案通过，款在三十年度各县局普通补助金项下开支。

十五、（略）

十六、据本府行政效率促进委员会呈，拟具本省各县局三十年度工作考成暂行办法，请核示等情，请公决案。

（决议）交许、高、郑（彦棻）三委员审查，由许委员召集。

十七、刘委员、胡委员、郑委员（丰）会复，审查秘书处所拟广东省技术人员加给暂行办法一案意见，请公决案。

（决议）照审查意见修正通过。（意见略）

十八、主席提议，据兼省立文理学院院长黄麟书呈，以厅务繁重，请准辞去学院兼职等情，拟予照准，遗缺派黄希声代理，请公决案。

（决议）照案通过。

十九、准广东省临时参议会函送三十一年度临时大会开会费预算书，列支二万三千六百四十元，又参议员出席旅费预算书，列支七万八千三百元，请核定指款拨支等由，请公决案。

（决议）照会计处签拟通过。（签拟略）

二十、郑委员（彦棻）、何委员、郑委员（丰）、胡委员、高委员会复审查广东省三十二年度各县工作计划编造办法及计划纲要暨各县市局地方预算编制办法一案意见，请公决案。

（决议）照审查意见修正通过。（意见略）

广东省政府第九届委员会
第三百二十一次议事录

日　期　四月二十日

地　点　曲江本府

出席者　郑彦棻　方少云　吴廼宪　许崇清　郑　丰　何　彤
　　　　刘佐人

列席者　黄希声　何汉昌　黄　雯

主　席　李汉魂（公出　郑彦棻代）

纪　录　（秘书）谢晨光

报告事项

一、据财政厅签呈，拟将前广东省会警察分局退职警长彭荣二十七年十月份起至二十九年底止年恤金共六百零七元五角，依据本省历办抚恤成案，以毫券七成折合国币四百二十五元二角五分，改由三十年度省恤金项下开支等情。饬据会计处签称，查核尚属可行，似可照准等语，应准如拟办理。

二、据财政厅呈，为党员杨云士、江振威奉准每月各支养老金四十元，因三十一年度省总概算漏列，请准追加等情。饬据会计处签称，该两员养老金年共九百六十元，既未列入三十一年度省岁出概算，该款拟改在上项概算第一预备金项下开支，三十二年度列入省岁出概算等语，应准如拟办理。

三、据教育厅呈缴社教工作团三十年度经费预算分配表比较表。饬据会计处签称，核案尚无不合，计三十年度由九月份起至十二月份应增俸给费七百零五元二角，四个月共增二千八百二十元八角，惟查现列预算，该团五至八月每月战时加给经费按实应支八百三十九元八角，比较前按未缩减前人数加七生活补助费为准，核拨之数，计每月多拨四十元八角，五至十二月八个月共多拨三百二十六元四角，此款拟即抵拨上开增加俸给费二千八百二十元八角之一部，比对尚不敷二千四百九十四元四角，拟准在三十年度省总概算内调整机构补助公务员生活费项下开支等语，应准如拟办理。

四、据建设厅呈，据公路处请发给该处技士李健伦因公遭受空袭致伤医药费六百一十元三角等情。饬据秘书、会计两处签称，核与广东省公路处战时公路员工抚恤暂行规程第四条规定相符，拟准在该处三十年度各养路队医药费项下开支等语，应准如拟办理。

五、据财政厅签呈，拟将高等法院第七分院故院长祁耀川二十七年十月份起至二十九年十二月份止共两年三个月遗族恤金九百七十二元，以毫券七成折合国币六百八十元四角，改由三十年度省恤金项下开支等情。饬据会计处签称，核尚可行，似可照准等语，应准如拟办理。

六、据财政厅签呈，拟修正各县财务委员会章程第三条条文为"凡县属公民，除现充县政府及区署职员外，年满三十岁以上，具有左列资格之一者，均有当选为财委会委员之资格"等情。饬据秘书处签称，所拟条文，大致妥洽，惟除县政府及区署职员外，县税捐征收处职员，似尤有限制，不得兼充财务委员会委员之必要，拟将原增列"除现充县政府及区署职员外"句，改为"除现任县政府、县税捐征收处、县金库及各区署职员外"，以期周密等语，应准如拟办理。

七、据第一区行政督察专员呈缴三十一年度办理军粮增设人员经费预算表。饬据会计处签称，计薪俸费自一月份起，月列一百八十五元，年列二千二百二十元，核案尚符，拟照案在三十一年度省岁出概算第一预备金项下按月照拨。又生活补助金自一月份起，月列一百六十元，年列一千九百二十元，拟援照本府核定第二区专署办理军粮增设人员经费案，款在三十一年度省岁出概算调整机构补助公务员生活费项下拨支等语，应准如拟办理。

八、据第九区行政督察专员电，请拨发增设专任粮政人员经费等情。饬据会计处签称，计每月应增拨俸薪共一百七十元，由三月份起，全年共一千七百元，拟援照本府核定第一至第八区专署增设办理粮政人员案，连同应支之生活补助金每月共一百六十元，由三月份起，全年共一千六百元，统并在三十一年度省岁出概算第一预备金项下拨支等语，应准如拟办理。

九、据三水县政府呈缴故员卢藻芳请恤事实表，请予给恤等情。饬据秘书、会计两处签拟，依照人民守土伤亡抚恤实施办法规定，给与其遗族一次恤金八十元，年抚金五十元，以十年为止，此项恤金及第一年年抚金共一百三十元，拟在三十一年度省恤金项下开支，至第二年以后，年抚金拟逐年在列入省预算恤金科目开支等语，应准如拟办理。

讨论事项

一、何委员、高委员、刘委员会复，审查关于财政厅所拟各县税捐征收处分处、征收站编制经费表一案意见，请公决案。①

（决议）照审查意见通过。

二、据民政厅签呈，据连县、阳山两县会呈，以连县辖内之通儒三所及风化林两地均飞嵌于阳山县境内，经遵章整理划归阳山县管辖，分别交接，请核示等情。核与修正广东省各县插花地整理办法第五条规定尚无不合，请核定依章咨请内政部核办等情，请公决案。

（决议）照案通过。

三至四、（略）

五、据省银行呈，拟请将前颁小灌溉工程贷款暂行办法大纲暨贷款还款细则通令废止，嗣后水利贷款，拟照本行农田水利贷款办法办理，请核示等情，请公决案。

（决议）照案通过。

六、据本省战时政治工作总队部呈，为本队购置三十年度队员冬季服装、棉被及公役制服费不敷国币一万四千二百八十三元八角，拟请准予在三十年度总预算第二预备金项下拨还归垫，仰准在袁前任移交结存现款及五、六月份战时加给费存款项下流支，请核示等情，请公决案。②

（决议）照会计处签拟通过。

七、据省振济会呈缴该会与三民主义青年团广东支团部合办民众招待所三十年度经常费岁入岁出预算书表，计列收入七千零五十六元，支出五千八百九十二元，岁出费用在岁入项下支付，请核示等情，请公决案。③

（决议）照会计处签拟通过。

八、据省振济会呈缴韶关空袭紧急救济联合办事处三十一年度经常费预算书，月列四百九十二元，年列五千九百零四元，款在本会振济基金项下拨发，请核示等情，请公决案。

（决议）照案通过。

----

① 审查意见略。
② 会计处签拟略。
③ 会计处签拟略。

九、委员兼民政厅长提议，拟请追加省忠烈祠建筑费二十五万元案。

（决议）照案通过，追加预算。

十、据会计处签呈，依照实际情形，另编具筹设会计人员训练班预算书表，列支开办费一万七千二百元，经常费三万六千零八十元，请核示等情，请公决案。

（决议）修建费一万零九百元，应予剔除，改由本府合署建筑委员会统筹建筑公用训练房舍，余照案通过，款在本年度第一预备金项下拨支。

十一、郑委员（彦棻）、何委员、刘委员会复，审查粮政局拟具广东省各县公教团警平价米筹给办法纲要一案意见，请公决案。

（决议）照审查意见修正通过。①

十二、据秘书处案呈，据本府驻渝办事处先后电请迅发陆大第十七、十八、特五、特六各期粤籍学生津贴费，暨各增拨补助费五十元，请核示等情，请公决案。②

（决议）每月补助费额照旧办理，余照会计处签拟通过。

广东省政府第九届委员会
第三百二十二次议事录

日　　期　　四月二十三日

地　　点　　曲江本府

出席者　　郑彦棻　刘佐人　郑　丰　何　彤　王志远　方少云
　　　　　　吴迺宪　张导民　许崇清

列席者　　戴振魂　杜之英　巫　琦　黄　雯　黄希声

主　　席　　李汉魂（公出　郑彦棻代）

---

① 修正之点略。

② 会计处签拟略。

纪　录　（秘书）谢晨光

报告事项

一、奉第七战区司令长官司令部电复，关于海陆丰惠紫四县剿匪机构名称，即系海陆丰惠紫四县剿匪指挥部，仰知照等因。饬据会计处签称，关于三十一年度省概算岁出经常门常时部分七款五项五目原列之海陆丰惠紫联防办事处科目，似应更正为海陆丰惠紫四县剿匪指挥部，以符名实，并报请行政院核备等语，应准如拟办理。

二、准内政部咨，奉行政院指复，以核议广东省政〈府〉务视导团视导手册意见，饬径咨复一案，请查照办理等由。饬据效率会签拟，依照将本省政务视导团视导手册内视导团组织大纲第四条及视导团工作总报告编制要点第二点分别修正，通令遵照等语，应准如拟办理。

三、据建设厅签呈，据公路处呈缴三十年度各养路队经费及员工生活补助费预算书表。饬据会计处签称，查养路队改订俸给比较表列数未尽符合，更正后，由三十年九至十二月五个养路队及官渡至梅坑暨甘岩梅石新铺平拓路场养路队共月增三千六百零七元，四个月合计共一万四千四百二十八元，惟查养路队职员自三十年五月份起至八月共多发生生〔活〕补助金一万四千零八十元，又官渡至梅坑路养路队监工路工等薪饷应补发之款，拟在前项补助金内补还，实计多拨补助费共一万二千九百二十七元二角七分，先似应饬返纳入库，兹为减省手续起见，拟将各该路资〔养〕路队增俸之一万四千四百二十八元，在多拨补助费一万二千九百二十七元二角七分先行抵拨外，其不足抵拨之一千五百元零七角三分，拟在三十年度省总概间〔算〕调整机构补助公务员生活费项下拨支等语，应准如拟办理。

四、据建设厅呈，据公路处呈缴更正建筑修车厂仓库工程预算书表。饬据会计处签称，书表列四万六千二百二十七元九角七分，为款颇巨，原未便照准，但原预算既经建设厅修正饬照更正，尚无不合，平价亦为核实，且事属需要，拟姑予照准，款在公路处行车营业基金拨付，饬并编入该处三十一年度行车营业预算补充表内呈核等语，应准如拟办理。

五、据粮政局呈报，该局会计室见习员周笑棠，拟由本年三月份起，以委任十六级办事员待遇，月支薪五十五元，生活补助费八十元，比原月支八十元，计每月超支五十五元，三至十二月份十个月共超支五百五十元，该项超支款，仍在局三十一年度用人经费项下匀支等情。饬据会计处签称，核尚可行，拟准照办等语，应准如拟办理。

六、据粮政局先后呈转业务处暨所属机关三十年九月份起改订俸给比较表事，及驻湘购粮办事处改订俸给比较表。饬据会计处签称，查该项改订俸给增加经费四万六千五百四十元，在"意外损失"科目匀支，原不甚适合，但所列数目，核与原案相符，事实尚属需要，拟姑准在上项科目项下匀支，惟驻赣购粮办事处及该办事处运输所经于三十年四月底结束，拟饬三十年五月份起，经费不得开支，再查驻湘购粮办事处改订俸给经费及比较表，经并编入该业务处暨所属机关改订俸给经费预算书及比较表内，现缴系属重复，拟予发还等语，应准如拟办理。

七、据会计处签呈，准秘书处函，送本府三十年十至十二月份特别票费基金支出数目表，计列一三二·四八会八社二分①，查表列各数，核与本府特别费基金处理办法规左〔定〕尚无不合，似可准予报告会议等语，应准如拟办理。

八、据本府战时通讯所签呈，为燃料价格日涨，拟请提前一次取足燃料费年额一万四千四百元，预行购储等情。饬据会计处签称，似可特予照准。饬财政厅将本年度燃料费办理拨付手续，并饬该所应将购储价格、数量、储藏地点及每月用量分配情形，专案补呈备案等语，应准如拟办理。

九、据连连阳乳建设委员会呈缴制办罗定建设地晒图材料费预算书，列支八百八十元。饬据会计处签称，似属需要，该款拟在三十一年度省岁出概算第一预备金项下开支等语，应准如拟办理。

十、据会计处签呈，关于台山县政府拟修复九廿事变损坏话线一案，前经本府第三〇二次会议核定准拨七千元，款在三十年度建设事业临时费项下开支，仍请中央拨还归垫在案。现准军政部电复，所请拨款归垫一节，未便照准，关于本案费用，似可照原核定案，在三十年度建设事业临时费科目开支。至其余尚需之款，拟俟县呈报时，饬其在县款拨支等情，应准如拟办理。

---

① 疑是一万三千二百四十八元八角二分。

十一、据本府行政效率促进委员会签呈，拟具广东省政府所属各机关三十一年度工作抽查暂行办法，请核定施行等情，应准如拟办理。附抄原办法。

讨论事项

一、据财政厅签呈，拟修正广东省各县乡镇卫生洁净费征收办法大纲各条条文，请核示等情，请公决案。

（决议）交方委员审查。

二、据教育厅签呈，拟具广东省国民教育视导员视导规则，请核示，并将原订广东省义务教育视导员规则予以废止等情，请公决案。

（决议）员额定为七人至十人，余照秘书处签拟通过。（签拟略）

三、据建设厅签呈，拟具广东省县各级合作社组织大纲实施办法，请察核公布施行等情，请公决案。

（决议）照秘书处签拟修正通过。①

四、据建设厅签呈，缴农林局增设南路堆肥菌培养室计划及经常费预算表，计开办费列三万元，经常费月列三千二百五十元，由三十一年四月至十二月九个月共列二万九千二百五十元，请拨款办理等情，请公决案。

（决议）交张委员审查。

五、据粮政局签呈，拟订广东省粮政局各运销处组织章程及编制预算表，计甲种月列六千二百一十七元，乙种月列四千六百九十七元，请核示等情，请公决案。

（决议）交张、方、刘三委员审查，由张委员召集。

六、据卫生处呈，拟具保卫生员工作大纲及附表，请通饬遵照等情，请公决案。

（决议）交何委员审查。

七、据广东省驿运管理处呈，拟订船舶运输管理暂行办法，请核准施行等情，请公决案。

（决议）交何、吴、王三委员审查，由何委员召集。

八至九、（略）

---

① 修正之点略。

576

十、据建设厅先后签呈，据公路处呈缴总工程师额外技术人员三十一年度经常费及生活补助金预算书册，计经常费列支八万二千零八十元，生活补助金列支四万四千六百四十元，请准暂在养路费收入按月拨支等情，请公决案。

（决议）交张、高、刘三委员审查，由张委员召集。

十一、据卫生处呈缴本处第二诊疗所三十一年度追加医师经费预算书，列支三千一百二十元，款在本年度卫生事业临时费项下拨支，请核示等情，请公决案。

（决议）照案通过。

十二、（略）

十三、据秘书处签呈，拟具广东省战时各级行政机关员役因公损失财物救济暂行办法，请核定施行等情，请公决案。

（决议）交方、王、吴三委员审查，由方委员召集。

十四、据财政厅签呈，拟就广东省各县县乡镇税捐划分表，请核示等情，请公决案。

（决议）照案通过。

十五、许委员、黄委员、胡委员会复，审查秘书处所拟广东省政府直属各机关暨各县市局公务员考绩委员会设置大纲、广东省各级行政机关公务员考绩暂行办法一案意见，请公决案。

（决议）照审查意见通过。（意见略）

十六、方委员、刘委员、许委员会复，审查民政厅签拟关于本省国民兵身份证，经会同秘书处、军管区司令部编练处从新修订实施细则办法大纲一案意见，请公决案。①

（决议）照审查意见通过。

十七、方委员、刘委员、许委员会复，审查民政厅签拟关于本省□□国民兵身份证经费一案意见，请公决案。②

（决议）照审查意见通过。

十八、据秘书处案呈，据本府警卫营呈缴本年度士兵夏季服装费签

① 审查意见略。
② 审查意见略。

577

〔预〕算书，计列支国币八万四千零一元六角。又本年度卫士队夏季服装费预算书计列支国币三万二千九百九十四元，冬季服装费预算书，计列支国币三万二千九百六十八元，请分别迅赐拨款，俾便制发等情，请公决案。

（决议）交张委员审查。

广东省政府第九届委员会
第三百二十三次议事录

日　期　四月二十七日
地　点　曲江本府
出席者　李汉魂　郑彦棻　黄麟书　何　彤　郑　丰　刘佐人
　　　　高　信　许崇清　王志远　吴迺宪　方少云　张导民
列席者　杜之英　黄　雯　巫　琦
主　席　李汉魂
纪　录　（秘书）谢晨光

报告事项

一、据财政厅签呈，为各县官租收入款项可否全数拨归县库，请核示等情。饬据秘书处签称，查现在各县推行新制，需费殷繁，厅以该项官租本年度本省收入预算尚未列入，拟全数拨归县库，虽与财政收支系统纲要第三条之规定稍有出入，然省级概算既未列入，以此补助各级财政，似尚可行等语，应准如拟办理。

二、据省振济会呈缴本会儿童教养院实验小学部三十年七月至十月份儿童膳费追加预算书表，请核示等情。饬据会计处签称，查该部三十年度经费预算，业经本府核定，计每月列支儿童膳食费二千元，现缴追加预算书，由七月份起至十月份止，合共追加膳食费一千七百六十八元三角五分，既经该会核案相符，复核尚无不合，似可准予照列，款援案在振款项下拨支等语，应准如拟办理。

三、据省振济会呈缴实验中学三十年度追加医药设备费预算书及儿教院追加三十年度医药设备费总概算书，请核示等情。饬据会计处签称，查书列追加实验中学部医药设备费每月一百二十元，由八月至十二月份五个月共六百元，既经该会核准，款援案在振款项下拨支，拟准照办等语，应准如拟办理。

四、据省振济会呈缴南路振济区西营及寸金桥归侨招待所兼义民输送站开办费及经常费概算书，请核转等情。饬据会计处签称，查南路振济区广州湾办公处、寸金桥归侨招待所兼义民输送站开办费概算书列支一百五十元，西营归侨招待所兼义民输送站开办费概算书列支七十五元，拟准照列。至寸金桥归侨招待所兼义民输送站及西营归侨招待所义民输送站经常费，既据呈称经费系由十一月起支，自应准列十一月一日起至十二月底止经费，其一至十月份经常费数额应予删除，计寸金桥归侨招待所兼义民输送站十一至十二月经常费实为三百六十四元，西营归侨招待所兼义民输送站十一至十二月经常费实为四百五十四元，该两站开办费共二百二十五元，经常费共八百一十八元，总共为一千零四十三元，拟准在该区振款拨支，仍请核定报告会议等语，应准如拟办理。

五、据第七区行政督察专员呈缴化县县政府第一次破路费预算书，列支七百六十二元，计算书实支七百六十一元九角，转请核示等情。饬据会计处签称，查所列之数，既经建设厅核明大致尚合，似可照准列支，该款拟在该县结存破路费余款八千一百八十二元四角五分额内动支等语，应准如拟办理。

六、据第三区行政督察专员呈缴重编三十一年度经费预算书表册，请核转等情。饬据会计处签称，（一）其新增年额四千四百四十元，拟照案在三十一年度省岁出概算第一预备金项下按月照拨。（二）补足折薪差额预算分配表，核案不符，每月应列支一千七百七十六元，年列二万一千三百一十二元。（三）生活补助金预算分配表，除前核定外，其新增年额三千八百四十元，拟在三十一年度省岁出概算调整机构补助公务员生活费项下按月照拨等语，应准如拟办理。

七、据粮政局电报，驻赣购粮办事处及运输所尚未恢复，请察核等情。饬据会计处签称，查前据粮政局呈报于三十一年一月一日起恢复驻赣购粮办事处及运输所一案，经列报本府委员会第三〇五次会议，该驻赣购粮办事处及运输所既无恢复，似可将前案撤销等语，应准如拟办理。

八、据卫生处呈缴本处曲江药库搬运坪石价领药物回韶旅运费预算书，列支二千七百三十四元，请核示等情。饬据会计处签称，似属需要，拟准如所请在本年度省岁出概算内卫生事业临时费项下拨支等语，应准如拟办理。

九、据第五区行政督察专员呈缴三十一年度办理军粮增设人员支付预算书，列支二千二百二十元，请核转等情。饬据会计处签称，核案尚无不合，拟准在三十一年度省岁出概算第一预备金项下按月照拨。至该项增设人员生活补助金，拟每员月支八十元，月共支一百六十元，年计一千九百二十元，款在三十一年度省岁出概算调整机构补助公务员生活费项下按月照拨等语，应准如拟办理。

十、准广东省军管区司令部代电，以韶关市及曲江各机关学校民众朝会军训及国民兵普训干部集中讲习共计一百零五名，规定每名日发伙食二元，七天共一千四百七十元，教育办公费一百元，合计一千五百七十元，由省兵役班节余项下支报等由。饬据会计处签称，核尚可行，似可照办等语，应准如拟办理。

讨论事项

一至二、（略）

三、据建设厅签呈，缴本厅三十年度督修韶兴公路第二期路面工程出差人员旅费临时支付预算书，列支六千七百三十六元五角五分，请饬库拨发等情，请公决案。

（决议）照案通过，款在本年度第一预备金项下拨支。

四、据省振济会呈缴本会三十一年度追加经常费预算分配表，列支四万二千元，补足折薪差额预算分配表列支一万一千五百四十四元，生活补助金预算分配表列支三万四千八百元，拟在本会振济基金项下拨支，请核示等情，请公决案。

（决议）照案通过。

五、据省振济会呈缴本会三十一年度事业费预算分配表，以振款支绌，请将儿童难民教养及妇女难民生产暨其他重要各项费用共一百六十九万八千四百六十六元由救济费项下按月拨支，其余之数，另行筹措等情，请公决案。

（决议）准拨一百五十万元，交该会统筹支配，另编预算呈核。

六、据秘书处签呈，拟具广东省政府发给护照办法，请核示等情，请公决案。

（决议）交方委员审查。

七、据本府边政指导委员会呈，请将本会生活补助费一千三百五十元另案拨发等情，请公决案。[1]

（决议）生活补助金准照改定员额比照甲项办理，由本年度起拨，余照会计处签拟通过。

八、据社会处呈缴第一科科长张希贤荐委表，请赐核委等情，请公决案。

（决议）照派代理。

九、据秘书处案呈，据本府驻渝办事处呈缴本处秘书余方舟荐委表，请赐核委等情，请公决案。

（决议）照派代理。

十、主席提议，本府驻广州湾通讯处主任熊佐着即免职，遗缺派张尚儒代理，请公决案。

（决议）照案通过。

十一、主席提议，本府驻渝办事处处长韩汉藩因病电请辞职，拟予照准，请公决案。

（决议）照案通过。

广东省政府第九届委员会
第三百二十四次议事录

日　　期　　四月二十九日
地　　点　　曲江本府
出席者　　李汉魂　郑彦棻　何　彤　张导民　黄麟书　郑　丰

---

① 会计处签拟略。

许崇清　高　信　刘佐人　王志远　吴逎宪

列席者 杜之英　戴振魂　黄　雯　巫　琦

主　席 李汉魂

纪　录 （秘书）谢晨光

报告事项

一、据建设厅呈缴公路处三十年制发公役冬服名册及支付预算书等，请核示等情。饬据会计处签称，查所列支一千三百六十元，似可准在该处三十年度俸给费节余项下拨支等语，应准如拟办理。

二、据建设厅签呈，以本厅编呈三十年度技术人员生活补助费，表列技正陈兆荣补助费六十元，拟请免予剔除，请核示等情。饬据会计处签称，查该技正既于三十年八月到差，至三十一年三月始呈请派代，手续原有未合，惟该技正特别生活补助费既经驻厅审计员签证，似可姑准照支，仍照案在建设厅三十年度经费节余项下拨支等语，应准如拟办理。

三、据财政厅呈缴前台山税务局局长李兆华调差旅费预算书，请核示等情。饬据会计处签称，查所列支一百五十三元一角四分，既据财政厅查核尚属实在，所请在该局二十九年度节余经费项下拨支，似可照准等语，应准如拟办理。

四、据财政厅签呈，拟将兴宁县故警长罗少球二十九年十一月及十二月两月份遗族恤金共十元，照本省历办抚恤成案，以毫券七成折合国币七元，改由三十年度省恤金项下动支等情。饬据会计处签称，核尚可行，似可照准等语，应准如拟办理。

五、据会计处案呈，以据乐昌县政府呈请补助整饬市容及修理民众会场费用二千元一案，尚属需要，拟准在三十一年度省概算岁出经常门常时部分第十三款第三项第一目实施新县制经费补助金原科目项下拨支，饬该县办理追加预算呈核等情，应准如拟办理。

六、据省振济会呈缴本省社会服务处与本会合办民众招待所二十九年开办费支付预算书，请核示等情。饬据会计处签称，查所缴预算书列支九千元，尚属需要，拟准照列，饬在振款拨支等语，应准如拟办理。

七、据民政厅呈缴广东省警察队三十一年度经常费预算分配表，月列二万二千五百五十六元，生活补助金主食费预算分配表月列四万二千零四元，两共月〔月共〕列六万四千五百六十元，请核示等情。饬据会计处签称，查所列各费，核尚符合，似可准予照数列支等语，应准如拟办理。

八、据秘书处签呈，略以民政厅厅长三十年度赴渝出席第三届全国内政会议旅运费，共支七千九百三十五元二角四分，经提付本府第九届委员会第三一三次会议，核定款在三十年度省政府特别公差旅费项下拨支一案，查本府三十年度特别公差旅费业已支罄并无余款可拨，可否改在三十一年度本府特别公差旅费项下拨支之处，请核示等情。饬据会计处签称，似可如拟办理等语，应准如拟办理。

九、据会计处案呈，以本府广播电台呈缴三十年度疏散器材赴坪石旅运费预算书，计列支一千九百六十五元七角五分，既经审计处审核签证有案，该款拟准在三十年度省岁出概算第一预备金项下拨支等情，应准如拟办理。

十、据建设厅签呈，以据农林局前呈保留数总表内列病虫害室添置仪器费四千九百二十三元六角，农村经济课经常费一万五千四百三十七元四角六分，农业指导工作站经常费一十二万八千一百零九元九角，及调用各级农校员生辅助各县冬耕工作补助旅费及生活费经常费二万四千二百四十元等预算分配表，因邮递费困难，未能冲正报销一案，拟请援例延期保留至五月底止，请核示等情。饬据会计处签称，查所列保留数合计一十七万二千七百一十元九角六分，似可照数转账加入三十一年度支出，仍饬即日分别转饬编具各该预算分酌〔配〕表，限本年五月一日以前呈府核办等语，应准如拟办理。

十一、据教育厅呈，以省立文理学院兼办社会教育经费截至三十年七月底止，尚有节余九百一十二元二角四分，惟社教事业亟应继续推行，拟请准予将上项节余款延长至三十年底开支等情。饬据会计处签称，拟予照准，仍饬重新编具分配预算呈核等语，应准如拟办理。

十二、准广东省军管区司令部函，编送本部团队管理处士兵夏季服装费预算书，计共列支三千二百四十四元五角，拟照案在本年度团队经费常备金项下动支等由。饬据会计处签称，似可照办等语。应准如拟办理。

十三、据省振济会呈缴韶市义民招待所改编三十年度经常费预算分配表及比较表，请核示等情。饬据会计处签称，查表列数目计每月增加俸给三百六十六元，九至十二月四个月共增加一百零四元〔一千四百六十四元〕，核与原案尚令〔合〕，拟佳〔准〕照列，款援案在振款项下拨付等语，应准如拟办理。

讨论事项

一、许委员、胡委员、郑委员（彦棻）、郑委员（丰）会复，审查教育厅签拟配发及补助省立师范暨职业学校员生食米原则及补助费数目一案意见，请公决案。①

（决议）照审查意见通过。

二、本府行政效率促进委员会呈缴本会三十年度修缮及购置临时费支付预算书，共列支三千四百九十元，款请在本会三十年度经费节余项下开支等情，请公决案。

（决议）照案通过。

四②、郑委员（丰）、何委员、许委员会复，审查地政局拟订非常时期韶关机关征地建筑暂行办法一案意见，请公决案。③

（决议）照审查意见通过。

五、据省振济会呈缴广东妇女生产工作团三十年度棚舍修理费支付预算书类，列支一万元，款在本会振款基金项下拨发，请察核存转等情，请公决案。

（决议）照案通过。

六、据本府战时通讯所呈，琼山、文昌、定安、儋县等四县电台本年度经费预算，拟比照直属分台各项预算数额，由本所代编预算呈核，并请指款拨支等情，请公决案。④

（决议）照会计处签拟通过。

七、据会计处签呈，查五华县三十年度地方岁入岁出第三次追加概算，经参照各厅处意见整理后，计岁出岁入追加数仍各为一万八千五百

---

① 审查意见略。
② 原文缺第三项。
③ 审查意见略。
④ 会计处签拟略。

零八元，请提会核定等情，请公决案。

（决议）照案通过。

八、何委员、胡委员、刘委员会复，审查地政局签呈，拟具广东省征收土地增值税简章一案意见，请公决案。①

（决议）增值总数额之计算，仍照原拟税率呈请中央第一年照原额减为百分之七十，余照审查意见通过。

九、方委员函复，审查财政厅签呈，拟修正广东省各县乡镇卫生洁净费征收办法大纲各条条文一案意见，请公决案。②

（决议）照审查意见通过。

十、高委员、何委员、郑委员（丰）会复，审查本府合署建筑委员会所拟黄岗附近地区免租借用建筑临时住宅暂行办法及补助黄岗私有住宅拆迁办法、黄岗附近临时住宅区房屋建筑简章一案意见，请公决案。

（决议）照审查意见修正通过。③

十一、据秘书处案呈，查阳春县民颜明骦为郑贤萍藉垦越界筑墁，不服阳春县政府确并无越界之处分，提起诉愿一案，经审查完竣，作成决定书，请提会核定等情，请公决案。

（决议）照决定书通过。

十二、据广东省银行呈送本行三十年下期及三十年全年决算表及三十年纯益分配表，请察核等情，请公决案。

（决议）拨库盈利，照案通过，余交张、郑（彦棻）、何三委员审查，由张委员召集。

十三、据财政厅、会计处会呈，编送三十年度第五次追加省地方岁入岁出概数表，请核示等情，请公决案。

（决议）照案修正通过。

---

① 审查意见略。
② 审查意见略。
③ 修正之点略。

广东省政府第九届委员会
第三百二十五次议事录

日　期　五月四日

地　点　曲江本府

出席者　李汉魂　郑彦棻　吴迺宪　许崇清　高　信　张导民
　　　　方少云　王志远　郑　丰　刘佐人　胡铭藻　黄麟书
　　　　何　彤

列席者　杜之英　黄　雯　黄秉勋

主　席　李汉魂

纪　录　（秘书）谢晨光

报告事项

一、据第七区行政督察专员公署呈缴增设办理军粮人员经费预算书，请存转核发等情。饬据会计处签称，查现送增设办理军粮人员预算书俸给费列支二千二百二十元。以十二个月计算，月列一百八十五元，核案尚无不合，拟准照案在三十一年度省岁出概算第一预备金项下按月照拨。又生活补助金列支一千九百二十元，以十二个月计算，月列一百六十元，拟援照前核定二区专署例，在三十一年度省岁出概算调整机构补助公务员生活费项下按月照拨等语，应准如拟办理。

二、准广东省军管区司令部电送连阳自卫总队三十年十月份工作器具购置费预算书、单据等，请查照一案。饬据会计处签称，本案所需购置费一千一百元，既经军管区核准在该队三十年度经费节余项下开支，似可照办等语，应准如拟办理。

三、拟〔据〕番禺县政府呈缴该县第三区同升乡乡长冯子炎遗族请恤事实表件，请察核给恤等情。经饬据秘书、会计两处签称，本案核与战时乡镇保甲长暨联保主任因公伤亡给恤暂行标准第一条乙款之规定尚属相符，拟给一次过抚恤费二百元，款在本年度省总概算恤金项下开支等语，应准如拟办理。

四、据财政厅签呈，关于罗定县政府呈缴退休警长陈永耀病故，请补发二十七年至二十九年份生前应领未领之抚助金，拟在三十年度恤金项下补发，请核示等情。饬据会计处签称，关于罗定县退休警长陈永耀生前应领未领年抚金计由二十七年七月起至二十九年一月止，合共毫券四百七十五元，折合国币三百三十二元五角，拟如财政厅所拟，款在三十年度省总概算内恤金项下补拨等语，应准如拟办理。

五、据卫生处呈缴第二卫生区署修缮费预算书，请察核示遵等情。饬据会计处签称，该署三十年度修缮费预算书列支二百五十元，似可准在该署三十年度节余经费项下拨支等语，应准如拟办理。

六、据建设厅呈缴追加三十年度电池、肥皂、糖厂等厂机器设备及仓租预算书表，请核备等情。饬据会计处签称，本案既据呈称：本厅电池厂因需用切片机切装样〔锌〕筒，经饬购置备用，计价款运费共二千九百一十八元七角，又肥皂厂新购木桶及电油罐装载椰油共支价款二千七百六十五元，暨补支揭阳糖厂前购未提取机器替件存港檀香山公司仓租及保险费一千一百零七元零三分，合共六千七百九十元七角三分，均属资本支出，本厅三十年未编该项预算，现因事实需要，款已在本厅工业类营业基金项下支付，编具追加预算，呈请核示，俟核定后，汇入本厅三十年度营业预算书补充表内等情。查原预算列支六千七百九十元七角三分，既属事实需要，且款已支出，似可准予照办等语，应准如拟办理。

七、据会计处案呈，关于主席三十年十二月间出巡时发给钦县地方团队及自治人员抗敌得力奖励及抚恤金一万元，业经本府核定在三十年度省总概算奖赏金项下拨还，并提出本府第九届委员会第二九三次会议追认一案，与本府第九届委员会第三一〇次会议追认在三十年度恤金项下拨支钦县抗战得力乡村及抗敌伤亡团队奖励及抚恤费一万元一案，似属重复，关于第三一〇次会议追认在三十年度恤金项下拨支之法案，似应注销，饬厅停拨等情，应准如拟办理。

八、据会计处案呈，关于建设厅签呈缴麻织厂及英德硫化铁矿场两保管费三十年度预算书分配表、俸给改订比较表，请察核存转一案，当以据呈代编预算分配表及计列麻织厂由三十年度九月至十二月份每月增加俸给费三百零九元，四个月共增加一千二百三十六元，英德硫化铁矿场每月列增四十七元，四个月共列增一百八十八元，核尚无不合，此款经饬准在三十年度省总概算内调整机构补助公务员生活费项下开支，由财政厅先行发放，请补报会议等语，应准如拟办理。

九、据会计处案呈，关于省参议会三十一年度临时大会开会费及参议员出席旅费列支九万九千四百四十元，前经提付本府第九届委员会第三二〇次会议核定在三十一年度战时特别预备金项下垫付，拟改在三十一年度省岁出概算调整机构补助公务员生活费项下垫付等情，应准如拟办理。

十、据省振济会呈缴本会技工养成所三十年度岁出预算分配表及改订薪给比较表，请察核等情。饬据会计处签称，查前核定该所三十年度八至十二月份经常费预算书每月列支八千一百零四元，五个月共列支四万零五百二十元，现呈改编预算分配表列九月份起每月增加俸给八百三十九元（增加俸给系依照补充办法计算），九至十二月共增加三千三百五十六元，核与规定尚符，拟准照列，款援案在振款拨支等语，应准如拟办理。

十一、据财政厅呈复，以本府驻港通讯处员役发给疏散费港币一千三百六十元，经提会核定款在三十年度省救济费项下开支一案，该款经函省银行香港分行照数垫付，仍照四百六十五伸合国币六千三百二十四元，并经签发支令照数拨还归垫在案，请察核等情。饬据会计处签称，该款伸合国币数额，似可准照报告会议等语，应准如拟办理。

讨论事项

一、据本府战时通讯所呈，为本所及所属中枢台现行三十年度编制事实未尽适当，拟在不超越奉〔俸〕核定各该机关俸给费概算数范围内，重新调整其各编制预算表，从本年四月份起实行，请核示等情，请公决案。

（决议）交刘、张、郑（丰）三委员审查，由刘委员召集。

二、据会计处案呈，查东莞县三十年度地方岁入岁出第三次追加概算，经参照各厅意见整理后，计追加各为七千三百五十一元，请提会核定等情，请公决案。

（决议）照案通过。

三、据会计处案呈，查新会县三十年度地方岁入岁出追加概算，经参照财政厅意见整理后，计追加各为五万二千八百八十四元，请提会核定等情，请公决案。

（决议）照案通过。

四、据会计处案呈，查三水县三十年度地方岁入岁出第二次追加概算，经参照财政厅意见整理后，计追加各为一万一千一百零八元，请提会核定等情，请公决案。

（决议）照案通过。

五、据会计处案呈，查连【县】三十年度岁入岁出第三次追加概算，经参照财、教两厅意见整理后，计岁入追加二万六千六百六十九元，追减一千零六十四元，岁出追加二万五千六百零五元，请提会核定等情，请公决案。

（决议）照案通过。

六、据会计处案呈，查顺德县三十一年度地方岁入岁出总概算，经参照各厅处意见核编后，计拟改列各为一十一万四千八百五十元，请提会核定等情，请公决案。

（决议）照案通过。

七、据会计处案呈，查中山县三十一年度地方岁入岁出总概算，经参照各厅处意见核编后，计拟改列各为三十一万一千七百九十五元，请提会核定等情，请公决案。

（决议）照案通过。

八、据财政厅呈，为海丰等十六个税务局所三十年十二月份营业税调查印刷费共四千一百三十七元，拟准在三十年度各税务局所站经费未支配余额拨支，请核示等情，请公决案。

（决议）照案通过。

九、据社会处、合作事业管理处会呈，拟具广东省合作社物品供销处办理广东省政府暨所属各机关员工生活必需品平价供给暂行办法，及广东省政府暨所属各机关员工消费合作社组织暂行办法，请核示等情，请公决案。

（决议）交张、郑（丰）、方三委员审查，由张委员召集。

十、据卫生处呈，关于救济医院增加本年度病人缮〔膳〕食费一案，饬据该院改编预算书前来，计列支一万八千元，款照案在本年度卫

589

生事业临时费项下拨支，请核示等情，请公决案。

（决议）照案通过。

十一、据卫生处签呈，拟订广东省各县市局各级卫生组织规程，请核定施行等情，请公决案。

（决议）交何委员审查。

十二至十三、（略）

十四、方委员、许委员、刘委员会复，审查民政厅所拟广东省各县乡镇公所分等及〔级〕各股职掌划分办法，并将本省各县乡镇公所组织暂行规程，保办公处组织暂行规程，保民大会暂行章程，保民大会会场规则，保长、副保长选举暂行规则，甲户长会议暂行规则，予以废止一案意见，请公决案。①

（决议）照审查意见通过。

十五、许委员、何委员会复，审查卫生处所拟广东省卫生人员征调限期服务暂行办法一案意见，请公决案。②

（决议）照审查意见通过。

十六、据教育厅签呈，缴私立执信中学三十一年度迁移临时费概算表，共列一十九万零二百元，请核示等情，请公决案。

（决议）交何、张、王三委员审查，由何委员召集。

十七、据教育厅签呈，拟具办理普通及高等检定考试办法，连同检定考试委员人选名单及预算书，计列一万三千五百九十元，除中央补助五千元外，其余八千五百九十元，请准核发等情，请公决案。③

（决议）经费部分照会计处签拟办理，余照案通过。

十八、郑委员（丰）、高委员、方委员会复，审查广东省加强查禁粮食资敌及限制输运出省补充办法一案意见，请公决案。

（决议）照审查意见修正通过。④

十九、准广东省临时参议会函，请增加本次临时大会各参议员出席旅费每员各五百元，共增加一万七千五百元等由，请公决案。

---

① 审查意见略。
② 审查意见略。
③ 会计处签拟略。
④ 修正之点略。

（决议）照案通过，款在参议会本次临时大会参议员出席旅费预算内匀支。

二十、主席提议，东莞县长李鹤龄辞职照准，遗缺派张仲璇代理。请公决案。

（决议）照案通过。

二十一、主席提议，赤溪县长周溪龄辞职照准，遗缺派刘定原代理，请公决案。

（决议）照案通过。

二十二、张委员函复，审查本府警卫营本年度士兵夏季服装费预算书，计列支八万四千零一元六角。又本年度卫士队夏季服装费预算书计列支三万二千九百九十四元，冬季服装费预算书计列支三万二千九百六十八元一案意见，请公决案。

（决议）照审查意见通过。（审查意见略）

二十三、郑委员（彦棻）、许委员、胡委员会复，审查教育厅拟订广东省政府非常时期改善省立校院员役生活办法及广东省政府非常时期省立师范职业学校学生公米供给办法一案意见，请公决案。

（决议）照审查意见通过。（审查意见略）

广东省政府第九届委员会
第三百二十六次议事录

日　期　　五月七日

地　点　　曲江本府

出席者　　李汉魂　郑彦棻　何　彤　张导民　胡铭藻　许崇清
　　　　　高　信　黄麟书　郑　丰　方少云　吴逎宪　刘佐人

列席者　　杜之英　戴振魂　黄　雯　黄秉勋　袁晴晖

主　席　　李汉魂

纪　录　　（秘书）谢晨光

报告事项

一、据财政厅签呈，拟将前广州市政府故秘书长曾蹇二十九年八至十二月份遗族恤金共二百五十元，依照本省历办抚恤成案，以毫券七成折合国币一百七十五元，改由三十年度省概算恤金项下动支，请核示等情。饬据会计处签称，核尚可行，似可照准等语，应准如拟办理。

二、据本府边政指导委员会呈缴西山施教示范站三十年度开办费预算书，请核示等情。饬据会计处签称，查预算书列支一百八十八元三角四分，既据该会查核确属需要，所请在该站三十年三月份节余经费项下拨支，似可照准等语，应准如拟办理。

三、准广东全省防空司令部函，据广东省会防护团呈请将本府每月补助该团养桥费五百元一案撤销，自三十一年一月份起停止支付，请查照等由。饬据会计处签称，拟予照准等语，应准如拟办理。

四、据财政厅签呈，拟将故员陈炳文二十七年四月起至二十九年十二月份止遗族恤金三百七十七元一角三分，依照本省历办抚恤成案以七成折合国币二百六十三元九角九分，改由三十年度省概算恤金项下开支等情。饬据会计处签称，核尚可行，似可照准等语，应准如拟办理。

五、据会计处签呈，关于南路中学校校长冯肇元因奉派赴渝受训染病，请发疗养费七百五十四元一案，该校长既因奉派受训旅途染病，情殊可悯，应否特准拨给，款在本年度省救济费项下开支，请核示等情。查本案中训团既发医药费，其疗养费七百五十四元，应准如拟办理。

六、据秘书处案呈，查本府战时通讯所呈缴修正本府使用无线电播发通电暂行办法及无线中枢台播发电实施细则各点，尚属可行，惟所拟修正第七条内，"所属枢台"拟改为"该管区台"，又第八条末拟添"或以其他最迅速方法转达"一句等语，应准如拟办理。

七、据秘书处案呈，查本府战时通讯所呈请修正本所代各机关人员安装电话暂行办法一案，所缴修正办法，拟酌予修正，原第二条（乙）改为"省政府委员、各厅、处、局长及呈奉核准之高级人员公馆"，原第四条改为"第二条第三条以外各机关，经省政府核准，得自备材料，请由本所派工代装"，原第五条删去"前"字，原第六条"本办法第二条各项"句，拟改为"第二条各机关及人员"句，又"由各该机关"句下拟加"或人员"句等语，应准如拟办理。

八、据第二区行政督察专员呈缴无线电第二区台临时购置费支付预算书，计列一百五十九元，请准在该台三十年度经费节余之一部拨充临时购置之用等情。饬据会计处签称，似可照准，此类节余经费挪支之预算，拟以追列无线电第七〔二〕区台临时费科目汇列清表，将来转呈中央核备等语，应准如拟办理。

九、据第六区行政督察专员呈缴三十一年度经常费等预算分配表。饬据会计处签称，据呈三十一年度增设办理军粮人员追加经费预算书，列二千二百二十元，核无不合，拟准照案在三十一年度省岁出概算第一预备金项下按月照拨。又增设办理军粮人员追加生活补助金预算书，列一千九百一十元，亦无不合，拟援照前核定二区专署成案，在三十一年度省岁出概算调整机构补助公务员生活费项下按月照拨等语，应准如拟办理。

十、据会计处签呈，查关于各机关献金救侨捐款，多未据将应献数额献缴及呈报，为迅速处理，以赴事功起见，谨分别列表，请核饬财政厅分别在各该机关本年度生活补助金项下扣献及代献或拨发自行捐献等情，应准如拟办理。

讨论事项

一、奉行政院电复，关于翁源县拆城费二千七百一十四元八角三分仍应在该省三十年收支结束案内统筹拨发，以清年度界限等因，请公决案。①

（决议）照会计处签拟通过。

二、奉行政院电复，关于从化县属各要点话线工料费二千四百六十三元，仍应在该省三十年收支结束案内统筹拨发，以清年度界限等因，请公决案。②

（决议）照会计处签拟通过。

三、据财政厅签呈，本年一至四月份省库贴费共五万一千二百元，拟在三十年度省总概算财务支出款下税警团经费科目余额移拨，请核示等情，请公决案。

---

① 会计处签拟略。

② 会计处签拟略。

（决议）照案通过。

四、据建设厅签呈，缴本省战时长途电话管理所修理曲雄话线计划及预算书，列支七万二千九百六十八元，请指款办理等情，请公决案。

（决议）照案通过，款在本年度战时特别预备金项下拨支，仍呈中央核定。

五、据教育厅签呈，缴改编三十年度国民教育委员会经费预算书，计共增一万一千八百二十四元，暨社会教育督导员薪旅费预算书，共增二千八百四十元，请核示等情，请公决案。[①]

（决议）社教督导员生活补助金准比照甲项办理，款在三十年度调整机构补助公务员生活费项下拨支，余照会计处签拟通过。

六、据建设厅案呈，据战时长途电话所呈缴追加修理韶兴话线工程费预算书，计追加七万五千六百六十二元，除拨用库存材料外，实追加三万二千五百六十七元，请核示等情，请公决案。

（决议）照案通过，款在本年度战时特别预备金项下拨支，仍呈中央核定。

七、据韶关市政筹备处呈，为本处整饬市容，计购置各项用具及整理修拆等费合共三万四千一百元，请准补助经费一万元，其余不敷之二万四千一百元，由本处设法筹措，请核示等情，请公决案。

（决议）照案通过，款在本年度实施新县制经费补助金项下拨支。

八、据会计处案呈，关于花县三十年度军民合作站各乡站经费共一千四百四十元，请由省库补助一案，查该县系属战地县份，拟准补助半数七百二十元，款在三十年度省总预算接近战区各县战时工作费项下拨支，请提会核定等情，请公决案。

（决议）照案通过。

九、据民政厅呈缴督导员李放伯荐委表，请赐核委等情，请公决案。

（决议）照派代理。

十、准广东省军管区司令部函送连阳自卫总队本年度士兵夏季服装费预算分配表，计列一十万二千七百七十八元，除先将该总队原预算全

---

① 会计处签拟略。

年服装费九万零六百八十八元拨支外，其超过数一万二千零九十元，拟在本年度国民兵团队经费节余拨支，请查照等由，请公决案。

（决议）照案通过。

十一、据民政厅签呈，拟定广东省各县市局户籍行政各级组织暂行办法，请核定公布施行等情，请公决案。

（决议）交刘、张、方三委员审查，由刘委员召集。

十二、据会计处案呈，查兴宁县地方三十年度十二月份岁入岁出追加概算，经参照财政厅意见整理后，计追加各为八万四千元，请提会核定等情，请公决案。

（决议）照案通过。

十三、据会计处案呈，查四会县地方三十年度岁入岁出追加概算，经参照各厅处意见整理后，计岁入追加六万四千二百六十七元，岁出追加九万零四百二十五元，追减二万六千一百五十八元，岁出实增加六万四千二百六十七元，请提会核定等情，请公决案。

（决议）照案通过。

广东省政府第九届委员会
第三百二十七次议事录

日　　期　五月十一日

地　　点　曲江本府

出席者　郑彦棻　黄麟书　郑　丰　许崇清　胡铭藻　刘佐人
　　　　　王志远　吴迺宪　何　彤　方少云

列席者　杜之英　黄　雯　黄秉勋

主　　席　李汉魂（公出　郑彦棻代）

纪　　录　（秘书）谢晨光

报告事项

一、准广东全省保安司令部电，为保七团三十年一月份购置武器附件共支一千二百八十七元，该款拟在本部三十年度历月份保安经费节余项下开支，请查照等由。饬据会计处签称，似可照办等语，应准如拟办理。

二、据本府行政效率促进委员会签呈，遵饬补编地政局、驿运处等机关计划经过情形，请补报会议等情，应准如拟办理。

三、据省振济会呈缴广东妇女生产工作团三十年度九月份改订俸给经常费预算书表。饬据会计处签称，查预算书九月份起每月列支八千六百七十三元八角，比前核定由振款拨支该团经费四千九百八十二元八角之数，增加三千六百九十一元，计九至十二月四个月共增加一万四千七百六十四元，既经该会核明款在振款项下拨付，复核尚无不合，拟准照办等语，应准如拟办理。

四、据省振经〔济〕会先后呈缴该会与军民合作总站合办伤兵收容站第一二三四站三十年度二至十二月份备用费预算书，共列支四千一百零八元四角。饬据会计处签称，既经该会核明与各收容站组织章程规定相符，款在振款项下拨付，复核亦合，拟准照办等语，应准如拟办理。

五、据第三区行政督察专员呈缴三十年度七至十月份办理军粮增设人员经费预算表，请将增员经费一千七百二十四元拨发归垫等情。饬据会计处签称，查该表编至十月份止，核属不合，应饬编至十二月份止，计七至十二月份共应列二千七百五十元，该款拟准在三十年度省总概算预备金项下拨支等语，应准如拟办理。

六、据第八区行政督察专员呈缴三十一年度增设办理军粮人员经费预算书，列支四千一百四十元。饬据会计处签称，查预算书内薪俸年列二千二百二十元，月列一百八十五元，核无不合，拟照案准在三十一年度省岁出概算第一预备金项下按月照拨。又生活补助金年列一千九百二十元，月列一百六十元，拟援照前核定二区专署例在三十一年度省岁出概算调整机构补助公务员生活费项下按月照拨等语，应准如拟办理。

七、据会计处签呈，拟具本省三十年度省地方各级机关决算编送办法，请分别函令各机关依照办理等情，经准如拟办理。

讨论事项

一、据秘书处签呈，关于广东省地方行政干部训练委员会函送本省地方行政干部各级训练机关考选学员分发任用要则及本省各级行政机关

596

人员玩忽调训处分暂行办法一案，谨附签意见，请提会核定等情，请公决案。

（决议）交黄、刘、何三委员审查，由黄委员召集。

二、准广东省军管区司令部函送三十一年度本省国民兵团队暨附属机关经费预算月份分配表，计共列支九百四十五万三千三百三十八元五角二分，请查照等由，请公决案。

（决议）照会计处签拟通过。（签拟略）

三、据建设厅签呈，据田螺涌小学校呈请自三十一年度起，由本厅每月拨助该校经费六百六十七元，拟予照准，款在本厅经费节余项下每月照数拨足等情，请公决案。

（决议）准照数自行筹垫，俟节余数确定时补办法案手续。

四、据省地政局签呈，拟具南雄、始兴、曲江、乳源四县土地租约登记计划及南雄、始兴两县编造地税总册计划，至办理经费，拟由各该县自行统筹等情，请公决案。

（决议）交何、张、刘三委员审查，由何委员召集。

五、据省振济会呈，拟改组本会生产组为教养组，经费仍照生产组本年缩减数目开支，谨检同教养组组织规程，请核示等情，请公决案。①

（决议）照秘书处签拟通过。

六、准广东省军管区司令部函，为取录学校军训教官助教分发各地一次过核发分发旅费共四千八百二十元，该款在本部三十一年团队节余项下开支，请查照等由，请公决案。

（决议）准照数目自行筹垫，俟节余款确定时补办法案手续。

七、据会计处案呈，查和平县地方三十年度岁入岁出第三次追加概算，经参照各厅处意见整理后，计各为四万五千二百八十六元，请提会核定等情，请公决案。

（决议）照案通过。

八、据会计处案呈，查化县地方三十年度岁入岁出第五次追加概算，经参照各厅意见整理后，计各为二万一千三百八十三元，请提会核定等情，请公决案。

---

① 秘书处签拟略。

（决议）照案通过。

九、据会计处案呈，查安化管理局地方三十年度岁入岁出追减预算，经参照各厅意见整理后，计追减各为四万六千元，请提会核定等情，请公决案。

（决议）照案通过。

十、方委员函复审查秘书处所拟广东省政府发给护照办法一案意见，请公决案。①

（决议）照审查意见通过。

十一、主席提议，临高县长陈镇亚辞职照准，遗缺派吴钊代理，请公决案。

（决议）照案通过。

十二、据建设厅呈缴合作事业管理处技正胡坚荐委表，请赐核委等情，请公决案。

（决议）照派代理。

十三、据省粮政局呈，拟订广东省粮政局稽核赴外办事规则，请核准施行等情，请公决案。

（决议）照秘书处签拟通过。（秘书处签拟略）

广东省政府第九届委员会
第三百二十八次议事录

日　期　五月十四日
地　点　曲江本府
出席者　郑彦棻　何　彤　许崇清　黄麟书　张导民　郑　丰
　　　　刘佐人　方少云　王志远
列席者　杜之英　戴振魂　黄　雯　黄秉勋
主　席　李汉魂（公出　郑彦棻代）

---

① 审查意见略。

纪　录　（秘书）谢晨光

报告事项

一、准广东省军管区司令部函，为广东省政府军训总队队员及格证书印刷费共需七百元，该款拟在三十一年度兵团队常备金项下开支，请查照等由。饬据会计处签称，核尚需要，该价款似可照所请在本年度国民兵团队常备金项下开支等语，应准如拟办理。

二、准广东省军管区司令部函复，关于前拨用曲江等五电台机材价款四万四千四百元，请准免收价款等由。饬据本府战时通讯所签称，该费既系省款支出，拟准予照办等语，应准如拟办理。

三、据省粮政局电复，关于粮政局局长等级，照厅长比叙，副局长等级，照局长低二级比叙一案，请将本局本年度编制预算更正等情。饬据秘书、会计两处签称，编制拟依照文官官等俸级表规定，为局长简任五级至二级，副局长简任七级至四级，饬令改正预算，拟饬照原核定总额范围内，重行分配改编，应增之数，由其他项目调节改编等语，应准如拟照改。

四、据卫生处呈拟，请准予将处属妇婴卫生助理员训练班节余伙食及学生零用金移作学员实习费等情。饬据会计处签称，拟予照准等语，应准如拟办理。

五、据会计处案呈，关于始兴县征集防空话线杉杆价运费二万零三百二十元，经奉行政院核准在本年度省概算战时特别预备金动支，拟饬财政厅遵照拨付等情。经准如拟办理。

六、据财政厅、会计处会呈，奉饬拨连、乐、乳、宜四县联防办事处剿匪夫费及囚粮二千四百三十元一案，此款拟在三十一年度省第一预备金项下开支等情，应准如拟办理。

七、据会计处案呈，查关于第二区行政督察专员应缴收音机价运费七百九十六元五角五分一案，经由府指饬在三十一年一至五月经费节余支报，查该款系属三十年度支出，现饬由三十一年度该署一月至五月份经费节余项下支报，该款则属补拨性质，请核定报会等情，应准如拟办理。

讨论事项

一、准广东全省保安司令部函，为广东全省保安机关部队三十一年度人马医药补助费月支五千零九十六元二角，年支六万一千一百五十四元四角，该款拟在本部本年度保安机关部队经费节余项下按月拨支，请查照等由，请公决案。

（决议）准照数自行筹垫，俟节余款确定时补办法案手续。

二、准广东全省保安司令部电，为所属官佐三十一年度夏服津贴费三万八千一百四十元，拟仍照上年成案在本部本年度历月份保安机关部队经费节余项下开支，请查照等由，请公决案。

（决议）准照数自行筹垫，俟节余款确定时补办法案手续。

三、据建设厅签呈，据本厅合作事业管理处呈，拟先自筹设消费合作社所需资金约六千元，请准在该处三十年度经费剩余项下及曾经保留之应付数结余额内合并拨支，似可照准，请核示等情，请公决案。

（决议）照案通过。抵解手续照会计处签拟办理。

四、据建设厅签呈，据公路处呈，为建筑河边厂修车厂前公路所需工程费七千八百五十四元二角三分，拟在该处行车营业项下开支，似可准照办理，请核示等情，请公决案。

（决议）照案通过。

五、据会计处案呈，查曲江县政府开凿桥墩药室工程费三千二百一十元，尚未拨正，现拟援案即在原垫付之三十年度省预备金科目拨正开支，请提会核定等情，请公决案。

（决议）照案通过。

六、据教育厅呈缴督学陈传栋荐委表，请赐核委等情，请公决案。

（决议）照派代理。

七、据本府行政效率促进委员会呈缴专员张海鳌荐委表，请赐核委等情，请公决案。

（决议）照派代理。

八、何委员函复，审查卫生处所拟保卫生员工作大纲一案意见，请公决案。

（决议）照审查意见通过。（意见略）

九、（略）

十、据省粮政局签呈，拟具本局各运输站组织规则及编制预算表，请核示等情，请公决案。

（决议）照秘书、会计两处签拟通过。（签拟略）

十一、据卫生处签呈，拟订广东省各县市局各级卫生组织办事细则，请核定施行等情，请公决案。

（决议）照秘书处签拟通过。（签拟略）

十二、据秘书处签呈，拟具广东省第九行政督察区战时人事及行政紧急处置暂行办法，请核定颁行等情，请公决案。

（决议）交何、张、刘三委员审查，由何委员召集。

十三、据秘书处签呈，拟具广东省政府各厅处局等机关统计室组织及办事细则，请核示等情，请公决案。

（决议）交黄、方、刘三委员审查，由黄委员召集。

十四至十五、（略）

十六、据社会处签呈，拟具本省战时取缔奢侈浪费暂行办法，韶关市战时取缔奢侈浪费实施办法，请核示等情，请公决案。

（决议）交方、黄、何三委员审查，由方委员召集。

十七、刘委员、何委员、许委员会复，审查秘书处所拟本省非常时期战地县行政人员及警察官暨技术人员任用暂行标准一案意见，请公决案。

（决议）照审查意见通过。（审查意见略）

广东省政府第九届委员会
第三百二十九次议事录

日　　期　五月十九日

地　　点　曲江本府

出席者　郑彦棻　郑　丰　王志远　吴迺宪　方少云　刘佐人

列席者　杜之英　戴振魂　李锡朋　吴景超

主　　席　李汉魂（公出　郑彦棻代）

纪　　录　（秘书）谢晨光

报告事项

一、准广东省军管区司令部电，据钦县国民兵团呈缴该县初次施行壮丁调查应备书簿表册等费预算书，转请查照办理等由。饬据会计处签称，查书列数额核案相符，该县是项书簿表册费一千九百九十八元，拟准在三十一年度省级预算岁出经常门临时部分第十三款第一项第二目原科目项下拨支等语，应准如拟办理。

二、据财政厅呈，前省会警察局西禅分局退休局员陈伟彬经中央核定助金额国币五百三十八元，已给至三十年份止，三十一年度省概算漏未开列，请准追加预算等情。饬据会计处签称，自应继续发给，本案三十一年份助金拟在三十一年度概算岁出经常门临时部分十一款一项一目公务员退休及抚恤支出项下拨支等语，应准如拟办理。

三、据财政厅呈，为据阳江税务局呈请核拨该局陈前局长济源及谢前局长礼因由税款项下垫支各费共九十八元二角五分，拟准在该局三十年度经费节余项下归垫等情。饬据会计处签称，似可如所拟办理等语，应准如拟办理。

四、据财政厅电缴本厅救侨献金人员名册，计实两个月应献数目为一万五千元，请补还一个月数额等情。饬据会计处签称，前据该厅呈报职员献金救侨两个月数额为一万六千三百二十元，经核定补还一个月数额八千一百六十元，现应补还一个月数额七千五百元，比较计前多补还数额六百六十元，应饬返纳入库具报。又查现送该捐献人员名册尚欠厅长应献一个月数额六十元，未据列入捐献，拟饬迅予照数捐献具报等语，应准如拟办理。

五、据建设厅呈，请发合作事业管理处三十一年度第一次调派合作指导人员受训旅费九千零九十六元。饬据会计处签称，查该处本年度第一次调派全国合作人员训练所第八期受训指导员覃杰铃等六员去程旅费，照新核定案，计共各拨六千三百四十八元，除前已在本年度赴中央干训团受训人员旅费项下拨支过五千二百七十元外，计仍需一千零七十八元，此款似可仍在三十一年度省概算内赴中央干部训练团受训人员旅费项下补拨。至回程不敷旅费，核案不合，碍难照准，应饬将回程旅费二千七百四十八元追还归垫等语，应准如拟办理。

六、（略）

七、据建设厅呈，为合作事业管理处战地合作工作队三十年度未经使用经费七千五百零九元，拟分配为三十一年一、二两月之用等情。饬据会计处签称，查该工作队全部经费经在三十年度第四次追加省概算建设事业支出项下拨支，似可参照预算法等〔第〕六十四条规定，视为继续经费，准转账加入三十一年度办理等语，应准如拟办理。

八、据省振济会先后呈缴本会救济总队所属医疗队三十年五月份起暨九月份起改订俸给预算分配表。饬据会计处签称，查原缴五月份起改订俸给预算分配表由五月份起至十二月共增加七千九百六十八元，既经振济会核明款援案在振款拨支，复核亦合，拟准照办。至九月份改订俸给预算分配表内俸给费由九月份起每月多列八元，应予核减，除核减外，计九至十二月共增加二千六百四十元，拟援案在振款拨付等语，应准如拟办理。

九、据前保安处呈，本处二十九年一、八两月份运输费超支数，请在装备费项下流用，补编二十九年一、八两月份流用数额表，计列一月份流用数为五十九元六角八分，八月份流用数为八百三十九元一角一分，两月份共为八百九十八元七角九分。饬据会计处签称，该款似可照准在该处二十九年一、八两月份装备费项下流用等语，应准如拟办理。

十、据会计处签呈，关于本府非常时期改善公务员生活办法规定各机关应筹设公共食堂一项，谨拟：（一）公共食堂建筑等费，似可准作临时支出，由各机关编具预算呈核拨发。（二）公共食堂每月所需燃料、水电、工资等费，似可参照中央规定，由各机关经费内匀配列支，如有不敷时，得提追加概算增拨。（三）上列两项费用，拟俟各机关编列预算送府时，汇办追加预算办理等情，应准如拟办理。

十一、据广东省特种事业基金管理委员会呈缴本会组织章程，本省特种事业基金管理办法，本会经费预算及暂定编制表，本会第一、二两次会议纪录各一份，除管理办法第四、第七两条经遵谕提付本会第三次委员会议议决分别修正外，请批报省府委员会议等情，应准如拟报会。

十二、郑委员（丰）、胡委员函，为关于广东省查禁粮食资敌及限制输运出省补充办法，经本府第三二五次会议决议照审查意见修正通过在案，兹查该办法仍有酌予修正必要，现拟将第四条五十司码斤之"五"字改为"三"字，又第七条"航行时"改为"航行期间在三日以内者"，并于每人每日食米以一司码斤计之下加入"在三日以外者，准加携预备粮一日，在六日以外者，准加携二日"一段，请核定报告会议等由，应准如拟办理。

讨论事项

一、准广东省军管区司令部电送省府军事训练总队三十一年度经费支付预算书，月列六千零四十三元二角，全期四个半月共列支二万七千一百九十四元四角，该款改在本部经管兵团三十一年度经费节余拨支，请查照等由，请公决案。

（决议）准照数自行筹垫，俟节余款确定时补办法案手续。

二、准广东省军管区司令部函，为三十年十一二月份各县编余自卫队干部集训俸薪每月应支二千一百九十三元二角，十一至十二月共四千三百八十六元四角，该款拟在三十年度团队经费剩余拨支，请查照核定等由，请公决案。

（决议）照案通过。

三、据教育厅签呈，缴省立艺术院三十年度预算书表，计由三十年九月份起至十二月止每月应增俸给经费一千零七十九元，四个月共增四千三百一十六元，请核示等情，请公决案。①

（决议）照会计处签拟通过。

四、据卫生处呈缴属处妇婴卫生助理员训练班追加开办费预算书，列支五千三百元，此款拟在三十一年度卫生事业临时费项下拨支，请核示等情，请公决案。②

（决议）照会计处签拟通过。

五、据粮政局电，为本局建筑防空墟洞及指挥台工料费三万九千九百三十三元，较奉核定数不敷二万二千七百一十一元，请连同业务处拟建防空卷库一万一千三百二十五元，掌卷室一万零五百八十三元，援案在营业基金项下拨支，一并列入业务处三十一年度营业预算，请核示等情，请公决案。

（决议）照案通过。

---

① 会计处签拟略。
② 会计处签拟略。

六、捡〔据〕秘书处签呈，拟具调整本省人事行政机构计划及其经费预算表，计共二十四万元，统请在调整机构补助公务员生活费项下拨支，请核示等情，请公决案。

（决议）交刘、方、吴三委员审查，由刘委员召集。

七、据秘书处签呈，编具本府三十一年度追加改装木炭车装修费预算书，列支四千三百四十三元八角，请追加指款归垫等情，请公决案。[①]

（决议）照会计处签拟通过。

八、据民政厅呈缴督导员尹应官荐委表，请赐核委等情，请公决案。

（决议）照派代理。

九、据建设厅呈缴公路处技正兼养路股主任朱颂南荐委表，请赐核委等情，请公决案。

（决议）照派代理。

十、方委员、王委员、吴委员会复，审查秘书处所拟广东省战时各级行政机关员役因公损失财物救济暂行办法一案意见，请公决案。

（决议）照审查意见通过。（意见略）

十一、张委员、方委员、刘委员会复，审查粮政局所拟该局各运销处组织章程及编制预算一案意见，请公决案。

（决议）照审查意见通过。（意见略）

十二、据秘书处签呈，编具本府汽车修理费支付预算书表，列支一十万零三百七十三元，请提会核定等情，请公决案。

（决议）照案通过。款在三十年度省预备金项下拨支，归入三十年度省库收支结束案内统筹办理。

十三、刘委员、张委员、郑委员（丰）会复，审查本府战时通讯所及所属中枢台等从新调整其各编制预算表，从本年四月份起实行一案意见，请公决案。

（决议）照审查意见通过，自六月一日起实行。（意见略）

十四、主席提议，高明县县长陈戌荪另候任用，遗缺派钟岐代理，请公决案。

---

① 会计处签拟略。

（决议）照案通过。

十五、据建设厅签呈，本省农田水利贷款工费总额增改为三百万元，本厅垫头六十万元，谨检同修订本省农田水利贷款合约草案，呈请核示等情，请公决案。

（决议）照案通过。

广东省政府第九届委员会
第三百三十次议事录

日　期　五月二十一日

地　点　曲江本府

出席者　郑彦棻　黄麟书　刘佐人　许崇清　方少云　王志远
　　　　吴遒宪　何　彤　郑　丰

列席者　杜之英　戴振魂　黄　雯　黄公安

主　席　李汉魂（公出　郑彦棻代）

纪　录　（秘书）谢晨光

报告事项

一、准广东省军管区司令部电，为本部省款给与团队管理处少校科员赵程积劳病故一案，请查照仍由贵府抚恤等由。饬据秘书、会计两处签称，拟比照陆军抚恤暂行条例规定，给与一次恤金三百六十元，在三十年度国民兵团队预备费项下拨支，及给与年抚金一百六十元，给予五年为止，自三十一年度超支。三十一年度抚金在三十一年度国民兵团队常备金项下拨支等语，应准如拟办理。

二、准广东省军管区司令部函，据政治部呈，为本部三十年度节余经费为八千六百六十九元八角，除奉准拨支官兵遣散费一千九百三十五元，特别党部三十年十二月份经费四千五百六十六元五角外，实存二千一百六十八元三角，照数拨支本部结束经费外，比对尚不敷二千一百六十二元一角，拟在本部所属各县国民兵团政指室三十年度经费节余项下拨足等情，请查照等由。饬据会计处签称，所请核尚可行，拟予照准等

606

语，应准如拟办理。

三、准广东省军管区司令部函，据政治部呈，为本部所属各县国民兵团政指室裁撤后官佐调派各师管区暨各县国民兵团服务旅费五千一百八十七元，拟在三十年度国民兵团政指室特别米津经费节余项下开支一案，请将该费更正为在二十九年度兵团政指室特别米津经费节余开支等情，请查照等由。饬据会计处签称，似可照准等语，应准如拟办理。

四、据本府行政效率促进委员会呈，请更正本会职员献金数额，并照拨还本会扣除实补还金额归垫等情。饬据会计处签称，据送献金人员名单所列俞守范一员据注明系领支生活补助金八十元，应捐献四十元，核尚符合，计多扣二十元，拟照数补还，饬财政厅在三十年度省总概算内调整机构补助公务员生活费项下开支等语，应准如拟办理。

五、据财政厅呈，为据南海县府请领前省会警察局退职科员谭观廷三十一年度上半年抚恤金三百一十二元，及蕉岭县府请领普宁县警察局故科员黄世良三十一年度上半年遗族恤金四十一元，因造报三十一年度省概算时漏列，请予追加等情。饬据会计处签称，查三十一年度省概算恤金科目计有未分配数一十二万六千五百一十六元，该两案共三百五十三元，拟即在该科目开支。至三十二年以后抚恤金，拟逐年列入省概算恤金科目附表内备支等语，应准如拟办理。

六、据建设厅呈缴麻织厂二十七年十一月至二十八年四月份拆迁费预算书及管理费计算书类。饬据会计处签称，查拆迁费预算书月列七千七百一十元，二十七年十一月至二十八年四月共列支四万六千二百六十元，比所缴计算书类列支出二万三千五百零三元四角九分之数，计多二万二千七百五十六万五角一分，拟姑准照列，饬知支出数以现计算书列支数限〔额〕为限等语，应准如拟办理。

七至八、（略）

九、据省振济会呈缴妇女生产工作团三十年度九月份疏散费预算书，列支一千三百九十一元六角九分。饬据会计处签称，既经该会核明款在振款项下拨支，复核尚合，拟准照办等语，应准如拟办理。

十、据省振济会呈缴本会与军民合作总站合办散伤病兵收容站第一、二、三、四站三十一年度经常费预算书，每站月各列支五十元，年各列支六百元，四站合共二千四百元。饬据会计处签称，核与该站三十年度经常费预算书每站月列支五十元之数相符，拟准照列，款在振款项下拨支等语，应准如拟办理。

十一、据粮政局呈，为本局三十年度营业计划及概算关于损失表列捐款一项，因韶市东河建筑浮桥经一次过捐助四万元，现奉核减为一万元，事实上不敷开支，请照原列十万元数额列支，免予核减等情。饬据会计处签称，查该局捐助韶市东河建桥四万元，经本府核准备案在案，拟准予列支五万元等语，应准如拟办理。

十二、据粮政局呈缴驻湘购粮办事处及运输所编制预算表。饬据会计处签称：（一）关于会计人员部分：甲、驻湘购粮办事处所列员额薪级，核案相符，拟准照列。乙、驻湘购粮办事处运输所所列办事员额薪级，应仍照前核定委任十级核列外，其余干事及办事员改称佐理员一节，拟准照列。（二）关于办公费、特别办公费、公运搬后①工资部分，拟均准照列。（三）照秘书处及本处上项签拟，计办事处经费月支六千零一十二元，运输费月支一万零八百六十九元，比照列之数，计办事处月增三十元，运输所月增七十五元。又所列生活补助费，系照本府规定办理，似可准照上列办事处及运输所月支数办理，并饬编入该局三十一年度营业概算内迅呈核办等语，应准如拟办理。

十三、据社会处呈复，关于本处迁往五里亭新址办公，搬运费三千元，业已开支，请核准照拨等情。饬据会计处签称，该款拟准在三十一年度省岁出概算第一预备金项下拨付，并饬按实支报等语，应准如拟办理。

十四、据会计处案呈，现据本府驻渝办事处电复，陆大特五及十七两期学员本年七月毕业，请一次拨清补助费，特六及十八两期学员入学未久，请按月拨汇补助费等情。查特五及十七期学员共三十五员，其补助费拟拨至本年七月份止，计本年一至七月共应拨一万二千二百五十元，此款拟饬财厅查案在本年度省第一预备金项下一次过拨足。至特六及十八期补助费，除特六期本年度已全数核拨外，十八期共七员，拟准拨至本年十二月份止，计共四千二百元，拟饬财厅查案在本年度省第一预备金项下并同特六期每月应拨之数按月拨发等情，应准如拟办理。

---

① "后"字疑是"役"字。

十五、（略）

十六、据会计处案呈，查本府广播电台呈缴搬运短波机返韶旅运费预算书，列支二千九百三十元三角，内容与附单比对尚无不合，该款前经核定饬在短波机节存燃料费项下挪支，候核拨归垫有案。为省手续计，该费拟饬改在该机三十年度节存燃料费项下拨支等情，应准如拟办理。

十七、据会计处签呈，拟将三十年度省总概算内调整机构补助公务员生活费科目剩余数转账加入本年度开支，以备拨发三十年度战时加给经费等情，应准如拟办理。

讨论事项

一、奉第七战区司令长官司令部令，据广东绥靖主任公署呈报会同广东省政府赓续将本省军事犯积极疏通，预算每月需经费四千九百四十八元，六个月共需二万九千六百八十八元，拟由省政府筹拨等情。查核尚属急务，仰遵照筹拨等因，请公决案。

（决议）照案通过，款在本年度战时特别预备金项下拨支，仍呈行政院核示。

二、准军事委员会运输统制局电复，关于官渡桥工款一十八万五千零五十四元一案，仍请照原核准十万元数目另行编送预算书件送局，以符原案，请查照办理等由，请公决案。

（决议）其余八万五千零五十四元，呈请行政院在本省本年度战时特别预备金项下拨支。

三、据省振济会先后呈缴儿童教养院北江简易师范学校三十年度开办费概算书，列支二万元，款在前省立第一二三儿童教养团经费节余项下拨支。又学生补助费预算书列支三千一百九十五元，款在该院各院部经费节余拨支，请核示等情，请公决案。

（决议）照案通过。

四、据会计处案呈，关于丰顺、潮安两县征交独立第二十旅杉木所需价运费差额，计丰顺二千四百三十四元，潮安五百二十元，似可准在三十年度建设事业临时费项下补拨，仍归入三十年度省库收支结束案内办理，请提会核定等情，请公决案。

（决议）照案通过。

五、据会计处案呈，查乳源县三十一年度地方追加预算，经参照财政厅意见核编后，计拟改列各为三万四千九百三十六元，请提会核定等情，请公决案。

（决议）照案通过。

六、郑委员（丰）、何委员、刘委员会复，审查卫生处所拟广东省非常时期卫生器材及药品统制管理暂行办法一案意见，请公决案。

（决议）照审查意见通过。（意见略）

七、何委员、张委员、刘委员会复，审查省地政局所拟南雄、始兴、曲江、乳源四县土地租约登记计划，及南雄、始兴两县编造地税总册计划，至办理经费拟由各该县自行统筹一案意见，请公决案。

（决议）照审查意见通过。（意见略）

八、据建设厅先后呈缴面粉、纺纱、织造等三厂创办预算书及织造厂营业预算暨筹备费预算书，请核示等情，请公决案。

（决议）照会计处签拟通过。（签拟略）

九、据省振济会呈缴技工养成所火柴工场改编三十年度营业计划及预算，请核示等情，请公决案。

（决议）照会计处签拟通过。（签拟略）

十、据秘书处案呈，据本府黄岗消防队呈缴三十一年度服装费预算书，列支三千八百四十元，请核示等情，请公决案。

（决议）照案通过，款在本年度第一预备金项下拨支。

十一、据教育厅签呈，拟设省立兴宁工业职业学校，请委周景臻为筹建主任委员，罗雄才为校长等情，请公决案。

（决议）照案通过。

十二、据秘书处签呈，请将印刷广东年鉴不敷款一十二万六千四百九十四元四角九分准予追加等情，请公决案。

（决议）照案通过，款在三十年度省预备金项下拨支，归入三十年度省库收支结束案内统筹办理。

十三、据建设厅呈缴麻织厂设厂复工计划及复工经费概算书，计列国币一千零六十一万四千元，请察核拨支等情，请公决案。

（决议）交张、黄、刘三委员审查，由张委员召集。

广东省政府第九届委员会
第三百三十一次议事录

日　期　五月二十五日

地　点　曲江本府

出席者　郑彦棻　方少云　吴迺宪　许崇清　何　彤　郑　丰
　　　　刘佐人　王志远

列席者　杜之英　戴振魂　黄　雯　谢群彬　吴　沃　李崇年
　　　　何汉昌

主　席　李汉魂（公出　郑彦棻代）

纪　录　（秘书）谢晨光

报告事项

一、奉行政院令复，据呈送三十一年度岁出概算书表，经核大致尚无不合，惟依照本院审查意见，应将各事项修改等因。饬据会计处签称，现经遵照审核意见，将本省三十一年度岁出概算修改完竣，请报会备案等情，应准如拟办理。

二、奉行政院令复，据呈奉绥靖主任公署饬增拨本省防空补助费，并准防空司令部函请追加防空机关经费各案，经核尚属需要，准在该省三十一年度战时特别预备金项下动支等因。饬据会计处签称，查本案追加经费每月计二万六千三百七十八元六角九分，全年度共三十一万六千五百四十四元二角八分，既奉令准拟报会后，分行有关机关知照等语，应准如拟办理。

三、准中国国民党广东省执行委员会函，为本会二十九年十二月份疏散档案公物迁移费支出各数核实共计二千二百七十九元一角六分，请如数拨还等由。饬据会计处签称，拟照数拨还归垫，款在三十年度省收支结束余款项下开支，将来列表汇报中央核备等语，应准如拟办理。

四、据财政厅呈，据防城县呈，请核发三十年度动委会等七机关结束经费，可否即在省总概算原科目余额内拨发，请核示等情。饬据会计处签称，查三十年度规定省库补助各县动员委员会七机关事业费两个月为结束费，防城县应补助四百元，似可在年度省总概算原科目余额内拨支等语，应准如拟办理。

五、据建设厅呈，据农林局呈，拟将乐昌蚕桑改良场一部分人员调局支薪，请核示等情。饬据会计处签称，查前据该厅呈报调局支薪委任六级技士邹仁山一员，系编入农林局本年度预算内支薪，至委任七级技士卢蕴良一员，则编入昆虫室预算支薪等语，似可准各在原核定本年度编制预算俸给费及生活补助金范围内开支等语，应准如拟办理。

六、据建设厅呈，拟〔据〕公路处呈缴更正修建星子车站工程费预算书，列支一千三百八十八元七角四分。饬据会计处签称，核与原附工程合约所列数额不符，该项合约，已经驻审员签章，似应准予照合约所载一千三百三十二元列支，款在该处行车营业基金项下拨付等语，应准如拟办理。

七、据省振济会呈缴龙坪垦区三十年十月垦民代运疏散物资临时费预算书，请核示等情。饬据会计处签称，查预算书列支一千五百六十六元零五分，内职员旅费一百二十八元五角，警士、垦民伙食一千零一十八元四角，杂支四百一十九元一角五分，既经振济会核明款在振款项下拨支，并将计算书类转送审计处查核，拟准照办等语，应准如拟办理。

八、据省振济会先后呈缴儿童教养院第六分院三十年度七至十二月份膳食费追加预算书类，及南雄购米证明书，请核示等情。饬据会计处签称，查该分院十、十一两月份米粮在南雄购买，原属不合，惟既因情形特殊，事先呈由振济会核准，拟姑予照准。至该分院所缴追加预算书，计七至十二月份合共追加三万七千二百三十二元八角八分，既经该会核属实在，后核各数尚属相符，似可准予照列，款援案在该会振款项下拨付等语，应准如拟办理。

九、据教育厅呈复，关于儿童教养院实验中学部性质特殊，前所编三十年度下半年追加经常费预算书，暨三十年度九月份起改订俸给预算分配表等，自不能以普通学校经费标准察核，请核示等情。饬据会计处签称，查实验中学部三十年度下半年每月追加一百七十五元，七至十二月共追加一千零五十元，核属需要，拟准照列，款援案在振款项下拨付。再查九月份起改订俸给预算分配表列每月增加俸给三百六十七元，九至十二月四个月共增加一千四百六十八元，核与原案尚合，拟准照列，款援案在振款项下拨付等语，应准如拟办理。

十、据会计处案呈，据中华警察学术研究社广东分社呈，以该分社奉命派代表一人赴渝出席中华警察学术研究社第二届年会，往返旅费二千元，除由总社补助一千元外，其余一千元，请准予补助一案，查本案既经民政厅查明各省分社所派代表旅费除总社补助外，各省多予以补助等语，似可照准补助一千元，款在本年度省概算第一预备金项下拨支等情，应准如拟办理。

十一、据会计处案呈，以据台山县政府呈缴架设台城至三娘迳电话线图说预算书，计列支七千七百二十三元五角，所列各数，既经建设厅核明大致尚合，复核亦符，似可准照列支，除本府前已拨付七千元外，比对尚差七百二十三元五角之款，拟仍在三十年度建设事业临时费项下开支，并归入三十年度省库收支结束案内统筹办理等情，应准如拟办理。

十二、据会计处案呈，据博罗县政府呈缴该县铁场乡民朱岳尧等十二名因抗敌伤亡附具请恤事实表，请予核恤一案。查关于朱岳尧、邹丽宗二名，既经本府秘书处签奉核定各给与其遗族八十元之一次恤金，并各给与每年五十元之年抚金，以十年为止，该项恤金及第一年年抚金共二百六十元，拟在三十年度省恤金项下开支，至第二年以后年抚金，拟逐年列入省预算恤金科目开支等情，应准如拟办理。

十三、据秘书处签呈，以缉私处税警总团、战时调查处等机关或已改隶，或已裁撤，拟请将广东省政府行政会议规程第二条甲项第五款内所列之缉私处长、税警总团长、战时调查处主任等删去，以符事实，请核示等情，应准如拟修正。

讨论事项

一、据本府战时通讯所呈，缴广播电台组织规程及该台调整编制预算表，拟于本年五月份起实行，请核示等情，请公决案。

（决议）交黄、郑（丰）、郑（彦棻）三委员审查，由黄委员召集。

二、据省粮政局电，拟将本局第一、第二仓库区改为第一、第二储粮所，附缴组织通则及修正编制预算表，请核示等情，请公决案。①

---

① 秘书处签拟、会计处签拟略。

（决议）照秘书、会计两处签拟通过。

三、据会计处案呈，查花县县政府先后呈缴三十年上下半年度地方岁入岁出第五次追加概算一案，经照财政厅意见整理后，计岁入岁出追加数各为四千一百二十七元，请提会核定等情，请公决案。

（决议）照案通过。

四、据会计处案呈，关于钦县县政府呈缴三十一年度地方总概算一案，经照各厅处意见整理后，计岁入岁出各为一百四十八万零四百八十五元，请提会核定等情，请公决案。

（决议）交刘、黄、何三委员审查，由刘委员召集。

五、据会计处案呈，关于曲江县政府呈缴三十年度地方概算一案，经照各厅处意见整理后，计岁入岁出各为二百三十七万六千八百三十一元，请提会核定等情，请公决案。

（决议）交刘、黄、何三委员审查，由刘委员召集。

六、据省粮政局呈缴技正杨贻书荐委表，请予核派等情，请公决案。

（决议）照派代理。

七、据民政厅呈缴视察梁英华荐委表，请予核派等情，请公决案。

（决议）照派代理。

八、据卫生处呈缴技正兼环境卫生实验场主任黎树仁荐委表，请予核派等情，请公决案。

（决议）照派代理。

九、据建设厅呈缴农林局防除病虫害室技正兼主任陈金璧荐委表，请予核派等情，请公决案。

（决议）照派代理。

十、据本府行政效率促进委员会签呈，为拟就现行机构内充实工作人员，并酌增办公费用，编具三十一年度追加经费预算书及生活补助金预算书，缴请核示等情，请公决案。①

（决议）办公费候统筹办理，余照秘书、会计两处签拟通过。

十一、黄委员、方委员、刘委员会复，审查秘书处签呈拟具广东省

---

① 秘书处签拟、会计处签拟略。

政府各厅处局等机关统计室组织及办事通则一案意见，请公决案。①

（决议）照审查意见通过。

十二、何委员、吴委员、王委员会复，审查驿运管理处所拟船舶运输管理暂行办法一案意见，请公决案。

（决议）照审查意见通过。（意见略）

十三、据民政厅签呈，中央警官学校第八期毕业学生杨增樵等四十五名拟分发设立警察局县份实习，援案酌予津贴旅费共需国币五千四百八十元，请准由省库拨支。又六个月实习期中，拟每员月各给生活费五十元，均由原实习机关负担等情，请公决案。②

（决议）照会计处签拟通过。

十四、据省振济会呈，请准将救灾准备金保管委员会暨财政厅拨会前粤北战地各县振济工作队总队部基金余款四十六万二千元，拨作本会振济基金振款收入项下广东省政府拨款科目，列收记账，请核示等情，请公决案。

（决议）救灾准备金拨款二十四万元，应照救灾准备金动支办法办理，余照案通过。

十五、据本府行政效率促进委员会签呈，为拟订广东省政府所属各机关三十二年度施政计划编造办法，请核示等情，请公决案。

（决议）交郑（彦棻）、何、张、黄、郑（丰）、许、方七委员审查，由郑委员（彦棻）召集。

十六、据第三区专员公署先后电，请拨款修筑各围患基，并补购防汛器材，及请由府库拨款为高要、高明、鹤山、四会等县防汛等情，请公决案。

（决议）准在救灾准备金项下垫拨五万元，不敷之数，由该署径向省银行洽借，拟具计划预算书转呈行政院核拨归垫。

---

① 审查意见略。

② 会计处签拟略。

广东省政府第九届委员会
第三百三十二次议事录

日　期　五月二十八日

地　点　曲江本府

出席者　郑彦棻　张导民　黄麟书　郑　丰　许崇清　方少云
　　　　何　彤　王志远　刘佐人

列席者　杜之莫　戴振魂　袁晴晖　黄　雯　巫　琦

主　席　李汉魂（公出　郑彦棻代）

纪　录　（秘书）谢晨光

报告事项

一、准广东省军管区司令部电，以据钦廉师管区转缴灵山县兵团办理国民兵役初次调查办公费及应备书簿表册等费各预算书，请查照办理等由。饬据会计处签称，查该预算书，列国民兵壮丁调查办公费六百元，国民兵壮丁调查书簿表册二千三百七十二元六角二分，均核案相符，拟准在三十一年省总概算岁出经常门临时部分第十三款第一项第二、三目原科目分别拨支等语，应准如拟办理。

二、据省振济会呈缴儿童教养院第七分院三十年度保管员生活费预算书，请核示等情。饬据会计处签称，查该院三十年度保管员生活费支付预算书，月列八十元，由四月至十二月止九个月共七百二十元，既经该会核准照办，复核尚无不合，拟准照列，款在该分院三十年度经费节余项下开支等语，应准如拟办理。

三、据财政厅签呈，以本年度财政收支系统变更，所有以前由本厅名义担保借款，拟分别还保，请核示等情。饬据会计处签称，兹拟具办法如下：（一）本府印刷所贷款额十万元，现已过期，似应饬由企业公司自行偿还具报。（二）本省紧急救侨会贷款额三百万元，亦已到期，似应饬由该会自行偿还具报。（三）曲、乳整理土地经费贷款额九十六万一千六百九十三元六角一分，系以该两县整理土地收入款为偿还来

616

源，似可饬由地政局将上项收入解缴省库，作为偿还一部分，其不足之数，由第五次追加省总预算案内拨付清还。（四）修复罗信公路贷款额二百万元，计至本年五月二十八日到期，该款已列入三十年度第五次追加概算偿还，已有着落，似无须再办其他手续。（五）冬耕贷款额三百万元，现已过期，似应饬由建设厅负责担保追还清账具报。（六）购粮基金贷款额七百五十万元，现已过期，如未能偿还，似可饬由粮政局以存粮为担保品抵押续借等语。除第六项另案办理外，余准如拟办理。

四、据秘书处签呈，为请增发本处派赴中央政治学校人事训练班第四期受训人员四员治装费，请核示等情。饬据会计处签称，查本府派赴该班第三期受训人员治装费，每员发给一百五十元有案，惟以本省物价衡之国内各地情形，拟酌照每员治装费二百元之数发给，除前拨一百五十元外，每员应增拨五十元，四人计共二百元，款在三十一年度省岁出概算赴中央干训团受训人员经费项下开支等语，应准如拟办理。

五、据民政厅呈缴省警队故警士陈森、杨文等二名请恤事实表，请赐核恤等情。饬据会计处签称，查该故警士陈森、杨文二名被炸毙命埋葬费共四百元，似可照准，款在该队经费匀支，特别恤金三百元，似可在三十年度省概算岁出经常门临时部分第六款社会事业支出一项一目恤金项下开支等语，应准如拟办理。

六、准外交部电复，贵省自本年度五月三日起继续停止外人游历六个月一案，已分电各省政府暨有关军警机关知照等由，经分别函行呈报。

七、准广东全省防空司令部函送广东第三防空指挥部参谋长钟一鸣奉令由曲江调赴茂名服务旅费支出预算书，计列国币八百八十六元七角，请拨还归垫等由。饬据会计处签称，查核所列旅费尚无不合，似可照准，该款拟在三十年度省预备金项下开支拨还归入三十年度省库收入结束案内统筹办理等语，应准如拟办理。

八、据会计处案呈，以据钦县县政府呈，为本县地方款支绌，无法过量负担行政囚粮，拟组救济行政人犯口粮筹给委员负责筹给，请核准照办一案。查该县原非富庶，复经一度沦陷，所称各节，尚具理由，似应准予设会筹给等情，经准照办。

九、奉行政院令饬，所有驿运业务，应即定为省政中心工作，积极策进，并应列入重要考成，以赴事功，仰即遵照办理等因。饬据驿运管理处签称：（一）由处拟具行政专员公署各县政府推行驿运方案，呈候核转遵行，积极策进。（二）定为各专员公署各县政府中心工作。（三）列入重要考成等语，应准如拟办理。

十、准广东全省保安司令部函送本部看守所三十一年度月份经费预算书，请查照见复等由。饬据会计处签称，查该预算书每月列支八百四十九元，全年度共列一万零一百八十八元，所列各费，核与现行给与规定尚属符合，该款拟请本省保安司令部照数目【自】行筹垫，俟经费节余款确定后，函知本府再行补办法案手续等语，应准如拟办理。

十一、据建设厅签呈，据公路处呈，为技士邝正文因公受伤未愈，拟请再给医药费五百元，转请核示等情。饬据秘书、会计两处签称，似可准予所请，款仍在改善韶庾雄信等路工程费项下拨支等语，应准如拟办理。

十二、据会计处案呈，以据连平县政府电，请将未发本县办理包工开凿石桥药室经费节余款国币三百元迅予核发归垫一案，查核尚属实情，似可准予另案补发，款在三十年度省建设事业临时费项下拨支，归入三十年度省库收支结束案内统筹办理等情，应准如拟办理。

十三、据会计处案呈，以关于第七战区长官司令部编纂委员会增建宿舍费三千二百八十二元一案，拟以该会三十年度经费节余为岁入来源，以该会临时费为岁出科目开支，将来汇报中央核备等情，应准如拟办理。

讨论事项

一、何委员函复审查卫生处签呈，拟订广东省各县市局各级卫生组织规程一案意见，请公决案。①

（决议）照审查意见通过。

二、据本府边政指导委员会呈，请免予改编三十年度预算缘由，检同三十一年度分配预算及生活补助金分配预算，请核示等情，请公决案。

（决议）照案通过。

———————

① 审查意见略。

618

三、据民政厅签呈，连、乐、乳、宜四县联防办事处似有延长保留四个月之必要，拟由五月十六日起，继续照案由府拨给该处经费每月一千元，四个月共四千元，请核示等情，请公决案。

（决议）照案通过，款在本年度第一预备金项下拨支，并饬编造追【加】预算。

四、据建设厅签呈，关于组织水力调查队一案，拟请照本厅原拟调查本省水力计划所需经费一十三万八千八百八十元拨发实施测量等情，请公决案。

（决议）照案通过。经费呈请行政院追加。

五至七、（略）

八、据会计处签呈，为免名〔各〕县局办理公务员生活补助金发生参差起见，拟定各县局各机关名称分别甲乙附表，请通饬各县遵照等情，请公决案。

（决议）交刘委员审查。

九、据会计处案呈，查阳春县地方三十年度岁入岁出第三次追加概算，经参照各厅意见整理后，计追加各为七万二千三百零九元，请提会核定等情，请公决案。

（决议）照案通过。

十、据会计处案呈，查惠阳县地方三十年下半年度岁入岁出第二次追加概算，经参照各厅意见整理后，计追加各为七千七百四十三元，请提会核定等情，请公决案。

（决议）照案通过。

十一、据会计处案呈，查吴川县地方三十年度岁入岁出第三次追加概算，经参照各厅意见整理后，计追加各为八千零六十五元，请提会核定等情，请公决案。

（决议）照案通过。

十二、据民政厅呈，缴视察周乃芬荐委表，请赐核委等情，请公决案。

（决议）照派代理。

十三、郑委员（彦棻）、何委员、张委员、黄委员、郑委员（丰）、许委员、方委员会复，审查本府行政效率促进委员会拟订广东省政府所属各机关三十二年度施政计划编造办法一案意见，请公决案。①

（决议）照审查意见通过。

十四、许委员、郑委员（彦棻）、高委员会复，审查本府行政效率促进委员会所拟本省各县局三十年度工作考成暂行办法一案意见，请公决案。②

（决议）照审查意见通过。

---

① 审查意见略。
② 审查意见略。